「史学史研究」文选

史学理论卷

总主编◎杨共乐 本卷主编◎董立河

华夏出版社

图书在版编目（CIP）数据

《史学史研究》文选. 史学理论卷/董立河主编. -- 北京：华夏出版社，2017.8
ISBN 978-7-5080-9052-8

Ⅰ.①史… Ⅱ.①董… Ⅲ.①史学史－文集 ②史学理论－文集 Ⅳ.① K091-53 ② K0-53

中国版本图书馆 CIP 数据核字（2016）第 305722 号

《史学史研究》文选. 史学理论卷

总 主 编	杨共乐
本卷主编	董立河
责任编辑	杜晓宇　王　敏　董秀娟
出版发行	华夏出版社
经　　销	新华书店
印　　刷	三河市少明印务有限公司
版　　次	2017年8月北京第1版 2017年8月北京第1次印刷
开　　本	720×1030　1/16
印　　张	32.25
字　　数	545千字
定　　价	79.00元

华夏出版社　地址：北京市东直门外香河园北里4号　邮编：100028
　　　　　　 网址：www.hxph.com.cn 电话：(010) 64663331（转）
若发现本版图书有印装质量问题，请与我社营销中心联系调换。

《史学史研究》文选顾问委员会

顾 问

刘家和　瞿林东　陈其泰
吴怀祺　郑师渠　晁福林

主 任

杨共乐

副主任

李 帆　易 宁

委 员

（按姓氏笔画排序）

向燕南　李 帆　杨共乐
张昭军　汪高鑫　张 越
周文玖　易 宁　董立河

序

今年是《史学史研究》创办五十五周年。五十五年来,《史学史研究》在培养青年史学研究人才,发表原创性论文等方面都取得了很好的成绩,对推动中国史学研究的发展做出了重大的贡献。

《史学史研究》创刊于1961年。初名《中国史学史参考资料》《中国史学史资料》,不定期发行,1964年7月停刊,共出九期。1979年复刊,更名为《史学史资料》。1981年再次更名为《史学史研究》,由原全国人大常务委员会副委员长楚图南先生题写刊名,季刊,国内外公开发行。

《史学史研究》首任主编为白寿彝先生(1981—2000),主要编辑人员有朱仲玉先生、瞿林东教授、吴怀祺教授、陈其泰教授和许殿才教授等;第二任主编为郑师渠教授(2001—2009),主要编辑人员有吴怀祺教授、许殿才教授、易宁教授和汪高鑫教授(2007年起担任编辑部主任)等;第三任主编为杨共乐教授(2010至今),副主编为李帆教授和易宁教授,编辑部主任为汪高鑫教授,主要编辑人员还有许殿才教授、向燕南教授和周文玖教授等。现主办单位为北京师范大学,承办单位为历史学院史学研究所、教育部人文社会科学重点研究基地史学理论与史学史研究中心。

《史学史研究》作为发表历史理论、历史教育、历史文献学和历史编纂学研究成果的专门刊物,是国内研究史学理论与史学史的主要理论阵地。刊物开辟的栏目非常丰富,主要有:专论、中外史学史、历史文献学、历史编纂学、人物志、方志学、史林偶拾、书刊春秋和读书会等。近年来,栏目出现了一些新的变化,增加了"历史理论"专栏,更加重视对理论问题的探讨;将中国史学发展史细化为"中国古代史学""中国近现代史学"和"中国少数民族史学"三个栏目,不但使中国史学发展史的阶段性更为清晰,内容更加丰富,而且促进了中国少数民族史学研究的进一步深入,揭示了中国史学史的统一性与多样性特点;在"外国史学"栏目中,重视引介西方学人的学术研究与学术观点，重视对中西史学理论与史学史的比较研究；通过"学术信息"栏目，及时报道海内外史学理论与史学史研究的学术会议与研究动态；等等。本刊不但一贯重视刊发国内外史学理论与史学史研究专家的学术成果，发挥学科研究的引领作用，而且重视提携后学，中青年学者论文刊用比例较高。

长期以来，本刊一直坚持正确的理论方向，用马克思主义唯物史观来指导史学研究。尽管政治气候经常变化，却能保持不受政治风浪的影响，不迎合时尚，不追赶潮流，不搞实用主义。我们坚信，马克思主义者不只是说明世界，更重要的是要改造世界，所以一直坚持理论联系实际的学风，关注社会，关注现实，积极开展社会热点问题的讨论，引领学术发展方向。一贯讲究实事求是的治学态度，重视学术求真，追求刊文的原创性，反对言之无物。提倡严谨扎实的治学精神，对于作者来稿，要求既要有正确的、独到的理论观点，又要充分地占有史料，强调理论与资料的结合，也就是要"言必有物"。

本刊关注理论热点与学术前沿问题，及时反映理论动态。通过"专论""历史理论"等栏目，发表了大量反映理论前沿动态的文章，起到了引领学术理论研究方向的积极作用。近年来，本刊探讨的理论问题主要有：史学在教育工作中的重大意义、历史和现实的关系、马克思主义史学在中国的传播和发展、历史认识的发展过程和史学的社会作用、历史的二重性、历史上统一规模和统一意识、历史教育、地理条件与历史进程、史学工作者的历史责任、唯物史观、历史规律、培育和弘扬民族精神、人类精神的觉醒、历史观念、文化反思、史学的"求真"与"致用"、历史文化认同传统以及史学的民族性与时代性，等等。这些理论问题的探讨，其时代性非常鲜明，密切了史学与社会的关系，同时加深了人们对史学理论与史学史的认识。

本刊在历任主编、主要编辑人员和史学所、历史学院教师的共同努力下，已经成为在国内有较大影响、在海外也有较高知名度的学术期刊。在国内，本刊通过刊发大量高质量的史学理论与史学史论文，已经成为全国高校和科研单位从事史学理论与史学史教学、研究的重要参考资料和发表学术观点的重要平台。同时，本刊重视坚持正确的政治方向和舆论导向，产生了良好的社会政治影响。本刊 1999 年第 3 期刊发了时任中共中央总书记江泽民同志写给北京师范大学白寿彝教授的贺信，祝贺其主编的《中国通史》全部出版，这是教育界、史学界的一件大事，江总书记关于史学工作重要性的重要论述，是对史学工作者的巨大鼓舞，对促进史学研究的繁荣和社会主义精神文明建设都有着重要的意义和深远的影响。在海外，本刊发行到美、俄、英、法、德、意、荷兰、加拿大、澳大利亚、日本、韩国、越南、新加坡和中国香港、台湾等十五个国家和地区，不但在这些国家和地区有了相当高的知名度，而且对当地学者了解中国史学理论与史学史的研究状况也发挥了重要作用。2015年，本刊在中国国际图书贸易集团有限公司对国外代理中国出版的九千多种期刊中排名前五十位，入选该公司"2015年度中文报刊海外发行最受海外机构欢迎期刊"。

1992年，本刊在全国首次中文核心期刊测定中入选为历史类中文核心期刊，此后每评选皆得入选，现为全国中文（历史类）核心期刊、中文社会科学引文索引（CSSCI）期刊源刊物、中国人文社会科学论文与引文数据库（CHSPCD）期刊源刊物、美国《历史文摘》（Historical Abstracts）和《美国：历史和生活》（America: History and Life）摘要与索引的来源期刊，并进入期刊方阵，成为中华人民共和国新闻出版署认定的双效期刊。

在此刊物创办五十五周年纪念之际，我们在认真研读《史学史研究》全部刊文的基础上，分类选辑，精心出版《〈史学史研究〉文选》，内容包括《史学理论》、《中国古代史学》（上、下）、《中国近现代史学》、《外国史学》和《人物志》（上、下），共七卷，旨在展示五十五年来史学理论与史学史研究的主要成果，反映五十五年来史学理论与史学史研究的理论探索历程。我们对我们的前辈和作者深怀敬意，我们对我们的刊物充满信心。我们将以更大的热忱把《史学史研究》办好，办出水平，办出影响。

杨共乐

2016年9月25日

目录

白寿彝
1 谈史学遗产答客问

白寿彝
12 说"疏通知远"

刘大年
27 面向新世纪，漫谈历史规律问题

刘家和
38 论通史

瞿林东
51 关于地理条件与中国历史进程的几个问题

陈其泰
71 19世纪中国学者关于历史演进的理论

白寿彝
90 说六通

刘家和
97 从"三代"反思看历史意识的觉醒

吴怀祺
106 《周易》的意象思维与历史解喻

晁福林
123 改铸历史：先秦时期"以史为鉴"观念的形成

乔治忠
134 中国史学起源问题新论

蒋重跃
148 从变与常看先秦儒家历史理性的觉醒

侯外庐
152 论刘知幾的学术思想

杨翼骧
167 刘知幾与《史通》

施　丁
199 章学诚的史学思想

许殿才
214 古代史学的"求真"与"致用"传统

汪高鑫
221 经史尊卑论三题

向燕南
237 关于柳诒徵《国史要义》

周文玖
252 20世纪史家论历史文学

张　越
267 浅论"五朵金花"的理论成就和学术意义

张广智
274　古代西方历史理论三题

刘林海
283　"教会史之父"尤西比乌的历史思想初探

王晴佳
294　历史进化思想在西方的形成和演变

乔治 G. 伊格尔斯　王晴佳
306　历史和史学的全球化：特征与挑战

艾都拉多·托塔奥罗
324　普遍史／世界史：过去、现在和将来

耿淡如
336　什么是史学史

于　沛
344　西方史学史研究中的问题和方法

张耕华
351　略论历史归纳中的几个问题

易　宁
364　关于西方古代史学"实质主义"的思考

戴维·包丘（David Boucher）
381　柯灵乌《历史的原理》一书的重要意义

乔治·伊格斯（George Iggers）
407　介于学术与诗歌之间的历史编纂

海登·怀特（Hayden White）
419　敬复伊格斯教授

杨共乐
427　后现代主义与后现代史学

周建漳
436　语言转向的历史哲学表现和价值

彭　刚
445　历史记忆与历史书写

左玉河
467　历史记忆、历史叙述与口述历史的真实性

董立河
490　后—后现代史学理论：一种可能的新范式

谈史学遗产答客问

白寿彝

时间：1981年一月

地点：北京师范大学史学研究所。

来客：客甲，客乙。

客甲：我读过您的《谈史学遗产》，感到中国的史学遗产很丰富，您是不是可以另外多谈一点？

答：那篇文章是1961年三月间写的，到现在差不多二十年了。这些年，关于这方面的问题也不断想过，感到可谈的问题很多，不过下功夫研究过的问题还是很少的，我的一些想法也不一定对。

史学在我国有长远的历史，我国最早的知识分子就是史学家。在殷商时代，那些管占卜的贞人就是最早的知识分子，也是最早的历史家。我国最早的知识宝库，包括宗教迷信的和科学的，都掌握在这些人手里。我国有一个要求博学的史学传统。《汉书·司马迁传·赞》说："自古书契之作而有史官，其载籍博矣。"这就是说，有了文字就有史官，所有的记载都集中在他们那里，他们是当时最有学问的人。我国古籍流传下来的，如《尚书》，如《诗经》，如《周易》，如《春秋》，都属于史官的职掌。司马迁论战国和汉初的学术说："铎椒为楚威王傅，为王不能尽观春秋，采取成败，卒四十章，为《铎氏微》。赵孝成王时，其相虞卿上采春秋，下观近世，亦著八篇，为《虞氏春秋》。吕不韦者，秦庄襄王相，亦上观尚古，删拾春秋，集六国时事，以为八览、六论、十二纪，为《吕氏春秋》。及如荀卿、孟子、公孙固、韩非之徒，各往往捃摭春秋之文以著书，不可胜纪。汉相张苍历谱五德，上大夫董仲舒推春秋义，颇著文焉。"这些著作都是包含了大量历史，采取了历史的资料，研究了历史的问题，结合了当代情况而写成的。司马迁的八书，《汉书》的十志，还有一些列传，论述了很多专门的学问，其中包含天文、地理、水利、社会经济、军事、法律、学术流派，以及医药、宗教迷信等等。一个历史家要具备渊博的知识，并且在这些知识领域里有相当深度的理解，这是我国史学的优良传统。近代科学分工分的细了，不能要求一个历史家懂得很多学科，但是也绝不能说一个历史家只有一点历史知识就行了。现在，我们的高等学校历史系，主要课程还只是中外历史的八大块，不要说在自然科学方面的知识很缺乏，就是对于哲学、文学的接触也很少，甚而至于一个教师只能教一段历史，有的还只能教一章一节。我们是二十世纪八十年代的人，比起两千年前的历史家来，在知识渊博方面应该超过他们，不应该比起他们来还显得抱残守缺。我们过去的这样一个优良传统，我看今天还是要宣传，要继承，要发扬。

史学遗产可谈的很多，有关于历史观点的，有关于历史文献学的，有关于历史研究对象的，有关于历史编纂学的，有关于历史文学的，咱们一下也谈不完，今天咱们先谈哪些呢？

客甲：先谈谈关于历史观点方面的问题好不好？

答：关于这个问题，多年以来我们有个看法，认为马克思主义以前，历史观点都是历史唯心论，好像是一无可取。前几年，我们在中华书局搞二十四史的标点工作。每一部史书在出版的时候，照例要写一篇出版说明。在出版说明里，总要说说为什么要出这部书，首先就要说说历史观点。这差不多都要指出来作者的思想是英雄史观，是以帝王将相为历史的创造者，是诬蔑农民起义和劳动人民，是历史唯心论。这就是说，作者的历史观点是不足取的。但是，为什么要出版这部书呢？出版说明的笔锋一转，接着就说，这部书在史料上如何有价值。这种写法差不多成为出版说明的一般公式。按照这种写法，二十四史只能是二十四部史料书，再没有其它的价值了。但这是不符合实际的。二十四史，固然给我们留下了大量的历史资料，还给我们留下了不少的思想资料，留下了观察历史的方法，留下了写历史的方法，留下了许多专门知识。从历史观点来说，在二十四史里，在别的很多史书里，在不少有关史事论述的书里，都还是有进步的观点、正确的观点，可以供我们参考、吸取和发扬的。

在关于历史观点方面，我想到的有关于历史进程的看法，关于地理环境的看法，关于社会经济的看法，关于得失成败的看法，关于有民主思想内容的看法。另外，总还有一些问题，是我还没有想到的。

客甲：是不是请您按次序给我们一个一个地说说？先谈谈关于历史进程的看法好吗？

答：所谓历史进程，按现在习惯的说法，是说历史发展过程。因为有的人不承认历史是发展的，所以用历史进程的提法更好些。如董仲舒说"天不变，道亦不变"，这就是认为历史是永恒不变的，不是发展的。有人承认历史是在变，但还没有进化的思想。也有人有进化的思想，但还没有明确的质变的思想。这些我们都可以不必细谈了。现在只想就"势"和"理"的观点谈一谈，这是关系到对历史规律性的了解的。

按《韩非子·难势》所说，势的概念在慎到的时候就已经提出来了。慎到把贤智跟势位对立起来，说"贤智未足以服众，而势位足以诎贤者"。韩非子吸收了慎到的思想，很重视势的作用，他所谓"贤势之不相容"，同上引慎到的话是一个意思。前些年，一些讲儒法斗争的文章，把势说成是必然性，这是把势的原意夸大了。慎到、韩非所说的势，就是我们平常所说的势力，这里是指权力。有的同志把它解释为政权，我看是可以的。《史记·汉兴以来诸侯年表·序》说："天子微，弗能正，非德不纯，形势弱也。""形势虽彊，要之以仁义为本。"又说到"彊本干弱枝叶之势"。这里所谓势和形势，也都指的是现实权力，是现实性的东西，不是必然性的。《后汉书》的《党锢列传·序》和《宦者列传·序》是论当时形势的名篇，其中又有提到"不得不"的地方，这也是讲现实的情况，还提不到必然性上。但这里提到了理的概念。如说："夫上好则下必甚，矫枉故直必过，其理然矣。"又说："假仁以效己，凭义以济功，举中以理，则强梁褫气。"第一个"理"字有必然性的味道，但尚提不到历史发展规律的高度。第二个"理"字，就是另外一个意思，指的是道德规范，不属于我们讨论的范围。

柳宗元的《封建论》说："彼封建者，更古圣王尧舜禹汤文武而莫能去之。盖非不欲去之也，势不可也。"这个"势"字，差不多跟我们今天所说"形势大好"之"势"，意思相同，是说事态发展的情况。柳宗元把势跟"欲"对立，是说在"封建"这个问题上，客观的形势是不能以主观的意愿去改变的。顾炎武在《郡县论》中说，"知封建之所以变而为郡县，则知郡县之敝而将复变。……有圣人起，寓封建之意于郡县之中，而天下治矣。"顾炎武的看法比柳宗元更进一步，认为客观形势固然重要，但在形势要起变化的时候，还有待于人力的促成，而人不能安坐以待其变。这种看法，就比柳宗元的看法要周到一些。

王夫之在《读通鉴论》的开卷说："郡县之制垂二千年，而弗能改矣，合古今上下皆安之。势之所趋，岂非理而能然哉？"在对郡县的看法上，王夫之认为二千年弗能改，而不重视郡县之弊，这不如顾炎武高明。但他在这里提出了"势"和"理"的关系，可以说是前无古人的。他这里是把形势的发展，看作是受理的支配。他虽然还远远谈不到对历史规律的具体分析，但已看到历史进程是有必然性的规律的。他在《读四书大全说》卷九，说："言理势者，犹言理之势也，犹凡言理气者谓理之气也"，说"迨已得理，则自然成势，又只在势之必然处见理。"这段话把"理"和"势"的关系，就说得更清楚。他以理势跟理气相比，这个理是唯物的，不是程朱学派的理。侯外庐同志在《中国思想通史》第五卷第二章第八节对王夫之的历史观点分析得很好，可以参考。

自慎到、韩非以后，说势，说理，不尽相同，但对于社会现象、历史现象的观察，都是从客观的现实出发，是有唯物主义因素的。我想，这可以说是历史唯物主义的萌芽。研究这种萌芽的思想，对于史学遗产的理解，有重大的意义。这种萌芽的思想有这样悠久的历史，为什么不能发展成为历史唯物主义的思想体系，这是一个很有理论意义的问题。

客乙：形势，是否还有别的意义，如说"地理形势"之类？

答：顾炎武有《形势论》，就是专从地理上讲的。《汉书·艺文志》于兵家著录"兵形势十一家，九十二篇，图十八卷"，并说："形势者，雷动风举，后发而先至，离合背乡，变化无常，以轻疾制敌者也。"这些话不好懂，似是说利用地理形势以制敌取胜。所著录的图，可能就是地理形势图。这只是我的猜想，不敢说是否符合《汉书·艺文志》的原意。但从传说的历史观点说，中国有不少史家是注重地理条件的。现在我们的谈话，是否就可以转到地理环境方面去谈谈。

客甲：这些年，我国史学界不大谈地理环境，主要是怕犯地理环境决定论的错误。实际上，这是由于对斯大林著作的误解。

客乙：对了。斯大林在《联共党史》四章二节说地理环境决不能成为社会发展的重要原因，主要原因，但是同时又说"地理环境当然是社会发展的经常必要的条件之一，而且它无疑是能影响到社会的发展，加速或延缓社会发展的进程。"应当全面理解斯大林的意思，您看对不对？

答：我同意您的意见。斯大林认为地理环境不能起主要的、决定的作用，这是正确的。他认为，地理环境是必要条件之一，这也是正确的。而且斯大林认为地理环境还是"经常必要的条件之一"，说"必要"，还说"经常"，可见他对地理环境的重视。这些年，不少人因误解斯大林的话，反而不敢谈地理环境，这是在学习和研究工作上很不应该有的错误。

近来读到史念海同志《河山集》二集排版的清样，这本书用大量的材料论述了黄河因中下游的侵蚀、下切和淤积而引起的各种地理条件的变化。作者认为不了解这种变化就不好谈有关地区社会经济的发展。这本书深深地打动了我，使我考虑历史进程中地理环境的问题。

黑格尔有关于地理环境的详细论述。他提出了"历史的地理基础"这个概念。他按着地理特征，把世界区分为三种类型。一种是干燥的高地同广阔的草原和平原；第二种是平原流域，是巨川、大江所流过的地方；第三种是跟海相连的海岸区域。跟这三种不同的地理特点相适应，居住着不同文化情况的人民。他说："在寒带和热带上，找不到世界历史民族的地盘。"他认为，在极热和极寒的地带，人们不能做自由的运动，人们时时刻刻被迫着当心自然，当心着炎日和冰雪，没有力量向更高的方面发展。他关于水的论述，是很有趣的。他说："结合一切的，再也没有比水更为重要的了，因为国家不过是河川流注的区域。"他又说："大海给了我们茫茫无定、浩浩无际和渺渺无限的观念；人类在大海的无限里感到他自己的无限的时候，他们就被激起了勇气，要去超越那有限的一切。大海邀请人类从事征服，从事掠夺，但是同时也鼓励人类追求利润，从事商业。平凡的土地、平凡的平原流域把人类束缚在土壤上，把他卷入无穷的依赖性里边，但是大海却挟着人类超越了那些思想和行动的有限的圈子。"这些话很可以给我们启发,使我们对于中国历史和西欧历史之不同特点的理解有所帮助。我们在大陆上居住的人,很难对水有这样的看法。我们的《周易》总是要说"利涉大川"和"不利涉大川",对于水怀一种害怕的心情。黑格尔的这些论述都见于他的《历史哲学》。他是一个历史唯心论者,但他关于地理环境的论述还是好的。他也并不想把地埋环境的作用抬的过高,他曾说:"我们不应该把自然界估量得太高或者太低:爱奥尼亚的明媚的天空固然大大地有助于荷马诗的优美,但是这个明媚的天空决不能单独产生荷马。而且事实上,它也并没有继续产生其它的荷马;在土尔其统治下,就没有出过诗人了。"

马克思在讲劳动过程的简单要素的时候,以劳动对象为简单要素之一。劳动对象,主要是自然条件。马克思对自然条件和劳动生产是辩证地看的。他在《资本论》第一卷第十四章说:"资本主义生产方式以人对自然的支配为前提。过于富饶的自然'使人离不开自然的手,就像小孩子离不开引带一样'。它不能使人自身的发展成为一种自然必然性。资本的祖国不是草木繁茂的热带,而是温带。不是土壤的绝对肥力,而是它的差异性和它的自然产品的多样性,形成社会分工的自然基础,并且通过人所处的自然环境的变化,促使他们自己的需要、能力、劳动资料和劳动方式趋于多样化。社会地控制自然力以便经济地加以利用,用人力兴建大规模的工程以便占有或驯服自然力,——这种必要性在产业史上起着最有决定性的作用。如埃及、伦巴第、荷兰等地的治水工程就是例子。或者如印度、波斯等地,在那里人们利用人工渠道进行灌溉,不仅使土地获得必不可少的水,而且使矿物质肥料同淤泥一起从山上流下来。兴修水利是阿拉伯人统治下的西班牙和西西里岛产业繁荣的秘密。"马克思在《不列颠在印度的统治》和《不列颠在印度统治的未来结果》这两篇名文中,还特别提到了灌溉和水利工程对东方国家农业生产上的重要作用,对这些国家执行社会职能的重要意义。按照马克思的论述,土壤、气候、河流、森林、金属、煤炭等等,都属于自然富源。当它们和生产劳动结合起来的时候,就会形成不同程度的生产力。我们的史学工作者,对于这些方面是注意得很不够的。

恩格斯在《劳动在从猿到人转变过程中的作用》中提出了"劳动创造了人

本身"这个著名的科学论断，这是我们大家都知道的。但是，在这句话的上面，恩格斯还说了两句话。他说："政治经济学家说：劳动是一切财富的源泉。其实，劳动和自然界一起才是一切财富的源泉，自然界为劳动提供材料，劳动把材料变为财富。"我们对这两句话也是不应该忘记的。

客乙：前些天，我在去年十月号的《哲学研究》上看了一篇普列汉诺夫地理环境学说的文章，觉得普列汉诺夫的说法有很丰富的内容。

主人：过去常有人指责普列汉诺夫对地理环境在社会发展中的作用有某种夸张，因指责他曾经说过生产力的发展决定于地理环境的特性。但是，他关于地理环境的论述确实有很精辟的地方。他认为，地理环境是通过生产力的发展而给社会带来影响；在不同的社会发展的阶段中，地理环境起了不同的作用；社会越向高级发展，地理环境的作用就越减少。他在《唯物主义史论丛》中说："社会人和地理环境之间的相互关系，是出乎寻常地变化多端的。人的生产力在它的发展中每进一步，这个关系就变化一次。因此，地理环境对社会人的影响在不同的生产力发展阶段中产生着不同的结果。但是人与人的居所之间的关系的变化并不是偶然的。这些关系在他们所产生的后果中构成一个有规律性的过程。要辨明这个过程，必须首先考虑到，自然环境之成为人类历史运动中一个重要的因子，并不是由于它对人性的影响，而是由于它对生产力发展的影响。"这一段话是很值得我们学习的。

我国历史家、思想家关于地理环境的论述比较缺乏，但并不是不注意这个问题。《史记·货殖列传》按照各地物产的特点，区分为山西、山东、江南和北方四个地区，并指出："原大则饶，原少则鲜。上则富国，下则富家。贫富之道，莫之夺予，而巧者有余，拙者不足。故太公望封于营丘，地潟卤，人民寡，于是太公劝其女功，极技巧，通鱼盐，则人物归之。繦至而辐凑。故齐冠带衣履天下，海岱之间敛袂而往朝焉。"司马迁是既注意了各地天然财富的差异，又注意到人对地理环境的利用和改造以及它们在经济上和政治上产生的影响。在同一篇文章里，司马迁论述了关中、三河、燕赵、齐鲁、越楚等地区在地理环境上的特点以及它们对当地人民经济生活和风俗上的影响。司马迁还写了《河渠书》专篇，论述了灌溉和水利工程的重要性，以及兴水利、防河患对封建统治者的重要意义。他说到，战国末年秦国开渠的故事，说到一个大渠的完成，改善了关中的土壤，提高了单位面积的农业产量，因而秦国得以富强，并导致合并六国的效果。班固修《汉书》，继承了司马迁在这方面的工作，在《地理志》和《沟洫志》里作了更为完整的记录。后来的史家，对于地理环境不断有所论述，但没有多大的发展。明清之际，顾祖禹著《读史方舆纪要》，主要是从政治、军事方面论述地理形势的专书。顾炎武著《天下郡国利病书》，从政治、经济、军事各方面收集了大量的材料，用以观察各地区的情况。这部书并没有正式完成，只留下了大量的稿本。中国历史家对于地理环境虽缺乏系统的论述，但在思想上是注意到了地理环境对社会发展是有影响的。这也是我们史学的宝贵遗产，还有待于我们好好地挖掘。上引黑格尔的有关论述，马克思和恩格斯以及普列汉诺夫的论述，都可以帮助我们研究这方面的问题。

客甲：关于社会经济条件的作用，我国古代的思想家、政治家似乎都很注意，包含唯心主义者在内，也是这样的。《论语》上记："子适卫，冉有仆。子曰：庶矣哉！曰：既庶矣，又何加焉？曰：富之。既富矣，又何加焉？曰：教之。"又记孔子说："足食，足兵，民信之矣。曰：必不得已而去，于斯三者何先？曰：去兵。必不得已而去，于斯二者何先？曰：去食。自古皆有死，民无信不立。"这可见，孔子以富庶为先，跟上来的才是教。说民无信不立，在必要的时候可以去食、去兵，这好像是以信为最重要。但是，如果没有一个足食、足兵的过程，老百姓如何信得过。看来，孔子也还是以足食、足兵为先。老子说："至治之极，邻国相望，鸡狗之声相闻，民各甘其食，美其服，安其俗，乐其业，至老死不相往来。"这也是要甘食、美服、安俗、乐业才达到至治。

客乙：管子说："仓廪实而知礼义，衣食足而知荣辱。"孟子说："五亩之宅，树之以桑，五十者可以衣帛矣。鸡豚狗彘之畜，无失其时，七十者可以食肉矣。百亩之田，勿夺其时，数口之家可以无饥矣。谨庠序之教，申之以孝悌之义，颁白者不负戴于道路矣。老者衣帛食肉，黎民不饥不寒，然而不王者，未之有也。"这跟孔子、老子的意思差不多，但这都是从经济政策方面说的。一个政治家或政治思想家，不管他的思想如何唯心，总也知道老百姓要吃饭穿衣。如果老百姓没有饭吃，没有衣服穿，他的政权就不会稳定下来。当然，也有一些统治者不顾老百姓的死活，终于丧失了政权还不知道是怎么回事，那就另当别论了。现在的问题是，要从社会历史的思想上去看中国的历史家如何对待社会经济问题。您看，是不是还要说到司马迁，他在这个问题上的见解是比较突出的。

答：司马迁在这方面确实是突出的。他认为经济利益是人们普遍的基本要求。他说："富者，人之情性，所不学而俱欲者也。"他列举朝廷的贤达，隐居的高士，英勇作战的壮士，盗窃杀人的少年，装扮歌舞的美女以及农、牧、工、商各种技艺人等，还有伪造文书、贪污犯法的官吏，都是为了追求经济利益。他说："天下熙熙，皆为利来；天下壤壤，皆为利往。""夫千乘之王，万家之侯，百室之君，尚犹患贫，而况匹夫编户之民乎！"他挖苦那些没有什么本领，长期穷困却老把仁义挂在嘴上的人，说是"亦足羞也"。

司马迁指出，在老百姓中间，财富的多少可以形成不同的社会地位。"凡编户之民，富相什则卑下之，伯则畏惮之，千则役，万则仆，物之理也。"他又把没有爵位的富人跟有爵位的贵人相比，指出前者的收入和物质享受可以跟千户侯相等。他还指出，甚而至于有爵位的人还要要求富商大贾给予他们在经济上的帮助。他又指出，在秦始皇的时候，大牧主乌氏倮和丹穴主寡妇清都以富于资财得到相当高的政治地位。

司马迁认为，道德的标准是因人们的经济利益不同而不同的。同样的事情，在这个人身上是好事，在那个人身上会成为坏事。有权力的人所办的事情，总被认为是好事。他说："窃钩者诛，窃国者侯，侯之门仁义存。非虚言也。"还有，一件事情，对于有共同利益的人是好事，而对于没有共同利益的人，就不一定是好事了。他说："鄙人有言曰：'何知仁义，已飨其利者为有德。'故伯夷丑周，饿死首阳山，而文武不以其故贬王；跖、蹻暴戾，其徒诵义无穷。"

司马迁是以贫富、小富和大富来区别人们的经济地位，还不能从生产过程中来区别人们的经济地位，没有从个人的经济地位上看出他的社会属性，他还不懂得剥削者和被剥削者之间的对立。但我们不应该拿我们今天的阶级分析观点去要求两千年前的历史家。司马迁在那个时候，有那样的思想，可以说已经够伟大了。在司马迁以后，还有谁能继承发扬这样的思想，还有待于探索。对司马迁本人在这方面的思想，一般只是就《货殖列传》、《游侠列传》和《平准书》里的记载来研究，这是不够的。我们还应该就《史记》的全书来研究他的这种思想。

客甲：现在我们谈谈关于得失成败和民主思想的问题吧。

答：从历史上看，过去的得失成败作为当前做人、处事、搞社会政治活动等等的借鉴，这在我国有古老的传统。《诗经》说："殷之未丧师，克配上帝。宜鉴于殷，骏命不易。"这里提出来的"殷鉴"二字，成为两三千年来在政治上重视历史经验、历史教训的重要观念。今天我们说"借鉴"就是从"殷鉴"这两个字来的，鉴的意思是镜子。"殷鉴"就是用殷代得失成败经验教训的这面镜子，来照照我们现在。近些年，在国内发生的一些事情，对我们历史工作者来说，很感觉到深刻，感觉到，借鉴历史教训非常重要。《周易》说："君子多识前言往行，以畜其德。"这也是要吸取历史经验教训的意思。德，不仅是个人的品德，而且包含个人的才能。

在历史上，每一次大变乱之后，地主阶级的历史家、政治家总是要考虑前一个历史时期的得失成败，作为新皇朝建立的借鉴。秦始皇灭掉六国，建立了空前规模的秦皇朝。但是，过不了几年，农民起义爆发了，秦皇朝像一个纸糊的房子一样，一下子都刮倒了。刘邦和他的一伙，没有尺寸的土地，也没有世袭的名位，出兵不到几年，就打下了天下，登上了皇帝的宝座。于是，汉初的人就纳闷，这是为什么？这就是要问秦为什么灭亡了，汉为什么能兴起。这是当时一个重大的理论问题，也是一个重大的现实问题。就是在这样的历史环境下，司马迁提出了"通古今之变"，要"网罗天下放失旧闻，王迹所兴，原始察终，见盛观衰"，要"承敝通变"。隋唐之际的形势跟秦汉之际的形势有些类似。唐初的政治家、历史家也面对着类似的问题，即隋何以亡，唐何以兴。唐太宗曾经多次对朝臣谈论隋亡的原因。主编《隋书》的魏徵也说："殷鉴不远，在夏后之世。臣愿当今之动静，以隋为鉴，则存亡治乱可得而言之。"《隋书》就是在这样的思想指导下编纂的。司马光的《资治通鉴》在书名上已经标得很清楚是要"资治"，用他自己的话来说，这书就是要："鉴前世之兴衰，考当今之得失"。杜佑的《通典》和马端临的《文献通考》是两部论述典章制度的通史。这两部书记载了历代典章的沿革，还评议了历史典章制度的得失。其中，有好多议论是很精彩的，在今天也还有参考的价值。

我个人的意见，研究历史当然要研究历史发展的基本规律，研究中国史，要研究中国历史的基本发展规律。同时，我们也还是要接受我们史学的优良传统，也要研究历史上的得失成败。过去的史学家研究历史上的得失成败，不少人是使用封建道德的标准去论述的，我们当然不能这样做。近些年，对于历史事件和历史人物的评论，也有很多不是从历史影响、历史作用上去分析，而是简单地采用了戴帽子的办法。我们应该好好学习马克思主义，要对历史作具体的分析。

关于民主思想，近代是比较发展的。在明清之际，民主思想也是显著的。黄宗羲的《明夷待访录》指责封建社会"以君为主，天下为客"，指责封建君主"屠毒天下之肝脑，离散天下之子女，以博我一人之产业"，"敲剥天下之骨髓，离散天下之子女，以奉我一人之淫乐"。他说："为天下之大害者，君而已矣。"唐甄著《潜书》说："三代以后，有天下之善者莫如汉。然高帝屠城阳，屠颍阳；光武帝屠城三百。"他断言："自秦以来，凡为帝王者皆贼也。"像这样的议论都是很明显的，我就不多说了。

以上我谈的几个观点，只是把问题提出来，希望共同研究，提高我们对史学遗产的认识，区别精华和糟粕，批判的继承对于我们史学工作是会有好处的。我们今天的讲话是否就到这里了。

客甲、客乙：我们还希望另外再找个时间，谈谈关于历史文献学方面的问题。再见。

答：再见。

（朱桂同记录）

（1981年第1期）

说"疏通知远"

白寿彝

《礼记·经解》:"疏通知远,《书》教也。"实际上,"疏通知远"是先秦人运用历史知识的一种表现形式,并不仅仅限于《书》。所谓"疏通知远",可以包含两个意思。一个是依据自己的历史知识,观察当前的历史动向;又一个是依据自己的历史知识,提出自己对未来的想法。

孔子说:"天下有道,则礼乐征伐自天子出。天下无道,则礼乐征伐自诸侯出。自诸侯出,盖十世希不失矣。自大夫出,五世希不失矣。陪臣执国命,三世希不失矣。天下有道,则政不在大夫。天下有道,则庶人不议。"[1]孔子的这段话,表示他对当时历史动向的看法。他认为,当时的形势是越来越坏,是天下无道的时期。所谓"无道""有道",这就是一种历史比较。他的看法不一定符合客观实际,但总是按着他对历史的理解来立论的。"天下"的概念,在宗周时期就已经有了,但春秋以后,这个概念逐渐鲜明起来。"天下"是一个历史概念,是不断发展的,但总是指一定时期内人们视野所能达到的广大地区。孔子论"有道"和"无道",是就"天下"而言,也反映孔子观察当时形势的广阔眼界。

孔子见到局势在变,但他看不到局势还要变下去,而是希望它变回来。所以他说:"齐一变,至于鲁。鲁一变,至于道。"[2]"如有用我者,吾其为东周乎?"[3]当然,这也是他的历史理想,但这个理想因不符合于历史发展中的现实,落空了。但他重视"天子",这不只在后来的儒家思想中,而且在后来的墨家和法家的思想中都得到发展。

---

[1] 见《论语·季氏》。
[2] 见《论语·雍也》。
[3] 见《论语·阳货》。

墨子目击当时的战乱，认为对任何国家来说，打仗是没有出路的。挨打的国家受害，打别人的国家也不利。他援引史事，指出即使战胜，也可能亡国：

> 古者吴阖闾教七年，奉甲执兵，奔三百里而舍焉。次注林，出于冥隘之径，战于柏举，中楚国而朝宋与及鲁。至夫差之身，北而攻齐，舍于汶上，战于艾陵，大败齐人而葆之大山。东而攻越，济三江五湖，而葆之会稽。九夷之国莫不宾服。于是退不能赏孤，施舍群萌，自恃其力，伐其功，誉其智，怠于教，遂筑姑苏之台，七年不成。及若此，则吴有离罢之心。越王勾践视吴上下不相得，收其众以复其雠。入北郭，徙大内，围王宫，而吴国以亡。

> 昔者晋有六将军，而智伯莫为强焉。计其土地之博、人徒之众，欲以抗诸侯以为英名攻战之速，故差论其爪牙之士，皆（比）列其舟车之众，以攻中行氏而有之。以其谋为既已足矣，又攻兹范氏而大败之。并三家以为一家而不止，又围赵襄子于晋阳。及若此，则韩魏亦相从而谋曰："古者有语，唇亡则齿寒。赵氏朝亡，我夕从之。赵氏夕亡，我朝从之。诗曰：鱼水不务，陆将何及乎？是以三主之君一心戮力，辟门除道奉甲兴士，韩魏自外，赵氏自内，击智伯，大败之。"[①]

墨子所举两例，不足以充分说明夫差和智伯在战争上的胜利是他们亡国的唯一原因，但可以说明战胜不是强国的唯一因素。墨子又说："计其所自胜，无所可用也。计其所得，反不如所丧者之多。今以三里之城、五里之郭，攻此不用锐，且无杀而徒得，此然也。杀人多必数于万，寡必数于千，然后三里之城、七里之郭且可得也。"[②]这可见当时战争中，城郭争夺的激烈，也可见墨子对这种情况的深切关怀。

面对这种战乱的情况，应该怎么办？墨子对历史前途的理想，一是要兼

---

① 见《墨子·非攻中》。
② 见《墨子·非攻中》。

爱，又一是上同。这样，战乱可以终止了，社会可以以新面貌出现。他论述兼爱的重要性和必要性说：

> 圣人以治天下为事者也，不可不察乱之所自起。当察乱何自起，起不相爱。……若使天下兼相爱，爱人若爱其身，犹有不孝者乎？视父兄与君若其身，恶施不孝？犹有不慈者乎？视子弟与臣若其身，恶施不慈？故不慈不孝亡有，犹有盗贼乎？视人之室若其室，谁窃？视人身若其身，谁贼？故盗贼亡有。犹有大夫之相乱家、诸侯之相攻国者乎？视人家若其家，谁乱？视人国若其国，谁攻？故大夫之相乱家、诸侯之相攻国者亡有。若使天下兼相爱，国与国不相攻，家与家不相乱，盗贼无有，君臣父子皆能孝慈，若此，则天下治。故圣人以治天下为事者，恶得不禁恶而劝爱。故天下兼相爱则治，交相恶则乱。①

他论述上同的想法说：

> 夫明乎天下之所以乱者，生于无政长。是故选天下之贤可者，立以为天子。天子立，以其力为未足。又选择天下之贤可者，置立之以为三公。天子三公既以立，以天下为博大，远国异土之民、是非利害之辩，不可一二而明知，故画分万国，立诸侯国君。诸侯国君既已立，以其力为未足，又选择其国之贤可者，置立之以为正长。正长既已具，天子发政于天下之百姓，言曰："闻善而不善，皆以告其上。上之所是必皆是之，所非，必皆非之。上有过则规谏之，下有善则傍荐之。上同而不下比者，此上之所赏而下之所誉也。意若闻善而不善，不以告其上。上之所是弗能是，上之所非弗能非。上有过弗规谏，下有善弗傍荐。下比不能上同者，此上之所罚而百姓所毁也。"②

---

① 见《墨子·兼爱上》。
② 见《墨子·尚同上》。

墨子的兼爱思想，反映了人们在长期战乱中对未来美好生活的向往。但这种理想是寄托在人们的善良愿望上，墨子没有提出来如何实现这种理想的客观条件。而且兼爱是对所有的人说的，这就是超阶级的不现实的想法。后来历史的发展证明，只有被统治者有爱统治者的义务，他们并没有被爱的权利。墨子的上同思想是要求有一个圣王天子和层层的贤政长来进行治理。但掌握政权的各级人物，很难就是圣贤。当他们当权的时候，要求人民于"上之所是必皆是之，所非，必皆非之"，这只能是培育君主专制的温床。历史证明，墨子的主张，后来是实现了一半的，但因为另外的一半被抛弃了，实现了的这一半也就变了质。

战国时期主张变法的人物，大致是法家人物。他们都更敏感地看到世局的变。他们不相信世局会变回来，而相信会变下去。他们具体的做法上不必一致，但认为采取行政手段适应历史趋势是一致的，而且事实上也起了推动历史发展的一定的作用。

商鞅认为，历史是不断发展的，应该看清历史的趋势，采取果断的措施，这里可以看看《商君书》里所保留的有关议论。《商君书·开塞》把历史分为上世、中世和下世。上世是"天地设而民生"的时代，"民知其母而不知其父，其道亲亲而爱私"。这说的是原始的以血缘关系组织起来的社会。中世是"上贤而悦仁"的时代，"仁者以爱利为务，而贤者以相出为道"。这个仁者的爱，比"亲亲而爱私"的爱要恢廓得多。"出"：依《释名》训"推"，"推而前也"。这是说扩大私爱而推选贤者来主事，这个贤者"立中正，设无私"，还是社会公仆的性质。这说的是原始社会的晚期。下世是"贵贵而尊官"的时代。在这个时代，"作为土地货财男女之分。分定而无制，不可，故立禁。禁立而莫之司，不可，故立官。官设而莫之一，不可，故立君。既立君，则上贤废而贵贵立矣。"这说的是进入阶级社会的时代，私有财产出现了，国家建立了，君主、职官和禁令也都有了。依商鞅所论，社会系由低级向高级、由简单到复杂的阶段性发展。这不免有理想化的成分，但已触到历史发展的真实的边缘，这在先秦诸子中是很难得的。但根据这种看法，对当时历史发展的趋势，显然认为是沿着下世"贵贵而尊官"的途径发展下去的。他在秦变法的措施中，奖励耕战、严明赏罚，提高统治者的权威，都是跟他的历史观点有密切联系的。历史证明，他的变法是有成效的。当时的秦国是以强国为务，还没有统一天下的想法，所以商君的思想里似乎也还没有一个更远的社会理想。但实际上，他在政治上的措施，是有利于秦向封建社会过渡的。

商鞅以后，有赵武灵王，有孟子和荀子，有李斯和韩非，都运用了历史知识观察当前和未来的重大问题。

赵武灵王于公元前 307 年决定胡服以便骑射。他的想法遭到宗室和大臣们的反对。赵武灵王说："今吾国东有河、薄洛之水，与齐、中山同之，而无舟楫之用。自常山以至代、上党，东有燕、东胡之境，西有楼烦、秦、韩之边，而无骑射之备。故寡人且聚舟楫之用，求水居之民以守河、薄洛之水；变服骑射，以备其参胡、楼烦、秦、韩之边。"这是从边境的形势上说明胡服的需要。接着，赵武灵王就回顾赵国的历史说："昔者简主不塞晋阳以及上党，而襄王兼戎取代，以攘诸胡，此愚知之所明也。先时，中山负齐强兵，侵掠吾地，系累吾民，引水围鄗，非社稷之神灵，即鄗几不守。先王忿之，其怨未能报也。"[①] 这是从历史上看先王的做法和意志，胡服是可以的。接着，他就说："今骑射之服，近可以备上党之形，远可以报中山之怨。"此外，赵武灵王还一再申述变服的历史依据说："三代不同服而王，五伯不同教而政。……故势与俗化，而礼与变俱，圣人之道也。""古今不同俗，何古之法？帝王不相袭，何礼之循？伏羲、神农教而不诛，黄帝、尧、舜诛而不怒。及至三王，观时而制法，因事而制礼，法度制令，各顺其宜；衣服器械，各便其用。故礼世不必一其道，便国不必法古。圣人之兴也，不相袭而王。夏殷之衰也，不易礼而灭。然则反古未可非，而循礼未足多也。"[②] 民族性的服装是一种民族形式，改变民族性的服装并不是一件简单的事，在古代更是如此。赵武灵王坚决要胡服，这固然是关系到当时赵国军备和立国的问题，但还是一个历史看法的问题。宗室大臣的反对，主要是以维护历史传统为重要的理由，而赵武灵王对他们的答复，也主要是从历史上做了回答。胡服以后，赵国取得了军事上的一系列胜利，这当然不只是胡服一事的成效，但是胡服所体现的是

---

① 见《战国策·赵二》。
② 见《战国策·赵二》。

适应历史发展的精神所取得的成效。

孟子对于当时的历史趋向，是有一个明确的看法的，对于未来社会也有他的理想。梁襄王曾问过他："天下恶乎定？"孟子答："定于一。"又问："孰能一之？"答："不嗜杀人者能一之。"① 这两句答词只十一个字，是孟子对于战国局势的论纲。他认为：战国终要归于一统，而这个历史任务只有"不嗜杀人者"才能担负起来。他并不对杀人一概反对，他还说过："国人皆曰可杀，然后察之。见可杀焉，然后杀之。"② 在他的话里，"嗜"字很重要：杀人不是不可以，"嗜杀人"就不行了。他说："善战者服上刑，连诸侯者次之，辟草莱、任土地者次之。"③ 这话跟商鞅的耕战政策正好针锋相对。从战国的结局看，商鞅的想法是有效果的。从更远的历史看，孟子的话倒是说对了。秦始皇灭六国，并不能使天下"定于一"，而能"定于一"者应该说是"不嗜杀人者"的刘邦和他的伙伴。

但如何结束战国的局面，孟子认为应顺行王政。行了王政，就可以无敌于天下。他说："尊贤使能，俊杰在位，则天下之士，皆悦而愿立于其朝矣。市廛而不征，法而不廛，则天下之商，皆悦而愿藏于其市矣。关讥而不征，则天下之旅，皆悦而愿出于其路矣。耕者助而不税，则天下之农，皆悦而愿耕于其野矣。廛无夫里之布，则天下之民，皆悦而愿为之氓矣。信能行此五者，则邻国之民仰之若父母矣。率其子弟，攻其父母，自有生民以来未有能济者也。如此，则无敌于天下。无敌于天下者，天吏也。然而不王者，未之有也。"④ 孟子在这里，没有提到军事上的需要，但他也并不完全反对打仗。孟子说：

> 齐人伐燕，取之。诸侯将谋救燕。宣王曰："诸侯多谋伐寡人者，何以待之？"孟子对曰："臣闻七十里为政于天下者，汤是也。未闻以千里畏人者也。《书》曰：'汤一征，自葛始。'天下信之。'东面而征，西夷

---

① 见《孟子·梁惠王上》。
② 见《孟子·梁惠王下》。
③ 见《孟子·离娄上》。
④ 见《孟子·公孙丑上》。

怨；南面而征，北狄怨。曰，奚为后我？'民望之，若大旱之望云霓也。归市者不止，耕者不变。诛其君而吊其民，若时雨降，民大悦。《书》曰：'徯我后，后来其苏。'今燕虐其民，王往而征之。民以为将拯己于水火之中也，箪食壶浆，以迎王师。若杀其父兄，系累其子弟，毁其宗庙，迁其重器，如之何其可也？天下固畏齐之强也。今又倍地而不行仁政，是动天下之兵也。王速出令，反其旄倪，止其重器，谋于燕众，置君而后去之，则犹可及止也。"①

这可见，孟子也主张可以打仗，但必须是吊民伐罪的义师，以攻城略地为目的的打仗是得不到什么好处的。当然，孟子的这种说法，在战国时期是不现实的。

孟子不断地强调王政。所谓王政，就是他对历史前途的设想。他曾说过这样一个蓝图：

不违农时，谷不可胜食也。数罟不入洿池，鱼鳖不可胜食也。斧斤以时入山林，材木不可胜用也。谷与鱼鳖不可胜食，材木不可胜用，是使民养生丧死无憾也。养生丧死无憾，王道之始也。

五亩之宅，树之以桑，五十者可以衣帛矣。鸡豚狗彘之畜，无失其时，七十者可以食肉矣。百亩之田，勿夺其时，数口之家可以无饥矣。谨庠序之教，申之以孝悌之义，颁白者不负戴于道路矣。七十者衣帛食肉，黎民不饥不寒，然而不王者，未之有也。②

这个蓝图，就是封建社会里的小农经济，其特点是占有一小块土地的一家一户的个体生产。这个设想是符合当时历史发展的，秦汉以后容纳了广大劳动力的就是这种生产结构。

荀子结合历史，把国分为三个类型。第一个类型是可以王天下的国，这

---

① 见《孟子·梁惠王下》。
② 见《孟子·梁惠王上》。

是"挈国以呼礼义而无以害之","行一不义,杀一无罪,而得天下"都不干的。汤武是这一类型的代表人物。"汤以亳,武王以鄗,皆百里之地也,天下为一,诸侯为臣,通达之属,莫不从服。"汤武为什么能做到这一点?荀子答:"无它故焉,以济义矣。是所谓义立而王也。"第二个类型是"刑赏已诺,信乎天下矣,臣下晓然皆知其可要也。政令已陈,虽睹利败,不欺其民;约结已定,虽睹利败,不欺其与。"五伯是这一类型的代表。"齐桓、晋文、楚庄、吴阖闾、越勾践是皆僻陋之国也,威动天下,强殆中国。"为什么?"无它故焉,略信也,是所谓信立而霸也。"第三种类型,是"挈国以呼功利,不务张其义,齐其信,唯利之求,内则不惮诈其民而求小利焉,外则不惮诈其与而求大利焉,内不修正其所以有,然常欲人之有",以致"臣下百姓莫不以诈心待其上矣,上诈其下,下诈其上"。如是则"敌国轻之,与国疑之,权谋日行,而国不免危削,綦之而亡。"齐闵公与薛公是这一类型的代表。他们之强,"南足以破楚,西足以诎秦,北足以败燕,中足以举宋。及以燕赵起而攻之,若振槁然,而身死国亡,为天下大戮"。这又是为什么?答复:"是无他故焉,唯其不由礼义而由权谋也。"[①]

"义",是孟子所曾经强调的。孟子说:"仁,人心也。义,人路也。"《孟子·告子上》把仁义都说成是先天所具有。荀子这里所说的"义",似指人们应得的利益和应承担的责任,跟孟子所说的"义",是有区别的。荀子经常说礼,又曾合称"礼义"。礼比义要具体些,指的是君臣、父子、兄弟、夫妻以及国与国之间应分别遵循的活动规范。荀子又说法,法比礼更具体,是有强制性的国家的决定。礼、义、法在荀子的社会思想中,是互相依存的,是既有联系又有区别的。在法家那里,大大发展了法,就把礼义抛弃了。"仁"的思想,孔子也提过。孔子的学生子贡问政,孔子答复:"足食,足兵,民信之矣。"子贡问:"必不得已而去,于斯三者何先?"孔子说:"去兵。"又问:"必不得已而去,于斯二者何先?"答复是:"去食。"但没有饭吃怎么得了。孔子的解释是:"民无信不立。"[②] 这是说,没有信,就没有立国的可能,什么都谈

---

① 以上见《荀子·王霸》。
② 以上见《论语·颜渊》。

不到了。但孔子说的简单，荀子对这个思想有所发展。

荀子曾到过秦国，对秦国的政治，有三段评论。一段评论是荀子答复应侯的话，应侯问荀子："入秦何见？"荀子说：

> 其固塞险，形势便，山林川谷美，天材之利多，是形胜也。入境，观其风俗，其百姓朴，其声乐不流污，其服不挑，甚畏有司而顺，古之民也。及都邑官府，其百吏肃然，莫不恭俭敦敬忠信而不楛，古之吏也。入其国，观其士大夫，出于其门，入于公门，出于公门，归于其家，无有私事也；不比周，不朋党，偶然莫不明通而公也，古之士大夫也。观其朝廷，其朝间，听决百事不留，恬然如无治者，古之朝也。故四世有胜，非幸也，数也。是所见也。故曰：佚而治，约而详，不烦而功，治之至也。秦类之矣。虽然，则有其諰矣；兼是数具者而尽有之，然而县之以王者之功名，则倜倜然其不及远矣。是何也？则其殆无儒邪！故曰：粹而王，驳而霸，无一焉而亡。此亦秦之所短也。①

按照这段话来说，秦国似可归于第二类型的国，在信字上已颇有成就，但"县之以王者之功名"，则"不及远矣"。县，悬也。"县之以王者之功名"，即是以第一类型的标准去衡量，这是秦所做不到的。

荀子论秦的另外一段话，是说：

> 秦人其生民也狭厄，其使民也酷烈，劫之以势，隐之以厄，忸之以庆赏，鳅之以刑罚，使天下之民所以要利于上者，非斗无由也。厄而用之，得而后功之，功赏相长也，五甲首而隶五家，是最为众强长久，多地以正，故四世有胜，非幸也，数也。故齐之技击不可以遇魏氏之武卒，魏氏之武卒不可以遇秦之锐士，秦之锐士不可以当桓文之节制，桓文之节制不可以敌汤武之仁义，有遇之之者，若以焦熬投石焉。兼是数国者，皆干赏蹈利之兵也，佣徒鬻卖之道也，未有贵上安制綦节之理也。诸侯

---

① 见《荀子·强国》。

有能微妙之以节，则作而兼殆之耳！①

按这一段话所说，秦国的锐士还敌不过齐桓、晋文的节制，似乎秦在第二类型里也排不上一个正当的位置，并且还不是没有亡国的危险。

荀子还有一段话，说秦"威强乎汤武，广大乎舜禹"，而"忧患不可胜校也，諰諰然常恐天下之一合而轧己也。"他提出秦应"节威反文，案用夫端诚信全之君子治天下焉，因与之参国政，正是非，治曲直，听咸阳，顺者错之，不顺者而后诛之"。若能这样，"兵不复出于塞外而令行于天下矣"。他说："假今之世，益地不如益信之务也。"②可以说，荀子认为，秦在立信上还很不够，秦的历史地位只可列在第二类型和第三类型之间。荀子对秦的历史前途的看法，实际上也是对战国的历史前途的看法。在这个问题的基本观点上，荀子是跟孟子相近的，但荀子更具体些，更有一些分析。秦的历史前途，跟荀子的观察实际上并没有很大的距离。

李斯和韩非是同学，都是荀子的学生。他们都离开儒家而进入法家。李斯是上蔡人。秦王政时，李斯在秦为客卿。秦王下逐客令，李斯也列在被逐者中。李斯上书陈述逐客之失策。书中说：

臣闻吏议逐客，窃以为过矣。昔缪公求士，西取由余于戎，东得百里奚于宛，迎蹇叔于宋，来丕豹、公孙支于晋。此五子者，不产于秦，而缪公用之，并国二十，遂霸西戎。孝公用商鞅之法，移风易俗，民以殷盛，国以富强，百姓乐用，诸侯亲服，获楚、魏之师，举地千里，至今治强。惠王用张仪之计，拔三川之地，西并巴蜀，北收上郡，南取汉中，包九夷，制鄢郢，东据成皋之险，割膏腴之壤，遂散六国之从，使之西面事秦，功施到今。昭王得范雎，废穰侯，逐华阳，强公室，杜私门，蚕食诸侯，使秦成帝业。此四君者，皆以客之功。由此观之，客何负于秦哉！向使四君却客而不内，疏士而不用，是使国无富利之实而秦

---

① 《荀子·议兵》。
② 《荀子·强国》。

无强大之名也。①

这一段话回顾秦穆公、孝公、惠王、昭王任用客卿的历史，指出这是使秦国逐步强大的历史。这都是当时的实际情况。秦在任用大臣的方面，信任客卿，使他们得以施展所长，这是秦得以不断打击本国的陈旧势力使国力不断上升的重要措施。书中的这一段话指出秦国政治史上的特点和在任用客卿方面的成就，这是富有说服力的。接着，书中又从另外一个方面说：

今陛下致昆山之玉，有随和之宝，垂明月之珠，服太阿之剑，乘纤离之马，建翠凤之旗，树灵鼍之鼓。此数宝者，秦不生一焉，而陛下说之，何也？必秦国之所生然后可，则是夜光之璧不饰朝廷，犀象之器不为玩好；郑卫之女不充后宫，而骏良駃騠不实外厩，江南金锡不为用，西蜀丹青不为采。所以饰后宫、充下陈、娱心意、说耳目者，必出于秦然后可，则是宛珠之簪、傅玑之珥、阿缟之衣、锦绣之饰不进于前，而随俗雅化佳冶窈窕赵女不立于侧也。夫击瓮叩缶，弹筝搏髀，而歌呼呜呜快耳目者，真秦之声也。郑卫桑间，韶（昭）虞武象者，异国之乐也。今弃击瓮叩缶而就郑卫，退弹筝而取韶虞，若是者何也？快意当前，适观而已矣。今取人则不然。不问可否，不论曲直，非秦者去，为客者逐。然则是所重者在乎色乐珠玉，而所轻者在乎人民也。此非所以跨海内制诸侯之术也。

这指出秦王对外来的色乐珍宝特别欣赏并享受，反问秦王为什么在用人上要"非秦者去，为客者逐"。这说的也是历史，是当前的历史，是使秦王无以自解的历史。最后，书中作出结论说：

臣闻地广者粟多，国大者人众，兵强则士勇。是以泰山不让土壤，故能成其大；河海不择细流，故能就其深；王者不却众庶，故能明其德。

---

① 见《史记·李斯列传》。

是以地无四方,民无异国,四时充美,鬼神降福,此五帝三王之所以无敌也。今乃弃黔首以资敌国,却宾客以业诸侯,使天下之士退而不敢西向,裹足不入秦,此所谓"藉寇兵而赍盗粮"者也。夫物不产于秦,可宝者多,士不产于秦,而愿忠者众。今逐客以资敌国,损民以益雠,内自虚而外树怨于诸侯,求国无危,不可得也。

秦王采纳了李斯的话,撤回了逐客令,恢复了李斯的官职,照旧任用客卿。李斯的《谏逐客书》是一篇著名的政治文献,它的特点就在于把历史和现实结合起来,既使人信服,也取得了客观的效果。

韩非是先秦法家的集大成者。法家原有三派,商鞅变法,慎到讲势,申不害言术。韩非肯定了他们的思想,并结合历史而加以发展,总结为处势、抱法、任术。

韩非所论势,就是政权。他从历史上证明,势的政治影响远非个人的贤智可比。他以孔子为例,说:

> 且民者固服于势,寡能怀于义。仲尼,天下圣人也,修行明道以游海内,海内说其仁,美其义,而为服役者七十人。盖贵仁者寡,能义者难也。故以天下之大,而为服役者七十人,而为仁义者一人。鲁哀公,下主也,南面君国,境内之民莫敢不臣,民者固服于势,势诚易以服人,故仲尼反为臣而哀公顾为君。仲尼非怀其义,服其势也。故以义则仲尼不服于哀公,乘势则哀公臣仲尼。①

并从而断言:"今学者之说人主也,不乘必胜之势,而曰务行仁义则可以王。是求人主之必及仲尼,而以世之凡民皆如列徒,此必不得之数也。"② 这所谓学者是指儒家,也可以包括墨家。儒墨都希望王者和仁义备于一人之身,韩非则指出"此必不得",而权势比仁义更现实、更重要。

---

① 见《韩非子·五蠹》。
② 见《韩非子·五蠹》。

但韩非并不完全同意慎到对于势的看法。慎到说：

　　飞龙乘云，腾蛇游雾，云罢雾霁，而龙蛇与螾螘同矣，则失其所乘也。贤人而诎于不肖者，则权轻位卑也；不肖而能服于贤者，则权重位尊也。尧为匹夫，不能治三人，而桀为天子，能乱天下。吾以此知势位之足恃，而贤智之不足慕也。夫弩弱而矢高者，激于风也；身不肖而令行者，得助于众也。尧教于隶属而民不听，至于南面而王天下，令则行，禁则止。由此观之，贤智未足以服众，而势位足以诎贤者也。①

对于慎到所说势的权威性，韩非是同意的，但把这种权威性说成是绝对的，韩非是不同意的。他引尧、舜、桀、纣为例，指出势可以使天下大治，也可以使天下大乱。他说：

　　飞龙乘云，腾蛇游雾，吾不以龙蛇为不托于云雾之势也。虽然，夫释贤而专任势，足以为治乎？则吾未得见也。夫有云雾之势而能乘游之者，龙蛇之材美之也。今云盛而螾弗能乘也，雾浓而螘不能游也，夫有盛云浓雾之势而不能乘游者，螾螘之材薄也。今桀纣南面而王天下，以天子之威为之云雾，而天下不免乎大乱者，桀纣之材薄也。且其人以尧之势以治天下也，其势何以异桀之势也，乱天下者也。

　　夫势者，便治而利乱者也。故《周书》曰："毋为虎傅翼，将飞入邑，择人而食之。"夫乘不肖人于势，是为虎傅翼也。桀纣得乘四行者，南面之威为之翼也。使桀纣为匹夫，未始行一而身在刑戮矣。势者，养虎狼之心而成暴乱之事者也，此天下之大患也。势之于治乱，本末有位也，而语专言势之足以治天下者，则其智之所至者浅矣。②

他又以御为喻，说"使臧获御之则为人笑，王良御之而日取千里"。车马

---

① 见《韩非子·难势》。
② 见《韩非子·难势》。

都是一样，但效果相差很远。如果把国比作车，把势比作马，把号令比作辔，把刑罚比作鞭子，"使尧舜御之则天下治，桀纣御之则天下乱"。①他认为，问题在于有了权势之后，如何发号令，施刑罚，这里就有一个任术和施法的问题。

韩非论法的重要，说："国无常强，无常弱。奉法者强则国强，奉法者弱则国弱。"②他引用荆齐燕魏的史事来证成其说。荆庄王并国二十六，开地三千里，但同样是庄王时的人民社稷，荆却亡了国。齐桓公并国三十，开地三千，但同样是桓公时的人民社稷，齐却亡了国。燕襄王"以河为境，以蓟为国，袭涿、方城，残齐、平中山"，但同样是襄王时的人民社稷，燕却亡了国。魏安釐王攻燕救赵，取地河东，攻尽陶、魏之地。加兵于齐，私平陆之都，攻韩拔管，胜于淇下；睢阳之事，荆军老而走。蔡召陵之事，荆军破，兵四布于天下，威行于冠带之国，但安釐王死魏也亡了国。为什么这四个国的历史有这样大的变化？韩非指出，关键在于是否"奉公法，去私曲"。③

韩非很重视法术之不可偏废。他指出申不害虽使韩昭侯用术，但因"晋之故法未息，而韩之新法又生；先君之令未收，而后君之令又下"，这就使奸臣得以投机取巧，上下其手，使韩虽有申不害的辅佐，仍长期不能成为霸主。他又指出"公孙鞅之治秦也，设告相坐而责其实，连什伍而同其罪，赏厚而信，刑重而必。是以其民用力劳而不休，逐敌危而不却，故其国富而兵强"，但因无术以防臣下之奸，秦的富强也只好过了人臣。秦孝公和商鞅死后，秦法未败，但"张仪以秦殉韩魏"，后来"甘茂以秦殉周"，再后来穰侯"越韩魏而东攻齐，五年而秦不益一尺之地，乃成其陶邑之封"，应侯"攻韩八年，成其汝南之封"。自此以后，在秦用事者都是应、穰之类的人，"故战胜则大臣尊，益地则私封立"，原因就是由于"主无术以知奸也"。④

韩非又强调了智法之人跟当途之人的尖锐矛盾，甚至于说："智法之士与当途之人不可两存之仇也。"所谓智法之士，是指智术之士和能法之士。智术

---

① 见《韩非子·难势》。
② 见《韩非子·有度》。
③ 见《韩非子·有度》。
④ 见《韩非子·定法》。

之士是"必远见而明察，不明察不能烛私"。能法之士是"必强毅而劲直，不劲直不能矫奸"。[①] 人主能否辨识智法之士与当途之人的特点，能否杜绝当途之人的奸，任用智法之士的长，这是人主之任术活动中最重要的问题。而智法之士与当途之人之间的尖锐矛盾，也正是战国末年新旧势力、新旧阶级斗争激化的一种表现形式。韩非抓住了这一点给予极大的重视，这是他对于他那个时代之历史觉醒的认识。

对于历史知识的运用，发展到了韩非，取得了更为现实的意义。他的一套学说，取证于历史的素材，实际上为秦汉以后的封建专制主义提供了思想的武器。秦实行了商鞅之法以来，以至韩非的法家思想，因而建立了第一个皇朝，但究竟不能取得相当稳定的统治。汉家吸取了秦的经验教训，一方面是"汉承秦制"，另一方面是"外儒内法"，而得到了较长时期的统治。

历史知识的善于运用，使人能疏通知远，特别在政治思想上有很大影响。这在中国史学史上，是很显著的。

（1984年第2期）

---

① 见《韩非子·孤愤》。

面向新世纪，漫谈历史规律问题[①]

刘大年

1994年3月21日，我们访问了刘大年先生。大年先生在他的书房里很高兴地接见了我们。我们向先生问候，说明对这次访问，白寿彝先生很重视，曾两次同我们谈到这次访问的事，我们希望大年先生就当前我国史学发展的状况、存在的问题以及中国史学发展的前景等问题谈谈自己的看法。大年先生很忙，这次能接受访问，很不容易，我们感到十分高兴。

大年先生说，白寿彝同志同我谈过几次，你们的刊物《史学史研究》我能收到，刊物上的访问记，我也读了一些。有的访问记讲得很好。你们要我谈的问题，我可能要交白卷。说到这里，大年先生笑起来。他说，我对史学界的情况不了解。不了解也就不好说什么，不了解也就没有发言权。说到你们的刊物，我以为，史学史的研究，实际是史学理论的研究。史学是史学家对历史的看法，史学史是对史学家的看法的认识，是对史学家的思想的认识。用我们的观点去分析他们的认识，来提高我们的认识。历史研究不仅是"还原"，但第一步是要"还原"的。我们从"还原"中间抽出一些东西来，讲出为什么要研究历史的道理来。现在说说自己的想法，进行讨论，也可以反驳，反驳才有意思。

[①] 1994年初，根据白寿彝先生的意见，我和瞿林东教授访问刘大年先生。我根据录音整理出访谈稿，原安排在《史学史研究》"人物志"栏目内发表。录音整理稿经白寿彝先生过目后，送大年先生审读。刘大年先生要再推敲推敲。
2003年年初，见到刘潞同志，谈及此事。后来，刘潞同志在整理其父刘大年先生文稿时，发现了这篇录音整理稿，大年先生在原稿上作了一些文字修订。她希望发表这篇文章并写了《读后记》。
根据《史学史研究》栏目要求，录音整理稿改为专论。原稿的开篇和结尾两部分一仍其旧；刘潞同志的《读后记》附在本文的后面。今天，刊物能发表大年先生的文章，要谢谢刘潞同志。我们对大年先生表示深深的敬意和怀念。——吴怀祺。

现在是二十世纪快要结束了，是世纪末，二十世纪是人类特别重要的世纪，回顾二十世纪，倒过去看历史，可以看出一些历史规律的问题。马克思说："人体解剖对于猴体解剖是一把钥匙，低等动物身上表露的高等动物的征兆，反而只有在高等动物本身已被认识之后才能理解。"（《〈政治经济学批判〉导言》）到了这个世纪末，再去看看二十世纪的问题，会看得更清楚。面向新的世纪，谈谈历史规律的问题，是很有意义的事。

大年先生谈到了以下几个问题。

一、历史科学研究要注重研究二十世纪的历史

二十世纪的历史特别值得重视。在二十世纪以前，人类经历了不少世纪，发生过不少重大的事件。但是没有哪一个世纪、哪一个事件像二十世纪的变化那样大，那样深刻，那样复杂，那样剧烈。这种变化剧烈，是大起大落。世界历史是这样，中国的历史也是这样。两次世界大战都发生在二十世纪，对历史产生很大的影响。二十世纪的最大的变动是两次世界大战后形成的格局。

人类文明史上战争不断，但是没有像二十世纪那样的战争。两次世界大战后许多国家发生变动。人类历史是在波浪中前进的，两次世界大战前后，各国的历史大起大落。英国在这之前，是资本主义的最主要的国家，但是经过两次大战后，现在已经是资本主义的二等国家。第一次世界大战德国被打败，后来又恢复起来，出现第三帝国。第二次世界大战后德国衰落下去，现在又起来了。日本在二次大战后，衰落下去后又重新发展起来。斯大林在波茨坦会议前后就说过，日本还会兴盛起来。资本主义国家还会大起大落。美国也在变动，在二次大战后，成了超级大国，但也出现衰落的迹象。这些变动是深刻的。

第一次世界大战后，出现了苏联，出现了社会主义制度，这在人类历史发展方向上是最大的、最深刻的变化。以前的制度的变化是私有制的变化。苏联经过七十多年的发展过程陡然发生了变化，这是人们没有预料到的，西

方也没有预料到。这也是发生在二十世纪末。东欧的变化也是这样，二十世纪的四分之三时间是在不断变动之中。

中国在二十世纪也发生了很大的变化。从上个世纪，从鸦片战争以后，中国人是在寻找出路，但一次也没有找到。本世纪初，辛亥革命推翻了君主制，过去只是说辛亥革命没有完成反帝反封建的任务。这是对的。但现在我们要看到，辛亥革命在东方的意义是了不起的，中国第一个在东方建立起共和国。这是很大的变化。推翻君主制，然后才有资本主义、共产主义，建立资本主义、共产主义才有条件。当然它也确实没有把中国完全从封建制度中解脱出来。在这以后十月革命给中国指出了出路。中国出现两大势力，这就是共产党、国民党。国民党起初也是进步的势力。后来发生变化。这期间发生长达八年的抗日战争。这规模也是以前没有的。抗日战争唤醒了人民的觉悟。人民的觉醒是很重要的，也是很不容易的。新中国的建立结束了半殖民地半封建的社会，国家独立了，我们的民族独立了。再有，过去民族分裂，军阀混战，现在是各民族统一，团结起来，找到了发展中国经济、文化的社会主义的道路。最近胡绳同志写有一篇文章，说到毛泽东一生做了两件大事：完成新民主主义革命，开始社会主义的革命和建设。第二件大事做得还是有缺陷。所以无论是从世界上看还是从中国看，二十世纪都是人类历史上重大变化的时期。

二十世纪又是社会生产力、科学技术得到空前发展的时期。以前只能在水上、陆上进行活动，现在可以上月球、探测火星。机器人可以模仿人的功能。试管婴儿诞生以及遗传密码的发现，都有重大的意义。人类的生产一是生活资料的生产，二是人类自身的生产。一代一代地延续下来。试管婴儿的产生，对人类自身的延续产生了重大影响，遗传密码可以控制性别。这对生物的发展也产生了重大的影响，进而对人与自然的关系上也会发生重大的作用。反过来又对人类的发展发生作用。无论从哪一方面来说，二十世纪都是重大的变化的时期。

反过来，一些消极的东西也在变化、发展，这种情况使生态受到破坏。对此有所谓的乐观派、悲观派。社会的发展使生态受到破坏，在西方，环保是个大问题。另外有一个问题是人口，人口增长迅速，越是落后的地方，人口的包袱越重。中国的人口，报上说有十一亿八千万。如果人口没有这么多，那么我们的日子会比现在要好过得多。马尔萨斯的人口论，过去是说他把工人阶级的贫困化和人口的增长联系在一起，但他的人口论不是毫无道理的。人口对历史的发展影响很大。是以人口解释历史，还是以历史解释人口，这个问题可以研究。斯大林讲的也不是没有道理的，但是他讲得过头了，不能绝对地看问题。

总而言之，二十世纪的历史要着重地加以研究，找出历史运动的规律来。理论的研究最重要的是人对历史规律的研究。

二、关于历史规律的问题

根据历史唯物主义的观点，人类的历史是有规律的发展。在人类的历史上，无处不存在着矛盾，历史运动的规律也是无处不存在的。没有矛盾，也就没有运动，没有运动的规律。人类的历史是按规律运动。这是历史唯物主义的基本的观点。

认识历史运动的规律，一个重要的问题，是把自然运动的规律和社会运动的规律区别开来。社会运动的规律和自然运动的规律不相同，在社会的发展中，是有思想的人在那里活动，在起作用。没有有思想的人在那里活动，也就没有历史的运动。而自然运动没有这种情形。反对历史有运动规律的各种议论中有一种看法，就是抓着这一点，以社会运动的规律和自然运动的规律的不同为理由，否定历史的运动是有规律的。人类历史运动的规律和自然运动的规律不同还有一点，这就是在人类历史运动中，规律所起的作用相对地说，是短期的，有时间性的。而在自然中的情况不一样。比如，氢二氧一就可以化合成水；再如热胀冷缩的规律，不只是在一个时期起作用的。只要有这种条件，就会产生这个结果。而人类每一个社会形态的规律只适合一定的社会，换了一种社会，它就不起作用。

中国史学史上，有没有讲规律的史学家、思想家呢？这个问题要研究。中国历史上讲这个意思的最早的可以说是老子。老子说："道可道，非常道。"

这句话中的第一个"道"是有规律的意思。但是老子的基本思想是讲"静"，静止的静，这和客观运动规律的思想不一致。在中国儒家的思想里面，孔子的言论中讲"道"的地方是很多的。在《论语》中有不少地方。但讲得很含混，有各种各样的意思，有的是不明确的。他说："齐一变至于鲁；鲁一变至于道。"（《论语·雍也》）但这个道是什么呢？不明确。《论语·为政》中说："殷因于夏礼，所损益可知也；周因于殷礼，所损益可知也；其或继周者，虽百世可知也。"这也还是说制度的，谈不上是在说规律。至于说"大道之行也，天下为公"，有一点道的意思。但大道是个什么东西？不是一个社会，也不是一个制度。而"道不同不相为谋"则是另一回事。孔子的道，涉及什么，这要讨论，但他并没有明确地涉及规律的内容。

后来阴阳五行讲相生相克，把这个当作一种规律，但这不是一种客观的规律。汉代的董仲舒讲"三统"，赤统、白统和黑统，根据夏、殷、周三个朝代在一年中以哪一个月为岁首来确定。历史按照三统运行。这样的规律完全是种神学的理论。今文家讲的"三世说"，所见世、所闻世、所传闻世，有的人说这是进化论，但是这有矛盾，孔子生活的时代，在他们看来，又是最坏的。司马迁说的"究天人之际，通古今之变"，这个天人之际的道，究竟是什么意思？大概还是董仲舒的思想，是天人相通，天人相与。任何一个社会都是天人相通，天人相与。天人相通，天人相与，讲天人关系的和谐。魏源对三世说做了发挥，认为天可以说话。这也完全是神学化。总的讲，古代的中国没有讲客观规律的，就是有，也是很模糊的。《史通》《文史通义》基本上是讲史料学方面的问题，也没有讲客观规律。

讲规律不能把现象当作规律。比如在中国历史上统一和分裂不断出现。从秦到宋，这中间有几次统一，分裂，再统一。经过春秋战国，秦统一了。东汉以后是三国。西晋统一后，中国又出现分裂。隋朝统一了，以后是唐，唐朝以后，是五代十国，后周在北方进行统一的事业，赵匡胤先后灭了南方的分裂割据势力和北汉，最后建立了北宋。由分裂到统一，这是一个现象，还不能说这就是规律。

有人说，中国历史上起事者多在东南，成事者多在西北。这也是一种现象，也不能叫作规律。

同样，类比也不能叫做规律。

但历史确实是有规律的，历史是有规律可循的，这是马克思主义的最主要的思想，是历史唯物主义的基本思想。但是历史又是不可预测的。西方有一个布热津斯基，他写了一本叫做《大失败》的书，说二十世纪预测是资本主义的世纪。但是后来1917年出现了苏俄，二十世纪末，苏联解体，这是不可预测的。但是不可预测并不能说历史没有规律。历史规律是什么东西，历史规律有什么特点？华岗写了一本书叫《规律论》。这本书谈到规律的问题，虽然不是专讲历史规律的问题，但是讲了规律的特点。凡是规律的东西总是有重复性（列宁说重复性是常规性）。规律又具有客观性。他说规律基本的特征有三个，就是客观性、必然性和重复有效性。重复和不重复没有绝对的界限。重复不是说每一个国家都是这样。重复是说从低级向高级的发展，不是说从高级退回到低级。五种生产方式，是说人类历史上先后出现过五种生产方式，不是说每一个国家都要经过五种生产方式。只是说历史发展的程序。奴隶制度不是每一个国家都经历过，封建制度也不是每一个国家都经历过。五种生产方式说明历史是从低级到高级发展的。要研究一个国家的内部生产方式、生活方式和阶级的运动。最重要的是一个国家内部的阶级关系的运动，它的运动的趋势。我写过一篇文章讲历史运动的规律。

历史是有重复性的。历史研究的对象是什么呢？历史的研究是要探索人和人的社会关系的运动及演变，私有制的本质和它的运动的形式，要研究这种运动形式。私有制的运动形式是阶级矛盾和阶级斗争，以及它的各种消长。我们要研究它的阶级矛盾以及各种关系的消长。原始社会有原始社会关系的运动，以及这种关系的消长和变迁。这种社会关系的运动、消长、变迁，就表现为历史的事件、历史的运动。这样来看每一个国家的历史，可以看出历史的重复性，每一个地方的历史都是有规律的。历史的研究不是研究个别的人。个别人的作用是阶级意志的体现，这些个人是阶级的代表。皇帝有至高无上的权力，即使是一个白痴，他也是君临一切，这是他的阶级意志的表现。所以说历史是有重复性的。

中国近代的历史也是有重复性的。中国近代史上的各种矛盾的转化等都是有规律的，有重复性的。近代史上的每一次运动，都是那些大商人、大地主欢迎、投降外国人的。第一次鸦片战争时，英国人进了长江，人民反抗，英国人到了扬州，去迎接英国人，向英国人送钱送物的是大商人。反对太平天国的是大商人、大地主，他们和洋人联合起来。第二次鸦片战争，外国人到了通县，迎接外国人的也是大商人、大地主。这是一种阶级的规律性的现象。

重复性到现在也还没有结束。在国际上，凡是对中国有利的，对中国是好事的，美国及西方的资本主义的国家有些人一定反对；凡是给中国制造麻烦的，引起中国动荡不安的，他们一定支持，他们是欢迎的。譬如在人权问题上、在最惠国待遇问题上，都能看出这种重复性。从中可以看出规律来。

人在一定的条件下可以起作用的。但是客观规律又制约人的作用。

不是说每一条规律都是一样，有些事看得出规律，有些事看不出明显的规律，这个中间没有绝对的界限。有许多东西是处在中间的状态。在自然界，例如鸭嘴兽，是禽，又是兽，这就是一种中间的状态。规律和非规律不是绝对相排斥的。这样来看社会的问题可能更合乎事实。这对我们研究历史是有好处的。这种中间状态可以讨论。但我们从客观性、重复性来看，还是要研究历史的发展的规律。

三、从二十世纪看历史规律

二十世纪的历史发展规律告诉我们什么东西？第一个问题是社会主义的出现是合乎规律的还是不合乎规律？苏联的解体是不是社会主义就没优越性？这实际还是社会主义制度优越性的问题。英国人大卫·科兹有一篇文章谈到苏联的经济改革问题。这篇文章转载在今年第三期的《真理与追求》的杂志上面。作者说到社会主义的优越性的问题。他认为苏联的社会主义制度还是有优越性的。从三十年代到七十年代，苏联取得了重大的成就。国家实现了工业化，城乡人民的生活水平得到了提高。形成一代高教育的人口。工人享有社会的保障。七十年代，用作者的话说，这时的"国家社会主义"制度进一步缩小了城乡的差别。苏联成为与资本主义势均力敌的力量，同资本主义进行斗争。科学技术有了巨大的成就。这些都是合乎事实的。俄国在十月革命前，在欧洲占第四位，在十月革命后，很快地赶上去了。没有这一个时期的工业化，要在第二次世界大战中打败德国法西斯希特勒，是不能想象的。美国、英国在第二次世界大战中，是为他们的利益。罗斯福说过，他的一切政策、决策都是为了美国人的利益。如果没有实现了工业化的苏联，那第二次世界大战的情况会是怎样的？这位英国人的文章对苏联社会主义制度的优越性的问题，谈得还是合乎实际的。由于苏联的解体，就说社会主义制度没有优越性，是没有道理的。

大卫·科兹的第二个论点是对改革方向的分析。根据一项调查，大多数的俄国人还是赞成社会主义的。苏联的解体主要是苏联的内部出现了特权阶层。没有这个特权阶层，苏联是不会那样快地解体的。社会主义在苏联是有基础的。今后的十年，能成为主要的力量。用休克疗法来进行改革，是行不通的，结局在一定时期还未定下来。社会主义在苏联还是有优越性的，但是也有弊病。今后的道路也是曲折的。但是历史发展有一种必然，是要按规律前进的。

第二个问题是从二十世纪的历史怎样认识历史的规律。历史规律的认识是一件长远的事。历史没有最后的一页，历史规律的认识也没有最后的一页。进化与退化同时存在。进化中间有退化，在进化的同时也有退化。章太炎提出俱分进化论，他在第七号《民报》上的一篇文章中说过，进化有前进的一面，退化也是进化的。善亦进化，恶亦进化，乐亦进化，苦亦进化。比如说，人比起动物来是进化了，但是人死要比动物痛苦。富人的死比穷人的死要痛苦，而穷人的死比动物的死，又要痛苦。这里有些看不出是进化论。但是其中的一些论述是合乎辩证法的。比利时的学者恩斯特·曼德尔说过，进化不是直线的。经济上的进化有可能把西方的资本主义引向死胡同。马克思主义在承认社会进化的同时，还要承认退步的进化。否定之否定是马克思主义的辩证法，要用辩证法的观点来认识社会的进化问题。社会发展的不平衡性，是社会的基本的规律。过去都说过实现计划经济，在世界上，俄国是第一个。但即使这样，它不一定是最先安全实现社会主义的国家。商品经济的消亡、国家的消亡，都是一个长期的辩证的过程。总之，要用辩证法的观点来看待进化的问题。

再以中国为例，新中国成立后，社会在发展，但是"文革"就是一个退步。改革开放是一个大进步，是社会生产力的一次大发展，也是空前的。但是我们又看到社会当中，确实存在着消极腐败的东西，确实在文化领域中出现退化的现象，可以说，有些比过去是有过之而无不及。如弘扬传统文化，这是积极的。而另一方面，有的借此宣扬封建迷信。据说在有的地方，出现一种所谓的"共识"，他们肯定《周易》的预测功能，有的还为国家的机构所认可，得到批准，成立所谓"预测公司"。这是几十年来没有的情形。用传统的文化来宣扬封建迷信是思想领域内的一种退化，但是它确实是存在的。

历史的前进是波浪式的前进，波浪式前进是一种规律。近代史的发展也是一种波浪式前进。有高潮也有低潮。历史是曲折地前进的。对于社会主义的发展，我们也应当这样地看。以前，我们认识社会主义，在斯大林、毛泽东的论述中，都有这样的说法："要在一个不太长的时期内实现从社会主义向共产主义的过渡。"现在看来，这样的论断有问题，历史的前进必然是波浪式地前进。过去对资本主义的衰亡估计得过快。从社会主义向共产主义的过渡，社会主义跟资本主义的斗争，实现社会主义的过程是要一个很长的历史的阶段。目标是确定的，至于哪一天实现社会主义、共产主义，这不是我们所能确定的。

波浪式前进的规律说明了历史在前进中有局部的倒退。中国历史总的趋势是统一，但中间也有变化，有分裂。孟子说："天下恶乎定，定于一。"从战国到秦，统一了。但是一直到西汉的武帝，这个问题才解决。西汉的初年，还是要封诸侯王，后来有七国之乱。中国的总趋势是越来越统一。但这中间有变化、分裂，也有倒退。中国的统一越来越强，分裂的情形越来越减少。历史的发展就是波浪式地向前发展的。苏联的历史、中国的历史都可以看到这一点。

最后，从二十世纪的历史看出一条怎样的规律？人类前进是有规律的，规律是多方面的。对立统一，否定之否定，这些规律支配一切事物。世界上一切事物都在变，只有变是不变的，这是一个总的规律。

二十世纪的变化、变动之大，这是以前所没有见过的。这种变化是在对立统一的矛盾的运动中进行的。社会主义和资本主义是对立的，是相互排斥，又相互吸收的。社会主义的存在，对资本主义并不是都是不好的。美国的教授费正清说过这样一点。资本主义的改变大概和社会主义的存在有关系。资本主义国家也要变化，它是改良主义，是为了缓和阶级的矛盾，但它总还是在改变。日本和北欧的一些资本主义国家，实行的是一种福利的资本主义政策。从高额的税收中取出一部分来，再投到国民的福利中支出。这样的办法用以缓和阶级矛盾。另外，资本主义也是要计划经济的，并不是都是毫无计划的竞争。

同样，资本主义的存在对于社会主义也不是毫无意义的。资本主义的科学技术要引进吸收，资本主义的管理生产的方式同样可以借鉴，社会主义也必须改变模式。我们实行社会主义的市场经济，以这种办法来提高生产力，促进社会生产力的发展。如果局限在原来的模式之中，是不能发展生产的，也不能提高人民的生活水平。

总之，只有不变的变，没有别的不变的东西。这是总的规律。从二十世纪的历史中还可以总结哪些规律，我们并不是都能看得清楚的。有的要到二十一世纪才能看得出来。二十一世纪的变化是不可预测的，历史是在前进，也有停顿、倒退，但总的趋势是在前进，在发展。

二十世纪是一个大变化的世纪，从二十世纪的历史中我们看到历史的发展是有规律的。认识这个规律，对于我们认清历史的前途有重要的意义，对于我们坚持前进的方向也是十分重要的。

大年先生兴致勃勃地同我们谈了两个多小时，在谈话中，他不时地起身从书架上、书桌上找出文献资料阐释自己的观点。胸中汇纳世纪的风云，纵论历史发展大势，以恢宏的气度、辩证的眼光，分析历史发展的重要关节，由此，概括、抽象出的对历史规律的认识，自然是深刻的。在这世纪之交的时刻，研究我们时代的历史运动规律问题，是一个史学家的时代使命感的体现。通过这次访问，我们的收获也是多方面的。

读后记

  今年二月，在一次会议上，认识了吴怀祺教授。吴教授告诉我，几年前，他曾与瞿林东同志一起采访过我父亲刘大年先生。他对那次谈话的印象很深，他记得录音整理稿曾寄给我父亲。父亲回话说，想修改一下后再发表。可后来就再未提此事。吴教授说，当年的录音还在，找出来后他会交给我。最近整理父亲的遗稿时，发现了那份录音整理稿。上面有父亲用铅笔做的一些记号，但显然还没有做认真修改。父亲将此稿搁置未改的原因无从知晓。但从采访的时间看，很可能是因为第二年（1995年）是抗日战争胜利五十周年，父亲身为抗日战争研究会会长，正在忙于相关活动的组织工作，主编《中国抗日战争史丛书》，并连续撰写几篇长文，因而当时没有精力认真修改录音稿，以后也就放下了。

  尽管稿子不是经父亲修改后的定稿，但里面讲到的对二十世纪的历史地位的看法、对历史发展规律及史学史的看法，都是他在经历几十年的风风雨雨之后，作为一个马克思主义史学工作者对中外历史现象的哲学思考。至于这些看法的正确性，如他以往对自己发表的见解的态度，任人评说。

  今年12月28日是父亲去世四周年，感谢《史学史研究》惠允发表此稿。

刘潞 2003年7月16日
（2003年第3期）

论通史

刘家和

一、问题的提出

"通史"一词，大家都很熟悉。例如在书店里常常看到以"中国通史""世界通史""欧洲通史"等等为题的历史书籍，大家见了都觉得能知道它们的内容大概都说什么，而不会有疑问。又例如，在大学里，通常开有"中国通史""世界通史"等课程，大家一看也都很明白，知道那不是某朝某代或者某一时期的"断代史"，也不是某一专门史。所以，看起来其中并没有什么问题。

可是，当我们把一些译名为"通史"的外文原书拿来一对照，就会发现事情有些蹊跷。例如，海思（Hayes）等人所编的 *World History* 就曾经被译称《世界通史》，其实只是《世界史》（后来的译本已经改作《世界史》）。鲁滨逊（Robinson）等人所编的 *A General History of Europe* 在过去曾被许多学校用作教材，通常被人们称为《欧洲通史》，其实也只是《欧洲（全）史》。斯塔夫里阿诺斯（Stavrianos）所编的 *A Global History* 现被译为《全球通史》，其实只是《全球史》。过去苏联科学院编的多卷本 ВСЕМИРНАЯ ИСТОРИЯ 被译称《世界通史》，其实也只是《全世界史》。如此之类的例子很多，原来中译本书名上的"通"字都是我们中国译者自己酌情加上去的。加了，肯定符合我们中国人的口味，便于我们了解它们不是断代史或专门史。但是，不加"通"字更符合原书特点。还有从另一个角度来看的例子，如白寿彝教授所主编的《中国通史纲要》，英文本就译为 *An Outline History of China*，变成了"中国史纲"。当年此书英译本稿子出来时，曾经拿来让我看看对译文有没有什么献疑。我看了书名这样翻译也觉得很自然，无可非议。可是，事实上是丢了一个"通"字。白先生很重视这个"通"字，可是我竟然没有能力让英译本把这个"通"字加上去。此事过去已二十年，至今我还是不知道怎样加这个"通"字。为什么呢？因为，在西方甚至俄罗斯的历史书名里，一个国家的历史就直接以国家名冠于"史"字之前（当然也有因语法习惯而置国名于后者，不过意思一样），虽然那本历史书在时间上贯彻古今，仍然如此；其为断代史者，则往往于书名题下注明起讫年代，即何时至何时的某国历史。总之，非断代的某国历史，也只称为某国史，并无某国"通史"之说。英文书里既然无此习惯，我们的中文书译为英文当然就不好生造某一个英文的"通"字加上去了。这件事在我的头脑里形成了一个问题，为什么中西之间会有这样的区别呢？这一篇小文就来谈谈这个问题。

二、一些可能与"通史"有关的西方词语和中文里的"通史"之异同

首先让我们逐一地考察一下有关的西方词语。为方便计，以英文为主，偶尔附以其他西文。

1.General history：这个词最容易在中文里译为"通史"。其实，general 来源于拉丁文的 genus，原意是种、类（kind、class），凡同种、同类之集合即可以此词表达之，所以有"全体的""普通的""总的""一般的""概括的"等等意思。在一般的英文书目里，凡是在 general 项下的都是一般性的、概括性的书籍，以别于专门性的、原典性的书籍等。历史书而冠以此词者，即指内容为一般性、综括性的，如前述的 *A General History of Europe*，就是所述非指欧洲某一国或政治、经济、外交某一方面而言的综合概括的欧洲历史。其他某一地区、某一群岛或某一族属之人的历史也有冠以此词者。此类书中的确也是包括了从古到今的内容，不过这一点不是这个词的重点意义所在。

2. Universal history，即俄文之 ОБЩАЯ ИСТОРИЯ、德文之 allegemeine Geschichte。这个词也是最容易译作"通史"的，不过它很少用在历史书名上，却常用于关于历史学的讨论中。例如，康德在《世界公民观点之下的

普遍历史观念》的"命题九"里就说到了"普遍的世界历史"。①何兆武教授在此词下作了这样一条译注:"'普遍的世界历史'一词原文为 allegemeine Weltgeschichte,相当于英文的 universal history,或法文的 histoire universelle,字面上通常可译作'通史';但作者使用此词并不是指通常意义的通史或世界通史,而是企图把全人类的历史当作一个整体来进行哲学的考察,故此处作'普遍的世界历史'以与具体的或特殊的历史相区别。"在这里,何兆武教授一方面说明这个词"字面上通常可译作'通史'",②另一方面,他又准确地把"普遍史"(或译"普世史")与我们常用的"通史"作了区分。我觉得他的这一番解说很好。因为,一方面,既然是"普遍的历史",那么就应该包括时间上的普遍性。例如,克罗齐就曾经说:"普遍史确乎想画出一幅人类所发生过的全部事情的图景,从它在地球上的起源直到此时此刻为止。事实上,它要从事物的起源或创世写起,直到世界末日为止,因为否则就不成其为真正的普遍了。"从这一段话看,他是把普世史当作包括一切时间在内的历史了。不过,他明确地认为,这样的普世史是不可能有的。而当他随后给普世史举例的时候,所举的就是波里比阿所著的《历史》(*The Histories*),奥古斯丁所著的《神国》(*Civitas Dei*,或译《上帝之城》)和黑格尔的《历史哲学》。③在其中,波里比阿《历史》所述主要是第一、第二两次布匿战争间事,历时不过七十余年,加上其绪论所涉也不过百余年,所以照中国传统看来,那只是断代史;但是此书涉及罗马所征服的地中海世界,所以仍然被视为普世史。奥古斯丁书实际是以基督教为主轴的世界史。黑格尔的《历史哲学》也是世界史,他本人在此书的开头一句话就是说自己的讲演题目是 philosophische Weltgeshichte,即哲学的世界史。所以,严格地说,普世史的关键在普世或空间方面。何兆武教授的论述的确是很有启发性的。按 universal 来源于拉丁文

---

① 康德:《历史理性批判文集》,何兆武译,北京:商务印书馆,1991,页18。
② 例如:在何兆武、张文杰译《历史的观念》(北京:中国社会科学出版社,1986)页1行6提到:"通史或世界史",页209行3提到"普遍历史",行4又提到"通史"。这里的"通史"在柯林武德 [R.G.Collingwood] 原本 *The Idea of History*, Oxford, 1956, p.1;p.264里,都和"世界史""普遍历史"同样地是 universal history。
③ B.Croce : *History : Its Theory and Practice*, trans.into English by D. Ainslie, Oxford, 1946, P.56&57. 傅任敢译:《历史学的理论与实际》,北京:商务印书馆,1982,页39、40。

之 universus（unus+versus），unus 的意思是"一""同一"，versus（由 verto 变来）的意思是"转动"，一同转动的当然只能是一个整体，所以它的意思是"全体的""普遍的""共同的"等，因此这种史重在空间之同一，与我们说的"通史"之重在时间之连续，实有不同。

3. Global history：这个词的意思很明确，即全球史。按 global 来自名词 globe（意思为球），而这个英文词来自拉丁文里的 globus，意思就是球或球形物。这个词在这里只能指全球的历史，重在空间范畴里的同一性。如果说这也是"通"，那么这种"通"就是空间上的横通，也异于我们所说的"通史"之"通"。

4. Ecumenical history：英国哲学家兼历史学家柯林武德在其《历史的观念》一书里提到了"普世历史"（ecumenical history）即"世界历史"（world history）在古典时期并不存在，而是到了希腊化时期才出现。[1] 这里的"普世历史"就是世界史。按柯林武德已经指出，这个词来自希腊文的 οικουμενη（而此词又来自 οικεω，意思就是"居住"）η οιυουμευγ 就是 the whole habitable globe，就是人之所能居住之地，就是"维民所止"（《诗·商颂·玄鸟》）。这种世界史，也与我们所说的通史不同，至少不完全相同。

5. Total history：法国思想家福柯（Foucault）在其《知识考古学》中以"整体历史"（total history）与"综合历史"（general history）相对立，认为"整体历史的设计是，寻求重建一个文明的总体形态、一个社会的物质或精神的原则、一个时代的一切现象所共有的意义、它们凝聚的法则，即可以隐喻地称为一个时代'面貌'的东西"。"一项整体的叙述，围绕着一个单一的中心——一个原则、一种意义、一个精神、一种世界观，一个笼罩一切的形式，来描画一切现象；恰好相反，综合历史则使一种分散的空间疏离开来。"[2] 福柯所反对的"整体历史"实际上就是把一个时代的多整合为一的历史，并非我们所说的"通史"；而他所主张的"综合历史"也不是第一项里所说的 general history，所以更与"通史"无缘。按 total history 一词中的 total 来自拉

---

[1] *The Idea of History*, Oxford, 1946, pp.31-33. 何兆武、张文杰译《历史的观念》，页 35—37。
[2] *The Archaeology of Knowledge*, trans.into English by S.Smith, New York, 1972, pp.9-10. 参阅刘北成《福柯思想肖像》，北京师范大学出版社，1995，页 166—167。

丁文的 totus，它的意思是"全部"或"整体"。所以，从字源来看，它也是各部分之合为整体，并无我们所说的"通"的意思。

以上对西方可能与"通史"有关的一些词作了一番讨论，现在再看一看中国人所说的"通史"中"通"字的含义为何。中国之有通史，自司马迁作《史记》始。其书始自黄帝迄于汉武帝太初之年，概括当时所知各代之史。不过，司马迁不以通史为其书名。唐代史家刘知幾在《史通·六家》中专列史记一家，以为梁武帝命群臣（吴均为主）撰《通史》，"大抵其体皆如《史记》"，这就是说以《史记》为通史家之开山。[①] 刘知幾以后，唐代杜佑作《通典》，为典制体通史；宋代司马光作《资治通鉴》，为编年体通史；郑樵作《通志》，为纪传体通史；宋元之际马端临作《文献通考》，为文献专史体通史。总之，通史之所以为"通"，与其体裁之为纪传体、编年体或为何种专门史毫无关系，关键全在时间上的朝代的打通。有了时间上的通，就叫作"通"史。

按"通"字，《说文解字》："达也。"[②] 在经传中，通与达互训的例子很多，一般都是通（达）到的意思。"通"的反义词是"穷"。《易·系辞上》："往来不穷谓之通。"[③] 不穷，就是无穷无尽、无止无终，也就是通。"通"字本来是指空间意义上的由此及彼，而空间上的往来不穷又是在时间里进行的，因而也就变成了时间上的连续不断。"通"字用于在时间中运行的历史，于是"通史"之"通"，主要即指时间上的连续而言。

这样我们就看到了中国与西方史学传统中的一个有趣的区别：同是通古今的史书，在中国就都称为通史，在西方则必须是带有普世性或区域群体性的才称作 global history、general history、universal history，单一国家的历史虽通古今也不冠以一个表示"通"（中国人心目中的通）的字眼。可见中西之间有着重通史与重普世史的特点之不同。西方所重的是普世史的特色，而中国所重的是通史的特色。普世史固然必须以时间为经，但其重点却在共时性的普世的空间之纬；通史固然必须以空间为纬，但其重点却在历时性的时间之经。我想这也应该是中西历史学的传统上的一种不同吧。

---

① 浦起龙：《史通通释》，上海：世界书局，1935，卷1，页9。
② 段玉裁：《说文解字注》，上海古籍出版社，1981，页71。
③ 《周易正义》卷七，见《十三经注疏》，北京：中华书局，1980，页82。

三、"普世史"与"通史"两种史学传统试析

以上谈到西方的普世史传统与中国的通史传统,现在自然有必要说明这样两种不同传统在古代的产生,及其所以产生的原因。这里的说明将分三部分来进行:第一,略述西方的普世史传统的产生;第二,略述中国通史传统的产生;第三,试对两种传统作一些比较的分析。

第一,西方史学源于希腊。希腊古典时代史学开山大师希罗多德(Herodotus)所著《历史》和修昔底德(Thucydides)所著《伯罗奔尼撒战争史》对古代希腊、罗马的甚至以后的西方史学都留下了深刻的影响,也可以说他们是开创西方史学传统的人。希罗多德的书所述内容是希腊—波斯战争的历史(其中有关于古代一些东方国家历史的传说,但并非基本内容),是与史家本人同时代的历史;修昔底德的书所述内容是伯罗奔尼撒战争的历史,也是与史家本人同时代的历史。他们所写的内容有些是从直接经历其事的人那里了解来的,有些甚至就是史家自己亲身的经历。黑格尔把这种历史称之为"原始的历史",说:"这样的原始历史家把他们熟知的各种行动、事情和情况,改变为一种观念的作品。所以这种历史的内容不能有十分广大的范围。……在他所描绘的一幕一幕的剧情中,他本人曾经亲自参加作一名演员。至少也是一个休戚相关的看客。他所绘画的只是短促的时期,人物和事变的个别的形态,单独的、无反省的各种特点。"[①] 这样的"原始史"就是当代史,用我们的说法也可以称为当代的"断代史",总之,那不是通史。希腊古典时代是城邦时代,没有普世的观念,也没有普世史。正如上文已引柯林武德所说,从希腊化时代开始,包括罗马时代,随着城邦制的没落,普世史开始出现。在这一时期最具代表性的普世史当推波里比阿的《历史》和李维(Livy)的《罗马史(建城以来)》(*Ab Urbe Condita*)。

波里比阿的书,是断代性的罗马世界帝国形成史,当然是普世史,已如上述。而李维的书叙述自公元前8世纪罗马建城之年(B.C.742)至公元初奥

---

① G.W.F.Hegel : *The Philosophy of History*, trans. into English by J.Sibree, New York, 1956, P.2. 王造时译:《历史哲学》,北京:三联书店,1956,页40。

古斯都时代（A.D.9），从编撰体例来说应当是编年体的通史（今本已多有残缺）。美国历史学家巴恩斯曾说："李维是最伟大的古今一切故事叙说者之一，他的书是罗马国史巨著。它是关于罗马世界国家成长的一部宏富的散文史诗。"[①] 这就是说，李维的《罗马史》虽时历古今，但其重点在罗马国史，而这个罗马国家又是一个世界帝国，所以，在西方史学传统里，它仍然被列为普世史。

黑格尔把这种普世史列为他所说的"反省的历史"的第一种。[②] 他在分析普世史的特点时说："在这里，最主要的一点，就是历史资料的整理。进行工作的人用了他自己的精神来从事这种整理工作；他这一种精神和材料内容的精神不同。"黑格尔还以李维为例，说他以自己的精神写往古历史，让古代的历史人物说起话来就像他那个时代的人一样。那么，怎么办呢？黑格尔又说："一部历史如果要想涉历久长的时期，或者包罗整个的世界，那么，著史的人必须真正地放弃对于事实的个别描写，他必须用抽象的观念来缩短他的叙述；这不但要删除多数事变和行为，而且还要由'思想'来概括一切，以收言简意赅的效果。"这就是说，李维的《罗马史》虽然时贯古今，其精神却都是李维时代的，也就是说无变化的。在黑格尔看来，普世史只能是抽象概括的，如果要写出发展，那只有他的哲学的历史才能完成任务。李维的书时贯古今而无古今之变，这样，与中国的强调"通古今之变"的通史就又显然有所不同了。从维柯（G.B.Vico，1668—1744，意大利哲学家）开始，历史发展的思想在西方史学中日益发展，黑格尔的《历史哲学》可以作为其中一部出色的代表作。不过，黑格尔的《历史哲学》在讲历史的发展时，坚持以世界史或普世史（即东方、希腊、罗马和日耳曼世界所谓四个帝国）为其框架，所以整个世界史成了有发展的通史，而构成其世界史的各个国家或地区却没有了自己的通史。例如，在他的《历史哲学》里，中国就只有头而无尾（中国有了一个开头以后就只能派一个原地踏步不动的角色），而日耳曼世界在本质上又只有尾而无头（在他那里日耳曼世界所注定要扮演的只是世界精神发展最

---

① H.E.Barnes: *A History of Historical Writing*, New York, 1963. p. 37.
② 按黑格尔把历史分为：原始的历史、反省的历史和哲学的历史，而反省的历史中又分为四类，即普世的历史、实验的历史、批评的历史和专门的历史。

高阶段的化身）。①因此，黑格尔的"世界历史"虽然有其通的内容，本身仍然是一部普世史。可见普世史的传统在西方还是影响深远的。

第二，中国史学源于先秦时期，其最初的萌芽是《尚书》。《尚书》里的《周书》诸篇，皆当时政治文献，如果作为历史，那就应该属于"原始的历史"。例如，周公在许多篇文告中所述，作为当时之人以当时之精神论当时之事，当然是黑格尔所说的"原始的历史"。不过，他有一个特点，就是在论当代事情的时候不断反省历史，总是爱把古今的事联系起来，考察它们之间的变中之常和常中之变。在他向殷遗民发表文告时，面对的问题是：殷商原来是"大邦""天邑"，是诸侯的共主（天子），周原来是"小邦"，从属于殷商，可是这时周却以武力取代了殷商的地位，怎样才能使殷遗民心服？针对这个问题，他解释说，殷商原来的确是受"天命"的"天邑"，因为"自成汤至于帝乙，罔不明德恤祀"，可是到了纣的时候，情况变了，纣严重失德。因此，周才代殷而受"天命"。而且，"惟尔知，惟殷先人，有册有典，殷革夏命。"你们先人的史册上明明记载着，当夏代君主从有德变为无德的时候，你们的先祖成汤不是也曾革过夏的命吗？②周公的这些话并非只是说给殷遗民听的，在《无逸》篇中对成王、在《康诰》《酒诰》中对康叔也用同样的历史材料说明了同样的思想。所以，他所说的历史是大体属实的。而他所说的道理则是，夏商周三代的嬗迭是历史之变，而其间兴亡之理又是历史之常；其变是常中之变，其常是变中之常。从这样的角度来看《尚书·周书》就既是原始的历史，又是反省的历史；而且在反省中不仅看到了常，同时还看到了变。我想，这就是中国史学里通史传统的源头。

到战国初、中期，随着历史的巨变，在《左传》《国语》里屡屡反映出历史之变，而且通过不同人的口说出这种变也属于常理。例如，《左传》（昭公三十二年）记史墨对赵简子论鲁国季氏出其君的事，不仅说明具体的事因，而且说："社稷无常奉，君臣无常位，自古以然。故《诗》曰：'高岸为谷，深谷为陵，三后之姓，于今为庶。'王（据阮元校勘记，'王'字当为'主'）所

---

① *Philosophy of History*, p.4&5.《历史哲学》，页42、43。
② 《尚书·多士》，《十三经注疏》，页219—221。类似思想还见于《多方》等篇。

经过秦的统一到西汉帝国建立，先秦时期的历史局面已经根本改观。司马迁于汉兴七十余年后撰写《史记》，就正式把"通古今之变"②作为自己的著作目标之一。《史记》写了君位由禅让而世袭之变、制度由封建而郡县之变、风俗由忠而敬而文之变等等，同时也写了变中之不变，而此不变之常即在变化之中。拙作《论司马迁史学思想中的变与常》③对此有较详的说明，此处恕不备论。我们可以这样说，到了司马迁《史记》的出现，中国史学的通史传统，已经不仅在时历古今的体例层面而且在通古今之变的思想层面上基本确立了。

第三，现在再来对中西两种史学传统的产生的哲学思想背景作一些比较的分析。柯林武德在《历史的观念》中指出希腊罗马史学的两个特点是：人文主义（Hunmanism）和实质主义（Substantialism）。④史学要从神化中走出来，变成人的历史，人文主义自然是必不可少的。在古代希腊罗马，从《荷马史诗》到希罗多德的《历史》，情况如此；在古代中国，从甲骨卜辞到以人心向背解释天命的《尚书·周书》同样也如此。这是古代中西史学传统相同之点。因为这一点是人所共知的，这里就不再作具体的论述。中西古代史学传统的不同，在我看来，是在柯林武德所说的第二个方面，即古代西方的重实质主义，与中国古代殊为径庭。

柯林武德说希腊罗马史学是实质主义的，这在其《历史的观念》第一编第三节"希腊思想的反历史倾向"里有相当详细的说明。⑤他说："历史学是关于人类活动的一门科学；历史学家摆在自己面前的是人类在过去所做过的事，而这些都属于一个变化着的世界，——在这个世界之中事物不断地出现和消灭。这类事情，按照通行的希腊形而上学观点，应该是不可能的。""他们（指希腊人）完全肯定，能够成为真正的知识的对象的任何事物都必须是永恒的：

---

① 孔颖达：《春秋左传正义》，见《十三经注疏》，页2128、2130。
② 《报任少卿书》，载班固《汉书·司马迁传》，北京：中华书局，1962，册9，页2735。
③ 载《北京师范大学学报》（人文社会科学版），2000年第2期。
④ *The Idea of History*，pp.40-45.《历史的观念》，页46—51。
⑤ *The Idea of History*，pp.21-22.《历史的观念》，页22—24。

因为它必须具有它自己某些确切的特征,因此它本身之内就不能包含有使它自己消灭的种子。如果它是可以认识的,它就必须是确定的;而如果它是确定的,它就必须如此之完全而截然地是它自己,以致于没有任何内部的变化或外部的势力能够使得它变成另外的某种东西。"他举出柏拉图对于"知识"（episteme）与"意见"（daxa）的区分作为自己的论据,所谓的"知识"就是对于不变的实质（实质不变）的真知实见,而"意见"则是对应于变动不居的现象的感性的认识而已。所以,实质主义就是反历史主义的。柯林武德还在《历史的观念》第一编第五节里指出了"希腊历史方法及其局限性"。[①] 这就是,希腊人的历史有待于历史事件目击者的作证,这种方法有助于第一手材料的运用和记载的真实,但是也使史家的眼光无法伸到更古的时代和更远的地方,结果只能写当代、当地的历史。这也就是黑格尔所说的原始的历史了。在柯林武德看来,古希腊人在史学方法上的局限性是与其实质主义思想有关的;不过,到了希腊化时代和罗马时代,这种方法上的局限性因世界帝国的出现而有所突破,但是,其实质主义的思想传统则在希腊化和罗马时代的史学领域里继续流传下来。[②]

与西方古代史学思想传统形成对比的是,古代中国思想家认为,对于当前的历史事件,当然要有、最好要有事件目击者的作证,不过,对于事件本身的认识却不是只凭事件本身就能真正认识到位的。例如,周人伐纣而代殷为天子,这一事件是当时周人和殷人同时共知的,可以信而无疑。但是,怎样才能认识这件事情的本质呢?周公不是去追究某种永恒不变的实质来加以解释,相反,他是从成汤伐桀代夏的历史事件中获得周伐纣代殷的理由或根据的。他是从变化的现象里寻取其背后的本质的。这种本质是变中之常（也是常中有变）,不同于希腊人的永恒不变的实质。正如柯林武德所指出的,希腊人看到了世界万事在变,于是就追求其背后的不变的实质,经过抽象而获得的这种实质本身就是抽象的"一",就是在其内部不能有对立方面的"一"。这种形而上学的"一",当然是反历史的。古代中国思想家并非不求现象背后

[①] *The Idea of History*, pp.25-28.《历史的观念》,页 28—31.
[②] 克罗齐也谈到了古希腊罗马人的"反历史的哲学",不过他是以他们的未能接触到精神概念的"自然主义"来作解释的。*History: Its Theory and practice*, p.191-192.《历史的理论和实际》,页 151.

的本质（essence, that which makes a thing what it is. 或者 das Wesen），不过他们寻求到的不是抽象的、无差别的"一"或永恒不变的实质，而恰恰相反，是变中之常。中国古代思想家认为，真理不能在永恒不变中去寻求，而只能从变化不居中去把握。《易·系辞上》："一阴一阳之谓道，继之者善也，成之者性也。"[1] 对于这一段话，历来解释甚多，愚以为《周易折中》对"一阴一阳"句的案语甚好，案云："一阴一阳，兼对立与迭运二义。对立者，天地日月之类是也，即前章所谓'刚柔'也；迭运者，寒暑往来之类是也，即前章所谓'变化'也。"[2] 万物并无抽象不变的实质，也非抽象的无差别的"一"，而是"一阴一阳"组成的道或本质。这种道或本质包含着对立，所以与西方的实质相反。惟其"一阴一阳"，这样的道或本质就不能不变，也就是不能不迭运。不直接说"本质"而说"道"者，因为，"道"兼体用。自其体而观之，道是对立的统一；自其用而观之，道又是迭运和不断的运动的途径。"继之者善"，迭运不穷自然为善；"成之者性"，"道"（大一）运成物（小一或具体的一），即成为此物之性，个性犹有道之一体。因此，古代中国人所选择的是与希腊人相反的思想路径，即反实质主义或历史主义。

古代希腊罗马人的史学思想是人文主义加实质主义（反历史主义），而古代中国人的史学思想是人文主义加历史主义（反实质主义）。这一点也就是西方普世史传统与中国的通史传统的区别的渊源所在。

四、通史体例与通史精神

我们讨论和研究通史，实际上是在两个既有联系又有区别的层面（通史体例和通史精神）上进行的。从体例层面上说，通史似乎是最容易理解的。一本历史书、一门历史课，只要是时贯古今的，那就是通史。可是，什么是"通"呢？前引《易·系辞》云："往来不穷谓之通。"真正的通，是往来不穷

---

[1] 孔颖达：《周易正义》，见《十三经注疏》，页78。
[2] 李光地等奉清圣祖（康熙）之命编撰：《周易折中》，见台北：影印本《文渊阁四库全书》册38，页381。

的，因此在时间上是无限的。那么，真有贯通一切时间的通史吗？克罗齐早已说明包罗一切时间的普世史（即我们所说的通史）是不可能存在的。[①] 人们根本无法写包括过去一切时间的历史，更不要说写未来的事了。因此，包括一切时间的"通"，在实际上是没有的。我们所看到的一切中外古今的通史，如果按"通"的严格意义来说，那就都成了断代史，例如以通史著称的《史记》，假如只从时间上来看，那也只是自黄帝至汉武帝这一段时间的断代史，它和《伯罗奔尼撒战争史》的区别也就只在于断代的时间段的长短不同而已。所以，如果只是从撰写体例来看一本书是否通史，深究起来，那还是有难以说清的问题的。换一个角度来说，李维的《建城以来》（《罗马史》），如果只从时间的长度看，那也是足够称为通史的。可是人们都把它当作普世史。因此，一部史书所述时间长且经历不止一朝一代，严格地说，这只是作为通史的必要条件，还不具备作为通史的充分条件。怎样才能算是真正的通史呢？那就还要涉及问题的另一个层面，即必须具备通史精神。

那么，什么是通史精神呢？施丁教授曾说："不通古今之变，则不足以言通史。"[②] 我觉得，他的话说得很好，"通古今之变"就是通史的精神。当然，通史精神必须寓于具有反省可能与必要的、覆盖较长时间的史书中，古典希腊史家所擅长撰写的以当时之人用当时之精神写当时之事件的"原始的历史"（如《伯罗奔尼撒战争史》）是无论如何不能成为通史的。这就是说，只有通史精神而无通史的题材，那也是写不出通史来的。不过，有了一项在时间上有足够长度的历史题材，也有了史家的反省（die Reflexion，或译作反思），那仍是以今人思想去反思古代历史，因此写出的还只能是黑格尔所说的"反省的历史"，如李维的《罗马史》。"反省的历史"（包括黑格尔所说的四种）都是后人（今人）用自己的精神对于前人（古人）历史进行反思的结果，因此它失去了直接性而成为间接的，思维的概括性出现了（黑格尔本人也认为写过去长时期的反省的历史要用概括的方法，说已见前引。）而历史的主动活泼的直接性消失了。为了形成通史，那还需要对反思再反思，用黑格尔的话

---

① 克罗齐说已见前引。
② 施丁《说"通"》，载《史学史研究》，1989年，第2期，页10。

说，那就是要有"后思"（das Nachdenken）。[①] 经过"后思"，黑格尔写出了他的《历史哲学》，一部通古今之变的、以他的"世界精神"为主体的普世史。司马迁不是经过对某种预设的精神的后思写一部"哲学的历史"，而是经过对于古今历史的反复思索，写出了一部纪传体通史——《史记》。在《史记》里，三代时期和春秋战国时期的历史人物，没有由于经过作者的反思而变得抽象、干瘪、像汉代人一模一样，而是经过反复思索，写出三代时人不同于春秋战国时人，春秋战国时人不同于汉代的人，可是相互间又是可以沟通理解的。这就是古今有变而又相通，使得古代历史具备了直接性与间接性的统一。那么，《史记》是否就只有古今历时性纵向之通，而没有空间里的共时性的横向之通，从而完全没有任何的普世性？不是的。《史记》写先秦历史，讲天子与诸侯、诸侯与卿大夫、华夏与夷狄，写秦汉历史讲天子与诸侯、中央与地方、华夏与夷狄、中国与外国。古今纵向历时性之变，正是这些内外横向共时性之变的结果；而一切时代的横向的共时性的结构，又正是纵向的历时性发展的产物。纵向的历时性的发展与横向的共时性的变化是一而二、二而一的。通史作为传统，既是中国史学体例的一种表现，也是史学精神的一种展现。如果推展而言，这也是中国文明发展的连续性与统一性相互作用的一种在精神上的反映。

（2002 年第 4 期）

[①] 参考黑格尔著，贺麟译《小逻辑》，北京：商务印书馆，1995。这个词，汉文或译"后思"[页 39]，或译"反复思索"[页 42]，或者就译为"反思"[页 74]。

关于地理条件与中国历史进程的几个问题

瞿林东

地理条件和社会历史发展的关系，自古以来是中外史学家、思想家十分关注的问题；他们在这方面给后人留下了珍贵的思想遗产。近代以来，孟德斯鸠、黑格尔等人对此多有卓见；而马克思、恩格斯则确立了在这个问题上的科学理论。[①]

由于历史的原因，自本世纪50年代至70年代，中国学术界对这个问题研究甚少，几乎在理论上成为一个空白。80年代以来，中国学术界才开始重新研究这个问题。80年代初，白寿彝先生主持制定的多卷本《中国通史》导论卷的撰写提纲，其中的第二章是"地理环境"，含5节30目[②]，表明了本书主编对于这个问题的重视及其在中国历史之理论问题方面的重要性。后因这部导论的规模作了适当的调整，成书后的第二章"历史发展的地理条件"仅含2节8目。这一方面是考虑到不要使导论卷的部帙太大，另一方面也是考虑到对有些问题还应作长期的和深入的研究。当然，成书后的两节即"地理条件与历史发展"、"中国地理条件的特点及其与中国历史发展的关系"，还是把最重要、最基本的理论问题作了概括性的论述，是导论卷所论九个重要理论问题之一。

我在承担这一章的撰写任务过程中，在理论上和文献上有不少收获，受到寿彝先生的教诲、启迪尤多。今年，欣逢寿彝先生九十华诞，乃将地理条件与中国历史进程之关系的几个问题修订、补充，予以发表，以志祝贺。

[①] 参阅白寿彝先生主编《中国通史》第一卷（导论卷），上海人民出版社，1989年版，第99—132页。
[②] 参阅上引书，第384页。

一、地理条件的复杂性和经济发展的不平衡性

中国地域辽阔,经济文化发展很不平衡,造成这种情况的因素是多方面的,而地理条件的复杂性是主要原因之一。

在久远的年代,黄河流域为中国历史的发展谱写了瑰丽的篇章,成为中华民族的摇篮之一。它在很长的历史时期里,是中国经济、文化最发达的地区。这些,都和那时黄河流域的地理条件有密切的关系。考古资料表明,中国远古时期文化发达的地区是黄河流域,西起陇山、东迄泰山这一广大平原地区,它与渭河下游、黄河中下游之间以及济水的上中游相连的东西一线,这是仰韶文化遗址和龙山文化遗址分布最稠密的地区,也是夏、商、西周三个王朝先后兴起和立国的地区。在全国范围之内,远古遗存能够与文献记载的史迹相衔接,当首推这一地区。这决不是偶然的。从始见于文字记载的黄土高原的面貌来看,从西周到汉代,黄土高原上原隰相望,大体上到处呈现一片平整的面貌,由草原、森林和农作物组成的植被十分丰茂,说它是郁郁葱葱、到处呈现出一派山青水秀的旖旎风光,是并不过分的。始见于文字记载的黄土高原,不仅有湖泊,有的湖泊还相当大,在全国的湖泊中也未见得有任何逊色。黄土高原虽然相当高亢,却也有较为低下的平原,黄河的一些支流支津的中下游还有相当开阔的河谷。那个时期的湖泊,许多就散布在这些平原上或开阔的河谷中。著名的湖泊有焦获、杨纡和昭余祁。就是高亢的山地上也并非没有湖泊,如弦蒲薮,就与杨纡、昭余祁齐名。历史地理学的研究表明,春秋以前,黄河泛滥、决口和改道的种种事故是很少见的。黄河流域中下游和河济之间,植被丰富,森林茂盛,气候温暖而湿润,土质疏松、肥沃,宜于耕种,是当时农业最发达的地区。这样的地理条件,比起当时周围邻近的其他地区要优越得多,因而这一地区的经济发展和文化发展都处于领先地位。[①]

上面说的这种情况,从公元前一世纪汉武帝时成书的《史记》中也可以

[①] 参阅史念海《由地理的原因试探远古时期黄河流域文化最为发达的原因》,载《历史地理》第三辑;史念海、曹尔琴、朱士光:《黄土高原森林与草原的变迁》,陕西人民出版社,1985年3月版,第174—178页。

看得很清楚。司马迁在《史记·货殖列传》里盛赞关中的地理条件及其富庶的情况，他说："关中自汧、雍以东至河、华，膏壤沃野千里，自虞夏之贡以为上田"，是全国财富最集中的地方。黄河下游的齐、鲁一带，虽比不上关中，但也是比较富庶的："齐带山海，膏壤千里，宜桑麻，人民多文彩布帛鱼盐"；邹、鲁一带，也"颇有桑麻之业"。可见当时的黄河中下游地区，都是膏壤千里，气候温润，宜于桑麻。与此相对照的是，当时的淮河以南及广大的长江流域中下游地区，远不如黄河流域中下游地区经济、文化发展程度之高。在司马迁笔下，西楚，"地薄，寡于积聚"；东楚，"其俗类徐、僮"，也比较落后；南楚，"其俗大类西楚"，而"江南卑湿，丈夫早夭"，更造成了劳动人手的不足。总之，"楚越之地，地广人稀，饭稻羹鱼，或火耕而水耨，果隋蠃蛤，不待贾而足，地埶饶食，无饥馑之患，以故呰窳偷生，无积聚而多贫。是故江、淮以南，无冻饿之人，亦无千金之家。"

以黄河流域中下游地区和长江流域中下游地区两相比较，可以看出，在西汉和西汉以前，这两大水系所流经的地区，在经济发展上很不平衡，即北方优于南方的趋势异常明显。这与它们当时的地理条件是密切相关的。当然，我们不能因此认为长江流域中下游地区的地理条件不好；但我们至少可以认为，当时的黄河流域中下游地区的地理条件，也有其优越于长江流域中下游地区之处，这应当是没有疑问的。这种情况，只是由于后来地理条件本身的演变和种种人为因素造成地理条件的变化以及社会条件的演变才有所改变。改变的结果，并不是二者趋于平衡，而是新的不平衡代替了旧的不平衡，即长江流域的经济、文化的发展超过了黄河流域的经济、文化的发展。宋代以后的大量的历史资料反映了这个历史性的变化。值得注意的是，在很长的时期里，人们在研究和说明一些历史问题的时候，或者是忽略了地理条件的因素，或者是把我们今天所处的地理条件同历史上的地理条件混同起来，这就可能造成片面性。近年来，关于古代黄河流域中下游地理条件的研究，在这方面给予我们很多的启示。

地理条件的复杂性所造成的经济、文化发展不平衡的现象，当然不限于黄河流域和长江流域这两大水系的差别；这种不平衡的现象，在所有地形、土壤、气候、物产等不相同的地区，都是存在的。同时，这种不平衡现象不仅表现为经济、文化发展的总的趋势的差别，也表现为各地区在生产部门上发展的差别。这后一种差别，从积极的方面来看，正是促进各地区、各生产部门加强联系的物质因素。在汉代，关中平原，人民"好稼穑，殖五谷"，以农业为主；巴蜀，"亦沃野，地饶卮、姜、丹沙、石、铜、铁、竹、木之器"；天水、陇西一带，"畜牧为天下饶"；燕地，"而民雕捍少虑，有鱼盐枣栗之饶"；吴郡，"东有海盐之饶，章山之铜，三江、五湖之利"等等[1]，各不相同。显然，这种生产部门上发展的差别，也是和地理条件分不开的。具体说来，生产部门发展的差别，是与一定的地理条件所能提供的产品分不开的，在生产力水平不高的情况下，尤其是这样。司马迁给我们提供了认识这个问题的很生动的历史资料：

> 陆地牧马二百蹄，牛蹄角千，千足羊，泽中千足彘，水居千石鱼陂，山居千章之材。安邑千树枣；燕、秦千树栗；蜀、汉、江陵千树橘；淮北、常山已南，河济之间千树萩；陈、夏千亩漆；齐、鲁千亩桑麻；渭川千亩竹；及名国万家之城，带郭千亩亩钟之田，若千亩卮茜，千畦姜韭：此其人皆与千户侯等。[2]

这里说的陆地，泽中，水居，山居，以及安邑，燕、秦，蜀、汉、江陵，淮北、常山以南，河、济之间，陈、夏，齐、鲁，渭川，靠近大城市的上好土地等等，是着重指出了地理条件的不同。人们只能根据自身所处的地理条件从事生产和组织生产，其产品自然也因地理条件的差别而有所不同。

地理条件的复杂性之影响于经济、文化发展不平衡性，还间接地从各地区城市分布状况反映出来。城市本身并不是地理条件的组成部分，但是它的出现以及它在各地区的分布状况，却不能离开一定的地理条件。古代东方的城市多具有军事堡垒的性质，中国也是如此。所谓"城为保民为之地"[3]，"城者，所

---

[1]《史记·货殖列传》。
[2]《史记·货殖列传》。
[3]《穀梁传》隐公七年。

以自守也"①，说的就是这个意思。这样的城，首先是军事上和政治上的需要，但也不能完全脱离经济上的支持。随着城市的增多，城市人口的进一步聚集，日益增长的对手工业和商业的需要，城市在社会经济中的地位就逐渐显得突出了。司马迁论西汉社会经济，对于都城长安和邯郸、洛阳、临淄、陶、睢阳、江陵、寿春、合肥、番禺、南阳等城市作为一方都会的作用，是很重视的②；而《汉书·地理志》记全国各县治所，除备载其建置沿革、户口多寡，亦注重记其山川形势、物产所出，可见城市的兴建和发展是和一定的地理条件有关系的。从宏观方面来看，中国历史上的城市，主要密集于西起今云南境内澜沧江与四川境内岷江以东、北至黄河河套与滦河以南的广大地区，即黄河流域中下游、长江流域中下游和珠江水系所流经的区域③。历史上城市分布的这种状况，自然有多方面原因，而这一地区的良好的地理条件无疑是重要的原因之一。要之，城市的发展和分布的不平衡性，是经济、文化发展不平衡性的一个表现；人们要认识或改变这种不平衡性，都不能不认真考察各种地理条件因素。

二、地理条件之局部的独立性和整体的统一性及其与历史上政治统治的关系

中国历史上，很早就产生了"溥天之下，莫非王土。率土之滨，莫非王臣"的观念和"定于一"的大一统思想④，但政治上统一局面的出现、发展和巩固，却经历了漫长的过程。春秋战国时期的大国争霸和群雄兼并，出现了秦、汉皇朝的统一的政治局面；而秦、汉统一后却又出现了分裂割据的政治局面。隋、唐皇朝的统一有过于秦、汉，但隋、唐之后再一次出现了分裂割据的局面；不过分裂并没有长期存在，最后是元、明、清三朝的统一。造成

---

① 《墨子·七患》。
② 参见《史记·货殖列传》。
③ 参阅陈正祥《中国文化地理》附图 21，三联书店 1983 年 12 月第 1 版。
④ 《诗经·小雅·北山》及《孟子·梁惠王》。

这种历史现象的原因固然有种种，而中国地理条件之局部的独立性和整体的统一性的特点，是一个不可忽视的原因。

先从地理条件之局部的独立性来看。由于中国地域辽阔，极容易形成一些地理条件较好的天然区域，这些区域的土壤、气候和物产，可以造成若干个并立的经济、政治中心。在古代交通不便的历史条件下，这种形势正是各地封建势力分疆割据的有利的客观条件[①]。汉初，刘濞为首的叛乱，固有其政治上的原因，"然其居国以铜盐故，百姓无赋"，"即山铸钱，煮海水为盐，诱天下亡人"[②]，这种地理条件所造成的物质力量无疑也是重要的原因。诸葛亮在东汉末年预见到三国鼎立的政治局面，也是充分考虑到江东"国险而民附"，"益州险塞，沃野千里，天府之土"[③]这些地理条件的。中唐以后，藩镇割据日甚一日，这与安史之乱后中央集权的衰弱有很大的关系，但因地理条件而造成的各地经济、政治发展的相对独立性，仍然是一个基本的原因。中唐时期的政治家、史学家杜佑论天下形势说：巴蜀之地，"土肥沃，无凶岁，山重复，四塞险固，王政微缺，跋扈先起"；青州，"古齐，号称强国，凭负山海，擅利盐铁。太公用之而富人，管仲资之而兴霸"；扬州，"江淮滨海，地非形势，得之与失，未必轻重，故不暇先争。然长淮、大江，皆可拒守，闽越遐阻，僻在一隅，凭山负海，难以德抚"；荆楚之地，"风俗略同扬州，杂以蛮獠，率多劲悍。南朝鼎立，皆为重镇。然兵强财富，地逼势危，称兵跋扈，无代不有"[④]。杜佑在当时的历史环境下，从地理条件和历史经验来说明政治统治的不安定的原因，见解是很深刻的。在历史上持续了近千年的分封制和郡县制的争论，也同地理条件与政治统治局面的关系相关联着。从主张郡县制的人来说，他们反对分封制，就包含了从地理条件上考虑问题的因素。西汉贾谊主张"众建诸侯而少其力"，认为"力少则易使以义，国小则无邪心"[⑤]，这句话明显地考虑到封国地域范围的广狭及其所可能提供的物质条件与

---

① 参阅邓拓《论中国历史的几个问题》，三联书店1979年4月第2版，第56页。
② 《史记·吴王刘濞列传》。
③ 《三国志·蜀书·诸葛亮传》。
④ 分别见《通典·州郡典》六、一〇、一二、一三。
⑤ 《新书·藩强》。

封建割据的关系。唐人李百药认为，在新的历史条件下实行分封制，使"天下五服之内，尽封诸侯；王畿千乘之间，俱为采地"，势必要造成"纪纲弛紊"的局面[1]。柳宗元认为，周代"裂土田而瓜分之"，而周王"徒建空名于公侯之上"，是其衰微丧亡的主要原因[2]。他们也是把地理条件作为立论的根据之一。至于南北朝的对峙，五代、十国的割据，以至宋、辽、西夏和宋、金的并立，都是在特定的历史环境下出现的，不可作完全等同的看待，但地理条件的因素却是一个重要的物质因素。

再从地理条件之整体的统一性来看。我们认识中国地理条件对历史上政治统治的影响，仅仅从地理条件之局部的独立性来看，仅仅认识到这种独立性对于造成历史上的分裂割剧政治局面有很大的关系，还是很不够的。我们还应该考察中国地理条件之整体的统一性，考察这种统一性与历史上政治统治的关系，这同样是很重要的。中国地理条件，由于天然特点而自成一个自然地区。这个自然地区的环境是：北有大漠，西和西南是高山，东与南滨海；黄河、长江、珠江三大水系所流经的地区是地理条件最好的地区。在这个自然地区里，任何局部地区的特点、局部地区与局部地区之间的差异及其产生的种种社会结果，一般地说，都不能不受到这个整体所具有的统一性的约束。中国地理条件的这个特点，在更大的程度上影响着历史上政治形势的发展。这个影响至少表现在：第一，在绝大多数情况下，历史上的重大的政治活动具有明显的内向性，这是因为一则四出受阻，一则为大河流域的先进的经济、文化所吸引。汉唐而下，有所谓"丝绸之路"；唐宋以降，航海事业也有发展；但这对历史上政治局面一般不产生多大的影响。中国封建社会，从秦朝开始，"制天下为四十郡，其地则西临洮而北沙漠，东萦南带，皆临大海"[3]；至元朝，"其地北逾阴山，西极流沙，东尽辽左，南越海表"[4]；直到后来的明、清两代，其政治统一的局面，都是对这一地域范围的继承和发展。这种政治活动的内向性，从中国历史上民族关系史的发展也看得十分清楚。第二，如

---

[1] 《全唐文》卷一四三。
[2] 《柳河东集》卷三。
[3] 《通典·州郡典》一。
[4] 《元史·地理志》一。

马克思所说，亚洲的大河流域需要有中央集权的政府来执行公共工程的职能。在中国历史上，从传说中的统治人物开始，直到历代封建朝廷，都与执行这种公共工程的职能相关联。水利事业的发达和封建专制的强化，这两种表面看来完全不同的历史现象，实际上存在着非常密切的内在联系。徐光启《农政全书·水利·总论》引《荒政要览》说："水利之在天下，犹人之血气然，一息之不通，则四体非复为有矣。"[①] 这是用形象的比喻说明了这种联系。我们从《二十四史》有关各史的《河渠书》《沟洫志》《食货志》以及《地理志》关于水利事业的记载中，可以大致看出这种公共工程的职能在机构设施、具体措置和社会效益方面的反映。由此可见，中国地理条件之整体的统一性影响于历史上政治形势的发展，具有维系国家统一的作用。在中国历史上，虽然不止一次地出现过分裂割据状态，但统一毕竟是主要的趋势，这与中国地理条件的特点有极大的关系。

中国地理条件之局部的独立性和整体的统一性及其对历史上政治统治的影响，在具体的表现上是很复杂的。如割据政权的建立，必须具备一定的地理条件，即必须有地方上的经济条件作基础；而不同时期或不同地区建立的割据政权，在利用地区经济条件方面的情况是有差别的，甚至有很大的不同，一种情况是开发，一种情况是滥用。从总的倾向来看，南方的割据政权大多注意于开发，北方的割据政权则滥用多于开发。这是因为：第一，北方的割据大多表现为政治上的混乱、纷争，极容易造成对自然资源的滥用；南方的割据，比之于北方的混乱和纷争来说，显然要安定一些，因而有可能对自然资源作合理的开发。第二，由于北方开发较早，北方割据政权可以滥用这些已经开发出来的经济成果；南方开发较晚，南方割据政权为了求得生存和发展，不得不更多地致力于开发。从东晋、南朝和十六国、北朝的割据，还有南宋和金的割据，大致可以看出这种差别。再如统一政权的建立和巩固与地理条件的关系，也有两种情况。一是夺取和占据地理条件较好的地区，作为统治全国的基础，如汉、唐都以占据关中地区作为统一全国的第一步。二是统一皇朝的中心所在地并不是丰腴的地区，但由于能够比较好地控制了重要的运

[①]《农政全书》卷一二，引文出自俞汝为《荒政要览》四《平日修备之要》。

输渠道，从而掌握了必要的生活资源和生产资源，因而也能使统一得以存在和发展，如唐代后期，尤其是元、明、清三朝即是。

地理条件影响到历史上政治统治局面的问题，是一个非常复杂的问题，还有待于作进一步的研究。

三、地理条件与民族、民族关系

地理条件与民族的形成、民族间的差别以及各民族间的交往也有密切的关系。

中国史学家很早就重视记载各个民族的历史，同时，他们也注意到地理条件与民族发展的关系。杜佑在《通典》中就谈论到这个问题，他说："覆载之内，日月所临，华夏居土中，生物受气正，其人性和而才惠，其地产厚而类繁。所以诞生圣贤，继施法教，随时拯弊，因物利用，三五以降，代有其人。君臣长幼之序立，五常十伦之教备，孝慈生焉，恩爱笃焉，主威张而下安，权不分而法一，生人大贵，实在于斯。"至于少数民族地区，则是"其地偏，其气梗，不生圣哲、莫革旧风，诰训之所不可，礼义之所不及，外而不内，疏而不戚"[①]。杜佑在这里提出的有些论点是不足取的，但反映了史学家试图从地理条件的差别上去说明汉族社会发展和少数民族社会发展所以有很大不同的原因。

从今天的观点来看，由于中国许多少数民族基本分布在全国的周边地区，因而与主要聚居在长江、黄河中下游地区的汉族相比，在气候条件、土壤条件和地理环境的其他许多方面有很大的不同；同时，北方少数民族和南方少数民族在地理条件上的差别显得更为突出。一般地说，汉族居住的地区宜于农业；北方民族居住的地区，气温低，多草原、沙漠，宜于牧业。南方民族居住的地区多高山、丘陵，气温较高，宜于农业。这对于各个民族在经济、政治、文化、生活方式等方面都会产生一定的影响。可见，民族特点的形成和各民族间的差别，是同地理条件之不同有关的。例如北方民族因交通便利容

---

① 《通典·边防典·序》。

易走向联合，社会发展的进程也比较快，这与他们从事集体的游牧活动、具有勇敢的精神有关。南方民族，往往局促于山地，交通不便，极不利于联系和融合。这是南方民族虽然在民族数量上超过北方民族，但在社会发展上却落后于北方民族的一个很重要的原因。由此也可以说明这样一个历史现象：北方民族曾经一次又一次地进入中原地区，而南方民族却很少有过类似的活动。从民族文化来看，北方民族与南方民族的发展也不相同。

中国的地理条件，哺育了以汉族为主体的几十个民族，这些民族各有特点，因而产生了相互间的差别，这是一方面；另一方面，这样的地理条件，也维系着中华民族中各个民族间的联系，如同它维系着历史上长时期的政治统一局面一样，经久而不衰。这是因为：第一，汉族聚居的黄河、长江中下游地区，由于其地理条件的优越，生产的发展始终处于领先的地位，并在物质上、生产技术上和文化方面影响着周边的少数民族地区，因而形成了一种自然的凝聚力。这种建立在物质基础上的凝聚力，是不以人的主观意志为转移的。第二，在东、南濒海，北有沙漠，西和西南有高山的地理条件下，周边少数民族向内地发展比向外发展要容易得多，因而产生了一种自然的内向性。这种自然的内向性与上述自然的凝聚力的结合，成为维系中华民族各族间的联系的纽带。正因为如此，两千多年来，在中国民族关系史上，尽管有时候互相攻伐，兵戎相见，有时候"和亲"通好、会盟、互市，各族间的关系歹一阵，好一阵，但总的趋势是相互间的关系越来越密切，越来越不可分离。

四、地理条件的变化及其对社会的影响

整个自然界在不断地运动和变化，人类生活于其中的地理条件也在不断地运动和变化。

地理条件影响着社会历史的发展，地理条件的变化也影响着社会历史发展过程中的某些变化。从中国历史上看，由于地理条件的变化（当然也还有其他的一些原因）引起经济、文化上的变化的情况，是值得人们注意的。对于这一现象的研究和认识，不仅具有理论的意义，而且还有现实的意义。这

一现象的具体表现是:

(一)河流变迁对历史进程的影响。黄河和长江是我国最重要的两大河流,它们在很大的程度上影响着中国历史的发展。历史时期,它们的变迁,尤其是黄河的变迁,是很显著的,因而受到人们的重视。黄河流域是中华民族的摇篮,这同它的河患一样,均为世人所瞩目。如果对黄河流域作宏观的考察,就会发现:黄河的安流和河患,在很大程度上影响着历史的发展变化。根据各方面的考察资料证明:历史时期,黄河决溢虽甚频繁,但经分析研究核实而论,却也有前后两个长期相对安流的时期。前一个时期为商周至秦代,后一个时期则为东汉初年至唐代后期,前后合计,将近二千年,或者还要过之。频繁的河患也可分为两个时期,其一是两个长期相对安流时期的中间时期,即由西汉初年到东汉初年,其二则是由唐代后期到20世纪前期。这两个时期合计,不超过一千五百年。所谓黄河河患,主要是指黄河中游的侵蚀、侧蚀、下切和黄河下游的堆积,以及由此引起的陵、原、川、谷的变化和城乡的兴废,而其症结则在于河水挟带泥沙,随处淤积。黄河泥沙的淤积,虽然远在地质时期即已有之,但决不如历史时期这样严重。这里,除了自然的原因即黄河流经土质松疏的黄土高原外,还有人为的原因,即历史时期以来,由于农田的扩大,道路的开辟,居民点以及城池的增加与修建,使天然植被遭到严重破坏,从而大大加速了黄河流域的侵蚀和堆积,以致造成频繁的河患。黄河流域原是我国历史上重要的产丝地区,直到北宋,长江下游蚕桑事业有了很大的发展,几乎有超过黄河流域的趋势,但黄河流域到底还保持着一定的水平。然而,北宋以后,这种情况即发生剧变。因为金朝在破辽灭宋后,使女真人大量内迁,广占土地。这些人不娴于农桑,因而尽量伐取桑枣,作为薪柴出卖。这在当时是一种普遍情形,朝廷派人到各地巡察、禁止也无济于事。这不仅直接影响了黄河流域的蚕桑事业的继续发展,致使金朝统治者因丝、绢来源匮乏而惊慌,而且也破坏了黄河流域的植被,后果自然是严重的[①]。类似这样的事例,在历史上并不是绝无仅有的。从这些方面来看,两宋以后,黄

[①] 参阅史念海《河山集》二集,三联书店1981年5月第1版,第360—362页;《河山集》,三联书店1963年9月第1版,第253—279页。

河流域在经济发展上的地位逐渐被长江流域所代替，除了别的原因之外，黄河流域结束了第二个安流时期而开始了第二个河患时期，也是很重要的原因。

（二）沙漠变迁对历史的影响。我国北部和西北部，现在有大片的沙漠存在。治沙，成为现实生活中的一个很重要的课题。然而，在历史时期，这些被沙丘覆盖的土地并非原来都是这样。例如在今内蒙古和宁夏两自治区之间的乌兰布和沙漠原是西汉朔方郡辖地。那时，它是一个繁荣富庶的农垦区，而现在却是一片茫茫的流沙，横亘在阴山南麓直到贺兰山下。这些流沙掩埋了古代的河道、湖泊、城池、村落、墓群，唯其如此，它也就展示了这一地区曾经存在过的一段繁荣富庶的历史。关于乌兰布和流沙起源的问题，从自然原因来看，是黄河改道所致；从人为的作用来看，是农垦的废置，造成表土破坏，覆沙飞扬，终于使这一地区变成了猖狂肆虐的大沙漠[①]。又如西辽河下游平原，第四纪时期积沙很厚，到更新世晚期，气候干燥，产生很多垅岗沙丘，全新世以来气候变得相当湿润，沙丘为灌木、草丛所固定，发展为草原环境。历史时期，它曾是一片好牧场。到辽代，由于在临潢府（今内蒙古自治区赤峰市巴林左旗林东镇）建置上都，乃掳掠人口，在这里开垦草地为农田，掀起下部浮沙，破坏草原植被。到了金代，这里就变成一片瘠薄之地，很难进行生产活动。再如，在今陕北无定河流域及榆林以北，更新世晚期这里也曾发育过沙丘，全新世初期，气候变得湿润，植被繁茂，把流沙固定起来，而且在低地形成许多浅湖、沼泽。进入历史时期以来，人们开垦了这里的黑炉土和沼泽土，砍刈草本灌木以作燃料，覆盖层和植被遭到破坏，沙丘经大风吹扬，造成连绵不断的沙荒地[②]。沙漠的变迁对这些地区社会经济的发展和历史的进程产生了严重的影响。

仅就这两点而论，恐怕不能否认地理条件的变化对中国历史上经济、文化重心由北向南转移所起的推动作用。长时期里，人们在说明经济、文化重心南移的历史原因时，提出过一些很有价值的见解；但地理条件的变化作为一个重要的历史原因，似还没有受到应有的重视，这就有可能夸大其他方面的

---

① 参阅侯仁之《乌兰布和沙漠的考古发现和地理环境的变迁》，见《历史地理学的理论与实践》，上海人民出版社1979年9月第1版，第95—124页。
② 参阅周廷儒《古地理学》，北京师范大学出版社1982年7月第1版，第339—340页。

原因，从而产生片面的认识。片面的认识不能科学地说明历史。我们讨论这个问题，正是为了避免这种片面性。至于经济、文化重心的南移，南北地位的变化，其具体表现若何？譬如，生产部门及产品的变化，人口分布的消长，行政区划的分合，粮食产量的升降，水利系统的兴废等等，以及学校、书院的发展，印刷术的推广，从进士直到宰相各级人才的来源，城市的发展和城市生活的丰富等，学术界已有研究成果问世[①]，本文不再一一论列。

当然，在中国历史上，地理条件的变化之影响到历史发展进程，也还表现在其他方面。例如由于地理条件的突然变化，有的民族因此一度遭到破败，有的民族甚至因此崩溃不振，由此引起一系列民族之间关系的变化。《通典·边防典·突厥上》记：贞观初年，薛延陀、回纥等"相率叛之"；颉利与突利之间产生"怨憾"；兼之"频年大雪，六畜多死，国中大馁。颉利用度不给，复重敛诸部，由是下不堪命，内外叛之。"[②]这段话指出隋末唐初异常强大的突厥汗国，在贞观初年遭到覆灭的重要原因。陈寅恪根据《通典》和其他有关史料认为："北突厥或东突厥之败亡除与唐为敌外，其主因一为境内之天灾及乱政，二为其他邻接部族回纥、薛延陀之兴起两端。"他还根据《唐会要》回纥条所记"连年饥疫，羊马死者被地，又大雪为灾"[③]，以及其他有关史料，认为：自唐肃宗以后雄大起来的回纥，至唐文宗时，"天灾、党乱扰其内，黠戛斯崛起侵其外，于是崩溃不振矣"。类似的史实还见于《新唐书·吐蕃传》所记彝泰赞普执政时，"国中地震裂，水泉涌，岷山崩；洮水逆流三日，鼠食稼，人饥疫，死者相枕藉"，继因唐武宗会昌年间，"国人以赞普立非是，皆叛去"，终于在唐宣宗大中三年（849年）"奉表归唐"[④]。据此陈寅恪又认为："吐蕃之破败由于天灾及内乱"[⑤]。像这种由于地理条件发生异常或骤变而影响到一个民族、一个地区或民族与民族之间关系、地区与地区之间关系变化的现象，在中国历史上并不少见，也是应当予以重视的。

---

① 参阅陈正祥《中国文化地理》，1983年12月第1版，第5—22页。
② 见《通典·边防典》一三。
③ 见《唐会要》卷九八。
④ 见《新唐书》卷二一六下。
⑤ 参阅《唐代政治史述论稿》，上海古籍出版社1982年2月新1版，第130—134页。

这里，应当着重指出的是，人和自然的关系，是在辩证的发展中不断开辟前进的道路的。一方面是自然力作用于人，另一方面是人力也会反作用于自然。在人和自然的关系中，人并不是消极的。正如恩格斯说的："随着自然规律知识的迅速增加，人对自然界起反作用的手段也增加了。"① 人的生产活动就是对自然的利用。这种生产活动总是在一定程度上改变着自然，其后果固然有破坏自然界生态平衡的方面，如上文所举的那样；但是，合理地利用自然和改变自然条件，仍然是人们生产活动的主导方面。如人们把野生动物驯养成家畜和家禽，把野生植物培育成新的农作物；人们从游牧生活发展为定居生活；乡村的形成与城市的兴建及其数量的不断增加；农田的开辟；矿山的采掘；道路的修筑，运河的开凿，桥梁的架设等等，都从不同的方面、在不同的程度上改变着地理环境。舍此，则无从谈论人类的历史，更无从谈论历史的进步。关于这一点，中国历史为全世界的历史提供了极其丰富的资料。

普列汉诺夫指出："地理环境不但对于原始部落有着很大的影响，就是对于所谓"开化民族也有着很大的影响。""地理环境对于社会人类的影响，是一种可变的量"，随着生产力的发展，"增加了人类控制自然的权力，因而使人类对于周围的地理环境发生了一种新的关系。现在英国人对于这种地理环境的反应自然同凯撒时代移居英国的部落对于这种环境的反应完全不同。"② 普列汉诺夫在地理环境和社会历史之关系的论点上有一些错误的认识，但是他在这里所说的则是正确的。随着历史的进步，人类改变地理环境的能力将日益增强。然而，这种趋势也积累着巨大的隐患。正如恩格斯在《自然辩证法》中所指出的：

> 但是我们不要过分陶醉于我们人类对自然界的胜利。对于每一次这样的胜利，自然界都对我们进行报复。每一次胜利，起初确实取得了我们预期的结果，但是往后和再往后却发生完全不同的、出乎预料的影响，常常把最初的结果又消除了。③

---

① 《自然辩证法》，《马克思恩格斯选集》第四卷，人民出版社 1995 年 6 月第 2 版，第 274 页。
② 《马克思主义的基本问题》，张仲实译，三联书店 1961 年 7 月第 1 版，第 32、33 页。
③ 《自然辩证法》，《马克思恩格斯选集》第四卷，人民出版社 1995 年 6 月第 2 版，第 383 页。

恩格斯在一百多年前所写的这一段话，事实上已成为现时全人类所关注的问题。

对地理条件与社会发展之关系的认识，是一个历史过程。在这个认识过程中，中国近代以来的学者的贡献是应当特别受到重视的；而中国古代学者，尤其是中国古代史学家在这方面的认识和撰述，也应当受到重视，这对我们研究历史和参与社会实践都是会有启发的。

五、环境保护与可持续发展

人们对地理条件与历史进程之关系的认识，具有重要的现实意义。

20 世纪 90 年代以来，环境与发展愈来愈受到全人类的关注。1992 年 6 月，联合国环境与发展大会把可持续发展作为未来共同的发展战略，得到了与会各国政府的普遍赞同。同年 8 月，中国政府提出了中国环境与发展应采取的十大对策，明确指出走可持续发展道路是当代中国以及未来的必然选择。1994 年 3 月，中国政府批准发布了《中国 21 世纪议程——中国 21 世纪人口、环境与发展白皮书》，从人口、环境与发展的具体国情出发，提出了中国可持续发展的总体战略、对策以及行动方案。1996 年 6 月，中华人民共和国国务院新闻办公室发布了《中国的环境保护》的重要文件，就实施可持续发展战略的选择、逐步完善的法律体系与管理、工业污染和城市环境综合整治、国土整治与农村环境保护、生态环境与生物多样性的保护、环境科学技术和环境宣传教育、积极推动环境保护领域的国际合作等问题一一作了阐述。例如，在法律体系方面，中国针对特定的环境保护对象制定、颁布了多项环境保护专门法以及与环境保护相关的资源法，包括：《水污染防治法》《大气污染防治法》《固体废物污染环境防治法》《海洋环境保护法》《森林法》《草原法》《渔业法》《矿产资源法》《土地管理法》《水法》《野生动物保护法》《水土保护法》《农业法》等，同时还制定了三十多件环境保护行政法规。中国地方人民代表大会和地方人民政府为实施国家环境保护法律，结合本地区的具体情况，制定和颁布了六百多项环境保护地方性法规。①

可见，环境与发展问题，是一个全球性问题；对于处在发展中的中国来说，更有其严峻性和紧迫性。这里说的"环境"，已不止是地理条件，但"环境"的许多方面无疑都同地理条件有密切关系。近二十年来，中国在环境与发展方面，成就突出，问题不少。《中国的环境保护》一文在前言中指出：

> 中国是一个发展中国家，目前正面临着发展经济和保护环境的双重任务。从国情出发，中国在全面推进现代化建设的过程中，把环境保护作为一项基本国策，把实现可持续发展作为一个重大战略，在全国范围内开展了大规模的污染防治和生态环境保护。改革开放 18 年来，中国国民生产总值以年均 10% 左右的速度持续增长，而环境质量基本上避免了相应恶化的局面。实践表明，中国实行的经济、社会和环境协调发展的方针是有成效的。

这方面的成就，是无庸置疑的。从可持续发展的战略决策的要求来看，总结经验，坚持已有的正确对策是很重要的；而发现和揭示问题，制定新的正确的对策是更重要、更紧迫的。这是因为：环境与发展的关系之所以作为一个国际间共同的发展战略提出来，就表明了这个问题的重要性和紧迫性；中国的国情反映在环境与发展方面，不论是现在还是未来，都不容乐观。正如《中国的环境保护》在结束语中所指出的：

> 中国经过 20 多年的不懈努力，在环境保护方面取得了举世瞩目的成就。但是，中国政府清醒地认识到，中国正处在迅速推进工业化的发展阶段，加上粗放的生产经营方式，资源浪费和环境污染相当严重。随着人口增加和经济发展，这个问题可能更加突出。解决历史遗留的环境问题和控制发展过程中出现的环境问题，仍然是一项长期而艰巨的任务。

---

① 参见 1996 年 6 月 5 日《光明日报》。

这个估计，是清醒的，也是正确的；足以证明这一点的，是无情的事实。

1998年七八月间，长江流域和嫩江、松花江流域出现百年不遇的特大洪水，给人民的生命财产、国家的建设事业造成了巨大的损失。全国军民在党中央、国务院、中央军委领导下，赢得了抗洪斗争的伟大胜利，显示出了中华民族的伟大凝聚力和战胜一切困难的大无畏精神。然而，胜利之后的思考，却是深刻而沉重的。这次特大洪水，无情地向人们宣告：不重视环境保护，肆虐地对待自然，就一定会受到自然的"报复"，受到被人为破坏了的环境的"惩罚"。这是不可抗拒的规律。

中国的环境保护与可持续发展当前还面临着许多严峻的问题：

——江河上游森林植被破坏、水土流失严重。如20世纪50年代初，长江上游地区水土流失面积为29.95万平方公里，90年代末扩大到39.3万平方公里，占这一地区总面积的39.1%。滥伐森林、毁林开荒，已使长江流域的森林植被减少了85%，造成了严重的水土流失。

——围垦湖泊，加剧泥沙淤积，降低蓄洪能力。据统计，全国被围垦的湖泊面积至少有140万公顷，共减少蓄洪容量350多亿立方米。自50年代以来，洞庭湖调蓄洪水的容量减少40%。江汉平原地区有300多个湖泊消失了。[①]

——黄河断流，日趋严重。自1970年以来的20多年间，黄河先后断流18次，其中1995年断流时间122天，断流河段683公里；1996年断流时间136天，断流河段579公里；1997年断流时间226天，断流河段700公里。人们预测，如不采取有效措施，到2020年，黄河下游将全年断流，黄河面临着变成内陆河的命运。据中科院地学部院士、专家实地考察黄河中下游鲁、豫、陕、宁四省区所得结论之一，认为用水量超过水资源的承载能力是黄河断流的根本原因[②]。黄河断流已直接影响到生态环境的恶化和可持续发展的进程。

——水资源与水污染问题。中国水资源并不丰富，而水资源的利用过程却存在严重的浪费现象。1997年，两院院士会同水利部有关专家进行三次研

[①] 这些数字，系水利部水保司、长江水利委员会水文局所提供。参阅1998年10月12日《光明日报》刊载该报记者郑北鹰所撰《江河上游地区水土保持亟待加强》一文。

[②] 新华社记者熊蕾1998年7月14日报道《院士专家实地考察为黄河断流"把脉"》，见1998年7月15日《光明日报》。

讨，认为节水是"中国水问题的出路"，应把节水作为一项国策。1998年6月，全国人大环资委召开《水污染防治法》执行形势分析会，据国家环保总局、水利部、建设部所作的分析报告，水环境形势不容乐观，几年来污水排放量一直在增长，水域污染在加剧，水环境质量不仅没有明显改善，总体上仍在进一步恶化；这种情况如不改变，下一个世纪初我国有可能出现全局性的水危机[1]。一方面是水资源短缺，一方面是水环境恶化，水问题的严峻性十分突出。

——耕地减少。中国人均耕地数量甚小，而近年来耕地面积却呈减少趋势。据国土资源部提供的数字表明，1997年全国因建设占用、农业内部结构调整以及灾毁三项合计共减少耕地693.5万亩，全国开发复垦和土地整理新增耕地489.7万亩。增减相抵，一年中损失耕地203.8万亩。据统计，1997年全国有20个省份没有达到新增耕地计划预计指标，其中10个省份当年新增耕地比建设占有耕地数少77万亩[2]。耕地减少的这种趋势如不遏制的话，全国的农业以至全国的经济发展都将受到严重影响。

——海洋环境恶化趋势加剧。1998年是国际海洋年，全国人大常委会组织检查团，对我国部分省市实施《海洋环境保护法》情况进行了检查。检查结果表明，目前我国海洋环境恶化趋势加剧，近岸海区环境质量在逐年退化。污染范围有所扩大，突发性污损事件频率增加，海洋生态环境破坏日益严重。例如，1985年，我国只有东海近海域无机氮平均含量超过一类海水水质标准；而1991年，渤、黄、东、南四个海区无机氮的平均含量，全部超标，目前整个近海无机氮的超标率已超过70%，大面积海域遭到污染。大量陆地污染物入海、石油污染、城市生活污水和含有机物的工业废水大量排海等，是造成海域污染的几个重要原因[3]。在诸海域中，渤海尤其受到人们的关注，发出了"渤海：黑色的警告"、"渤海再也经不起污染了"、"专家警告：渤海将变死海"、"渤海治污该有个时间表了"等呼吁[4]。人们像关注江河、森林、草原、耕地

---

[1] 1998年6月30日《光明日报》记者林英报道《我国水环境质量仍在恶化》。
[2] 参见1998年7月13日《中国土地报》。
[3] 1998年9月17日《光明日报》记者林英报道《我国海洋环境恶化趋势加剧》。
[4] 参阅1998年7月21日、27日《人民日报》，1998年11月11日《中国青年报》，1998年11月13日《光明日报》。

一样，关注着大海。

……

我们不可能把环境保护所面临的问题都列举出来，但上面所举出的任何一个方面的问题，都阻碍着可持续发展，严重地影响到历史进程，绝不是危言耸听。当然，这些问题有些是历史遗留下来的；有些则是近几十年中形成的，究其原因，或是追求短期效应的行为，或是地方保护主义行为，或是缺乏环境保护意识，或是法制观念淡薄，更有甚者，则是利令智昏、明知故犯，无视国家和民族根本利益、无任何历史责任感的蛀虫行为等等。面对如此严峻的局面，为保证可持续发展的国策得以实施，在环境保护方面我们应当努力做好这些工作：

第一，在全体国民中进行环境保护的教育，增强社会公众的环境保护意识，这应贯彻在普通教育、高等教育、继续教育和一切社会教育之中，从而真正提高全民对环境保护与可持续发展之关系的认识水平和参与意识。

第二，要有适合于上述各类教育的有关读物；它们应当由那些既有理论水平又有实际考察的专家撰写，有些著作（包括科普读物）应聘请一批著名学者撰写，以期引起社会公众的关注，扩大社会影响，真正达到教育的目的。有关专家、学者则应视此为自己的神圣使命之一。

第三，各级政府在有关的决策过程中，都应当贯彻环境保护与可持续发展的基本国策；凡有悖于这一基本国策的任何决策，都应当受到社会的抵制，舆论的监督，直至法律的干预。

第四，严格实施已经制定颁布的各种有关环境保护之法律、法规，真正做到有法必依，违法必究，知法犯法者严惩不贷；把提高公众环境保护的自觉意识和发挥有关法律、法规的威慑作用结合起来，使教育与法制并行，逐步造成一个在保护环境方面人人自觉、令行禁止的局面。

当然，这些问题，大多已为举国上下所重视，并已采取了得力措施，有的已取得成效，有的已作出正确果断的决策，还有许多拟议中的计划和措施。举例来说，如关于淮河的治污问题，关于太湖的治污问题，关于陕北地区治理水土流失建设生态农业的问题，关于关闭污染环境、破坏资源的小企业的问题，关于坚决制止毁林开荒的问题，关于改革农业经营方式的设想，关于创建世界科学——绿洲学的建议,关于治理江河源头环境的意见,关于北京根治环境污染进入倒计时的举措等等,反映了从中央到地方各级政府在保护环境、造福子孙方面的决心和信心,前景是令人鼓舞的。1997年8月5日,江泽民在姜春云的《关于陕北地区治理水土流失建设生态农业的调查报告》上批示说:

> 历史遗留下来的这种恶劣的生态环境,要靠我们发挥社会主义制度的优越性,发扬艰苦创业的精神,齐心协力地大抓植树造林,绿化荒漠,建设生态农业去加以根本改观。经过一代人一代人长期地、持续地奋斗,再造一个山川秀美的西北地区,应该是可以实现的[①]。

保护环境、治理环境是长期的历史任务,西北地区可以做到的,其他地区也可以做到。

从历史发展趋势来看,环境与发展是一个全球的问题,中国政府和中国人民一定会顺应并推动这一历史趋势,建设国家,造福人类,为世界的美好未来,做出新的贡献。

(1999年第1期)

---

① 见1997年9月3日《光明日报》。

19世纪中国学者关于历史演进的理论

陈其泰

关于历史的演进，古代一些杰出的学者，如先秦时期的《周易·系辞》作者、孔子、荀子、韩非，汉代的司马迁，唐代杜佑、柳宗元，以及清初王夫之，都曾根据他们的观察，作过概括与论述，尽管其表述往往尚属较为直观、素朴，但也确能反映出历史进程的某些特点，因而弥足珍贵。至乾嘉时期考证之学大兴，学者群趋于从事训诂、考异、文献整理工作，对于历史演进的理论问题缺乏兴趣，像章学诚这样究心于"道"即探索历史演进的法则性的学者，在当时几乎不被理解。进入19世纪以后，局面终于发生了明显的变化，一批感觉敏锐的学者根据自己的现实体验和反思以往，提出了深刻而新鲜的见解。历史理论领域这种明显的变化，当然是时代剧变推动的结果。从社会变动来说，清朝统治由盛而衰，社会矛盾尖锐，危机四伏，终于在西方殖民者的野蛮军事侵略面前，接连遭到惨败，丧权辱国，有识之士置身于这种"亘古未有之变局"中，当然对于历史演进问题能够有敏锐的观察和总结。再从学术层面言，鸦片战争之役意味着以往闭关锁国时代的结束，西方文化逐步传入，先进人士逐步了解世界的真实面貌，西方新学理输入的势头逐步加剧，学者们关于历史演进的探讨遂因中西文化的交流而向前推进。

一、时代剧变与龚自珍、魏源提出的历史演进的新命题

龚自珍、魏源生活的清朝嘉庆、道光年间，正当中国社会处于剧烈变动的时代。清朝统治在康熙、乾隆年间曾有过所谓"盛世"。至乾隆末年以后，早先掩盖在"盛世"表象下的各种社会矛盾终于很快暴露出来，清朝统治随

之陷入危机。当时的封建统治阶级已经腐败不堪,贵族、百官、大地主、大商人穷奢极欲,挥霍无度。吏治败坏,贪污贿赂公行,政风污秽不堪。乾隆的宠臣和珅,因善于阿谀奉承,任军机大臣二十三年,威福由己,贪黩无度。"大僚特为奥援,剥削其下以供所欲。盐政、河工素利薮,以征求无厌,日益敝。川楚匪乱,因激变而起,将帅多倚和珅,靡饷奢侈,久无功。"[①]上层大官僚越贪污挥霍,下层官吏越是凶狠地向民众剥削勒索。鸦片战争前夕,福建正直人士张际亮曾以饱含血泪的文字揭露地方官吏"贪以朘民之脂膏,酷以干天之愤怒,舞文玩法以欺朝廷之耳目"的凶残行径:"为大府者,见黄金则喜;为县令者,严刑非法以搜刮邑之钱米,易金贿大府,以博其一喜。至于大饥人几相食之后,犹借口征粮,借名采买,驱迫妇女逃窜山谷,数日夜不敢归里门,归而鸡豚牛犬一空矣。归来数日,胥吏又至矣,必罄尽其家产而后已。……此等凶惨之状,不知天日何在,雷霆何在,鬼神又何在!"[②]张际亮所沉痛诉说的是当日农村普遍的真实情景。还有水灾、旱灾频仍,农民更被逼得走投无路。正是在这种阶级矛盾极端尖锐化的情况下,嘉庆元年(1796年)爆发了白莲教起义,蔓延鄂、豫、陕、川、甘五省,持续时间达九年之久,给清朝统治"痛深创巨"的打击。至嘉庆十八年(1813年),河北又爆发天理教起义,起义群众曾进攻皇宫,使统治集团陷入一片混乱。为了镇压农民起义,清朝耗费巨额军费、资财。再加上鸦片走私急剧增加,造成白银大量外流,国内财政严重恐慌。在对外关系上,前途也充满危险,西方殖民者正在大举向东方扩张,早已看中了中国这块封建统治虚弱而又范围广大的市场,加紧策划用武力打开中国大门的图谋。嘉道时期的清朝,正处于这种内外交困,岌岌可危的境地!

龚自珍、魏源就是置身于这场对整部中国社会变迁史和学术发展史都具有深刻意义的历史变局之中。当时封建专制统治腐朽颠顸,危机四伏,它扼杀新生力量成长,严重阻碍社会前进。龚自珍和魏源作为新生力量的代言人敢于冒险犯难,置黑暗势力的重压以至仇视于不顾,"短刀直入"地将这黑暗

---

① 《清史稿》卷三一九,《和珅传》,中华书局1977年版。
② 张际亮:《答黄树斋(爵滋)鸿胪书》,《张亨甫全集》卷三,同治六年(1867)福州刻本。

得使人窒息的沉重铁桶捅开一个缺口，让熹微的曙光开始透进来，不畏艰险地树起理性思考和反映时代前进要求的进步观点的旗帜，与落后迂腐顽固的旧意识相对抗，因而引起历史观、哲学观一场意义重大而深刻的变革。

清代学术风气的变迁证明了马克思的至理名言："一个划时代的体系的内容都是由于产生这些体系的那个时期的需要而形成起来的。"[①] 乾隆年间，考证学曾经盛极一时，如今是社会危机深重、百弊丛生的局面，烦琐考证"只在故纸堆中讨生活"、无益世事的积弊便充分暴露出来。嘉道时期学风转变的深层意义，是今古文经学地位的划时代变化。在封建时代，经学独尊，经学就是对于各个时期政治运作和社会生活起支配作用的哲学指导思想。自从汉武帝独尊儒术，经学被奉为权威以后，在漫长的岁月中，经历过两次历史性的转折。当西汉时代，今文经学盛极一时；从东汉至清乾隆时期，则是古文经学处于尊崇的地位，今文经学则消沉无闻；自鸦片战争前夕至清末，今文经学重新崛起，并风靡于世。若只从学派门户之争来看待这些变化，那是太过表象和浮浅了，经学地位的变化，归其根本，是因为社会深层发生变化所决定的。西汉之后千余年中，中国封建社会的演变进程相对平缓，是维持已有的封建体制的时期，古文经学的特点是唯古是从，重承袭轻创造，正好符合封建政治的需要。至鸦片战争前后，时代剧变，民族的命运要求打破现状，革除积弊，认识亘古未有的变局，故重新需要阐释变易、变革的哲学。以龚自珍、魏源为代表的进步人物对公羊学说进行革命性改造，恰恰反映了这种时代需要，从而导致晚清时期公羊学盛行的新的历史性变化。

梁启超曾根据本人亲历的晚清今文公羊学说风行和维新变法运动的实践，高度评价龚自珍、魏源批判专制统治、倡导变革的历史功绩和深远影响，他说："数新思想之萌蘖，其因缘固不得不远溯龚、魏。""当嘉道间，举国醉梦于承平，而定庵忧之，儳然若不可终日，其察微之识，举世莫能及也。生网密之世，风议隐约，不能尽言，其文又瑰玮连犿，浅学或往往不得其指之所在。虽然，语近世思想自由之向导，必数定庵。吾见并世诸贤，其能为现今思想界放光明者，彼最初率崇拜定庵。当其始读《定庵集》，其脑识未有不受

[①] 《马克思恩格斯全集》第三卷，人民出版社1995年版，第544页。

其激刺者也。"① 龚自珍和魏源对社会危机有敏锐的观察，他们尖锐地批判烦琐空疏学风，倡导学术经世致用，深刻地总结历史盛衰变化的规律，对于今文公羊学说进行了革命性改造，提出了对世人具有重大启迪意义的新的历史变易观。

龚自珍精警地论述"世有三等"，并且预言"乱亦将不远矣"：

> 吾闻深于《春秋》者，其论史也，曰：书契以降，世有三等，三等之世，皆观其才；才之差，治世为一等，乱世为一等，衰世别为一等。衰世者，文类治世，名类治世，声音笑貌类治世。黑白杂而五色可废也，似治世之太素；宫羽淆而五声可铄也，似治世之希声；道路荒而畔岸隳也，似治世之荡荡便便；人心混混而无口过也，似治世之不议。……当彼其世也，而才士与才民出，则百不才督之缚之，以至于戮之。……然而起视其世，乱亦竟不远矣。②

这是思想史上第一次提出以"治世—衰世—乱世"作为概括时代变迁的理论。龚自珍讲的"深于《春秋》者"，显指两汉公羊学大师董仲舒、何休。董仲舒根据《春秋公羊传》的朴略言辞，初步概括了"所传闻世—所闻世—所见世"的公羊"三世说"。至何休又予以发展，总结了"据乱世—升平世—太平世"的理论。公羊学家朴素进化史观，为龚自珍提供了极具激发创造力的思想资料，但他处于危机深重而又变化剧烈的时代，因而要求感觉敏锐的思想家做出理论的新概括、新创造。于是，龚自珍对公羊"三世说"进行了革命性的改造。他保留了三世变易的理论模式，而改造其内容，另外从中国思想史上丰富的关于治乱盛衰变化的思想资料中加以总结、提炼，提出了"治世—衰世—乱世"这一新"三世说"，作为指导观察晚清历史变局的崭新的历史演进观。这篇名文《乙丙之际箸议第九》，就成为社会危机深重种种景象的一次"聚焦"。在举世昏昏然如梦如痴的时候，他却深刻感受到危机四伏，忧虑憔

---

① 梁启超：《论中国学术思想变迁之大势》，《饮冰室合集》文集之七，中华书局1989年版，第96—97页。
② 龚自珍《乙丙之际箸议第九》，《龚自珍全集》，上海人民出版社1975年版，第6—7页。

悴、日夜不安，为了唤醒人们而大声疾呼。龚自珍在文章结尾进一步描绘了一幅社会行将解体的惨状："履霜之屦，寒于坚冰；未雨之鸟，戚于飘摇；痹痨之疾，殆于痈疽；将萎之华，惨于槁木。"只有置身于危机深重的社会现实之中，才会产生如此惨痛的感受！

推动龚自珍运用《公羊春秋》进行新的哲学创造的力量，是要为危机时代找寻出路。这就是他所说的纵观三千年历史的优秀史家，负有"忧天下"、"探世变"的重任。《公羊传》的变易历史观与《周易》"穷变通久"哲学观本来是相构通的，龚自珍更把二者糅合起来。他在同一时期所写的另一篇著名政论中，即由此而深刻地总结出变革是历史的规律：

> 夏之既夷，豫假夫商所以兴，夏不假六百年矣乎？商之既夷，豫假夫周所以兴，商不假八百年矣乎？无八百年不夷之天下，天下有万亿年不夷之道。然而十年而夷，五十年而夷，则以拘一祖之法，惮千夫之议，听其自陊，以俟踵兴者之改图尔。一祖之法无不敝，千夫之议无不靡，与其赠来者以劲改革，孰若自改革？抑思我祖所以兴，岂非革前代之败耶？前代所以兴，又非革前代之败耶？何莽然其不一姓也？天何必不乐一姓耶？鬼何必不享一姓耶？奋之，奋之！将败则豫师来姓，又将败则豫师来姓。《易》曰："穷则变，变则通，通则久。"非为黄帝以来六七姓括言之也，为一姓劝豫也。①

这是对面临"衰世"，"乱亦竟不远矣"，治国者将怎么办的回答。龚自珍从历史必然规律的高度来论述改革的必要性、迫切性，因而具有振聋发聩的力量。他尖锐地指出：没有八百年不亡的一姓王朝，但是天下有万亿年不变之道，这就是死守祖宗的老办法必定灭亡！从夏、商、周以来的历史反复地证明，时代变了，老办法就弊端百出，再也行不通，众人要求变革的愿望和议论是无法抵挡的。所以他警告清朝当权者：不改革必将衰败、灭亡。与其不思进取、坐等灭亡，何如奋发振作，改革图强。处在当时历史条件下，龚自珍对清朝

---

① 龚自珍《乙丙之际箸议第七》，《龚自珍全集》，第5—6页。

当局还采取大胆诤谏的态度，希望执政者能够有所警悟，这是可以理解的。而他发挥《公羊传》和《易经》变易哲学而得出"一祖之法无不敝，千夫之议无不靡"的大胆预言，恰恰被晚清历史前进方向所完全证实。

魏源同是今文经学的健将，他运用公羊学的变易哲学思想，指导研究现实的社会，总结历史的教训，得出了一套在嘉道时期极其难能可贵的进化发展和变革的理论。他从各方面阐述古今递变，社会越来越进步，泥古必败，人类应当以乐观进取的精神，大胆革除陈腐过时、妨害民众、妨碍社会前进的旧制度、旧办法等观点。他极其雄辩地举出大量事实证明：世界上的万事万物，一切都在变，新旧代嬗是历史的必然规律。"三代以上，天皆不同今日之天，地皆不同今日之地，人皆不同今日之人，物皆不同今日之物。"古今的人、古今的物变化多么显著："燕、赵、卫、郑，昔繁佳冶；齐、鲁、睢、涣，古富绮纨；三楚今谁长鬣？勾吴岂有文身？淮、夷孰戎夷之种？伊川畴被发之伦？"榆树在古代是养老的上品，如今遇灾荒年才有人吃榆皮。古人穿衣用麻葛而无棉布，货币使用黄金而无银。丝绸产于睢水流域而江浙地区无有，现在情形相反，说明古今变化之大。因此他明确提出，对陈腐的旧例改革得越彻底，就越能给民众带来更大利益。他说："租、庸、调变而两税，两税变而条鞭。变古愈尽，便民愈甚，虽圣王复作，必不舍条鞭而复两税，舍两税而复租、庸、调也……履不必同，期于适足；治不必同，期于利民。"[①] 根据多数人的愿望和事物演进的趋势变革旧制度，确立新制度，恰像江河归向东海那样是不可阻挡的！

由于龚自珍、魏源在历史变易的必然和时代的特点上站得比较高，因而他们对于当时弊端严重的吏治、选举、治河、盐政等项问题都提出了积极的改革主张，尤其可贵的是，在边疆民族问题上具有远见卓识，着眼于民族间的和好、安定，着眼于国家的长远利益提出解决的办法。龚自珍著有《西域置行省议》、《御试安边绥远疏》、《上镇守吐鲁番大臣宝公书》等名文，从加强边防、巩固国家统一出发，对边疆问题提出了切中肯綮的主张。龚自珍反复陈述清代边疆形势已与前代大不相同，"中外一家，与前史迥异"，汉唐时

---

① 《魏源集·默觚下·治篇五》，中华书局1976年版，第47—48页。

代的"凿空"、"羁縻"办法已完全不适用于今天了；今天的迫切问题是朝廷如何在新疆建立起健全的行政系统，"疆其土，子其民，以遂将千万年而无尺寸可议弃之地"①。因此龚自珍第一个明确提出新疆设立行省，他对新疆的经济、边防，以至十四个府州、四十个县如何设置，都有具体建议。龚自珍以对历史演进的高度洞察力提出这些策略、措施，同时态度又极慎重，他说《西域置行省议》一文"筹之两年而成"，"其非顺天心，究祖烈，剂大造之力，以统利夫东西南北四海之民，不在此议"。龚自珍于道光九年朝考时，针对刚刚平息张格尔叛乱这一事件，"胪举时事"，"直陈无隐"，批评清政府为了平叛远从二万里以外的东北调派军队，结果劳师糜饷，骚扰州县，"兵差费至巨万"，"故曰甚非策也"。因此建议加强伊犁索伦驻军的训练，以防备边疆地区再发生不测事件②。他预言新疆设行省的建议"五十年中言定验"③。光绪十年（1884年），新疆果然设立行省，他的预言得到了证实。

魏源同样以维护国家统一、加强民族和好的观点记载和论述边疆民族问题。在《圣武记》一书中以大量确凿史实，肯定康、雍、乾三朝进行的巩固统一战争的作用。《康熙亲征准噶尔记》载：准噶尔部噶尔丹竭力向外扩张自己的势力，"兼有四卫拉特地，复南摧回部城部，诸国尽下之，威令至于卫藏，则又思北并喀尔喀"。在噶尔丹军事进攻下，喀尔喀蒙古三部落"数十万众尽弃牺畜帐幕，分路东奔"。噶尔丹的军事扩张造成了严重后果，清朝中央政府当然应该加以制止。因此，康熙对噶尔丹进行的战争，是为了遏止国内各少数民族之间的军事争夺，保持国家的统一。魏源还从人民负担减轻的事实说明国家统一带来的好处，这是更加进步的历史眼光。他说：

> 当准噶尔时，竭泽以渔，喀城岁征粮至四万八百九十八帕特玛，他税称是。叶尔羌岁征匠役户口、棉花、红花、缎布、金矿、铜硝、牛羊、猞猁、毡罽、果园、葡萄之税，折钱十万腾格，他城称是；且不时索子女，掠牲畜。故回民村室皆鳞次栉比，坚墉曲隧，以便窖藏防虏劫。及

---

① 龚自珍：《御试安边绥远疏》，《龚自珍全集》，第112页。
② 龚自珍：《御试安边绥远疏》，《龚自珍全集》，第112—114页。
③ 龚自珍：《己亥杂诗》，《龚自珍全集》，第516页。

> 两和卓木归旧部，虽减科则，而兵饷徭役烦兴，供给稍迟，家立破；及出亡，又尽其赀以行，民脂殆竭。自为王人后，蠲苛省敛，二十而取一，回户休息更始矣。①

从准噶尔"竭泽而渔"，大小和卓木"兵饷徭役烦兴"，"民脂殆竭"，到中央政府实行"二十而税一"，这些事实雄辩地证明统一对新疆人民带来巨大的好处。书中严肃批驳不利于国家统一的错误论调。有人将清政府对新疆实行开发和有效管理视为负担，称"取之虽不劳，而守之或太费"。魏源对此予以批驳，强调要把乾隆以后出现的"中外一家，老死不知兵革"的统一局面，与以前"烽火逼近畿，民寝锋镝"的战乱时期相对比，指出这种人"狃近安，忘昔祸"，好了疮疤忘了痛。与"得不偿失"论者相反，魏源充分肯定开发新疆的意义和前途。"西域南北二路，地大物斋，牛、羊、麦、面、蔬、蓏之贱，浇植贸易之利，又皆什伯内地。边民服贾牵牛出关，至则辟污莱，长子孙，百无一反。"②主张进一步发展屯田、开矿等事业。《圣武记》不但记载清代民族间发生的战争，同时更注重记载民族凝聚力、向心力的加强，中央与地方关系趋向密切的事实。最为突出的是详载曾经长期被迫在国外迁徙流落、饱受苦难百余年的土尔扈特部辗转回归祖国，和清政府立即予以接纳，动员各方面力量妥善安置的史实。在国外受尽艰难和欺凌的土尔扈特部两相对比之下，真感到"喘息如归"，真正回到自己家里来了。③《圣武记》中这些贯穿了进步的历史演进观点的记载，堪称是加强民族团结的好教材。

鸦片战争发生后，魏源的历史演进思想大大向前发展。公羊学变易思想帮助他迅速地认识这一亘古未有的大变局。1842年，他发愤撰成《海国图志》。④这部著作标志着实现突破传统学术格局的历史性跃进，摆脱了旧的精神枷锁和顽固派的压力，第一次把中国面临西方殖民势力侵略的严重局势和世界的真实格局摆在国人面前，代表了进步的公羊学者在近代史开端时期的

---

① 魏源：《圣武记·乾隆戡定回疆记》，中华书局1984年版，第167—168页。
② 魏源：《圣武记·乾隆荡平准部记》，第158页。
③ 魏源：《圣武记·乾隆新疆后事记》，第181页。
④ 《海国图志》初版为五十卷本，不久增补为六十卷，至1847年又续修成后四十卷，合为一百卷本。

开阔眼光和新的改革主张。魏源在书中首先是大声疾呼人们认识西方侵略的危险，奋起御侮图强，激发爱国主义精神。他呼吁人们在战争失败、签订屈辱条约的严酷事实面前立即惊醒起来："此凡有血气者所宜愤悱，凡有耳目心智者所宜讲画也。去伪、去饰、去畏难、去营窟，则人心之寐患去其一；以实事程实功，以实功程实事，艾三年而蓄之，网临渊而结之，毋冯河，毋画饼，则人材之虚患去其二。寐患去而天日昌，虚患去而风雷行。"① 他总结了沿海各次战役的经验教训，提出了坚决御敌、以主待客、扼守海口内河、利用义兵水勇歼灭敌人等一套策略办法。其次，魏源对于反侵略战争能够取得胜利和在技术上赶上西方具有信心。他认为，英国船坚炮利并不神秘，"在中国视为绝技，在西方各国视为平常"。中华民族经过学习，一定能迎头赶上，"因其所长而用之，即因其所长而制之，风气日开，智慧日出，方见东海之民，犹西海之民"。② 他强调必须立即抛弃闭目塞听、视外国为"夷狄"的旧意识，以熟悉夷情、设夷馆、译夷书，培养人材、筹划边事为急务。再次，尤为重要的是，魏源跨越了中西文化的鸿沟，回答了要保持御侮图强的信心，却又要放下"天朝上国"的架子，承认侵略者比自己高明，承认西方制度文化比自己先进，中国应该向西方学习这一复杂而紧迫的时代课题。他所提出的"师夷长技以制夷"，就成为近代向西方学习的起点。他用"天地气运之变"来概括东西方先进与落后地位转变的空前大变局，说："地气天时变，则史例也随世而变。"③ 因此，他在呼吁同仇敌忾抗击侵略的同时，倡导了解外国，学习外国技术，并主张发展民用工业。对于北美民主政体表示衷心向往，说："其章程可垂奕世而无弊。"并再次用气运说来表达他的预见："岂天地气运自西北而东南，将中外一家耶！"④ 预见西方民主政治也终将在东方实行，取代封建专制，中西制度、文化有可能沟通、融合。这是儒家朴素理性精神和公羊学变易观在新的历史条件下对历史演进趋势取得的重要成果，具有预示近代历史发展方向的深远意义。因此梁启超高度评价魏源倡导了解外国、"师

---

① 魏源:《海国图志·叙》，道光己酉年（1849）刊本。
② 均见魏源《海国图志》卷一，《筹海篇》。
③ 魏源:《海国图志》卷五，《东南洋叙》。
④ 均见魏源《海国图志·后叙》。

夷长技"思想的贡献,说:"其论实支配百年来之人心,直至今日犹未脱离净尽,则其在历史上之关系,不得谓细也。"[1]

二、康有为糅合西方政治学说的新"三世说"

19世纪70年代以后,对中国学者历史演进观念产生巨大推进作用的有两个重要因素:一是,经过第二次鸦片战争、中法战争等事件,西方列强对中国的侵略步步加紧,民族危机不断加深,刺激中国学者从总结现实"时""势"变迁中寻找御侮图强之良策;二是,中西文化交流有显著的进展,上海"江南制造局"出版的西方著作译本、外国传教士的译著广为传播,西方新学理的输入大大加快。加上有一批学人,如王韬、郑观应、薛福成、陈虬等,或是本人有亲到欧洲考察的经历,或是在洋务机构里任职、与外国人直接交往,因而对世界历史和时代潮流有更多的了解。因而,在19世纪70—80年代,有王韬等人结合亲身观察提出的历史演进观,特别是至19世纪90年代,以康有为为代表,把本土的公羊学派历史观与西方政治学说相糅合,创立了新"三世说",作为认识历史演进趋势和发动维新运动的思想纲领。

王韬对历史的变化和变化的阶段性提出了新的看法。其《变法(中)》一文开宗明义,以此作为宣传变法的理论依据:"《易》曰:穷则变,变则通。知天下事未有久而不变者也。上古之天下一变而为中古。中古之天下一变而为三代。自祖龙崛起,兼并宇内,废封建而为郡县……三代之天下至此而又一变。……自明季利玛窦入中国……至今日……几于六合为一国,四海为一家;秦、汉以来之天下,至此而又一变。"[2]王韬将历史的演进划分为五个阶段,"上古—中古—三代"这三个阶段讲得过于简略而有些朦胧,可以理解为洪荒时代—野蛮时代—华夏文明确立时代;此后,秦统一中国,废封建而置郡县,直至明朝,是专制皇权确立和统治的时代;明末以来,则是东西方文明接触、

---

[1] 梁启超:《中国近三百年学术史》,《饮冰室合集》专集之七十五,中华书局1989年版,第323页。
[2] 王韬:《弢园文录外编》,中华书局1959年版,第13页。

中国逐步了解世界，和世界各国联系日益紧密的时代。王韬的论述虽然尚不够具体和确切，但毕竟对几千年历史演进的阶段性，和当今中国与世界联系加强的趋势，第一次作了概括，因而很有时代意义。在王韬之后，郑观应的《公法》、陈炽的《盛世危言·序》、薛福成的《变法》、陈虬的《治平通议·卷首序》中都表述了相似的观点。郑观应又在《盛世危言·教养》中，提出"中国文明开寰宇之先，唐、虞之时已臻盛治。迄乎三代，文化尤隆"为历史演进第一阶段。至秦之后，"教养之道荡然无余"，"生民涂炭"，"其不复等于禽兽者几希"，为历史演进的第二阶段。而至近世，西方格致之学东来，只有效仿西方，才能"庶百王之弊可以复起，而三代之盛可以徐复也"[①]。在郑观应的历史演进三阶段论中，可以明显看出受到历代儒生所盛称的三代是黄金时代，以后世道陵替、人心浇薄的历史倒退论的影响；而经过前一次之否定和后一代否定之否定以后，经由向西方学习的路径，可以重新达到"盛治"的境界，这又凸显出学习西方先进文化的时代主题。郑观应又将人类社会的演进归结为"由弋猎变而为耕牧，耕牧变而为格致"的必然趋势，"此固世运之迁移，而天地自然之理也"[②]。堪称是第一次向国人传播了全世界范围内由游牧社会—农耕社会—工业社会这一历史演进三阶段论的观点。薛福成则强调晚清所面临的西方势力东来、中国受制于西方列强的形势是古今未有之变局，这既是不可改变的法则性（"天事"）所决定，同时又昭示着发挥人的主观努力（"人事"）的时代契机和紧迫任务。他认为："方今中外之势，古今之变局也。推其所以启之者，有天事，有人事。"世界各国日益密切的经济联系"其所以然者，天也，非人之所能为也"；而西方对中国侵略的加深，"其所以然者，人也，不可尽委之天也。居今之世，事之在天者，宜有术以处之，然后不为气数所穷；事之在人者，必有术以挽之，然后不为邻敌所侮。"[③] 他强调总结历史演进的趋势要引起国人的警醒，发愤努力，挽救危局，以寻求国家民族富强之道："自强之道，半系气运主之，是在中外上下，戮力同心，破除积

---

① 夏东元编：《郑观应集》，上海人民出版社1982年版，第479—482页。
② 夏东元编：《郑观应集》，第481页。
③ 丁凤麟、王欣之编：《薛福成选集》，上海人民出版社1978年版，第22—23页。

习，发愤有为。"①

上述王韬、郑观应、薛福成关于历史演进的论述，明显地继承了龚自珍、魏源的思想路线，即发挥儒家经典和其他传统思想中关于历史变易和政治变革的观点，并结合时代变迁的感受，作出新的概括，因而成为19世纪中国学者推进历史演进认识的中间环节。至19世纪90年代前后，康有为又将这一认识大大向前推进，由于其所作的论述更强烈地反映出时代特征，且又更具理论的系统性，因而对社会生活产生了更加深刻而巨大的影响。

康有为从青年时代起，便逐步形成强烈的经世意识和救亡图强的精神，这是他后来立志发挥今文公羊学的变易观、从事新的理论创造的重要原因。据《康南海自编年谱》记载，他十八岁时即深受岭南著名学者朱次琦的学术旨趣和人品的影响，决心效法其师"主济人经世，不为无用之高谈空论"，从此树立了经世报国的治学和人生目标。次年，在西樵山结识京官张鼎华，尽知京师风气，大大开阔了眼界。于是舍弃考据帖括之学，时时取《经世文编》《天下郡国利病书》等用心研读，"哀物悼世，以经营天下为志"。康有为生活的广东沿海地区，又使他很早就有可能接触西方文化，认识西方制度、学术的先进，并把大力吸收西学作为他构建学说的重要组成部分。他游历香港，感于西方治国制度的先进，此后即"大购西书以讲求焉"，"购《万国公报》，大攻西学书，声、光、化、电、重学及各国史志，诸人游记皆涉焉。"初步认识到欧美国家的制度，而且对于西方的近代科学知识有所了解，即为此后他糅合中西学理、阐发独特的历史演进学说奠定了基础。1888年五月，他因张鼎华多次邀请他到京师，于是赴京参加乡试。在京城期间，他感受到中法战争失败后时局的危险，认为中国若及时发愤变法，则尚有几年时间可以争取主动，以支持局面，否则列强再度侵略，就将万分危殆！于是先向最有名的公卿潘祖荫、翁同龢、徐桐致书责备，京师哗然，然后又发愤向光绪帝上万言书，请求变法。把持朝政的顽固派厌恶言变法，更无地位微贱的布衣上书言政的事，所以不但上书格而未达，而且因首倡变法而大受攻击。这次失败使康有为深受刺激，他鉴于国事日蹙的局势，决定选择创立新学说以影响大

---

① 丁凤麟、王欣之编:《薛福成选集》，第88页。

众的道路。离京之前，他致书好友沈曾植，尖锐地批判清代盛行的考据词章之学："今之学者，利禄之卑鄙为内伤，深入膏肓，而考据词章，则其痈疽痔赘也。"而他所要创立的是同世局巨大变化相适应的、不"拘常守旧"的新异学说，故云："仆最爱佛氏入门有发誓坚信之说，峭耸精紧，世变大，则教亦异，不复能拘常守旧，惟是正之。"①

1891年起，康有为在广州万木草堂讲学，学生最盛时达一百多人。讲学的主要内容，是发挥《春秋公羊传》的"三世说"、变易观和以经议政的特点，指陈国家形势的危险，变法的急迫需要，攻古文经学之伪，讲孔子改制之说，以及西学知识。梁启超曾讲述当日师生怀着救亡图强的忧愤心情从事教和学的情景："（先生）每语及国事杌陧，民生憔悴，外侮凭陵，辄慷慨欷歔，或至流涕。吾侪受其教，则振荡怵惕，懔然于匹夫之责而不敢自放弃，自暇逸。每出则举所闻以语亲戚朋旧，强聒而不舍，流俗骇怪，指目之谥曰'康党'，吾侪亦居之不疑也。"② 这也说明康有为的聚徒讲学，实则是从事构建维新变法的理论和培养维新人材。

1891年，康有为在广州刊行他所著《新学伪经考》③。这部著作以其与长期居正统地位的古文经学完全相对立的观点震动一时，形成为"思想界之大飓风"，上海及各省曾翻印五版。笃守古文经学的人物则怒而相攻，甚至朝野哗然。不久清廷即下令毁版。康有为树立起反对自东汉至清代学者们所尊奉的古文经传的旗帜，力辨刘歆所争请立于学官的古文经均系伪造，故称"伪经"；刘歆伪造古文经书的目的，是为王莽篡汉制造理论根据，湮没了孔子的真经，是新莽一朝之学，与孔子无涉，当称"新学"。此书从辨伪、纠谬出发，对于一千多年来居于正统地位的古文经学施加总攻击。如言：秦始皇焚书造成六经亡缺，是刘歆之伪说，故意制造口实，欺蒙天下。秦焚书之令，但烧民间之书，若博士所职，则《诗》《书》百家自存。见于《史记》《汉书》者，并伏生、申公、辕固生、韩婴、高堂生计之，皆受学秦之前，其人皆未

---

① 康有为：《与沈刑部子培书》，《康有为全集》第一卷，上海古籍出版社1987年版，第383页。
② 梁启超：《南海先生七十寿言》，《饮冰室合集》文集四十四（上），第28页。
③ 据梁启超所说："先生著《新学伪经考》方成，吾侪分任校雠；其著《孔子改制考》及《春秋董氏学》，则发凡起例，诏吾侪分纂焉。"

坑之儒，其所读皆未焚之本。秦禁藏书仅四年，天下藏书本必多，有多渠道流传至汉代，除官府所藏外，还有民间藏本。《新学伪经考》的产生，是正在酝酿的维新变法运动将要发生的一个信号，无论是康有为撰著的意图和它所产生的社会影响，都远远超出学术辨伪本身。当时中国新旧两种社会力量正在准备着一场较量。列强侵略日益加深，国家形势危如累卵，而清朝统治早已病入膏肓，民族的前途眼看被彻底断送。另一方面，至19世纪八九十年代，中国民族资产阶级已初步产生，并提出了发展资本主义的要求，而且随着西方学说的传入，中国旧制度的落后和腐朽更加暴露。就在这样的新旧冲突、中西文化撞击背景下，爱国志士已经认识到，要挽救危亡，就必须对旧势力展开攻击。对于病入膏肓的封建皇朝末日景象和根深蒂固的腐朽势力，必须以雷霆般的声势发动攻击才能动摇其根基。他认识到，首先必须引起社会上对原来束缚人们思想的旧观念产生怀疑、不满，才有可能发动一场政治变革运动。《新学伪经考》的刊行正符合于这一时代需要，所以为革新派人士热心地传布，同时又被顽固派所仇恨。康有为通过对古文经的怀疑和否定，进而公然怀疑和否定封建政治制度。他指责两千年封建腐败统治是由于"奉伪经为圣法"造成的："阅二千年岁月日时之绵暧，聚百千万亿衿缨之问学，统二十朝王者礼乐制度之崇严，咸奉伪经为圣法，诵读尊信，奉持施行，违者以非圣无法论。"[1] 他宣布自新莽以来二千年的政治制度、思想体系，以至任用宦官、人主奢纵、权臣篡盗，都是尊奉伪经而形成的，这就从根本上否定两千年专制统治和思想文化的合法性和合理性，从而为鼓吹维新变法提供了理论依据。因而，《新学伪经考》在政治上具有重要意义，"它反映了19世纪90年代中国资产阶级维新派要求改变专制统治的愿望。"[2] 在学术上，《新学伪经考》和以后刊行的《孔子改制考》都开启了近代学者重新审查古籍的风气和治史方法，破除了封建时代学者"尊古""泥古""嗜古"的陋习。五四以后，古史辨派的形成，康有为的著作即为其思想前驱之一。但《新学伪经考》也突出地表现出康有为主观武断的学风，对于不利于自己的材料，即宣

---

[1] 《新学伪经考》序。
[2] 房德邻：《康有为的疑古思想及其影响》，《北京师范大学学报》1994年第2期。

布是刘歆伪造。对此,梁启超曾批评说:"有为以好博好异之故,往往不惜抹杀证据而曲解证据,以犯科学家之大忌,此其所短也。"① 后来古史辨派在考辨古史上有疑古过头的弊病,有时甚至玉石俱焚,这也跟接受康有为的消极影响很有关系。

1897年,康有为又撰成《孔子改制考》,次年刊行。梁启超曾比喻《新学伪经考》的著成是思想界之一大飓风,而《孔子改制考》的著成更是"火山大喷火、大地震"。前一书立意于"破",否定恪守古训、因循守旧的传统观念;后一书立意于"立",通过阐释孔子"改制"学说宣传变法的合法性、迫切性,两部书构成康有为具有强烈时代特征的历史演进观念,并且共同奠定了维新变法的理论体系。《孔子改制考》的核心观点是:(一)认为大地教主,无不改制立法。孔子撰著儒家六经,假托尧、舜、文、武而制订了一套政教礼法,是为"托古改制",为后王立法。"布衣改制,事大骇人,故不如与之先王,既不惊人,自可避祸。"② 孔子是万世尊奉的圣人,改制正是其伟大之处,后人效法孔子改制变法,那当然是天经地义、合理合法的。(二)认为最得孔子精义的,是《春秋公羊传》和董仲舒、何休的书。孔子创立了"三统""三世"诸义,处在"乱世",向往"太平"。社会的发展,是远的、旧的必定败亡,近的、新的终将兴起。乱世之后进以升平,升平之后进以太平,社会是越向前越进步,泥古守旧,必定败亡。孔子的升平、太平理想同"民主"政治相通,人类社会的发展是朝向共同目标的。"尧舜为民主,为太平世,为人道之主,儒者举以为极者也。……孔子拨乱、升平,托文王以行君主之仁政;尤注意太平,托尧、舜以行民主之太平。""六经中之尧、舜、文王,皆孔子民主君主之所寄托。"③ 故此,不但六经皆为孔子托古改制之书,甚至资产阶级民主理想,都成为孔子早已树立的传统,那么实行变法,改革封建专制政治,就成为效法孔子的、完全正当的行动。康有为还把公羊三世说与历史进化观,以及资产阶级君主立宪、民主政治学说都糅合起来,把资产阶级的民权、议院、选举、民主、平等,都附会到儒家学说上面,都说是孔子

---

① 梁启超:《清代学术概论》第二十三节,《饮冰室合集》专集之三十四,第57页。
② 康有为:《孔子改制考》卷十一,《孔子改制托古考》。
③ 康有为:《孔子改制考》卷十二,《孔子改制法尧舜文王考》。

所创。如说:"世官为诸子之制,可见选举实为孔子创制。""儒是以教任职,如外国教士之入议院者也。"①

康有为将儒家经典中的公羊"三世说"、《礼运》中的小康、大同思想,与西方政治中君主专制—君主立宪—民主共和思想糅合起来,构成了解释社会历史进程的新三世说,即由据乱世(君主专制)—升平世(君主立宪)—太平世(民主共和)。这一崭新而有系统的历史演进观念深刻地反映了19世纪末时代的需要,指导人们观察历史的进程和社会前进的方向,因而成为维新运动的理论纲领,并在社会上产生极大的震动。戊戌维新距今已有百余年,时过境迁,有的人觉得对此难以理解,或简单地归结于康有为善于附会。实则,公羊学的朴素历史进化观与西方政治思想能够相糅合,并产生巨大的社会影响,决非某一个人之学风特点可以使然。中国历史行进到19世纪最后十年,已紧迫地面临着重大的抉择,要求出现质的飞跃。中国民族资本主义工业已有初步的发展,要求中国走上近代化道路,发展资本主义;外交上列强环伺,企图对我蚕食鲸吞,甲午战争以后形势更加险恶,国家被瓜分的惨祸就在眼前,中国要避免亡国灭种的危险,就必须结束清朝的专制统治,改革腐朽的政治,跟上世界潮流,建立民主政治。中国社会要求有变革的哲学思想,要求有掀起政治上改革运动的理论武器,而中国的封建统治势力又那么强大,旧的传统观念又是那么根深蒂固,进步力量为了进行斗争,必须找到既对正统地位别树一帜又具有儒家经典合法地位的思想学说,以减轻非圣无法的压力。公羊学恰恰是这样一种可以利用的思想武器。戊戌维新派利用和改造它作为宣传变法的理论,实具有最深刻的时代必然性。公羊学阐发历史演进的变易性和评论时政的特点正好在政治上符合时代的需要,所以显示出所向披靡的力量。由于受到封建专制制度和旧生产关系的束缚,中国的哲学、政治、文化思想体系从17、18世纪起落后于西方,理学空谈、烦琐考据、科举制度、专制观念等严重禁锢着人们的头脑,阻碍着社会进步。必须在历史转折关头总结出新的命题,并且吸收西方先进学说,形成思想解放的潮流,发动一场政治上的变革。传统思想中,既有落后、陈腐的东西造成重负,又有新生的

---

① 分别见康有为《孔子改制考》卷三、卷七。

萌芽蕴含其中，公羊学说的变易观点、以经议政，就是具有民主性、科学性的精华，因而自龚自珍、魏源以来，就一再用对时代变动的新鲜总结为之注入新的生命，至康有为而达到高峰。

戊戌前后几年中，康有为还撰有：《春秋董氏学》（1896）；《礼运注》（1897）；《中庸注》（1901）；《论语注》；《孟子微》；《大同书》（后三种均撰著于1901年至1902年）。这些著作都阐释了共同的历史演进观，即大力改造公羊"三世说"，将之发展成为由封建专制进为君主立宪，再进为民主共和的新学说。康有为于1891年至1895年间已经形成早期大同思想，至此又向前发展，《大同书》不仅表达了康有为设想经由废除封建专制、发展资本主义、推动人类社会进步的方案，而且又向前跨进，描绘出一个没有阶级、没有剥削的理想国，具有空想社会主义色彩。这也是极具中国特色的晚清学者探索历史演进的成果。

三、严复《天演论》历史演进观的时代意义

19世纪末严复《天演论》的著成，是晚清时期中国学者探讨历史演进的又一重要贡献。

严复（1854—1921）少年时代在福建船政学堂学习五年，学习了英文、数、理、天文及航海术各门课程。后被派往英国学习海军三年，同时热心研读哲学和各种社会思想学说。甲午战争爆发，严复亲见老大腐败的清皇朝被由于学习西方而骤强的日本打得惨败，更加引起他对国家命运的深沉忧虑。1895年，他先后在报上发表《论世变之亟》《原强》《辟韩》《救亡速决论》等论文，并着手翻译赫胥黎所著《天演论》一书（1898年出版）。在这些论文和译作中，严复怀着"警世"的强烈愿望，系统地介绍西方进化论历史演进观念，由此标志着中国近代思想界进入新纪元。严复阐发生存竞争、优胜劣败而形成进化发展的规律，是同唤起人们对民族危亡形势的认识紧密相联系的。赫胥黎的通俗著作《进化论与伦理学》出版于1894年。严复选择这本书及时地译述，在当时情况下，他不作原书直译，而采取意译、改写、插入议论

和加上大段案语的方法，着眼于中国国情，就原著某一内容或观点加以发挥，抒发本人的哲学思想和政治观点，以达到"警世"的目的。他阐述进化发展是宇宙的普遍规律。小至草木虫鱼，大至天地日月，"一切民物之事，与大宇之内局诸体，……乃无一焉非天之所演也。"① 天地一切都在变化，只有"天演"的规律是永恒的。严复很赞赏斯宾塞把生存竞争、自然淘汰的规律引到人类社会的观点。严复认为：人类自远古以来，也各争以自存。"其始也，种与种争，群与群争，弱者常为强肉，愚者常为智役，及其有以自存而遗种也，则必强忍魁桀矫捷巧慧，而与其一时之天时地利人事，最其相宜者也。"② 故此，适应环境，不断进化，产生新特性、新能力，这是在激烈的生存竞争中取胜的根本条件。严复称此为"体合"。他强调："于此见天演之所以陶熔民生，与民望之自为体合（自注：体合者，物自变其形，能以合所遇之境，天演家谓之体合）。体合者，进化之秘机也。""进者传而存，不进者病而亡焉！"③ 目的在于使人们警发"保群进化之图"，去旧即新，学习西方，变革图强。严复吸收了斯宾塞把生存竞争引入人类社会的思想，而抛弃其"任天为治"（指在人类社会中任凭自然选择、优胜劣败的规律起作用）的观点，同时吸收和发挥赫胥黎所主张的人类不应任由物竞天存命运的摆布，人类应发挥力量加以干预的论点。这样，严复以达尔文进化论学说为基础，又经过自己的综合、创造，使他的理论主张具有鲜明的时代性，以激励处于危机关头的中国人"自强保种"为最大特色。《天演论》出版时，正是民族危机最严重、举国人心激愤、思变思强的时刻，严复创造性介绍的进化论学说，提供了一套新鲜的哲学观、历史观，极大地鼓舞了中国人民的斗志和信心。进化论学说在海内迅速传播，使中国思想界产生了划时代的变化。如革命派机关报《民报》即评论说："物竞天择之理，厘然当于人心，而中国民气为之一变。"④ 《天演论》被书肆争相翻印，版本达三十多种，成为空前畅销书。（以上论述进化论的进步性是指在当时历史条件下，即马克思主义传入中国以前的时代而言。

---

① 严复：《天演论》导言二，《广义》，商务印书馆1981年版，第6页。
② 严复：《原强》，见中国近代史资料丛刊《戊戌变法》（三），上海人民出版社1957年版，第41页。
③ 严复：《天演论》导言十五，《最旨》，第36—37页。
④ 《述侯官严氏最近政见》，《民报》二号。

《天演论》把社会进步归结到"物竞天择"的规律是并不科学的。恩格斯对此问题曾有过论述。①

严复《天演论》历史进化观迅速传播以后，作为历史演进观念的在此前虽经风行海内的公羊今文学说即完成了自己的历史任务，其地位被进化论所取代，而价值融入其中。因为，西方进化论是近代学术体系，高出整整一个历史时代。前此盛行的公羊三世说虽然比之僵死的封建思想更具进步性，但又具有粗疏原始、主观和神秘的致命弱点。它所讲的变易历史哲学，是靠阐释古代经典中的"微言大义"而得，在很多程度上，建立在主观推论和比附的基础上，未能摆脱传统学术的旧体系，因而很带争论性，使很多人对此感到怀疑甚至骇异。而西方进化论学说，是从大量的实例中归纳出来的，可以动植物、人体、地形、地质、化石来作验证，因而具有严密的科学性和鲜明的实证性的优点。比较粗疏的原理一定要被更加科学的原理所代替，这正是学术进化发展的规律。而公羊学历史演进观念成为沟通19世纪、20世纪之交进步知识界通向西方进化论的桥梁，这一贡献是不可埋没的。

（2010年第2期）

---

① 恩格斯的原话是："想把历史的发展和错综性的全部多种多样的内容都总括在贫乏而片面的'生存竞争'中，这是十足的童稚之见。"见《马克思恩格斯选集》第3卷，人民出版社1972年版，第572页。

说六通

白寿彝

"三通",是大家熟知的重要的史书。"三通"是指杜佑的《通典》,郑樵的《通志》和马端临的《文献通考》。有人在"三通"以外,加上司马光的《资治通鉴》叫做"四通"。还有人要再加上秦蕙田的《五礼通考》,叫做"五通"。我的意思认为,可以提出"六通"来,就是在"三通"以外,加上《资治通鉴》,再加上刘知幾的《史通》和章学诚的《文史通义》。这"六通"和《史记》《汉书》《后汉书》《三国志》可合称为"四史六通",这是我国中古时期历史著作中的代表作。在50年代,我曾把这个意思跟同志们谈过,现在觉得这个看法还符合事实。但"三通"和《通鉴》卷数多,《史通》的典故多,《文史通义》的创见多而文字简奥。这六种书读起来很不容易,需要下很大的功夫。对于史学史工作者来说,这样的功夫是少不了的。

《史通》一向受到盛誉。近年还有人认为这是一部理论性的著作。《史通》在史学史上有它的贡献,但这样的推许不尽恰当。从《史通》全书而论,主要讲作史的体裁和体例。《内篇》十卷中,前四卷讲史家各体和主要的史例;第五、第六两卷讲的是采撰;第七、第八两卷讲的是鉴识;卷九、卷十是杂论。刘知幾的著名的"才、学、识"的说法,没有明文见于《史通》,但在《史通》各篇中,是得到阐述的。从这三个方面系统地论述如何写历史书,这是以前所没有过的。《史通》论述的主要对象是纪传体和编年体,而纪传体是更主要的对象。从写纪传体和编年体的史书到对它们进行系统的阐述,这是对史学工作的总结,是对史学工作本身的自我批判,这在学术的发展上是很有意义的。《史通》长期被称赞是有原因的。但刘知幾的兴趣基本上是在技术方面,他也有一些进步的思想,但没有得到发挥,没有提到理论的高度。

在纪传体的史书中,刘知幾主张增设都邑志、氏族志、方物志。他论述设置方物志的理由说："自汉氏拓境，无国不宾，则有邛竹传节，筘酱流味，大宛献其善马，条支致其巨雀。爰及魏晋，迄于周隋，咸亦遝迻来王，任土作贡，异物归于计吏，奇名显于职方。"他说的这些方物，都是汉代的事情，有的是从中国传到域外的，有的是从域外传到中国的。隋唐两代中外交通大大超过两汉。刘知幾这个主张是当时具体情况的反映，也体现了他作为一个历史家的见识。

我国的封建统治一向以高门大族为重要的支柱。司马迁说："二十八宿环北辰，三十辐共一毂。"他为《史记》立三十世家，也就是这个意思。顾炎武在《裴村记》中说："自治道愈下而国无强宗。无强宗，是以无立国。无立国，是以内溃外畔而卒至于亡。"他认为，宗法之存，"所以扶人纪而张国势"。他这个论点，对于理解中国封建制度还是相当重要的。历代的高门大族，在不同时期表现为各种不同的形式。魏晋南北朝的门阀制度在唐代也还延续。顾炎武说："盖近古氏族之盛，莫过于唐，而河中为唐近畿地，其地重而族厚。若解之柳，闻喜之裴，皆历任数百年，冠裳不绝。"顾炎武的话，当有根据。刘知幾主张在国史中写氏族志，当也包含唐史在内。这也是改造旧史体例的很重要的一个倡议，也是反映当时的历史情况的。至于他倡议写都邑志，这也跟唐代长安的繁盛有关系。中国封建社会的都邑，其最大的特点，不在于它是消费的都市或生产的都市，而在于它是最大的封建堡垒和封建统治力量强弱的缩影。写《都邑志》也是一个很好的创议。"三志"的倡议，后来在《通志》中有所体现，但在别的纪传体史书中，是一直没有认真采用的。

《史通》的"通"，可以说主要是史书体例的"通"，史书编写形式上的"通"。

杜佑的《通典》是一部关于典制的通史巨著。全书共分九门，二百卷。他的自序说："不达术数之艺，不好章句之学。所纂《通典》，实采群言，徵诸人事，将施有政。"这样一部大书是在他的政治思想指导下撰述的，九个门类的先后次序按照他所认为政治上的本末、先后、缓急来安排的。全书的结构很有逻辑性，这也反映了他的政治思想体系的构成，和对社会结构的看法。这书内容的丰富，是隋唐史学的顶点。杜佑的时代，是唐代社会日趋变乱的时代，好多制度发生了动摇。其中，有不少东西面临着改革。在这个时期，总结历史上各个时代制度上的沿革，是时代的要求。《通典》就是在适应这样一个要求下出世的。李翰为《通典》作序说："若使学者得而观之，不出户，知天下；未从政，达人情；罕更事，知时变；为功易而速，为学精而要。"这话未免有点夸张，但也可以说明这书在当时人心目中的份量。杜佑把李翰的序放在卷首，也可见杜佑的自我期许。

魏晋以来的士大夫，在文化生活上，一方面表现为酒、药和清谈，一方面表现为谱学的盛行，还有一个方面，是礼学的讲习。杜氏是唐代著名的大族。《通典》二百卷中，关于礼的有一百卷之多，这也反映这一地主阶层的思想感情。

宋代是历史著作大大发展的时期。这个时期的史学，我的初步意见认为，历史理论不发达，比较显著发达的，是历史文献方面的工作，和宣扬封建伦理思想的著作。司马光说《通鉴》专取"关国家盛衰、系生民休戚、善可为法、恶可为戒者"。在史料的保存，史料的取舍和一些议论上，《通鉴》都有所贡献，但指导思想是"资治"二字。"善可为法，恶可为戒"的标准，就是要看它是否能够"资治"。所谓"善""恶"也就是要拿封建伦理道德为标准。

"通鉴"在史学史上影响很大，至少发展成三个流派。一个流派，是写《通鉴》续编，如李焘的《续资治通鉴长编》。一个流派，是改变成为纪事本末体，如袁枢的《通鉴纪事本末》等等。又一个流派，是纲目体。自朱熹署名的《资治通鉴纲目》以后，相继问世的同类的书相当地多。这类书因受到当局的提倡和篇幅较少，获得的读者比别的史书要多得多。这是流行最广泛的史书，也是宣扬封建伦理道德最卖力的史书。这是讲宋代史学应该注意的问题。

郑樵的《通志》和马端临的《文献通考》，主要是关于历史文献方面的汇辑工作。郑樵很重视"会通"。"会通"的意义从《通志》看来，大概是包括两点，一点是讲类例，又一点是讲"贯通"，他的《二十略》是得到好评的。其中《艺文》《校雠》《图谱》《金石》四略，是应用类例的方法得到更多成功的。所谓"贯通"是指历代史事记载的前后连续。他说："且善学司马迁者，莫如班彪。彪续迁书，自孝武至于后汉。欲令后人之续己，如己之续迁，既无衍文，又无绝绪，世世相承，如出一手。"这就是他所说的"贯通"。实际上，如要求严格一点，这只是史事的排比，不一定就能贯通。《通志》中大量的部分是纪传，就是打算用贯通的方法来写的。尽管在个别篇章上，对于旧史的取舍有点见解，但总的看来，很难说对于"贯通"做到了什么程度。这比着司马迁的"通古今之变"，看来还有相当的距离。

过去的学者对于《通志》的评价分歧很大。不少人说它写得疏漏。章学诚特别推崇它，认为郑樵的著作有别识心裁，成就很大，后人对于郑樵的批评都是小节，好象是讥讽韩信、彭越不能象邹鲁先生蹑方步，伏孔巨儒不善作雕虫篆刻。章学诚说："夫史迁绝学，春秋之后一人而已。其范围千古，牢笼百家者，惟创例发凡，卓见绝识，有以追古作者之原，自具春秋家学耳。若其事实之失据，去取之未当，议论之未醇，使其生唐宋而后，未经古人论定，或当日所据石室金匮之藏及《世本》《谍记》《楚汉春秋》之属，不尽亡佚，后之溺文辞而泥考据者，相与锱铢而校尺寸以绳，不知更作如何掊击也。今之议郑樵者，何以异是。"我们评论古人的著作，要观其大体，要从主要的方面看它是否有成就，但也不必隐瞒它的缺点。如果专挑小毛病，不能观其大体，是错误的。章学诚评《通志》站得高，能从大处落墨。但也不能因此就不让人家说《通志》的毛病。章学诚拿《通志》同《史记》相比，也不妥当。

《文献通考》是继《通典》之后一部更大规模的关于典章制度的通史。它搜罗的材料相当丰富，也有一些好的议论。对于各种制度的变革，它也往往能看到或触及到一些线索。对于我们研究宋末以前的各种制度及有关议论，是一部有用的书。但这书的写作旨趣跟《通典》大不相同。《通考·总序》说："凡叙事则本之经史而参之以历代会要以及百家传纪之书，信而有徵者从之；乖异传疑者不录。所谓文也，凡论事，则先取当时臣僚之奏疏，次及近代诸儒之评论以至名流之燕谈，稗官之纪录，凡一语一言可以订典故之得失，证史传之是非者，则采而录之。所谓献也，其载诸史传之纪录而可疑，稽诸先儒之论辩而未当者，研精覃思，悠然有得，则窃以己意附其后焉。命其书曰《文献通考》。"这是马端临对于《文献通考》命名的意义和取舍标准的说明。他的兴趣在于文献考征方面。《总序》又说："君子审后王之道而论于百王之前，若端拜而议。然则考制度、审宪章、博闻而强识之，固通儒事也。"这段话也显然可见马端临的兴趣在知识性方面,是在历代典章制度的了解方面。这跟《通典》要"将施有政"是不同的。在书的体例上,《通考》基本上继承了《通典》,但在指导思想上,这两部书走的不是一条路子。

章学诚的《文史通义》,书名取之孔子。《孟子》记:"其事则齐桓晋文,其文则史。"记孔子说:"其义,则丘窃取之矣。"从认识的层次说,这段话可以包含三个层次。一是事,这是历史的客观主体。二是文,这是用文字写成的历史记载。三是义,这可以说是事之义,也可以说是文之义,孔子的原话没有说清楚。按照汉儒的说法,"属辞比事,《春秋》教也",孔子所说的义,应该包含事之义,也包含文之义。章学诚的书取名《文史通义》表明他研究的对象不是史事,而是史文之义。这就是说,他通过史文的研究而达到知义的目的。用现在的话来说,他的研究不在于历史的本身,而在于史学。从认识上说,他这部书比着《通典》等书,都要高一个层次。同《史通》可以说是在一个共同层次,而在这个层次中,《文史通义》比着《史通》,也还是要高一些的。

章学诚所处的时期,是中国封建社会衰老的时期。我所说的衰老时期是指明清时期。我近来喜欢用"衰老"来形容这个时期。我觉得,说"衰老"比"衰落"、"解体",似乎更恰当些。尽管这个时期衰老了,但它还有生命力。在一定范围内,这种生命力的能量有时还相当大,有时还相当顽固。在这个历史时期,新的力量在潜伏、在萌芽,但在旧的势力压制下,很不容易得到生长。这是封建制度桎梏新生命的时期,是死的抓住活的时期。这个看法可能是符合事实的,因而我们可以比较方便地解释在史学方面的复杂现象。在明清之际,出现了进步的社会思想、史学思想。但在有进步思想的历史家身上,又有许多陈旧的东西。这个时期的大思想家、大历史家,如黄宗羲、王夫之、顾炎武、顾祖禹、唐甄等人,都难免有这种情况。当然,我们评价这些人,主要是肯定他们的光辉成就。跟他们同时,也有陈腐的历史观点的流行。此后,考据学盛行,从经学上的考据逐渐转入子史上的考据。这些考据家们的成绩各不相同,应该进行具体分析,不能一概而论。但在他们里边,相当多的人都局限于名物训诂的研究,视野比较狭小。他们有继承清初学者的一个方面,但如拿"经世致用"作为标准来说,他们跟顾炎武等人是有很大区别的，以上所说不同的情况，正是这个时期的社会问题在意识上之不同方面的反映。从历史发展上看，这种情况并不奇怪，是可以理解的。章学诚的史学，是考据学派的对立面，在某种意义上，也可以说是明清之际"经世致用"思想的继续。不过，在表现形式上是隐晦曲折的，他没有直接接触政治问题和社会问题，谈论基本不出学术文化的范围。

"六经皆史"是章学诚的著名论断。有的人把这一论断推崇得很高，好象这一下子就把经跟史的地位拉平了。有的人则考据出来这个论断不始于章学诚。有人说，这个论断在明朝已经有了，有的说在宋朝已经有了，有的还上推到朱熹那里。我看对这个问题，当然也可以考察谁先说、谁后说，但不存在发明权问题。章学诚的这个论断，是从史料的角度上，是从某些史书体裁的来源上说的，可他也并没有因此而剥夺了六经的神圣的灵光。这个论断在章学诚的史学理论上占有什么地位，还可以进一步研究。

章学诚重视别识心裁，重视通史，重视记注与撰述的区别，提出了关于方志和校雠的看法。对于这些问题，不少同志发表了很好的意见，还可以再系统地研究下去。我近来重读《文史通义》，对于《史德》和《文德》两篇很感兴趣。《史德》说："盖欲为良史者，当慎辨于天人之际，尽其天而不益以人也。尽其天而不益以人，虽未能至，苟允知之，亦足以称著述者之心术矣。而文史之儒竞言才、学、识而不知辨心术，以议史德，乌乎可哉。"这一段话简单地说，就是要有史德，不要歪曲史实，不要在记载的时候掺杂私人的感情和偏见。"史德"这两个字提得好。刘知幾在说到"才、学、识"的时候，也涉及到"史德"的一点意思，但他没有能够明显地把问题提出来。章学诚提出了问题，还专门写出了文章，这在中国史学史上是一件很重大的事情。章学诚所谓"天人之际"，实际上指的是史学工作过程中主观和客观的关系问题。"天"是指客观的历史，"人"指的是人们对客观历史的认识和表述。"天人之际"四个字，既把天和人区别开来，又把天和人联系起来。这是史学史上的光辉思想。实际上，"尽其天"是不能完全做到的，但可以逐步地接近这一点。"不益以人"，在科学工作上，也是不符合事实的。如果说不要对于天加枝添叶，那是可以的。如果说要认识天，不管是在多大程度上，总离不开人的加工。章学诚说"虽未能至"似乎也朦胧地看到了这一点，我们不必苛求古人。《文德》提出来"必敬以恕"的论断。"敬"的含意，有它理学上的传统。所谓"涵养需用敬"是理学家在修养上的重大项目。章学诚把"敬"字用在这里，同《史德》篇所论"天人之际"，意义是相同的。"敬"，就是不夹杂个人的私念。所谓"恕"，就是要设身处地地替古人想想。这比一般所谓"知人论世"，还要更具体些。用现在的话，可以说，是要结合一些历史条件。《文史通义》这部书有好多有意思的见解，是值得发掘的。

我有一个想法，"四史六通"可以合出一部丛书。有的书应该加上新注，有的书可以用适当的形式表示它们互相因袭的地方。这个工程相当大，需要有领导的、有组织的长期规划。

刘雪英笔录 1983, 10, 7

（1983 年第 4 期）

从"三代"反思看历史意识的觉醒

刘家和

如果有人突然发问:"三代"的意思是什么?我们通常都会说,那就是指夏、商(殷)、周三个王朝。《论语·卫灵公》记孔子言"斯民也,三代之所以直道而行也。"朱熹即注云:"三代,夏、商、周也。"这样的回答当然不能算错。不过,如果结合历史和史学史进行分析,就会发现这样的回答既不够准确,又忽略了其中深层的问题。现在就让我们来讨论一下有关问题。

一、关于"三代"的时间下限

问题可以先从史学史的角度谈起。在司马迁写的《史记》里,《五帝本纪》居首,这实际是以五帝时代作为中国文明诞生的序曲,随后就是《夏本纪》《殷本纪》和《周本纪》,显然是以夏、商、周三代作为中国文明的正式开篇。不过,夏、殷(商)、周三个《本纪》的时间起点都不是作为王朝创立者的禹、汤、文武,而是他们的本支始祖颛顼、契、弃(后稷),三《本纪》皆结束于王朝之亡,《周本纪》自然也结束于东周之亡。可是,试看《史记·三代世表》第一栏,即"帝王世国号"栏,五帝以下接夏代,自禹始至桀终;下接殷代,自汤始至纣终;下接周代,自武王始至厉王出奔、共和行政终。夏、殷(商)、周三代之先公皆记于"帝王世国号"栏以下之"夏属"、"殷属"、"周属"栏中,以表示此时彼等皆尚为诸侯而非帝王。因此,司马迁在此表中所表明的"三代"在时限上与三《本纪》又所不同。

司马迁为什么允许三《本纪》与《三代世表》有所不同呢?看来与上古历史的特点有关。夏、商、周作为邦,先于作为王朝出现,司马迁在作本纪时所注重的是夏、商、周三个邦的始末，故追记其先公；而夏、商、周作为三个连续的王朝，只有在一个王朝的君主真正作为"天下"共主即"天子"时才是现实的，所以他作《三代世表》时所注重的不再是邦而是真正起作用的王朝，这样王朝的先公以及周厉王以后与东周时期就都不列在"三代"之内，共和行政以后的周就被放到《十二诸侯年表》及《六国年表》里去了。可以说，《三代世表》的时间断限是有历史事实上的根据的。

那么，司马迁这样处理历史的办法有无史学史的根据呢？有的。请看先秦时期著作中"三代"观念出现的概况。在《尚书》和《诗经》里，还未见"三代"一词。显然，在周王朝尚未终结之前，"三代"就还不能作为历史反思的一个既定对象出现。在《左传》里，成公八年所记韩厥之言中开始提到"三代"（可见在孔子以前，"三代"观念已经出现）。昭公二十八年所记叔向之母言及"三代之亡，共子之废，皆是物也"。此处"是物"即指所谓的"女祸"，意指夏商周之亡与晋申生（共太子）被废，皆因"女祸"。这里不仅说明当时认为周作为王朝已经灭亡，而灭亡的标志就是周幽王因宠褒姒而被灭。《诗经》虽无"三代"一词，而其《小雅·正月》（西周末或东周初作品）已经明言"赫赫宗周，褒姒灭之"。周代断限于西周之末，这与司马迁的《史记·三代世表》基本是一致的。尽管东周在战国晚期（前249）才最后被秦灭亡，而作为诸侯共主的王朝，到两周之末实际上已经结束了。因此，在春秋战国时期，《论语》《墨子》《孟子》《庄子》《荀子》《韩非子》等书中都谈到了"三代"，这是很自然的。可以说，《三代世表》的时间断限也是有史学史文献上的根据的。

二、"三代"反思与历史观念的突破

先秦诸子几乎都谈及"三代"，而见解则各不相同。儒、墨二家皆称道或标榜"三代"，而所入深度有异。墨家但以"三代"得失之史为借鉴之标本，而儒家则思于借鉴之外更从"三代"之史中发掘出某种更深层次的认识来。道、法二家皆鄙夷"三代"，而指归亦不同。道家贬抑"三代"，以其有悖于上古自然之朴真；法家憎恶"三代"，则以其有碍于当时法制之剧变。当时力图对"三代"作深入反思者是孔子（前551—前479）创立的儒家，因此以下谨就孔子与先秦儒家有关"三代"之思考作一概要之论述。

周室东迁以后，王权日趋衰落，诸侯国之间战争频仍，诸侯国之内政争不息。孔子身处这样的时代，以当时耳闻目睹之状况与先前的宗周（西周）以及殷、夏盛世相比，自然感慨甚深。"孔子曰：天下有道，则礼乐征伐自天子出。天下无道，则礼乐征伐自诸侯出。自诸侯出，盖十世希不失矣。自大夫出，五世希不失矣。""孔子曰：禄之去公室，五世矣。政逮于大夫，四世矣。"（俱见《论语·季氏》）这些话不能被简单地认为是发思古之幽情，其实他也是在思考"天下无道"的关键所在。从他这些话里可以看出，他认为其关键就在于"礼乐征伐自天子出"的一统局面的破坏。当时，"三代"已成过去，"天下无道"已经很久，如何才能从"天下无道"之世走上"天下有道"之世？这正是孔子一生栖栖惶惶迫切寻求解决的问题。那么寻求解决问题的途径何在？唯一的办法就是述往事思来者，从历史的反思中探索未来。

从历史的反思中探索未来，这在《尚书》与《诗经》中已有先例。在《尚书》许多篇章里，周公都反思了殷（商）与夏之所以盛衰、兴亡，看出了德之有无与人心向背乃成败关键，从而得出敬德保民这样重要的施政原则。这些详见《尚书》有关篇章，限于篇幅，此处恕不引述。《诗·大雅·荡》（西周晚期作品）亦云："殷鉴不远，在夏后之世。"孔子说："周监于二代（夏商），郁郁乎文哉，吾从周。"（《论语·八佾》）在他看来，周之所以"郁郁乎文"，其关键就在于以夏殷二代历史为鉴；孔子一心以弘扬文化的使命自任，所以他既要"从周"，就不能不继承并发扬周人以夏商历史为鉴的传统。这样，"三代"自然地就成了孔子和儒家的一个重要的反思历史对象。

如果孔子仍然停留在周公总结出来的"有德者得天下、失德者失天下"（非周公原文，乃撮其大意）这一结论上，那么，他就是对周公虽有继承而无发展。为什么？"有德者得天下、失德者失天下"这一原则，对于三代的有效性是完全一致的，其间只有同而无异，因而，还缺乏历史性。难道夏之有德就完全与商、周之有德一模一样，夏之失德就完全与商、周之失德一模一样？《论语·为政》记："子张问十世可知也？子曰：'殷因于夏礼，所损益可知也；周因于殷礼，所损益可知也。其或继周者，虽百世可知也。'"这一段话说明了孔子的两大重要思想突破："三代"之间有其同，亦有其异；惟其兼有同异，乃有其历史性。此其一。从"三代"之同，推出"三代"可知，这不难；从"三代"兼有同异推出"三代"可知，而且"虽百世可知也"，这却是石破天惊之语，在变化中竟然可知未来！此其二。承认"三代"的历史性，并且承认"三代"从而历史性是可知的。这就是孔子这一段话里所包含的思想突破。

现在要问，孔子的这种思想突破是从何而来的？答案是，从历史反思中而来。孔子致力于探研三代之礼的发展，曾太息道："夏礼吾能言之，杞不足征也。殷礼吾能言之，宋不足征也。文献不足故也，足则吾能征之矣。"（《论语·八佾》）的确，要探讨夏殷之礼，在孔子时代就已经很难了。不过，殷周之际的巨大变化，孔子是知道的。一方面，周以一个落后小邦，一跃而为大国、为王朝，这与它迅速大量汲取殷商先进文化有关，这种情况，从《尚书》《诗经》里的内容可以看得出来："子所雅言，诗书执礼，皆雅言也。"（《论语·述而》）孔子以《诗》《书》教，当然知道其间的因循或沿袭。另一方面，殷人迷信天命鬼神，西伯已经戡黎，危机迫在眉睫，纣还说"我生不有命在天"（《尚书西两伯戡黎》）。周公认识到成败之命的关键不在上天鬼神，而在民心向背；把历史决定因素的视点从超自然的转变为人世间的，这是一次在天人之际层面上的精神觉醒与突破。孔子在继承了周公的成就以后，进一步对殷周之际的变化作了反思。殷人尊鬼神而轻人，为了向鬼神献祭或陪葬竟然可以用人为牲；关于这一点，孔子知道，现在考古学的成果也确实足以证明。这样的行为只能说明一点，即不把人当人看待。按照孔子的原则，这就是不仁。孔子所提倡的"仁"的最根本原则，就是把人当作人看待（详见拙作《先秦儒家仁礼学说新探》）。孟子（约前390—前305）曾说："仲尼曰：'始作俑者，其无后乎。'为其象人而用之也。"（《孟子·梁惠王上》）在孔子看来，用俑象人以殉葬，还觉得其心可诛，更何况用活人了。所以，他虽为殷人之后，仍然坚决赞赏周对殷制的变革，以为周的变革为"郁郁乎文"，毅然说"吾从周"。如果说周公把历史认识的关键从天上转到人间，是第一次突破，那么，孔子就把作为历史主体的人视为类本质相同的人。孟子深得孔子之传，曾引"孔子曰：道二，仁与不仁而已矣。"(《孟子·离娄上》)进而又说："三代之得天下也以仁，其失天下也以不仁。"(《孟子·离娄上》)"三代"之君有仁者也有不仁者，故"三代"必有得失与递嬗。有得失与递嬗，则必有因循与损益，因循其仁，损其不仁，从而益其仁。三代历史就是在这样以仁为核心的正反合式的因循损益中进展的，因此孔子说"虽百世可知也"。这样，孔子就在周公突破的基础上实行了又一次突破，在具有历史性（古今之变）的人人之际层面上的精神觉醒与突破。

"三代"之君，何以有仁者，又有不仁者？"三代"之政，何以能够由仁而不仁，又何以能够由不仁而仁？孔子并未能够回答这些问题。他似乎意识到这需要从人性的分析入手。他说："性相近也，习相远也。"(《论语·阳货》)这就承认了性与习相互作用的关系。至于"仁"本身，他在回答最得意的弟子颜渊时说"克己复礼为仁"(《论语·颜渊》)。此语旧有二解：其一说是，把克己解释为由己任己，即发挥人的理性的或积极的方面；又一说是，把克己解释为战胜自己，即克制人的非理性的或消极的方面。"孟子道性善，言必称尧舜。"(《孟子·滕文公上》)人性如果纯然为善，那么"三代"何以能有不仁？所以，孟子"道性善"的同时并非没有看到人有物质情欲的方面。"孟子曰：口之于味也，目之于色也，耳之于声也，鼻之于臭也，四肢之于安逸也，性也；有命焉，君子不谓性也。仁之于父子也，义之于君臣也，礼之于宾主也，知之于贤者也，圣人之于天道也，命也；有性焉，君子不谓命也。"(《孟子·尽心下》)他只是把人类所特有的理性称之为性，而与其他动物所共有的物质欲望不称为性而已。孟子主张扩充人性之善，从而使物质情欲从属于善。荀子（约前340—前290）主张性恶，是从人类不能没有物质欲望出发的。不过，对于人来说，有物质欲望则必有选择，有选择则必然经过心虑而后行动。他认为"性之好、恶、喜、怒、哀、乐谓之情。情然而心为之择谓之虑。心而能为之动谓之伪。"(《荀子·正名》)这个"伪"，非虚伪之伪，而是人为之伪。伪（人为）与性（天然）相对，人为战胜天然，人即由恶而善。因此，在孟、荀人性之说之间，既有相反、相异，又有相通、相同。在客观上，他们都无法否认，人的本质即具有二重性。正是这种二重性导致着善与不善之间的转化，推动着历史的进展。"三代"虽有善有不善，但大体日臻于善，原因也就在于这种二重性。先秦儒家对"三代"的历史反思大体如此。

三、"三代""三统"与一统

孔子所创立的先秦儒家对于"三代"的反思,为中国文化开拓出了自己独特的传统,即历史理性成为中国人一向最倾注关怀与致力思考的问题。先秦儒家对于"三代"的反思,到汉代《春秋》公羊学家手里就演化为"三统"说,从而对历史与史学产生了巨大的影响。

儒门七十子后学中有名公羊高者传《春秋》之学,累世口耳受授,至汉景帝时著于竹帛,是为《公羊传》。《春秋》隐公元年书"春王正月"。《公羊传》注云:"王者何?谓文王也。曷为先言王而后言正月?王正月也。何言乎王正月?大一统也。"这就是说,此处所说的正月是周代王朝所定的正月,即周文王所定的正月。同年《左传》云:"王周正月。"所指正是同一个意思。周王所颁发的历法,理应在各个诸侯国中一例遵用,这就是一统的标志。在《春秋》里,如果春季正月未记事,记事从二月起,就书"王二月";记事从三月起,就书"王三月"。只有正、二、三三个月前冠"王"字,其余只记第几月而已。为什么只有前三个月可以冠"王"字呢?汉代《春秋》公羊学家的解释是,这三个月都曾被三代王者采用为一年之首月,按照他们的说法,就是三代的历史上曾经有过"三正"。

董仲舒(约前179—前104)说:"三正以黑统初。正日月朔于营室,斗建寅。天统气始通化物,物见萌达,其色黑……具存二王之后也。亲赤统,故日分平明,平明朝正。正白统奈何?曰:正白统者,历正日月朔于虚,斗建丑。天统气始蜕化物,物始牙,其色白……具存二王之后也。亲黑统,故日分鸣晨,鸣晨朝正。正赤统奈何?正赤统者,历正日月朔于牵牛,斗建子。天统气始施化物,物始动,其色赤……具存二王之后也。亲白统,故日分夜半,夜半朝正。"(《春秋繁露·三代改制质文》)这就是说,三正或三统之中的第一个,即夏代所建之黑统,以斗建在寅之月为正月。这个月就是现在农历岁首之月,也是立春节气通常所在之月。相传夏代就采用此月为岁首,故又称夏历。在《左传》里，晋国记事颇有用此历记事者，晋国为夏之故地，看来用夏历的传统在春秋时期尚未遗忘。孔子亦曾主张"行夏之时"（《论语·卫灵公》）。为什么呢？因为夏历合天，立春节气以后，正好一年农作开始。董仲舒以此为黑统，乃附会此月植物刚从地下冒头，它的颜色是黑的。商代所建为白统，岁首在建丑之月，即夏历之十二月。董仲舒以此为白统，乃附会此月植物在地下生芽，它的颜色是白的。周代所建为赤统，岁首在建子之月，即夏历十一月，亦即冬至所在之月。冬至在一年中为从白昼最短之日之终结，也是白昼逐渐变长之开始，以此作为新年之首月，也是有一定道理的。董仲舒以此为赤统，乃附会此月植物种子在地下刚刚萌动，它的颜色是赤色的。夏商周三代王朝把岁首分别定在从冬至到立春的三个月份里，因此这三个月都曾为王者的正月。"三代"中的每一代都只能以某一个月为岁首，如周以建子之月为岁首，但是仍在建丑之月、建寅之月之前冠以"王"字，那是为了"具存二王之后"。

汉代《春秋》公羊学是在大一统局面形成以后的历史条件下，对于先秦儒家关于"三代"反思成果的发展。其中有天人合一的神秘、附会的成分，但是也有对于历史的理性思维的有意义的进展。这种进展基本体现在以下几个方面。

第一，从具体的"三代"演化为"三代"周期。按照董仲舒《三代改制质文》的说法，我们一般所说的夏、商、周三代，只是周代时"存二王之后"（即存夏、商之后，亲商故夏）的结果。如果上推到商代，那么商存虞（舜）、夏二代之后（即存虞、夏之后，亲夏故虞），就形成虞、夏、商这样的"三代"；再上推至夏代，夏存唐（尧）、虞（舜）二代之后（即存唐、虞之后，亲虞故唐），就形成唐、虞、夏这样的"三代"。以上是说上推，既可上推，也就可以下推。如果由夏代下推至商，那么商只能存虞、夏二代之后，于是唐就被绌入"五帝"之列；再下推至周代，周只能存夏、商二代之后，于是虞就被绌入"五帝"之列。我们在《史记·五帝本纪》里所看到的就是周代的五帝。那么，周代以后呢？按照董仲舒的说法，那就要"绌夏，亲周，故宋（商之后）"，"王鲁"。夏又被绌入五帝之列。五帝的数额以五为限。所以，随着时代推移，当一朝被新列入的时候，原来五帝中最早的一帝，就又被绌为九皇之列。九皇之数限于九，随着后来者的补入，最先的九皇就被绌为民。"三代"、"五帝"、"九皇"之数不变，可是其构成份子却不断除旧布新。

这一切推论都难以得到历史的证实，但是它反映了一种新的历史认识的眼界。"三代"、"五帝"、"九皇"的框架没有构成历史的循环论，而是提供了一种历史按照周期螺旋式进展的思维模式。

第二，以历史为断与续、变与常之统一。"三代"之间本为后代打断前代的断裂，可是一旦有了"存二王之后"，其间就又有了连续。为什么会有"存二王之后"的观念呢？这可以从两方面来作解释。其一是，三代之世本为小邦林立时期，一个小邦可以一变而为天子，而其失去天子地位以后，作为邦仍然继续存在。这就使"存二王之后"有了存在的可能。其二是，夏、商、周三代之间的确有很大的文化继承性。如果说夏商之间尚材料不足，那么商周之间的情况就十分清楚。不仅《尚书》《诗经》的材料足以为证，近年先周文化之考古发现成果（周原甲骨文材料等）更足以作为证明。周人认识到，不充分继承夏、商两代的遗产，就不能成就自己的事业。这一点，周公在多篇《尚书》（如《无逸》等）里皆有明白的宣示。这也就在文化上有了"存二王之后"的必要。既有可能，又有必要，因此三代之间的兼有断裂与连续的历史贯通性就具备了现实性。中国文化中重历史通变的传统由此开始。

首先发挥这一历史通变观念的是司马迁的《史记》。司马迁在《史记·高祖本纪》赞语中说："夏之政忠。忠之敝，小人以野，故殷人承之以敬。敬之敝，小人以鬼，故周人承之以文。文之敝，小人以僿，故救僿莫若以忠。三王之道若循环，终而复始。"并提出"承敝易变，使人不倦"的思想。这些应该说是孔子的"三代"之间既有因循又有损益、从而百世可知的思想的具体发展。

黑格尔（1770—1831）曾说，中国是一种"持久、稳定——可以称为仅仅属于空间的国家——成为非历史的历史（unhistorical History）"[①]。这只能说是一种因不知中国历史而生的历史误解或曲解。

第三，一多兼容的统一历史观念的奠基。"三代"观念不仅提供了时间连

---

① 黑格尔：《历史哲学》，王造时译，三联书店1956年版，第150页。J.Sibree 英译本，第105页。

续上的纵向思考，而且还提出了空间中的一多兼容的横向思考。

"三代"观念的一个存在前提就是"存二王之后"。没有"存二王之后"，就没有"五帝""九皇"等等，也就是没有了多。那样的一统就不是含多之一，而一切真正富有生命力的统一都应该是有机的包含多样性的统一。黑格尔在以中国与波斯作比较时说，中国的统一是一种"抽象的（abstract）统一"[①]。这说明他的说法是由于对中国历史无知而生的误解或曲解。

何谓"存二王之后"呢？董仲舒说："下存二王之后以大国，使服其服，行其礼乐，称客而朝。"这就是说，对于先朝后裔给予主客关系的礼遇，并使其在本身原有的大国范围之内实行其固有的典章制度。这就是存其多，以历史的态度尊重历史上的事实。当然，"三代""三正""三统"的存在，不仅没有消除了一统，而且使一统具备了历史的合理性。在中国古代的观念里，天只有一个，从而天子（天之元子即长子）在同一时间里也只能有一个。尽管曾经有过三个月（建子、丑、寅）在不同历史时期作过正月（其实秦以夏历十月即建亥之月为岁首，这是第四个正月，然不被三统说视为正统），但是在同一个历史时期里，只能有一个正月。夏、商两代的正月，在周王朝的范围内，只能作为"王二月"与"王三月"，尽管夏商之后在他们各自的邦国之内仍然可以使用自己的历法与纪元。

在"三代""三统"的观念体系里，每一个作为共主的王朝的统一都是含多之一，它们不具有绝对性，不是什么"万世一系"的帝国。尽管秦始皇曾有此梦想，但也只是一场梦想而已。所以，尽管每一个王朝的统一只是历史的，而在中国国家发展之长流中，统一性理想本身却因此而成为恒常的。

中国文明发展历史的连续性与统一性，在世界历史中堪称无匹。其中原因自然值得深入探求。"三代"观念的反思，看来似乎太遥远而与今日无关。其实，这一反思恰恰是与中国文明发展历史的连续性与统一性密切相关的。

（2007 年第 1 期）

[①] 黑格尔：《历史哲学》，第 159 页，英译本，第 114 页。

《周易》的意象思维与历史解喻

吴怀祺

一、《周易》的思维与历史思维

认识中国传统历史思维的重要切入点，是要认识《周易》这部典籍在民族文化中地位和价值。在中国民族传统文化的这座宝库中，《周易》是第一要典。

关于《周易》这门学问[①]，首先，要明确这门学问有"经""传"与"学"之分，此外还有术数之类的认识。《周易》有易经、易传之分，《周易》在历朝历代发展过程中又形成了"两派六宗"的易学，易经、易传与易学有联系但又不能混为一谈。我们研究的《易》与术数类作品更要加以区别。术数类的作品有的和《易》有一定关系，但也有一类，只是借《易》的名号以说事，形成一个庞大复杂系统。因而对《易》的认识，要学会选择与识别。《四库全书》编者说：

> 又，《易》道广大，无所不包，旁及天文、地理、乐律、兵法、韵学、算术，以逮方外之炉火，皆可以援《易》以为说，而好异者又援以入《易》，故《易》说愈繁。夫六十四卦、大象，皆有君子以字，爻、象则多戒占者，圣人之情，见乎词矣，其余皆《易》之一端，非其本也。[②]

[①] 所谓《易》有三名，"夏曰《连山》，殷曰《归藏》，周曰《周易》"，《周易》的"周"之义，通常是指"周代之名"，也有的解释为"易道周普，无所不备"，或有兼取二义者。（见《周易正义·卷首·第三"论三代易名"》）

[②] 《四库全书总目》卷一，《经部一·易类》，中华书局1965年版。

还有一个问题对于认识《易》的性质，有必要加以辩论。朱熹确说过"《易》本是卜筮之书"及"《易》本为卜筮设"、"《易》书本原于卜筮"①之类的话，他的话对于以清醒的意识认识《周易》是有益处的。但笼统这样说《周易》，是不全面的。他的话只能表明易学发展的最初的阶段的一个特点，我们不能把《周易》与卜筮混为一谈。一方面不要讳言《易》是卜筮之书，但又不能把《周易》简单看作是占卜工具之书。

一般说来，《易》是我们先民通过"仰观俯察"，把对自然与社会的认识，经过思考和概括，以独特形式表达出来的典籍。

还要认识到，《周易》在经学典籍中有自己的特点，这就是这本书体现出思维的重大价值。我们还是以朱熹的话，作一说明。他将《诗》《书》与《易》作比较，说：

> 且《诗》则因风俗世变而作，《书》则因帝王政事而作。《易》初未有物，只是悬空说出。当其未有卦画，则浑然一太极，在人则是喜怒哀乐未发之中，一旦发出，则阴阳吉凶，事事都有在里面。人须是就至虚静中见得这个道理周遮通珑，方好。若先靠定一事说，则滞泥不通了。②

他又把《易》与《春秋》作了对比，说：

> 某尝谓上古之书莫尊于《易》，中古之书莫大于《春秋》，然此两书皆未易看。今人才理会二书，便入于凿。若要读此二书，且理会他大义：《易》则是尊阳抑阴，进君子而退小人，明消息盈虚之理；《春秋》则是尊王贱伯，内中而外夷狄，明君子上下之分。③

为说明《易》的特点，他举了个例子，说："《易》难看，不比他书。《易》说一个物，非真是一个物，如说龙非真龙。如他书，则真是事实，孝弟便是

---

① 《朱子语类》卷六六，《易二·纲领上之下》第4册，中华书局1986年版，第1622、1627页等。
② 《朱子语类》卷六七，《纲领下·读易之法》第5册，第1660页。
③ 《朱子语类》卷六六，《易三·纲领下·读易之法》第5册，第1659页。

孝弟，仁便是仁。"① 这也就是要着重从思维上才能得其学术精神。朱熹以这两部经籍作比较，正是有其特殊的意义。从史学的理路上，《易》成为史学的历史思维的基础，而《春秋》之学，是从编纂学上保证史学走上理学化的需要。

《周易》在认识中国民族历史思维特点上，具有十分重要的意义②。《周易》原来是经书中的一种。到了东汉，班固写《汉书》，在《艺文志》中，把《易》"从《诗》、《书》、《礼》、《乐》之下，升到《六经》之首"（顾颉刚语），以后几千年，《周易》和相关的作品，在四部典籍中，基本都是排在第一位。

《周易》是儒家的经籍，也是道家的经典，在古代学术发展过程中，《周易》的思维形成易学产生各种流派，对中国文化的更新，产生重大的影响。概而言之，至少有三次大的冲击波。第一次是，从先秦到两汉易学的变化，为中国古代思想家思考天人关系、总结历史，提供了思想基础。第二次是，魏晋时期，《易》是玄学三个组成部分之一，《周易》不只是儒学的最重要经典，也是玄学的"三玄"（即老子、庄子和《周易》）之一，成为道家的最重要经典之一。第三次是，两宋的易学成为理学的要素，又是会通儒佛道的桥梁。

近代的易学对学术发展的影响，同样明显。郭沫若的《中国古代社会研究》开篇第一大部分，就是以《易》解史，从《周易》中看到古代社会生活的方方面面，肯定《周易》的辩证思维价值，论述了《易》在思维上与西方的辩证法相通。

《周易》这本书对中华民族精神的形成和发展产生不可低估的作用。对于认识自然和社会历史具有重要的意义。

《周易》以动态的思维表达出的"自强不息"的理念，形成催人奋进的精神动力。我们民族是世界上古老而又年轻的民族，几千年来，历经磨难而不屈服，历史不曾中断，就是这种自强不息的理念，使我们焕发活力。"自强不息"来自《乾》卦的象辞"天行健，君子以自强不息"，按照唐朝孔颖达理解："健是乾之训，"，"乾"本身就"健"的意思，"乾者，健也"，自强便是健，"不息方为自强"，不能有任何懈怠，要永远开拓，"一刻不自强，即一刻

---

① 《朱子语类》卷六七，《易三·纲领下·读易之法》第5册，第1660页。
② 关于《周易》与中国史学的关系，可参拙作《易学与史学》，中国书店2004年版。

失其健矣"。

有些事可以帮助我们理解。清华大学在接受西方科学文化上特别有成就，而清华大学的校训却是《周易》的辞句："自强不息，厚德载物"，前一句的"自强不息"来于《周易》的《乾》，后面一句的"厚德载物"，是出于《坤》，"坤厚载物，德合无疆，含弘光大，品物咸亨"，是包容和合的意思，当年梁启超已有解释。这两句联系在一起，说明自强不息与包容和合联系起来是一个整体。

——《周易》以独特的思维，从多方面展示在追求历史美好前途的途径。《易》是变化之书，要求人们在变化中顺应历史潮流，"夫大人者，与天地合其德，与日月合其明，与四时合其序。先天而天弗违，后天而奉天时"（《乾·文言》）；宣传"观乎天文以察时变，观乎人文以化成天下"（《贲·彖》）。人们在历史中追求至德之境界："广大配天地，变通配四时，阴阳之义配日月，《易》简之义配至德"（《系辞上》）等。

历史发展体现出重民的观念，"君子以教思无穷，容保民无疆"（《临·象》），《周易》讲悦民、保民，讲进德修业，讲知进退存亡，等等。《周易》的思维是一座智慧学的宝库。

《周易》讲事物发展前景有吉凶悔吝，讲盛衰的变化，为的是追求太平盛世。这就是历史思维的价值的体现。

《易》在讲盛衰，讲盛衰包含，明确了为长治久安，要保有忧患意识。世界万事万物都处在盛衰变化中，吉凶与盛衰相互包含，盛中有衰，这就要有忧患意识，《系辞下》说："《易》之兴也，其当殷之末世、周之盛德邪，当文王与纣之事邪，是故其辞危。"又说："《易》之兴也，其于中古乎，作《易》者，其忧患乎。"这样的思维对于当代事业，仍具有重要的意义。我们国家今天发展是巨大的，但仍然要有忧患意识，我们国歌的"中华民族到了最危险的时候"歌词，提醒我们，即使强大了，也仍然要保持清醒的认识，盛中有衰，我们要长治久安，要科学的持续的发展，就一定要有忧患意识。大到国家，小到一个部门，都要有这样的意识。

——《周易》的思维体现出圆融和谐的发展理念。突显"保合太和乃利贞"（《乾·象》）的意义，《周易》开篇是《乾》之四德，是做人做事的原则。这四德是"元亨利贞"："元者，善之长也；亨者，嘉之会也；利者，义之和也；贞者，事之干也。"做一切事，一开始就要有好的观念，求利，要认识这个"利"是"义"之"和"也，离开"义"去追逐"利"，不符合《周易》的精神。《乾·文言》又说："乾始能以美利利天下，不言所利，大矣哉。""利"最为称道的，是"以美利利天下"，这是求利的最终目的。

更为重要的是《周易》变通思维的重大价值。《周易》是一部讲变化方面学问的专书。用司马迁的话来说，是："《易》著天地阴阳四时五行，故长于变"，"《易》以道化"。《周易》以经、传文字与卦爻形式相配合，说明了世界一切事物永远处在变化中。变化又是与一定条件相联系，以《周易》的形式展示，六十四卦是一个大系统，每一卦也是系统，卦有上下"体"，各爻又有"位"的不同；各卦相互联系，有"本卦"与"之卦"的关系。因此，论事物的前途、变化，总是和一定条件，即系统中的"体""位"以及"时"有关。有这样的思维，才可以趋吉避凶。

《周易》的思维对于人们从事各项事业都有价值。古代的君王与朝廷官员，是通过学习经书，得到思维训练。君王和各级官员从小学习经书，朝廷按经书内容来选拔官员。《周易》在《五经》之首，在于这部经籍从思维上教育各级官员如何管理社稷。可以说，这是古代"行政管理思想学"。其他经书也灌输类似的意识，但从思维上说，《周易》在其他经书之上。从这个角度上看，就可以理解，为什么《周易》一直是处在群经之首。

二、《周易》的意象思维与历史解喻

关于《周易》，体现出的思维是丰富的，最有特点的是辩证的通变思维、整体系统思维等，这着重谈谈《周易》的意象思维[①]。《周易》是一部"变化

---

① 关于象思维、意象思维的讨论，可参见《"易之象"论纲》(《开放时代》1998 年第 2 期)、王树人、喻柏林《论"象"与"象思维"》(《中国社会科学》1999 年第 4 期)、王前的《论"象思维"的机理》(《中国社会科学院研究生院学报》2002 年第 3 期)、高清海《中国传统哲学的思维特质及其价值》(《中国社会科学》2002 第 1 期)、孙延军《中国传统意象思维性的当代价值》(《首都师范大学学报》2005 年第 6 期)等。

之书",彰显出我们民族思维丰富性与具有的特点,"同印度《吠陀》、欧洲《圣经》并称为影响世界文明三大宝典的《周易》,以其文字系统和符号系统相互渗透的独特理论结构,与象数义理相统一的神秘特色和内在价值,在中华文化史上占据极重要的地位","《周易》最大特点和最神秘之处,在于它是用筮与卦来表达思想"。①

《系辞》对"象"从不同角度作了讨论,更进而对历史作了解喻。

《系辞》开篇说到"象"的形成过程与特点,是"象""形",并且把《周易》基本的"变化"思维寓于其中,因此,《周易》的"象"就不是简单的某种具象:

> 天尊地卑,乾坤定矣。卑高以陈,贵贱位矣。动静有常,刚柔断矣。方以类聚,物以群分,吉凶生矣。在天成象,在地成形,变化见矣。

综合《周易》的《传》(十翼)中有关说明,可以看出其"象"思维基本要素。

第一,"象"是《易》作者历史思维的产物。

《系辞上》说:

> 圣人设卦观象,系辞焉而明吉凶,刚柔相推而生变化。
> 是故,吉凶者,失得之象也。悔吝者,忧虞之象也。变化者,进退之象也。刚柔者,昼夜之象也。六爻之动,三极之道也。②
> 是故君子所居而安者,《易》之序也;所乐而玩者,爻之辞也。是故君子居则观其象,而玩其辞;动则观其变,而玩其占。是以自天佑之,吉无不利。

这些"象",不仅是"现象""表象",所谓:"圣人有以见天下之赜,而拟

---

① 见朱伯崑主编,傅云龙、柴尚金:《易学的思维》,沈阳出版社1997年版,第1、5页。
② 引文中的着重号,为本文所加。下同。

诸其形容，象其物宜；是故谓之象。"这些现象是自然、人事的历史变动的反映。因此，《周易》是"象"本身就是历史思维的产物。

第二，"彖"与"象"是不可分的整体，"彖者，言乎象者也；爻者，言乎变者也"。因此，称《易》"象"是意象，可以全面一些。而"生生之谓易，成象之谓乾，效法之谓坤，极数知来之谓占，通变之谓事，阴阳不测之谓神"。则表面《易》之"象"要从整体系统上去理解，这就是《系辞》说的"圣人之道四焉，以言者尚其辞，以动者尚其变，以制器者尚其象，以卜筮者尚其占"，"参伍以变，错综其数，通其变，遂成天地之文；极其数，遂定天下之象"。

第三，"象"的拟定者，寄寓对历史中盛衰吉凶变动与前途的理解。

下面几段，可以说明问题。

> 是故，易有太极，是生两仪，两仪生四象，四象生八卦，八卦定吉凶，吉凶生大业。
>
> 是故，法象莫大乎天地；变通莫大乎四时；悬象著明莫大乎日月；崇高莫大乎富贵；备物致用，立功成器以为天下利，莫大乎圣人；探赜索隐，钩深致远，以定天下之吉凶，成天下之亹亹者，莫大乎蓍龟。
>
> 是故，天生神物，圣人则之。天地变化，圣人效之。天垂象，见吉凶，圣人象之。河出图，洛出书，圣人则之。易有四象，所以示也。系辞焉，所以告也。定之以吉凶，所以断也。
>
> 圣人有以见天下之赜，而拟诸其形容，象其物宜，是故谓之象。圣人有以见天下之动，而观其会通，以行其典礼，系辞焉，以断其吉凶，是故谓之爻。……极天下之赜者，存乎卦；鼓天下之动者，存乎辞；化而裁之，存乎变；推而行之，存乎通；神而明之，存乎其人；默而成之，不言而信，存乎德行。（《易传·系辞上》）

第四，卦象拟定，作为一定历史阶段的社会特点的表征。这在《系辞下》中有一段集中的解释：

《周易》的意象思维与历史解喻

古者包牺氏之王天下也,仰则观象于天,俯则观法于地,观鸟兽之文与地之宜,近取诸身,远取诸物,于是始作八卦,以通神明之德,以类万物之情。作结绳而为网罟,以佃以渔,盖取诸《离》。包牺氏没,神农氏作,斫木为耜,揉木为耒,耒耨之利,以教天下,盖取诸《益》。日中为市,致天下之民,聚天下之货,交易而退,各得其所,盖取诸《噬嗑》。神农氏没,黄帝、尧、舜氏作。通其变,使民不倦,神而化之,使民宜之。《易》,穷则变,变则通,通则久,是以自天佑之,吉无不利。黄帝、尧、舜垂衣裳而天下治,盖取诸《乾》《坤》。刳木为舟,剡木为楫,舟楫之利,以济不通,致远以利天下,盖取诸《涣》。服牛乘马,引重致远,以利天下,盖取诸《随》。重门击柝,以待暴客,盖取诸《豫》。断木为杵,掘地为臼,杵臼之利,万民以济,盖取诸《小过》。弦木为弧,剡木为矢,弧矢之利,以威天下,盖取诸《睽》。上古穴居而野处,后世圣人易之以宫室,上栋下宇,以待风雨,盖取诸《大壮》。古之葬者,厚衣之以薪,葬之中野,不封不树,丧期无数。后世圣人易之以棺椁,盖取诸《大过》。上古结绳而治,后世圣人易之以书契,百官以治,万民以察,盖取诸《夬》。

概而言之:

——包羲(牺)氏社会的情况是"盖取诸《离》"。

——神农氏社会是"盖取诸《噬嗑》"。

——黄帝、尧、舜时代的治理基本特点是"垂衣裳而天下治",以《乾》《坤》两卦象来表征,所谓"盖取诸《乾》《坤》";又以《涣》《随》《豫》《小过》《睽》几个卦象表明当时社会交通、交换、治安、生产等各方面进步的特点。

结合各卦的内容,很可以看出"象"之"意"了。

这里,举一例,以说明《易》对历史的解喻。

包羲氏是最初作八卦者,"以通神明之德,以类万物之情"。包羲氏"作结绳而为网罟,以佃以渔,盖取诸《离》",这里的《离》卦是当时的生产生活的表征。根据唐人孔颖达的《周易正义》:"离,丽也,网罟之用,必审物之所丽也，鱼丽于水，兽丽于山也。"《孔疏》根据韩康伯之说：丽，谓附著也，言网罟之用，必审知鸟兽鱼鳖所附之处，故称《离》卦之名为网罟也。这也就是说，包羲氏是渔猎时代；以《离》卦为渔猎时代表征。包羲氏初作八卦，就寓义于八卦之象，对历史作出解喻。在八经卦中的《离》为火，在六十四卦体系中的《离》，是"离下离上"，其"彖"辞为"离，丽也，日月丽乎天，百谷草木丽乎土，重明以丽乎正，乃化成天下"；其"象"辞为"明两作，'离'，大人以继明照于四方"。所谓包羲氏"初作八卦"，是八经卦的"离"，而"取诸'离'"，当为后人重卦而成之的六十四卦的"离"，以之概括这一时期的特征，是与"火"、"以化成天下"、"以继明照于四方"有关，越过部族而联合、融合，是这个阶段历史的特点。

《易》的《系辞》传对远古与后世加以对比，作出解读：

在远古时代，没有文字，所以，《易》的作者以卦象来作为社会的表征，是可以理解。作者说："上古穴居而野处，后世圣人易之以宫室，上栋下宇，以待风雨。盖取诸《大壮》。古之葬者，厚衣之以薪，葬之中野，不封不树，丧期无数。后世圣人易之以棺椁，盖取诸《大过》。上古结绳而治，后世圣人易之以书契，百官以治，万民以察，盖取诸《夬》。"

"大过"之卦是巽下兑上，其象是"泽灭木"，"非凡所及也"，"越常分以拯患难"，可以说取此意。"夬"，决也，"书契所以决断"，此乃是文字使用，进入文明时代的表征，由此也就可以理解"象"思维的价值了。在文字产生之前，是以"卦"解喻历史，为那个时代先民们所能接受的。

当然，要认识到，读《易》的原则，还是朱熹说的："《易》者，象也；象也者，像也，只是髣髴（仿佛）说，不可求得太深。"[1]

在《易传》中，也可以看出，"象"本身也在发展，从具象到意象的深化。"乾""坤"有具象，就是《说卦》说的：

> 乾为天，为圆，为君，为父，为玉，为金，为寒，为冰，为大赤，为良马，为老马，为瘠马，为驳马，为木果。

---

[1] 《朱子语类》第 5 册，卷七六，《系辞下·第二章》，第 1945 页。

> 坤为地，为母，为布，为釜，为吝啬，为均，为子母牛，为大舆，为文，为众，为柄，其于地也为黑。

《系辞》则是以"乾""坤"来概括黄帝、尧、舜时代的表征。"黄帝、尧、舜垂衣裳而天下治，盖取诸《乾》《坤》"。"意象"的"意""象"的内蕴也在不断丰富。

我们把上述的上古时代的"象"的阐释，再结合《序卦》的说明：

> 有天地，然后有万物；有万物，然后有男女；有男女，然后有夫妇；有夫妇，然后有父子；有父子，然后有君臣；有君臣，然后有上下；有上下，然后礼仪有所错。

《周易》展示出上古时代一部变化的历史画卷。

这里联系到秦汉的子学中关于古代社会与历史的论述，可以看出《周易》和这些学说的联系，形成了文化思潮。如《列子》这本书，以气解说天地形成和人类的起源，又把上古的历史分成太易、太初、太始、太素几个阶段。所谓太易，是未见气；太初者，气之始；太始者，形之始；太素者，质之始。由于气清轻者，上升为天；浊重者，下而为地①。宇宙事物皆由气变化而生成。这里把老庄的由无生有观点具体化成一种历史观点，弥补老庄学说在历史观点上的不足。诸子历史观点的争鸣，一方面是相互争论、斗争，又一方面是相互吸收。

《吕氏春秋》在古史观念上，有些见解是值得提出来的。《恃君览》说：

> 昔太古尝无君矣，其民聚生群处，知母不知父，无亲戚兄弟夫妻男女之别，无上下长幼之道，无进退揖让之礼，无衣服履带宫室畜积之便，无器械舟车城郭险阻之备。

---

① 《列子》卷一《天瑞》。

这是秦汉时期的杂家的古史观念。到了汉代,《淮南子》的古史观对道家的古史观作了发展。它从"道""气",说明宇宙的形成和人类的形成。《天文训》说:"道日规始于一,一而不生,故分而为阴阳,阴阳合和而万物生。故曰一生二,二生三,三生万物。"《精神训》阐明人类的出现,说:

> 古未有天地之时,惟象无形,窈窈冥冥,芒芠漠闵,澒濛鸿洞,莫知其门。有二神混生,经天营地,孔乎莫知其所终极,滔乎莫知其所止息,于是乃别为阴阳,离为八极,刚柔相成,万物乃形。烦气为虫,精气为人。是故精神,天之有也,而骨骸者,地之有也;精神入其门,而骨骸反其根,我尚何存。

要提出的其中《淮南子》的"古未有天地之时,惟象无形"观点,对"象"的阐释,"象"在未有天地时,是"无形",这涉及"象"之始与"象"的起源的问题,"象"与天地人事历史的产生而产生,发展而发展。这同样在意象思维中,蕴含着对历史的解读,这对于古史观念的研究有重要的启示。

后来魏晋玄学、两宋的理学中一些古史观点,可以从《列子》《淮南子》中找到出处。在罗泌的《路史》、苏辙的《古史》等书中,我们都可以看出这一线索。至于《列子》和《山海经》等书中,说及上古之世的人类同自然的艰难斗争,同样也有象思维的材料。过去研究史学思想只注意研究儒家的经籍,而忽视道家、阴阳家、杂家的材料,显然是一个不足。在儒家经籍中,《周易》以意象思维表达出的古史的观念很有特色。同样,道家、阴阳家、杂家中的古史思想也是丰富的。汉代的大儒董仲舒成为"儒者宗",也是从阴阳家那里吸收资料,丰富了儒家的历史观点。两宋的理学家在构建古史时,往往是从道家那里,寻找思想资料。

所以说,《易》的"意象思维"是构建先秦两汉古史观的基础之一。

三、关于具象思维、意象思维与抽象思维

先民在解释自然与氏族生活,通过一定具体的"象",表述出心中一定的"意"。可以说,纯粹的"象"而无"意",是不存在的,"象"提到"思维"的层面上,说明"象思维"总是内含着"意"的,因而称之为"意象思维",也许可以更确切的把握这种思维的特点。

关于象思维、意象思维,当作更多的讨论,这里无法展开。下面提出的认识,直接涉及到如何认识和评价意象思维,因为这是与历史解喻有直接关系。

上个世纪,日本学者中村元对中国思维的研究,他看到中国人的思维,是对于具象的具体的物,是不容置疑的事实,说:"中国人的思维朝向于具体的事实,在文字构成的方法上,也可以看出。中国文字,原来是象形文字。以后也成了多数的表音文字;但这是在象形成立之后。一切汉字之构成,虽根据象形、指事、会意、形声、转注、假借;但象形文字仍其基本。"[1]

作者强调中国人思维的具象的一面,却否定中国人的抽象的思维的能力,说:"中国人表现概念的方法是具象的,所以不爱抽象的表现概念"[2],进而认为中国哲学史的"理"抽象概念,也是从佛学那里来的,认为中国传统思维的能力恐怕达不到理的高度,原话是这样说的:"对于作为抽象的观念,在中国哲学史上极为重要的'理'的观念而言,也是同样的。'理'字是从玉旁的字,本来是玉的纹理整然之意。但一转而变为条理之义,再而为心之所同然,即是什么人一想便会判断应该如此之义;三转而成为使事实所以能成事实的理由之义。"[3] 宋程明道强调理字或天理,此是相当于这里所说的第三义。这里所说的理,已不是成为现象根源的本体的存在,而是使现象所以成为现象的道理,即就现象而存在的。但是,"抽象的观念,仅由中国民族传统思维能力恐怕无法达到。'以这种意味使用理字,是佛教学者所提倡,尤其是华严宗

---

[1] [日]中村元:《中国人之思维方法》(徐复观译),台北学生书局1991年修订版,第63页。
[2] [日]中村元:《中国人之思维方法》(徐复观译),第65页。
[3] [日]中村元:《中国人之思维方法》(徐复观译),第65页,作者引[日]武内义雄博士的《支那思想史》,第263页。

的学者，常将理与事互相对照作教理之说明。明道天理之说，恐怕也是由佛教家所启示的。'"①

这里明显的是，他们贬低中国传统思维的能力，固然"理"与华严宗教义相通，但程颢（明道）发明的理，却是他自己体认出来的。在中国，早在魏晋玄学中，"理"的抽象概念，已经形成，而且宋代理学的思想来源是中国思想史发育出来的。日本学人贬低中国传统思维的能力，是偏见。理学形成是儒释道的融合，而主体则是儒学。②

中村元又说："较之普遍者更注视特殊者的思维方法，在此一方向发展的极限，便是对于特殊者之极限的个别者，常与以最大的注意。……这种思维方法之特征，在文化诸领域中可以看出来。中国最古的古典，而且附以最高权威的《五经》，中国人认为其为人之生活规范。但这大部分都是过去的事实之记载，而不是叙述有关人之行为的一般的命令或教训。儒家宝典的《论语》，是孔子及其门人的际遇言行之记载。至于人行为之方法的普遍的立言，其定型化是较以后之事。中国人，实际是想透过个别的事去看普遍教训的。而且就事物之个别性以观察事物，正是中国人思维方法之一长处。"③

由此，作者又作了发挥，谓："中国人重视个别性之结果，关于历史的社会的事实，也特别重视个别的事实，即是，特别注重时间的空间的完全特别的东西，不能由另外的东西去代替的东西"，"首先，在历史方面，则表现为客观的精密的史书之编纂。中国的正史（即《二十四史》），似乎将各王朝所发生的事件，以能尽量的记载不遗漏为其理想。试观中国人附加于《二十四史》的整理，是把方向放在将《二十四史》遗漏的东西进一步加以增补使之更趋于完善的这一方面；即是其整理方式即为'史补'的形态。因之，记载愈复杂，愈是好的历史书。这与简单精约的方向正反。当然，也有简单精约的方向。然由'史补'而更趋复杂方向较为有力。而且中国史书，不仅记载

---

① ［日］中村元：《中国人之思维方法》（徐复观译），第65页，作者引［日］武内义雄博士的《支那思想史》，见第264页。

② "'穷理尽性以至于命'之易理，经宋易中理学家之发挥，自然是当时之一切思潮。宜理学兴而宋易盛，禅宗虽在，已无发展之可能。"（见潘雨廷：《易与佛教 易与老庄》，上海古籍出版社2005年版，第96—97页）

③ ［日］中村元：《中国人之思维方法》（徐复观译），第94页。

详细，并且也正确而客观；此点即在仅以希腊文化为优的西洋学者之间，也不能不加以承认的：'在我们欧亚大陆另一端的中国，对于我们的知识欲，提供了令人为之入神的史书。其客观性是无以伦比的。足令我们西洋文化人起羡慕之念。'（Masson-ourseL：La Philosophie Comparie，P. 19.）"[①] 他称这一特点，是"个性记述学的思维方法"[②]。

不知这样评中国古代史书是否全面？重视文献的增补，是一个方面，但绝不是作者所说的"记载愈复杂，愈是好的历史书"。唐代刘知幾有"史家三长"论，他说的史家三长[③]，"谓才也，学也，识也"。"三长"是对史家素质的要求，也是评价史书的三个重要方面，体现出史家的独断之学。

章学诚强调"通史家风"的通识和"独断之学"在史学中的重要的意义。章学诚认为，史学的史义，根本在史的见解，在史的一家之言，他说：

> 史之大原，本乎《春秋》，《春秋》之义，昭乎笔削。笔削之义，不仅事具始末，文成规矩已也。以夫子"义则窃取"之旨观之，固将纲纪天人，推明大道。所以通古今之变，而成一家之言者，必有详人之所略，异人之所同，重人之所轻，而忽人之所谨，绳墨之所不可得而拘，类例之所不可得而泥，而后微茫杪忽之际，有以独断于一心。及其书之成也，自然可以参天地而质鬼神，契前修而俟后圣，此家学之所以可贵也。[④]

中村元的书的其他问题，这里无法作详细评论。

《周易》的占卜离不开卦、爻形，和龟卜也不同，朱伯崑先生说："龟卜的兆象出于自然裂痕，不存在逻辑的思维，而《周易》的卦象则出于奇偶两画的排列和组合，是人的理性思维的产物。"[⑤] 前面所引的《系辞上》，谓"圣人有以见天下之赜，而拟诸其形容，象其物宜，是故谓之象。圣人有以见天下

---

① ［日］中村元：《中国人之思维方法》（徐复观译），第94—95页。
② ［日］中村元：《中国人之思维方法》（徐复观译），第97页。
③ 参见《旧唐书》卷一〇二，《刘子玄传》。
④ 《文史通义》内篇卷五，《答客问上》。
⑤ 朱伯崑：《易学哲学史》第1册，华夏出版社1995年版，第16页。

之动，而观其会通，以行其典礼，系辞焉，以断其吉凶，是故谓之爻。""象"已经不是简单的图象了，已经有"义"在其中。

中国古代易学的意象思维，如前所说，是"象"中有"义"，一个时代与社会基本特征，古代社会的性质可以以"象"经过抽象又加以概括。"乾""坤"等卦形由此而成为社会历史的特质的归纳。难道说，中国古代只有简单思维、个别思维、具象思维而没有整体思维、抽象思维？他所说的："中国人重视个别性之结果……特别注重时间的空间的完全特别的东西"，"在历史方面，则表现为客观的精密的史书之编纂"，"有客观性"，但却没有普遍的概括、抽象的思考。这和西方学人所说是中国是历史大国，但没有历史思想，是如出一辙。

中村元还看到，中国太极图对于理解太极说的价值，但在比较之后，更多的又是强调宋学受到佛学的影响，"圭峰宗和洞山良价的图说的说明，更影响于宋学，而使周敦颐（1017—1073 年）成立了《太极图说》。……这里所揭的第二图，分明是采自佛学者们那里的。当解释宇宙生成之理时，竟摒弃印度的抽象思维，而采用阴阳或男女等这种具象的经验的原理。"① 作者却忽视了《太极图说》中的论说的部分，也令人感到不可理解。而且，"太极图说"，不只有体现在"图"上，更重要的是理性的说明，在论说"诚"的价值等，都是抽象论说。

"太极说"与释道有联系，但更重要的是与儒家、道家的关系，与道学的《周易参同契》以及与道教的内丹派有直接的联系。

作者也意识到"宋学的《太极图说》，反过来，又及影响于佛教"，但如果说，易学只有具象思维，而没有抽象思维，则所谓的"影响"，还是具象方面。

中村元把中国和希腊、印度作了比较，看到了"这样以图说明形而上学说"的事实，乃希腊印度所没有的倾向。希腊人或印度人，常以文章叙述烦琐的哲学议论。在亚里士多德或印度论理学书中，也没有图解的说明。"因

---

① ［日］中村元：《中国人之思维方法》（徐复观译），第 72 页，作者在注中说："例如《太极图说》中，谈'乾道成男，坤道成女'。这种所谈的男女，当然不是字面上的意义的'男'与'女'，但依然是用这种具象的经验的说明。我们认为这其中恰恰是抽象思维的过程。"

之,由图形以视觉的直观去了解形而上学说,可说是中国民族传统底思维之一。"① 我们认为,"图形"解说与"抽象"的理性思维的一致,才是"中国民族传统底思维"。

所以,中国民族思维在一定阶段上,表现出具象的特点的,象思维又是在变化、上升,这种变化、上升既有历时性的发展,也有共时性的升华,象思维的发展是多方面的,由"仰观俯察"然后形成一定的"象"与"形",本身就离不开抽象;由此,再赋"象""形"以"义",又是一种抽象;而"得义忘象",则是为抽象的充分体现。具象思维、意象思维与抽象思维组成一个整体,才是中国民族思维重要特征,正如《说卦》说的:"观变于阴阳,而立卦;发挥于刚柔,而生爻;和顺于道德,而理于义;穷理尽性,以至于命"。观变、立卦、生爻以及"理于义"、"穷理尽性",每一次进展都离不开抽象思维。我们用"意象思维"也是考虑到这一层。

一个世纪来,日本的学人也在不断进行反思,沟口雄三在《中国的思维世界》的序言中说:"今天,亚洲的现实发生了巨大变化,先进的日本与落后的中国这样的图式正在失去了现实依据","歧视与偏见的问题,也成为被新的国际关系结构和亚洲新秩序中的新视角而重新解释的新问题"②。

沟口雄三从东西方思维方式上,解读中国传统文化中的思维特点,他说明中国古代的天的观念的变化与政治、历史变动的联系,"沿着中国历史的脉动观察从天谴向天理的推移,我们将会必然遭遇到潜藏在其中的中国的思维世界,亦即相对独立于欧洲的独自的思维世界。这个世界将作为历史性的或者说具有历史性的世界而呈现";又说:"我们在本书的上篇里并非主张中国特殊论,或者是为了对抗欧洲而强调相互之间的差异。我们仅仅是试图对于迄今为止的中国哲学概念和哲学思想过多地被嵌进欧洲哲学的脉络中进行阐释的做法提出质疑而已。我们在此要申明的,仅仅是这样的一个观点:欧洲

---

① [日]中村元:《中国人之思维方法》(徐复观译),第74页。
② [日]沟口雄三、小岛毅主编:《中国的思维世界·序言》(孙歌等译),江苏人民出版社2006年版,第3页。

有欧洲的历史脉络;同样,中国也有中国的历史脉络,如此而已。"①

因而,我们讨论《周易》的意象思维、整体辩证联系的思维,正是体现出这样的历史脉动。由此可以看出,历史思维研究对跨文化的史学比较,具有重要意义。

(2009 年第 3 期)

---

① [日]沟口雄三:《〈中国的思维世界〉题解》,见沟口雄三、小岛毅主编:《中国的思维世界·序言》(孙歌等译),第 8—9 页。

改铸历史：先秦时期"以史为鉴"观念的形成

晁福林

对于中国古代政治与社会极富影响的"以史为鉴"的观念，它的形成，在先秦时期经历一个漫长的历史时段。缕析这一过程对于我们认识"以史为鉴"的性质与作用，有一定的意义。今就其中的若干问题略抒拙见，敬请专家指正。为了集中说明问题，本文阐述的历史时段只到西周中期为止，晚周的情况比较复杂，容当另文探讨。

一、历史意识与历史鉴戒

先秦时期历史意识的出现可能是从"鉴戒"开始的。原始时代人们趋利避害的行为中应当有鉴戒意思的萌芽。载有许多远古传说的《山海经》就记载有多种事例，如《西山经》记一种名叫"文茎"的植物，说它"其实如枣，可以已聋"，能够治疗耳聋。又有一种名叫"萆荔"的植物，"状如乌韭"，吃了它，能够"已心痛"。还有一种名叫"肥遗"的鸟，吃了它可以"已疠"，治疗恶性疫病[1]。据《山海经》说，有些植物或果实，对人有害，误食可能不生育或有病，有些鱼或动物出现时会大旱，大概是天旱时才能见到的动物，给人留下了深刻印象，好像是它们带来了干旱。在《山海经》里面，这类传闻的记载可以说随处可见。在远古时期的岩画上，出现有极硕大凶猛的动物形象，这可能是人们见到它食人或其他动物的惨烈场面，这会给人们留下非

---

[1] "肥遗"之物还见诸《山海经·北山经》，在《北山经》里，它是一种带来干旱的"一首两身"的蛇。不同地区的先民有不同的见闻，这类异辞，难于深究。

常深刻的印象,所以把它画在岩石上奉若神明。为什么要这么画呢?不能排除岩画作者有让人们躲而避之的意识[①]。人们认真地把这些见闻传说给别人和后人,就有汲取经验或教训的意蕴在内。这应当就是历史意识的萌芽。远古先民所传闻的内容多为与日常生活有密切关系者,还没有关注到氏族部落或个人所经历的事情,这表明当时人们的历史意识仅存留在日常生活的层面,对于人自身的历史则还没有多少注意。可以说,远古先民的朦胧的历史意识是从日常生活的经验与鉴戒中总结形成的。

把人自身的历史作为鉴戒,那已经是五帝时代的事情。《尚书》和《大戴礼记·五帝德》篇记载黄帝、帝颛顼和帝喾、帝尧的事情只是说他们如何忙碌,如何神明伟大,并没有说他们如何总结历史经验,也没有提到他们述说历史鉴戒。最初以人自身的历史为鉴戒的是帝舜。《尚书·皋陶谟》篇记载:

> 帝曰:"无若丹朱傲,惟慢游是好,傲虐是作,罔昼夜頟頟,罔水行舟,朋淫于家,用殄厥世。予创若时。"[②]

帝舜告诫禹:"不要像丹朱那样沉溺于慢游嬉戏,只知傲狠暴虐,无昼无夜肆恶无休息。河中水道浅涸也强迫行船,在家里也肆行淫乱,终使他自己的世系断绝了。"[③] 帝舜告诫禹的语言里的最后一句"予创若时",很值得我们注意。依照专家解释,这句话里的"若"字当训"于","创,惩也,时,是也"[④]。若此,则"予创若时"即"予惩于是",意思是说我有鉴于此。丹朱是

---

① 《左传》宣公三年载周大夫王孙满之语:"昔夏之方有德也,远方图物,贡金九牧,铸鼎象物,百物而为之备,使民知神、奸。故民入川泽、山林,不逢不若。螭魅罔两,莫能逢之。"铸鼎象物",是要让人不遇到"螭魅罔两"。表明禹的时候已经有了从经验中取得鉴戒的历史意识。
② 这段话之上,通行伪古文本《尚书》无"帝曰"二字。清儒孙星衍指出"古文、今文俱有'帝曰'二字,伪传脱之也,史公有之",孙星衍还指出,不仅《史记》有"帝曰"二字,而且《汉书·楚元王传》、《论衡·遣告》、《后汉书·梁冀传》等,亦皆同《史记》说。因为《伪传》传之既久,自唐时列于学官,所以后世不敢"据增"(《尚书今古文注疏》,中华书局 1986 年版,第 111 页)。清儒皮锡瑞认为此种情况为"《伪孔》妄删"(《今文尚书考证》,中华书局 1989 年版,第 118 页)。要之,这段话为舜诫禹之辞,原本有"帝曰"二字,这应当是可以肯定的。
③ 《尚书·皋陶谟》这段话的今译采用顾颉刚、刘起釪先生说,见《尚书校释译论》(中华书局 2005 年版,第 505 页。)
④ 裴学海:《古书虚字集释》,中华书局 2004 年版,第 565 页。

帝尧之子，品行不端，《史记·五帝本纪》说他"不肖"，《国语·楚语》上称其为"奸子"，《皋陶谟》记舜帝语说他贪图享乐，傲慢淫乱。在上古时代的传说里，丹朱是一个品行不端的恶者，所以虽然他是尧之子，却也得不到诸侯拥护，因此就断绝了其世系，不得居于最高的统治权位（"用殄厥世"）①。帝舜所言"予创若时"，他所引以为惩戒的正是丹朱的这些让其断绝世系的恶行。帝舜讲给禹听，是以这个史事来警示禹，不可走丹朱之路。帝舜的这个警示是我们在现有文献记载中所能见到的时代最早的以史为鉴的例子。在《尚书·皋陶谟》篇中还记载了皋陶所说的"屡省乃成"之语，意思是说屡次检讨反省才可以成功。其中也不乏以史为鉴的意蕴在内。要之，虽然以史为鉴的观念与行为大成于周公时期，但它的滥觞时间却很遥远。或者可以说，它是起源甚早，到了周公才集大成地做了总结与升华。

夏商时期，浓厚的天命观念占据主导地位。在人们的观念中，人不必要自己去总结什么经验教训，只要在天的监视下，"恪谨天命"②，顺天意而行事就可以了。就连对外的征伐战争，也是"恭行天之罚"③。那时候，人们行为准则的参照标准就是天命，以事为鉴、以人为鉴的思想还很淡薄。在商代，据《尚书·高宗肜日》篇说，"鉴戒"是有的，但那只是天的行为，即所谓"惟天监下民"，《尚书·微子》篇亦有"降监殷民"之说，谓天所监视着的殷民。这应当是殷人的一般的社会观念。总体看来，殷人没有"以史为鉴"的意识④，商王和贵族每日必卜、每事必卜的习俗表明，他们信天信鬼神，而不重视人事，"以史为鉴"对他们来说，还有一段距离。

---

① "用殄厥世"之意，诸家解释都以说到用绝其世（"世系"或"世代"）为止，孔颖达以"绝其世嗣，不得居位"（《尚书正义》卷五）为释，所说似较优。然，当时尚未有传子之制，所以丹朱的"用殄厥世"，或当指丹朱之族，人丁不旺，濒于灭绝。
② 《尚书·盘庚》，孙星衍《尚书今古文注疏》本，中华书局1986年版，第223页。
③ 《尚书·甘誓》，第212页。
④ 《尚书·微子》篇载微子与其父师、少师讨论商末时局，《尚书·洪范》篇载箕子给周武王讲"洪范九畴"，说明商朝的一部分有识之士对天命人事是有一定的清醒认识的，可以看做是"以史为鉴"思想的滥觞。

二、西周时期"以史为鉴"观念的形成

周初的鉴戒观念继承了殷人的"以天为鉴"的思想,例如周公说:"肆其监于兹:我受命无疆,惟休,亦大惟艰。……监于殷丧大否,肆念我天威。"[1]这里所说的"监于兹"意即以此为鉴戒[2]。以什么为鉴戒呢?就是以天命为鉴戒,看看"殷丧"这样的大处罚,就会考虑到这是"天威"的结果。周公还说:

> 予惟不可不监……爽惟天其罚殛我。我其不怨,惟厥罪。无在大,亦无在多。矧曰其尚显闻于天。[3]

周公认为必须引为鉴戒的是,天会责罚于我。我们没有理由怨天。因为我们的过错罪过不在于大不大,也不在于多不多,只要有了罪过,一定会被天所明察。在"以天为鉴"的同时,周初还有"以事为鉴"的理念[4],这集中体现在《尚书·梓材》篇。这篇文章的文本比较复杂,前人多以为全篇内容不连贯是简编断烂而误合于一篇的结果。顾颉刚、刘起釪先生认为宋代吴棫所论此篇"王启监"以下为另一篇的说法是可信的,"说不定'王启监'到篇末倒是半篇比较完整的文字"[5]。今天我们重新审视周代鉴戒观念的发展过程的时候,再来看《梓材》篇,就可以体悟到顾颉刚、刘起釪两先生的说法非常精当。他们所说的"比较完整的文字",愚以为应当就是周代论"鉴戒"观念的专篇,或者至少是专篇中的一部分。现将这一部分文字具引如下:

> 王启监:厥乱为民。曰:无胥戕,无胥虐。至于敬寡,至于属妇,

---

[1] 《尚书·君奭》,第455—456页。
[2] 王力先生谓在"借监"的意义上,监也写作鉴(见王力主编《古汉语字典》,中华书局2000年版,第778页)。
[3] 《尚书·康诰》,第370页。
[4] 关于"以事为鉴"与"以史为鉴"的关系,虽然就"史"的广大范围的概念而言,发生过的事情都是史,但是"史"重在过去,而"事"重在现在,两者还是有一定区别的。
[5] 顾颉刚、刘起釪:《尚书校释译论》,第1429页。

合由以容。王其效邦君越御事，厥命曷以？引养引恬。自古王若兹监，罔攸辟。

惟曰：若稽田，既勤敷菑，惟其陈修，为厥疆畎。若作室家，既勤垣墉。惟其涂塈茨。若作梓材，既勤朴斲，惟其涂丹艧。

今王惟曰：先王既勤用明德，怀为夹，庶邦享作，兄弟方来，亦既用明德。后式典集，庶邦丕享。皇天既付中国民，越厥疆土于先王，肆王惟德用和怿先后迷民，用怿先王受命。

已！若兹监。惟曰：欲至于万年，惟王子子孙孙永保民。

这是周公教导成王之语。这里所说的"王启监"，意谓王可以这样陈述治理天下所要汲取的鉴戒。那就是让民众相互友好，照顾鳏寡，并且让诸侯国的君主和那些在朝廷管事的官员考虑如何做才能长久地幸福安宁。就像种田、盖房、做木器等事情一样，要有条不紊地做好。王要宣示自己会勤勉地以明德行事，怀柔诸侯，使众多的邦国都来朝觐。这样做的话，就不会辜负先王所接受的天命。周公认为这些就是成王应当汲取的鉴戒（"若兹监"）。在《无逸》篇里面周公告诫成王时，以"呜呼！嗣王其监于兹"作结，与《梓材》篇的"已！若兹监"，如出一辙。周公强调，为了"至于万年"，就必须做到敬德保民诸事。正如在《酒诰》篇中周公所说"古人有言曰：人无于水监，当于民监。今惟殷坠厥命，我其可不大监抚于时"。周天子若能以民事为重，就会受到民众爱戴，就会成为民众的楷模。这种以事为鉴的重点在于周天子自身，是其自身的行为与理念。

在以何者为"鉴戒"对象的问题上，周代的社会理念中，有一个发展过程。周初，一方面继承商代的尊天观念，另一方面又提出"敬德"①。在以后的社会实践中，关注的对象从"天"逐渐转向了"人"。我们前面提到的"以

---

① 周代的社会思想中，"敬德"的理念显得非常重要，它成为鉴戒的关键内容。《康诰》篇载周公对卫康叔的话是这样的："封！予惟不可不监，告汝德之说。"这里所强调的必不可少的鉴戒，就是"德之说"。敬德理念的提出，是周公对于社会思想与社会精神的一个重大贡献。周公虽然在不少地方还在讲天，但关注的焦点已经有所转移。我们在研究周代以史为鉴观念形成的时候，应当注意到的一点就是，在周初的理念中，"以史为鉴"还只是"尊天"、"敬德"理论的一个注脚，还没有完全进入到理论自觉的阶段。

事为鉴"的诸例,实质上就是对于人事的重视。西周中期,周穆王还说道:"嗟,四方司政典狱,非尔惟作天牧?今尔何监?非时伯夷播刑之迪?"①周穆王虽然还认为执法的官员还是在为天牧民,但他要官员们立为鉴戒、作为标准的则是伯夷的施刑之道。这时候,已经把德放在了很高的位置,所以周穆王没有忘记说:"今往何监?非德于民之中?"意即今后的行动标准就是立德于民众之中。虽然还承认天命,但那只是高悬一格的东西,与社会实际的关系不大,若即若离可也。不再像过去那样时刻被天所监而视之了。周穆王在《吕刑》中也讲"上帝监民",但那只是遥远过去的事情,是针对蚩尤作乱所说的。周穆王认为现实社会上最重要的还是以"德"为鉴戒。

我们从周初八诰中可以看出,周公所提出的应当作为"鉴戒"的内容是广泛的,例如执政者若乱罚无罪、乱杀无辜,就是把民众的怨恨集中起来,聚集到自己身上。用周公的话来说就是"怨有同,是丛于厥身"。这种自招怨恨的情况,是为统治者的大忌,周公感慨地说:"呜呼!嗣王其监于兹!"②西周初年平定三监叛乱之前,周公在争取召公奭支持的时候,曾经历数周文王、武王得贤臣辅佐帮助而大获成功的事例,然后说:"君肆其监于兹。"③请召公奭汲取这个历史经验而和自己同心同德一起奋斗。

纵观周代的关于鉴戒的理念,大体说来可以分为"以天为鉴"、"以事为鉴"与"以史为鉴"这样几个部分。这些理念的一个特点是,都是围绕着"敬德"这一核心在讲述,是为说明"德"之重要作注脚。就是"以史为鉴"也不例外。周公对于"以史为鉴"理念的典型表达,见于《尚书·召诰》篇所说的"我不可不监于有夏,亦不可不监于有殷"。《诗经·文王》谓"殷之未丧师,克配上帝。宜鉴于殷,骏命不易",《荡》篇谓"殷鉴不远,在夏后之世",《左传》昭公二十六年引逸《诗》曰:"我无所监,夏后及商。"这些都是"以史为鉴"观念的表达。以夏桀和殷纣的因失德而身死国灭为教训,这是周初执政者的共识。以周公为代表的周王朝统治者每以殷周兴亡交替之事作为经验教训,这确实是其精神觉醒的一个表现,也是"以史为鉴"理念趋于成

---

① 《尚书·吕刑》,第 528 页。
② 以上两句周公语皆出自《尚书·无逸》,第 444、445 页。
③ 《尚书·君奭》,第 455 页。

熟与完善的表现。

三、改铸历史：对"以史为鉴"的若干理论分析

"以史为鉴"的"鉴"原本是铜镜。"以史为鉴"并不是从铜镜可以观照自己形象这一角度来说话的。就这一点看来，可以说，历史并非一面镜子。如果硬要这样说的话，那么从历史这面"镜子"中是看不到读史者自己形象的。那么为什么还要"以史为鉴"呢？"以史为鉴"实际上是一种历史认识论，是试图要在历史上寻求自身的影子，常常是推想若在那个历史场景中自己将会如何，是成功或是失败，是辉煌或是覆灭。在这个推想的基础上再具体分析其间的原因与逻辑关系。先秦时期，"鉴"这个字多用作镜来使用，在衍化出反省教训的意蕴之后，才产生了"鉴戒"一词。"以史为鉴"，就是以史为鉴戒的意思。这个时候的"鉴"，就不再是镜之意，而是鉴戒之意了。"以史为鉴"出于人们对历史的认同感，是肯定人们会从历史中体悟到教训，这种教训就是鉴戒。

黑格尔的《历史哲学》一书曾经否认真实的历史教训的存在。他说："经验和历史给了我们的教训却是，各民族和各政府从来就没有从历史学到任何东西，而且也没有依照那就算是从其中抽绎出来的教训行事。"[①]黑格尔不承认这种历史教训存在，他的说法具有一定的合理性，历史教训并不是一个客观实体在那里等着人们去发现它。从这个角度说，真实的历史教训是不存在的。但是从另一方面看，人们的认识里是可以体悟到历史教训的。从人自身认识的角度看，历史教训又是存在的，"以史为鉴"是可以实现的，历史教训是可以从人们思想中"抽绎"出来的。黑格尔认为他那个时代的"各民族各政府"没有以史为鉴，但这并不意味着这是一个普遍情况，古今中外历史

---

① 黑格尔《历史哲学》（王造时译），三联书店1956年版，第44页。按，这段译文是从英译本的转译，有不准确的地方，刘家和先生依照德文原文进行了精辟的考证与研究，订正了中译本的个别不准确之处，此据刘先生进行订正后的译文引录，见其所著《关于"以史为鉴"的对话》（《北京师范大学学报》2010年第1期）一文。

上的许多人，包括中国古代的周公和唐太宗，就不在黑格尔所说的范围之内。

周初的"以史为鉴"，是通过改铸历史的办法来实现的。就拿周公所屡屡称述的"殷鉴"来说吧。他在《酒诰》篇里讲得是最多的，是他谆谆告诫卫康叔的如下一段话：

> 我闻亦惟曰：在今后嗣王酣身。厥命罔显于民祗，保越怨，不易。诞惟厥纵淫泆于非彝，用燕丧威仪，民罔不盡伤心。惟荒腆于酒，不惟自息，乃逸。厥心疾很，不克畏死。辜在商邑，越殷国灭，无罹。弗惟德馨香，祀登闻于天，诞惟民怨。庶群自酒，腥闻在上。故天降丧于殷，罔爱于殷，惟逸。天非虐，惟民自速辜。……我其可不大监抚于时（是）。

周公讲这一大派话，是要人们记取鉴戒的重要性（"大监抚于时"），这些鉴戒的内容是什么呢？一是殷纣王（即《酒诰》所说的"后嗣王"）酗酒（"荒腆于酒"），二是淫泆无度被民众怨恨而不反省悔改，三是不以馨香之德来祭祀上天，而是让天帝只闻到一股酒腥气。周公说这就是"天降丧于殷"的原因所在，质言之，就是殷灭于纣王酗酒。在《无逸》篇中周公再次强调："无若殷王受之迷乱，酗于酒德哉！"可见周公对于酗酒问题的重视①。殷纣王酗酒是商王朝灭亡的一个原因，但并非最重要的原因。就主要原因而言，它实亡于以商为核心的部落联盟的瓦解②。当然，周公在《酒诰》里专言酗酒之危害，事属必然，无可厚非。但是对于殷亡原因的论断，却放大了酗酒的危害性，就此而言，如果说周公在"以史为鉴"的时候已经对"史"进行了改铸，应当是可以的。在《召诰》篇中周公重点要讲"敬德"之重要，所以他总结夏、殷两朝覆亡的原因时就说："我不可不监于有夏，亦不可不监于有殷。……惟不敬厥德，乃早坠厥命。"周公在这个地方又把原因归之于夏、殷

---

① 周公关于殷纣王因酗酒而亡国的论断，影响很大，后来，《史记·殷本纪》铺衍此事谓纣"以酒为池，县肉为林，使男女倮相逐其间，为长夜之饮"，与周公之说当不无关系。
② 对于此一重要问题，前辈专家所论甚多。于此我们谨举二例以明之，一是《论语·泰伯》篇说周文王的时候得诸侯拥护，曾经达到"三分天下有其二"。二是，诸侯叛殷，武王伐纣的时候才会"不期而会孟津之上八百诸侯"（《史记·刘敬叔孙通列传》）。

不"敬德"。在《多士》篇中，周公向殷遗民讲商王朝覆亡的原因，说是"在今后嗣王，诞罔显于天，矧曰其有听念于先王勤家？诞淫厥泆，罔顾于天显民祇，惟时上帝不保，降若兹大丧。"这里强调的是殷纣王淫泆而丧失了天的眷顾，因为"上帝不保"，才降"兹大丧"。总之，从周初八诰中可以看到，周公在不同的场合，为了不同的需要，而恰当地赋于"殷鉴"以不同的内容。周公的这种改铸和剪裁完全是适应其执政需要的结果。鉴戒于商及夏的覆亡，是周公"以史为鉴"的主体，所以他强调"我不可不监于有夏，亦不可不监于有殷"。我们再来分析周公所述"有夏"所提供的鉴戒。他说：

> 有夏诞厥逸，不肯戚言于民，乃大淫昏，不克终日劝于帝之迪。乃尔攸闻。厥图帝之命，不克开于民之丽，乃大降罚。崇乱有夏，因甲于内乱。不克灵承于旅，罔丕惟进之恭，洪舒于民。亦惟有夏之民，叨懫日钦。劓割夏邑，天惟时求民主，乃大降显休命于成汤，刑殄有夏。[①]

这段话大意如下：夏桀大肆享乐，不肯忧念于民，还大肆淫昏，不能勤勉于上帝之道。这是你们都听说过的。他还败坏天命，不能打开囚禁民众的罗网，反而大降罪罚，大乱于夏，狎习于内乱，不能善待民众，官员们无不贪财搜刮，大肆荼毒民众，让民众都贪婪忿戾。夏桀这样危害国家，所以上天才为民众寻求好的君主，殄灭了夏。周公罗列的夏之罪，最重要的就是囚禁民众，搜刮民财。他这样讲是很有针对性的。《多方》一篇是平定三监之乱返回以后对于迁到周的参加叛乱的各族人员以及殷遗民等所作的诰辞。诰辞重点讲周的政策很优待你们，你们可以自由地"宅尔宅，畋尔田"，并且还"大介赉尔"，大大地扶助和赏赐你们。这些鉴戒是周公讲给已经降服的叛乱者和殷遗民听的，鉴戒的内容密合讲话主旨，从正反两方面体悟到周王朝对他们的恩惠和宽容。这段可以称为"夏鉴"的话，完全服务于周公的现实政治需要，这个鉴戒既有夏王朝的史影，但又非真实的夏史。从《尚书·禹贡》和《史记·夏本纪》里可以看到，夏王朝采用的是贡纳制度，并没有直接到各

[①] 《尚书·多方》，第461页。

诸侯国去搜刮民财，但是周公硬说夏直接盘剥民众，"不克灵（善也）承于旅（众也），罔丕（不也）惟进（财也）之恭（供也）"。只有如此讲才有对比的效果，周公这样讲虽然未合史实，但也有夏桀残暴的影子在，并非向壁虚拟。这显然是一个改铸历史之后所形成的"鉴戒"。

在周初八诰中我们可以看到，周公多处所讲的夏鉴与殷鉴，都是有针对性的，而不是无的放矢，这些历史教训完全服务于周初的政治稳定与社会稳定的现实需要。他所讲的内容都是有所选择的，虽然大致不误，但也是真实历史的阐述。这种历史教训里的"历史"，只能是改铸后的历史。

关于历史教训的问题，黑格尔说："当重大事件纷陈交迫的时候，一般笼统的法则，毫无裨益。回忆过去的同样情形，也是徒劳无益的。一个灰色的回忆不能抗衡'现在'的生动和自由。"[1]能够称得上"历史鉴戒"的历史事件，多是覆灭与败亡的惨剧，这种历史记忆，黑格尔称之为"灰色的回忆"，是准确的。在这个"灰色的回忆"面前，人们有选择进入抑或是不进入的自由。刘家和先生深刻指出："人们对于历史经验教训的取舍是有选择的自由的。……殷商王朝、秦王朝、隋王朝先后都因拒不接受历史教训而'无可奈何花落去'；而周、汉、唐等王朝，却因虚心接受这一重大历史教训而勃然兴起，在中国历史长河中熠熠生辉。"[2]我们沿着刘先生指引思路前进，就可以发现，"接受历史教训"的过程，就是一个改铸历史的过程。而这个"改铸"，还可以说是必然的。这是因为不经"改铸"，历史鉴戒就无法进入人们的历史认识领域，"以史为鉴"就不能起步。在进入作为历史鉴戒出现的"灰色的回忆"的时候，人们的认识往往表现出卓越无比的创造力，它可以在某个领域中纵横捭阖，或断章取义，或姿意剪裁，或改头换面，甚至还可以指鹿为马，颠倒黑白，林林总总，不一而足。人们"改铸"历史的目的是明确的，那就是为现实需要服务，用黑格尔的话来说就是保证"'现在'的生动和自由"。

以往学者常常艳称"以史为鉴"之重要与深刻，能够清醒地认识"以史为鉴"的负面影响的学者并不多见。愚所见对这个问题做出非常深刻论断的

---

[1] 黑格尔:《历史哲学》，第44页。
[2] 刘家和:《关于"以史为鉴"的对话》,《北京师范大学学报》2010年第1期。

专家是孙家洲先生,他曾经指出:"以史为鉴","可以被专制皇帝作为肆意作恶的依据,……不得不使人感慨:多少罪恶,原来可以借'以史为鉴'之名而行!"[①]由此我们可以想见,人们虽然有选取或不选取"以史为鉴"的自由,可是,人们就是选取了"以史为鉴",进入了"灰色的回忆",也不一定在现实的大树上结出甜美之果。关键在于作为"鉴戒"的历史教训,不一定是正确的。"鉴戒"在认识领域里面,可以说是因人而异。人们所得出的历史教训是不同的,就是没有善恶之别,也会有瞎子摸象般的偏见出现。

总之,改铸历史是对于历史认识的深化与发展,是用现实的剪刀对历史的裁剪。"以史为鉴"把历史教训衍化为现实的鉴戒,它的成熟与完善,是周代社会思想、史学思想的精华。我们缕析"以史为鉴"的理念的起源与初步发展,认识其改铸历史的实质,这些对于深化认识此一问题当不无裨益。

(2010年第2期)

---

③ 孙家洲:《从历史轨迹看"以史为鉴"的得失》,《史学月刊》2001年第1期。

中国史学起源问题新论

乔治忠

对于中国史学史的研究，其学术探索自然应当追溯到历史学的起源问题，真正明了起源，才能很好地把握历史学的发展流程和文化特点。迄今为止，许多学者对中国史学的起源做出了不同角度的探研，见解互有异同，虽多具启发性，但也意见分歧，尚未得到充分地辨析与整合。本文拟作新的探析，以求正于史学界时贤。

一、史学原发性产生的基本社会条件

探讨史学起源的问题，首先应当思考史学在一个国家或民族的产生与持续发展，需要怎样的社会条件和文化背景，这必须在中外史学比较的基础上才能做出允当的分析。史学在一个国家的存在，有两个不同的来源，一是本土上原发性的产生，二是从外国、外族传播而来，植入本国和本民族的社会文化肌体。区别这两种情况，确认历史学并不是在每一个民族内都会自然而然的产生，才能通过对不同国家和民族的早期历史文化的比较研究，探索史学在一个国家、民族或地区原发性产生的社会条件。

纵观整个世界史学的发展，自上古起即形成了两大最具活力的史学体系，一是以中国传统史学为核心的东亚历史学，另一是以古希腊史学为起源的西方历史学。上古的中国和古希腊，都是史学原发性地产生并且得以持续发展的源头，将之与更早的文明古国却未能产生史学的古埃及加以比较，并且结合史学的本质特征综合分析，可以得出史学原发性产生的基本社会条件主要有以下三点：

第一，比较完备的文字和可以运用的历法。文字产生并且用于记述史事，与口耳相传具有十分不同的意义，它能够使所包含的内容凝固下来，保持一定的面貌，避免口述往事那种不断流动、遗忘、添加渲染而无踪迹可以核查的状态。历法也是史事记述能否完备的一个重要条件，没有确切时间的记载，无论其真实程度如何，价值都会大打折扣，即使单单从史料利用角度而言，也必须首先将其中关键的时间要素考订清楚，否则很难进行深入的研究。如果记事者没有写明确切时间的意识，记事文献缺乏完整的时间要素，则根本不能作为历史学产生的标志。因此，史学的诞生，只能在比较完备的文字和一定的记时方法通行之后。我国上古文字和历算方法产生较早，殷墟出土的甲骨卜辞，显示出殷商时代已经有了相当完备和成熟的文字。

至于历法，传说自有夏就已产生，孔子曾主张"行夏之时"[1]，战国时有讲述夏历的《夏小正》一书。中国历法产生的详情，还有许多未能考察清晰的问题，但殷商甲骨卜辞中以干支记日，以及记载月份已十分普遍，唯在纪年上还存在较大的缺陷，这种缺陷到周代依然延续。当然，有了文字和历法，是否会自觉、充分地运用于记述史事，仍然具有不确定性。与中国一样，古希腊也是早就产生文字和历法的国家。

第二，社会运行机制上产生了对于准确历史记忆的客观需要，或社会大变动、大事件引起系统性描述和记载的冲动，促使人们予以总结以及进行理性的思考。对社会大变动、大事件进行这种描述、记载、总结与思考之主体，可以是作为国家机构的官方，也可能是某些有知识、有能力的私家。在中国是官方首先执行了此项使命，在古希腊则是私家学者如希罗多德等首先获得成功，希罗多德（约前484—前425）在他撰写的《历史》一书绪言表示，其写作宗旨就是"为了保存人类的功业，使之不致由于年深日久而被人们遗忘"[2]，显然是希腊与波斯战争这个重大的事件，导致了希罗多德记述历史的意念并且付诸行动。

第三，在追忆往事而渐次形成文字撰述的早期阶段，一定的社会历史背

---

[1] 《论语·卫灵公》，诸子集成本。
[2] 希罗多德:《历史》，商务印书馆1985年中文版，第1页。

景和文化环境，造成较普遍的自觉记史意识与记事求真的强劲理念，并且此种理念得以立足于社会，历史学才能真正破土萌发，由可能性转化为现实。希罗多德的《历史》虽然采取有闻则录的编纂态度，但他对史事往往"亲自观察、判断和探索"，常常在叙述一个传说之后申明"我是不能相信这个说法的"。① 因此，希罗多德具备了一定的记事求真意识。其后，修昔底德（约前460—前396）写《伯罗奔尼撒战争史》，声明"这些事实是经过我尽可能严格而仔细地考证核实了的"，他的著述中没有任何神话的成分，建立起严格求真的撰史规范，波里比阿（约前201—前120），发扬修昔底德的理念，认识到求真是史学的首要准则。② 总之，希腊史学的产生和发展与记史求真观念的树立是同步的。

上述三个史学产生的社会条件，第一项文字、记时方法的掌握与第二项社会重大变动事件的出现，在上古的许多民族都能够具备，唯第三项属于一种社会意识，能否具备的或然性很大，倘若错过时机，只能等待外来史学文化的影响。古埃及是最早的文明古国，文字产生甚早，远超前于其他古国，但始终未能独立地产生中国与希腊那样的史学文化。汤普森在《历史著作史》中指出："埃及人从来就不是一个很喜欢写历史的民族"，因此古埃及虽有丰富的史料，例如大量的铭文，但没有产生自己的史学。"埃及铭文的历史价值必须经常细心判断，因为诸法老往往把他们祖先的事迹，归到他们自己名下。他们用来达到自己的目的的方法很简单，磨掉石柱或墙壁上已记载的事迹中那位英雄的名字，然后刻上自己的名字就行了；或者把别人的功绩记录抄刻在另一块石板或纪念物上，把过去完成那些功业的真正君主的名字改成他们自己的就行了。"③ 这种行为，是中国古代最荒唐的皇帝也不可能做出的，由此可见，古埃及几乎没有记事需要真实的观念，缺此意识，即无法原发性地产生本民族的史学。公元前3世纪，埃及僧侣曼涅托根据寺院档案等资料编写了一套埃及编年史，以希腊文撰成，明显是受到古希腊史学的影响。但就

---

① 希罗多德：《历史》，第151、306页。
② 以上参见［美］J. W. 汤普森《历史著作史》上卷第1分册，商务印书馆1988年版中文译本，第40、82—83页。
③ ［美］J. W. 汤普森：《历史著作史》上卷第1分册，第6页。

是这种次生的史学文化，也因缺乏一种社会性的史学意识而未能充分的发育和成长，这与希腊的社会文化条件大不相同，也与中国上古的社会文化迥然有别。以下，让我们从文化观念的线索探讨中国史学产生的进程。

二、中国史学产生的主导进程

中国上古史学的产生，与古希腊以希罗多德《历史》为史学产生标志的飞跃性特征不同，而经历了漫长的渐进式历程，主导线索可以大致分为两个阶段。

（一）"殷鉴"观念与官方文书的整编

殷商末期，周族建立的方国逐渐强盛，终于由周武王率兵讨伐商纣王，经过"牧野之战"攻陷殷都，取而代之。周武王伐灭商纣，在当时引起巨大的社会震荡。周占领殷商地区，仍然面临着殷民的顽强反抗，特别是殷商后裔武庚的武力叛乱，这不能不引发了周初主要统治人物的忧患：殷商为何败亡？周政权如何巩固、如何避免重蹈殷商的覆辙？于是形成了明晰的"宜鉴于殷，骏命不易"观念，[①]意思是：以殷商的覆灭为鉴戒，则知"天命"之难保，即从历史思考而重新认识天命。这种思考得到反复的强调与深化，例如《诗经·大雅·荡》说："殷鉴不远，在夏后之世"，《尚书·召诰》言："我不可不监于有夏，亦不可不监于有殷"，即将夏、商兴亡的历史引为借鉴。"殷鉴"是周初统治者提出的理念，表达出对历史的思索与总结，就是要以前代历史的经验和教训，作为政治的借鉴与警惕。

"殷鉴"观念是中国上古理性思维的第一线曙光，此前的殷商时代，对上帝是绝对的迷信，凡事皆须占卜，人间的一切似乎皆由神秘的力量所掌控，社会意识在整体上并不认可理性的思维与判断。"殷鉴"的观念初步撕开了禁锢思维发展的迷信罗网，开启了从历史上政权兴亡变化思考政治得失之端倪，

[①] 见《诗经·大雅·文王》，十三经注疏本。按《文王》一诗，据《吕氏春秋》为周公旦所作。

理性思维由此勃发，天命与人事关系的新认识、敬德的政治原则、保民的行政理念等等，都由"殷鉴"即历史的思考而导出，对"监于有夏"和"监于有殷"的许多细节也做出具体的解说，如《尚书·酒诰》之厉行禁酒、《尚书·无逸》之倡导勤政等等，都是从殷商灭亡的历史教训来加以论证的。

因此，中国上古最早的理性思维，乃产生于以"殷鉴"为标志的历史认识领域，首先通过对历史的思考来认识政治、认识天人关系，从而启沃心智，继而丰富逻辑思考能力。这对中国古代文化传统发生不可磨灭的影响，造成历史认识与政治文化结成密不可分的联系，积淀为凡事从以往历史中寻求根据、经验与教训的思想模式，中国古代史学的兴旺发达，历代官方史学活动之绵延不废，古代史学多以经世致用为根本宗旨等等，这些西方所不具备的特点，皆可追溯至"殷鉴"这个源头。而"殷鉴"观念对史学文化萌发的直接促进作用，乃是导致对官方公文书的保存和整编，即日后称为《尚书》的历史文献的形成，在中国古代史学史与学术史上影响广博而深远。

西周灭殷之后，统治者具备了"殷鉴"的历史认识，最初还只是从亲身经历与口耳相传的史事直接汲取借鉴。但"殷鉴"这种历史意识，必然导致对历史遗留文献的重视，同时也会注意保存本政权的官方文书。《尚书·周书》之中不少历史文献，就是由于周初具备"殷鉴"的历史意识，才自觉地保存下来而且经过了整理编辑，其中包括整编了殷商时代留存下来的官方文书。据郭沫若等学者研究，《周书》之《牧誓》《世俘》《克殷》等多篇可定为周初之作。[1] 又据张西堂《尚书引论》的考订，《尚书》中《盘庚》即为殷商遗留文件，在西周时期进行了整编。而《尚书》的《康诰》《酒诰》《多士》《洛诰》等篇，多数学者认为虽不免含有后来掺入、窜乱及被分合的文句，但仍可以相信是西周时期的成文。[2] 这些历史文献能够保存、流传，有赖于历史意识的强化与朦胧史学意识的产生，而最早有目的、系统地整编官方文书，恐怕应在周公东征平叛与成王营洛之后，主持者似应就是周公。第一次的整编非常重要，因为这改变了官方文书的秘存档案的性质，而成为在一定范围内

---

[1] 见《中国古代社会研究》附录，《追论及补遗》，《郭沫若全集·历史编》第一卷，人民出版社1982年版，第299页。

[2] 见张西堂《尚书引论》六《〈尚书〉之考证》，陕西人民出版社1958年版，第199页。

传布的史籍。《国语》虽在战国时期成书，但它记载春秋时期人物的言论，其中颇有引述《夏书》《商书》《周书》者，《论语·为政》记载孔子也曾引用《尚书》，说明《尚书》于春秋时期或之前就已经在各诸侯国流传。

《尚书》（原称《书》）虽是最早的史籍，但许多篇目的时间线索不很明晰，其宗旨主要体现在政治功用方面，叙事求真的意识不强，不少文本充满修饰、更改、编造的痕迹，以致于与时代不符，真伪相杂，因此，还不足以作为中国史学产生的完备标志，仅可视为"殷鉴"理念下历史文献编辑向史学方向迈进的一个重要的过渡阶段。当然，《尚书》后来成为儒学的经典，其中的史事记述被奉为上古的信史，对中国传统史学的影响是十分巨大的。

（二）官方连续性记录史事及其制度化

"殷鉴"历史意识导致对官方所存文书的整编，从而初步具有朦胧的史学意识，而自觉地系统记录历史的史学意识，在中国上古又经历了很长的时段。中国从何时开始自觉地、系统地记录史事？尚没有直接的证据，只能依据零星史料加以推论。白寿彝先生提出：

> 《墨子·明鬼》为证成己说，列举各书。于宗周晚年以后之事，引周、齐、宋、燕之春秋，而以所引宣王杀杜伯一事为最早。在此以前，不是引某国春秋，而是引《商书》和《大雅》。《国语》记周事，以穆王征犬戎一事为最早，然记事同时又记年者却始于宣王。这两事似可提供一些迹象，说明编年体国史的出现在周宣王或其前不久的时期。[①]

这个见解极其精到。周宣王时期，是在经历了"国人暴动"、周厉王奔逃与"共和行政"特殊时期之后，西周政权渡过一次重大的政治危机。宣王力图重振国运，对内实行一系列整顿措施，对周边外族进行了多次征战，取得相当大的业绩，也遭受一些挫折，历史上将之称为"宣王中兴"。从"国人暴动"到"宣王中兴"，西周建国以来未曾有过的大事件竟然连续发生，具备了

---

① 白寿彝：《中国史学史》第1册，上海人民出版社1986年版，第210页。

可激发出系统性、连续性记载史事的社会条件，按时间顺序连续记载史事的做法是极其可能出现的。中国上古是从公元前 841 年开始具有确切的连续性纪年，这正是"共和行政"的开始之年，而这个确切纪年是否是记载史事的结果？尚无法考证，而连续的纪年实为官方编年体历史记载的伴生条件，则是无可置疑的。因此，白寿彝先生推论官方连续性记录史事至迟在周宣王时期已经产生，虽主要依据《墨子·明鬼下》的一段资料，却与整个社会文化的发展背景十分契合，完全可以信从。

中国上古自殷商时代就具有比较好的记月份、记日期的方法，但纪年方法则有严重缺陷。甲骨文、金文中多有缺少纪年之件，若有纪年，也只是时王在位的年数，而在位的君主又缺乏特定的称谓，造成许多铜器的时代难以判断，其铭文史料的运用当然也受到很大的制约。这种不完善纪年方式的缺陷，只有靠形成连续的按时间顺序记事的系统性史籍来弥补，所以编年形式的官方记史体制的出现，在中国具有重大文化意义。西周晚期开始用编年体方式记录历史，是真正有目的、有系统地记载自身的经历以留存后世，是史学活动在中国完整意义的产生。有意识地按时间顺序记载史事，不论内容怎样简单，在史学史上都比口头讲述往事、比保存公文文书的行为有更为重要的作用，官方记史体制亦当由此而形成。自觉地、连续地记述历史，进而体制化，记录历史的史学意识便得到了社会性的承认和确立。

由于史料的缺失，现在无法确切考证西周季年官方记史体制的详细情况，但仍可推断当时已经具有相当程度的记史求真意识。周宣王为中兴君主，功业显著，据历代学者研究，《诗经》中颇多颂扬之词。然今存《国语》之中，载有宣王不少负面行为，如即位之初就"不藉千亩"，三十二年伐鲁且立鲁孝公为君，却造成"诸侯从是而不睦"的不良影响，三十九年"王师败绩于姜氏之戎"等等。[①] 这些必是史官早就记录于周之史册，才会转录于后来的《国语》，倘无君举必书的理念，这些史实就会为了褒扬"中兴"君主而隐没。实际上，经历了"国人暴动"、"厉王奔彘"、"共和行政"等大的政治动荡，朝廷和君主的阴暗面已经无法掩饰，历史记载不可能维持为那种单单铭文式的

---

① 以上见《国语》卷一，《周语上》，中华书局 2007 年版。

歌功颂德，如实述史的取向必然日益高涨。就连毛公鼎铭文所载周宣王的训谕，也不能不承认国家处于不安定的局势，满怀"惧作小子溷湛于艰"的忧患。因此，周宣王时期官方记史活动已经具有如实、求真的理念，是完全可以认定的。

至春秋时期，曹刿向鲁国君主进谏时曾说："君举必书，书而不法，后嗣何观？"[①]表明记史制度遵循"君举必书"与讲究一定书法的规则。"君举必书"表现出自觉记史意识与如实记载史事的理念；讲究"书法"，则显现了官方记史的制度化。而从曹刿的语气来看，这些理念已是普遍的社会共识，应当来源很久，是从西周季年记史理念的延伸和发展。

至于官方记史体制的发展，齐国的管仲说："夫诸侯之会，其德、刑、礼、义，无国不记……作而不记，非圣德也。"[②]"无国不记"，显示了自觉记录史事已经在诸侯国普遍化，地处较为偏僻的秦国，也于周平王十八年（前753）"初有史以纪事"，[③]可见各诸侯国记载史事已普遍制度化，所谓"史不失书，矇不失诵，以训御之"[④]。由此逆推，西周季年周王室早应确立了官方的记史制度，然后扩张到各个诸侯国，至春秋时期，各主要诸侯国都制度化史官记史活动，并且用于辅助政治，故墨子称其见过"百国《春秋》"[⑤]，即为各国的编年体历史记录。中国上古这项与西方相比独具特色的官方记史体制，是中国史学产生的主要标志，它至迟应当是滥觞于西周宣王时期。

在西方，按时间顺序编辑史料的史籍称"编年史"（中文译称），一般不被视作历史学的标志。但在中国史学史上，不能套用这样的观念，这是因为：第一，中国官方按时间顺序记录历史，虽内容简略，但成为制度化、组织化的行为，形成国家体制，而且是通贯的、连续不断的历史记载体系。第二，中国官方的这种历史记载，以"书法"等方式表达褒贬之意，例如晋国史官董狐记载"赵盾弑其君"，孔子赞扬他"董狐，古之良史也，书法不隐"[⑥]，因

---

① 《国语》卷四，《鲁语上》。
② 《左传》僖公七年，十三经注疏本。
③ 《史记》卷五，《秦本纪》，中华书局1959年版。
④ 《国语》卷十七，《楚语上》。
⑤ 见《史通·六家》篇引《墨子》佚文，上海书店1983年版。
⑥ 《左传》宣公二年。

而不能视为简单的记录。第三，中国史学起源于官方，这与古希腊不同。两种不同的途径，自当具体问题作具体分析。

中国上古从西周初期"殷鉴"的历史意识进而保存和整编官方文献，逐步演化出"君举必书"的制度化的记史意识，"良史"的"书法不隐"准则以及史学辅助政治、参与教化等经世理念，随官方的记史活动而渐次健全，这历时较久的过程是中国史学起源的主线，其他文化因素只对这个主线起到辅助作用。

三、相关问题的几点辨析

在对于中国史学起源机制的研究中，还有一些相关的问题值得辨析，其中上古传说及神话、甲骨文和金文的记事方法、中国上古史官等社会文化现象，与中国史学产生之间的关系，极有必要予以厘清。

（一）传说与神话不是史学产生的原因

高等动物有相当强的记忆能力，所谓"老马识途"即为一例。人类不仅记忆力更强，同时还因为具备语言表达能力，可以将记忆的往事转述给他人，往事的长期和反复地被转述，就成为传说。在文字产生之前，传说是人们试图了解过去、解释过去时代的主要方式，在文字产生之后，传说的这种功能依然不同程度地存在，在传说之中，肯定包含着历史。然而问题在于：传说能够多大程度上符合真实的历史？往事的传说能否直接导致历史学的诞生？

一般说来，传说经历的转述者越多、流传的年代越久，就越远离真实的历史情节，因为每个转述之人都免不了对旧事有所渲染和融入个人的感情色彩。部分情节的遗忘或者本不完备，就可能用想象来加以弥补。这样，传布的故事趋于圆满，语言修饰也日益精湛，口述的内容渐渐走向文学化，渐渐偏离真实性。在追述往事的操作中，必然将追述推向于更久远的往事，而对于那些原本是无记忆或失去记忆的远久之事，就会不断地做出想象性的探讨，造出一些虚拟的故事，甚或改造原有的记忆以达到一致性，这是许多远古传说的来源之一。这就是说，一个民族的远古传说，在具体情节上往往已经远远离开了历史的记忆。

由于人类早期知识贫乏、社会生产力低下，对自然和社会的许多现象不能理解，但却有急于说明它的意愿。同时，人类又有着恐惧自然力的心情和征服自然力的愿望，往往以想象弥补认识的不足，将征服欲望寄托给神化了的历史人物或虚拟的英雄身上。所有这些想象和寄托都不能与往事的记忆区分开来，而是在长期的混淆中融合、嬗变，大失原貌，使历史的记忆神话化。在上古，一个部族还往往把自己的始祖予以神化，这就更使往事追述带上神话化的倾向。上古的口述往事演变成为神话传说，是人类征服外界的愿望、祖先崇拜心理、以想象补充所知不足等等因素交织的产物。中国古代流行伏羲、神农、黄帝等等传说故事，其中就颇多神异成分，具体现象和情节皆不能当作信史。

上古传说的失真不仅使之在史料价值上多所扭曲，而且也不是导致历史学能够产生的源头，因为经过改造、渲染的传说与富于奇异情节的神话，都具备很强的文学性，在上古要比往事的真实记忆更具有传布上的优势，致使上古传说在流传中不可避免地文学化、神话化，这样就越来越远离史学的产生。史学的产生需要的是包括求真意识在内的其他条件，在史学产生之前，神话性的传说是阻挡史学传说的因素，但当史学从另外途径产生之后，传说与神话却可能被当作一种填充素材，经过一定时代限制下的整合而纳入历史的叙述。因此，世界上各个民族都具有自己的传说故事和神话，但不是每个民族都会自行产生史学。

（二）甲骨文和金文的记事与史学的起源没有直接关系

甲骨文是刻划在龟甲或兽骨上的上古文字，大量地出现于中国历史上的殷商时代，多为贞卜之辞，其中对贞卜应验内容的记事，对研究殷商历史是珍贵的资料。金文是指上古青铜器上的铭文，至今所发现带有铭文的青铜器，多为殷、周两代之物，以周代的资料更为丰富，其中包含很多的"记言"、记事内容。甲骨卜辞的目的不是记事，其史事内容主要出现于验辞之中，另有一些不属于贞卜的甲骨记事性文字，则为显示功业或荣耀，有如后来的金石铭文。

而西周青铜铭文追述祖上功德或记述自己成就，用以显示家族荣耀的宗旨十分明显。因此，甲骨文和金文中的记事，是在完成其制作宗旨的过程中的附带行为，而并无自觉性质，其历史意识十分薄弱，更不具有史学意识。即使西周后期到春秋时期，青铜器铭文的文字增多，记事含量增加，而其中的历史意识仍然远不能与西周初期形成的《大诰》《酒诰》《洛诰》等文献相比。

甲骨卜辞充满蒙昧和迷信，与史学产生的社会文化条件遥不可及，无须多赘。西周金文在年月日已有记录方法的背景下，整体上却或记或不记，相当随意，无规范可言，反映出其中历史意识的薄弱。青铜器铭文所表达的是记功显德意识，这与反思以往政治得失、汲取经验和教训的历史意识并不相同。其材质和制作方式，适合长久保存，但不便用于传播也不是为了传播，迄今为止，还极少发现西周青铜器载有如同《尚书》之《酒诰》《多士》那样的政府布告。[①] 可见由于意识上有别，载体材料的选择也很不同，青铜载体的使用不是促进史学产生的途径。当然，金文作为史料，对于考订和研究西周的历史，价值极大，但史料与史学是不同的概念，在中国古代史学最初产生及初步发展的问题上，起主要促进作用的仍为"殷鉴"意识下保存和整编的那些历史文献。

甲骨文与金文具有"记事"与"记言"两种叙述方式，与上古史籍的"记言""记事"或许有方法上的联系。甲骨卜辞在其记述应验的事件中，面对上帝的威灵，吉凶祸福都要如实面对，[②] 这有助于如实记事理念的形成。金文出于显示功德的目的，未免隐讳负面史事，但作为礼器文字，追述祖上之功德也是带有对祖先神的惶恐虔诚，同样不能随意捏造史事，这对于加强如实记史的理念，也具有积极意义。不过，这只是长期、细微的文化积淀而已，并非直接性的影响。

（三）中国上古史官与史学的关系

迄今的史学史著述，论述中国史学的产生，无不牵涉上古的史官问题，

---

① 至春秋时期，才有郑国、晋国铸刑书、刑鼎的做法，但这仍不等同于将政府公文制作于金属器具。
② 有学者认为甲骨文的"验辞"也有倾向性，一般多选择应验者刻写。

但在许多论著中出现思路的偏差,根源一是来自《说文解字》对"史"的解说,二是与职任复杂的"史官"纠缠在一起,此二者实际上联成一气,都未能准确地理解中国上古史官与史学的关系。

汉代许慎《说文解字》对"史"的解说:"史,记事者也,从又持中。中,正也。"这里"中,正也"当然难以令人信服,于是不同的解读纷纭出现,影响最大的解释是把"中"说成简册,这样,"史"就被视为从事文字工作的文官,或径直地说成负责记录史事的官员。但《说文解字》解说的"史"义,乃为后起,不符合殷商与西周的实际官制。"史"字早在甲骨文中即已出现,兼具后来"事""吏""使"之义,任何受命办事官员皆可称作"史"官,更重要的是甲骨文"史"字或写作"", 被不少甲骨学家如胡厚宣等解释为田猎与战争中的手持武器者。"史"字的源头既然如此,依据汉代《说文解字》的字型来解说"史",已经没有意义,因为殷周之"史"就是"吏",可以是任何受命任职的官员,包括武官在内。

至于将记录历史的史官与"巫""瞽"或祭祀、占卜、星相等活动联系在一起,搞成史官来历的多元化,就愈发模糊不清。其实,后世史官体制的渊源问题,应当结合殷周之间"作册"的职官系统及其演变来探讨,庶几可明晰其本源。

甲骨文与殷商金文反映出直至商末都有"作册"的官职,作册带有人名的记载很多,如"作册吾"、"作册丰"、"作册宅"、"作册般"等等。"册"肯定是由竹简、木简等书写载体连接一起的文件,殷商既有"作册"官员,那么古文献说"唯殷先人,有册有典"[①],实为可信。但殷商的册、典还不能说是有了正式的历史记录,册、典内容乃是册命、文诰等等政府文书,作册的职责为拟定与宣布册命。周初保留了"作册"这种职官,其职责应为以文字事务服务于周王朝以及诸侯国,包括册命、文书的撰拟。周初王室的作册,常以地位尊崇者担任,西周成康时期的荣伯,地位十分尊贵,《尚书序》、《史记·周本纪》皆记载"成王既伐东夷,肃慎来贺,王俾荣伯作《贿肃慎之命》"。宣布册命为作册之职,故荣伯是以高贵的身份出任周朝的作册。《史

---

① 《尚书·多士》,十三经注疏本。

记》又载"康王命作策毕公分居里、成周郊,作《毕命》"①,"作策"即作册,而任作册之职的毕公,有紧紧排列于召公之下的尊贵身份。②

作册与"史"相比,无论殷商还是西周,显然具有了较大的专职性质,其主要职责是掌管官方文书事务,乃以文字性工作从事人世间的行政事务,不同于贞人、巫史的神秘性、神职性职务。而西周政权又建署了史官的系统,与"作册"系统并列。西周"史"官,担任的职责远比作册繁多、庞杂,金文中如史颂鼎记述了史官颂被派出视察基层的"里君""百姓",史密簋记载史官密随军东征,史兽鼎记载史官兽被派出监督工程,其他诸如办理祭祀、随从出游、观天象、做筹算等等,不一而足。

但值得注意的是:西周初期分化出"内史"职官,进入了作册的职掌系列,成为宣布王命的执行人。周康王时的井侯簋铭文记载"王命荣及内史"向周公旦之子宣布册命封赏,这里内史与尊贵的作册荣伯一起执行此事,表明内史加入了作册的职任。此后,由内史宣布册命屡见于金文,如穆王时虎簋盖铭文:"王乎(呼)入(内)史曰:册命虎",内史越来越取代作册的职务,使作册逐步退出古代职官制度的舞台,于西周中、晚期从官制中消失。③

内史加入了"作册"职能系列,先是与作册共同或分别担任同一文字性职责,继而逐渐侵噬、消化了"作册",是上古史官体系演变的重要一步,取得掌管文书、宣达命令这一职能,此后才演变出记录政务、时事的史官和纂修史书的史官,掌管政府文书则熟知史事,进而担负记史之任,是职务的延伸。必须注意的是:内史职务延伸到记录史事,不是史学产生的原因,而是史学产生的结果,因为只有记录史事成为官方的一种制度化行为,才会将此职任逐步地交给同一类文官去执行,从而产生真正意义的史官。

《左传》记述春秋时期的史事,多有关于"大史"(或作"太史")记载时事的事件,"大史",应当是内史之中地位显贵之人,即取代了"作册""作册尹"称谓的官员。《左传》襄公二十五年载:"……大史书曰:'崔杼弑其君',

---

① 《史记》卷四,《周本纪》。
② 毕公地位紧列召公之下,参见《尚书·顾命》篇。
③ 关于作册这种官员的消亡时间,彭曦《作册艺盉铭文简释》(载《宝鸡文理学院学报》2005 年第 6 期)一文根据拓片将作册艺盉解释为西周末年器物,即作册至西周末年仍然存在,这个问题还应进一步研究。

崔子杀之。其弟嗣书而死者二人,其弟又书,乃舍之。南史氏闻大史尽死,执简以往,闻既书矣,乃还。"这是先秦史学史的著名事件,而其中的"南史"之称,独此一处,在所有先秦典籍和所知金文资料中再未出现,历代亦无合理的解释。愚以为"南史"应当是"内史"之讹,如此方合乎上古史官制度演化的逻辑。

总之,中国上古"史官"的性质和职责复杂多样,其中出现执掌文字性事务到记述史事,中间尚有许多未知环节需要考订,值得进一步研究。但总体的状况,是随着史学的产生才渐渐出现具有记史职能的史官,真正记史、修史的史官制度,即专职的史官和修史机构,更是晚至三国时期才开始设立。因此,不能从所谓的史官制度上探索中国史学的起源。

(2011 年第 3 期)

从变与常看先秦儒家历史理性的觉醒

蒋重跃

理性（reason）指合乎规则和道理的思想，又指事物自身的规则和道理[1]。

历史是人类社会发展演进的过程，历史之所以成为理性的，首先是人类自己的，是人文的，而非神性的。历史又是变化的，是诸多殊相的呈现，历史要成为理性的，就必定是有规则或有道理的，就必定是有共相的，而规则、道理或共相，都是指某种恒常性而言的，历史有了这些恒常的东西，才能被合乎理性地思考，于是，历史就成为变与常相统一的了。以上两点是历史之成为理性的必要条件和基本条件。

殷周之际，出现了历史理性[2]的曙光。武王伐纣，强大的殷商被臣属的周邦灭亡。面对这个历史变局，时人进行了深刻的反省，周公是杰出的代表。在他看来，殷周递嬗，是天命变革的结果，而天命归属是由民心决定的，在天人关系中，人是决定的力量。这样的历史观念已经是人文主义的了。周公还多次指出，相对于殷纣王迷信的天命不变论，天命是无常的，它的变化决定了朝代的更替；不过，天命虽然变化，却总是以人心为依据的，因而又总是可以把握的，从这个意义上说，天命又是有常的。天命无常又有常，反映了周人对历史的变与常、殊相与共相之统一关系的最初觉醒。由此可见，周公的思想已经属于历史理性的范畴了。不过，由于时代的局限，周公以为人心能够决定历史，这说明对于历史的客观必然性，还没有足够的认识，因而显

---

[1] 现代汉语的"理性"一词来自日文"理性"，日语原读リーズン，系英文 reason 一词的音义兼译，指理由，原因，道理等。

[2] 关于"历史理性"的含义，可参见刘家和先生《历史理性在古代中国的发生》，载《史学理论研究》2003年第2期，该文收入《史学经学与思想》，北京师范大学出版社，2005年版。

现了最初的理性的天真。更何况周公对天命无常与有常相统一的认识还处在传统宗教和道德理性的襁褓中，因而是稚嫩的。

春秋战国时期，社会发生了深刻变革。新的统一趋势日见明朗，世道人心与古代大异其趣，政治策略更加倾向于求富和图强。面对复杂、务实的形势，对历史的理性思考也出现了急遽发展和分化的趋势，突出的表现是，西周初年天人合一的历史理性遭到怀疑，历史理性和道德理性发生背离，历史理性与自然理性的比附也越来越流行。在这种情势下，传统的历史理性还有没有存在的价值和可能？如有，应该怎样应对新的挑战？儒家学者结合时代的需要，对历史作了深入的思考，对以周公为代表的传统的历史理性有所继承，有所发展，特别是在变与常的关系问题上，展开了辩证的探讨。

儒家学派的创始人孔子承认历史变化，他的历史思想具有变常统一的倾向。《论语》记载："子张问：'十世可知也？'子曰：'殷因于夏礼，所损益可知也；周因于殷礼，所损益可知也。其或继周者，虽百世可知也。"[1] 夏商周三代更迭，说明历史是变化的，这变化中有没有常规可寻？回答是肯定的，那就是因袭和损益，后代因袭前代的礼制而有所损益，三代莫不如此。这是一层意思。还有一层，就是这种常规本身又有变与常的分别：所谓损益，是说变化的；所谓因，即因袭，是说不变的。损益，是因袭的必要条件；因袭又是损益的必要条件。损益和因袭互为充分必要条件。这说明，在孔子思想中，历史中的变与常形成了张力。历史上有多重的变与常的关系，而且经过了三代历史的检验，据此，孔子断定，周代以后，即使过了百世，不同朝代的人们依然会这样因袭和损益下去，所以，不但历史可知，未来也因历史的可知而成为可知的了[2]。

孟子在具体的历史讨论中阐述了对变与常之关系的看法。据《孟子·万章上》记载：弟子万章问：尧有没有把天下让与舜？孟子断然否定，指出天子没有资格把天下让与他人。万章又问：那么舜有天下是谁给的呢？孟子答曰："天

---

[1] 刘宝楠：《论语正义》，《诸子集成》第1册，上海书店出版社1986年版，第39页。
[2] 此处解释从朱熹《论语集注》卷一，《为政》，《四书章句集注》，中华书局1983年版，第59—60页。刘宝楠引陈澧《东塾类稿》，以为"十世可知""百世可知"是指不论多久，后代仍可知三代之礼。可备一说。见《诸子集成》第1册，第40页。

与之。"万章又问：到了禹而德衰，不传贤而传子，有没有这回事？孟子又加否认，说："天与贤则与贤，天与子则与子。"天凭什么这样做呢？孟子引《泰誓》曰："天视自我民视，天听自我民听。"[1] 由传贤到传子，这是传说中古代王位继承制度的一大变革，其中有没有恒常不变的东西？孟子的回答是肯定的，那就是天命，就是民心。这与周公的天命论是一致的。不同的是，孟子对"天命"的必然性有了更深一层的体会，他说："莫之为而为者，天也，莫之致而至者，命也。"[2] 他在总结这段历史变迁时引用孔子的话说："唐虞禅，夏后殷周继，其义一也。"正义曰："义，得宜也。"[3] 所谓义，就是合乎时宜的意思，这就是某种必然性。从禅到继，是由天命决定的，是由民心决定的，这就是历史的恒常因素，就是历史的必然性。孟子在讨论从唐尧虞舜到商汤武王的历史时，以同样的道理对王朝更迭方式从禅让到征诛的变化做了说明。

荀子也对历史中的变与常进行了深入的思考。《天论》云："百王之无变，足以为道贯，一废一起，应之以贯，理贯不乱。不知贯，不知应变。"[4] "贯"即"条贯"，指礼。百王的历史是变化的，但他们应对变化的道或条贯（礼）却是不变的，不知这个条贯，就无法应对变化。这个"条贯"就是历史中的常。《儒效》："百王之道一是矣。""与时迁徙，与世偃仰，千举万变，其道一也。"[5] 百王的统治方略可以随时变化，但作为原则的"道"却是相同的，这"道"就是历史中的常。《解蔽》："夫道者，体常而尽变。"[6] "道"是决定万物发展的"体"，是常的，万物发展皆由这个体来，所以才能决定所有的变，才能"尽变"。这些都是历史经验的总结，是对历史上变化与恒常相同一的理性思考。

仔细分析以上材料，可以看出，先秦儒学的三位大师在讨论问题的侧重点上是有差异的。孔子着重讨论历史和未来是否可知的问题；孟子进一步阐释天命民心的恒常意义；荀子则注重掌握规律实施有效统治。这些都反映了他们

---

[1] 焦循：《孟子正义》，《诸子集成》第1册，上海书店出版社1986年版，第381页。
[2] 同上书，第383页。
[3] 同上书，第385页。
[4] 王先谦：《荀子集解》，《诸子集成》第2册，上海书店出版社1986年版，第212页。
[5] 同上书，第84、87页。
[6] 同上书，第262页。

各自的思想和时代的特点。尽管如此，他们都承认在历史中有常与变的存在，常与变是一体的，而且形成了体与用的辩证关系。对于道家和法家之流片面否定天命和道德理性的偏向，儒家的这些思想在理论上形成强大的优势，发挥了抵制和针砭的作用。与西周初年周公的观点相比，这些思想毫无疑问更增强了人文色彩，对变与常之辩证关系的认识也更加深入，更加系统，标志着历史理性觉醒的新阶段，为后来中国思想和文化的发展奠定了厚重的基础。

（2007年第1期）

论刘知幾的学术思想

——纪念刘知幾诞生一千三百周年

侯外庐

刘知幾，本名子玄，生于唐高宗龙朔元年（661年）卒于玄宗开元九年（721年），是中国封建制社会由前期向后期转化时代的一位杰出的历史学家和思想家。今年（1961年）是他诞生的一千三百周年，我们今天纪念他，应该阐明他在文化史上的重要贡献，批判地继承他学术中的优良传统。

刘知幾一生著述很多，但大部分已经失传；现存者除《文苑英华》等所收零篇和片断外，主要是《史通》二十卷，其中还缺三篇，可能是由于犯忌而被削去了。《史通》是刘知幾的代表作，他在这部书中，不仅对过去的历史学作了综合的批判，而且如他自己所说，是志在"上穷王道，下掞人伦，总括万殊，包吞千有"[1]，对古今人物学术加以"与夺"、"褒贬"、"鉴诫"、"讽刺"。这种"多讥往哲，喜述是非"的异端精神，深深刺痛了统治阶级。因此，《史通》一书被正统的封建学者目为邪说，即使是那些《史通》的注释者也都对刘知幾的述作原意作了不少歪曲。正确地评价刘知幾的历史地位，重新如实地显现《史通》这一战斗性著作的光芒，正是我们所应做的工作。

一、刘知幾哲学思想的唯物主义倾向

在中国的封建时代，唯物主义与唯心主义的斗争，往往表现为无神论与神学的斗争。自汉代以来，作为统治阶级御用工具的统治思想是以儒家经学为形式的正宗神学，而一些进步的思想家，如扬雄、桓谭、王充等等，在进

---

[1] 《史通》自叙（以下引文，出自《史通》的只注明篇名）。

行文化斗争的时候，总是把批判的矛头针对着这样虚伪迷妄的神学。

对神学迷信进行斗争，这是酷爱自由的中国民族文化中的一个优良传统。刘知幾正是这一传统的继承者。他对中国古代子产的思想多所引申，对扬雄更是备加推崇，他说："扬雄《法言》可传千载"①，并以自己撰写《史通》比为扬雄的著作《太玄》②。刘知幾特别推重王充，他们两人在某些方面有着共同的精神。王充的时代，以董仲舒为代表的儒学已定于一尊，孔子被推崇为不可侵犯的权威，王充敢于在《论衡》中写出《问孔》的专篇，否认这一偶像的神圣性；同样，刘知幾的时代，唐政府已颁定孔颖达《五经正义》为必读教本，刘知幾也敢在《史通》中写出《惑经》的专篇，指责那些神圣的经典"理有难晓"，矛盾错误。他并且着重声明说：

> 昔王充设论，有《问孔》之篇，虽《论语》群言，多见指摘，而《春秋》杂义，曾未发明。是用广彼旧疑，增其新觉。③

这就是说，《惑经》的主旨，是继承了王充的传统而作了更进一步的发展。王充与刘知幾在大胆批判封建的文化专制主义权威方面，是前后辉映的。

汉代的正宗神学奠基于董仲舒，而董仲舒的学术本于《春秋公羊传》；另一位大讲祸福灾异的刘向，则以《春秋穀梁传》之学自居；而主持撰制神学法典《白虎通义》的班固，同时又是《汉书》的编纂者。这些学术对后来的封建统治阶级的文化思想起了巩固的作用，束缚人们的自由思考，因此，对这样历史学范围内神学迷信的批判，也正能击中正宗神学的要害。刘知幾把握住这一经学的源流脉络，正本清源，首先揭穿所谓孔子笔削的《春秋》不过是对旧史"就加雕饰"，有很多不公正的地方；然后提出"左氏之义有三长，而二传有五短"④，尊重《左传》而抨击《公羊》《穀梁》。他对董仲舒、刘向的神学和班固《汉书·五行志》的批判，更是不遗余力。

---

① 《杂说下》。
② 《自叙》。
③ 《惑经》。
④ 《申左》。

从刘知幾对历史人物的予夺褒贬，不难看出他的思想基本上是倾向于唯物主义和无神论的传统，而反对董仲舒一流的神学和以神学世界观曲解的历史学。

下面我们就对刘知幾的学术思想作些概要的分析。

在无神论者与神学家所进行的论争中，"天道"的性质与"天道""人事"间的关系是一个中心问题。唯物主义和无神论者认为"天"是没有意志、不能主宰"人事"的自然实体，从而把"天道"解释为客观存在的自然规律；而唯心主义和有神论者总是把"天"看作赏善罚恶的人格神，把"天道"理解为天意或天命，它支配着"人事"的一切。在这两者之间，还有一种中间偏左的派别，他们虽然没有对"天道"作出积极的解释，但是，他们宁可去研究可知的人事，不愿去过问不可知的"天道"。"天道"的性质究竟如何，他们是不甚关心的。实际上他们已经把"天道"从"人事"中排除出去了。抱着这种观点的人，一般说来，还没有完全摆脱神学的束缚，但已对它提出了怀疑和一定程度的否定，因此具有唯物主义和无神论的倾向，实质上是一种羞怯的唯物主义。这种思想家在世界史上不乏其人，在中国历史上则从子产到扬雄、刘知幾都有着这样的特色。

刘知幾在论述灾异时说：

> 斯皆妖灾著象，而福禄来踵，愚智不能知，晦明莫之测也。然而古之国史，闻异则书，未必皆审其休咎，详其美恶也。[①]

刘知幾以为古代记载天象的官史是根据各方面的报道而加以记录，并不能究察清楚这种灾异的实际结果，灾异究竟是否灾异，人们是不知道的。同样地，他又说：

> 凡祥瑞之出，非关理乱，盖主上所惑，臣下相欺，故德弥少而祥弥多，政愈劣而瑞愈盛。[②]

---

① 《书志》。
② 《书事》。

这是说，史书上的祥瑞是臣僚为奉承皇帝而捏造的，不但不是事实，而且和现实相反。

那么，应当怎样看待鬼神迷信呢？他写道：

> 或诙谐小辩，或神鬼怪物。其事非圣，扬雄所不观；其言乱神，宣尼所不语。①
>
> 怪力乱神，宣尼不语；而事鬼求福，墨生所信。故圣人于其间，若存若亡而已。②

在这里，他没有直截否认鬼神的存在，却认为他们是一种不可确定的东西，是和"人事"不发生关系的，因此，应该把他们放逐于理性的范围之外。子产不信火灾，对裨灶的批判有类似的话，扬雄也正采取类似的态度，说"神怪茫茫，若存若亡，圣人曼云"③，可见刘知幾推崇扬雄不是偶然的。

由这种"天道远，人道迩"的观点出发，刘知幾对历史著作中记载的灾祥迷信所持的态度，可以用他下面一段话作为代表：

> 然则天道辽远，裨灶焉知（按：语出《左传》昭公十七年）？日蚀不常，文伯所对（按：语出《左传》昭公七年）。至如梓慎之占星象（按：语出《左传》昭公十七年），赵达之明风角（按：语出《三国志·吴志》），单飏识魏祚于黄龙（按：语出《后汉书·方术传》），董养征晋乱于苍鸟（按：语出《晋书·隐逸传》），斯皆肇彰先觉，取验将来，言必有中，语无虚发。苟志之竹帛，其谁曰不然。若乃前事已往，后来追证，课彼虚说，成此游词。……子曰："盖有不知而作之者，我无是也。"又曰："君子于其所不知，盖阙如也。"又曰："知之为知之，不知为不知，是知也。"呜呼，世之作者，其鉴之哉！谈何容易，驷不及舌，无为强著一

---

① 《采撰》。
② 《书事》。
③ 《法言》《重黎》。

书，受嗤千载也。①

对于这段论述，我们必须作出具体分析：第一，《左传》所记子产对神灶巫术的斥责，臧文伯关于日蚀与人事间的关系没有一定规律可循的论断，都有不同程度的无神论因素。这里，刘知幾采取了肯定的态度，而且也正是提在论证的首要地位。

第二，梓慎的占星术，赵达的"九宫一算之术"，单飏的"天官算术"，一方面固然是术数迷信，但都和当时的自然科学有或多或少的关系。我们知道，中国古代的自然科学，特别是天文学和数学，从来就不可避免地夹杂着象纬术数的成分。一些大科学家，如唐代的僧一行、李淳风以至明末的方以智等，都带有这样的色彩。刘知幾对术数没有批判的观点是可以理解的。在他看来，术数的占验不是一句话可以肯定或否定的，如果确有征验，那么是一种"美谈"，不妨记载下来，存而不论。这里，刘知幾对于难知的术数采取了保留的态度。

第三，但如果忽视历史的前后关系而随意空谈征验，那么就是一种绝对的杜撰捏造，是用来为神学涂脂抹粉。最后，他得出了一种这样的观点，即对于不可能知的事物，应该阙疑，不加强说。

因此，在史书的编纂上，刘知幾主张删除《天文志》和《符瑞志》等。他主张"远求辰象"，不如近论都邑、氏族、方物以至人形、医药等有关社会生产和人类生活的学问。这样，他又倾向于人文主义。欧洲中世纪的早期唯名论者在改造上帝时，把上帝和面包等同起来，中国封建时代的人文主义者也有不同形式的类似倾向。列宁说，神的观念是"以死东西偷换活东西"（《列宁全集》，35卷111页），因此，以活的东西来拒绝死的东西的观点，在历史上是进步的。

刘知幾对神学的反对攻击，在深入批判那些贯穿着神学世界观的史籍时，表现得更为鲜明尖锐。

班固的《汉书·五行志》集中了汉儒关于历史上的"灾异"的神学说教，

---

① 《书志》。

所以在刘知幾眼中，正是"其失既众，不可殚论"，为此他专著《汉书五行志错误》《五行志杂驳》等篇，作了详细的攻驳。从对《五行志》的批判这一突出的例子中，我们就可以看出，刘知幾在批判神学时所运用的方法，不外下列几种：

首先，刘知幾就所谓"灾异"提出人文主义的说明，用以代替荒诞的神学的解释。例如《春秋》昭公十七年记"日有食之"，《五行志》引董仲舒说，"以为时宿在毕，晋国象也。晋厉公诛四大夫，失众心，以弑死，后莫敢复责大夫，六卿遂相与比周，专晋国，晋君还事之"。刘知幾便指出：

> 自昭公已降，晋政多门。如以君事臣，居下僭上者，此乃因昭之失，渐至陵夷。匪由愍厉之弑，自取沦辱也。岂可辄持彼后事，用诬先代者乎？①

这是说晋国的六卿擅政是由于晋昭公以来政出多门，逐渐演变而成的形势，与厉公时代的日食和政事并无关系。

其次，刘知幾又根据"人事"的情理，来指斥《五行志》的附会。例如《春秋》记文公二年"不雨"，班固"以为自文即位，天子使叔服会葬，毛伯赐命，又会诸侯于戚，上得天子，外得诸侯，沛然自大，故致亢阳之祸"。刘知幾批评道：

> 案周之东迁，日以微弱。故郑取温麦，射王中肩。楚绝苞茅，观兵问鼎。事同列国，变雅为风。如鲁者，方大邦不足，比小国有余。安有暂降衰周使臣，遽以骄矜自恃，坐招厥罚，亢阳为怪。求诸人事，理必不然。"天高听卑"，岂其若是也。②

这正是他注重"人事"的"理"而摈弃高远的"天道"的例证。至于一些根据"人事"的"理"所作出的预测，如叔向预料周王不终，女齐预料齐高子

---

① 《五行志杂驳》。
② 《五行志杂驳》。

容、宋司徒不免于祸，刘知幾便都加以肯定。

第三，刘知幾常要求史书的纪事应符合实际的"物理"。他所谓"物理"，在某些例子中是指素朴的自然科学知识。这里也可以举出一个典型的例证。《左传》引孔子的话，批评鲍庄子不如葵，葵犹能卫其足，刘知幾根据自然常识的"物理"，论证这种以人方物之说不能成立。他说：

> 夫有生而无识，有质而无性者，其唯草木乎？然自古设比兴，而以草木方人者，皆取其善恶薰莸，荣枯贞脆而已。必言其含灵畜智，隐身违祸，则无其义也。寻葵之向日倾心，本不卫足，由人睹其形似，强为立名。亦犹今俗文士，谓鸟鸣为啼，花发为笑。花之与鸟，安有啼笑之情哉？①

在另外一些地方，刘知幾所讲的"物理"则泛指常识的论断，如在批评《公羊传》时，他说：

> 《公羊传》云：晋灵公使勇士杀赵盾，见其方食鱼飧。曰：子为晋国重卿而食鱼飧，是子之俭也。吾不忍杀子。盖公羊生自齐邦，不详晋物，以东土所贱，谓西州亦然。遂目彼嘉馔，呼为菲食，著之实录，以为格言，非惟与左氏有乖，亦于物理全爽者矣。②

这是指摘《公羊传》把不相干的事情硬拉在一起，又把相异的风土混同并论，是完全不合事理的。他严厉地指责刘向捏造历史时，又这样写道：

> 〔刘向〕自造《洪范》《五行》，及《新序》《说苑》《列女》《神仙》诸传，而皆广陈虚事，多构伪辞。……盖以世人多可欺故也。……夫传闻失真，书事失实，盖事有不获已，人所不能免也。至于故为异说，以惑后来，则过之尤甚者矣！……及向之著书也，乃用苏氏之说（指苏秦

---

① 《杂说上》。
② 《杂说上》。

答燕易王所设寓言），为二妇人立传，定其邦国，加其姓氏，以彼乌有，持为指实，何其妄哉！又有甚于此者，至如伯奇化鸟，对吉甫以哀鸣；宿瘤隐形，干齐王而作后。此则不附于物理者矣。①

把根本不可能的事硬说成是确有其事，在刘知幾看来，这也是违背"物理"的，是自欺欺人的"伪辞"。

此外，在许多场合，刘知幾也善于运用形式逻辑的法则，揭示对方论证以至书法体例上的混乱矛盾；或依据文献史事的考证，说明对方记载中年代地理颠倒错置，以致张冠李戴的错误。他在批评了《汉书·五行志》所集合的汉儒灾异之说后，作出了这样的总结论断：

> 斯皆不凭章句，直取胸怀，或以前为后，以虚为实。移的就箭，曲取相谐，掩耳盗钟，自云无觉。讵知后生可畏，来者难诬者邪！……如斯诡妄，不可殚论。而班固就加纂次，曾靡铨择，因以五行编而为志，不亦惑乎？②

和王允自标《论衡》主旨为"疾虚妄"的精神一样，刘知幾对虚妄也表示深恶痛绝。

但是，我们也应当指出刘知幾在哲学思想上的局限性。如上所述，他用以衡量是非的准绳，有些是常识性的判断，有些是文献的考证分析，也包括一些自然知识；而总的说来，是强调着实际的见闻经验，如他自己所说："君子以博闻多识为工"，"传闻不如所见"。因此，他所讲的"物理"是人们的见闻经验，而和"实事""实录"相联系。这样，他的"以理为本"也即是"抚实而谈"。这种富有经验主义色彩的认识论是紧紧地接近于唯物主义的。但经验或常识往往受一定历史条件和传统思想的影响，并覆盖着阶级的烙印。如果是依靠和自然科学相联系的经验，对神学展开批判，便可能贯彻唯物主义的倾向；但是，如果是依靠一些传统的而未经科学鉴定过的或是由人臆造出

---

① 《杂说下》。
② 《书志》。

来的主观感觉经验去批判事物，就又会由此失足堕入唯心主义，不能与神学作彻底的分裂。刘知幾不能在哲学上达到唯物主义体系的理论高度，这正是一个重要的原因。

二、刘知幾的进步的历史观点

刘知幾的《史通》一书，开启了中国中世纪历史学从"通识"方面研究历史的先河。但由于时代和阶级的限制，在当时即使是进步学者，向往于纵贯历史的"天文地理，国典朝章，显隐必该，洪纤靡失"的历史学，他们仍然不能找出其中的规律性，只能根据他们所能理解的"古今通识"，提出一些比前人进步的有创造性的观点。在这里我们应遵循列宁的教导，不是按照我们时代的水平去苛责古人，而是分析他们在前人的基础上作出了多少新的成绩。

在历史学上，刘知幾有以下几方面的进步成果：

（一）反对命定论的历史观，强调人文主义的历史观点。

刘知幾在批判封建统治阶级正宗学者谶纬神学时，几乎处处联带攻击了他们的历史命定论或命运观。这里要着重指出的是他对《春秋》《史记》中的命定论所做的批驳。他对把《春秋》认为是孔子的"微言大义"的神话十分不满，因为所谓"微言大义"的实质就是以命定论为主旨，因而"既神其事，故谈过其实"。他认为司马迁也不免有命定论的历史观点。在历举《史记》的一些缺漏之后，他作出了这样的结论：

> 夫论成败者，固当以人事为主，推命而言，则其理悖矣！[①]
> 必如史公之议也，则亦当以其命有必至，理无可辞，不复嗟其智能，颂其神武者矣。夫推命而论兴灭，委运而忘褒贬，以之垂诫，不其

[①]《杂说上》。

惑乎？①

很明显，刘知幾认为历史属于"人事"范围，不能用命定论来解释。他认为司马迁著作中所含有的命定论观点往往为后代学者们所承继袭用，这就形成了一种坏的理论传统，他说：

> 自兹以后，作者著述往往而然。如鱼豢《魏略议》，虞世南《帝王论》，或叙辽东公孙之败，或述江左陈氏之亡，其理并以命而言，可谓与子长（司马迁）同病者也。②

他认为"理"和"命"在概念上是不相容的。但当进一步问究竟什么是历史的"理"，那便不是他所能回答的了。在不少具体史例的分析中，刘知幾强调了个人性格和道德的作用，强调了个人智能和武功的作用，不能超出从伦理和心理原因来解释历史的观点。

（二）反对复古主义的历史观，强调历史的进化观点。

把古昔的五帝三王时代美化成理想的黄金世界，从春秋以来，已成为传统的说教。刘知幾在《史通·疑古》篇中根据不少史料，论证尧舜相授，不是禅让，而是篡夺；不是舜禅位于禹，而是禹把舜放逐了；不是人民不拥戴益而拥戴启，而是启杀害了益；汤之代夏，武王之伐殷，都是统治者间的权位争夺，如果像孔子那样，"必称周德之大者，不亦虚为其说乎！"最后他指出周公也不是一个圣人，而是不忠于成王、不友于兄弟的普通人。刘知幾所论是否合于历史实际，自然当作别论，但对于复古主义无疑是有力的打击。这种对复古主义的战斗性格是中国进步思想家的优良传统。

复古主义观点的产生，在刘知幾看来，一方面是由于"远古之书其妄甚矣"，尽信这样的记载就不如无书；而更主要的是由于前人迷信传统，多凭主

---

① 《杂说上》。
② 《杂说上》。

观武断。古代的物质生活和文化都很简陋，不是今不如古，而是古不如今。他进一步说：

> 盖语曰：世异则事异，事异则备异。必以先王之道持今世之人，此韩子所以著《五蠹》之篇，称宋人有守株之说也。①

可见他力图从"世异"中去找寻"事异"的根源，又进而从"事异"之中去说明"备异"。他主张把这种观点贯彻在史书的编纂中去，例如他说：

> 夫论史之烦省者，但当求其事有妄载，……言有阙书，……必量世事之厚薄，限篇第以多少，理则不然。……又古今有殊，浇淳不等。……其丰俭不类，悬隔如斯。必以古方今，持彼喻此，……而往之所载，其简如彼；后之所书，其审如此。若使同后来于往世，限一概以成书，……不亦谬乎！②
>
> 盖闻三王各异礼，五帝不同乐，故《传》称因俗，《易》贵随时。……事有贸迁，而言无变革，此所谓胶柱而调瑟，刻船以求剑也。③

刘知幾提出的"古今有殊"、"事有贸迁"的历史进化论观点，在当时是很有创造性的。可是当问题进一步接触到为什么古今有"殊"的时候，他只能说"古今不同，势使之然也。"④这虽是一般的抽象的历史形势决定论，但和神学历史观是对立的，在中世纪有其战斗的意义。什么是"势"呢？这可以从下面一段话中看出来。他说：

> 降及东京，作者弥众。至如名邦大都，地富才良，高门甲族，代多

---

① 《摸拟》。
② 《烦省》。
③ 《因习》。
④ 《烦省》。

髦俊。……于是笔削所采，闻见益多。此中兴之史，所以又广于前汉也。①

可见他是从地理或人文的一般原则去说明"势"的。这并没有对历史作出规律的说明。因此，只要一碰到要对历史规律作具体回答的时候，他就不能不陷于错误的方面去。

总之，刘知幾对于复古主义者的批评指责，能中肯地指出他们的观点"理不必然"，而他自己所建树的正面理论，却不能正确地讲出时代发展的"理之必然"。这种历史局限，是中世纪进步学者共同具有的特征，柳宗元论封建所依据的势之必然说，王夫之论由封建到郡县所依据的其势使然说，也都是如此。

（三）反对掩盖统治阶级内部矛盾的说教，强调暴露统治阶级互相倾轧的普遍性。

刘知幾从三代一直追索到唐世，得出一条通例，即历代统治者都是权势的强夺者；然而真实的历史却被人们所粉饰，把一些创业的帝王说成至德的圣君。他用许多史实揭露了这样论断的虚伪性。他在《思慎赋》序里说：

> 历观自古以迄于今，其有才位见称，功名取贵，非命者众，克全者寡。大则复宗绝祀，埋没无遗，小则系狱下室，仅而获免。……至若保令名以没齿，传厥贻于后胤，求之历代，得十一于千百！②

刘知幾在《史通·疑古》等篇中又指出，不但汉、唐统治者经常处于内讧之中，而且所谓三代圣王的尧、舜、禹、汤、文、武、周公，也都是倾轧争夺的能手，所以他说："观近古有奸雄奋发，自号勤王，或废父而立其子，或黜兄而奉其弟，始则示相推戴，终亦成其篡夺。求诸历代，往往而有。必以古方今，千载一揆。"③

---

① 《烦省》。
② 《文苑英华》，卷九十二。
③ 《疑古》。

他一再说明传统的史籍是在掩盖统治者矛盾的真相，多为尧舜增善，而为桀纣增恶。唐尧"盛世"的所谓"克明俊德"，所谓"比屋可封"，都是一些无稽之谈。这些看法又和他的进化的历史观点相联系，因为如果说尧舜时代"比屋可封"，那无异确认古比今好。刘知幾认为这是不真实的，他指出：

> 斯则当尧之世，小人君子比肩齐列，善恶无分，贤愚共贯。……安得谓之克明俊德，比屋可封者乎？①

刘知幾又敢于从历史著作的评价方面，把《尚书》等封建时代的经典贬低，而把封建时代的"异端"——诸子百家提高，认为"正经雅言，理有难晓，诸子异说，又或可凭"。②

刘知幾从一些历史现象方面揭露了封建统治阶级间的矛盾，但当问题深入到为什么会有这种现象产生的时候，他便用心理的因素（如自私心之类）去说明，而陷于人性论的心理分析的错误。例如他说：

> 地居流俗之境，身当名利之路，皆物之相物，我之自我。当仁不让，思倍万以孤标；唯利是图，顾半千而秀出。③

（四）反对曲解历史、裁判人物的主观偏见，而主张不畏权威、大胆批判的"直书"。

上面我们已叙述过刘知幾指责孔子所作《春秋》，"有未谕者十二，有虚美者五"，他更指出孔子是"推避以求全，依违以免祸"。在他看来，诸如此类的偏见就不是"直书"。他认为历史著作中"爱憎由己"的主观偏见由来已久，从孔子起，早已有这样的倾向。他说：

> 又案鲁史之有《春秋》也，外为贤者，内为本国，事靡洪纤，动皆

---

① 《疑古》。
② 《疑古》。
③ 《文苑英华》，卷九十二。

隐讳。……然何必《春秋》？在于六经，亦皆如此。故观夫子之刊《书》也，夏桀让汤，武王斩纣，其事甚著，而芟夷不存。观夫子之定《礼》也，隐、闵非命，恶、视不终，而奋笔昌言，云鲁无篡弑。观夫子之删《诗》也，凡诸国风，皆有怨刺，在于鲁国，独无其章。观夫子之《论语》也，君娶于吴，是谓同姓，而司败发问，对以知礼。斯验世人之饰智矜愚，爱憎由己者多矣。①

鲁《春秋》之记其国也，……国家事无大小，苟涉嫌疑，动称耻讳，厚诬来世，奚独多乎！②

刘知幾认为孔子立言以来，后来的许多学者一直盲从，有的"用舍由乎臆说，威福行乎笔端"，有的"每事凭虚，词多乌有"，有的甚至于"或假人之美，借为私惠；或诬人之恶，持报己仇"。对于唐初官修各史，刘知幾也毫不例外地加以批评。他说："皇家修五代史（梁、陈、北齐、后周、隋），馆中坠藁仍存，皆因彼旧事，定为新史。观其朱墨所图，铅黄所拂，犹有可识者，或以实为虚，以非为是"，以致"玉石同尽，真伪难寻"。他批评《周书》"文而不实，雅而无检，真迹甚寡，客气尤烦"，"遂使周氏一代之史多非实录"③。他对于史家的曲笔，痛斥为"作者之丑行，人伦所同疾"，是"记言之奸贼，载笔之凶人，虽肆诸市朝，投畀豺虎可也"。④为什么会产生这种坏传统呢？他以为是由于人们畏忌威权，苟且取荣所致。他说：

语曰："直如弦，死道边；曲如钩，反封侯。"故宁顺从以保吉，不违忤以受害也。⑤

因此，他对于史家无所顾虑的公正"直书"，认为是一种高尚的气节。他这样

---

① 《疑古》。
② 《惑经》。
③ 《杂说中》。
④ 《曲笔》。
⑤ 《直书》。

写道：

> 盖烈士徇名，壮夫重气，宁为兰摧玉折，不作瓦砾长存。若南、董之仗气直书，不避强御；韦、崔之肆情奋笔，无所阿容，虽周身之防有所不足，而遗芳余烈，人到于今称之！①

刘知幾对于前代历史学这样愤慨地贬斥，固然在于借以讽刺唐代社会的封建文化专制主义，但更重要的是他敢于上从古代圣经溯其渊源，下迄汉、唐史书明其流变。他的予夺褒贬皆有创造性的见解，在当时的历史条件下是有积极意义的。至于他把"直书"的根据归结为"务在审实"，离开阶级观点而抽象地强调一般的"公正"，这在实质上是一种客现主义的倾向，它并不能科学地揭示历史的规律性，而往往成为剥削阶级利用来作为掩盖其阶级偏见的幕布，这和历史主义就有着本质的区别。

从上面的论述看来，刘知幾的历史观的积极因素是在于企图澄清历史学中的神学迷雾，使人们用求实的精神去对待历史。他虽然在"晦明莫之测"的神道面前有着某些妥协的论点，但是他的理论中的唯物主义和人文主义思想，无疑是有进步意义的。这些进步思想将永远成为我们民族的精神财富，人类文化的珍宝。

（原载《历史研究》1961年，第二期）

（1964年9号）

---

① 《直书》。

刘知幾与《史通》

杨翼骧

一、刘知幾的生平及著作

刘知幾，字子玄，唐朝徐州彭城（今江苏徐州）人，生于唐高宗龙朔元年（661年），卒于唐玄宗开元九年（721年），享年六十一岁，是我国封建时代杰出的史学家之一。

刘知幾出身于世代官僚并以文词知名的家庭，自幼即对历史发生了兴趣，十七岁时已把《左传》《史记》《汉书》等基本的史籍读完。但他这时因准备科举考试，还不能专心研究历史。

他在二十岁时考中了进士，被任为获嘉（今河南获嘉）县主簿。从这时起，他才对历史进行广博的阅读与深入的研究。据他自述："洎年登弱冠，射策登朝，于是思有余闲，获遂本愿。旅游京洛，颇积岁年，公私借书，恣情披阅。至如一代之史分为数家，其间杂记小书又竞为异说，莫不钻研穿凿，尽其利害。"（《史通·自叙》）可见他对史学兴趣之浓厚与用功之精勤了。

他在读书时一向善于独立思考，时常有精到的心得与卓越的见解，如他自述："自小观书，喜谈名理，其所悟者皆得之襟腑，非由染习。故始在总角，读班、谢两汉，便怪前书不应有《古今人表》，后书宜为更始立纪。当时闻者共责，以为'童子何知，而敢轻议前哲？'于是赧然自失，无辞以对。其后见张衡、范晔集，果以二史为非。其有暗合于古人者，盖不可胜纪。始知流俗之士难与之言，凡有异同，蓄诸方寸。及年过而立，言悟日多。"（《史通·自叙》）从二十岁到三十九岁，他一直在刻苦读书。县主簿是一个九品小官，他在这个职位上一连十九年没有升迁，但在学术研究上却因这一个长时期的不断钻研而有了很大的进展。

他在任获嘉县主簿期间，虽然努力钻研史学，但对当时的政治还是很关心的。他曾于武则天天授二年（691 年）及证圣元年（695 年）两次上书，提出四项政治改革的建议：一是裁撤冗滥的官吏[①]；一是刺史应当久任，非三年以上不可调换[②]；一是不要轻易颁下赦令[③]；一是不要对官吏滥授阶勋[④]。他的这些建议，都切中时弊。但武则天看了他的上书，却只是"嘉其直"而"不能用"（《新唐书·刘子玄传》）。《旧唐书》本传云："是时官爵僭滥，而法网严密；士类竞为趋进，而多陷刑戮。知幾乃著《思慎赋》以刺时，且以见意。"他在《思慎赋》的序文里说要"慎言语，节饮食，知止足，避嫌疑"，以"全父母之发肤，保先人之邱墓"（《文苑英华》卷九十二《人事》三，又见《全唐文》卷二七四）。可见他对当时的政治既怀不满，又怕被卷入统治阶级内部斗争的漩涡，遂即抱着明哲保身的态度以求免祸了。

他在三十九岁时（武则天圣历二年，699 年），由获嘉县调到京城长安任定王府仓曹。仓曹本是掌管一般事务的官，但他却被派去参加《三教珠英》的编纂工作。《三教珠英》是一部关于儒、佛、道三教典故的类书，从这年开始编纂，由麟台监张昌宗领衔，实际担任编纂工作的有李峤、徐彦伯、徐坚、张说、刘知幾等二十六人，经过两年的时间，于长安元年（701 年）成书一千三百卷。

在《三教珠英》编成后，刘知幾于长安二年（702 年）开始担任史官。这时他四十二岁，已有三十年的史学修养，可谓史官的佳选了。他先任著作佐郎，兼修国史。不久又迁为左史，撰起居注。次年，奉命与李峤、朱敬则、徐彦伯、徐坚、吴兢等撰修唐史，成《唐书》八十卷。

长安四年（704 年），他因改任凤阁舍人[⑤]暂停史职。这时他又从事于本家族历史的研究，撰成《刘氏家史》十五卷及《刘氏谱考》三卷[⑥]。次年，武

---

① 原文见《唐会要》卷六十七《试及邪滥官》。
② 原文见《唐会要》卷六十八《刺史上》。
③ 原文见《唐会要》卷一百四十《论赦宥》。
④ 原文见《唐会要》卷八十《阶》。
⑤ 即中书舍人，武则天时改称凤阁舍人。
⑥ 据《唐会要》卷三十六《氏族》。《旧唐书》及《新唐书》本传中叙次均有误，可参阅傅振伦《刘知幾年谱》长安四年条。

则天死、唐中宗即位之后，又任著作郎、太子中允、率更令等官，并兼修国史。在中宗神龙二年（706年），他与徐坚、吴兢等修成了《则天实录》三十卷。景龙二年（708年），又被任命专掌修史之事，并升官为秘书少监。可是不久，他竟然请求辞职。

刘知幾为什么要辞职呢？因为那时的史馆是在当权大臣的控制之下的，他们往往以"监修国史"的头衔来干预修史的工作，刘知幾虽然身任史官，却不能按照自己的见解进行撰著，时常由于与他们的意见不合、自己的主张不能实现而深怀不满。如《新唐书》本传所云："始，子玄修武后实录，有所改正，而唐三思等不听，自以为见用于时而志不遂。"在这种情况下，他感觉"小人道长，纲纪日坏，仕于其间，忽忽不乐"（《史通·忤时》），遂日渐消极，终于写信给监修国史、中书传郎萧至忠等，请求辞去史官的职务。辞去史职之后，他被调为太子中舍人，旋又被任命为修文馆大学士。

当刘知幾担任史官感到抑郁不得意的时候，便发愤从事于个人的著作——《史通》。他说："长安中，会奉诏预修唐史，及今上（中宗）即位，又勅撰则天大圣皇后实录。凡所著述，尝欲行其旧议，而当时同作诸士及监修贵臣，每与其凿枘相违，龃龉难入。故其所载削，皆与俗浮沉，虽自谓依违苟从，然犹大为史官所嫉。嗟乎！虽任当其职而吾道不行，见用于时而美志不遂。郁怏孤愤，无以寄怀。必寝而不言，嘿而无述，又恐殁世之后，谁知予者？故退而私撰《史通》，以见其志。"（《史通·自叙》）及至辞去史职之后，更集中精力来进行撰写并加以整理。到了景龙四年（710年）正当他五十岁的时候，《史通》的著作完成了，这部书汇集了他数十年研究史学的心得，发表了许多精辟卓越的见解，他也颇为自负，说："若《史通》之为书也，盖伤当时载笔之士，其义不纯，思欲辨其指归，殚其体统。夫其书虽以史为主，而余波所及，上穷王道，下掞人伦，总括万殊，包吞千有。自《法言》已降，迄于《文心》而往，固以纳诸胸中，曾不蒂芥者矣。夫其为义也，有与夺焉，有褒贬焉，有鉴诫焉，有讽刺焉。其为贯穿者深矣，其为网罗者密矣，其所商略者远矣，其所发明者多矣。"（《史通·自叙》）他的友人徐坚看过后也非常推崇，说："居史职者，宜置此书于座右。"（《旧唐书·刘子玄传》）同时，由于他在书中"讥评今古"（《新唐书·刘子玄传》），也遭到别人的不满和指责，如他所说："余著《史通》，见者亦互言其短。""盖谈经者恶闻服、杜之嗤，论史者憎言班、马之失，而此书多讥往哲，喜述前非，获罪于时，固其宜矣。"（《史通·自叙》）

在《史通》著成后，他迁官为太子左庶子兼崇文馆学士，加银青光禄大夫，并又担任修史的工作。唐玄宗先天元年（712年），他奉命与柳冲、徐坚等撰《姓族系录》，于次年成书二百卷。唐玄宗开元三年（715年），他又迁官为散骑常侍，仍任修史之事。次年，与吴兢共同删定《则天实录》三十卷、撰修《中宗实录》二十卷及《睿宗实录》二十卷。其后，又与吴兢续修《高宗实录》三十卷，并自撰《睿宗实录》十卷。

开元九年（721年），刘知幾六十一岁。这年他的长子刘贶任太乐令，因犯罪被流放边城。他上诉辩理，竟触唐玄宗之怒，被贬为安州都督府别驾。他怀着愤懑抑郁的心情，经过长途跋涉，到了安州（今湖北安陆）之后，不久就死去了。

刘知幾有六个儿子，其中三人也擅长史学。长子刘贶曾任起居郎、修国史，著《六经外传》三十七卷、《续说苑》十卷等书。次子刘餗曾任右补阙集贤殿学士、修国史，著《史例》三卷、《传记》三卷、《国朝旧事》四十卷、《隋唐嘉话》一卷等书。四子刘秩曾任国子祭酒，著《政典》三十五卷，为我国最早的一部典章制度通史。后来杜佑著《通典》，即系根据刘秩的《政典》增加条目、扩充内容而成。

总观刘知幾的一生，致力于历史的学习与研究有五十年，担任史官从事修史的工作近二十年[①]，可谓与史学有深厚密切的关系。他的著作，除上面已述及者外，尚有《刘子玄集》三十卷，当系后人编集其诗、赋、文章而成。但其著作已大多亡佚，我们现在所能看到的，除《史通》一书外，只有几篇文章、三篇赋和一首诗了，兹分列于下[②]：

---

① 刘知幾自四十二岁起为史官，到六十一岁逝世，担任史职不过二十年。而《旧唐书》本传云："子玄掌知国史首尾二十余年。"《新唐书》本传云："子玄领国史且三十年。"均虚益年数，不符事实。

② 《旧唐书》本传及《唐会要》卷六十三载有刘氏答礼部尚书郑惟忠所问关于"史才"之语，《全唐文》卷二七四曾收录之，今以系口头问答，不应目为著作，故不包括在内。又刘氏致中书侍郎萧至忠等请求辞职的信，因已具录于《史通·忤时》篇中，亦不另列。

论时政得失的表文——即《旧唐书》本传所称"知幾上表陈四事"。分别载于《唐会要》卷四十、卷六十七、卷六十八及卷八十一，又载《全唐文》卷二七四。

《思慎赋（并序）》《韦弦赋》《京兆试慎所好赋》——这三篇赋均载《文苑英华》卷九十二《人事门》三，《全唐文》卷二七四。

《衣冠乘马议》——载《旧唐书》本传，又载《唐文粹》卷四十（名《朝服乘车议》），《文苑英华》卷七六六，《全唐文》卷二七四。

《昭成皇太后哀册文》——《文苑英华》卷八三七，《全唐文》卷二七四。

《孝经老子注易传议》——载《唐会要》卷七十七，《文苑英华》卷七六六，《全唐文》卷二七四。

《重论孝经老子注议》——载《全唐文》卷二七四。

《仪坤庙乐章》——载《全唐诗》卷九十四。

二、《史通》的内容

《史通》二十卷为刘知幾的代表作，分内篇、外篇两部分，各十卷。前有《序录》，为刘氏撰成全书时写的小序。内篇有三十九篇，外篇有十三篇，共五十二篇。但内篇中的《体统》《纰缪》《弛张》三篇早已亡佚，流传下来的只有四十九篇[①]。在这四十九篇中，所包括的内容颇为丰富，而且其间相互牵涉关联之处很多，难以清晰地划分各篇所论述的范围，仅能大体上分类介绍其主要论点如下。

（一）叙述历代史书的著作情况并分析其源流、体例、类别的，有《古今正史》《六家》《二体》《杂述》四篇。

刘氏将唐代以前的历史著作分为正史与杂史两大类。在正史中，按其著作的源流分为六家——尚书家、春秋家、左传家、国语家、史记家、汉书家；按其主要的体例分为二体——编年体、纪传体。在杂史中，按其内容分为

---

① 《新唐书》本传云："著《史通》内外四十九篇。"知三篇在北宋修《新唐书》时即已失传。

十种，即偏记、小录、逸事、琐言、郡书、家史、别传、杂记、地理书、都邑簿。

刘氏对史书分类的方法，与封建时代一般的典籍分类方法比较起来，有几个重要的特点：（1）对于《尚书》《春秋》《左传》三书，除《汉书·艺文志》中以《春秋》《左传》与其他史书同列为"春秋家"外，一般都列为经部；而刘氏则将三书纳入史部。（2）对于纪传史与编年史，除刘氏以前的阮孝绪《七录》以二者并列为"国史部"、以后的《明史·艺文志》以二者并列为"正史类"外，一般都专以纪传史列为"正史类"，将编年史另列一类（称"编年类"或"古史类"）；而刘氏则以二者均为正史。（3）对于起居注、职官、仪注、刑法等类典籍，一般都列入史部；而刘氏则未列为历史著作，盖仅视为资料而已。

（二）论述历代史官建置的沿革、史官的才具及人选、官修史的弊病的，有《史官建置》《核才》《辨职》《忤时》四篇。

刘氏从封建史家的立场出发，肯定了设官修史的重要，他说："苟史官不绝，竹帛长存，……用史后之学者坐披囊箧而神交万古，不出户庭而穷览千载，见贤而思齐，见不贤而内自省。若乃《春秋》成而逆子惧，南史至而贼臣书，其记事载言也则如彼，其劝善惩恶也又如此。由斯而言，则史之为用，其利甚博，乃生人之急务，为国家之要道。有国有家者，其可缺之哉！"（《史官建置》）至于史官的作用，刘氏认为可以分为三种："彰善贬恶，不避强御，若晋之董狐、齐之南史，此其上也；编次勒成，郁为不朽，若鲁之丘明，汉之子长，此其次也；高才博学，名重一时，若周之史佚、楚之倚相，此其下也。"（《辨职》）史官既然担负着如此巨大的任务，对其人选自当异常慎重，"苟非其才，则不可叨居史任"（《核才》）。然而，在刘氏看来，历代的史官能以称职胜任者却不多，尤其自汉魏以降，史官"多窃虚号，有声无实"（《史官建置》），"或当官卒岁，竟无刊述"；"或辄不自揆，轻弄笔端"；以致史馆成为"素餐之窟宅，尸禄之渊薮"（《辨职》），这就完全乖违设官修史的意义了。

刘氏长期担任史官的职务，对于唐代官修史的弊病更是洞识深晓。在《忤时》篇里具录了他于景龙二年（708年）请求辞职的信，信里揭露了官修史的五个主要弊病：一是史官众多，互相观望。他说："人自以为荀、袁家自称为政、骏，每欲记一事，载一言，皆阁笔相视，含毫不断。故头白可期，汗青无日。"二是史料缺乏，难以编撰。他说："前汉郡国计书，先上太史，副上丞相；后汉公卿所撰，始集公府，乃上兰台。由是史官所修，载事为博。爰自近古，此道不行，史官编录，唯自询采。而左右二史阙注起居，衣冠百家罕通行状。求风俗于州郡，视听不该；讨沿革于台阁，簿籍难见。"三是权贵干涉，不敢直书。他说："今馆中作者，多士如林，皆愿长喙，无闻齰舌。倘有五始初成，一字加贬，言未绝口而朝野具知，笔未栖毫而缙绅咸诵。夫孙盛实录，取嫉权门；王劭直书，见雠贵族。人之情也，能无畏乎？"四是监修牵掣，无从下笔。他说："史官注记，多取禀监修，杨令公则云'必须直词'，宗尚书则云'宜多隐恶'。十羊九牧，其令难行；一国三公，适从何在？"五是缺乏制度，职责不明。他说："如创纪编年则年有断限，草传叙事则事有丰约，或可略而不略，或应书而不书，此刊削之务也；属词比事，劳逸宜均，挥铅奋墨，勤惰须等，某袠某篇付之此职，某传某志归之彼官，此铨配之理也。斯并宜明立科条，审定区域。倘人思自勉，则书可立成。今监之者既不相授，修之者又无遵奉，用使争学苟且，务相推避，坐变炎凉，徒延岁月。"在这些弊病之下，怎能完成修史的任务？又怎能不使像刘氏这样忠于史学的人义愤填膺呢？

（二）评论纪传史与编年史的体例、内容及编纂方法的，有《本纪》《世家》《列传》《表历》《书志》《论赞》《序传》《序例》《断限》《编次》《题目》《称谓》《载言》《载文》《书事》《烦省》十六篇。

这一类在全书中占最大的篇幅，而在这十六篇中，又以论纪传史的居多。刘氏的评论牵涉很广，意见繁多，而且体例、内容及编纂方法三方面又互相联系，不易区分，故难以一一叙述，仅能撮其要略而已。

在体例方面，刘氏认为体例必须谨严，并与内容要名实相符。以编年体与纪传体比较来说，纪传体更须特别注意。因为纪传体包括几个部分，每一部分有其各自的要求，如不遵守体例的规定，很容易参错混乱。如他在评论本纪与列传的区别时说："纪者，既以编年为主，唯叙天子一人，有大事可书者则见之于年月，其书事委曲付之列传，此其义也。如近代述者魏著作（魏彦渊）、李安平（李百药）之徒，其撰魏（《后魏书》）、齐（《北齐书》）二史，于诸帝篇或杂载臣下，或兼言他事，巨细毕书，洪纤备录，全为传体，有异纪文，迷而不悟，无乃太甚！"（《本纪》）以通史与断代史比较来说，断代史更须特别注意。因为断代史与前后相连，如不明其上下时限，也容易参错混乱。如他在评论陈寿《三国志》的断限问题时说："当魏武乘时拨乱，电扫群雄，锋镝之所交，网罗之所及者，盖唯二袁、刘、吕而已。若进鸩行弑，燃脐就戮，总关王室，不涉霸图，而陈寿《国志》引居传首。夫汉之董卓，犹秦之赵高，昔车令之诛既不列于汉史，何太师之毙遂独刊于魏书乎？兼复藏洪、陶谦、刘虞、孙瓒生于季末，自相吞噬，其于曹氏也，非唯理异犬牙，固亦事同风马。汉典所具而魏册仍编，岂非流宕忘归，迷而不悟者也！"（《断限》）

在内容方面，刘氏认为史书并不是记载社会历史的一切现象，而只应记载重要的、有用的事迹。其范围如何规定呢？他主张应根据《汉纪》作者荀悦所说的"五志"，再加上他所补充的"三科"。《书事》篇说："昔荀悦有云：立典有五志焉，一曰达道义，二曰彰法式，三曰通古今，四曰著功勋，五曰表贤能。干宝之释五志也：体国经野之言则书之，用兵征伐之权则书之，忠臣烈士孝子贞妇之节则书之，文诰专对之辞则书之，才力技艺殊异则书之。于是采二家之所议，征五志之所取……更广以三科，用增前目：一曰叙沿革，二曰明罪恶，三曰旌怪异。何者？礼仪用舍、节文升降则书之，君臣邪僻、国家丧乱则书之，幽明感应、祸福萌兆则书之。于是以此三科，参诸五志，则史氏所载，庶几无阙。"史书的内容若是越出"五志""三科"的范围，那就是他所时常讥刺的烦芜之作了。此外，他对于纪传体史书的内容还有一些具体的意见，如认为天文星象常是千古不变的，无需代代撰《天文志》；断代史中的《艺文志》只应著录当代的典籍，不必仰包前代，以免重复；一些无关人事的所谓灾异祥瑞现象，不应载入《五行志》；又如主张增加《都邑志》，以记载京城的地理形势、建筑规模、宫阙制度、朝廷轨仪等；增加《方物志》，以记载中国内外各方的特产异物；增加《氏族志》，以记载历代帝王公卿及世家大族的宗支世系。

在编纂方法方面，刘氏认为首先要叙次明晰严整，不能驳杂凌乱。就这一点来讲，纪传体往往是不如编年体的。他说："昔《尚书》记言，《春秋》记事,以日月为远近,年世为前后,用使阅之者雁行鱼贯,皎然可寻。至马迁始错综成篇,区分类聚。班固踵武,仍加祖述于其间,则有统体不一,名目相违,朱紫以之混淆,冠履于焉颠倒,盖可得而言者矣。"(《编次》)再者,取材要烦省适当,详略得宜。他认为一部历史著作的价值高低,不决定于文字分量的多少,而在于内容质量是否合乎客观的要求。不能说写得越多越详细就好,也不能说写得越少越简略就好。必须要烦、省和详、略处理得当才好。所以他说:"夫论史之烦省者,但当要其事有妄载,苦于榛芜;言有阙书,伤于简略,斯则可矣。必量世事之厚薄,限篇第以多少,理则不然!"(《烦省》)又说:"夫记事之体,欲简而且详,疏而不漏。若烦则尽取,省则多捐,此乃忘折中之宜,失均平之理,惟夫博雅君子知其利害者焉。"(《书事》)

(四)论史料的搜集与选择的,有《采撰》一篇。

从事历史编纂工作之前,必须广博地搜集史料,在这个基础上,才能写出有价值的作品。刘氏在《采撰》篇中首先明确肯定了这一点,说:"盖珍裘以众腋成温,广厦以群材合构。自古探穴藏山之士,怀铅握椠之客,何尝不征求异说,采摭群言,然后能成一家,传诸不朽!观夫丘明受经立传,广包诸国,盖当时有《周志》《晋乘》《郑书》《楚杌》等篇,遂乃聚而编之,混成一录。向使专凭鲁策,独询孔氏,何以能殚见洽闻若斯之博也?"然而,广博地搜集了史料,并没有完成史料工作的任务,更重要的还在于对所搜集的史料进行慎重的选择,细致的鉴别。所以刘氏在《采撰》篇中又指出史料的性质和来源不一,如"或恢谐小辩,或神鬼怪物";或"务欲矜其州里,夸其氏族";或"得之于行路,传之于众口",往往是"讹言难信,传闻多失"。对于类似这样的材料,"苟不别加研核,何以详其是非?"如果"务多为美,聚博为功,虽取说(悦)于小人,终见嗤于君子矣"。不过,这个道理虽然容易理解,但这种鉴别与选择的能力并非人人都能掌握的,如他在《杂说中》篇里所说:"夫学未该博,鉴非详正,凡所修撰,多聚异闻,其为踳驳,难以觉悟。"因此,一个从事历史著作的人,不断加深自己的学识修养,提高鉴别与选择史料的能力,就是非常必要的了。

(五)评论叙述方法和写作技巧的,有《叙事》、《浮词》、《摸拟》、《言语》、《因习上》(一作《因习》)、《因习下》(一作《邑里》)六篇。

在这一类的文章里,刘氏所论非常细致,有些问题谈得也相当深刻,其中最重要的论点有以下几个:

1. 要讲求叙事的方法和技巧。

刘氏认为叙事是撰写历史的主要任务,在《叙事》篇里详细谈论了有关这方面的问题。他主张叙事以简要为尚,说:"夫国史之美者,以叙事为工;而叙事之工者,以简要为主。简之时义大矣哉!"什么是简要呢?就是用最少的文字叙述最多的事实,所谓"文约而事丰,此述作之尤美者也"。不但简练文字,还要进一步提高叙事的技巧,这种技巧他称为"用晦"。他解释说:"章句之言,有显有晦,显也者,繁词缛说,理尽于篇中;晦也者,省字约文,事溢于句外。然则晦之将显,优劣不同,较可知矣。夫能略小存大,举重明轻,一言而巨细咸该,片语而洪纤靡漏,此皆用晦之道也。"

2. 不要妄事雕饰文彩而掩没史实。

自魏晋以来,有些作者受了文学中骈体文的影响,刻意讲究词藻的雕饰,甚而掩没了史实的叙述。刘氏在《叙事》篇中指责这种作风说:"作者芜音累句,云蒸泉涌。其为文也,大抵编字不只,捶句皆双,修短取均,奇偶相配。故应以一言蔽之者辄足为二言,应以三句成文者必分为四句,弥漫重沓,不知所裁。""或虚加练饰,轻重雕彩;或体兼赋颂,词类俳优。文非文,史非史。"这种作风也就必然违反了叙事简要的原则,而陷于繁芜累赘,如刘氏在《浮词》篇中所说:"夫人有一言,而史辞再三,良以好发芜音,不求诡理,而言之反复,观者惑焉!"这对于历史著作的质量有严重的损害,即在今天我们仍是应当引以为戒的。

3. 不要只在形式上机械地模拟古人的笔法。

历史著作有其发展的传统,后人修史往往模拟前代的名著,这也是容易理解的事,如刘氏所说:"夫述者相效,自古而然。……况史臣注记,其言浩博,若不仰范前哲,何以贻厥将来?"(《摸拟》)然而,模拟古人的笔法旨在吸取其优点而提高自己著作的质量,不能为模拟而模拟。在《摸拟》篇里详细讨论了这个问题。根据刘氏的归纳，模拟古人的笔法可分为两种：一曰貌同而心异，一曰貌异而心同。前者是机械地模拟古人而不能吸取其长处。刘氏对此提出批评说："世之述者锐志于奇，喜编次古文，撰叙今事，而巍然自谓五经再生，三史重出，多见其无识者矣！"后者是善于吸取古人的长处运用于自己的著作。刘氏称许说："其所拟者非如图画之写真，镕铸之象物，以此而似彼；其所以为似者，取其道术相会，义理相同，若斯而已。"

4. 记述言语要用当时的口语和方言。

撰写历史时不免要记述人物的言语，但如何用文字来表达言语呢？在刘氏以前，刘宋人裴松之曾提出意见说："凡记言之体，当使若出其口。辞胜而违实，固君子所不取；况复不胜，而徒长虚妄哉？"（《三国志·魏志·陈群传附陈泰传注》）刘氏在《言语》篇中又根据裴氏的意见进一步详细讨论了这个问题。他也主张"记其当世口语"应当"从实而书"，使"方言世语，由此毕彰"。这不但能反映历史的实际情况，而且也可从历代言语的变化中，"足以验氓俗之递改，知岁时之不同"。然而，有些作者却喜欢袭用古人的词句来记述后世的言语，"妄益文采，虚加风物，援引诗书，宪章史、汉"。他责备这些作者"通无远识"，若都像这样来撰写历史，那就必然抹煞了人物言语中所表现的历史的变化和发展，使读者产生古今如一的错误感觉，所以他又说："夫天地长久，风俗无恒，后之视今，亦犹今之视昔，而作者皆怯书今语，勇效昔言，不其惑乎！苟记言则约附五经，载语则依凭三史，是春秋之俗，战国之风，亘两仪而并存，经千载其如一，奚以今来古往、质文之屡变者哉？"

（六）论对历史人物的记载和品评的，有《人物》《品藻》二篇。

在史书中一定要记载人物，但历史人物繁多，不能而且无需尽载，必须有所选择。那末，什么样的人物可写而什么样的可不写呢？刘氏在《人物》篇中谈论了这个问题。他认为，记载人物应以其是否在社会历史上起了重要作用为准则，而重要作用又包括善与恶两方面，凡是"其恶可以诫世，其善可以示后"的人物，都"不可阙书"。至于在社会历史上没有起什么作用与作用很微小的善人和恶人，"阙之不足为少，书之唯益其累"，就毋庸记载了。

刘氏又谈到历史家不仅应该善于记载人物，还要善于品评人物，指出他们在历史上的地位与作用，以便于后世读者的了解。《品藻》篇里说："夫能申藻镜，区别流品，使小人、君子臭味得朋，上智、中庸等差有叙，则惩恶劝善，永肃将来，激浊扬清，郁为不朽者矣。"但是，有些作者虽然记载了人物，却不能区分善恶，予以品评，"用使兰艾相杂，朱紫不分"；也有些作者虽然品评而不得其当，甚至"是非瞀乱，善恶纷挐"。刘氏认为这都没有尽到撰写历史的责任。

（七）论历史家的品质及著作态度的，有《直书》《曲笔》二篇。

刘氏认为撰写历史是关系于千古后世的庄严任务，"记功司过，彰善瘅恶，得失一朝，荣辱千载"（《曲笔》）。历史家应当认真求实地记载史事。在过去的历史家中，有的能够忠实于自己的任务，写出了"实录"；但更多的是抹煞，歪曲或捏造了事实。刘氏对这两种不同的情况作了深入的分析与严正的评论。

在《直书》篇里，刘氏特别赞扬了那些为了记载真实的历史而不惜牺牲自己生命的人，"若齐史之书崔弑，马迁之述汉非，韦昭仗正于吴朝，崔浩犯讳于魏国"，"或身膏斧钺"，"或书填坑窖"。他们为什么会有这样强烈不屈的表现呢？刘氏认为是由于他们的品质高尚，态度正直。"盖烈士徇名，壮夫重气，宁为兰摧玉折，不作瓦砾长存。所以敢于仗气直书，不避强御"，能以"肆情奋笔，无所阿容"。他们虽然遭受了统治者的残酷迫害，但其"遗芳余烈"，终博得后世的景仰与钦敬，成为良史实录的典型。若与"王沈《魏书》，假回邪以窃位！董统《燕史》，持谄媚以偷荣"之类的相比，真不啻霄壤之别了。

在《曲笔》篇里，刘氏特别批评了任意歪曲事实，颠倒是非的人，说他们"舞词弄札，饰非文过"，或"高自标举"、"曲加排抑"，或"曲笔阿时"、"谀言媚主"，于是"用舍由乎臆说，威福行于笔端"。这样品质恶劣、态度邪曲的作者所表现的"丑行"，实"人伦所同疾"。至于对那些尤为恶劣的，如"或假人之美，藉为私惠；或诬人之恶，持报己仇"，刘氏更以无比的愤怒声讨痛斥，说："此又记言之奸贼，载笔之凶人，虽肆诸市朝，投畀豺虎可也！"

（八）论史书的注文的，有《补注》一篇。

刘氏将过去的史书的注文分为两大类，一类是解释文字的；一类是补充事迹的。而补充事迹的又可分为两种，一种是在自己著作中所加的"细书"或"子注"，一种是对前人著作的补注。但刘氏对于这些注文是不重视的，他认为:"大抵撰史加注者,或因人成事,或自我作故,记录无限,规检不存,难以成一家之格言、千载之楷则。"就是说,为史书作注,不能成为自具体例的著作。若以这两类的注文相比,刘氏则较推许解释文字的注,以为这一类"以训诂为主",能"开异后学,发明先义",是注家的正体。对于补充事迹的注,刘氏几乎完全否定,认为注自己的著作是"虽志存该博,而才阙伦叙。除烦则意有所吝,毕载则言有所妨,遂乃定彼榛楛,列为子注",往往之于"琐杂"和"鄙碎"。注前人的著作是"好事之子思广异闻,而才短力微不能自达,庶凭骥尾千里群绝,遂乃掇众史之异辞,补前书之所阙"。其结果或是"喜聚异同,不加刊定,恣其击难,坐长烦芜";或是将零言片语"采摘成注,标为异说,有昏耳目,难为披览";或是捃拾前人所捐弃的材料,"言尽非要,事皆不急";或是"留情于委巷小说,锐思于流俗短书,可谓劳而无功,费而无当"。刘氏的这种论点,是由于把史注与其他历史著作一样看待,要求它也有一定的体例和系统的内容;而忽略了它本身的特点,及其增广史料以留益后人的作用。这种看法自然是很片面的。

(九)论评论史书时应注意的问题的,有《鉴识》《探赜》二篇。

刘氏在许多篇中都屡次阐明只有丰富的知识而没有鉴定是非善恶、批判利害得失的能力,还是没有多大用处的。如何提高鉴别、批判的能力,从而得出正确的结论呢?在《鉴识》《探赜》二篇里讨论了这个问题。

《鉴识》篇说:"夫人识有通塞,神有晦明,毁誉以之不同,爱憎由之各异。盖三王之受谤也,值鲁连而获申;五霸之擅名也,逢孔宣而见诋。斯则物有恒准,而鉴无定识,欲求铨核得中,其唯千载一遇乎?识史传为文渊浩广博,学者苟不能探赜索隐,致远钩深,乌足以辨其利害,明其善恶?"在这里,刘氏认为,辨识事物本有一定的准则,而每人对事物的看法往往不同;若要求对事物的看法合适,必须对事物有精到的研究,并不是轻而易举的事。至于评论史书更是如此。因为史书的内容丰富,事理复杂,若不精研深思,就很难予以正确的评价。

刘氏又进一步指出,对前人著作在精研深思的时候,必须注意不要歪曲作者的原意,切忌以主观片面的想法妄加推断。《探赜》篇说:"夫前哲所作,后来是观,苟失其指归,则难以传授。而或有妄生穿凿,轻究本源,是乖作者之深旨，误生人之后学，其为谬也不亦甚乎？"他列举了许多例子，证明有人在评论史书的时候，"或出自胸怀，枉申探赜；或妄加向背，輙有异同"。结果歪曲了古人的意旨，得出了错误的结论，因而不能切实地判断其得失。然而一些没有鉴别、批判能力的人却认为其说新奇，随声附和，以致讹误相传，那就为害匪浅了。

（十）专论某些著作的优劣并杂评某些具体记载的得失的，有《疑古》《惑经》《申左》《杂说上》《杂说中》《杂说下》《暗惑》《汉书五行志错误》《五行志杂驳》九篇。

这一类的文章中，最重要的是在《疑古》《惑经》二篇指责了孔子著作中的错误和缺点。孔子在封建社会中为统治阶级极力推崇，占有至高无上的学术地位，他的著作被奉为经典，一般人是不敢有所怀疑，更不敢提出批评的。而刘氏则在《疑古》篇对《尚书》《论语》二书的记叙提出十条批评，在《惑经》篇对《春秋》一书的记载提出十二条批评，其中最尖锐的如说："夫子之修《春秋》，旨遵彼乖僻，习其讹谬，凡所编次，不加刊改。"又如说："《春秋》记他国之事，必凭来者之辞，而来者所言，多非其实。……遂使真伪莫分，是非相乱。"并在批评了孔子之后，又指责了左丘明、孟子、司马迁、班固对孔子的"虚美"五处，也是一般人所不敢发的评论。

在《申左》篇中，评论所谓"《春秋》三传"的优劣，刘氏认为："左氏之义有三长，而二传之义有五短。"其主要意旨在于表扬《左传》而贬抑《公羊传》和《穀梁传》。

在《杂说》上、中、下三篇及《暗惑》篇里，杂评诸书中某些具体记载的得失若干条，并附带发表了许多关于史书的体例、内容、编纂方法以及读史、评史等方面的意见。

《汉书五行志错误》篇专评班固所著《汉书·五行志》的缺点，分为四"科"（类），共包括二十"流"（目）。《五行志杂驳》篇专评关于春秋时代五行的记载的得失。

（十一）删改某些史书中的烦文的，有《点烦》一篇。

这一篇本系于具录各书原文之后，用朱粉雌黄等色笔点去烦文或加以侧注的，篇首云："钞自古史传文有烦者，皆以笔点其上，（原注：'其点用朱粉雌黄并得。') 凡字经点者，尽宜去之；如其间有文句亏缺者，细书侧注于其右，（原注：'其侧书亦用朱粉雌黄等。如正行用粉，则侧注者用朱黄，以此为别。'）或回易数字，或加足片言。"但因刊版时将所点、注者脱失，后人已不能见其本来面目了。[①]

（十二）自述学习和研究历史的经过及撰著《史通》的动机、意旨和感想的，有《自叙》一篇。

这一篇不仅使我们知道刘氏治学及著作的情况，而且还了解到他的为人和抱负。他有高深的史学修养与精辟独到的识见，但在当时却落落寡合，知己不多；他本来有一个伟大的计划，想把过去的纪传体史书重加修改，但因恐怕"致惊愚俗，取咎时人，徒有其劳而莫之见赏"，以致未能实现；他想把本朝的历史写好，但因受到监修大臣的干阻而不能如意。在这些因素之下，他发愤写出了《史通》，阐明撰著历史的准则，以供后世的取法。但是，他又惟恐此书不得流传，以致"与粪土同捐，烟烬俱灭，后之识者无得而观"。因而"抚卷涟洏，泪尽而继之以血"。可见他对于史学是如何忠心热情，而在当时封建统治下又是如何不能充分发挥其才能与作用了。

三、《史通》在撰著上的几个优点

《史通》是一部评论史学的专著，所评论的中心在于历史编纂学。刘知幾撰为此书，在史学史上可说是独树一帜的创作，对后来的研究和编纂工作大有裨益。直到现在，这部在一千二百五十多年前写成的《史通》仍为我们所重视，认为是我国宝贵的史学遗产。其所以如此，大概由于在撰著上具有以下几个比较突出的方面。

一是评论有据。

《史通》在评论任何有关史学的问题时，都举出具体事例作为其论点的根

[①] 吕思勉著《史通评》，曾试以己意揣测刘氏原作，为之点烦，可以阅。

据，而不是徒托空言。随便举两个例，如在《因习上》篇里评论因袭前人著作而不知变通的弊病时说："《史记·陈涉世家》称其子孙'至今血食'，《汉书》复有《涉传》，乃具载迁文。案迁之言'今'，实孝武之世也；固之言'今'，当孝明之世也。事出百年，语同一理。即如是，岂陈氏苗裔祚流东京者乎？斯必不然。《汉书》又云：'严君平既卒，蜀人至今称之。'皇甫谧全录斯语载于《高士传》。夫孟坚、士安年代悬隔，'至今'之说，岂可同云？夫班之习马，其非既如彼；谧之承固，其失又如此。迷而不悟，奚其甚乎？"又如在《摸拟》篇里评论只在形式上机械地模拟古人著作的弊病时说："当春秋之世，列国甚多，每书他邦，皆显其号；至于鲁国，直云'我'而已。如金行握纪，海内大同，君靡客主之殊，臣无彼此之异，而干宝撰《晋纪》，至天子之葬，必云葬'我'某皇帝。且无二君，何'我'之有？以此而拟《春秋》，又所谓貌同而心异也。"这样的评论，就能使读者感到切实生动，很有说服力。虽然在所举的事例中有些是不恰当或是错误的，如把李延寿的《南史》和《北史》列为通史一类的著作，以《科录》为元晖业所撰(《六家》)等，但为数不多，不足为全书之累。

二是兼指得失。

《史通》一书中对于历代史籍与史家的评论，能以比较客观的态度，既指出其优点，也指出其缺点，不凭主观的爱憎任意褒贬。如对于史籍的体例及内容的评论，在《二体》篇中将纪年史与纪传史的长处与短处都分别说明，并加以"考兹胜负，互有得失"的结语；在《杂述》篇中将偏记、小录等十种杂史的优点与缺点都分别说明，并加以"得失纷糅，善恶相兼"的结语。对于史家及其著作的评论，都分别指出其得失利病。如对孔子的《春秋》，在《六家》篇中至为推崇，但在《惑经》篇中则指出其缺点十二条。又如对左丘明的《左传》，在许多篇中都对之倍加赞扬，但在《杂说上》篇中则数次予以批评。至对司马迁的《史记》、班固的《汉书》、陈寿的《三国志》、范晔的《后汉书》以及其他的著作，在《史通》一书中也都根据实际情况分别评论其优劣，兼指其得失，没有怀抱成见和感情用事而作片面的赞扬或贬抑。

过去往往有人鉴于在《六家》篇中论"史记家"时仅言其缺点，而对

"汉书家"时则仅言其优点，遂认为刘知幾故意"尊班而抑马"（郑樵《通志总叙》），故"诃马迁而没其长"（郭延年《史通评释序》），这都是误解。因为此处所论，主要在于比较二家（即纪传体的通史、断代史）著作的难易，他的原意是认为通史所包括的"疆域辽阔，年月遐长"，难以写得好，故云"劳而无功，述者所宜深诫也"。而断代史"包举一代，撰成一书"，容易写得好，故云"学者寻讨，易为其功"。并非对司马迁、班固二人的总评价。实际上，在《史通》中虽指责了司马迁不少的缺点，但并没有"抑"而"没其长"，他的地位还是在班固之上的。如《二体》篇云："既而丘明传《春秋》，子长著《史记》，载笔之体于斯备矣。……盖荀悦、张璠，丘明之党也。班固、华峤，子长之流也。"《杂说下》篇云："盖左丘明、司马迁，君子之史也。"在《辨职》篇也以"鲁之丘明，汉之子长"为史家"编次勒成，郁为不朽"的典型。大家都知道刘知幾是最推崇左丘明的，而屡次以司马迁与左丘明相提并列，岂有贬抑之意？何况在《二体》篇里还驳斥了干宝"盛誉丘明而深抑子长"的错误呢？至于班固，虽然在《史通》中受到了不少的赞扬，但被指责的缺点却比司马迁更多，除散见于各篇（如《载言》《表历》《志书》《论赞》《题目》《断限》《编次》《因习上》《浮词》《叙事》《品藻》《曲笔》《人物》《序传》《杂说上》《杂说下》）者外，且有《汉书五行志错误》专论其谬，可见刘知幾也绝非偏袒班固。又何况在《曲笔》篇里更据"班固受金而始书"的传闻，而责其"假人之美，借为私惠"，甚至痛斥为"记言之奸贼，载笔之凶人"呢？

在刘知幾以前，一般人对于宋孝王的《关东风俗传》与王劭的《齐志》是不重视的，而且王劭的著作曾深受唐朝史臣的讥斥（见《隋书·王劭传》）。但是在《史通》中则对宋、王二人的优点屡加表彰。如《言语》篇称二人"抗词正笔，务存直道。方言世语，由此毕彰。"《直书》篇称二人"叙述当时，亦务在审实。案于时河朔王公，箕裘未陨；邺城将相，薪构仍存。而二子书其所讳，曾无惮色。刚亦不吐，其斯人欤！"而对王劭更为赞扬（见于《论赞》《载文》《叙事》《曲笔》《摸拟》《杂说中》《杂说下》《忤时》等篇），尤以在《杂说中》篇，不但称许其叙事可与《左传》比美，而且极力赞叹说："劭之所录，其为弘益多矣！足以开后进之蒙蔽，广来者之耳目，微君懋，吾几面墙于近事矣！"因此，后人乃认为刘知幾感情用事，偏爱宋、王，讥以"爱王劭而忘其佞"（郭延年《史通评释序》）。实际上，在《史通》里仍然是指责其缺点的，如在《杂说下》篇云："宋孝王、王劭之徒，其所记也，喜论人帷薄不修，言貌鄙事，讦以为直，吾无取焉。"在《补注》篇又责其所撰的子注失之于鄙碎，系"言殊拣金，事比鸡肋"之类。可见刘氏对于宋孝王与王劭也是就事实立论，而不是任意翻案，故作片面的褒奖。

刘知幾曾经指出，史家记人载事应当"爱而知其丑，憎而知其善。善恶必书，斯为实录"（《惑经》）。他也把这个原则运用于对史家与史籍的论述，进行比较全面的分析，兼指其得失长短，因而也就能有助于读者增进对历史著作的了解。

三是批评尖锐。

在《史通》一书中，对前人著作进行了不但是广泛的而且是尖锐的批评，封建时代已有很多学者谈到，如宋祁说他"工诃古人"（《新唐书·刘子玄传赞》）；黄叔琳称其"舌长而笔辣"（《史通训故补序》）。我们现在读它的时候，也很容易发现这一点。

《史通》尖锐的批评，不但施之于一般的作者，即使被尊奉为"圣人"的孔子，被称誉为"良史"的司马迁、班固、陈寿、范晔，以及其他著名的史家，也都不能逃免。如在《疑古》篇里批评孔子"刊书"、"定礼"、"删诗"、"论语"的时候说："斯验圣人之饰智矜愚、爱憎由己者多矣！"在《惑经》篇批评孔子所修《春秋》记载他国事迹的错误时，一则说"用使巨细不均，繁者失中"，再则说"遂使真伪莫分，是非相乱"。像这样对孔子的批评，在封建时代所谓正统派的儒者看来，简直是"非圣无法，大逆不道"了，所以清朝官撰的《四库全书总目》说："《疑古》《惑经》诸篇，世所共诟，不待言矣。"（史部史评类《史通》提要）又如在《本纪》与《世家》两篇中批评司马迁自乱体例，说他虽然创立了纪传体，但"区域既定而疆理不分"，"自我作故而名实无准"。在《品藻》篇批评班固《汉书·古今人表》品评人物不当，说他是"是非瞀乱，善恶纷拏"。在《论赞》篇批评班固、陈寿、范晔、魏收等四人"与夺乖宜，是非失中"。在《杂说中》篇批评臧荣绪《晋书》记述错误，说："夫识事未精而轻为著述，此其不知量也！"在《杂说下》篇批评沈约，说："夫故立异端，喜造奇说，汉有刘向，晋有葛洪，近者沈约又其甚也！"在《浮词》篇批评魏收、牛弘、李百药、令狐德棻，说："鉴裁非远，智识不周，而轻弄笔端，肆情高下。"而且，除了个人著作之外，即对于唐初官修的《晋书》，刘氏也一样予以严厉的责斥，并不因本朝大臣之作而有所忌惮，如在《杂说中》篇说："以此书事，奚其厚颜！""为传如此，复何所取者哉？"

刘氏最痛恨的，是那些故意歪曲事实的作者，因而对他们的批评也最尖锐。在《曲笔》篇里有一段话说："其有舞词弄札，饰非文过，若王隐、虞预，毁辱相凌；子野（裴子野）、休文（沈约），释纷相谢。用舍由乎臆说，威福行乎笔端，斯乃作者之丑行，人伦所同疾也。亦有事每凭虚，词多乌有，或假人之美借为私惠，或诬人之恶持报己雠。若王沈魏录，滥述贬甄之诏；陆机晋史，虚张拒葛之锋；班固受金而始书，陈寿借米而方传，此又记言之奸贼，载笔之凶人，虽肆诸市朝，投畀豺虎可也！"这些被批评的都是著名的史家，足见刘氏的笔锋是对任何人的过失也绝不宽恕的。

《史通》对前人著作的尖锐批评，虽然有的不见得恰当，在文词上也有不少过激之处，但主要是表现了对史家的严格要求，无情地揭发了著作中的不良现象，对于提高后世著作的质量，促进史学的发展有积极的作用。

四是主张明确。

刘知幾不仅在《史通》中批评了别人的著作，还提出了自己的主张。他所提出的许多主张大都表达得非常明确，而不是依违莫定，因此，也就使读者感到印象深刻。如在《载文》篇指出魏晋以来史书载录文章的五个缺点及比较得失之后，结尾说："凡今之为史而载文也，苟能拨浮华，采真实，亦可使夫雕虫小技者，闻义而知徙矣。此乃禁淫之堤防，持雅之管辖，凡为载削者，可不务乎？"在《史官建置》篇提出他对于史料与著作的关系的看法，说："夫为史之道，其流有二，何者？书事记言，出自当时之简；勒成删定，归于后来之笔。然则当时草创者，资乎博闻实录，若董弘、南史是也；后来经始者，贵乎儁识通才，若班固、陈寿是也。必论其事业，前后不同；然相须而成，其归一揆。"在《杂说上》篇中，论到历代政权成败兴亡的原因是天命还是人事的问题，说："夫论成败者，固当以人事为主，必推命而言，则其理悖矣。盖晋之获也，由夷吾之愎谏；秦之灭也，由胡亥之无道；周之季也，由幽王之惑褒姒；鲁之逐也，由稠父之违子家。……夫国之将亡也若斯，则其将兴也亦然。……夫推命而论兴灭，委运而忘褒贬，以之垂诫，不其惑乎？"如此种种，不胜举证，都明确地发表了他的主张。

但是，由于全书所论述的范围很广，其中许多方面都有互相牵涉关联之处；而在各篇中触及某一方面时，往往是从不同的角度出发，或者是所讨论的对象与意旨不同，因而其主张也不免有令人初读时感到莫衷一是或自相矛盾，而必须仔细探索才能了解的。最明显的例子是关于纪传体的表的问题。在《表历》篇说："夫以表为文，用述时事，施诸谱谍容或可取，载诸史传未见其宜。……观马迁《史记》则不然，天子有本纪，诸侯有世家，公卿以下有列传，至于祖孙昭穆、年月职官各在其篇，具有其说，用相考核，居然可知。而重列之以表，成其烦费，岂非谬乎？且表次在篇第，编诸卷轴，得之不为益，失之不为损。用使读者莫不先看本纪，越至世家，表在其间，缄而不视，语其无用，可胜道哉！既而班、东二史（指《汉书》与《东观汉纪》），各相祖述，迷而不悟，无异逐狂！必曲为铨择，强加引进，则列国年表或可存焉。"这里是基本上反对在纪传史中作表的；必不得已，只有分裂割据时代的列国年表，还可因需要核比其年世而制作。然而，在《杂说上》篇却又说："观太史公之创表也，于帝王则叙其子孙，于公侯则记其年月，列行萦纡以相属，编字戢茸而相排。虽燕越万里，而于径寸之内犬牙可接；虽昭穆九代，而于方寸之中雁行有叙。使读者阅文便觌，举目可详，此其所以为快也。"这样说来，表又是很有用处的了。好象与《表历》篇所述完全抵牾。于是过去及现在的学者大都以此指责刘氏自相矛盾；虽有立意为刘氏解释的，也只是说"大抵内外篇非出一时，互有未定之说。两存参取，折衷用之，不为无助。"（浦起龙《史通通释·表历》）实际上，既非自相矛盾，也非未定之说，而是两篇中所讨论的对象与意旨不同。在《表历》篇中，所讨论的是纪传史应不应当有表的问题，由于刘氏以纪传史中既有本纪、世家和列传，而表的内容往往与之重复，所以认为无用。在《杂说下》篇所云，则是对比于《史记》诸表来评论班固《汉书·古今人表》的内容，系小标题"诸汉史十条"中的一条。他指出:"如班氏之《古今人表》者,唯以品藻贤愚、激扬善恶为务尔。既非国家递袭,禄位相承,而亦复界重行、狭书细字,比于他表殆非其类欤?"可以看出,《表历》篇所讨论的是纪传史应不应当有表的问题,而《杂说下》篇所讨论的是纪传史中已有的表的优劣问题,两处并不是一个论题,因而不能说是自相矛盾。

其他如在《载文》篇说:"文之将史,其流一焉。"而在《核才》篇则说:"文之与史,皎然异辙。"又如在《探赜》篇说司马迁《史记》以伯夷、叔齐为列传之首,"斯则理之常也,乌可怪乎?"而在《人物》篇则说:"而断以夷、叔居首,何龌龊之甚乎?"也很容易使人感到两处的主张抵牾。但细加研究,则知《载文》篇所说是指文与史的内容都应当"不虚美,不隐恶";而《核才》篇所说的是指一般的文士写不好历史,一般的史家又写不好文章。《探赜》篇所说,旨在反驳葛洪的"伯夷居列传之首,以为善而无报也"的论点;而《人物》篇所说,旨在批评司马迁没有编纂伯夷以前的重要历史人物写出列传。所以这也是由于从不同的角度出发,或是所讨论的问题不同,而不是自相矛盾。

《史通》除上述几个特点外,还有一个文字形式上的特点,就是基本上是用骈体文写成的。在这以前,南朝梁人刘勰用骈体文写了一部评论文学的专书——《文心雕龙》,因二书都是关于学术评论的著作,在学术史上的意义与价值也类似,又都是用骈体文写的,所以后人常以二书相匹。更有人认为《文心雕龙》用骈体文写来还较容易,因为它所发挥的道理多,便于雕琢词藻;而《史通》每一篇都有许多具体的人名,书名及历史事实,难以写得工美,正如《文心雕龙·神思》所谓"意翻空而易奇,言征实而难巧也"。但刘知幾本来是很有文学修养的,他自己曾说:"余初好文笔,颇获誉于当时。"(《自叙》)虽然以骈体撰著评论史学的书,还是写得流畅自然,没有晦涩生硬的弊病。然而,终因文字对偶的限制,不得不"修短取均,奇偶相配",以致变司马迁为"马迁",诸葛亮为"葛亮",《后汉书》为《汉书》,《三国志》为《国志》;又不得不"编字不只,捶句皆双",以致"应以一言蔽之者,辄足为二言;应以三句成文者,必分为四句"。他在《叙事》篇里批评前人的这些话,反而套在自己身上了。

四、刘知幾对于史学的贡献

刘知幾对于史学有重要的贡献,历来是大家所公认的。封建时代的学者议论他的著作时,除个别故意诬贬者外,虽然曾经有不少人指责其中的一些缺点,但对他的总评价还是很高的。如黄叔琳《史学训故补序》云:"观其议论,如老吏断狱,难更平反;……间有过执己见以裁量往古,泥定体而少变通,如谓《尚书》为例不纯,史论淡薄无味之类。然其荟萃搜择,钩鈲排击,上下数千年,贯穿数万卷,心细而眼明,舌长而笔辣,虽马、班亦有不能自解免者,何况其余?书在文史类中,允与刘彦和之《雕龙》相匹,徐坚谓史氏宜置座右,信也。"又如《四库全书总目》(史部史评类《史通》提要)列举了他的若干缺点,并责以"诋诃太甚"、"亦殊谬妄"、"偏驳殊甚"、"琐屑支离"、"小小疏漏更所不免"等语,而在总的方面则认为"其贯穿今古,洞悉利病,实非后人之所及"。"其缕析条分,如别黑白,一经抉择,虽马迁、班固几无词以自解免,亦可云载笔之法家、著书之监史矣。"近代资产阶级学者对于刘知幾的评论,除刘咸炘《史学述林》一书屡言其非,并且其中专有《史通驳议》一篇予以指责外,一般也是多所赞扬。如梁启超在《中国历史研究法》第二章云:"刘氏事理缜密,识力锐敏。其勇于怀疑,勤于综核,王充以来,一人而已。其书中《疑古》、《惑经》诸篇,虽于孔子亦不曲徇,可谓最严正的批评态度也。章(学诚)氏谓其所议,仅及馆局纂修,斯固然也。然鉴别史料之法,刘氏言之最精,非郑(樵)章(学诚)所能逮也。"封建学者和资产阶级学者的论断,虽然也有其中肯之处,但都不过只重视刘氏在批评前人著作方面的成就,而未能从史学发展上全面阐述其贡献。我们现在认为,刘氏对于史学的贡献,约可分为以下几项来说。

(一) 第一次为中国史学作了比较全面而详细的总结。

在刘知幾以前,曾经有两个人为史学写过总结性的文章。先是东汉初年的班彪,曾将过去的重要史籍作了一篇论述,见于《后汉书·班彪传》。但这篇文章只有五百七十字,除评论司马迁《史记》的文字较多外,对《史记》以前的著作仅简单叙述其沿革而未有评论。再是南朝梁人刘勰,在他所著

《文心雕龙》一书里有《史传》一篇，叙述了历史记载及著作的沿革，评论了自孔子以来到东晋时代的史家，并探讨了史籍的体例、内容及编纂方法。但这篇文章也只有一千三百七十字，所论述的既不全面又太简单，如对于史家及其著作的评论，多者不过数语，少者仅有二字。所以，这两篇文章只能说是史学总结的雏形。

到了刘知幾写出《史通》一书，才有了比较全面而详细的史学总结。如在《六家》《杂述》《二体》等篇总结了历史著作的类别、源流和体例；在《史官建置》《核才》《辨职》《忤时》等篇总结了设置史官及官修史书的经验及教训；在《本纪》《世家》《列传》《表历》《书志》《断限》《编次》《载言》《载文》《书事》《烦省》等篇总结了纪传史与编年史的体例、内容及编纂方法；在《叙事》《浮词》《摸拟》《言语》《因习上》《因习下》等篇总结了历史的叙述方法和写作技巧；在《人物》《品藻》等篇总结了记载和品评历史人物的标准；在《直书》《曲笔》等篇总结了历史家的品质及著作态度；在《补注》篇总结了史书的注文等等。在这些有关史学各方面的总结中，都分别论述其情况，指出其得失利害，以供后人阅读和研究历史及从事历史著作的参考取资，对于促进史学的发展确实具有重要的意义与作用。

刘氏所以能够写出这样内容比较丰富的总结，除了他自己的努力外，还由于客观的历史条件。我国史学自商周以来虽然日益发展，但在西汉以前，史学水平终究不高，所写出的历史著作不仅数量有限，而且大都内容简略；又由于种种原因，许多著作陆续散佚，得以流传世上的史书是很少的。班固《汉书·艺文志》著录从上古到西汉末年的历史记载与著作，列为"春秋家"，其总数不过"二十三家，九百四十八篇"（《尚书》与《周书》列入"书家"，不在其内）。后来经过东汉、三国、两晋、南北朝、隋诸代六百年左右的发展，有关历史的记载与著作才有显著的增多而蔚为大观。唐初官修的《隋书·经籍志》史部分十三类，共著录八百一十七部，一万三千二百六十四卷。（通计亡书，合八百七十四部，一万六千五百五十八卷。又《尚书》《春秋》《左传》均列入经部，不在史部数内。）随着历史记载与著作的增多，历史编纂学日益发展，对史学有研究兴趣的人逐渐提出了各方面的许多问题，并发表了不同的意见。于是，刘氏在前人著作与研究的基础上，通过自己的刻苦钻研与辛勤劳动，才能写出内容比较丰富的总结。

当然，我们现在看来，刘氏的总结还远远不够全面和深刻，但就那时的历史条件和史学水平而论，这个总结已非常难得，不愧为有创造性的贡献了。

（二）提倡"直书""实录"，揭发并责斥了历史的歪曲和捏造者。

在封建社会中，如果有人能够比较真实地记录一事或撰写一书，就会被视为难能可贵而受到后人的赞扬。如《左传·宣公二年》云："孔子曰：董狐，古之良史也，书法不隐。"《汉书·司马迁传赞》云："自刘向、扬雄博极群书，皆称迁有良史之材，服其善序事理，辨而不华，质而不俚，其文直，其事核，不虚美，不隐恶，故谓之实录。"于是，董狐被认为是史官记事的好榜样，司马迁被认为是史家著作的好典型。不过，能这样"直书""实录"的人毕竟是很少的。尤其在三国两晋南北朝时代，由于长期处于分裂割据、多次改换朝代的政治局面之下，历史家往往各为其所依附的政权服务，对本朝则饰善讳恶，对敌国则诬蔑诋訾，甚至有些史官认为任意歪曲、捏造是他的特权。这种恶风邪气，到了隋唐统一时代仍然继续存在。刘知幾为了维护历史记载的真实性，遂大声疾呼，提倡"直书""实录"，并无情揭发和严厉责斥了歪曲、捏造历史的人。

刘氏不仅在《直书》和《曲笔》两篇里集中地表扬了比较正直的史家，痛斥了邪曲的丑行，在其他各篇也随时发挥了这方面的言论，他这种"彰善疾恶"的精神可以说贯穿在全书之中。

尤其值得注意的是，刘氏对于那些歪曲或捏造事实的记载，曾细心探索其原因，并作了深入的分析。因为"良史""实录"能受到后世的称赞，是人所共知的，历史家谁不愿意写出"实录"，博得"良史"的美名呢？但是，为什么又会有人歪曲或捏造事实呢？综观刘氏在《史通》一书中所论，主要有以下几种原因：

一是由于统治者的威胁。他说："邪正有别，曲直不同。若邪曲者，人之所贱，而小人之道也；正直者，人之所贵，而君子之德也。然世多趋邪而弃正，不践君子之迹，而行由小人者，何哉？语曰：'直如弦，死道边；曲如钩，反封侯。'故宁顺从以保吉，不违忤以受害也。"（《直书》）当然，在统治者的威胁下，若要求一般人都不顾生命的危险而忠于史实的记载，也是非常困难的，所以他发出慨叹说："至若齐史之书崔杼，马迁之述汉非，韦昭仗正于吴朝，崔浩犯讳于魏国。或身膏斧钺，取笑当时；或书填坑窖，无闻后代。夫世事如此，而责史臣不能申其强项之风，励其匪躬之节，盖亦难矣！"（《直书》）这里虽然在文字上对曲笔的人有所原谅，而实际的意思还在于揭发统治者的罪恶。

一是由于史官对统治者的阿谀奉承。有些史官为了自己的荣华富贵，借着修史的机会向统治者阿谀奉承，遂不惜歪曲或捏造事实。如刘氏举例所说："案《后汉书·更始（刘玄）传》称其懦弱也：'其初即位，南面立朝群臣，羞愧流汗，刮席不敢视。'夫以圣公身在微贱，已能结客报雠，避难绿林，名为豪杰。安有贵为人主，而反至于斯者乎？将作者曲笔阿时，独成光武之美；谀言媚主，用雪伯升之怨也。且中兴之史，出自东观，或明皇所定，或马后攸刊，而炎祚灵长，简书莫改，遂使他姓追撰，空传伪录者矣。"（《曲笔》）这种情况，到了三国两晋南北朝时代更多，如"王沈《魏书》，假回邪以窃位；董统《燕史》，持诡媚以偷荣"（《直书》），魏收"谄齐则轻抑关右，魏党则深诬江外"（《称谓》）等等，就不胜枚举了。

一是由于史官的政治偏见。史官在记述改朝易代之际的事迹时，因本朝政权系自前朝夺取而来，往往有所隐讳和歪曲。如前朝的忠臣，在他们看来往往成了叛逆，"若汉末之董承、耿纪，晋初之诸葛、毋丘，齐兴而有刘秉、袁粲，周灭而有王谦、尉迥，斯皆破家殉国，视死犹生，而历代诸史皆书之曰逆"（《曲笔》）。而在分裂割据的时期，史官又往往标榜本朝而诬蔑他国，如"魏收以元氏出于边裔，见侮诸华，遂高自标举，比桑干于姬汉之国；曲加排抑，同建邺于蛮貊之邦"（《曲笔》）。可是，本朝的统治者是喜欢这样记载的。如刘氏所说："但古来唯闻以直笔见诛，不闻以曲笔获罪。是以隐侯《宋书》多妄，萧武知而勿尤；伯起《魏史》不平，齐宣览而无谴。故令史臣得爱憎由己，高下在心，进不惮于公宪，退无愧于私室，欲求实录，不亦难乎！"（《曲笔》）

一是由于作者故立异端，喜造奇说。在某些历史著作里，往往有一些怪诞不经的记载，连作者自己也并不相信，可是他们或为了耸人听闻，而"苟出异端，虚益新事"（《采撰》），"全构虚词，用惊愚俗"（《杂述》）；或为了追求谐趣，"使读之者为之解颐，闻之者为之抚掌"（《书事》），遂予采录。甚至又辗转相抄，以广流传，如"沈约《晋书》，喜造奇说，称元帝牛金之子，以应牛继马后之征。……而魏收深嫉南国，幸书其短，著《司马叡传》遂具录休文所言"（《杂说中》）。像这样的做法，刘氏认为是史家最严重的罪过，责以"向声背实，舍真从伪。知而故为，罪之甚者！"（《杂说中》）并进一步评论说："广陈虚事，多构伪辞，非其识不周而才不足，盖以世人多可欺故也。呜呼！后生可畏，何代无人？而辄轻忽若斯者哉？夫传闻失真，书事失实，盖事有不获已，人所不能免也。至于故为异说，以惑后来，则过之尤甚者矣！"（《杂说下》）

刘氏指出这些原因，揭露了歪曲和捏造历史的人的真面目，既可以警诫将来的史官和史家，又为后世的读者提供了审查历史著作是否"直书""实录"的线索和方法，是有重要意义与作用的。当然，刘氏所提倡的"直书""实录"，只不过是以封建伦理为标准而对封建统治阶级学者的要求，并不能完全写出历史的真实情况。

（三）批判了盲目崇拜古代、迷信"圣人"的观念。

自从汉武帝时期儒家思想在封建社会占据了统治地位后，一般人因受儒家学者宣传的影响，大都盲目地崇拜古代和迷信"圣人"，这不仅不能真实地了解古代情况，还阻碍了史学的进步和发展。刘知幾对此作了具体的分析和严正的批判。

刘氏指出，上古的史书都是"轻事重言"的，"加以古文载事，其词简约，推者难详，缺漏无补。遂令后来学者莫究其源，蒙然靡察，有如聋瞽"（《疑古》）。就孔子所删定的《尚书》来说，"上起唐尧，下终秦穆，其书所录，唯有百篇。而书之所载，以言为主，至于废兴行事，万不记一。语其缺略，可胜道哉？"（《疑古》）且其中又有不少虚言不实之处，如《尚书》谓尧禅位于舜，而刘氏根据《汲冢琐语》与《山海经》等记载，证明舜系先废尧而立其子丹朱，继又废丹朱而夺取帝位的。又如《尚书》谓夏桀、殷纣都是罪大恶极的人，而刘氏则认为是不合实情的，说："何者？称周之盛也，则云三分有二，商纣为独夫；语殷之败也，又云纣有臣亿万人，其亡流血漂杵。斯则是非无准，向背不同者焉。又案武王为《泰誓》数纣过失，亦犹近代之有吕相为晋绝秦，陈琳为袁檄魏，欲加之罪，能无辞乎？而后来诸子，竞列纣罪，有倍五经。故子贡曰：'桀、纣之恶不至是，君子恶居下流。'班生亦云：'安有据妇人临朝？'刘向又曰：'世人有弑父害君，桀、纣不至是，而天下恶者必以桀、纣为先。'此其自古言辛、癸之罪，将非厚诬者乎？"（《疑古》）刘氏总的意见是，根据《尚书》的记载以及其他上古史籍的内容看来，绝对不能认为古代的著作都是好的，其所记载都是对的，而且实际上并不如后代的史书有价值。他说："夫远古之书与近古之史，非为繁约不类，固亦向背皆殊。何者？近古之史也，言唯详备，事罕甄择，使夫学者觌一邦之政则善恶相参，观一主之才而贤愚殆半。至于远古则不然，夫其所录也，略举纲维，务存褒讳，寻其终始，隐没者多。尝试言之，向使汉、魏、晋、宋之君生于上代，尧、舜、禹、汤之主出于中叶，俾史官易地而书，各叙时事，校其得失，固未可量。若及轮扁称其糟粕，孔子述其传疑，孟子曰：'尽信书不如无书，《武成》篇吾取其二三简。'推此而言，则远古之书，其妄甚矣！"（《疑古》）刘氏这种论调，我们现在看来是很容易理解的，但在当时盲目崇拜古代的空气弥漫之下，实为非常大胆的呼声，有振聩启蒙的作用。

孔子是儒家所尊奉的"至圣先师"，在一般儒者的心目中，只能无条件地信仰，不容有任何怀疑而对之进行批判。刘知幾虽然也非常推崇孔子，但认为孔子并非没有缺点，不是无可批判之处，说："昔孔宣父以大圣之德，应运而生，生人已来未之有也，故使三千弟子、七十门人，钻仰不及，请益无倦。然则尺有所短，寸有所长，其间切磋酬对，颇亦互闻得失。"（《惑经》）所以他对于孔子的学术工作和言论，都有所指责，如说："观夫子之刊书也，夏桀让汤，武王斩纣，其事甚著，而芟夷不存；观夫子之定礼也，隐闵非命，恶视不终，而奋笔昌言，云鲁无篡弑；观夫子之删诗也，凡诸国风，皆有怨刺，在于鲁国，独无其章；观夫子之论语也，君娶于吴，是谓同姓，而司败发问，对以知礼。斯验世人之饰智矜愚、爱憎由己者，多矣！"（《疑古》）对孔子自己撰著的史书《春秋》，提出了更多的质疑和批评，除《惑经》篇集中地列举十二条"未谕"，并谓凡所未谕，其类犹多外，在其他篇里也间有陈述。

刘知幾不但批评了孔子的《春秋》，而且对那些不加思考、一味赞扬《春秋》的著名学者孟子、左丘明、司马迁、班固等，也予以批评，责之曰"虚美"，并说："世人以夫子固天纵纵，将圣多能，便谓所著《春秋》善无不备。而审形者少，随声者多，相与雷同，莫知指实。""征其本源，良由达者相承，儒教传授，既欲神其事，故谈过其实。"（《惑经》）这在封建时代确为非常高明的见解。

刘氏能够摆脱儒家传统思想的束缚，对历来盲目崇拜古代、迷信"圣人"的观念进行勇敢的批判，表现了他的历史进化的观点和实事求是的态度。他在这方面的贡献，是中国古代唯物思想在史学领域内的重大发展。正如他自己所说："昔王充设论，有《问孔》之篇，虽《论语》群言多见指责，而《春秋》杂义曾未发明。是用广彼旧疑，增其新觉。将来学者，幸为详之。"（《惑经》）他不仅吸取了王充的进步思想，在史学上建立了新观点，还希望将来的史家注意研究，继续推进史学的发展。

（四）对历史编纂学提出了许多重要的建议。

刘知幾在《史通》一书里，不仅对过去的历史著作进行了详细的评论，而且对以后的历史编纂学提出了许多重要的建议。这些建议大部分都是有益于史学的发展的，可概括为几大端来谈。

在史料工作方面，刘氏主张既要广搜博采，又要细心鉴别真伪，慎重取舍。如《采撰》篇所讲的，在从事著作时，若不"征求异说，采摭群言"，则内容贫乏，难以"能成一家，传诸不朽"。但是，若只"务多为美，聚博为功"，而不"别加研核"，以"练其得失，明其真伪"，又难以"与五经方驾，三志竞爽"。也就是说，史料不但要丰富，而且要真实。但就实际情况来看，鉴别真伪以决定取舍，要比广搜博采更为重要，因而又是史家应当特别注意的。在其他各篇里，有很多地方也谈到这一类的问题；而在《暗惑》篇末尾，还作了一段总结性的论述，说："盖精五经者，讨群儒之别义；练三史者，征诸子之异闻；加以探赜索隐，然后辨其纰缪。如向之诸史所载则不然。何者？其叙事也，唯记一途，直论一理，而矛盾自显，表里相乖；非复抵牾，直成狂惑者尔！寻兹失所起，良由作者情多忽略，识惟愚滞，或采彼流言，不加铨择；或传诸缪说，即从编次。用使真伪混淆，是非参错。……夫书彼竹帛，事非容易，凡为国史，可不慎诸？"他在这里给编纂历史的人提出了最基本的要求：必须严肃认真地对待史料工作。否则，就不能写出有价值的史书，甚至不成其为史书。这对于促进后来历史著作内容的充实与质量的提高，是有裨益的。

在史书的体例方面，刘氏不仅指出编年与纪传为两种主要的体例，并予以深入细致的分析评论，使后人对于体例的认识大为明确；同时，还提出了许多有关体例问题的建议，分别见于《载言》《本纪》《世家》《列传》《表历》《书志》《论赞》《序列》《题目》《断限》《称谓》等篇。在这些建议中贯穿着一条基本的原则，即体例必须谨严而合理。虽然各篇里对每一问题的主张并不完全得当，且有过于拘泥或支离之处，但他所提出的基本原则是正确的。因为一部历史著作如果没有谨严而合理的体例，既减低了本身的价值，又会使读者感到混乱而妨碍对史事的了解。刘氏在这方面的许多建议，都是根据实际情况经过细心研究的，很值得后来修史的人参考。

在史书的内容方面，刘氏主张应当记载对社会、国家有用的事迹，不要滥录烦芜无用的现象。关于这方面的许多具体建议，除《书事》篇有比较集中的说明外，在其他篇里也屡加阐述。什么是有用的呢？他认为史书的内容能具有"记功书过，彰善瘅恶"（《书事》）的意义才算有用。什么是无用的呢？凡"阙之不足为少，书之唯益其累"（《人物》）的材料就是无用。当然，他所谓有用与无用，都是以封建的政治观点来判分的，我们现在看来是远不足为法的。不过，就封建时代的史家认识所及的范围而论，若能根据他的建议来撰写历史，也确能减少很多冗滥浮费的文字，增加一些即使在我们现在看来也还有用的材料。

在文与史的关系方面，刘氏强调文与史的区别，主张绝不能容许文学的辞藻损害了历史记载的真实。记载史事需要用文字来表达，也需要一定的文学技巧，所谓"史之为务，必借于文"（《叙事》）。然而却不能文史不分，更不能使文学在史学领域中喧宾夺主。在上古时代文与史也许难以划分，可是，随着社会文化的发展，文与史的区别就愈益明显了。刘氏说："昔尼父有言：'文胜质则史'。盖史者，当时之文也。然朴散淳销，时移世异，文之与史，皎然异辙。"但自南北朝以来,"世重文藻,词宗丽淫,于是沮诵失路,灵均当轴"(《核才》),史职多由长于文采而缺少史才的文士担任。在文人执掌史笔之下,立意修饰辞藻,抹煞了史事的叙述,甚至口语也以骈体文来雕琢润色,弄得完全不合实情。刘氏针对这种反常的现象,予以严正的指斥,说:"自梁室云季,雕虫道长,平头上尾,尤忌于时,对语丽辞,盛行于俗,始自江外,被于洛中。而史之载言,亦同于此。假有辨于郦叟,吃若周昌,子羽修饰而言,仲由率尔以对,莫不拘以文禁,一概而书。必求实录,多见其妄矣!……故知喉舌翰墨,其辞本异。而近世作者,撰彼口语,同诸笔文,斯皆以元瑜、孔璋之才,而处丘明、子长之任。文之与史,何相乱之甚乎!"(《杂说下》)所谓文史相乱,就是在记叙上单纯玩弄文辞,无视史事实际,从而使历史著作不成其为历史著作了。这种雕饰辞藻、追求华丽的骈体文作风,不但妨碍了史学的发展,即在文学本身也是不健康的现象,所以后来韩愈提倡古文,被誉为有"文起八代之衰"的功绩。殊不知,早在韩愈一百多年以前,刘知幾已在史学方面积极进行"起八代之衰"的工作了。

总之,刘氏所提出的许多建议,都丰富了封建时代历史编纂学的内容,并能起到革除积弊、推动史学进步的作用。这是对史学的重要贡献。

(五)指出了历史家必须具备的条件。

刘知幾曾说:"夫史才之难,其难甚矣!"(《核才》)可见他认为要做一个历史家是事非寻常的。但是,究竟难到什么程度呢?在《史通》一书里却没有明确的解释,而是他在和别人的问答中发表了对这个问题的意见。

《旧唐书·刘子玄传》云:"礼部尚书郑惟忠尝问子玄曰:'自古以来,文士多而史才少,何也?'对曰:'史才须有三长,世无其人,故史才少也。三长谓才也、学也、识也。夫有学而无才,亦犹有良田百顷、黄金满籯,而使愚者营生,终不能致于货殖者矣。如有才而无学,亦犹思兼匠石、巧若公输,而家无楩柟斧斤,终不果成其宫室者矣。犹须好是正直,善恶必书,使骄主贼臣所以知惧。此则为虎傅翼,善无可加,所向无敌者矣。脱苟非其才,不可叨居史任。自复古以来,能应斯目者,罕见其人。'时人以为知言。"(又见《唐会要》卷六十三及《全唐文》卷二七四。《新唐书·刘子玄传》虽载此论,然多所删节，不足为据。)

刘氏认为必须具备史才、史学、史识三个条件，才足以称为真正的历史家。可是他对于这三个条件的涵义并没有正面的具体说明，只打了一些比喻，因而又引起了后人的揣测。大概史才是指的搜集、鉴别和组织史料的能力，叙述事实、记载言语和撰写文章的能力，以及运用体例、编次内容的能力，都是属于历史编纂学范围的才具。史学是指的掌握丰富的史料、历史知识及与历史有关的各种知识。至于史识呢？过去和现在都有很多人以为指的见解和观点，但若根据刘氏的原话来看，恐怕不止于此。因为他说除了有才有学之外，"犹须好是正直，善恶必书，使骄主贼臣所以知惧"。这就是说，还要有秉笔直书、忠于史实的高尚品质和勇敢精神。而在他看来，最难得的是史识，其次是史才，再则是史学。他的这个见解在《史通》全书各篇中都可以体会出来。特别是在《辨职》篇里表达得最明白。他说："史之为务，厥途有三焉。何则？彰善贬恶，不避强御，若晋之董狐、齐之南史，此其上也；编次勒成，郁为不朽，若鲁之丘明，汉之子长，此其次也；高才博学，名重一时，若周之史佚、楚之倚相，此其下也。苟三者并阙，复何为者哉？"应当附带说明的是，这段话的主旨在于阐述"史之为务，厥途有三"，其中虽有几位史家的名字，不过是就他们的特长而为"三途"所举的例，并非对这几位史家总评价的等第。

刘氏所指出的历史家必须具备的三个条件，可谓得到后世的公认。虽然清朝人章学诚为之补充了一个"史德"，但"史德"实际上是包括在刘氏所说的史识之内的。近几年来，有人将刘氏所说的三个条件，尤其是史识，根据我们现在的认识和要求，赋以新的内容，但这又是另外的问题，就不在此多谈了。

综上所述，我们肯定了刘知幾是古代的杰出的史学家，《史通》是一部不可多得的有价值的著作。然而，还必须指出，刘氏终究是封建主义史学家，是以地主阶级的立场和观点研究历史、评论史学的。他在谈到农民起义领袖时，时常加以诬蔑，如说"陈胜起自群盗"（《世家》），"寇贼则黄巾、赤眉"（《称谓》）。而对于帝王将相则深为崇拜，如说"帝王苗裔、公侯子孙，余庆所钟,百世无绝"(《书志》)。他认为史书内容所应包括的"五志"(达道义、彰法式、通古今、著功勋、表贤能)和"三科"(叙沿革、明罪恶、旌怪异),也都是为封建政治服务的。他虽有许多论点能摆脱儒家传统思想的束缚,但终不能完全冲出封建名教观念的窠臼,以致在某些进步主张中还存在着严重的缺陷。如他说:"史氏有事涉君亲,必言多隐讳,虽直道不足,而名教存焉。"(《曲笔》)"夫臣子所书,君父是党,虽事乖正直,而理合名教。"(《惑经》)这就表现了他的封建史学的阶级本质,而他所提倡的"直书""实录"更因而减色。所以,他对史学虽有重要的贡献,但由于他的理论与方法根本上是为封建统治阶级服务的,当然不可避免地带有很大的局限性。

(1964年9号)

章学诚的史学思想

施 丁

章学诚（1738—1801），清代杰出的史学理论家，在我国史学史上是以议论史学著称的。他生在乾嘉之世，因议论不凡，不为凡俗所重视；去世后头几十年，其学术也不为世人所注目；近几十年来，注意他的人多了，研究其史学的论著也多了，但又往往各自抱有不同目的，有不同的立场、观点和方法。本文不想全面地介绍章氏的史学思想，仅就其中可贵的几点提出来简略地谈谈。

一

章学诚提出了史学有三个要素：义、事、文；而强调要将其中的事与义结合起来。

他说："史所贵者，义也；而所具者，事也；所凭者，文也。"（《史德》，凡引《章氏遗书》及其中包括的《文史通义》中的各篇文字，只注篇名。）所谓"义"，是史义，即历史理论与观点；所谓"事"，是史事，即历史事实；所谓"文"，是史文，即历史文笔。其意是义、事、文三者，义是最重要的，事是具体的，文是表达的，有轻重之分。他又说："国史方志，皆《春秋》之流别也。譬人之身，事者其骨，文者其肤，义者其精神者也。"（《方志立三书议》）这就形象地说明义、事、文三者的相互关系及轻重位次。章氏这样论述是有用意的。他说："载笔之士，有志《春秋》之业，固将唯义之求，其事与文，所以藉为存义之资也。"（《言公上》）这是说，从事史学事业，目的在于求义；至于事、文，只是作为存义的材料与工具。

搞历史干什么？是为了事、文，还是为了义，这是需要回答的问题。章氏认为："作史贵知其意，非同于掌故，仅求事、文之末也。"（《言公上》）这话有两个意思：一是将义与事、文，作了本与末的区分，二是说明搞历史不同于掌故，掌故是求事、文之末，而搞历史是求义之本的。

从章氏言论中可以看到，我国史学评论家早已明白义在史中的重要地位，而且强调"惟义之求"。古代史学家所求之义，是有历史局限性的。我们今天强调研究和掌握历史发展规律，这个义，今胜于古，乃新的境界。

强调求义，并不是不要事；史"所具者，事也"，事是不可忽视的。因此，章氏很注意事与义的结合。他说："文章之用，或以述事，或以明理。事溯已往，阴也；理阐方来，阳也。其至焉者，则述事而理以昭焉，言理而事以范焉，则主适不偏，而文乃衷于道矣。"（《原道下》）这话的意思是，写文章的目的，无非是二条，或者述事，或者明理，事是谈过去的，理是为将来的，文章写得好，那末，述事当中理就表现出来，说理当中有事作为根据，二者匠心巧运，恰到好处，而文章也就是达到最高境界了。这话说得很有味，很重要。

事、义结合，是从史的角度说的；如果从治史角度来说，就是要求立论与考证相结合了。这个问题，说起来便当，做起来却不易。章氏说：好发议论的人，"读书但观大意"，善于理解；专门考索的人，"名数究于细微"，能抠史实，各有所长，各有贡献；"而所以不能通乎大方者，各分畛域而交相诋也"（《答沈枫墀论学》）。他又说：独断之学（指义理之学）与考索之功（指考据之学），"譬犹日昼而月夜，暑夏而寒冬。以之推代而成岁功，则有相需之益；以之自封而立畛域，则有两伤之弊。"（《答客问中》）这些话也是很有味道的。其意思是，搞理论的与搞考证的，义理之学与考据之学，都有其长处，都是史学需要，如果二者结合起来，协作得好，则相辅相成；如果二者故步自封，或各划地盘，甚至互相拆台，则两者俱损，于学术无益。这话值得参考。如果搞理论的，自以为居高临下，唯我高明，目空一切，不钻研史实，不向有实学的人学习；搞考证的，自以为工夫扎实，唯我有货，洋洋得意，不学习理论，不向善于思考的人请教，则必然"不能通乎大方"。若是搞理论的与搞考证的互相结合，取长补短，"则有相需之益"，得以促进史学发展。以个人来说，或只搞理论，或只钻研史实，都失之于偏；若是能够兼顾史与论，那就美满，可谓"主适不偏"了。

章氏又说：博学的人擅长于考索，夸耀其学富于山海，岂不是货真价实，然而，"骛于博者，终身疲精劳神以徇之，不知博之何所取也"，即是说专务博学的人，到头来不知为什么要博学；谈义理的人高谈阔论，似乎能思考，"而不知义理虚悬而无薄，则义理亦无当于道矣。"（以上均见《原道下》）这就是说，骛于博学，或空谈义理，不是不明方向，就是不切实际，都不能促进史学发展，都不能弄明历史规律。这样说，无非是要促进两者结合起来。

章氏谈事、义结合，不仅就史学的具体问题引出议论，而且上升到理论来加以说明。"道器合一"（《原道中》）论，就是他对事、义结合所作的理论说明。他认为，"道不离器，犹影不离形"（同上），说的是道与器结合一起，犹如影与形不能分离一样。他又说，世界上存在万事万物，而万事万物有其"道"；但是，"道者，万事万物之所以然，而非万事万物之当然也。"（《原道上》）所谓"所以然"，指的是事物之理（道），所谓"当然"，指的是事物之质（器）。用现在的话来表达他的意思，就是说万事万物是第一性的，反映万事万物之道是第二性的。所以他强调，不能离器而言道。所谓"道因器而显"（《原道中》），"道寓于器"（《原道下》）等等，就是表达这个意思。他断言，"天下岂有离器言道，离形存影者哉！"（《原道中》）甚至还说："故道者，非圣人智力之所能为，皆其事势自然，渐形渐著，不得已而出之。"（《原道上》）道，不是哪个"圣人"脑子所能创造，而是事物发展中逐渐显现出来的。史事是万事万物的一个方面，照章氏所论，史事为"器"，史论为"道"；"道器合一"既是自然，史论结合也是自然的了。然而，在史学实践中，真正明白"道器合一"，切实做到史论结合，谈何容易。离器而言道，离史而发论者，也在在有人，所以章氏的"道器合一"论才有其教育的生命力，可为离器言道、离史发论者的座右铭。

"六经皆史"说，也是章氏用以论证事、义结合的。自汉代提倡尊孔读经以来，后世有人将《六经》捧得很高，以为"载道之书"。章氏说："后世服夫子之教者自《六经》，以为《六经》载道之书也；而不知《六经》皆器也。"（《原道中》）《文史通义》开头就说："《六经》皆史也。古人不著书；古人未尝离事而言理，《六经》皆先王之政典也。"（《易教上》）其意是说，《六经》都是器，道不能离器；都是史，理在事中；可见古代之史，事与义是结合的。

章氏所谓"述事而理以昭焉，言理而事以范焉，则主适不偏"，及"道器合一"论，在史学上是很有意义的，任何时代撰写历史，或发表历史论文，无非也是或以述事，或以明理，如果论著者知道事、义结合，懂得"道器合一"论，将史与论结合起来，制作得天衣无缝，那该有多好啊！

二

章学诚提倡治史者要有"史德"，强调"著书者之心术"（《史德》），即要求端正写史之思想和态度。

他说："盖欲为良史者，当慎辨于天人之际，尽其天而不益以人也。尽其天而不益以人，虽未能至，苟允知之，亦足以称著书者之心术矣。"（《史德》）这话非常重要。所谓"天人之际"，是指史家的主观与史实的客观之间的关系。他说这话的意思是，史家应该慎辨主观与客观的关系，以客观主义的态度尊重史实，而不能将主观的成分掺杂到客观史实中去；只要向这个方向努力，有这个态度，就可以称得上"著书者之心术"。

"当慎辨于天人之际，尽其天而不益以人。"这个看法，在古代史学上是个新的光辉的思想，比刘知幾的"直书"论前进了一大步。这不仅对以往强调褒贬、垂训的史观，是个否定；而且比其后将历史比作可以任意打扮的女孩子之思想，也高明得多。

可是，尽管应当慎辨"天人之际"，但是不能将天人一刀切开，因为史学中往往"天与人参"，即写史者的主观与史实的客观掺杂在一起。章氏很明白这一点：凡治史者都要对史事和人物进行记述和评论，辨别历史是非；史实是客观的，评论是主观的，褒贬历史就是"天与人参"了。

看来，"天与人参"是不可避免的，是有积极性一面的，但对其中"有天有人"的情况，不可不辨。章氏以为，史书上记载事，事是由文笔表达出来的，所以良史都擅长文笔，而不知"文又患于为事役"。他说：盖事不能无得失是非，一有得失是非，则出入予夺相奋摩矣，奋摩不已而气积焉；事不能无盛衰消息，一有盛衰消息，则往复凭吊生流连矣，流连不已而情深焉。凡文不足以动人，所以动人者气也；凡文不足以入人，所以入人者情也。气积而文昌，情深而文挚，气昌而情挚，天下之至文也。然而其中有天有人，不可不辨也。"(《史德》)这话的意思是，史事有得失是非及盛衰消息，史家对它自然会出入予夺和往来凭吊，动起感情来，这种感情激动写出来的文字乃是好文章。史实是"天"，客观的，感情是"人"，主观的，感情在史实上发挥起来，这种史文"其中有天有人"，当然不可不辨。这个提法，值得治史者注意，要引起警惕，保持清醒的头脑。

明确了"天与人参"、分辨了"有天有人"之后，就要解决"天人"一致的问题。章氏承认治史者不可能不抱主观的见解，也不可能不发生感情；但认为不能听之任之，随情所欲。他说："气合于理，天也；气能违理以自用，人也。情本于性，天也；情能汩性以自恣，人也。"(《史德》)所谓"情本于性"、"气本于理"，就是要求主观服从于客观。在气与理、情与性的关系中，他反对"违理以自用"、"汩性以自恣"，即反对偏激胡为；而强调"气贵于平"，"情贵于正"(《史德》)，即主张平正稳当；要求"气合于理"，"情本于性"，即要求感情符合于事理，以理性制约感情，力求"尽其天而不益以人"，这样就可以达到"天人"一致。"气合于理"，"情贵于正"之提出，是欲达到"尽其天而不益以人"这个重要的要求。真正想要贯彻历史主义，必须注意及此。

是否做到"尽其天而不益以人"，需要检验。检验的办法，是以主观与客观相比较，看是否合理。章氏认为，"有天地自然之象，有人心营构之象"。所谓"天地自然之象"，是指客观的"天"，所谓"人心营构之象"，是指主观的"人"。他区分这一点之后，强调："人心营构之象，有吉有凶，宜察天地自然之象而衷之以理。"(《易教下》)人心营构之象，有好有坏，有是有否；怎样鉴定人心营构之象呢？那就应当考察天地自然之象，看主观想象是否符合客观实际。

历史是过去了的"天地自然之象"，写历史是后来人的"人心营构之象"，过去了的历史不可能再现，使其再现的是史家笔下的历史。所以史家所写的历史，实际上是"人心营构之象"。史家有复现历史的职责，并应有"营构"历史之匠心，但历史不能随史家之意随便制造和打扮。历史更不能容忍别有用心者篡改和伪造。然而，史家"营构"了历史，还有人篡改和伪造历史。怎么办？章氏所说"宜察天地自然之象而衷之以理"，就有一定的指导意义，就是要把那些"人心营构之象"，与"天地自然之象"作比较，进行考察和研究，看是否合乎史实，是否符合历史规律。

章氏的"学以致道"论，与其"尽其天而不益以人"说，是一致的。他说："道，公也。学，私也。君子学以致其道，将尽人以达于天也。人者何？聪明才力，分于形气之私者也；天者何？中正平直，本于自然之公者也。"（《说林》）所谓"道"，是"中正平直，本于自然之公"，也就是"天"，所谓"学"，是"聪明才力，分于形气之私"，也就是"人"。"学以致道"，就是要"将尽人以达于天"。他认为，对于"天"，不能进行任何夸饰，如"见为卑者扩而高之，见为浅者凿而深之，见为小者恢而大之"等等做法，"皆不可为道也"（《礼教》）。"将尽人以达于天"，与"尽其天而不益以人"，实际上是一个意思，前者要求人发挥主观能动性，以使主观符合于客观；后者强调尊重客观，而不能附益以主观，二者的目的都是要求主观与客观相符。

史家写史或论史，是否能与史实相符，这是史学上一个重大问题。章学诚提出"当慎辨于天人之际，尽其天而不益以人"，及"学以致其道，将尽人以达于天"的论点，非常重要，十分可贵，有相当的意义。他在史学史上关于主观与客观相符的要求，不仅在当时可以用作比量古代的史家是否堪称"良史"、古代的史书是否可称"实录"的一把尺子；而且直到今天，对于我们衡量古往今来史家的历史态度及史书的历史价值，仍然有一定的参考作用。当然，我们并不能停留在章学诚史学理论的基点上，应该掌握马克思主义的史学理论；不仅仅"慎辨于天人之际"，而且要阐明历史发展规律。

三

章学诚比较注意历史文笔，强调记事写人应该"适如"其人其事。

他说，"史所载者事也，事必藉文而传，故良史莫不工文"（《史德》）。写历史，不仅要直书史事，事、理昭然；而且要求工于文笔，真正反映历史，所以说"良史莫不工文"。但是,"才艺之士",舞文弄墨,"则又溺于文辞以为观美之具焉"。而文辞写的漂亮,不顾反映史实正确与否,这是"舍本而逐末"。所以章氏指出:"以此为文,未有见其至者;以此为史,岂可与闻古人大体乎!"(《史德》)又说:"夫立言之要,在于有物。古人著为文章,皆本于中之所见,初非好为炳炳烺烺,为锦工绣女之矜夸采色已也。"(《文理》)可见他是反对乱耍笔杆子,溺于文辞,而违离史实的。

那末,对历史文笔的要求是什么呢?章氏说:"夫史为记事之书,事万变而不齐,史文屈曲而适如其事,则必因事命篇,不为常例所拘,而后能起讫自如,无一言之或遗而或溢也。"(《书教下》)史书是记史事的,史事变化无穷,历史文笔就要按照史事变化而变化,适当地反映其事,以史事为准,不能被人为的常例所拘,这样就能运用自如,没有一句话对史事表达不出或说过了头。这个要求提得非常之好。写历史,确实不能拘于"常例";不能有什么主观的模式,不能以甲乙丙丁或 ABCD 的框子去套,而只能要求"史文屈曲而适如其事",做到恰如其分。可以看到,汉魏以后,史书体例有一定之式了,写史要求有一定之规了,史文格调有一定之法了,于是唐宋而下,有些史馆监修照本宣科地发号施令,有些史家学者依样葫芦地动笔写史,这样写出来的史文,与客观的史实就有很大的距离,不是表达不出史实,就是把话说过了头,总之,做不到"史文屈曲而适如其事"。

章氏鉴于当时"作者所有言论与其撰著,颇有不安人心",写了一篇《古文十弊》,以表达自己对写史记事的行文之看法,其中有些论说颇为精彩,如:

有个名士叙其母节孝,说了"乃祖衰年病废卧床,溲便无时,家无次丁,乃母不避秽亵,躬亲薰濯"之后,又述"乃祖于是戁然不安,乃母肃然对曰:'妇年五十,今事八十老翁,何嫌何疑!'"章氏认为,其母既明大义,一定不会有这种话,这是此名士自生嫌疑,特添注以斡旋其事,乃"剜肉为疮"之弊;于是指出:"但须据事直书,不可无故妄加雕饰。"

有江南旧家,其先世为子聘某氏女,后以道远家贫,力不能婚,恐失婚时,伪报子殇,俾女别嫁,其女遂不食死,不知其子故在。修宗谱时,其族人动色相戒,必不容于直书,则匿其辞曰:"书报幼子之殇,而女家误闻以为婿也。"这是隐讳笔法。章氏认为，这是"八面求圆"之弊；于是指出："古人叙一人之行事，尚不嫌于得失互见也；今叙一人之事，而欲顾其上下左右前后之人，皆无小疵，难矣！"

尝见名士为人撰志，其人盖有朋友气谊，志文乃仿韩昌黎之志柳州（柳宗元）也，一步一趋，惟恐其或失也。这样一来，志之内容，完全是抄袭韩昌黎志柳州之文而来，与所志对象之事实不符。章氏认为，这是"削足适屦"之弊；于是指出："文欲如其事，未闻事欲如其文者也。"

又揭露"近来学者喜求征实，每见残碑断石，余文剩字不关于正义者，往往藉以考古制度，补史缺遗，斯固善矣；因是行文贪多务得，明知赘余非要，却为有益后世推求，不惮辞费"。章氏认为，这是"文非体要"，乃"画蛇添足"之弊；于是指出："夫传人者文如其人，述事者文如其事，足矣；其或有关考征，要必本质所具，即或闲情逸出，正为阿堵传神。"

又有写乡曲委巷贞节孝义而非儒雅者的传记，"述其言辞，原本《论语》《孝经》，出入《毛诗》《内则》，刘向之传，曹昭之诫，不啻自其口出，可谓文矣"。章氏认为，这是"文而失实"，乃"优伶演剧"之弊；于是指出："与其文而失实，何如质以传真也！""言辞不必经生，记述贵于宛肖。""记言之文，则非作者之言也，为文为质，期于适如其人之言，非作者所能自主也。"

章氏撰和州故给事成性志传，其乡有知名士对此品评，用的是"塾师讲授《四书》文义"的一套调门。章氏认为，这是"时文见解"，"如用象棋枰布围棋子，必不合矣"，乃"井底天文"之弊；于是指出："古人文成法立，未尝有定格也；传人适如其人，述事适如其事，无定之中有一定焉。"

同时，章氏还指出当时行文尚有"私署头衔"（即妄自浮夸）、"不达时势"（即不明历史背景）、"同里铭旌"（即无端影附名人）、"误学邯郸"（即盲目仿效古文）等之弊。

由此可见，章氏谈论历史文笔，反对"定格"，反对"时文见解"，针刺"八面求圆"、"画蛇添足"等等弊病，始终强调"史文屈曲而适如其事"，"传人适如其人，述事适如其事"。这与其"尽其天而不益以人"、"将尽人以达于天"之说是一致的，都是要求主观符合于客观。

章氏有关历史文笔的论说，不仅在乾嘉史坛有刺痛时弊、振聋发聩的作用，而且对于今日之历史文学仍然可资参考。我们在贯彻"恢复历史的本来面目"这个治史任务之时，"传人适如其人，述事适如其事"这个要求，还是需要的；如果写历史人物能达到"宛肖""传神"的要求，将历史人物写得栩栩如生，那就更好了。

四

章学诚强调"传古"与"通今"的"会通"之旨（参考《答客问中》），欲使史学能随着历史发展而有所"变通"。

他说："文因乎事，事万变，而文亦万变；事不变，而文亦不变。"（《砭俗》）史学和历史的关系也是如此，历史变化了，史学也要随之变化，史学是随历史变化而不断变化的。

基于史学变化观点，他提出了"传古"与"通今"。古代的经、史要不要学呢？要学的。"求其前言往行，所以处夫穷变通久者，而多识之，而后有以自得所谓成象者，而善其效法也。"（《原学上》）学古是为了效法，效法是为了今用，"故效法者，必见于行事。《诗》《书》诵读，所以求效法之资，而非可即为效法也。"（《原学上》）并不是为效法而学古，乃为效法而见之于行事。

在学古的问题上，章学诚谈到了批判继承。他说："所谓好古者，非谓古之必胜于今也，正以今不殊古，而于因革异同求其折衷也。古之糟粕，可以为今之精华，非贵糟粕而直以为精华也，因糟粕之存而可以想见精华之所出也；古之疵病，可以为后世之典型，非取疵病而直以为典型也，因疵病之存而可以想见典型之所在也。"（《说林》）这就是说，好古，不是说古之必胜于今，不能拜倒在古人脚下；而从古到今，历史变化的内容，其中有"因革异同"的联系；因而"古之糟粕，可以为今之精华"，可以从古代文化中吸取有用于今的养料。这是一个对待古代文化遗产的正确的方针，是其博古通今思想中一项重要内容。

章学诚认为，博古是需要的，但不能为了博古而博古，一定要考虑切于实用。他针对当时的学者"但诵先圣遗言，而不达时王之制度，是以文为鞶悦縟绣之玩，而学为斗奇射覆之资，不复计其实用"的状况，强调"有体必有用"，指出："不知当代而言好古，不通掌故而言经术，则鞶悦之文，射覆之学，虽极精能，其无当于实用也，审矣！"（《史释》）这将"学为实用"的道理，讲得非常清楚。所以，他反对"舍今而求古"，反对学古"居然唾弃一切，若隐有恃"（《说林》附），讥笑那些"昧于知时，动矜博古"的学者，"譬如考西陵之蚕桑，讲神农之树艺，以为可御饥寒而不须衣食也"（《史释》）。

同时，章学诚提出了"详近略远"即详今略古的问题。他举出古代史籍为例，《左传》一书，"庄、闵以前与僖、文而后，不可一概为例"，前后之详略是不同的；宋代司马光写《资治通鉴》，因"身在宋世，其所阅涉，自详于唐而略于汉魏以上"。于是提出"史家详近略远，自古以然"（《为毕制军与钱宫詹论续鉴书》）。

与博古通今思想相联系，章学诚提出了"通史"主张。他考察了史学史，认为古代史学，有通史，如"通古今之变"的司马迁，写了上下数千年历史的《史记》；有断代史，如究西汉一代始末的班固，写了西汉二百年历史的《汉书》。而自马、班以后，断代为史者继踵纷起，撰写通史者寥寥无几。郑樵有志于通史，写了《通志》，然被"世之群怪"（《答客问上》）所攻击。章学诚因此写了《释通》、《申郑》两篇文章为"通史"辩护。他说："通史之修，其便有六：一曰免重复，二曰均类例，三曰便铨配，四曰平是非，五曰去抵牾，六曰详邻事；其长有二：一曰具剪裁，二曰立家法；其弊有三：一曰无短长，二曰仍原题，三曰忘标目。"（《释通》）在列举"六便"、"二长"、"三短"之后，对每一条皆有论述。可惜，他这里讲的是些体例上的问题，而未曾论及通史内容与博古通今的有机联系。对于郑樵《通志》，章学诚并不否认其有"援据之疏略，裁剪之未定"等缺陷，但不同意在这方面多所"吹求"；而强调郑樵继承了"通史"传统，"所振在鸿纲"，"自为经纬，成一家言"（《申郑》）。

章学诚博古通今的思想，可以为"好古敏求"者之药石；其鼓吹通史的精神，也是可嘉的。

五

　　章学诚是我国方志学的奠基者。在他的方志理论中，论方志与国史的关系问题，较为重要，值得注意。

　　方志在清代大有发展。一方面，自宋以来方志有日益增多的趋势；另方面，清政府曾颁布各省修辑志书的命令。因此，乾隆年间各地修志风行。但是，这时对于方志内容及其与国史关系的理论问题并未解决。大致说来，历来以方志列入地理类：《隋书·经籍志》以方志列于史部地理类；刘知幾提到盛弘的《荆州记》、常璩的《华阳国志》等等，称其为"地理书"（《史通》卷十《杂述》）；到了乾隆年间，著名学者戴震说："夫志以考地理，但悉心于地理沿革，则志事竟，侈言文献，岂能为急务哉？"（见《记与戴东原论修志》）《四库全书总目》也将方志列入史部地理类。

　　章学诚正是在此形势下，长期从事修志工作和探讨方志理论的。他以实践的感受，反对方志为地理书之说，而提出方志为史体的主张。

　　首先，他认为，方志源于《周官》外史所掌的"四方之志"，古代的晋《乘》、鲁《春秋》、楚《梼杌》就是地方史（参见《方志立三书议》、《为张吉甫司马撰大名县志序》）；近代修志诸家，"误仿唐宋图经"是不对的（见《为张吉甫司马撰大名县志序》）。他还针对戴震的方志"宜悉心地理沿革"论，提出批评，说："方志如古国史，本非地理专门"（《记与戴东原论修志》）。

　　其次，他以为，方志是一方全史，"无所不载"，内容很广："方州虽小，其所承奉而施布者，吏、户、礼、兵、刑、工，无所不备，是则所谓具体而微矣"（《方志立三书议》），所以内容包含很多方面。

　　再次，他认为，方志无所不载，"乃可为一朝之史所取裁"（《为张吉甫司马撰大名县志序》），"国史于是取裁"（《方志立三书议》）。

　　这三点总起来，是说明方志为地方全史，与国史有密切关系，国史为主，方志为从，方志围绕国史，犹如国史之卫星。确定国史与方志的主从关系，是一种治史的全局观念，也反映了国家统一在史学上的要求。

　　章学诚明确了方志与国史的关系之后，在义理、体例等方面也有相应的考虑。他认为，方志需要"严名分"，应该载之于国史的帝王后妃，就不该载之于方志；否则，就是"名分混淆"（《书武功志后》）。这虽然是出于君君臣臣的名分观念的一种考虑；但也确是需要区分国史与方志所载内容的一个探讨。

在体例上，他力戒方志"僭妄"。国史多是纪传体，一般分纪、表、志、传，章氏为了"避僭史之嫌"，不敢与国史雷同，但又要能与国史互通声气，乃"变易名色"，而名方志之体为外纪、年谱、考、传；外纪录"皇恩庆典"，年谱记"官师铨除"，考著"典籍法制"，传列地方"名宦"（《答甄秀才论修志第二书》）。这个做法，使方志与国史之体，名是区分了，实际上联系得更紧了，因为方志之外纪、年谱、考、传，是从国史之纪、表、志、传那里套下来的。而这么做，正是为了便于国史取裁。这个方志四体，又根据实际有所变通，章氏晚年拟《湖北通志》体例时，将"志"分为纪、图、表、考、略、传等体（《湖北通志检存稿一、通志目录》），这比四体就有了发展。

但是，章氏论方志体例，又不囿于纪传正史之体。他认为，搞方志"必立三家之学"，即："仿纪传正史而作'志'，仿律令典例之体而作'掌故'，仿《文选》、《文苑》之体而作'文征'。"（《方志立三书议》）上面说到的外纪、年谱、考、传，皆属"志"的部分；另外还有"掌故"和"文征"，这是与"志"并列的。章氏自认为这样做，是发扬了古代史学的传统；是为了"互相资证，无空言"。其实，这还意味着方志并不完全按照纪传体正史的模式，而有其一定的特点。

章学诚还主张于"三书"之外，另立一个"丛谈"，"附稗野说部之流"，以备"征材之所馀"（《方志立三书议》）。这是附录性的项目，"非必不可阙之书"（同上）。即可有可无。章氏以为将它附于志后，于例"无伤"。不过，这么一来，内容既是丰富了，却又芜杂了，这是与纪传体正史大相径庭的。

另外，章学诚"尝论各部通志与府、州、县各有详略义例"（《丙辰札记》），以区分各种方志的范围；又建议各州县设立"志科"（《州县请立志科议》），以积累和保存地方史料，这都是从修史全局考虑，颇有意义的意见。

方志为国史取裁之说，是治史的全局观念，不仅在当时是一种创见，即使对我们今天撰修地方史也有参考意义。

六

章学诚继承了我国史学经世致用的传统，反对当时学术界务考索和腾空言两种不良倾向，强调"史学所以经世"(《浙东史学》)，企图"救弊纠偏"，端正学风。

乾嘉时代的学术界，在宋明至清初的学术趋势和当时提倡"稽古右文"的情况下，有所谓"汉学"和"宋学"之分，"汉学"务实学，以考据为特点；"宋学"尚性理，以议论为特点。考据一偏，有脱离实际、烦琐考证之弊；议论一偏，有空谈性理、不切人事之弊。汉学与宋学，各立门户，各是其是；又互相诋毁，揭露对方。实际上，两者皆没有继承学以致用的传统，而逐渐走入一条死胡同。学术之偏弊，有待于纠正，方能有新的生机。

章氏对当时盛行的考据之风，已察觉到偏弊。他说："古人之考索将以有所为也，旁通曲证，比事引义，所以求折中也。今则无所为而竞言考索。"(《博杂》)这是对考事而不引义表示遗憾。又说："近日考订之学，正患不求其义，而执形迹之末，铢黍较量，小有异同，即嚣然纷争。"(《说文字原课本书后》)这是对钻牛角尖、较量铢黍感到讨厌。又说："近日学者风气，征实太多，发挥太少，有如桑蚕食叶而不能抽丝。"(《与汪龙庄书》)这是对考据虽有实学而无实用的批评。

同时，章氏又反对性理学"惟腾空言而不切于人事"。他指出："朱陆异同，干戈门户，千古桎梏之府，亦千古荆棘之林也；究其所以纷纶，则惟腾空言而不切于人事耳。"这是对朱陆异同与门户之争，"惟腾空言而不切于人事"的严肃批评。又说："彼不事所事，而倡空言德性，空言学问，则黄茅白苇，极面目雷同，不得不殊门户以为自见地耳，故惟陋儒则争门户也。"(以上均见《浙东史学》)世上只有空言最省力，也最方便，因而也最易于无事生非；所以只有不学无术的陋儒争立门户。这个批评既尖锐，又中肯。

所以，章氏有针对性地指出："史学所以经世，固非空言著述也。……后之言著述者，舍今而求古，舍人事而言性天，则吾不得而知之矣。学者不知斯义，不足言史学也。"(《浙东史学》)这里所谓"舍今而求古"，是指务考索的，所谓"舍人事而言性天"，是指言性理的，批评二者不懂得何谓史学；博古为了通今，言义理为了人事，史学是"所以经世"的。本文前面所谈章氏有关事与义结合、主观与客观相符、史文适如其事等议论，以及其他一些史学思想如"六经皆史"、"道器合一"、"学以致道"，等等，都具有鲜明的"经世"特点。

但是，必须指出，章氏批评当时学术界两种不良倾向，只是救弊纠偏，而不矫枉过正。他指出考据之风的流弊，"必有所偏"，但并不因此否定历史考据，并不把考据家打倒，也不想将考据学打入冷宫。他声称："且未尝不知诸近人所得亦自不易，不敢以时趋之中不无伪托而并其真有得者亦忽之也。"（《家书》七）又说："考索之学亦不易易，大而礼辨郊社，细若雅注虫鱼，是亦专门之业，不可忽也。"（《答沈枫墀论学》）看来，章氏对慎重能辨别是非，慎重对待，不是完全否定，不搞绝对化。章氏是强调"惟义之求"的，是要对考据之风"因弊以纠其偏"的，但他并不专尚空言，而且反对"腾空言而不切于人事"的另一种坏学风。正因如此，章氏对务考索与尚空言的两种不良倾向，只是想因弊以纠其偏，并不想以一种倾向来代替另一种倾向。他以清醒的头脑思考着当时学术界的门户之争，自我吹嘘，经生互诋，文人相轻，有人想在其间捞一把，有人逐风气而不悟，对那些被欺惑的少年书生深表同情，为那些随风跑的无识之徒悲叹不已，与那些权威学者如戴东原辈直接交锋（参考《原道下》、《朱陆》附录《附书朱陆篇后》、《答沈枫墀论学》等篇）。

同时，章氏反对矫枉过正。他说："著书宗旨，自当因弊以救其弊，但不可矫枉而至于过尔。"（《为毕制军与钱辛楣宫詹论续鉴书》）又说："君子立言以救弊，归之中正而已矣。惧其不足夺时趋也而矫之或过，则是倍用偏枯之药而思起死人也，仅取救弊而不推明斯道之全量，则是担薪去半而欲恤樵夫之力也。"（《说林》）其意是，著书立说，要勇于因弊以纠其偏，但不可矫枉过正，不能越过真理一步，而应该归之中正，求之适可；否则，不仅达不到预期的效果，而且还可能帮了倒忙。所以，他又说："不得不废者，严于去伪，而慎于治偏，则可以无弊矣。"（《说林》）这可以说是对学术问题持谨慎的也是较为允当的态度。

章氏承认各人的天资与才具不一，因而在谈到个人治学方面，主张"专其一则必缓其二"(《答沈枫墀论学》)，必有其偏重，亦必有所轻；所以，并不要求每个人治学都能样样通，或者都得从一个特定的模式里套出来。古往今来，学术的历史颇有曲折，学术的方针各个时期颇不一样，若是学术方针在"枉""正"线上频繁摆动，则使学术生命易于垂危，甚至使学术性格可能畸形发展。章氏识度之高明，想是与其比较能够正确总结学术历史与现状有一定关系。

在掉虚文与务实学两者之间，章氏比较倾向于务实学。他说："要之，文章翻空，学无撼实。今之学者虽趋风气，竞尚考订，多非心得；然知求实而不蹈虚，犹愈于掉虚文而不复知实学也"。(《答沈枫墀论学》)他权衡掉虚文与务实学，感到实学还有点用处，而空言与虚文等于画饼，所以论者的砝码置于实学的一头。这是在反对考据之风时，又对务实学作必要的肯定，而不把话说过了头。这是对考据学的两分法，也是一种不矫枉过正的具体表现。

我们认为，章学诚的史学思想是有光辉的。虽然他强调"史学所以经世"，还只可能为封建统治服务，他的一些史学观点，还不可能真正在实践中贯彻，但是，却也有惊世骇俗及启发后来的作用。章氏说过："古之糟魄，可以为今之精华，非贵糟魄而直以为精华也，因糟魄之存而可以想见精华之所出也。"我们今天来看章氏的史学思想，还不完全是"古之糟魄"，其中有许多精华，因而对于这份史学遗产，应该剔除其糟粕，吸取其精华，以为今日史学的借鉴与养料。

（1981年第3期）

古代史学的"求真"与"致用"传统

许殿才

中国古代史学在发生与发展过程中,形成了一些值得称道的优良传统。这些优良传统与中国史学独特面目的形成有着直接的关联,同时它们也在推动中国史学进一步发展以及史学发挥社会功能方面起到了重大作用。在这些优良传统中,"求真"与"致用"居于主导地位。

一、"求真"是古代史学的根本要求

追求历史记载的真实,在古代的史学观念中居于相当重要的地位。可以说从人们有意识地进行历史记述之时起,如实地记录历史就成为对史学工作的根本要求。对此,白寿彝先生曾举《左传》庄公二十三年"君举必书。举而不书,后嗣何观"等例,说明"可从这些引文里看到,直书就是当时史官所应当共同遵守的法度"。并说"在战国以后,直笔的传统一直传下去,成为史学领域里最重要的优良传统之一"。[①]

随着史学在实践中的发展,人们对这一问题有更多的关注,对它的看法也丰富起来。

"求真"从根本上决定了历史记述以至史学的价值。对此,古代史家是有明确认识的。上举《左传》"君举必书。举而不书,后嗣何观"之言可以说明,当时的人们已意识到能否秉笔直书直接关系到史学作用的发挥。刘勰之言:"然史之为任,乃弥纶一代,负海内之责,而赢是非之尤,秉笔荷担,莫

---

① 《中国史学史》第1册,上海人民出版社1986年版,第357、358页。

此之劳。……若任情失正，文其殆哉！"（《文心雕龙·史传》）更是从史学的社会责任角度讲明了"失正"会导致史文衰歇的严重后果。基于"求真"关乎史学价值的根本认识，刘知幾把秉笔直书的典型董狐、南史列为史学的最高典范。他说："史之为务，厥途有三焉。何则？彰善瘅恶，不避强御，若晋之董狐，齐之南史，此其上也。编次勒成，郁为不朽，若鲁之丘明，汉之子长，此其次也。高才博学，名重一时，若周之史佚，楚之倚相，此其下也。"（《史通·辨职》）他的看法在传统史学领域中有广泛的代表性。

对于"求真"的高度重视，致使人们逐渐把它作为衡量史学作品价值的关键尺度。班固在评论司马迁史学成就时，引用刘向和扬雄的话，说他们"皆称迁有良史之材，服其善序事理，辨而不华，质而不俚，其文直，其事核，不虚美，不隐恶，故谓之实录"（《汉书》卷六十二《司马迁传赞》）。这段话是史学批评史上著名的权威之论，产生了相当大的历史影响，此后，"实录"事实上成了古代史学稳居前列的"关键词"。

"求真"有两方面的要求：一是著述者有良好的史德，有忠于史实的勇气，甚至可以不惜献出自己的生命；二是对史实的真伪进行技术考察，把真实的历史展示出来。只有史家把主观上对历史真实的追求和客观上对历史事实的严谨考察很好结合起来，才能形成所谓的实录。

事实上，因为当权者干预等复杂的社会原因，历史作品要想达到实录的要求相当困难。而由于避祸与取媚于统治者等的现实制约，与直书对立的曲笔现象是经常出现的。可以说直书传统是无数有胆有识史家以生命和鲜血为代价，在与恶势力的抗争中形成的；是他们在不断抵制曲笔以求全求荣的诱惑中发扬光大的。这方面最值得一提的当然首先是董狐和齐太史及南史氏的事迹。董狐之事请留待下文，先来看看齐太史与南史氏的无畏气概:《左传》襄公二十五年载：当齐大夫崔杼杀齐庄公后，"太史书曰：崔杼弑其君。崔子杀之，其弟嗣书，而死者二人，其弟又书，乃舍之。南史氏闻太史尽死，执简以往。闻既书矣，乃还。"他们的事迹甚至超出史学领域，成为国人高尚精神气节的典范。唐朝史家吴兢不避权贵的事迹也很感人。在《武后实录》中，吴兢直叙张说诬证魏元忠之事，后来张说为相，"读之，心不善，知兢所为，即从容谬谓曰：'刘生书魏齐公事，不少假借，奈何？'"意思是把事情推到刘知幾身上，而让吴兢曲笔更改这一记载。吴兢回答："子玄已亡，不可受诬地下，兢实书之，其草故在。"不留情面地把张说顶了回去。张说还不死心，"屡以情蕲改"，吴兢就是不买账，"辞曰：'徇公之情，何名实录？'卒不改。"以敢于对抗权贵而获得了"世谓今董狐"（《新唐书》卷一三二《吴兢列传》）的崇高赞誉。对于正直史家这种高贵品质，刘知幾有一段很让人动情的议论："盖烈士徇名，壮夫重气，宁为兰摧玉折，不作瓦砾长存。若南董之仗气直书，不避强御；韦崔之肆情奋笔，无所阿容。虽周身之防有所不足，而遗芳余烈，人到于今称之。"（《史通·直书》）

在技术方面，重视搜罗详尽的史料，考订材料的真实，是有作为史家的一贯做法。这个做法也可追溯到史学初起之时。我们知道中国的史官起源很早，在商周时期就形成了"动则左史书之，言则右史书之"（《礼记·玉藻》）的相对成熟的记注制度。这对保证历史记载的真实性的意义是不言而喻的。在儒家经典著作中，我们也可看到有关审慎处理、考辨历史材料的记载。孔子在谈到前代典章制度时，曾说："夏礼吾能言之，杞不足征也，殷礼吾能言之，宋不足征也，文献不足故也，足则吾能征之矣。"（《论语·八佾》）这句话由于出自孔子之口，又是较早的无征不信的论述，所以被作为严肃对待历史的范例而广为人们征引。《穀梁传》强调："《春秋》之义，信以传信，疑以传疑。"（《穀梁传》桓公五年）成为史家处理历史材料的基本原则。此后史家认真搜集、考订史实的例证不胜枚举，直到清代考据学大兴，代表了传统历史考辨的最高水平，把对历史真实的追求带入了一个新的境地。

二、"致用"是古代史学的主要动机

经世致用是中国史学源远流长的传统。在商周时代，把历史作为现实的一面镜子，就是个很明确的观念，《诗经·大雅·荡》中说："殷鉴不远，在夏后之世。"《诗经·大雅·文王》又说："殷之未丧师，克配上帝，宜鉴于殷，骏命不易。"《尚书》中周公、召公等政治家以夏商历史为鉴的言论在他们为政的议论中占了很大的篇幅，更是为人们所熟知的。召公尝言："相古先民有夏，天迪从子保；面稽天若，今时既坠厥命。今相有殷，天迪格保；面稽天若，今时既坠厥命。(《尚书·召诰》)论述要把夏商两代从兴到亡的历史作为周人的借鉴。周公说："古人有言曰：'人无于水监，当于民监。'今惟殷坠厥命，我其可不大监抚于时？"(《尚书·酒诰》)说明以"民"的行为为鉴在周初就已是权威性的古训了，而且这个鉴戒思想包含着对历史深入思考的内容。

较早以历史著述作为工具干预现实，而产生重大历史影响的莫过于孔子修《春秋》。对此，孟子有切实明白的说明："世衰道微，邪说暴行有作，臣弑其君者有之，子弑其父者有之。孔子惧，作《春秋》……昔者禹抑洪水而天下平，周公兼夷狄驱猛兽而百姓宁，孔子成《春秋》而乱臣贼子惧。"(《孟子·滕文公下》)汉代的司马迁对此有更细致透彻的论述："夫《春秋》，上明三王之道，下辨人事之纪，别嫌疑，明是非，定犹豫，善善恶恶，贤贤贱不肖，存亡国，继绝世，补敝起废，王道之大者也。……拨乱世反之正，莫近于《春秋》。……故有国者不可以不知《春秋》，前有谗而弗见，后有贼而不知。为人臣者不可以不知《春秋》，守经事而不知其宜，遭变事而不知其权。为人君父而不通于《春秋》之义者，必蒙首恶之名。为人臣子而不通于《春秋》之义者，必陷篡弑诛死之罪。"(《汉书》卷六十二《司马迁传》)《春秋》正因为积极的经世功能而成为儒家最重要的经典。

以史学为经世工具的认识，由历代学人不断加以阐发，越来越丰富也越来越深刻。汉初的贾谊把取鉴于历史作为国家施政的要务看待，他说："君子为国，观之上古，验之当世，参以人事，察盛衰之理，审权势之宜，去就有序，变化有时，故旷日长久而社稷安矣。"(《史记》卷六《秦始皇本纪赞》)刘知幾论述史学对于人生和治国都是相当重要的，他说："史之为用，其利甚博，乃生人之急务，为国家之要道，有国有家者，其可缺之哉！"(《史通·史官建置》)顾炎武把明史以"致用"作为学者的重要职责，论说："引古筹今，亦吾儒经世之用。"(《亭林文集》卷四《与人书八》)章学诚对"致用"之于史学的意义做了总结性的论述："史学所以经世，固非空言著述也。且如六经，同出于孔子，先儒以为其功莫大于《春秋》，正以切合当时人事耳。后之空言著述者，舍今而求古，舍人事而言性天，则吾不得而知之矣。学者不知斯义，不足言史学也。"(《文史通义·浙东学术》)龚自珍更把史学看作与国家民族命运生死攸关的大事,恺切地提示人们:"灭人之国,必先去其史;隳人之枋,败人之纲纪,必先去其史;绝人之材,湮塞人之教,必先去其史;夷人之祖宗,必先去其史。"(《古史钩沉论二》)

理论认识的不断深化,推进着这一传统的不断发扬光大。纵观中国史学发展的历史,可以清楚看到历代杰出史家多以《春秋》为榜样,以匡世济民为己任,而用自己的史笔书写下光耀千秋的不朽史著。杜佑著《通典》明确要"征诸人事,将施有政"。(《通典》自序)司马光著《资治通鉴》,专门留意于"关国家盛衰,系生民休戚,善可为法,恶可为戒者"(《进〈资治通鉴〉表》),宋神宗因而命其书名为《资治通鉴》。……都是比较典型的例子。

史学"致用"的功能表现为不同方面。古人大致有:以史为鉴的认识、惩恶劝善的认识、以史蓄德的认识、疏通知远的认识、宣扬功德的认识等,为避文繁,此处就不展开论述了。

三、"求真"与"致用"的关系

"致用"与"求真"用现在的眼光看是一对对立统一的矛盾。大多数情况下它们是统一的,是相得益彰,互相促进的。古人知道,用真实的历史为现实提供有益的借鉴从而产生积极的社会作用,是理想的史学局面,也是优秀史著具有久远生命力的关键所在。因此,史学既要关注社会需要,又要严格对自身的写实要求,这是二而一之事。刘勰之言:"原夫载籍之作也,必贯乎百氏,被之千载,表征盛衰,殷鉴兴废;使一代之制,共日月而长存,王霸之迹,并天地而久大。是以在汉之初,史职为盛,郡国文计,先集太史之府,欲其详悉于体国。必阅石室,启金匮,抽裂帛,检残竹,欲其博练于稽古也。是立义选言,宜依经以树则;劝戒与夺,必附圣以居宗;然后诠评昭整,苟滥不用矣。"(《文心雕龙·史传》)对此论述得是很清楚的。刘知幾的论述:"况史之为务,申以劝诫,树之风声。其有贼臣逆子,淫君乱主,苟直书其事,不掩其瑕,则秽迹彰于一朝,恶名被于千载。"(《史通·直书》)提示的也是二者并重的要求。正因为认识到历史知识有很强的作用于现实的功用,人们才对历史著述格外重视，从而激发起史学创作的极大热情，导致史学成为"显学"，在中国的学术中居于特殊重要的地位。正因为无数史家对"求真"的执着追求，中华民族才创造了世界上罕有其匹的丰富而可信的史学遗产，为人类文明做出了特有的贡献。

当然由于"求真"和"致用"各自有不同的内涵与要求，加上社会需要等复杂因素，它们之间有时也会出现矛盾冲突。对此古人是有认识的，也采取了他们认为适当的处理方式。

从董狐直笔的记载中我们可以看到他们对"直"有自己的理解。《左传》宣公二年在记载了赵穿杀灵公之事后，接着写："太史书曰：'赵盾弑其君。'以示于朝。宣子曰：'不然。'对曰：'子为正卿，亡不越境，反不讨贼，非子而谁？'宣子曰：'乌呼！我之怀矣，自诒伊戚。其我之谓矣。'孔子曰：'董狐，古之良史也，书法不隐。赵盾，古之良大夫也，为法受恶。惜也，越境乃免。'"董狐写的并不是直接的历史事实，而是在强调赵盾所应承担的历史责任，如果没有后来的解说，读者会误认为杀死灵公的人真的是赵盾。可当事人赵盾和后来的评判者孔子以至以后的读者，都认为董狐是在秉笔直书，是书法不隐。显然在这里客观史实与主观认定已出现了一定的间隔。

接下来我们就可以看到古人对"直"的另一种认识了。《论语·子路》中孔子有一段与叶公的对话，表明了他对"直"两重性的认识。文曰："叶公语孔子曰：'吾党有直躬者，其父攘羊而子证之。'孔子曰：'吾党之直躬者异于是，父为子隐子为父隐，直在其中矣。'"这个"直"与客观事实拉开了更大的距离。在孔子看来，"直"的把握是有限度的，违反了人性的"直"是不足取的。也就是说面对人伦亲缘等必要的社会要求，"直"应当有一定的弹性，应当包含更丰富的内涵。儒家是以人伦为出发点建立起社会结构与运行理论的，在他们看来亲缘关系的松弛会直接导致君臣关系等上下等级制度的不稳定，所以破坏了伦理秩序，就会危及社会的安定。在这个前提下孔子对"直"表述的看法，是有深意的。这是对儒家思想的一个重要理论阐述，产生了深远的历史影响。

从史学上贯彻孔子的思想，就产生了适当牺牲客观事实而求得伦理意义上的"直"这样的处理原则。说得直白点就是为了"致用"而让"求真"做出适当让步，也就是说在"求善"与"求真"之间，"求善"是占压倒优势的。典型例子还是孔子创造的。如果说在记述春秋时期历史时，《春秋》的"所见异辞，所闻异辞，所传闻异辞"（《春秋公羊传》隐公元年）还包含技术方面考虑的话，那么把"为亲者讳为尊者讳"作为一条重要的原则，体现的就完全是"求真"服从于伦理的政治考虑了。而声言在史书有所隐讳，事实上已与"求真"渐行渐远。近代以来这类所谓的"春秋笔法"为人所诟病，也正是为此。但在古代的思想背景下，这个原则是为人们所认同，并赞赏的。刘知幾在《史通·直书》中说："肇有人伦，是称家国，父父子子，君君臣臣，亲疏既辨，等差有别。盖'子为父隐，直在其中'，《论语》之顺也；略外别内，掩恶扬善，《春秋》之义也。自兹已降，率由旧章。史氏有事涉君亲，必言多隐讳，虽直道不足，而名教存焉。"反映这是人们所普遍认可的史学观念，成了人们普遍遵循的史学原则。

对此，我们今天可以有三方面的认识：其一，古人对"直"的内涵与运用有值得注意的深入思考，这对史学理论的丰富是有益的。其二，从积极方面考虑，为了社会准则的贯彻而对史实做适当变通处理，只要运用得当，对于国家、民生的安定和社会的发展是有好处的，因此这个做法是我们可以理解的。其三，在"求真"让步的同时，也为曲笔打开了大门，多少曲笔讳恶之事，可以假此名而行，不良史家也可以由此找到遁词，为自己的秽行开脱，曲笔这一史学浊流泛滥与此不无关系。

（2008 年第 2 期）

经史尊卑论三题

汪高鑫

经学与史学,是中国古代学术的两个重要门类。由于经史之学涉猎广泛,古代又没有严格的学科区分,特别是经与史之间特殊的渊源关系,以及经学在中国古代学术中的正宗地位,由此引发出了人们关于经史关系的种种争论,由此也成为中国传统文化与学术的一大特色。从学术发展史的角度来讲,经史关系的争论不仅涉及到经与史之间的地位高低与相互关系,而且还直接涉及到中国古代史学的自主独立问题。本文无意于对中国古代经史关系作出全面梳理,而只是就有关经史尊卑的长期纷争中涉及到的《汉志》"史附于经"现象、宋代"荣经陋史"观和明清"六经皆史"说三个论题展开讨论,提出一些粗浅的看法。

一、《汉志》"史附于经"问题

提到中国古代经史尊卑问题,就不得不从班固《汉书·艺文志》(依据刘歆《七略》而成)目录分类中的"史附于经"现象说起。学界有一种较为流行的说法,即认为迟至两汉,中国的史学尚未从经学当中分离出来,成为一门独立的学科,而是"史附于经",为经学之附庸[①]。持这一观点者的主要依据便是在东汉班固《汉书·艺文志》的群书目录分类中,《战国策》《史记》

[①] 如周予同、汤志钧二位先生在《有关中国经学史的几个问题》一文中认为,"两汉以前,史学不是一门独立学科,而是隶属于经。"(《文汇报》1961年11月19日)许凌云先生也认为,"在汉代,经学占统治地位,而史学是经学的附庸。"(许凌云:《经史关系略论》,《经史姻缘》,齐鲁书社2002年版,第3页)

等史书没有独立成类，而是依附于经书"六艺略"的《春秋》类下[①]；曹魏时秘书郎郑默依据皇家图书馆藏书撰写《中经》，西晋秘书监荀勖因《中经》而作《中经新簿》，将书籍分为甲、乙、丙、丁，其中丙部即为史书，"史"至此才独立成类；而唐初撰成《隋志》，则正式有了经、史、子、集四部群书目录分类。

上述说法如果纯粹从目录学的角度来看，无疑是正确的，它反映了这样一种客观事实：至少在目录分类上，迟至汉代时史籍尚未形成一大类别，而是主要依附于"六艺"，魏晋以后才独立成类。但是，这种目录学上的分类，并没有真正反映出先秦至两汉时期史学发展的实际情况，没有反映出两汉时期在学科分类上经史已经分离而不是"史附于经"的客观事实。首先，先秦已有源远流长的"史"的传统。我们说先秦时期经与史没有出现明确的分离，这是事实，但这不等于说先秦无"史"。实际上，先秦时期不但史官名称繁多、分工细致，而且史官通过记事，流传下了丰富而宝贵的史籍。《尚书·多士》说："惟殷先人，有册有典"，这里所谓"册""典"，便是指商代史官记录下的历史文献资料。像左史倚相"能读三坟、五典、八索、九丘"[②]，申叔时所谓"故志""训典"[③]等，这些典籍虽然不足考，也大致可以被看作是春秋以前史官留下的重要史料。至于"六经"，其中《尚书》和《春秋》自当为史，其他诸经不但具有重要的史料价值，而且对于后世史学与史学思想都有重要影响。在"六经"之后问世的《竹书纪年》《世本》《左传》《战国策》和《国语》等，都是战国时期撰成的、流传于后世的重要的先秦史籍。因此，实际上先秦已有源远流长的"史"的传统。

其次，汉代司马迁撰写《史记》而成史家之言，是中国古代史学已经与经学相分离，开始成为一门独立学科的重要标志。对于司马迁的"成一家之

---

① 有些史书著录于"诸子略"儒家类和"数术略"历谱类等类别之下，如《高祖传》十三篇、《孝文传》十一篇都著录于儒家类下，《帝王诸侯世谱》《古来帝王年谱》等书则被著录于历谱类下，等等。之所以出现这种分类不规范的现象，主要是因为《汉志》没有单独设立"史部"的缘故。不过，像《史记》《国语》《战国策》《楚汉春秋》《世本》等重要的、具有代表性的汉以前史籍，还是被著录于"六艺略"的《春秋》类下的。
② 《左传·昭公十二年》。
③ 《国语·楚语上》。

言",白寿彝先生明确认为这是史家的一家之言,"是在史学领域里第一次提出了'家'的概念"①。刘家和先生也认为,"经学是在汉代正式产生的,史学也随着《史记》、《汉书》等巨著的出现而开始崭露头角,正是在汉代开始了经史分离的过程。"② 这就是说,西汉时期中国史学已经开始与经学相脱离而成为一门独立的学科。值得注意的是,古代经史学科的形成颇为相似,史学开始独立于西汉时期,却是以先秦源远流长的"史"的传统为基础的;同样,经学作为一门学科也是形成于汉代,可是如果没有先秦"六经"典籍的形成,汉代经学的兴起也就无从谈起。

现在的问题是,既然西汉史学已经逐渐与经学分离而成为独立的学科,为何东汉成书的《汉志》还要在目录分类上以史附经呢?深究其原因,主要有两条:其一,秦火对先秦史籍的毁灭,致使汉代史籍稀少而形不成部类。先秦史官撰述成的种种史书,到了汉代,流传下来的已经是屈指可数了。据《汉志》的著录,汉人所能见到的历史书籍仅有三十四种一千三百余篇。与此相比,被《汉志》著录的"六艺"、"诸子"、"诗赋"和"兵书"、"数术"、"方技"诸"略"(后三"略"在后来《隋志》经史子集四部分类当中被归并到"子部")著作,其总数多达近六百家、近一万二千篇(《汉志》共著录图书一万三千余篇,其中包括史书一千三百余篇)之多。若以后来的经史子集四部分类观之,汉代的历史书籍与当时的经、子、集相比,确实是过于稀少,当时最少的经书也有一百零三家、三千一百二十三篇(包括《春秋》类下一部分史书共五百余篇在内,其余史书篇目在其他"略"里),无怪乎《汉志》只能将其主要附录于"六艺略"《春秋》类之下了。那么,先秦经史之籍到了汉代为何经书多能流传而史籍却留存甚少呢?对此,司马迁在《史记·六国年表序》中说得很清楚:"秦既得意,烧天下《诗》、《书》,诸侯史记尤甚,为其有所刺讥也。《诗》、《书》所依复见者,多藏人家;而史记独藏周室,以故灭。惜哉!惜哉!"这就是说,先秦史籍大量失传是秦火所致;而汉以后《诗》《书》得以复见而史籍不能,是因为《诗》《书》藏于民间而史籍藏于周室易

---

① 白寿彝:《说"成一家之言"》,《中国史学史论集》,中华书局1999年版,第99页。
② 刘家和:《经学和史学》,《北京师范大学学报》1985年第3期。

遭毁灭；至于秦始皇为何要毁灭史籍，是因为这些史籍"有所刺讥"。而秦火之后汉初史籍稀少，从《史记》的取材也可看出。正是由于秦火对先秦史籍造成的毁灭，才致使特别重视史料的司马迁在写作《史记》时，不得不面临史料匮乏的问题。据统计，《史记》一书引用的先秦史书及档案只有二十四种之多（其中二十一种今已亡佚）。

其二，经史之间的密切关系，决定了《汉志》采取"史附于经"的目录分类方法。汉代史籍在群书分类上构不成一个部类，那为何《汉志》要将其附录于"六艺略"的《春秋》类下呢？即为何要"史附于经"呢？我们认为这是由经史之间的密切关系所决定的。先秦时期，经史相兼是一种普遍存在的现象。"六经"中的《尚书》《春秋》自然被后人也当作史书来看待，而《诗经》的史料价值、《周易》的历史思想，同样引起治史者的高度重视；而在"十三经"当中，《春秋左传》《三礼》也都是重要的先秦史书。即使是到汉代经史开始分离之后，我们从《史记》《汉书》等汉代史籍中依然能够看到经史之间的密切关系，司马迁写《史记》就明确说过，他是要"正《易传》，继《春秋》，本《诗》《书》《礼》《乐》之际"[①]。正是这种经史之间的密切关系，从而决定了《汉志》的"史附于经"的目录分类。

由此可以得出结论，《汉志》的群书目录分类之所以要以"史附于经"，完全是汉代史籍太少形成不了一个部类，同时史籍又与经传关系密切所致，也可以说它是一种技术处理或权宜之计。那种依据《汉志》"史附于经"的目录分类现象，而认为汉代史学依附于经学，经与史尚未实现学科分离，无疑只是一种主观臆测，不符合史学发展的客观实际；同时，《汉志》"史附于经"的目录分类现象，虽然反映了经史之间的密切关系，却并不能因此说明二者之间存在着先后、尊卑和主从依附等等关系。换句话说，汉代并不存在一个所谓的经史地位之争的问题。

[①]《史记》卷一百三十《太史公自序》。

二、宋代"荣经陋史"观问题

汉代经史分离现象的出现，标志着经与史都开始成为一种独立的学科。但是，这种学科的分离发展，却并不表示经史之间因缘关系的割断或结束。由于经籍本身具有史料与史学价值，经学在汉代兴起以后又成为中国封建时代的统治思想而对各门学术具有普遍的指导作用，因此它对汉代以后史学的发展有着重大的影响；同时经学的发展也离不开史学的解读与论证，史学是经学赖以发展的主要凭借。也正因此，人们在讨论汉代以后中国学术发展史时，经史关系总是成为他们永恒的话题。人们喜欢以经史并论，探讨它们的相互关系与影响，比较它们的学术价值与学术地位的高低。

从经史尊卑角度而言，一种观点认为，在中国古代学术发展史上，出现尊经卑史的现象当自宋代开始。清代考史家钱大昕堪为此论代表人物，他在为赵翼《廿二史劄记》所作的序文中，就明确提出了"荣经陋史"观念始于宋儒的观点，这是一个在学术史上很有影响、颇为流行的说法。钱大昕通过对经史关系的历史考察，认为经史之间"初无经史之别。厥后兰台、东观，作者益繁，李充、荀勖等创立四部，而经史始分，然不闻陋史而荣经也。自王安石以猖狂诡诞之学要君窃位，自造《三经新义》，驱海内而诵习之，甚至诋《春秋》为断烂朝报。章、蔡用事，祖述荆舒，屏弃《通鉴》为元祐学术，而十七史皆束之高阁矣。嗣是道学诸儒，讲求心性，惧门弟子之泛滥无所归也，则有诃读史为玩物丧志者，又有谓读史令人心粗者。此特有为言之，而空疏浅薄者托以借口，由是说经者日多，治史者日少。彼之言曰，经精而史粗也，经正而史杂也。"

在这段话中，钱大昕以目录学为视角，认为从李充、荀勖等创立四部后，经史开始分途，我们认为这与经史之学在实际发展过程中的分离情况不相符合。同时他又认为，无论是经史未分之际还是经史已分以后，很长时间里人们并没有听到过"陋史而荣经"这样的说法，直到宋儒王安石废除汉唐注疏之学，倡导义理新学，直斥《春秋》为"断烂朝报"，开始贬损史学；后来的道学人士大力提倡心性之学，而当心门弟子读史玩物丧志，于是有了"经精史粗"、"经正史杂"的训诫；而那些空疏浅薄者们更是以道学诸儒的训诫为托词，只说经而不治史，宋代"荣经陋史"的风气由此兴起。我们认为，钱大昕提出"经精史粗"、"经正史杂"之"荣经陋史"之风是随着宋代王安石新学和理学的兴起而开始出现的，说明他看到了中国学术史上经史观念在宋代确实出现了明显的变化。不过，钱大昕以"荣经陋史"来概说宋代的经史之学则未免失之偏颇。众所周知，宋代文风昌盛，学术发达，学派众多，仅从经史之学而言，经学由理学的兴起而盛；同样，其史学的发达程度在中国古代也是空前绝后的。与王安石义理新学、二程理学同时并世的有司马光史学；与朱熹理学同时的有袁枢的史学，有以吕祖谦、程亮、叶适为代表的提倡经世的浙东史学，有蜀中二李（李焘、李心传）史学（其中李心传稍晚于诸贤），这些都是在中国史学史上很有地位、很有影响的史家与学派。也许有人会认为，钱氏此说主要是针对宋代义理之学的经史观念而言的。对此我们的理解是：如果钱氏此说只是反映了宋代义理之学的一种普遍的荣经风气的话，那么这无疑是正确的；如果认为宋代义理之学都是"荣经"而"陋史"的，这一提法是否全面、准确，则是一个值得商榷的问题。

宋代义理之学的代表学派无疑要数程朱理学，透过他们的经史观念，将有助于我们对于宋代义理之学经史观念的整体把握。二程（颢、颐）的经史观是通过其理学思想而得以阐发的。作为宋代义理之学的重要发展时期，二程理学以"天理"为其最高范畴。二程明确认为，"天下只有一理"[1]，"理"是唯一的绝对，是物质世界之外的永恒的存在；同时理又是万物的本源，支配着万物，万物的变化都是天理的体现。与这种天下绝对之理相对应，万物又各有情形，各有其理，这叫作"理一分殊"。人们从万物具体的理，去推究"天下一理"之"理"。从这种天理观出发，二程一方面从求理的角度肯定史学的作用，认为要识"理"，识得历史治乱兴衰之理，就必须要"考古今，察物情，揆人事，反复研究而思索之"[2]。另一方面，二程又认为经书是教人道理的，必须先通过读经识得道理，然后才能读史。二程说："尝语学者，且先读《论语》、《孟子》，更读一经，然后看《春秋》，先识得个义理，方可

---

[1] 《程氏遗书》卷十八。
[2] 《程氏粹言》卷一，《论学》。

看《春秋》。"① 又说"凡读史,不徒要记事迹,须要识得治乱安危兴废存亡之理。"②《上蔡先生语录》卷之中记载弟子谢良佐"记闻甚博"、"举史文成诵",程颢却批评他是"玩物丧志",意思是说他只知道"记诵博识,而不理会道理"。在二程的理学思想中,以经为本、经先史后的观点是非常明确的。

南宋朱熹继承并发扬了二程理学思想,是宋代理学的集大成者和宋代义理之学体系的建立者。在对待经史关系问题上,朱熹也承继了二程的先经后史的经史观。朱熹从万物一理、理一分殊的角度肯定古今历史与事物中存在着天理,要想明理,就必须要读书、读史,朱熹说:"是其粲然之迹,必然之故,盖莫不具于经训史册之中,欲穷天下之理而不即是而求之,则是正墙面而立尔,此穷理所以必在乎读书也。"③但是,朱熹又明确指出,对于明理而言,经相对于史更为重要。更加强调读经对于明理的重要性。究其原因,一是经书全是天理,而史书则不竟然。朱熹说:"《六经》是三代以上之书,曾经圣人手,全是天理,三代以下文字有得失,然而天理却在这边自若也。"④既然史书是三代以下文字,并非全是天理,人们读书明理,就必须要以经为本、先经后史。二是既然史书并非全是天理,如果不以经为本、先经后史,就容易为史所坏。他批评同时代的学者吕祖谦说:"伯恭(吕祖谦字)于史分外了细,于经却不甚理会。""缘他先读史多,所以看粗着眼。读书须是以经为本,而后读史。"⑤朱熹强调要站在天理的高度来认识历史、学习历史,才能做到"陶铸历代之偏驳,会归一理之纯粹"。⑥因此,他一再指出:"故程夫子教人先读《论》、《孟》,次及诸经,然后看史,其序不可乱也。"⑦值得注意的是,相比较于二程,朱熹理学更加强调"格物致知"的穷理功夫,而史学正是这种为"格物致知"而应该从事并且能够从中取得感发的一种学问。正是基于这种认识,朱熹在史学上下的气力更大,并且取得了非凡的成就。

---

③《程氏遗书》卷十五。
②《上蔡先生语录》卷之中。
①《朱文公文集》卷十四。
②《朱子语类》卷十一。
③《朱子语类》卷一二二。
④ 朱熹:《资治通鉴纲目后序》。
⑤《朱文公文集》卷三十五。

从上所述可知，作为宋代义理之学的代表，程朱理学主张先经后史、以经为本的经史观念，表现出了明显的重经、崇经、荣经的思想倾向；而这种经史观念的哲学基础，则是其万物一理、理一分殊、理在事先的理学思想。在程朱理学看来，"天下只有一理"，理在事先，而经学是理，史学是事，故而明理必须崇经、荣经，经先史后。正是由于程朱理学大力宣扬以经为本、先经后史的经史观，这在客观上确实有助于此后经学风气的兴盛，我们从唐宋时期科举考试内容上唐人考诗赋而宋代易之以经义的变化也可看出这种风气的转变情况。但是，问题的关键是程朱理学荣经是否就陋史？我们的答案是否定的。我们认为程朱理学宣扬以经为本、经先史后是实，但这并不等于就是轻视史学。程朱理学还有一个重要哲学思想是宣扬理在事中、格物穷理，认为万物皆有其理，史事之中有历史兴衰之理，明理既离不开"经训"，同样也离不开"史册"，所以朱熹一再向人申明，他叫人读经并不等于不要人去读史，他说："昨日有人问看史之法，熹告以当且治经，求圣贤修己治人之要，然后可以及此，想见传闻又说不教人看史矣。"① 朱熹本人既是理学家，也是史学家，他在史学上所取得的卓越成就，就是他重视史学的一个最好注脚。② 由此得出结论，以程朱为代表的宋代义理之学的以经为本、先经后史的经史观念，由于程朱理学的特殊地位，对于宋代以后荣经轻史之风的兴起无疑是有着重要影响的，至于宋学末流则更是只知空谈性命道理。但是，就程朱理学本身的经史观念而言，说他们荣经是实，陋史则不确；尊经是实，卑史则不尽然。

三、明清"六经皆史"说问题

"六经皆史"说是明清学术史、经学史与史学史上一个重要命题。从王

---

① 《朱文公文集》卷四十四。
② 朱熹的史学成就斐然，他与学生赵师渊合写的《资治通鉴纲目》，创立了中国古代史学的纲目体体裁；他撰述的《伊洛渊源录》一书，则是古代学案体史书的滥觞之作；他还有大量的历史评论与史学批评散见于《朱文公文集》和《朱子语类》之中。

阳明的"五经亦史"说，到王世贞的"六经，史之言理者"、李贽的"六经皆史"说，再到章学诚的"六经皆史"说，关于经史关系的论述也随之而不断地深入。然而，关于明清诸贤此说所反映的经史观念，特别是是否蕴含有经史尊卑问题，迄今为止学界还存在着较大的分歧。

谈到明清的"六经皆史"命题，人们往往要追溯到隋朝的王通，学界一般认为他是最早提出"以经为史"的人[①]。《文中子·中说》卷一《王道》篇说："昔圣人述史三焉：其述《书》也，帝王之制备矣，故索焉而皆获；其制《诗》也，兴衰之由显，故究焉而皆得；其述《春秋》也，邪正之迹明，故考焉而皆当。此三者，同出于史而不可杂也，故圣人分焉。"在此，王通提出了"六经"中的《尚书》《诗经》《春秋》"同出于史"的观点。在王通看来，《尚书》《诗经》和《春秋》"三经"的立意有别于其他经书，圣人分此三经以述史，旨在"备帝王之制"、"显兴衰之由"和"明邪正之迹"。很显然，述史述经，只是圣人的一种分说，本身并不体现经与史孰尊孰卑的问题；同时，"三经亦史"说可能在形式上对后来明清时期"六经皆史"命题的提出有启发作用，但二者之间存在着本质的区别。

明代心学家王阳明在批判与继承宋儒经史关系论的基础上，明确提出来了"五经亦史"的观点，成为中国古代学术史上"六经皆史"说最早的系统阐述者之一。王阳明一方面从"心即理"、"心理无二"的心学观点出发，反对宋代理学家们将"理"看作超然之物、绝对观念；一方面又继承了宋儒从理事、道器的哲理高度探讨经史关系的传统。王阳明认为，经史之间的关系，"以事言谓之史，以道言谓之经。事即道，道即史，《春秋》亦经，'五经'亦

[①] 也有一些学者不同意这一说法，如钱钟书先生就认为此说与先秦道家有关系，他说："《庄子·天运》篇记老子曰：'夫六经，先王之陈迹也，岂其所以迹哉'；《天道》篇记，桓公读圣人之书，轮扁谓书乃古人糟粕，道之精微，不可得传。《三国志·荀粲传》注引何劭为《荀粲传》，记粲谓：'孔子言性与天道，不可得闻，六籍虽存，固圣人之糠秕'云云。是则以六经为存迹之书，乃道家之常言，六经皆史之旨，实肇端于此。"（钱钟书：《谈艺录》，中华书局1984年版，第266页）周予同先生则认为："古代'经'、'史'不分，隋朝王通也不能说是'以经为史'的最早者。如果上溯的话，孔子即曾说过：'《春秋》其文则史，其义则丘窃取之矣！'那么，孔子就是以《春秋》为史了。"（朱维铮：《周予同经学史论著选集》，上海人民出版社1983年版，第716页）我们认为，先秦道家和孔子的"以经为史"，是经史未分时代的一种说法，与经史已分时代的隋朝王通的"三经亦史"说及其以后的"五经亦史"、"六经皆史"说所谈论的经史关系还不是一个概念。

史。《易》是包牺氏之史，《书》是尧舜以下史，《礼》、《乐》是三代史，其事同，其道同，安有所谓异？"又说："'五经'亦只是史。史以明善恶，示训戒。善可为训者，特存其迹以示法；恶可为戒者，存其戒而削其事以杜其奸。"① 从这两段话可以清楚地看到王阳明经史关系论的基本内涵，其一是不仅提出了"五经亦史"的经史命题，而且还从理事、道器合一的哲理高度对"五经亦史"说作出了理论论证；其二是从"事即道，道即史"的经史观出发，而肯定存史的目的即在于存"道"，在于"明善恶，示训戒"。因此，王阳明"五经亦史"的理论意义，是肯定了经史、事道之相同、无异和合一的关系。

王阳明之后的明儒，显然是受到王阳明的影响，似乎都热衷于讨论经史关系问题，注重阐发"六经皆史"的命题，其中最具代表性的学者有王世贞、李贽等人。王世贞认为，"天地间无非史而已。六经，史之言理者也；编年、本纪、志、表、书、世家、列传，史之正文也；叙、记、碑、铭、述，史之变文也……"② 这就是说，所谓经书，其实也就是史书之一种。王世贞还继承了王阳明的理事、道器合一说，认为史中含道，道依赖史而得以相传。他说："史不传则道没，史即传而道亦系之而传。"③ 王世贞甚至将史的作用看得比经还大，他说："经载道者也，史纪事者也。以纪事之书较之载道之书，孰要？人必曰经为载道之书，则要者属经，如是遂将去史弗务。嗟乎！智愈智，愚愈愚，智人之所以为智，愚人之所以为愚，其皆出于此乎？"在王世贞看来，造成"愚愈愚"局面的原因，就在于世人重经轻史，所以他大声疾呼"史学在今日倍急于经，而不可以一日而去者也"，"君子贵读史"④。王世贞的"贵史"论，不但与宋儒过分荣经有明显的不同，而且对于晚明以来学风的转移和重史思潮的出现也是有一定影响的。

李贽是一个被称为具有"异端"思想的学者，他评价历史事件与历史人物不以孔子和儒家的是非为是非，而是"一切断以己意"⑤。他曾作《经史相

---

① 王阳明:《王阳明全集》卷一,《传习录上》,上海古籍出版社1992年版,第10页。
② 王世贞:《弇州山人四部稿》卷一一四。
③ 王世贞:《纲鉴会纂序》。
④ 王世贞:《纲鉴会纂序》。
⑤ 梅国祯:《藏书序》,见李贽《藏书》卷首。

为表里》一文，对经史关系作出论述："经史一物也。史而不经，则为秽史，何以垂戒鉴乎？经而不史，则为说白话矣，何以彰事实乎？故《春秋》一经，春秋一时之史也。《诗经》、《书经》，二帝三王以来之史也。而《易经》则又示人以经之所自出，史之所从来，为道屡迁，交易匪常，不可以一定执也，故谓'六经'皆史可也。"[1]在此，李贽一方面以理事合说经史，肯定史以经明理、经以史彰事，二者是统一的关系；另一方面，李贽则明确提出了"六经皆史"的说法，这在中国古代学术史上至少在字面上还是第一次。李贽提出"六经皆史"说，其主旨是利用王学此说的积极因素，进一步在思想领域反对程朱理学，挑战程朱理学的正统与权威。

当然，对于"六经皆史"命题作出最系统阐述的，还得数清代史评家章学诚。关于章学诚"六经皆史"说的提出及其理论价值，学术界的认识与评价存在着很大的分歧，褒之者认为"六经皆史"说是章学诚的一种创见，它将"六经""从神圣的宝座拉下来"，在思想上有进步意义[2]；贬之者认为"六经皆史"说并非章学诚首倡，甚至他关于此说的表述也没有王阳明"清楚明白"[3]；也有学者中肯地提出"六经皆史"说的发明权不是章学诚，不过他却赋予这一命题"以充实的内容和系统理论"[4]。之所以会出现各种分歧，这既有研究者主观的学术素养与思想认识上的差异，也与章氏该命题本身内容繁富、概念的内含与外延全书不统一有一定的关系。

其实关于章学诚并非"六经皆史"说的首倡者学界已经基本上形成共识，问题的关键是：章学诚究竟有没有赋予此命题以新的含义？他重提并且着力系统阐发这一命题的真正目的究竟何在？章氏"六经皆史"说是否蕴含着经史尊卑的含义于其中？这才是需要史界同仁应该加以关注和作出回答的。

要了解章氏"六经皆史"说的基本内涵，须着重把握章氏有关论述的三个要点：第一，古代"无经史之别"，后世史学源于《春秋》。章学诚认为，

---

[1] 李贽：《焚书》卷五，《经史相为表里》。
[2] 侯外庐：《中国早期启蒙思想史》，人民出版社1956年版，第509页。
[3] 参见喻博文《两则史料辨证》，《学术月刊》1981年第5期。
[4] 仓修良、叶建华：《章学诚评传》，南京大学出版社1996年版，第158页。

古代"无经史之别,六艺皆掌之史官,不特《尚书》与《春秋》也"。①又说:"三代以前,《诗》、《书》六艺,未尝不以教人,非如后世尊奉六经,别为儒学一门而专称为载道之书者。"②这就清楚地告诉人们,所谓视"六经"为专门的载道之书,那是后世儒者所为,其实在三代以前,经史没有区别,"六经"就是由史官执掌的教人行事之书。这就将儒家"六经"还原了它的本来面目。章学诚认为,后世经史分途,后世之史学则源于《春秋》。《章氏遗书补遗·上朱大司马论文》说:"盖《六艺》之教通于后世有三:《春秋》流为史学;官礼诸记,流为诸子;论议诗教,流为辞章辞命。其它《乐》亡而入于《诗》、《礼》;《书》亡而入于《春秋》。《易》学亦入官礼,而诸子家言,源委自可考也。"又说:"叙事实出史学,其源本于《春秋》比事属辞,左史班陈,家学源源,甚于汉廷经师之授受。马曰:好学深思,心知其意;班曰:纬六经,缀道纲,函雅故,通古今者。《春秋》家学,递相祖述,虽沈约、魏收之徒,去之甚远;而别识心裁,时有得其仿佛。"由此可知,史学属于《春秋》家学。

第二,"六经皆先王之政典",是"切人事"的学问。《文史通义》开篇即说:"古人未尝离事而言理,六经皆先王之政典也。"《校雠通义·原道》解释说:"后世文字,必溯源于六艺。六艺非孔氏之书,乃《周官》之旧典也。《易》掌太卜,《书》藏外史,《礼》在宗伯,《乐》隶司乐,《诗》领于太师,《春秋》存乎国史。夫子自谓述而不作,明乎官司失守,而师弟子之传业,于是判焉。"《文史通义·经解上》也说:"古之所谓经,乃三代盛时,典章法度,见于政教行事之实,而非圣人有意作为文字以传后世。"这些论述都明确指出,"六经"不过是记载三代盛世时期政典史事之书,而非孔子留于后人的载道之书。章学诚又认为,三代的学术并没有将后世所谓"六经"当作经书来看待,而只是将这些"先王之政典"当作"切人事"之史来看,"三代学术,知有史而不知有经,切人事也。"③认为三代时期虽然有"经"书,但它不过是诸子书的一种分类,"诸子著述,往往自分经传,如撰辑《管子》者之分别经言,墨子亦有《经篇》,韩非则有《储说》经传,盖亦因时立义,自以其说

---

① 《文史通义·论修史籍考要略》。
② 《文史通义·原道中》。
③ 《文史通义·浙东学术》。

相经纬耳"。① 与后世儒家所遵奉的经书的含义是不同的。

第三,"道不离器","六经皆器也"。章学诚"六经皆史"说的哲理基础则是他的"道不离器"说。《文史通义·原道中》说:"《易》曰:'形而上者谓之道,形而下者谓之器。'道不离器,犹影不离形。后世服夫子之教者自六经,以谓六经载道之书也,而不知六经皆器也。"这段话清楚地表明,"道不离器"、"道器合一"是事物的普遍法则,因此,"六经"不仅只是"著理"的载"道"之书,而且也是"未尝离事"的"器",是道与器、理与事的统一。这就从形上与形下两个层面对于"六经"的本质作出了回答。

那么,章学诚着力阐发"六经皆史"说这一命题的真正目的究竟何在?我们认为主要也有三个方面:第一,章学诚的"六经皆史"说是为阐发其经世致用史学思想提供理论依据的。章学诚治史,是以经世致用为目的的,他说:"史学所以经世,故非空言著述也。"② 众所周知,章学诚所处的乾嘉时代,是考据之风大盛的时代。如果说当年顾炎武为宣扬经世致用的学风而提倡考据实学,那么这个时期的考据学则完全是一种脱离现实、逃避现实的学术,人们埋头于故纸堆,与现实隔膜。同时,这一时期的宋学尽管相对微弱,却仍然还是以空谈性命道理为务。毫无疑问,清初所提倡的那种经世致用学风到了这一时期已经丧失殆尽。章学诚在这样一种特定的历史时代而大倡"六经皆史"说,就是要将斗争的锋芒直指向空谈性命的宋学和务求考索的汉学。章学诚肯定"六经皆史",其实就是要从源头上去论证史学的经世致用性。在章学诚看来,既然六经是"切人事"的,"皆先王得位行道,经纬世宙之迹,而非托于空言"③ 的政典,后人学习经书,就应该要弘扬这种"经世"的学风,继承这种"经世"的精神,而不应该将经学变成一种只是空谈义理,或是专务考索的学术,那样,就完全偏离了经学的本意。

第二,章学诚"六经皆史"说具有扩大史学视野与把握史学思潮的价值。章学诚所谓"六经皆史"之"史",当然是具有史料含义的。因为章学诚明确认为"六经"是先王的政教典章,是历史的记录,是"切人事"的文献。肯

---

① 《文史通义·经解上》。
② 《文史通义·浙东学术》。
③ 《文史通义·易教上》。

定"六经"是史料,它的史学意义是重大的:人们因此可以将"六经"当作先王时期的重要史料来看待,以对先王时期的各种社会政治制度作出研究,从而有助于我们对于先王时期历史的认识;经史合一,从而扩大了人们的史料收集和历史研究范围,有助于人们对于历史的全面了解和正确解读。另一个方面,六经都注重阐发历史观点,而正是这种历史观点给予了史学及其史学思想的发展以极大的影响。正如吴怀祺先生所说的,说"六经"是史,"这主要不是从历史编纂学上说,也不是着重从史料学上说,应当从历史意识上、从史学思想上来理解这个问题。中国的史学思想的主要思潮,溯源探流,都可以追寻到《六经》那里。《六经》的每一部经书中不是孤立地、简单地阐述一种见解,反映一种历史意识;情况比较复杂,但每一部经书,相对地说,比较集中地表达一种历史见解,一种史学观点。"①

第三,章学诚的"六经皆史"说还蕴含了一种史学变革的精神。章氏重视学术"流变",倡导史学创新与著作精神,他认为三代以上之史与三代以下之史存在着明显的不同,"三代以上,记注有成法,而撰述无定名。三代以下,撰述有定名,而记注无成法。"②"撰述欲其圆而神,记注欲其方以智。"③这里所谓"记注",指的是以保存史料为务之史书,它追求"方以智",有一定之成规;所谓"撰述",则是指依据记注而撰成的史学著作,它没有固定的名称,重视"圆而神"。章氏认为"六经皆史",如《尚书》无定法,而《春秋》有成例"④,它们都很好地体现了史书的"圆而神"、"方以智"的精神。然而三代以下"继《春秋》而有作"之史,只有司马迁"近于圆而神"、班固"近于方以智",其他皆失去了史学的创新精神,"纪传行之千有余年,学者相承,殆如夏葛冬裘,渴饮饥食,无更易矣。然无别识心裁,可以传世行远之具,而斤斤如守科举之程序,不敢稍变;如治胥吏之簿书,繁不可删。以云方智,则冗复疏舛,难为典据;以云圆神,则芜滥浩瀚,不可诵识。盖族史但知求全于纪表传之成规,而书为体例所拘,但欲方圆求备,不知纪传原本

---

① 吴怀祺:《中国史学思想史》,安徽人民出版社1996年版,第15页。
② 《文史通义·书教上》。
③ 《文史通义·书教下》。
④ 《文史通义·书教下》。

《春秋》,《春秋》原合《尚书》之初意也。"① 由此来看,章氏提倡"六经皆史"说,就是要在复古的旗帜下,复史学固有的讲求通变、提倡"圆而神"、"方以智"的精神。

如果我们将章学诚的"六经皆史"说与王阳明以来的"六经皆史"说作一比较便不难看出,他们谈论的命题相同,提出的道器合一、理事合一、经史合一的观点也相近,似乎看不出之间有什么区别。然而,正如吴怀祺先生所说的,"张氏学术与王氏的心学则是貌似而心异"②的。王氏"五经亦史"说是从心学角度肯定五经皆"吾心之记籍"③;他的道器合一、经史合一,只是为了论证"六经"与史同具于吾心罢了。从目的论而言,章氏与王氏的经史之学可谓是有天壤之别的。至于王世贞所谓"六经,史之言理者也",是从区分典籍立论的;他提出的"贵史"论对于扭转当时的荣经空疏学风有一定的积极意义,但却是以经载道、史纪事二分经史孰重立论的。而李贽虽然最早说出"六经皆史"一语,然而他的目的只是要否定儒学权威,所以他说《六经》、《语》、《孟》,非其史官过为褒崇之词,则其臣子极为赞美之语。"④ 由此可见,王、李二人的"六经皆史"说与章学诚的"六经皆史"说之旨趣可谓是风马牛不相及的。

那么,章学诚的"六经皆史"说是否涉及到经史尊卑的问题? 是否如有的学者所言是将经学从神圣宝座上拉了下来? 从我们以上叙述其实不难看出,章学诚的"六经皆史"说从根本上说是服务于经世致用这样一个学术思想主题的,他认为古代经书都是治理国家、切于民生日用的典籍,因而也就是史,这种"切人事"的经书是一切著述的根本精神所在,后世史书出自《春秋》,理应承继经书"切人事"的传统。同时,章氏认为经书切于人事的著述精神反映在其编纂上,则以"圆而神"、"方以智"为旨趣,而这种撰述旨趣在后来的史著中除去《史记》和《汉书》之外,都已经不具有了。章学诚提倡"六经皆史",也是希望后世史学撰述能够继承这一古代经学撰述的优良传统,

---

① 《文史通义·书教下》。
② 吴怀祺:《中国史学思想史》,第296页。
③ 《王阳明全集》卷七,《稽山书院尊经阁记》。
④ 《焚书》卷三,《童心说》。

重视学术流变，从而赋予学术永恒的生命力。由此可见，章学诚的"六经皆史"说其意根本不在于比较经与史孰轻孰重，因而也不存在什么贬低"经"的意思。

（2007 年第 2 期）

关于柳诒徵《国史要义》

向燕南

陈寅恪《王观堂先生挽词并序》称："自道光之季，迄乎今日，社会经济之制度，以外族之侵迫，致剧疾之变迁；纲纪之说，无所凭依，不待外来学说之掊击，而已销沉沦丧于不知觉之间。"[1]斗转星移，百余年弹指一挥之间，中华民族已于极"销沉沦丧"之境，再度崛起于世界民族之林，当初迫于西方殖民主义之威，被迫取文化守势而打出的"国学"旗号，随着国势的增强，开始呈现"出击"之势，一时世界纷纷建起"孔子学院"，讲国学成了大时髦。然而"此情可待成追忆，只是当时已惘然"。当初陈寅恪氏所挽王国维之词，竟然成了谶语。历经百余年"西潮"的冲涤，千年一脉传承下来的文化，"虽有人焉，强聒而力持，亦终归于不可救疗之局"[2]。以至于今日，原固有学术文化的核心知识体系及观念，除了"封建糟粕"的负面意义外，已鲜有人能不误读地洞悉其"义"，晓畅其"谊"了。传统学术文化的语言"能指"（signifiant），因失去其原文化的语境依托，与其"所指"（signifie）早已渐行疏离，失去了原有的意义关联，而不得不依赖于"文化的翻译"[3]。文化传承面临的尴尬，使得近代那些"并识西学西理西俗西政，能为融合古今，折衷中外之精言名论"的学人著述[4]，很自然地成为我们进入传统经史之学的津梁。其中以史学言，柳诒徵先生的《国史要义》，与近世言史学的其他著作比较，既不似张尔田《史微》的迂旧，又不像何炳松、李大钊、杨

---

[1] 陈寅恪：《王观堂先生挽词并序》，《寒柳堂集》所附《诗存》，上海古籍出版社1980年版，第7页。
[2] 同上。
[3] 如《周易》中的一些诸如"元亨利贞"类词语，对于今天大多数人来说，已不能形成某些道德意义的联想。
[4] 吴宓：《雨僧诗文集》，台北地平线出版社1971年版，第444—445页。

鸿烈等专以西法论者与传统史学的隔膜，庶几可以视我们走向传统史学之"澄明"的津梁。

一、柳诒徵之行实

《孟子·万章下》说："广颂其诗，读其书，不知其人可乎？是以论其世也。是尚友也。"陈寅恪谈史学研究，亦每言"同情之理解"，云："盖古人著书立说，皆有所为而发。故其所处之环境，所受之背景，非完全明了，则其学说不易评论。"所以理解《国史要义》，惟先了解柳氏其人其世，方可构成对其旨趣的"了解之同情"①，包括其中的故典与"今典"②。

柳诒徵，字翼谋，亦字希兆，号知非，晚号劬堂，江苏省丹徒县（今属镇江市）人氏。生于清光绪五年十二月廿五日（公元 1880 年 2 月 5 日），卒之日是 1956 年 2 月 3 日，一生历清、民国和新中国三个时代。年七岁，慈父见背，以家贫，随母鲍氏至外家，就鲍氏书塾读。柳母督教甚严，先生学习亦极刻苦。光绪二十一年（1895），先生十七岁，中秀才。后辗转就读于三江师范学堂、江阴南菁书院、南京钟山书院，从缪荃孙、黄以周、李瑞清等名儒学，卒业后任教江南高等商业学堂、江南高等实业学堂、宁属师范学堂、两江师范学堂、北京明德大学等，并一度主持镇江府中学堂校政。光绪二十八年（1902），先生随缪荃孙往日本考察近代教育，回国后在南京与茅谦、陶逊等创办思益小学堂，是为南京第一所新制小学。后又任江南中等商业学堂、江南高等学堂、江南高等商业学堂、两江优级师范学堂教员等。辛亥革命时，先生曾任丹徒县临时议会副议长、镇江（府）中学监督。1914 年 2 月，先生应聘为南京高等师范学校国文、历史教授。1925 年，先生以东

---

① 陈寅恪：《冯友兰中国哲学史上册审查报告》，《金明馆丛稿二编》，上海古籍出版社 1981 年版，第 247 页。
② 所谓"今典"，即当时之事实。陈寅恪言史学研究每言之，如《柳如是别传》第一章《缘起》曰："自来诂释诗章，可别为二。一为考证本事，一为解释辞句。质言之，前者乃考今典，即当时之事。后者乃释古典，即旧籍之出处。"又陈寅恪《读哀江南赋》云："解释词句，征引故实，必有时代限断。然时代划分，于古典甚易，于'今典'则难。盖所谓'今典'者，即作者当日之时事也。"

南大学学潮故，再度北上，先后执教清华大学、北京女子大学和东北大学。1929年先生重返南京，任教中央大学，同时担任南京图书馆馆长、考试院委员、江苏省参议员等职。抗战爆发后，先生辗转西南，先后讲学于国立浙江大学、国立贵州大学。1938年，先生至重庆，应邀再度出任南迁的中央大学历史系教授。1941年，国民政府教育部颁行《部聘教授办法》，实行"部聘教授"制，先生以学识德望遴选为首批部聘教授。抗日战争胜利后，先生复回南京出任国学图书馆馆长，兼任国史馆纂修。1948年，先生获第一届中央研究院院士殊荣。1949年，先生以年届七旬申请退休，获批，移居上海。是年5月，上海解放，先生受新政府之邀，出任上海文物管理委员会委员，任图书组主任。1951年，上海筹建图书馆，先生受聘担任筹备委员会委员。时值盛世，先生日以读书校书为乐。年七十六，以脑淤血疾卒。

以上是柳诒徵先生行实梗概。

二、柳诒徵其世与其所持之文化理念

柳诒徵先生所生之世，恰值中国千年未有的巨劫奇变，其危不独国家将亡，其绵延承续几千年的文化，亦不无泯灭之虞。当其时，"为此文化所化之人"其痛苦之巨，已非今人所能想象。文化的自卑、沮丧与焦虑，交织着对国家政治前途的焦虑，在当时渐渐形成一种集体无意识情结在全社会漫溢，随之而来的则是新文化运动一些激进者自遣式的文化批判。"盖晚清以来，积腐爆著，综他人所诟病，与吾国人自省其阙失，几若无文化可言。"[①] 柳诒徵先生的这些论述，要亦反映清季民初之时，内外事势压迫之下，中国文化所面临的存续进退的曲折艰难，与吾国人的心态。

毫无疑问，柳诒徵先生是中国现代新史学的开创者和建设者，不仅著述等身，而且多是筚路蓝缕、堪传于世的巨作。但是柳诒徵先生在新史学、新文化的发展史中，扮演的却不是一般所认同的"革命"角色，而是当时文化

---

① 柳诒徵:《中国文化史》1947年再版《弁言》。

保守主义的重镇。

柳诒徵先生之被一般目为"文化保守主义",主要缘于他与"学衡派"的密切关系。1922年1月,由留美教授梅光迪等发起,集聚了一批东南大学同道,共同创办了《学衡》杂志。其时《学衡》诸君,高擎"论究学术,阐求真理,昌名国粹,融化新知"的旗帜,"以继承中国学统,发扬中国文化为己任",对中国未来文化发展方向的认知,独取它径,而与北京大学中一些新文化人士形成对垒论战,时人称之"学衡派"。《学衡》初创之时,主将吴宓曾以"现时东南大学之教授人才,亦以柳先生博雅宏通为第一人"故[1],属柳诒徵先生草拟《发刊词》申述办刊旨趣。在此后的日子,先生力襄《学衡》,除连载《中国文化史》外,亦有《论中国近世之病源》《中国文化西被之商榷》《中国乡治之尚德主义》等有影响的宏文刊发,是该刊发表论文最多的学者。其"领袖群伦",俨然"学衡派""中流砥柱的力量"[2]。

"学衡派"与"北大派"的南、北对垒,对有关中西文化的问题展开争辩,是新文化运动后期的重要景观。当时钱穆尚在中学执教,然其讲授《国学概论》时,已将二者的论辩以专章作过介绍[3]。晚年钱穆仍有回忆说:"民国初年以来,陈独秀、胡适之诸人,先后任教于北平北京大学,创办《新青年》杂志,提倡新文化运动,轰传全国。而北京大学则为新文化运动之大本营所在。""民国十年间,南京中央大学诸教授起与抗衡,宿学名儒如柳诒徵翼谋,留美英俊如吴宓雨僧等,相与结合,创办《学衡》杂志,与陈、胡对垒。"[4] 而民国文史大家钱基博,在述及此景时亦称:"丹徒柳诒徵,不徇众好,以为古人古书,不可轻疑;又得美国留学生胡先骕、梅光迪、吴宓辈以自辅,刊《学衡》杂志,盛言人文教育,以排难胡适过重知识论之弊。一时之反北大派者归望焉。"[5] 此为柳诒徵先生与"学衡派"瓜葛的大概。

柳诒徵先生虽被目为"文化保守主义",但是他与先时"国粹派"的文

---

[1] 吴宓:《吴宓自编年谱》,三联书店1995年版,第228页。
[2] 张其昀:《吾师柳翼谋先生》,台北《传记文学》,1968年2月,总69号。
[3] 详见钱穆《国学概论》下篇第十章《最近期之学术思想》,商务印书馆1997年,第347—349页。
[4] 钱穆:《纪念张晓峰吾友》,《张其昀先生纪念文集》,台湾私立中国文化大学《张其昀先生纪念文集》编纂委员会,1986年,第7页。
[5] 钱基博:《国学文选类纂总叙》,《钱基博学术论著选》,华中师范大学出版社1997年版,第18页。

化理念，还是相去径庭，不能作同日语。柳诒徵先生之所以能为游学欧美、通晓新学的"学衡派"诸君所重，咸推之属草《学衡》创刊弁言，而且他在《学衡》发刊词所倡"论究学术，阐求真理，昌名国粹，融化新知"的宗旨，亦能成为"学衡派"认同的核心理念，实与其一贯学术主张以及其融通中西学术的素养不无关系。此足说明柳诒徵先生秉持的文化理念，决不在反对新文化运动，而是对那些否定中国历史文化的民族虚无主义不满。柳诒徵先生认为："欲知中国历史之真相及其文化之得失，首宜虚心探索"，决不可妄自菲薄；凡"中国所尚，欧美所无者，一概抹杀，不敢提倡"的民族虚无主义者，"在今日亟宜觉悟"。先生决绝地指出："洋奴之习不蠲，中夏之道不明！"①

在所著《中国文化史·绪论》中，柳诒徵先生曾经指出，历史研究，应以比较之视野，"求人类演进之通则"，"明吾民独造之真际"②，并以"吾文化独异于他国者"揭出令人深思的三题：一中国幅员广袤，世罕其匹，前人之所以开拓抟结为此者，其原因何在？一中国种族复杂，至可惊异，即以汉族言，其吸收同化无虑百数，至今泯然相忘，其容纳沟通的原因何在？一中国所历年祀久远，相承勿替，成为迄今独存的古文明，其原因何在？③柳诒徵先生认为，幅员如此广袤，融合民族如此众多，历史如此悠久之并世无俦的中华民族，其文化绝不可能虚无价值，而必有一伟大的文化力量蕴寓其中！因此，尽管当时中国仍处在前所未有的危难之中，先生仍充满自信地提出"中国文化西被"问题，要以伟大的中华人伦文化，拯西方"物欲"社会的宿弊④。柳诒徵先生曾于其《中国文化史》，特引陈嘉异《东方文化与吾人之大任篇》的观点说："东方文化一语，其内涵之意义，决非仅如国故之陈腐干枯。精密言之，实含有中国民族之精神，或中国民族再兴之新生命之义蕴。"⑤因此，只有理解柳诒徵先生对中国文化的坚定信念、续统意识，以及护持、复兴民族文化的担当精神，才能理解《国史要义》背后支撑的文化深意。

---

① 详见柳诒徵《柳诒徵说文化》，上海古籍出版社1999年版，第344—345页。
② 柳诒徵:《中国文化史》1947年再版《弁言》，上海古籍出版社2001年版，卷首第1页。
③ 详见柳诒徵《中国文化史》，上海古籍出版社2001年版，卷首第2—7页。
④ 详见柳诒徵《中国文化西被之商榷》，《学衡》1924年3月第27期。
⑤ 柳诒徵:《中国文化史》，上海古籍出版社2001年版，第969页。

三、柳诒徵《国史要义》之要旨

《国史要义》的写作，据柳诒徵先生长孙柳曾符先生讲，乃缘于抗战内迁时期中央大学研究院"教授进修课程"的讲授。那时是抗倭最艰苦的相持阶段 1942 年。这时的柳诒徵先生，不仅学术臻备成熟，而且值民族存亡之际，对于民族文化前途的忧患与思虑，较之先时也越愈地深沉。被誉为"命世奇作"的《国史要义》，正是因为集合了柳诒徵先生的学术之醇与思想之厚，而获得"先生文史学之晚年定论"的肯定[①]。

《国史要义》，顾名思义，就是对中国史学根本思想的阐述。但柳诒徵先生这里所谓的"国史"，是指中国传统意义的史或史学，而不是现代意义的、按照西方学科模式建立起来的史学。那是"新史学"。中国的新史学，是以针对传统史学的批判揭开的帷幕。清光绪二十八年，即公历 1902 年，号称"学界陈涉"的梁启超，继上一年《清议报》发表《中国史叙论》后，于《新民丛报》再发长文《新史学》，高高竖起"史界革命"大纛，截然划开与所谓旧史学的界限。犹伐旧史学的檄文，《新史学》痛批旧史"四弊"、"二病"等种种沉疴顽疾。以梁启超的影响，《新史学》发表后，一时趋新者无不目之旧史学如敝屣，欲抛弃而后快。客观说，梁启超掀起的"史界革命"，对于中国现代史学的兴起自有其积极意义，但是受当时政局下急于变革的急迫心情影响，不免有泼"澡水"连带"孩子"泼出之嫌。晚年的梁启超，也每流露出悔其少作之意。就史学批评讲，柳诒徵先生对梁启超的《新史学》最不满。至抗倭战中讲授《国史要义》，先生既著意表彰中国文化，提振民族信念，也就对于梁启超《新史学》的偏激观点，每每措意相驳。所以读《国史要义》，不妨取《新史学》所论相互参照。此外，柳诒徵先生对民初轰动一时的疑古思潮也颇不以为然，故而批驳之辞，在《国史要义》中亦不时流露。这些要皆可视为《国史要义》中的"今典"。

论《国史要义》亦不可不明了柳诒徵先生的史观。《国史要义》所论之"史"，虽说仍是基于传统经史子集知识框架下的"史"，但又与传统以经为纲

[①] 苏渊雷:《柳诒徵史学论文集序》,《柳诒徵史学论文集》,上海古籍出版社 1991 年版。

的知识构成观不同。在柳诒徵先生的史观中，史学是取替经学居统摄整个知识世界的位置。柳诒徵先生后来曾在其《中国文化史》再版《弁言》概括说："史非文学，非科学，自有其封域。"[1] 这种"古之学者治六艺，皆治史耳"的观点，虽与清代章学诚的"六经皆史"说似，但所归旨趣却仍有不同。章氏称"六经皆史"，是从道不离器的角度，来倡导经世致用之学。而柳诒徵先生所言，其要则归旨于"儒学即史学"[2]。即史学与儒学二而一，一而二，互为表里，其义一也。即其畴皆关乎政治，其旨俱关乎人伦教化，而其要则皆归于经世致用。又因儒学的核心是礼，所以《国史要义》所"言史一本于礼"[3]。

以礼释史是《国史要义》最重要的特点。柳诒徵先生既以儒学为史学，那么作为儒学核心的礼也就自然地成了他所谓"史"的核心。于是，理解儒家的礼，便成了理解《国史要义》的钥匙。

柳诒徵先生之所以如此重视礼，既与他的学术渊源有关，亦与礼在中国文化中的地位有关。就学术渊源讲，从注重内圣的心性之学，转向具有外王品格的礼学，以求从中开发出有价值的政治思想，是清嘉道以后兴起的、与经世之学有着内在联系的学术取向。受士大夫问题关怀的驱使，这种崇礼之风一直延至清季民初，柳诒徵先生曾受业的艺风老人缪荃孙，所践履的就是"以经学为礼学，以礼学为理学"的学术理路。在当时大学术环境及直接师承的影响下，柳诒徵先生接受崇礼的学术理路，也就是再自然不过的事了。而就中国文化来讲，对于礼在中国历史文化中的核心地位，今人多已不能理解。但是《左传》则这样说："礼，经国家，定社稷，序人民，利后嗣者也。"[4] 这就足以说明礼在古代中国政治生活与社会生活中的重要。

关于礼与中国文化，陈寅恪曾这样说："吾中国文化之定义，具于《白虎通》三纲六纪之说，其定义为抽象理想最高之境，犹希腊柏拉图所谓 idea 者。"[5]《白虎通》正是儒家之礼观念的集中体现。作为整合整个经验世界秩序

---

[1] 柳诒徵：《中国文化史》1947年再版《弁言》，上海古籍出版社2001年版，卷首第1页。
[2] 柳诒徵：《中国文化史》1947年再版《弁言》，上海古籍出版社2001年版，卷首第1页。
[3] 熊十力：《国史要义题辞》。
[4] 阮元校刻本《十三经注疏》，中华书局1980年版，第1736页。
[5] 陈寅恪：《王观堂先生挽词并序》，《寒柳堂集》所附《诗存》，上海古籍出版社1980年版，第7页。

的礼，按照儒家的观念，是介于外在之法与内在之德之间的规定，其特点是"别"或"分"，其作用是在承认社会差别客观存在的前提下实现有差等的爱，即仁的实现，以保证社会和谐有序地运转。其中在价值层面，礼所重视的是以"德"为基础的"教化"，"纳上下于道德，而合天子诸侯卿大夫士庶民以成一道德之团体"[①]；在政治层面，礼在强调社会阶级等差存在的同时，强调权利与义务的对等性，强调君臣在道义下的平等关系，强调"大公"优先前提下的君权有限性，或对君权的制约。因此，"为抽象理想最高之境"的礼，以及礼观念指导下的礼治社会的实现，在几千年的中国文化语境中，一直是道德、秩序、和谐、（相对的非民粹主义泛爱式的）平等、（权利与义务相称的有限君权条件下的）"民主"等社会理想的追求，是整合社会，使人心向一的核心理念。尽管礼的应有之义在后世不断为专制君主所歪曲，但是其作为"抽象理想最高之境"，仍一直是士大夫们明知不可为而为的理想追求，是中国文化之所以为中国文化的体现。当然也是柳诒徵先生毕生的文化追求。

《国史要义》凡十论，其中所论问题依序为：

——《史原第一》

"原"者，按《说文》为"水泉本也"。因此所谓"史原"，即史的本源。

将中国史学的发生追溯到上古时期的史官制度，是由来已久的传统解释，但是柳诒徵先生所论证的，不仅仅是作为一门学术的史学的起源，而是将上古史官的文化形态，以及文化形态的制度体现，与中国史学的学术品格或精神构成结合起来讨论，指出上古史官与中国史学与国家政治间的天然联系、中国史学的道德属性，以及中国史学的经世致用取向等等文化品格或精神生成的密切关系。同时，又由于上古史官体系与礼（包括礼仪与礼义）所具有的天然联系，于是中国文化中形成礼赖史而存续，史因礼而获义——价值标准的学术特点。

与西方直接从口述传诵发展起来的史学不同，在中国史学的发展历程中，史官及其制度扮演了一个极其重要的角色，其特有的文化形态和制度形态，

---

① 柳诒徵：《国史要义》引王国维《殷周制度论》语。

对于中国史学日后的发展，印下了极其深刻的烙印。除上面提到的与政治的密切联系、道德属性及经世致用取向外，将史学纳入国家的管理职能之中、以官修为主的历史编纂、关注制度史的传统以及历史叙事中的国家主义立场，等等，都是与史官的文化形态与制度形态的影响有关，而特异于西方史学的学术文化现象。《史原》的论述，体现了柳诒徵先生对于中国史学之所以具有如此特点的敏锐把握。

——《史权第二》

因史官而及于礼，柳诒徵先生顺其逻辑拈出史权的问题。史权的观念作为中国特有的史学观，不仅推动了史学学术的不断发展，也体现了中国一般思想世界中，对于逝与不朽这一对矛盾的时间观中所具有的人文主义取向。

与一般单纯从称颂直书的视角表彰董狐、南史不同，柳诒徵先生敏锐地从这些史官秉笔直书的行为背后看到了制度与文化的支持。柳诒徵先生针对唐代刘知幾等只知从个人品质的角度表彰直书的观点诘问道："使晋、齐诸国史官，无法可据，纵一二人冒死为之，不能必四五人同执一辞，必书之而不顾一切？"认为刘知幾等人的观点，是"止知重个人之气节，不知究古史之职权也"。柳诒徵先生认为，之所以上古"史权高于一切"，其实际是当时的史官制度使然。由此柳诒徵先生指出："是则政宗史体，各有渊源，必知吾国政治之纲维，始能明吾史之系统也。"那么"吾国政治之纲维"是什么呢？柳诒徵先生认为，是当时的史官不仅掌官书典则，而且还具有分理庶政，襄赞王治，负有约束、诤谏王的责任。君主虽有势位之崇，但在终极意义上却仍是屈于代表"大公"的天道。道与势之间，史犹法，犹道义，故史权在终极意义上高于君权。柳诒徵先生由申史权之尊而揭出道尊于势的儒家政治学说。

——《史统第三》

由史权而论及历史的道德判断和政权合法性的判断，遂有史统之论。柳诒徵先生此章所论，其旨在明正史之义而判别正统论的公案，终而归之于阐发民族大义。

正统论既是中国史学中最具民族特色的史学理论问题，也是最富争议的问题。从《国史要义》理论逻辑的推进讲，史权运用的一个重要方面就是对历史的价值评判，彰善瘅恶，以彰显史权的道义力量。然而历史评价又是十分复杂的问题，因为历史事实呈现的结果往往与人的道德诉求构成背反，"成王败寇"是历史评论中常有的事。这在评价多政权并存时哪一个政权更具有合法性时，尤其困难。梁启超《新史学》曾力陈正统论之非，"谓中国史家之谬，未有过于言正统者"。与梁启超相反，《史学要义》所竭力张大的，是正统论对中国政治的统一与民族文化的绵延所具有的积极意义，认为吾"国统之屡绝屡续者恃此也"。值得注意的是，柳诒徵先生所强调的，是正统或政治合法性的归属，必须是站在"天下为公，不私一姓"的全民族的立场考量，追求"疆域之正，民族之正，道义之正"。柳诒徵先生指出，"疆域不正则耻，民族不正则耻。推此二耻之所由来，则自柄政者以至中流士大夫全体民众，无不与有责焉。吾史之不甘为偏隅，不甘为奴虏，不甘为附庸，非追往也，以诏后也。蒙文通氏谓持正闰论者固政治民族主义，盖见于此……"联想柳诒徵先生抒发此论之时，正是抗倭战争最艰难的时刻。其时国民政府已被迫退居西南之隅，而在日寇扶持下，中国国土之东北有伪满政府，南京则是汪精卫伪政权。此情此境，柳诒徵先生所论史统便别有了一番申张民族大义的深意。

——《史联第四》

此章所论是中国史学的编纂要义，表彰的是中国史学表述的独创性。

任何历史事件的发生都不是孤立的，而是处于各种或必然或偶然的关系之中。但是，由于三维的历史存在与二维的文字表述之间天然存在的张力，如历史事实的丰富性与表述的有限性间的张力，事件展开的历时性与共时性的张力，等等，使得如何展现不同历史事件之间的有机联系，呈现给读者一个完整历史画面，成为历史编纂首先要面临的难题。然而对于这一问题的解决，相比于西方史家，中国历史上的史学家，表现出了极大的创造性。不仅创制了纪传体这种综合叙事体裁，以多重叙事的形式，展现历史事件之间的关系，还亟力注意通过不同的叙事手法安排，展现出历史事件间的关系，以此揭橥历史的关联及其演进的原委。柳诒徵先生不无民族自豪感地说："今人论史，尤宜比勘外史，始有以见吾史之创制为不可及矣。"而至于中国史家缘何对表述历史间的联系有如此高的自觉,柳诒徵先生所论,则再次归宗到他的基本观点,即早期的史官制度使然:史之有联,出于官之有联。进而指出:"是故知政而后知史,亦必知史而后知政……班孟坚之自述曰:穷人理,该万方。治史而能着眼于此,始不致徒以史求史,而经世之用无穷矣。"由史事之联,论及史与政之联,揭出中国史学经世致用的宗旨。

——《史德第五》

此章主要是继承章学诚论史德、文德之旨而作的进一步阐述。

柳诒徵先生对史德的理解,较之专就史学论者不同,认为"学者之先务,不当专求执德以驭史,而惟宜治史以蓄德"。即治史学的第一要务是成人立德,培植心术。其中包括习史培德与以德修史两个方面。柳诒徵先生认为,"言德不专为治史,而治史之必本于德"的史德精神,在中国文化中源远流长,是源自上古史官、上古史学以来的优良传统。史官既持典治世,就不能不援引前人经验,亦不能不尚德而临文主敬,不能不重史事的考实征信,而这些因文化制度形态养成的品质,遂成为后世传疑传信,重考信而不轻诋古人的史德传统。于晚近史学,柳诒徵先生最不满的,一为梁启超的《新史学》,一为胡适、顾颉刚等的古史辨,所以其借申史德之义而批评说:"挟考据怀疑之术以治史,将史实因之而愈淆,而其为害国族也亟矣。"此外,此章对于民族虚无主义,或狭隘民族主义支配下的妄意附会自夸之习的针砭,则是柳诒徵先生在当时形势下对传统史德说的发挥。

——《史识第六》

何为史识,翼谋先生以为近世刘咸炘"观史迹之风势"之论最允当。按照刘咸炘的观点,史家首先要有对历史的见识,才能有相应的编纂史法;读者也是因史著的编纂史法,而体会到史家对于历史的见识。或者说,历史如何编纂表述是由史识所决定的问题,反过来,由于史识是内在的,所以必须通过具体的编纂表述史法才能为读者所认识和理解。即史识因史法而显,史法因史识而活。由于大部分的历史编纂是源于对史料理解下的二次"创作",所以当历史的编纂者,作为后人,以一个"他者"的立场,以果推因,对过去的事件进行追溯"复原"时,其事件的"安排"与组织,事件与事件之间空白的想象性的填补连缀等等具体操作,都与编纂者的史识分不开。因此论史识必不能脱开史法孤立地讨论。

那么中国优秀的史家是通过怎样的史法显现其史识的呢?柳诒徵先生以为,在对史实的采择,如"书与不书"等;在史事的安排去取,如体例的设计、史实的穿插,等等。为揭示中国史学史识的深刻,柳诒徵先生以《春秋》"三传"解《春秋》的义法等为例,进行了详细地剖析,除叮咛"不第不可遽谓前人不逮吾侪,且不得谓吾人于前人所撰著悉已了解"外,亦进一步指出:"治史之识,非第欲明撰著之义法,尤须积之以求人群之原则。"即其最终目的仍在建立对历史的通识,或现代人所说之历史哲学。

——《史义第七》

"史义"是中国史学中最受重视的,柳诒徵先生也不例外,认为中国史学中无处不蕴藉史义,称前此六章皆关乎史义,而此章则是专门的论述。

中国史学追求的史义其核心内容是什么?柳诒徵先生认为是"生民之本"。称:"不知生民之本,德义之府,治史果何为乎?"因为源于史官的中国史学,与出于史官的"六艺",在关乎政治方面,其精神是统一的,即善善恶恶,抑君权,申民意,使天下为公,而"一本于礼"。孔子《春秋》所揭之义唯此,司马迁《史记·滑稽列传》所示之义亦唯此,后世司马光、黄宗羲、顾炎武的史学亦无不唯此。柳诒徵先生所继承发挥的史义,也正是晚清以来礼学研究的思路,即揭示原始儒学礼观念中抑君权、申民意的思想。柳诒徵先生以所揭中国史学之义,驳斥梁启超所谓"旧史学皆帝王将相家谱"说之余,复申其"中国文化西被"的理念。

——《史例第八》

史例者,史书编纂的体例。包括史著的编写格式、遣词造句规定等等。统一的体例,也是史著表述前后统一的保证。中国有极发达的史学,也有重视史例的优良传统,柳诒徵先生认为这是世界其他国家的史学都无法相比的。因史例一如史联,虽为史法,但其本仍在史识,故而《国史要义》此章,以经例诠解史例，基本未出其"论史一本于礼"的观点，认为"史例权舆《礼经》"，"由动作事为，皆有规律，至于记言记事，亦必有共守之规律。自王朝之史，至诸国之史，一皆据以为书，此非异事也。"指出史例的缘起、本质和史学中的地位。

——《史术第九》

此章之旨，全在阐发中国史学的经世致用精神。按术者道也，一般为后世儒者所讳言。但是柳诒徵先生承清季倡经世致用之风，欲振儒学外王之学，以史术为中国经史之学的根本精神或目的，径称："史术即史学。"极"言史术通贯经术，为儒术之正宗"。认为："史术之正，在以道济天下……治史者必求其类例，以资鉴戒。则原始察终，见盛观衰，又为史术所最重者。"此章所论亦有"今典"。即按近代以来，有感于国势的衰颓，一些人认为中国学术之落后，乃根于传统政、学不分之弊，所以自严复始称"学术必与治事分开"，蔡元培掌北京大学时，力倡"学术脱离政治"的理念，而胡适、傅斯年师生等则追随其后，提出"为学术而学术"的口号，其意在将"学"与"术"分别开来。但是柳诒徵先生对"为学术而学术"的提法不以为然，认为"学未必无术"，学虽不一定为官，但学终不能脱离政治和社会，学者也不能不关心政治，尤其"就史学而言通，则必就史学与心身家国天下之关系而言"。这亦柳诒徵言史术的一个语境或"今典"。

——《史化第十》

《国史要义》始于对中国史学史原的追溯，而终于对史学在中国文化生成中的价值，揭橥中国文化的要义。按《说文》："化，教行也。"本义变化，引申为感化、教化义。柳诒徵先生认为，中国文化之成为世界一伟大而有特色的文化，端赖史学的涵泳教化。中国史学既渊于礼，又是礼的渊薮，故礼的精神尽在于史学之中。循此，柳诒徵先生由史学要义而揭中国文化的要义。中国文化要义何？曰礼的精神，即纳上下于道德，明亲亲尊尊贤贤明男女之别，导化民风，文明四夷，而合天下以成一道德之团体的人文主义。此是翼谋先生对中国文化要义的解读，也是对中国史学要义的解读。"过去之化若斯，未来之望无既。通万方之略，弘尽性之功，所愿与吾明理之民族共勉之。"这是在民族生死存亡的关键时刻对当时听课诸君的属望，也是对全中华民族的属望。

四、余论

以今天的观点看，尽管《国史要义》一些观点可能不无商榷之处，但是其对中国文化温情的敬意，对中国传统史学的肯定，以及坚持依循中国文化、中国史学自身的内在理路，而非以"他者"立场，揭橥中国史学价值的努力，仍值得我们十二分地肯定。20世纪后期兴起的后殖民主义，其理论所阐述的一个核心问题，就是如何解构建构在西方殖民霸权之上的、对于殖民地与半殖民地的话语暴力，解构其所建构的不平等话语上的权力—知识体系，发掘为西方文化霸权遮蔽的民族自身文化的价值。事实上，若仅就史学而言，经过分析哲学的转向、语言学的转向，以及所谓后现代主义思潮的洗礼，人们已经在质疑西方近代启蒙运动以来，一路凯歌发展下来的，标榜"客观"性和"科学"性的现代史学的局限。

法国哲学家福柯（Michel Foucault）《词与物：人文科学考古学》曾指出，任何文化都存在着譬如语言、价值和知觉框架等基本代码。这些基本代码不仅确定该文化经验的秩序，还建构了该秩序所存在的阐释，构成了该文化"对所有知识的可能性条件加以限定的认识型（une épistémè）"[1]。正是这所谓的"知识型"，划出了不同文化的思想界限，决定了该文化所属之知识和思想世界的特殊性。

"这鸭头不是那丫头，头上哪讨桂花油！"[2] 中国史学本中国文化所自出，从史学的观念、史学的思维方式，到史学的方法和表述形式，皆表现出不同于实质主义影响下的西方古典史学，也不同于学科体系下的西方现代史学。

---

[1] [法] 米歇尔·福柯著，莫伟民译：《词与物：人文科学考古学》，上海三联书店2001年版，第222页。
[2] 《红楼梦》第六十二回史湘云语。

因此，如果以近代西方所谓"科学"的史学观来观照中国的史学，必然凿枘，从而显现出二者不同"认识型"所构成的各自的思想界限。《国史要义》竭力揭示中国史学特异性的努力，其价值也恰恰在这里得以显现。

柳诒徵先生所生也早，其知识直接生成于连续的、还未发生断裂的传统文化，西方文化在他的知识和思想世界中，尚未构成对传统文化真实的遮蔽，这就使他能够相对准确地传递传统知识与思想的信息。但是另一方面，此时西方文化挟着坚船利炮已开始涌入，即使是出于民族前途的忧患，也使他不得不正视这些来自异域的思想文化。于是，这样一个文化的"他者"，便很自然地，甚至可能是不自觉地被叠加到柳诒徵先生对中国史学要义的思考和论述当中，构成一个文化的比较视域。而这种文化格局，恰恰是我们今天所不具备的。也许我们对西方文化具有较之柳诒徵先生更多的了解，但是不可否认，现代化过程中形成的民族文化断裂与西方知识、思想体系的遮蔽，已经使我们难于触摸到按其自身规律运转了数千年的传统文化的"真实"。《国史要义》在此情况下，或许可以成为我们揭开"现代化"（或西化）的遮蔽，走进传统史学，走向思想理解之澄明的津梁或密钥。当然，在理解中国传统史学的过程中，"传统"与"现代"二元对立的纠缠，或在现代的学科格局中，怎样完成传统史学学术的创造性转换，想来也会伴着我们的思考出现于我们的面前，因为毕竟二千多年来的"纲纪之说"早已失去了"所依凭"的"社会经济之制度"。这可能也是我们在阅读《国史要义》时有必要思考的重要问题。

（2011 年第 4 期）

20世纪史家论历史文学

周文玖

这里所说的"历史文学",是借用的白寿彝先生在其主编的《史学概论》中的提法。从史学理论的角度来说,是白寿彝先生首先提出了"历史文学"一词,并给予两种意义的区分。他说:"历史文学有两个意思。一个意思是指用历史题材写成的文学作品。另一个意思是指真实的历史记载所具有的艺术性的文字表述。"[①]史学理论上研究的历史文学,也就是本文所讨论的历史文学,是指后一个意思。

历史文学是史学理论和史学史研究的一项重要内容。中国具有文史结合紧密的传统,孔子说:"言之无文,行而不远。"司马迁的《史记》,被鲁迅誉为"史家之绝唱,无韵之《离骚》"。刘知幾的史才三长论,其中的"史才",说的是史家撰写史书的能力,包括对历史的艺术性的表述能力。在20世纪的史学发展中,如何编纂史书,总是史学家遇到的问题,史家对历史文学的研究和论述,也有丰富的积累,因而很有必要予以总结。本文着重以20世纪在中国有广泛影响的史家之论述为依据,作一简要阐释。

一、20世纪历史文学研究之概况

20世纪的历史文学研究,一般来说是与历史编纂紧密相连的,在一些史学理论著作中,也涉及到这个问题。所以,关于历史文学的观点,要么是史书编纂者发表,要么是史学理论家论述。梁启超是20世纪最早致力中国通

---

① 白寿彝主编:《史学概论》,宁夏人民出版社1983年版,第189页。

史编纂的著名学者之一，20世纪初的《中国史叙论》《新史学》以及他20年代的著作《中国历史研究法》《中国历史研究法补编》等，都是为编纂中国通史服务的。梁氏是由旧史学向新史学转变的重要人物，他的史学理论有破有立，表现在历史文学上也是如此。在《新史学》中，主要是批判；在《中国历史研究法》及其《补编》中，则侧重于建设。特别是《中国历史研究法补编》，专门谈到了历史文学。他论述了"史家的四长"，比较详细地讲述了"史才"的问题，在刘知幾的基础上又丰富了史才的内涵。他说："史才专门讲作史的技术。"研究历史，必须有史料，但史料还不是历史。"许多事实，不经剪裁，史料终是史料，不能成为历史。"他举例说，司马光作《资治通鉴》，底稿堆满十九间屋，要把十九间屋的底稿都印出来，一定没有人看，司马光作成的《资治通鉴》是经过了大量的剪裁的工夫的。他认为作出的历史，要"让人看了明了，读了感动，非有特别的技术不可。此种技术，就是文章的构造"。1924年，李大钊出版《史学要论》，其中的"史学与其相关学问的关系"一目，专门讲了史学与文学的关系，表明了他对历史文学的看法。何炳松也有致力于中国通史编纂的愿望，他注重引进西方的史学理论和方法，并力求与中国传统的史学理论融会贯通。1928年，他在上海尚公学校演讲"历史研究法"，论述历史编纂，讲到了历史文学的问题。1930年左右，史学界出版了较多的史学通论或史学概论类的著作，有些著作如杨鸿烈的《史地新论》、李则纲的《史学通论》、周容的《史学通论》等，都列有"史学与文学的关系"，包含一定的历史文学的观点。张荫麟强调历史和艺术的统一，发表长篇论文《论历史学之过去与未来》(《学衡》第62辑，1928年)，阐述他的史学理论观点。他还撰写并出版了《中国史纲》，以实践他的历史编纂思想。陈垣虽没有编纂通史，但他对历史著作的语言要求有自己的见解。

在马克思主义史学家中，郭沫若、范文澜、翦伯赞都有编著中国通史的实践，他们的文笔都是很值得称道的。郭沫若是文学家、诗人，无论是考证文章还是专题论文，均写得神采飞扬，毫无干瘪之气。范文澜的历史著作和文章，富有文采，语言优美、洗练、生动，是现代史家中文笔比较突出的一位。他提出"反对放空炮"，曾作一副对联，说："板凳甘坐十年冷，文章不写一字空。"翦伯赞的文章，文史交融，颇有史迁之遗风，与郭沫若的文章有异曲同工之妙。翦伯赞在60年代发表《对处理若干历史问题的初步意见》[①]，其中包含关于历史文学的一些意见。翦伯赞、范文澜60年代提出的历史文学之主张，在当时具有抵制教条主义等不良学风的意义。吴晗是写文章的能手，他的文章，不论是史学论著，还是散文、随笔，都文笔简练严谨，而又生动活泼，很吸引人。他也有不少关于历史文学的议论。1961年，白寿彝发表《寓论断于序事》，挖掘司马迁的历史文学思想，"是对于那种以空谈代替历史的风气表示不同意见的"，[②]并为以后的自觉的历史文学研究打下了基础。新中国成立后到"文革"前的这十七年，是中国马克思主义史学主导地位逐步确立的时期，在这一过程中，史学受到左倾教条主义的严重干扰，马克思主义史学关于历史文学的研究并没有充分展开。

粉碎"四人帮"后，随着拨乱反正的完成，史学研究走向正轨，对历史文学的研究才真正提到了自觉的程度。白寿彝先生对此具有开创之功。他主编的《史学概论》，撰写的《中国史学史》（第一册），主编的多卷本《中国通史》导论卷等，都列有专门的章节，讨论历史文学的问题。他认为历史文学也是史学史研究的重要内容。他主编的《史学史研究》，明确标明是"历史理论、历史教育、历史文献学、历史编纂学的专门刊物"。80年代中期，同30年代一样，出版了不少史学概论书籍。史学与文学的关系，在这些著作中，大都得到论述。特别是1990年出版的姜义华等人合著的《史学导论》，采取中外史学比较的论述手法，提出历史学语言表述的美学要求，论述了史学语言的真实之美、质朴之美、简洁之美、动态之美、含蓄之美、力量之美、形象之美等[③]，在历史文学的研究上又有新的推进。

此外，还有历史学与历史剧的关系问题。历史剧属于艺术的范畴，但和历史学又有联系。关于历史剧的性质、特点等，郭沫若在40年代就有不少论述。60年代，吴晗、王子野、李希凡、廖沫沙、朱寨等学者就这一问题又进行了争鸣。对这个问题的讨论，应该说，与历史文学的研究也有一定的关系。历史学是科学还是艺术之争，断断续续地进行了一个世纪，在争论中，也不

---

① 《光明日报》，1962年12月22日。
② 《中国史学史》第一册，上海人民出版社1986年版，第175页。
③ 《史学导论》，陕西人民教育出版社1989年版，第295—301页。

免涉及到历史文学的问题。

要之,20世纪的历史文学研究,走过了一个"之"字形的道路。在梁启超的著作里,对这个问题的研究还是比较自觉的,论述也较详细。此后的论述一般比较概略。80年代以后,这一问题被正式地提出来,并将之作为历史著作成就的一个重要方面来看待。十分巧合的是,对历史文学表现出浓厚兴趣的梁启超、白寿彝,都将它与自己所从事的大型的中国通史编纂结合在一起,而且他们都重视从中国史学遗产的角度来探讨,都看重了综合性的史书体裁。一个在世纪之初,一个在世纪之末;一个是列出了庞大的计划而没有完成中国通史,一个是集合众手最终完成了中国通史。这说明,通过批判地继承中国历史文学的优秀遗产而编纂新的中国通史,是一个世纪中国史学家的愿望。可见,历史文学的研究在20世纪,恰好完成了一次螺旋式的进步。

二、20世纪关于历史文学的主要观点

历史学的任务是探讨历史的真相,寻找历史发展的规律。它通常经过搜取、辨别、考证历史资料,然后进行分析和综合,即对历史资料进行研究,最后将研究的结果以历史著作(包括论文等)的形式表现出来这样几个阶段。历史文学就是讲的历史著作的形式问题,说得再通俗一点,就是怎样描述历史的问题。

20世纪的史学家都承认,历史著作的写作需要一定的技能,只有采取适当的形式才能将历史恰当地反映出来。这说明,史学家认识到,历史学既是科学,同时又包含艺术的成分。在历史文学的问题上,20世纪史学家们的认识既有相同点,又有相异之处。相同点是都强调要忠实地反映历史。如梁启超说:"我认为史家第一件道德,莫过于忠实,如何才算忠实?即'对于所叙述的史迹,纯采客观的态度,不丝毫参以自己意见'便是。"[①] 何炳松说:"学术上最可贵的美德就是'忠实'两个字。章学诚所说的'传人适如其人,述

---

① 梁启超:《中国历史研究法补编·总论》。

事适如其事',就是这个意思。"①李大钊在《史学要论》中也说:"现代史学的研究,及与人生态度的影响很大。第一,史学能陶炼吾人于科学的态度。所谓科学的态度,有二要点:一为尊疑,一为重据,史学家即以此二者为可宝贵的信条。""凡学都所以求真,而历史为尤然。"②这就是说,史学家们都主张,历史著作的写作不能为了追求表述形式的美而损害历史的真实,即艺术性不能损害科学性。分歧主要产生在对历史学之科学性与艺术性的关系怎样认识,它们究竟有多大程度的一致性。有的史学家强调科学性而不主张使用文学笔法;有的史学家强调科学性与艺术性的统一而提倡艺术性;还有的在吸收前者观点的基础上将科学、艺术在史学撰述中的地位进行了顺序排列。

强调科学性而不主张使用文学笔法的史家可以陈垣、何炳松等人为代表。陈垣认为历史著述的语言应追求通达而不追求文采。蔡尚思曾向陈垣问学,蔡尚思回忆说:"他多次劝我,不要学韩文,而要学习《日知录》式的文字,即求通达不追求文采,要少而精不要多而美,要史实不要哲论。"③"文学家不配著史书,如欧阳修是文人不是史家,所以他写的《新五代史》是借史作文,有许多浮词。写作应像顾炎武那样,一字一句能够表达就不要再写第二个字第二句话。"④陈垣的这段话,表明他提倡词达,主张简洁明了,在史学和文学的关系上,不主张借用文学的手法,而是要求史学应有自己独立的文字风格。关于这一点,从顾颉刚曾对陈垣评论梁启超的观点表示不同意见也可以进一步证实,顾颉刚说:"陈垣说梁启超的著作每三行就可以找出一个错误,这其实不足以减低梁启超的价值,假使我们仔细分析司马迁的著作同样地每三行中也可以找出一个错误。"⑤陈垣对梁氏的评论,说明他更重视表述的准确,这多少可以反映出他与梁氏在治学风格方面的不同。陈垣的史学作品,主要属于历史考证性质的,征引资料虽然极其繁富,但却条理清晰,文字简练,确实如他对历史文学所主张的那样。

---

① 何炳松:《历史研究法》,《何炳松论文集》,商务印书馆 1990 年版,第 164 页。
② 《李大钊史学论集》,河北人民出版社 1984 年版,第 244 页。
③ 《励耘书屋问学记》,生活·读书·新知三联书店 1982 年 6 月版,第 23 页。
④ 《蔡尚思教授访问记》,《史学史研究》,1991 年第 2 期。
⑤ 《顾颉刚论现代中国史学与史学家》,载《文化先锋》,第 6 卷第 16 期,1947 年 9 月。

何炳松在谈及历史著作的编撰时说:"文史要分别清楚:文学同历史完全是两种东西,我们对我们的界限,应该绝对划清;我们断不可用文学的手段去做历史的工作。因为历史的根据是固有的事实。文学的根据是作者的神思——就是所谓想象力。神思是可以凭虚御空的,事实是不能由我们自由去颠倒或虚构的。简单的讲,就是陆士衡所说的'文翻空而易奇,事征实而难巧'两句话。历史的文章处处要受史料——或者说事实的真相的限制,绝对没有自由行动的余地。一旦有了自由,那就是文学的作品,不是历史的作品。"[1] 这就是说,史学和文学是两种不同性质的学科,不能借用文学的虚构来写作历史。历史写作必须以历史资料为根据。但何氏并没有否定史学与文学的共同性。如他主张历史著作要写的连贯,撰写历史时要有详略之分,要注意使用烘托资料。他说:"著作要一线贯串。……历史著作上所谓一线贯串,和文学作品上所谓一气呵成,原是一样。不过我们要知道历史著作上的所谓一贯,是以校勘、训诂等等的考订工夫做基础的。"[2] "定史事的重轻:在许多事实中,应该辨别他们的地位在这个主题里究竟孰轻孰重,以便笔述的时候没有详略失宜、轻重失当的毛病。""定烘托材料的多寡:一篇叙事文要使他有声有色,那非有相当的烘托材料不可。究竟这种材料的分量应该多少宜加熟虑。"[3] 他认为历史著作写得好不好,关键在于史家的"史识",因为怎样使用烘托材料,详略分寸的掌握,只有具备史识的史家才能处理好,"具有别识心裁的人应用烘托的材料,一定能够恰如其分,不致闹出画蛇添足的笑话。良史的才、学、识三长里面,所以以识为最是难能可贵,这亦是一个理由。"[4] 何氏虽然强调史学要与文学分离,但并没否定撰写历史的艺术性。他主张的艺术性,带有史学自身的特点,与文学的艺术性有所不同。

李大钊重点论证了历史学的科学性质,同时又同意历史学具有艺术性的成分。他说:"史学由个个事实的确定,进而求其综合。而当为综合的研究的时顷,一方欲把事实结配适宜,把生成发展的经过活现的描出,组之,成之,

---

[1] 《历史研究法》,《何炳松论文集》,商务印书馆1990年,第163页。
[2] 《历史研究法》,《何炳松论文集》,商务印书馆1990年,第163页。
[3] 《历史研究法》,《何炳松论文集》,商务印书馆1990年,第161页。
[4] 《历史研究法》,《何炳松论文集》,商务印书馆1990年,第163页。

再现之;于他一方,则欲明事实相互的因果关系,解释生成发展的历程。由第一点去看,可说史学到某种程度其研究的本身含有艺术的性质(不独把历史研究的结果用文学的美文写出来的东西是艺术的作品,就是历史研究的本身亦含有艺术的性质)。由第二点去看,史学的性质,与其他科学全无异趣。"①就是说,史学从本质上说属于科学,但含有艺术的特点。他在论述历史学与文学的关系时,似更重视历史著作的科学性,他说:"其实研究历史的学者,不必为文豪,为诗人;而且就史实为科学的研究,与其要诗人狂热的情感,毋宁要科学家冷静的头脑。"他也主张写历史应该生动、感人,要"能美术的描写历史的事实,绘影绘色,期于活现当日的实况"。但是要有一定的限度,"即以诗人狂热的情热生动历史的事实,应以不铺张或淹没事实为准"。②

在30年代出版的众多史学理论著作中,大都论述到史学与文学的关系。它们总结了中国传统史学中文史密切的特点,认为史学家应重视文字表达,同时又指出不能依附于文学。如李则纲说:"无论中西,文学的诱力,对于史学家很大。诚然,因为事实之叙录,人物之描绘,材料之配合和剪裁,在在均须熟练文学的技巧。而且历史是过去的陈迹,要这种过去的陈迹,再活现出来,尤有赖于绘声绘影的文学情调。但是有一句话须声明的,就是历史是人类事业的记载和探讨,文学是人类思想和感情的表现。历史活动的范围是事实,文学活动的范围是艺术。所以历史的著述,固以兼擅文学为优,而史实的探讨,不必身为文学家而始能。"③周容在其所著的《史学通论》中也说:"文学和历史是发生最早的姊妹学问,也可以说是人类最早产生的一对双胎的学问。"但二者"究竟各有其个性与特点,因此,引起不少的反对文人作史的呼声。""文学和史学的混淆不清是世界各国的通病。""到了现在,历史要成为科学,自然和以艺术技巧为主的文学分离了。"④他们都强调史学与文学之不同,反映了30年代建立科学独立的史学之时代特点。

强调历史写作要重视艺术性的史学家可以梁启超、张荫麟为代表。这种

---

① 《李大钊史学论集》,河北人民出版社1984年版,第207页。
② 《李大钊史学论集》,河北人民出版社1984年版,第234页。
③ 李则纲:《史学通论》,商务印书馆1935年版,第85—86页。
④ 周容:《史学通论》,开明书店1931年版,第16—17页。

主张偏重史学与艺术的统一性。梁氏一向对自己的文才颇为自负，说"我生平说话不行而文章技术比说话强得多"。[1]事实上，20世纪初他在中国的文体改革方面确实是身体力行，起到了领导潮流的作用。他把文章的技术分为二部分，一是组织，二是文采。组织包括剪裁和排列。他认为，剪裁和排列是很有艺术性的学问，他举例说："譬如天地玄黄四个字，王羲之是这样写，小孩子亦是这样写，但是王羲之写得好，小孩子写得坏，就是因为排列的关系。"他把写史书作为艺术来看待，艺术讲究排列和布局，史书也要注意排列和详略。他提供了几个范例，一是将前人记载联络熔铸，变成自己的话。他说"有天才的人，最能把别人的话熔铸成自己的话"。二是运用纲目体，简单省事，伸缩自由。这里说的纲目体，其实是先列出论点，然后再运用资料来说明。这主要是对论文而言的。三是注意利用图表。图表可以"化乱芜的文章为简洁，且使读者一目了然"。关于文采，他说，文采就是写人事所用的字句词章。文采的要素很多，主要的有两点，一是简洁。简洁就是讲剪裁的工夫。"大凡文章以说话少，含义多为妙。文章的厚薄，即由此分。"什么是文章的厚薄？意思少，文章长为薄；篇无剩句，句无剩字为厚。文章总要词达。达之外不再加多，不再求深。二是飞动。历史的文章，为的是作给人看，若不能感动人，其价值就减少了。作文章，一面要严谨，一面要加电力。"事本飞动，而文章呆板，人将不愿看，就看亦昏昏欲睡。事本呆板，而文章生动，便字字都跃然纸上，使看的人要哭便哭，要笑便笑。"可见梁氏关于文采的论述，突出了生动，而不满足于忠实地反映出历史事实了。

张荫麟提出"历史亦是艺术"的观点。他说："历史所表现者为真境，故其资料必有待于科学的搜集与整理。然仅有资料，虽极精确，亦不成史。即更经科学的综合，亦不成史，何也？以感情、生命、神彩，有待于直观的认取，与艺术的表现也。"张荫麟是梁启超的学生，后又到美国留学，受到西方史学思想的影响。他的观点与梁氏并不完全一致。他的意思是说，在经过对历史资料的搜集、归纳、分析和综合后，史学家应用心去体验历史，真正领会历史的要义，抓住历史的真精神，然后艺术性地将历史再现出来。再现

---

[1] 梁启超：《中国历史研究法补编》第二章，《史家的四长》，以下引文均出于该章。

出来的历史要包含感情、生命和神彩。所以他说:"理想之历史须具二条件:(1)正确充备之资料,(2)忠实之艺术的表现。"① 他认为:"艺术化之史与科学化之史,就其鹄的而言,皆以显真。前者之所显者为真相,后者之所显者为真理。"真相和真理具有共通性,那就是它们都有感情、生命和神彩在其中。"写神仙之图画,艺术也。写生写真,毫发毕肖之图画,亦艺术也。小说与历史之所同者,表现有感情、有生命、有神彩之境界。"也就是说,写出的历史,既要有科学性,又要有艺术性,是科学性和艺术性的有机结合。做到这一点是很不容易的。他写的《中国史纲》,以讲故事似的方式将东汉以前的历史娓娓道来,是学术界公认的佳作,然他却喟叹:"写这种文章是很费苦心的。"②

提出"准确、凝练、生动"的历史文学原则,以白寿彝先生为代表。新中国成立后,马克思主义史学家在总结和批判继承传统史学的基础上,注意吸收前人关于历史文学的成果,在史学实践中,对历史文学继续进行探索。翦伯赞60年代初主持编写中国历史教科书,提出"文以载道"、"道以依文",说的是"文"与"道"的辩证关系。他主张文章要写得生动一些,"因为历史本身是生动的,历史本身就是一个活剧。但是写历史不是写诗歌,可以全凭感情,也不是写剧本,可以虚构(写历史剧也不能随便虚构,历史剧中虚构的人物和故事,也必须是当时的历史条件下可能出现的)。我们是写历史教科书,既要生动,又要准确、严肃。"③ 他强调文章要剪裁,删除繁芜无用的辞句。句子要锤炼,去掉不必要的字眼。不论是文章的剪裁或句子的锤炼,都不要为了美词而害意。范文澜认为,历史文章写出来要吸引人,让人愿意看。而对那些东抄西拼,动不动就搬用经典作家语录的嗤之以鼻。他说:"韩愈所说的文以载道,是经验之谈。一辆破烂车子载着大道理,人家会拒绝它走进自己的眼睛里。自己写的文章别人是否愿意看完全在于自己。写了一辈子文章,看的人只有几个,那又何苦呢?如果一个人写的文章大家都喜欢看,岂不很好?"④ "现在有一些史学方面的文章,往往不能引人入胜,反而能让人

---

① 张荫麟:《论历史学之过去与未来》,《学衡》,第62期,1928年3月。
② 转引自《中国史纲·导读》,上海古籍出版社1999年版,第7页。
③ 《对处理若干历史问题的初步意见》,《光明日报》,1963年12月22日。
④ 《范文澜历史论文集》,中国社会科学出版社1979年,第218页。

败兴，不愿卒读。我这里说的是那种空洞的长文章（空洞的短文章也一样）。元杂剧里常常用写万言书来形容士人的大才，现在我们翻翻史学刊物，似乎大才并不少，摇起笔来，就摇出一篇万言书，甚至万言还不过瘾，要摇出加倍三倍四倍的万言书才觉得痛快。事实上，这种文章，无非是马曰列曰，东抄抄，西扯扯，终日言，如不言，自以为证明了自己抽象观点的正确而已。我愿和史学界的同志们共勉，大家自己不作这种文章，并且反对别人作这种文章。"[1] 他也论述了文与史的关系。认为近代文史分家是应该的，因为文史各有广泛的领域，二者不可兼得，只好舍一而取一，同时又主张不可分得太截然，说史学工作者写出来的文章，"应该切实些，清楚些，简要些，生动些，一方面能够适当地表达自己所要说的话，另一方面使人看了不讨厌"。[2]

吴晗曾经就新闻报道和史学的共同特点与新闻工作者进行探讨，说："报道的科学性和艺术性应该是统一的。对于历史著作的要求也是如此。记载史实要实事求是，要准确，不许浮夸、虚构，同时也要有艺术性，要写得鲜明、生动。所不同的是，新闻工作者记录的是今天的历史，历史工作者记录的是过去的历史，差别只如此而已。从这个意义上说，新闻工作者也是历史工作者。"[3] 他认为不能把科学性和艺术性对立起来，在中国史学史上，有许多科学性和艺术性结合得好的作品："比如《项羽本纪》中鸿门宴这一段记载就非常生动，达到了科学性和艺术性的完善的统一，它既是历史著作，也是艺术作品。"[4]

郑天挺对中国古代传记类史书的写作经验进行了总结，并结合历史写作的具体问题，论述了"尚简"，他说："有时候已经叙述了一个人的才行，就不必再罗列事迹；有时候已经用事迹衬托出一个人的才行，就不必再用抽象的话笼统地赞美；有时候对于才行事迹全不说，而把当时的言语记出来，因为言语有所关涉，事实也就显露了。他们绝不同时并写，以免虚费文字。假如说一个人尽夜读书，又何必再说他笃志学习？已经说了下笔千言，又何必再

---

[1]《范文澜历史论文集》，中国社会科学出版社 1979 年，第 217 页。
[2]《范文澜历史论文集》，中国社会科学出版社 1979 年，第 217 页。
[3] 吴晗：《学习历史知识的几个问题》，《学习集》，北京出版社 1980 年版，第 223 页。
[4] 吴晗：《学习历史知识的几个问题》，《学习集》，北京出版社 1980 年版，第 224 页。

说文章敏速？既然已把一件事情发生时有关系的对话记下来，又何必再把这件事情的经过重说一遍？这是历史家尚简的理由。因为尚简，所以他们要做到'骈枝尽去，后尘都捐，华逝实存，渣去渖在'。"①这里说的尚简，就是剪除重复，去掉浮词。所举现象，是平时写作中经常出现的，所以很有针对性。他以许多事例说明尚简对烘托历史气氛、刻划历史人物以及将历史场景写得浑然一体都具有重要的意义。他还论述了传记文中的用晦，认为用晦与尚简有密切的联系，"因为他们尚简，所以有许多事迹他们不明显地直说，而用旁的方法委婉地点出来，烘托出来，或者只说大的方面，重要的方面，而将小的、轻的不说，使读者自己去体会。他们主张'略小存大，举重明轻'，希望'省字约文，事溢于句外'，反对'弥漫重沓'。"②对尚简和用晦之间的关系进行论述，是对传统历史写作经验的进一步阐发。郑氏还提出传记作者和历史家，在叙事时"有几件禁忌的事"：第一是"忌诡异"，第二是"忌虚美"，第三是"忌曲隐"。这些总结，对中国历史文学的研究都是极有意义的。

对历史文学进行系统论述的是白寿彝先生。白先生60年代初就注意对历史文学遗产的总结，发表《史文繁简》《司马迁寓论断于序事》等。《史文繁简》提出不能机械地对待繁简问题，应具体情况具体对待，该繁即繁，该简即简，"脱离具体情况而简单地追求烦文或省略，都是不妥当的"。《司马迁寓论断于序事》对《史记》的历史文学成就进行了探讨，在顾炎武提示的基础上又大大深化了对司马迁史论艺术的认识，认为司马迁"于序事中寓论断"的最好例子，不一定是放在篇末，而往往是在篇中；不只是借着一个人的话来评论，而有时是借着好几个人来评论；不一定是用正面的话，也用侧面的或反面的话；不是只用别人的话，更重要的是联系典型的事例。在史书撰述上，刘知幾主张"用晦"，司马迁的"于序事中寓论断"就是用晦的重要表现手法。

80年代初，白先生发表《谈史学遗产答客问》，专门谈了"历史编纂学""历史文学"。1983年出版的他主编的《史学概论》，设立了"史书的编著""史书的体例""历史文学"三章，总结了中国传统史学的体裁、体例和

---

① 郑天挺：《中国的传记文》，《探微集》，中华书局1980年版，第269页。
② 郑天挺：《中国的传记文》，《探微集》，中华书局1980年版，第269页。

历史文学成就，认为不同的体裁可以互相补充和综合；史书的内容和形式之关系是辩证的；从整体上要求史书体例的统一，但在部分和局部上还须有一定程度的灵活运用等。《概论》考察了中国历史上史学和文学的分合，史学和文学的各种关系以及中国史学的历史文学成就，对历史文学的写作经验进行了总结。说历史文学的写作经验，至少应包括两个方面，即"闳中肆外"和"艺术加工"。闳中肆外的基本要求是：内容充实、丰富，而文笔要发挥尽致。在艺术加工方面，比较重要的是文德、尚简和用晦。他1986年出版的《中国史学史》（第一册），对中国的历史文学传统又作了进一步的概括，说："把我国的历史文学的优良传统总结起来，我想最值得注意的是这样的六个字：准确、凝练、生动。准确，是恰如其分地反映历史的真实，在复杂的社会现象里，用准确的文字来反映历史的真实面貌。……凝练，是能用简练的方式表述比较丰富的内容。刘知幾说'叙事要用晦'，大概就是这个意思。凝练须有准确做基础。做不到准确，就不会做到凝练的。……生动就更不容易，需要对表述的对象有更深刻的理解，也需要作者更有才华。"[①] 这六个字也是白先生提出的历史文学的基本原则，是从历史学的本质特点和中国传统史学的经验中概括出来的。它们是相互联系的几个方面，前者是后者的基础，后者是前者的发展。在多卷本《中国通史》导论卷中，白寿彝先生再次论述了"历史文学"的问题。某些提法虽有所改变，但在论述上更加全面了。他说历史表述的基本要求是"确切、凝练和生动"。"确切，包含表述的真实、正确和恰当。这就有一个态度问题、认识问题和技术熟练程度的问题。""真实地表述历史，是每一个史学工作者的天职。做不到这一点，就没有尽到职责。有意地违背这一点，至少是学术道德上的错误，甚至是政治上的犯罪。""凝练和生动比确切更有技巧方面的意义，但也不是单纯技巧问题。"[②]

综上所论，白先生提出了历史文学的几个要素，并排出了这些要素的先后顺序。历史文学的这几个要素，说明历史学既具有科学的属性，又包含艺术的成分。提出这几个要素，是对"历史学既是科学又是艺术"观点的一个

---

① 白寿彝：《中国史学史》第一册，上海人民出版社1986年版，第28页。
② 白寿彝主编：《中国通史·导论》卷，上海人民出版社1989年版，第342—344页。

推进，使之更加具体了。史学著作的语言要求，首先是确切，这是历史文学的第一要素，是历史学的性质决定的，只有做到这一点，才算尽到史学工作者的天职。在准确的基础上，做到凝练，是向更高目标的迈进。但没有准确，凝练就失去了根基，这种凝练并不符合史学著作的要求。生动则是对前二者的继续推进。它必须在尊重历史的前提下进行，绝不能为了生动而虚构历史，所以历史著作的生动，比文学作品的生动做起来难度更大。既要对历史有贯通透彻的准确理解，又要有恰当的表述形式，在尊重历史学规范的前提下，要求作者更有才华。也就是说，历史学首先是科学，在这个前提下，讲求艺术性，做到科学性和艺术性的有机结合，高度统一。

确切、凝练、生动是历史写作的总的要求，但在具体的写作中，也可以有所侧重。如历史通俗读物，在准确的前提下，应以生动、吸引人为重点，这里面可以根据实际需要运用多种艺术手法；论文特别是有争议性问题的研究论文，应以准确、确切为中心，每一个字，每一句话，都要写得有根有据。凝练是通过总结中国史学史上尚简的优良传统而概括出的原则，它适用于各种类型的历史著作。

白寿彝先生既总结了中国古代历史著作写作的经验，又吸收了近人在历史文学方面的成果，做到了对历史文学的自觉研究。观点更加全面，表述更加准确。特别是他运用这些理论，进行中国通史的编纂。不论是在《中国通史纲要》，还是在多卷本《中国通史》中，他都自觉地贯彻历史文学的理论，并取得良好的学术效果和社会效果。

以上所列关于历史文学的三种认识倾向，都有其合理的意义。它们彼此之间有不少相容之处，并不是相互对立的。历史文学不仅是一个理论问题，更是一个实践的问题，它的内含将随着历史撰述实践的发展而不断丰富。

历史学和历史剧的关系，也属于历史文学研究的理论问题。这个问题在60年代曾经热烈地讨论过，当时并没有取得一致意见。以后由于种种原因，讨论没有进行下去。时至今日，历史题材的电影、电视剧出现很多，对广大人民群众的精神文化生活产生了很大的影响。其中也出现了不少问题，根本的是历史剧的基本情节是否应该符合历史实际？在这个问题上，史学工作者和某些艺术创作者是有分歧的。但在分歧中，也有共同的认识。如历史学家和艺术家都承认历史剧的性质是艺术，对历史场景可以进行某些虚构和艺术创作。分歧主要表现在，有的艺术家不赞同虚构和创作受历史条件、历史事实的限制，认为只要虚构得合情合理就行，只不过是把剧中的人物改换成历史人物，地点改为历史地点而已。历史学家则认为，历史剧必须在尊重基本历史事实的基础上进行艺术创作，历史的基本要素如时间、地点、人物、历史事件的经过等，不能与历史实际相抵触；历史剧的创作应重视历史研究的成果，否则，就不能称作历史剧。

历史研究和文艺创作，由于思维方式和表现形式有一定的差异，存在分歧是正常的，重要的是要解决分歧。历史研究者和艺术创作者应该相互尊重，不断交流和沟通，在过去讨论的基础上继续进行研究。解决了这个基本问题，无论对历史剧整体水平的提高，还是对历史知识的普及，发挥历史学的社会作用，都是有益的。那种"气死历史学家"的历史剧创作态度是不可取的，其作品的消极影响也是显而易见的。因为这个问题比较复杂，而且属于"历史文学"第一层面的范畴，故此处不作详论。

三、历史著述要"千锤百炼"

20世纪的著名史学家不论是多产的还是以严谨著称的，都主张历史著作和论文的写作要多修改，要"千锤百炼"。梁启超著述等身，一生所作文字，超过一千万字。他在论述如何培养史才的时候却说："前人说多读多作多改，今易一字为'多读少作多改'。"这说明，他也认为"改"的工夫是不能少的。他说，所谓"多改"，就是翻来覆去地看，从组织起到文采止，有不满意处，就改，或剪裁或补充。一篇文不妨改多少回，十年之后还可再改。"这种工夫很笨，然天下至巧之事，一定从至笨中来。"他以梅兰芳唱戏作比喻，说"梅兰芳唱戏唱得好，他不是几天之内成功的"。[1] 梁氏的文章写得很优美，是近代著名的文章家，这些论述也是他的经验之谈。郭沫若也说，要使文章好，

---

[1] 《中国历史研究法补编·总论》。

必须不厌其烦地修改:"自己写出的东西要读得上口,多读几遍,多改几遍,先朗诵给自己的亲近的人听,不要急于发表,这也是绝好的方法,这便是古人所说的'推敲'。"① "据我自己的经验,文章的多改、多琢磨,恐怕还是最好的方法。改,改,改! 琢磨,琢磨,再琢磨! 铁杵是可以磨成针的。"② 吴晗是青年的良师益友,许多青年向他请教文章之道。他说写好文章有三要素,即多读书、多写作、多修改。"一篇文章写成之后,要读一遍改一遍,多读几遍多改几遍。要挑剔自己文章的毛病,发现了就改,决不可存爱惜之心。用字不当的要改,含义不明的要改,词句不连贯的要改,道理说不透的要改。左改右改,一直改到找不出毛病为止。"③ 郭沫若、吴晗的论述,是就一般的文章写作而言的,对于史学作品的撰写,也同样适用。陈垣、白寿彝等先生在谈及文章之道的时候,也有类似的论述。这些论述,反映了他们对历史著述的认真态度和严格要求,体现了他们的优良学风和对史学工作的高度责任感。

古人云"十年磨一剑",这个"磨"字,就含有对作品的反复修改,它很形象地说明了学术精品是怎样锻造而成的。从事历史著述,是一项崇高的事业,要有精品意识,把文章和著作写得尽可能的完美,坚决反对粗制滥造、徒增文化垃圾的做法。顾炎武说,文须有益于天下,有益于天下、有益于将来之文,多一篇,多一篇之益矣;而有损于己,无益于人,多一篇,多一篇之损矣。④ 顾炎武的话,当为所有从事历史研究、历史著述的人所共勉。特别是在当前,这种写作态度更是需要提倡。而20世纪史家强调的文章要千锤百炼、要反复修改,则为我们朝这个目标努力指明了方向,值得我们重温。

(2002 年第 4 期)

---

① 郭沫若:《怎样运用文学的语言》,《郭沫若谈创作》,黑龙江人民出版社 1982 年版,第 203 页。
② 郭沫若:《武则天序》,《郭沫若谈创作》,黑龙江人民出版社 1982 年版,第 203 页。
③ 吴晗:《学习集》,北京出版社 1980 年版,第 15 页。
④ 《日知录》卷十九,《文须有益于天下》。

浅论"五朵金花"的理论成就和学术意义

张 越

新中国建立后,在全国范围内掀起的学习马克思主义理论热潮的大背景下,中国马克思主义史学的主导地位很快确立起来。在"文革"前的十七年(1949—1966)里,中国大陆史学界最引人关注也是最有影响的史学现象,就是对"五朵金花"及相关问题所进行的大范围地、深入地、热烈地讨论。时至今日,"五朵金花"问题或已不再那样地引人注目,或被认为是"假问题"而受到某种质疑,或被看成是泛意识形态化而被轻视甚至不屑。对于这样一个曾经具有如此规模的学术现象、一个集结宏观理论支持和具体研究充实的问题群体,因种种原因在一个时期里过热或过冷都不一定是正常的,包含其学术内涵之外的其他因素往往产生过多的影响,而其自身蕴含的理论价值和学术意义仍然不可轻视。

"五朵金花"的讨论,在1978年以后仍持续一段时间,以后随着史学多元化发展格局的渐趋形成,"五朵金花"中的"花朵",有的以新的方式继续被讨论和研究,有的被冷落、怀疑或批评。"五朵金花"束在一起竞相开放的盛况不再。然而,以"五朵金花"为标志的对各种历史理论问题的讨论,是在中国马克思主义史学主导地位确立后,运用马克思主义理论结合中国历史实际进行研究中对一系列重大理论问题的全面深入地探讨,尽管在讨论中存在着这样那样的不足与失误,但是中国马克思主义史学理论在此讨论的基础上收获甚丰则是不争的事实,其理论成就和学术意义对于中国历史学研究走向的影响必将是深远而长久的。进入21世纪后,不仅对相关"花朵"作进一步研究的进展明显,而且以"五朵金花"为专题研究的成果也渐次出现。①

"五朵金花"最初被称为"五朵花",是翦伯赞在1957年"反右"运动中批判被划为右派分子的向达时提到而为人知的,翦伯赞说:"向达则提出历史学只开五朵花的问题……只看到这'五朵花',而且最讨厌这五朵花。为什么,原因很简单,就是因为这五朵花是马克思主义历史学开出的花朵,而且只有马克思主义历史学才能开出这五朵花来。"②1959年随着电影《五朵金花》的热映,史学界这"五朵花"被称为"五朵金花"流传开来。"五朵金花"被正面看作是"历史上带有关键性的问题"(同上)而成为"十七年"史学的最重要的研究成就。不论是向达的揶揄还是翦伯赞的批判,也不论从"五朵花"到"五朵金花"称谓的语气转变,重要的是,"五朵金花""点出了史学界大家都在思考基本问题和宏观问题这一其他时期少见的现象"③,"五朵金花"的学术意义正体现在这里。

"五朵金花"包括中国古代史分期问题、中国资本主义萌芽问题、中国封建社会农民战争问题、中国封建土地所有制形式问题和汉民族形成问题。他们被"播种"、"生根"、"开花"的时间和方式不一,但是集结为"五朵金花"则是在20世纪50年代。其中中国古代史分期问题开始于1950年3月19日《光明日报》发表郭宝钧《记殷周殉人之史实》,两天后发表郭沫若的《读了〈记殷周殉人之史实〉》一文,认为殷、周都是奴隶社会,立即在史学界引起热烈讨论,"反右"和"史学革命"期间沉寂一段时间,1959年至60年代初再度活跃;中国资本主义萌芽问题:1955年1月9日邓拓在《人民日报》上发表《论红楼梦的社会背景和历史意义》,提出从封建经济体系内部生长出资本主义经济因素的萌芽问题,此后引发史学界的热烈讨论;中国封建社会农民

---

① 如:王学典:《"五朵金花":意识形态语境中的学术论战》,《文史知识》2002年第1期;陈其泰主编:《中国马克思主义史学的理论成就》,国家图书馆出版社2008年版;王学典、陈峰:《二十世纪中国历史学》,北京大学出版社2009年版;蒋海升:《"西方话语"与"中国历史"之间的张力——以"五朵金花"为重心的探讨》,山东大学出版社2009年版;罗志田:《文革前"十七年"中国史学的片段反思》,《四川大学学报》2009年第5期。
② 翦伯赞:《右派在历史学方面的反社会主义活动》,1957年10月4日《人民日报》。转引自蒋海升《"西方话语"与"中国历史"之间的张力——以"五朵金花"为重心的探讨》,山东大学出版社2009年版,第2页注1。
③ 罗志田:《文革前"十七年"中国史学的片段反思》,《四川大学学报》2009年第5期。

战争问题：1949年至1957年以提出问题、初步研究和史料整理为主，1958年至1966年对农民战争若干理论问题展开热烈讨论；中国封建土地所有制形式问题：1954年侯外庐在《历史研究》创刊号上发表《中国封建土地所有制形式问题》，提出中国封建土地所有制是"皇族所有制"即国有制，引起讨论；汉民族形成问题：范文澜在《历史研究》1954年第3期发表《试论中国自秦汉时成为统一国家的原因》，针对斯大林相关民族问题理论和苏联学者关于中国民族"是在19世纪与20世纪之间形成的"观点，提出汉民族形成在秦汉时期。① 这里简要罗列"五朵金花"讨论的缘起情况，是想说明：第一，"五朵金花"讨论，是在新中国建立之初的史学家们学习和掌握马克思主义理论、确立中国马克思主义历史学的主导地位、将马克思主义理论运用于中国历史的研究中去、进一步深化中国马克思主义史学研究的背景下产生的；第二，问题的提出，虽大多是由一篇文章、一个观点而引发，但是这些问题多为以往问题在新的条件下的延续，成为新语境下中国马克思主义史学必须关注的、具有学术与现实双重重大意义的问题；第三，就问题本身而言，都是在试图回答中国历史发展中的宏观问题，试图探索中国历史发展的基本特点和道路。

  在这五个问题中，古史分期问题是近代史学话语体系中的基本问题，宏观地看待历史发展进程而不仅仅将朝代更迭视为历史阶段性发展的标志，是19世纪末进化论传入后中国史学的主要变化之一，以某种历史观为基本理论贯穿于对历史发展进程的认知与撰述，最基本的反映就是历史阶段的划分，古史分期又并非简单地划分历史发展阶段，而是历史观的反映，是新的研究范式和话语体系的展现，历史与现实、学术与政治等因素都以各种各样的方式纠结于其中。中国古代史分期问题是近代史学中运用马克思社会经济形态理论划分历史发展阶段的继续，以社会经济形态变动学说来划分中国古代史发展阶段，主要包括中国古代社会性质问题、划分奴隶制与封建制的标准、奴隶社会是否是人类历史发展的必经阶段、中国古代是否经历独特的发展道路等问题，这些问题无不是必须深入探讨中国历史发展过程才有可能回答的，

---

① 详见蒋大椿《20世纪中国马克思主义史学》，载罗志田主编《20世纪的中国：学术与社会（史学卷）》（上），山东人民出版社2001年版，第192—216页。

从理论与实际相结合的角度看，从20世纪30年代以后努力证明唯物史观对中国历史的适用性发展到50年代以后经过深入讨论逐渐更多地注意到了中国历史的特点，尽管教条主义、公式化的痕迹仍然明显，政治干扰学术的现象时有发生，但是结合社会经济形态理论探讨古史分期问题所形成的诸说并起、互相辩论的局面，实际是对中国近现代史学以整体、宏观看待历史为特征的研究范式的全面实践。有学者指出："把握人类历史发展的规律，却是人类认识历史的一项诉求，人们渴望知道过去的历史，更渴望知道未来历史的发展方向。在这样的背景下，历史学家绕不开对重大历史问题的解释，绕不开对历史规律的把握（这又涉及到历史的功能及历史的最终关怀问题）。而要做到这些，又必须对历史时段进行划分，阐明每一历史时段的特质，以探索历史发展的总体规律。"① 因此，古史分期问题作为"五朵金花"之冠并非偶然。

封建土地所有制和资本主义萌芽两个问题是古史分期问题讨论的延伸。中国封建土地所有制形式问题，主要是通过研究构成与影响中国封建土地所有制形式，来探讨中国古代的土地所有制形式是土地国有制还是地主所有制。不同的观点下其实反映着趋同的学术目的，如林甘泉认为："我是赞同土地私有制占主导地位的，但我认为有的学者提出的封建土地国有制在理论上是很有价值的，因为它注意到了中国封建专制主义国家重要的经济职能，抓住了中国历史的特点。"② 通过讨论，"'井田制'、'初税亩'、'均田制'、'地主制'、'庄园制'、'农村公社'等经济史上一系列关键史实的发覆，不能不归功于唯物史观所强调的'经济因素'的指引。"③ "抓住中国历史的特点"、从史实中开拓相关领域的课题意识，同样表现在对中国资本主义萌芽问题的讨论上。资本主义萌芽问题的理论出发点是马克思主义社会经济形态理论中的五种社会生产方式说，即封建社会之后应当是资本主义社会，然而该问题之所以引发讨论，就在于看到了中国封建社会发展的特殊性，看到了后期封建社会发展中的变化，这同样是着眼于中国历史发展特点的。在发掘了大量丰富的资料

---

① 罗新慧：《二十世纪中国古代分期问题论辩》，百花洲文艺出版社2004年版，第7页。
② 林甘泉：《关于史学理论建设的几点意见》，《史学理论与史学史学刊》2003年卷，社会科学文献出版社2003年版。
③ 王学典、陈峰：《二十世纪中国历史学》，北京大学出版社2009年版，第154—155页。

对该问题加以论证的基础上，在中国古代经济史，特别是明清时期的经济发展史方面获得了极其显著的进展，在学术成就方面可能是在当今学术界获得最多赞誉的金花之一。林甘泉说："如果没有古史分期、土地所有制、资本主义萌芽等问题的讨论，就没有五六十年代历史学向深度和广度的发展，也就没有今天一些断代史和专门史的繁荣局面。"[1] 赵世瑜等认为：对资本主义萌芽问题的讨论，"仍有简单比附西方资本主义生产关系产生的痕迹，但是由于讨论需要大量实证研究作为基础，所以它还是极大地促进了学术界对社会经济史、特别是区域社会经济史的研究"[2]。中国资本主义萌芽问题在50年代与古史分期、亚细亚生产方式、中国封建社会长期延续等问题关系密切，在80年代以后又与近代社会转型、现代化问题等相互关联，究其原因，该问题扣住了中国历史发展进程中的关键环节当是不争的事实。封建土地所有制和资本主义萌芽问题虽孕育产生于古史分期问题，却开花结果于各自的领域，成为"五朵金花"中的两朵奇葩。

对农民战争问题展开讨论带有更强的时代色彩。从1949年到1957年，先后发表了650余篇相关文章，出版了70余种相关出版物，1958年至1966年，发表相关文章达2300篇[3]，成果数量可谓惊人。对农民战争问题的讨论和研究的热潮如此高涨，与新中国建立后政权性质的变化、意识形态方面的影响、毛泽东的相关论断、史学界阶级分析方法的倍受重视等都有直接关系。就问题本身而言，全面颠覆以往史学对农民战争问题的负面评价使得在这一研究领域呈现出无比广阔的研究空间。从对史料的整理到对历史上农民战争领袖的评价，再到对"中国农民战争的性质、特点、思想武器、发展阶段、起因、历史作用、失败原因、农民政权的性质、农民战争与宗教的关系、农民的阶级斗争与民族斗争的关系"[4] 等一系列具体和理论问题的讨论，农民战争问题成为"五朵金花"中绽开的最为夺目的金花之一。与此形成鲜明对比的是，

---

[1] 林甘泉：《关于史学理论建设的几点意见》，《史学理论与史学史学刊》2003年卷，社会科学文献出版社2003年版。
[2] 赵世瑜、邓庆平：《二十世纪中国社会史研究的回顾与思考》，《历史研究》2001年第6期。
[3] 见周朝民等编著《中国史学四十年》，广西人民出版社1989年，第37—38页。
[4] 同上，第38页。

时至今日，农民战争问题却成为"五朵金花"中最受冷落的一枝。应当看到，"十七年"时期，由于过分强调农民战争在历史中的作用和阶级斗争观点，特别是无限抬高农民战争作用，致使对一些问题的看法存在着严重偏差。但是，农民战争在中国历史发展过程中不断发生且对不同时期的社会局面产生有包括改朝换代的重要影响，这是中国历史的客观事实。马克思主义史学对农民战争的全面研究与重视，无论是在对相关史料的发掘与整理上，还是在对农民战争本身及其对中国历史的各个方面的影响上，都是前所未有的。某国外史学评论家认为，新中国历史研究由于强调了农民战争的革命性以及对促进社会变革的推动作用，"从根本上改变了中国历史的语言"，"建立了评估和重现中国过去历史的标准"，"这个问题为中国历史学增添了一个新领域，却是毫无争议的"。① 通过对农民战争的研究，加强了对中国历史发展进程、中国历史发展动因等重大理论问题的研究，也开辟了中国农民战争史这样一个新的学科研究领域。

在"十七年"时期的"五朵金花"的讨论中，汉民族形成问题的讨论与其他问题相比，在规模和成果数量上可能显得较弱一些。然而，今天看来，这个问题却最具可持续的发展潜力。比较而言，古史分期的讨论对中国历史研究诸多重大问题的涵盖性和研究视角的宏观性最为突出，而汉民族形成问题则随着时代的发展逐渐上升为最具学术意义和现实意义的重大问题。范文澜1954年发表的《试论中国自秦汉时成为统一国家的原因》一文，看上去是依据斯大林的"共同语言"、"共同地域"、"共同经济生活"、"共同文化上的共同心理状态"这样的民族定义得出了汉民族在秦汉之际已经形成的观点，但是斯大林观点还包括民族是在资产阶级发展中形成的，如此推论，则汉族只能是"部族"而非"民族"，故而苏联学者提出了"中国民族"形成于19世纪与20世纪之间的结论。范文澜的见解，实际上是与斯大林民族产生于近代的理论相抵触的，说得明确一点，是对50年代在中国被奉若经典的斯大林相关观点的挑战。这里不想再重复范文澜等史家是如何努力把中国历史特点与马克思主义理论相结合的老话，只是想指出，诸如汉民族形成等问题因其

---

① 巴勒克拉夫:《当代史学主要趋势》(杨豫译)，上海译文出版社1987年版，第222、220页。

事关国家民族的原则性问题，是中国学者必须要从学理上予以澄清的，也是中国史家必须要面对和回答的。范文澜针对苏联学者格·叶菲莫夫的观点提出异议并引发汉民族形成问题的讨论，汉民族形成问题成为"五朵金花"之一（而不是在当时讨论的热烈程度并不亚于汉民族形成问题的亚细亚生产方式、中国封建社会长期延续、历史人物评价等问题），正表明范文澜等中国史家在如此重大和关键问题上所表现出的前瞻性和敏感性。到了60年代，民族认定工作的基本完成、斯大林神圣光环的逐渐褪色，汉民族形成问题研究进入了新的高潮，讨论的范围也扩展至对历史上的中国及其疆域、历史上的民族关系的主流、历史上民族之间战争的性质、民族融合与民族同化、民族政策的评价、怎样看待民族间的"和亲"[1]等问题。时至今日，中国古代民族和国家起源、中华民族多元一体、中华民族的历史文化认同等有关统一多民族国家的重大问题均成为热点问题，可证明昔日"五朵金花"中的汉民族形成问题的启发意义和理论价值。

"五朵金花"的理论成就和学术意义值得深入反思和全面研究。笔者愿意引用当年"五朵金花"讨论中的主要参与者赵俪生先生的话作为本文的结束："我认为'五朵金花'是马克思主义和中国历史结合的刚刚开始……今天回过头来看'五朵金花'，全部否定我是不赞成的；全部肯定我也不赞成。应该批判地保留，而且保留的部分应当偏多一点，甚至基本上应予肯定。把'五朵金花'看作是'五朵病梅'的，我觉得是一种新的左倾、教条主义。我认为将来写学术史，对'五朵金花'不应当采取否定态度，它的五个内容都有相当的成绩。"[2]

（2011年第3期）

---

[1] 见周朝民等编著《中国史学四十年》，广西人民出版社1989年版，第74—82页；宋德金《汉民族形成问题》，载肖黎主编《20世纪中国史学重大问题论争》，北京师范大学出版社2007年版；蒋海升《"西方话语"与"中国历史"之间的张力——以"五朵金花"为重心的探讨》，山东大学出版社2009年版，第120—125页。
[2] 王学典、蒋海升：《从"战士"到"学者"——访老辈史学家赵俪生先生》，《山东社会科学》2006年第3期。

古代西方历史理论三题

张广智

本文所说的古代西方，主要指古代希腊兼及古代罗马。这里所谓的历史理论，即是人们（主要是历史学家）对历史发展进程的思考。我且从以下这段话开始讨论。"在这里发表出来的，乃是哈利卡尔那索斯人希罗多德的研究成果，他所以要把这些研究成果发表出来，是为了保存人类的功业，使之不致由于年深日久而被人们遗忘，为了使希腊人和异邦人的那些值得赞叹的丰功伟绩不致失去他们的光彩，特别是为了把他们发生纷争的原因给记载下来。"[1] 这是西方"史学之父"希罗多德在其传世之作《历史》中的"引言"。这段众所周知的"引言"实在很重要，它不仅表明了作为西方"史学之父"希罗多德的史学理论，而且也包含了他的历史理论，须知希罗多德的史学理论是以他的历史理论作为前提和基础的。由希罗多德的这段引言，或许可以衍生与引伸出以下几个可以琐议的问题：历史进程中的神人关系、历史发展变化的相互关系以及历史兴衰成败的经济因素等，藉此可以看出古代西方历史理论的一些最基本的内容。

一、历史进程中的神人关系

从人类历史发展的进程而言，原始图腾观念的消失，神话色彩的逐渐淡薄，多彩的世俗生活取代了浪漫的神仙世界，因而人们对外部世界及其自身需要进行新的思考，于是人们观念中的神人（或天人）关系开始发生变化，

---

[1] 希罗多德：《历史》，王以铸译，商务印书馆1985年重印本，第1页。

希罗多德《历史》引言中"关键词"之一保存"人类的功业"可为显例。在前希罗多德时代，如"荷马史诗"中对神人关系的描述，虽则是"神人同形同性"，但神还是主宰人，史诗中众多的激烈的与凶残的战斗场景，莫不是在神意下人与人之间的争斗。总体上说，在"荷马时代"，神人从表面上看似乎同居一个世界，同处在一个洋溢着人间情趣的乐园中，但从精神世界层面看，神主宰人，这是一个神统治人的时代。

"荷马时代"之后，赫西俄德的诗篇《工作与时日》，尽管其在开篇也赞颂了"众神之父"宙斯，但从全篇来看，其基调都是劝导世人勤勉劳作，以争取人的幸福生活，这符合当时希腊人的人生观，也标志着人的理性开始觉醒，这是神人关系开始换位，人逐渐居于主导地位的时代。

古代希腊神人关系的换位，当归功于公元前6世纪爱奥尼亚地区科学与哲学思想的兴起，公元前5世纪两位西方古典史家希罗多德与修昔底德的问世，对此发生了根本性的变化。的确如此，对人类命运的关注，对人类自身地位的重新思考，是他们两人共同的话题。

希罗多德迈出了具有决定意义的一步。在神人关系上，他所强调的是人的主体性地位。在他的心目中，希波战争，希腊取胜，在于人为，而非神意。正是在这一点上，美国史学史家绍特威尔认为："希罗多德与昔日诗人和他的前辈不同，并不追随天神。在神话时代和历史时代之间，他揭示了一条很明显的边界。"[1] 中国史学史家吴于廑更明确地指出："希罗多德在这一方面为希腊史学奠立了一块重要的基石。"[2] 同样可以这样说，希罗多德也为古希腊历史理论奠立了一块重要的基石，这就是他的人本观念。当然，《历史》中确有不少神谕与灵异之类的记载，他说过："当城邦或是民族将要遭到巨大灾祸的时候，上天总是会垂示某种征兆的。"[3] 希罗多德此言不外是说，在世事与天象之间，有着某种神秘的联系，他的"神嫉观"也显示出天神以一种人们所无法预料的方式干预人类事务，那个著名的吕底亚王克洛索斯与希腊政治家梭伦相遇

---

[1] James T.Shotwell, *The History of History*, vol.1, Columbia University Press, 1939, pp.191-192.
[2] 吴于廑：《修昔底德〈伯罗奔尼撒战史〉选》之前言，载吴于廑主编《外国史学名著选》（上册），商务印书馆1986年版，第89页。
[3] 希罗多德:《历史》，第412页。

的故事，道出了他对世事莫测，命运无常的哀叹。但是，希罗多德的"命运观"不足以说明他是一个悲观主义者，从总体上看，《历史》的"主旋律"是一曲高扬人的而非神的赞歌。

至修昔底德撰《伯罗奔尼撒战争史》，其主旨更是为了"人事成败之迹，城邦兴废之由"。"依修昔底德之见，神祇从不直接主宰人类历史的进程。"[①]的确，他的书与《历史》不同，不曾出现过神支配人以及对人间事务的干预。他说："人是第一重要的；其他一切都是人的劳动成果。"[②]又指出："使我们的城邦光明灿烂的是这些人和类似他们的人的勇敢和英雄气概。"[③]由此可见，对历史进程中神人关系的人的地位，修昔底德的认识有了进一步的发展。

希罗多德与修昔底德关于神人关系的思考，他们在西方古典史学历史理论上的成果，显示了"人类精神的觉醒"[④]。进而言之，对此的经典表述当是公元前5世纪时的智者派哲学家普罗泰戈拉的名言："人是万物的尺度。"显而易见的是，这是希腊史上人的理性觉醒的时代。

古代罗马史学从总体上说是沿着希腊史学开辟的方向前进的，在历史理论上也是这样。柯林武德曾这样指出："希腊罗马历史编纂学作为一个整体……是人文主义的，它是人类历史的叙述，是人的事迹、人的目的、人的成功与失败的历史。"[⑤]在最卓越的罗马历史学家（如塔西佗、李维等人）那里，关于神人关系的思考，也多是承继了希腊古典史学的历史理论遗产。不过，古代西方史家，一般多少都带有对命运的诉求，即使是他们中的佼佼者如修昔底德或波里比阿等辈亦难例外，如后者认为罗马统一地中海归之于"命运"的识见[⑥]。但从总体上看，他们奉行的是人类历史独立于天神之外的

---

① See Ernst Breisach, *Historiography: Ancient, Medieval&Modern*, Second Edition, The University of Chicago Press, 1994, p.14.
② 修昔底德:《伯罗奔尼撒战争史》，谢德风译，商务印书馆1985年版，第103页。
③ 修昔底德:《伯罗奔尼撒战争史》，第134页。
④ 刘家和:《论古代的人类精神觉醒》，载刘氏《古代中国与世界——一个古代研究者的思考》，武汉出版社1995年版，第571页。
⑤ 柯林武德:《历史的观念》，何兆武等译，中国社会科学出版社1986年版，第46页。
⑥ 参见易宁《论波利比乌的"命运"说》，载《史学理论研究》1993年第3期。易宁在文中，对波利比乌的"命运"说作了分析，颇具新见，如说波里比乌对罗马必然统一地中海归之于罗马人的"命运"，含有某种历史发展的客观趋势之意。

历史观念。在罗马时代,随着基督教及其史学的兴起,在神人之间,标显和强调的是前者,神又主宰着人,人的地位与价值都要到上帝那里去寻找,于是西方史学发生了一次"重新定向",在历史理论上也将是这样。

二、历史发展变化的相互关系

这里所谓的"历史发展变化的相互关系",大致说的是过去与现在(古与今)的关系,两者有否关联,进而探求两者有否变化;历史发展进程中人与事之间的因果联系;历史发展轨迹的路径,它是前进的、倒退的还是循环的等。本文不再细分,仅作一些粗线条的陈述,而主要说循环史观的问题。

其实,在前希罗多德时代,古希腊人就萌发了对历史发展变化的最初认识,那种对历史进程的探究精神,隐含在"荷马史诗"中。赫西俄德的《工作与时日》,描绘了人类社会所经历的五个时代:黄金时代、白银时代、青铜时代、英雄时代和黑铁时代。在他的笔下,今不如昔,世风日下,一代不如一代,他哀叹:"我但愿不是生活在属于第五代种族的人类中间,但愿或者在这之前死去或者在这之后才降生。"[①]这就是他的古今观。他这种每况愈下、今不如昔的说法,在很大程度上反映了当时希腊人对历史发展变化的观念。赫西俄德的"时序"论,虽则是"悲观主义"的,但却孕育并发展成了主导日后西方历史理论的核心理念。当代英国历史学家彼得·伯克十年前发表过一篇著名的论文:《西方历史思想的十大特点》,其中说到"将历史变化视为循环往复的观念……曾在古希腊和罗马占有统治地位"。[②]换言之,综观古代西方的历史理论,历史循环论确为"正统",并占据支配地位,从希腊古典史家到罗马帝国时代的历史学家们大体都如此。

我们必须再说及希罗多德。他在《历史》引言中指出,他的书是"为了使希腊人和异邦人的那些值得赞叹的丰功伟绩不致失去他们的光彩,特别是

[①] 赫西俄德:《工作与时日》,张竹明等译,商务印书馆1991年版,第6页。
[②] 彼得·伯克:《西方历史思想的十大特点》,王晴佳译,载《史学理论研究》1997年第1期。

为了把他们发生纷争的原因给记载下来"。从这里，或许可以间接地看出他的古今观，往事（即过去的"丰功伟绩"）对后世是有意义的，过去与现在是相互联结具有连续性。不过，通观《历史》，上述这种"历史观"似乎并不明晰，他对世人的荣辱沉浮，对世事的莫测变幻，总在持一种平和与调适的态度，"人间的万事万物都是在车辆上面的，车辆的转动是决不容许一个人永远幸福的。"① 以此既可察觉他对"万事万物"变化无常的感叹，也可从他对不同时空中所发生的"万事万物"的类比和因果联系中，了解他对历史发展所取的相对主义思想。在他那里，历史的前进与倒退的思想是很淡漠的，倒是从这种人间"万事万物都是在车辆上面的"比喻，折射出他思想中受先贤影响而留存的历史循环论的影子。修昔底德的"人性说"，说的是"人性总是人性"②，他以"人性"认识古今，对接过去与未来，叙述历史的进程，人性之不变也就成了历史发展变化的动因。这当然与他的前辈希罗多德不同了，但这种以人性不变的理念来解释历史，总觉得还与彼得·伯克上述"循环往复"的论断颇有牵连，但由此就断定希罗多德与修昔底德就是循环史观论者，似乎还需斟酌。

　　波里比阿的"政体循环论"，值得在此一说。在他写的《通史》第六卷中，对此有过专门的论述。在波里比阿看来，罗马帝国的成功在很大程度上取决于它的政制。在他的笔下，君主制、贵族制和民主制这是三种最基本的政治制度，一旦某种最基本的政制被打破，就会出现一种腐败的政制作为替代，然后再回到另一种最基本的政制。这种过渡性的腐败政制有僭主制、寡头制和暴民制。他设想的政体循环会以君主制——僭主制——贵族制——寡头制——民主制——暴民制——君主制……这种顺序"循环往复"，并作同样的运动③。由波里比阿这种政体循环演变的理论，是否也可略见他对人类历史发展变化（不是"规律"）的看法呢？个人以为是可以的，在这里"政体循环论"，从一定意义上来说，也间接地反映了他的历史理论。倘说波氏的"政体循环论"也是他的"历史观"，不能说没有一点道理。当然，从波里比阿的

---

① 希罗多德：《历史》，第 103 页。
② 修昔底德：《伯罗奔尼撒战争史》，第 18 页。
③ See John Cannon et al.ed., *The Blackwell Dictionary of Historians*, Basil Blackwell Ltd., 1988, p.335.

"政体循环论"就认定他是"循环史观"论者，也应慎重，并需要对他的《通史》作进一步的研究①。

在后来的拉丁史家那里，这种循环史观依然是罗马史学中历史理论的基调。无论是在李维的《建城以来史》还是塔西佗的《编年史》中，都或隐或现地昭示出循环史观的东西，不同的是，前者是在"爱国主义"的高调下，后者则更具有一种"悲观主义"的色彩。

古代西方历史学家的循环史观反映了古代希腊人和罗马人对人类历史发展变化的认知，是西方历史理论的一份遗产。从后来的西方历史理论发展史来看，自公元5世纪，基督教神学史观颠覆了古典史学中的循环论，一度独步西方，历史第一次被理解为一个由固定的起点（上帝创世）到终点（末日审判）的线性运动，指出了历史是一种向着既定目标前进的运动，这种历史理论可以说是以前不曾有过的，对后世影响不小。把古典史学观念重新引出，那是要期盼西方文艺复兴运动曙光的来临，自此西方历史理论中的进步观念不断上扬，以至成为如彼得·伯克所说的"西方历史思想最重要和最明显的一个特征"②。

三、历史兴衰成败的经济因素

西方古典史学是以希罗多德为转折点的，古代西方历史理论的形成也大体如此。他在《历史》引言中，说的另一个关键词"原因"，显示了西方"史学之父"的历史批判精神，以及致力于历史兴衰成败动因的探讨。前已涉及到希罗多德对希波战争成败原因的探究，也说及修昔底德以人性不变作为推

---

① 对此，中外学者有不同认识。参见易宁《论波利比乌的"政体循环"说》，载《世界历史》1998年第6期，第54—55页及第54页之注（3）。又，值得留意的是研究西方古典史学的权威学者A·蒙米格里亚诺在《古代史学的时间观》(*Time in Ancient Historiography*) 一文中认为，波里比乌《通史》专论政体循环的第六卷，实为游离于全书主题的大枝蔓，并不足以反映波利比乌的循环史观。蒙氏高论，详见：Arnaldo Momigliano, *Essays in Ancient and Modern Historiography*, Wesleyan University Press, 1975, pp.199-190.

② 彼得·伯克：《西方历史思想的十大特点》，载《史学理论研究》1997年第1期。

动历史发展的动因。这里则以若干西方古典史家为例，略说经济因素与历史兴衰成败的关系，虽为"略说"，但却是古代西方历史理论中很厚重的内容与珍贵的史学遗产，值得引起我们关注，并作进一步的探讨。

在西方史学史上，修昔底德或许是古代西方第一个意识到经济因素会对历史兴衰成败发生重要影响的历史学家[①]。在他的书中，当谈到希腊早期历史的进程时，他总是不离社会经济发展水平。他分析到，远古时，人们历尽艰辛，四处漂泊，那时只有一系列的移民；后来定居取代了漂泊，人们便有了积累；随着商业的发展，最初的城市出现了，又随着航海技术的进步，海上贸易的发展，海军就成了保护商业、增加财富的有力工具。在他看来，城邦的兴起与发展都是离不开经济因素的。

修昔底德对政治的兴衰治乱的陈述，也是着墨于社会经济状况的，如他十分关注粮食贸易对雅典城邦政治生活的影响，在一个以工商业经营为主的城邦里，粮食的盈缺当然会随时牵动着城邦的安危。他对军事成败与经济也有过卓越的见解。在他看来，特洛伊战争拖延十年不决，不在于希腊军队人数的不足，而在于经济资源的匮乏，他说如果希腊人"有充足的给养……他们会很容易地得到胜利的"[②]；他不无远见地指出，维持一场持久的战争，必须要有实力雄厚的经济作为它的基础；战争的胜负除靠指挥者的聪明判断外，还得要以充裕的经济资源作为后盾[③]。修氏上述的这些论断，即使现在看来，也不乏智慧的光芒。

当然，限于时代条件，修昔底德是不可能认识到经济因素是历史兴衰成败的决定性因素，但他的这些包含着朴素的唯物主义的思想，应当视为古代西方历史理论的闪光点，并对后世具有影响。如为修昔底德的《伯罗奔尼撒战争史》续写的色诺芬，著述内容广泛，但亦重经济，著有《经济论》《雅典的收入》等专著，书中他对古典奴隶制社会经济的论述，以及为雅典城邦的出路献计献策，都涉及到城邦的安危与国家的兴衰。

古代西方历史理论这方面的光辉在罗马统治时代得到了延伸，尤以阿

---

① 参见修昔底德《伯罗奔尼撒战争史》，中译者序言，第21—22页。
② 修昔底德:《伯罗奔尼撒战争史》，第10页。
③ 修昔底德:《伯罗奔尼撒战争史》，第115页。

庇安为甚，这从他的毕生之作《罗马史》这部被马克思称作为"一部很有价值的书"[①]中可以了解到。阿庇安在书中确实十分留意考察历史事件发生的经济因素。我们从他的书中看到，在罗马共和时期的历史发展进程中，集中表现为无产者和小土地所有者同大土地所有者之间的斗争，他把这一点作为主线贯穿于书中，并进而告诉人们导致罗马共和晚期内战的基本原因乃是土地问题。此外，阿庇安在《罗马史》中，还很关注债务问题，认为这是共和初年平民反对贵族斗争的一个重要原因。总之，阿庇安所要求索的是罗马共和晚期纷争（"内战"）的经济原因。马克思、恩格斯高度评价阿庇安的这种见解。马克思说："他极力要穷根究底地探索这些内战的物质基础。"[②]恩格斯也指出："在关于罗马共和国内部斗争的古代史料中，只有阿庇安一人清楚明白地告诉我们，这一斗争归根到底是为什么进行的，即为土地所有权进行的。"[③]阿庇安在历史理论上，确实要比同时代的史家高出一头，与那时一些史家（如普鲁塔克、阿里安等人）书中充斥斯多噶派哲学的说教大异其趣，他在质朴淡雅而又引人入胜的历史叙述中，力图揭示历史发展的本相，从而显现出一种朴素的唯物主义的萌芽，虽则同他的前辈修昔底德一样，这里所阐述的历史理论仍很稚拙，但不失为"是一位很久以前的唯物史观的先驱者"[④]。

综上所述，可见古代西方历史理论有其丰厚的遗产，值得我们予以足够的重视，并作进一步的研究。这里说的是，不仅对其本身的研究需要深化，而且就中西历史理论的比较研究而言，也需要开拓。比如说两者之"同"，上文所谈的神人关系，在古代西方（希腊）经历了神统治人的时代——神人开始移位、人逐渐居于主导地位的时代——人的理性觉醒的时代，这在古代中国也一样，从殷周时代至唐代亦经历了类似的三个阶段[⑤]。又如中西史家都很

---

① 《马克思恩格斯全集》第三十卷，人民出版社1975年版，第159页。
② 《马克思恩格斯全集》第三十卷，第159页。
③ 《马克思恩格斯全集》第四卷，人民出版社1972年版，第249页。
④ 这里所引，是前苏联古史学者狄雅科夫和尼科尔斯基在《古代世界史》（日知译，高等教育出版社1954年版）第245页中评论修昔底德时讲的，个人以为倘用来评价阿庇安的历史理论，也是适合的。
⑤ 参见瞿林东《天人古今与时势理道——中国古代历史观念的几个重要问题》，载《史学史研究》2007年第2期。

重视历史进程中的经济因素，如古代中国司马迁在这方面的出色论述一点也不亚于修昔底德之高论。比如说两者之"异"，古代中国盛行"天人合一"，而古代西方（古代希腊）则尚"天人相分"，其间原因，值得我们作进一步的比较研究。再如循环史观，在古代西方占为"正宗"，而在古代中国从未成为主流，倒是古代西方不曾流行的进化观念，却在古代中国占有突出的地位[①]。个人以为，包括中西历史理论比较研究在内的中西史学的比较研究，像一座"富矿"，只要我们肯下功夫，认真发掘，总是会挖出"金子"来的。

（2007 年第 4 期）

[①] 参见瞿林东《天人古今与时势理道——中国古代历史观念的几个重要问题》，载《史学史研究》2007 年第 2 期。

"教会史之父"尤西比乌的历史思想初探

刘林海

基督教的历史理论是西方历史理论的重要组成部分,对西方历史学的发展产生了重要的影响,甚至被认为是欧洲历史学革命性的一大转折点[1]。在早期基督教历史理论的形成过程中,恺撒利亚主教尤西比乌(Eusebius of Caesarea, 公元273年? —约339年)无疑是一位关键的人物。尤西比乌出生在巴勒斯坦,曾在恺撒利亚城接受教育,师从著名的基督徒学者庞菲鲁斯(Pamphilus),故他自称为"庞菲鲁斯之子"。大约在公元313年的米兰敕令颁布后不久,他被任命为恺撒利亚城的主教。尤西比乌的著作相当宏富,涉及历史、神学、地理、圣经注释、人物传记等诸多方面。他撰写的《教会史》影响甚大,故被誉为"教会史之父",而他的《编年史》则被视为第一部真正意义上的普世史。

学术界对于尤西比乌在历史编撰学方面的成就有相当高的评价,但一般认为,他的历史理论乏善可陈,与奥古斯丁相去甚远,因而专题性的研究甚少。笔者认为,尤氏在教会史中其实表述了相当深刻的历史思想,尤其在历史进程和历史道德方面。本文拟对尤氏此两方面的思想作初步探讨,并结合奥古斯丁的有关理论,分析其思想之成因,以阐明早期基督教历史理论的多样性特点。

一

柯林武德在谈到基督教的史学理论时说:"根据基督教的原理而写成的任

---

[1] [英]柯林武德:《历史的观念》,何兆武、张文杰译,商务印书馆1997年版,第85页。

何历史，必然是普遍的、神意的、天启的和划分时期的。"① 这种论断对于尤西比乌来说，也是适用的，这可以从他对《编年史》和《教会史》关系的认识中看出来。他认为，虽然此二者的内容不完全一样，但在本质上是一致的，那就是通过历史来展示上帝的神意，展示上帝在历史中的主权地位。当然，历史还是人类的救赎史。不过，从他著作的整体情况来看，这并非其关注的重点。对他来说，历史更多的是福音普及的过程，也就是基督教不断战胜异教信仰的进程。

尤西比乌认为，历史的开端是与人类的堕落密不可分的，其终结则在于末日的审判。这个漫长的过程经过了三个阶段，即摩西之前的诸圣徒阶段、摩西律法阶段和耶稣基督阶段②。在第一个阶段，虽然亚当的堕落导致人类陷入普遍的罪恶，使人性遭到严重破坏，但仍然有一些人没有完全败坏，他们是"上帝之友"，如以诺、挪亚、塞特、雅弗、亚伯拉罕、以撒、雅各、约伯等。这些圣洁的人，崇拜真正的上帝，他们是"事实上而非名义上的基督徒"③。从摩西为犹太人颁布律法起，历史进入第二阶段。这是一个中间阶段，上帝的福音被遮蔽了，处在沉睡状态。因为犹太人"背离了祖先的宗教，沾染上了埃及人的方式和生活，陷于多神崇拜的错误，以及异邦人的偶像崇拜迷信（superstition）"④，所以上帝命摩西颁布律法，以呵护、管理、医治犹太人的错误，以便他们达到圣洁的第一步。正是由于有了犹太教，世界其他地方的邪恶才得到抑制，文明才不断进步⑤。以耶稣基督的降生为标志，历史进入第三阶段，也就是最后一个阶段。耶稣基督的降生意味着前摩西时代宗教的恢复，上帝的福音传遍所有民族。在这种前提下，狭隘封闭的犹太教也随之失去存在的理由，耶路撒冷遭到罗马人的围攻，犹太人的圣殿也被摧毁，犹太教被上帝的新约所取代。纯正的宗教崇拜得到复兴，人们走出低级的摩

---

① [英]柯林武德:《历史的观念》，第89页。
② Eusebius of Caesarea, *The Proof of the Gospel*, W.J.Ferrar,trans., Society for Promoting Christian Knowledge,London，1920.1.
③ Eusebius of Caesarea, *Ecclesiastical History*, Philip Schaff, Henry Wace, eds., A Select Library of the Nicene and Post-Nicene Fathers, 2ndSeries.Vol.I, The Christian Literature Company, New York, 1890, I.iv.6.
④ Eusebius of Caesarea, *The Proof of the Gospel*, I.iv.
⑤ Eusebius of Caesarea, *Ecclesistical History*, I.ii.23.

西律法崇拜阶段，逐渐走向"更美好更完美的生活"①。

耶稣基督在历史中的地位至关重要，历史在很大程度上是以他为中心展开的。尤西比乌的《教会史》也是从探讨耶稣基督的降生（dispensation）开始的。耶稣基督的降生包含两个方面的含义，一是作为上帝创世工具的罗各斯（Logos），也就是光、智慧或道（Word）的诞生。罗各斯是世界和上帝的中介，也是上帝帮助人们摆脱恶的控制逐渐走向文明和理性宗教的方式，并在历史的第一、二阶段发挥重要的作用。一是作为人的耶稣基督的降生，也就是道成肉身（Incarnation），以更直接的更明确的方式给人启示，是历史的顶峰，在第三阶段发挥重要的作用。

上帝的福音是在历史进程中逐渐显示给人的，是通过不断战胜异教而实现的，是以基督教为代表的善对以异教为代表的恶的胜利，其中包括犹太教。与大多数早期基督徒作者不同的是，尤西比乌并不承认犹太教和基督教的承继关系，也就是犹太教先于基督教的观点，而是认为二者之间没有直接关系。首先，他认为基督教是所有宗教中最古老的宗教，先于任何希腊或犹太人的宗教②；其次，他认为，基督教与犹太教之间并非新约与旧约的关系，基督教的新是相对前摩西时代的古代宗教而言的，基督教复兴的是古代宗教，也就是亚伯拉罕的宗教③。亚伯拉罕的宗教与犹太教是两个不同的概念，犹太教只是区域性的民族宗教，甚至不适合所有犹太人，只适合于以耶路撒冷为中心的犹大地区，是亚伯拉罕的宗教遭到破坏的产物，而亚伯拉罕的宗教则是纯正的普世宗教。

对尤西比乌来说，历史虽然起源于亚当的堕落，但从善恶冲突的角度来说，历史发展的重要时期无疑是从亚伯拉罕开始的。他的《编年史》就是从亚伯拉罕和尼努斯开始写起的，他对这种编排的原因作了解释：在这之前，"异教的历史尚不存在"④。这种观念成为《编年史》的主线。一般认为，尤西比乌的《编年史》是以3世纪的阿菲利加努斯的《年代记》为底本的。他虽

---

① Eusebius of Caesarea, *The Proof of the Gospel*, I.vi.
② Eusebius of Caesarea, *The Proof of the Gospel*, I.ii.
③ Eusebius of Caesarea, *The Proof of the Gospel*, I.v.
④ Jerme, Chronicle, preface, http://www.ccel.org/p/pearse/morefathers/jerome_chronicle_01_prefaces.htm.

然对阿菲利加努斯的著作表示赞赏，但对于其表现的主题及表现方法并不满意。[①]首先，历史缺乏明确的主题。阿菲利加努斯的年代记是以犹太教、基督教和希腊为记载对象的，各部分是独立的，缺少内在的关联。其次，从其所包含的地域上来看，无法真正反映历史发展之全貌。尤西比乌则打破了这种体例，不但叙述对象的范围扩展到当时已知的五个帝国，即亚述、希伯来、埃及、希腊、罗马，而且在各部分之间建立了一种内在的关系，从史学的角度对基督教的普世性理论作了较为完整的阐释。经过改进后，整个历史以圣经的纪年为主线，同时辅以其他国家和地区的纪年，到后来则把奥林匹克纪年作为重要线索。历史呈现出神圣史与世俗史混合的形式，每个国家或地区是一个序列，各序列之间则平行排列，每个序列按照崛起的顺序排列，一旦一个政权结束，则不再出现。各个地区以王的在位时间为轴，对重要的事情加以记载。整个历史从亚伯拉罕（公元前2017年）诞生时期开始，在时间上则对应亚述人的王尼努斯，最早是亚述、希伯来、希腊和埃及，新的政权出现后，就被加到体系里面来。这些政权随着时间的推移而更替，到公元前29年后只剩下了犹太人（犹太人的历史中间有所中断）和罗马人，而在罗马人灭掉犹太人（公元70年）以后，则只剩下了罗马。

这种从多到一的过程既是政治发展的过程，同时是宗教发展的过程，罗马则成为这个过程中的重要一环，成为展示上帝旨意的最佳方式。罗马帝国的兴起与犹太王国的结束预示着救世主的来临[②]，预示着崇拜唯一真上帝（True God）时刻的到来。在很大程度上，历史的第三个阶段是与罗马帝国相始终的。罗马的统一既是政治上的统一，也意味着基督教战胜异教、实现宗教上的统一，二者之间有着内在的必然联系。帝国自身的命运也预示着历史的进程，帝国的灭亡则被视为历史的终结。[③]基督的诞生与奥古斯都有着内在的联系，而君士坦丁则可以说是历史发展的顶峰，是战胜异教的标志。哈德

---

① Jerome, *Chronicle*, preface.
② Eusebius of Caesarea, *Ecclesiastical History*, I.ii.23.
③ R.A.Markus, Roman Empire in the Early Christian Historiography, *From Augustine to Gregory the Great, History and Historians in Late Antiquity*, Varirum Reprints, London, 1980, IV, pp.343-345.

利尔认为,"亚伯拉罕—基督—君士坦丁"①是尤西比乌的历史运动图式,是非常有道理的。

二

尤西比乌强调上帝在历史中的地位,突出其意志对于历史进程的决定作用,但是,这并不意味着上帝不遵循任何法则,也不意味着道德在历史中无足轻重。恰恰相反,上帝对历史的决定与参与是建立在明确的道德法则基础之上的,那就是以契约为基础的"惩罚性正义"(retributive justice),也就是赏善罚恶的道德律,道德律是支撑历史的重要法则。这种观念在他的历史思想实践中占有非常重要的地位。

尤西比乌的惩罚性正义观念有两个来源,一是希腊罗马文化的传统,一是犹太教文化的传统。作为一种观念,惩罚性正义也存在于希腊罗马文化中,并被作为解释历史的重要工具。人的行为是决定结果的重要前提,善行会有好的结果,而恶行则会受到相应的惩罚。不过,希腊罗马文化中的惩罚性正义缺乏宗教的内涵,并且是与命运、必然及机运等联系在一起的,在很大程度上被视为人的主观目的与客观现实之间不一致而导致的结果,缺少希伯来文化的契约色彩。与此相应,史家的任务也仅仅在于赞扬德行,挞伐恶行,并藉此给人提供道德上的鉴戒。尤西比乌虽然认同历史的道德鉴戒作用,但对于从命运或机运等角度作出的解释是坚决反对的。在他看来,把历史及其背后的道德归于这些因素,违背了上帝是世界的绝对主宰的原则。

相比之下,犹太教文化传统对他的影响更大。与希腊罗马有所不同的是,犹太教的惩罚性正义是建立在上帝与人的契约关系上的。犹太教注重上帝与人的契约关系,这可以从两个方面来说明。第一,犹太教就是建立在这个契约关系上的。从犹太教的圣经尤其是摩西五经可以看出,上帝与犹太人之间的关系是靠契约维持的。上帝与人的契约从亚当开始,并在后来的历史中以

---

① D.S.Wallace-Hardrill, *Eusebius of Caesarea*, A.R.Mowbray&Co.Limited, London, 1960, p.168.

不同的形式表现出来，亚伯拉罕和摩西时则表现得更加明显。如上帝与亚伯拉罕的约："你当在我面前做完全人，我就与你立约，使你的后裔极其繁多"（《创世记》17：2），"你和你的后裔必世世代代遵守我的约。你们所有的男子都要受割礼；这就是我与你并你的后裔所立的约，是你们所当遵守的。……但不受割礼的男子必从民中剪除，因他违背了我的约"。（《创世记》17：9—14）根据约定，上帝护佑犹太人，并把他们作为特选子民，但这是以犹太人履行相应的义务为前提的，那就是要保证对他的纯正的一神信仰与崇拜。第二，十戒则是约定的具体内容。犹太人只要履行约定，就会并应该得到相应的奖赏，一旦违反了这个约定，则被视为违约，必将受到相应的惩罚。虽然从神学上来说，上帝与人乃至犹太人的约定始终是单方面的，但在具体的理解与认识上双边性则一直是重点。第三，犹太人对自己历史的解释是以这个理论为基础的。从亚当的违约到巴比伦之囚，再到后来犹太人国家的灭亡，这些事件都被视为犹太人违约的结果，并被视为应得的惩罚[1]。

上帝与人契约关系的观念对于早期基督教历史思想的影响是十分明显的，对尤西比乌来说尤其如此。作为基督教史学的奠基人，如他本人所言，他的工作是拓荒性的[2]，除了圣经上的材料外，犹太史家约瑟夫是其资料的重要来源，后者以惩罚性逻辑为中心的解释原则也被继承下来。特鲁姆普夫指出，惩罚性逻辑在尤西比乌的历史解释学中占有中心位置，通过历史揭示隐藏在历史事件背后的道德秩序，是其历史学实践的重要任务[3]。

这种观念在对于族群和个体人物命运的刻画中十分显著地体现出来。在摩西之前，以亚伯拉罕为代表的"上帝之友"因为崇拜独一的上帝而得到相应的奖赏，犹太人因为违背了上帝的戒律，从而遭受到连续不断的惩罚。异教徒可悲的命运则是其多神崇拜的后果。作为一个新的民族和国度，基督教的道德优势无疑从另一个侧面验证了犹太教和异教被淘汰的必然。君士坦丁的成功不但被视为上帝的眷顾，而且与他个人的虔诚密不可分。公元312年

---

[1] G.W.Trompf, *Early Christian Historiography: Narratives of Retributive Justice*, Continuum, London, 2003, pp.51-63.

[2] Eusebius of Caesarea, *Ecclesiastical History*, I.i.4.

[3] G.W.Trompf, *Early Christian Historiography: Narratives of Retributive Justice*, p.126.

10月米尔维安桥对马克森西乌斯的胜利就是在上帝的保佑和个人努力结合下实现的。上帝给予君士坦丁的启示既是一种眷顾，也就是保佑他胜利，同时也是一种要求，即以敬拜他为前提。君士坦丁履行了约定，被视为善行，他的胜利也被视为对虔敬的回报[①]。君士坦丁的帝国是上帝赐予的，也是对他虔敬的奖赏，"上帝立刻奖赏他，使他成为统治者和主宰"[②]。总之，上帝是虔诚者的守护神[③]。李锡尼乌斯的命运则提供了一个反例。李锡尼乌斯在遵守约定的前提下，是得到了上帝的保佑和相应的奖赏的，因此能够击败马克森西乌斯，但在他转向传统的异教崇拜后，上帝也就抛弃了他，这也是他应得的惩罚。李锡尼乌斯在与君士坦丁的斗争中的失败，也被归结为这个原因[④]。

这样，在尤西比乌那里，虽然上帝是历史的主宰，但上帝对个人命运的安排，是建立在个人行为选择基础之上的。上帝的意志是通过历史背后的道德法则而实现的。

三

尤西比乌把历史视为以道德法则为基础的基督教战胜异教的过程，这种理解无论对于一般基督徒，还是犹太教徒或希腊罗马的异教徒，都是很容易接受的。但是，如果把这些问题与基督教神学，尤其是其关于上帝属性及自由意志的理论联系起来，就会发现这里面有着深刻的逻辑矛盾。

首先，在道德法则与上帝的关系方面。按照基督教的正统观点，上帝是全能的、超越的，不受任何条件的制约，上帝的意愿或意志是事物的唯一的原因。在这个前提下，善恶道德也是从属于上帝的，不是凌驾于其上的。但是，根据双边的契约关系，上帝在无形中也是受一定条件的约束的，只要人

---

① Eusebius of Caesarea, *Ecclesiastical History*, X.ix.
② Eusebius of Caesarea, *Life of Constantine*, Philip Schaff, Henry Wace, eds., A Select Library of the Nicene and Post-Nicen Fathers, 2ndSeries, Vol.I, The Christian Literature Cpmpany, New York, 1890, I.6.
③ Eusebius of Caesarea, *Ecclesiastical History*, X.ii.
④ Eusebius of Caesarea, *Ecclesiastical History*, X.viii, ix.

履行了约定，他就必须按照约定给予相应的回报。从这角度来说，他是不自由的，既受制于契约关系，又受制于道德律的规则。而这在逻辑上是与其基本属性相矛盾的。其次，人与上帝的关系，按照正统的解释，亚当在堕落之前是具有不受任何约束的自由意志的，也就是选择善恶的自由，但在原罪之后，这种能力便不复存在，完全丧失了自由意志，成为罪恶的奴隶，只有靠上帝的恩典，才能实现救赎。但是，按照尤西比乌对历史中的道德律的理解与认识，人的选择能力不但是有的，而且是很关键的。这其中的矛盾是显然的。不仅如此，人在历史中的能动地位还直接与上帝的全能属性构成冲突。再次，把历史视为基督教战胜异教的过程，也是建立在道德律的基础上的，具有强烈的价值判断色彩。

这些矛盾并非仅仅停留在潜在的逻辑层面上，而是在基督教发展的过程变为现实，引发了学者关注，其中奥古斯丁是最主要的代表。从他对相关问题的思考与认识中，可以看出这一点。

虽然奥古斯丁不是历史学家，但他从哲学角度对历史所作的思考，却对基督教的历史理论产生了重要影响。首先，他认为历史并不是基督教战胜异教的过程，而是展示不同群体，也就是上帝之城和尘世之城命运的过程。历史的结果不是善战胜或取代恶，而是善恶平行前进，直到末世。这两个城的性质、起源和结局是不一样的。自爱是尘世之城的本质，上帝之城的本质则在于爱上帝[①]；尘世之城起源于该隐，上帝之城起源于亚伯[②]；尘世之城的结局是永恒可悲的第二次死亡[③]，上帝之城则尽享天国的快乐和幸福。其次，他认为道德律不能作为历史的基础或准则。历史的目的在于彰显上帝不受任何约束的意志，虽然上帝并不否定道德和善恶，但推动历史的发展的显然不是道德律，更不是个人的行为或选择。历史及个人的一切都是上帝在创世之初就已经预定好了的，是无法更改的。上帝的预定并不以善恶为条件，也不以人将来行善或为恶为条件，而是以自己的意愿为唯一条件。所以，在基督教之

---

① Augustine, *city of God*, Philip Schaff, ed., A Select Library of the Nicene and Post-Nicenne Fathers, 1ntSeries, Vol.II, The Christian Literature Company, New York, 1890, XIV.xxviii.
② Augustine, *City of God*, XV.i
③ Augustine, *City of God*, XIX.xxviii.

前，非以色列人中也有上帝之城的臣民；在所谓的基督徒群体里面，也有尘世之城的人，因为这两个城不是人的肉眼能够分辨的，而是混杂在这个世界上，直到最后的审判才能分辨出来。① 从理论上说，人的为善或行恶对于命运不会有丝毫的改变。从历史的角度来看，道德律也是没有任何意义的。

虽然尤西比乌和奥古斯丁在历史乃是彰显神意这一点上没有本质的区别，但在具体的理解和解释上显然有很大的不同，其中的原因主要如下。

第一，外部环境不同。尤西比乌生活的时代，基督教的身份发生了根本性的改变，它从一个非法的异教变为合法的宗教。与此同时，尤西比乌还经历了基督教历史上最严重的一次迫害（公元302—312年）。在早期基督教发展的历史上，它面临着来自犹太教、希腊罗马哲学和宗教方面的责难和攻击，主要有：基督教是新奇的宗教，基督教背叛了犹太教，背叛了先祖的神等②。基督教必须回应这些挑战。这种形势催生了维护基督教的学问，以文字的方式反驳对基督教的指责，寻求身份的合法性，进而表明其优越性。在这个过程中，历史学是其主要的工具之一。可以说，基督教与历史学有关的活动都是在这个现实的需求下应运而生的，尤西比乌无疑是最典型的代表。如他在《编年史》的前言里花了相当多的笔墨讨论摩西与柏拉图孰先孰后的问题③，而这个问题是早期基督教编年史起源的重要原因之一，为的是反驳希腊人的摩西剽窃了柏拉图思想的观点。其《教会史》则试图从历史的角度，在反驳各种责难的同时，为信徒树立必胜的信心。在这种前提下，基督教变成最古老的宗教，历史则成为基督教战胜其他宗教信仰的过程，基督教的善与异教的恶也成为立论的重点。基督教徒在具体实践中体现出来的整体性优势，自然会在理论上体现出来，在他那里变成"与魔鬼斗争的历史"④，并成为最终获胜的原因。君士坦丁在政治上胜利及对基督教的政策，自然使他成为基督教的代表。与尤西比乌不同的是，在奥古斯丁生活的时代（公元354—430年），基督教来自外

---

① Augustine, *City of God*, I.xxxv.
② Eusebius of Caesarea, *The Proof of the Gosepl*, I.i.
③ Jerome, *Chronicle*, preface.
④ Arnaldo Momigliano, ed., *The Conflict Between Christian and Paganism in the Fourth Century*, Clarendon Press, Oxrd, 1963, p.90.

部的压力已经基本消除，基督教也由合法宗教进一步成为唯一合法的国教。虽然也存在来自罗马传统宗教的一些责难，但在整体上已经对它构不成威胁了。他撰写《上帝之城》除了反驳基督教信仰导致罗马城灾难的说法，更主要的原因还在于反驳教会内部的各种不正确的神学观点。外部环境的变化在很大程度上为基督教史学理论重心的调整奠定了重要的基础。

第二，内部环境不同。在尤西比乌时代，教会内部在神学教义上主要围绕着上帝和基督的关系，也就是对阿里乌派的斗争展开，自由意志的争论尚未出现。而在奥古斯丁时代，教会内部神学讨论的重点是自由意志问题，也就是对柏拉鸠派的斗争。自由意志问题是与原罪、上帝的属性等问题密不可分的。作为这场斗争的重要参与者，奥古斯丁在对这些问题的思考中逐渐发现了传统思路所蕴含的内在矛盾，他本人对自由意志的观点逐渐发生变化，由原来强调人的能动性转变为彻底反对自由意志，并在全能上帝的基础上详细表述了预定论（Predestination）。预定论表达的是上帝在历史中的绝对意志和主权，历史和人在这里变成了彻底的工具，个体的努力丝毫不能改变在创世之初就已经预定好的命运。而要实现这一点，首先要把上帝从双边的契约中解放出来，要破除道德律对它的制约，同时消除隐含在历史和人的行为背后的赏善罚恶的原则。在这种观念下，历史仅仅在于展示上帝的意志，鉴戒作用已经没有太大的意义了。其对罗马帝国价值判断上的中性化则充分体现了这一点[1]。

第三，对救赎论认识不同。尤西比乌在神学上受奥利金的影响较大。他的老师庞菲鲁斯是奥利金的学生，在庞菲鲁斯被捕入狱后，他们还合作撰写了《捍卫奥利金》一书。奥利金在自由意志上是认可人有自由选择能力的，这种能力与上帝的属性之间并不构成冲突。此外，在未来的救赎上，他主张普救论。所有的一切造物，包括灵魂和魔鬼，最终都会得到拯救，只是时间顺序上有所不同。从尤西比乌对历史的理解来看，其普救论色彩还是非常明显的。耶稣基督的降临意味着福音传遍所有的民族，最终所有的人都将被改造为基督徒。奥古斯丁则是有限救赎论者。这种观点认为，在世界末日的审

---

[1] R.A.Markus, Roman Empire in the Early Christian Historiography.*From Augustine to Gregory the Great, History and Historians in Late Antiquity*, Ⅳ, pp.364-349.
Arnaldo Momigliano, ed., *Tte Conflict Between Christian and Paganism in the Fourth Century*, p.83.

判中，能够得到救赎的只能是部分，而非全部，这是由上帝的恩典和属性所决定了的。因为人的原罪，按照赏善罚恶原则，所有的人应该得到死亡的惩罚，但上帝以其不为人所知的原因，通过预定的形式，无条件地把永生的恩典给予部分人，而让其他的人处在死亡的境地。根据这个逻辑，末日世界里面得到永生救赎的就只能是部分，而非全部。这样，历史发展的过程也不是善战胜恶的过程，而是善恶各自走向归宿的过程。

从表面看来，奥古斯丁对历史的认识与思考是其神学思想的逻辑延伸，未必是针对尤西比乌而发的。其实不然。奥古斯丁不但认识到了逻辑上的矛盾，而且知道它存在于基督教的历史学理论中。一方面，奥古斯丁是非常熟悉尤西比乌及其著作的，对于其基本的观点是了解的。另一方面，从奥古斯丁和奥罗修斯的关系也可以看出他对这种历史观的态度。奥罗修斯曾经深得奥古斯丁的赏识，并受他的委托从历史的角度撰史反驳各种责难。但是，奥罗修斯的《反异教史七卷书》问世后，却并没有得到奥古斯丁的肯定，而奥罗修斯的著作正是仿照尤西比乌的思路撰写的。小蒙森在分析奥古斯丁态度转变的原因时指出二者理论上的根本区别，是很有道理的。[①] 在奥古斯丁看来，奥罗修斯把异教的灾难归因于沉迷于信仰异教、没有信仰基督教，这在逻辑上是一样的，都没有跳出赏善罚恶的圈子。

受各种因素的影响，奥古斯丁往往被视为早期基督教历史理论的唯一代表，但是，从上面的分析可以看出，这种理解是不确切的。作为基督教史学的开创者，尤西比乌在历史理论方面的成就也是不容忽视的。虽然奥古斯丁的理论解决了逻辑上的矛盾，但尤西比乌的理论并没有消失。实际上，这两种观点都流传了下来，并分别为不同的史家所继承。而且，从历史学实践的角度来看，尤西比乌的影响似乎更大些，他的《教会史》也不断被续写，他的《编年史》在后来的一千多年里一直被视为权威性的历史教科书。

（2008年第2期）

[①] Theodore E. Mommsen, Orosius and Augustine, in *Medieval and Renaissance Studies*, Greenwood Press, Westport, 1966, pp.325-348.

历史进化思想在西方的形成和演变

王晴佳

人类历史正在通向一个令人鼓舞的未来,这在我们今天已经是一个显而易见的事实。马克思主义的社会发展理论为我们指明了前进的方向。即使在西方的未来学家眼中,人类的未来也是有希望的。阿尔温·托夫勒那本鼓动性很强的著作《第三次浪潮》,就是一例。然而,这种历史进化思想并非一蹴而就,而是经过了漫长的演变过程。在西方,历史进化观念的确立也只是十九世纪的产物。因此,探索一下这一过程,无疑将有助于我们总结过去、面向未来,从而更好地把握住今天。

一、进步还是退化?——十六世纪以前的历史思想

令我们稍觉诧异的是,作为西方文化滥觞的古希腊,其历史思想却显得贫乏。尽管在公元前十二至前八世纪,希腊就产生了闻名于世的《荷马史诗》。公元前五世纪前后,希腊产生了被后人誉为"西方史学之父"的希罗多德(公元前484—前424年)和其他一些历史学家,但是,他们都没有对人类历史本身作出深刻的、哲理性的总结。当时流行于世的是诗人赫希奥德的历史退化观念。在《工作与时令》的诗篇中,赫希奥德认为人类历史经历了"黄金时代"、"白银时代"、"紫铜时代"和"黑铁时代"这样一个过程。

赫希奥德作为一个文学家对历史作出这样的解释,虽然显得过于伤感,却似乎可以原谅。然而,当时希腊的许多哲学家竟然也附和了他的这种说法,其中较为典型的是柏拉图(公元前427—前347年)。柏拉图认为,人类世界是由神创造的,因此在起初是完美的,但是却不是永恒的,而是存在腐朽的

种子。人类历史经过72000年，分两个阶段。在前36000年中，造物主仍然保持着他的控制，防止人类的不断退化。而在后36000年中，造物主的控制日渐松弛，人类也就不断堕落，最后陷于大混乱。在此之后，神再重新建造新的人类历史。[①]柏拉图的这种历史观尽管荒唐，却为当时许多大哲学家所信奉，其中包括亚里士多德这样的巨擘。因此，在希腊人眼中，人类是在不断腐败，而问题在于如何防止或减慢这种腐败的过程。如同我国古人"言必称尧舜"一样，希腊人也认为人类的起始时代，才是"黄金时代"。这种历史思想也影响了罗马人，诗人贺拉斯（公元前65—前8年）曾经悲哀地唱道："美好的世界随着时间一起流逝。"

那么，是否希腊人就没有历史进化思想了呢？也不尽然。希罗多德以后的历史学家修昔底德（公元前464—前395年）就曾经在他的《伯罗奔尼撒战争史》中写道："过去的时代，无论在战争方面或是其他方面，都不是伟大的时代。"[②]戏剧家爱斯奇里斯满怀激情地描绘了普罗米修斯盗火给人类，使人类走向光明的动人事例。在后期希腊的哲学家中也有反对历史退化理论的，如斯多噶派哲学家塞内卡（公元2—65年）就相信知识会随着历史的发展而逐渐增加。[③]希腊的唯物主义哲学家也很少相信历史会不断退步，伊壁鸠鲁（公元前341—前270年）继承了德谟克利特的唯物主义传统，摒弃了"黄金时代"和人类逐步衰退的说法。伊壁鸠鲁和他的学生卢克莱修（公元前99—前55年）等人坚持唯物主义，反对所谓造物主创造世界的荒谬观点，[④]但是，由于他们存在着浓厚的厌世、出世思想，伊壁鸠鲁派还是不敢相信人类会不断走向进步。

总而言之，在古代希腊和罗马，占上风的是人类不断腐败的历史退化思想，与之对立的历史进化思想只是凤毛麟角。造成这种状况的原因除了地理环境的限制，使得他们无法运用狭隘的历史经验对人类历史作出正确的预见之外，同时也受到当时社会经济发展状况的限制，显然，在一个兵燹不断、

---

① 柏拉图：《蒂迈欧篇》。
② 修昔底德：《伯罗奔尼撒战争史》中译本，第二页。
③ 塞内卡：《自然问题》第七卷。
④ 卢克莱修：《物性论》，见《古希腊、罗马哲学》，三联书店，第379—438页。

兼并频繁，经济无法稳定发展的基础之上，是不能建立起牢固的历史进化观念的。再有，希腊人对命运女神的崇拜，也使得他们倾向于历史退化或循环的观念。①

中世纪欧洲的统治思想是基督教教义。一般说来，在这些迷信、荒诞的教义和"天启"中，人们是无法找到进步观念的。教父哲学的主要代表圣·奥古斯丁（公元354—430年）曾在《上帝之城》中宣称：人类的历史到他所生活的时代已经临近末日，基督教时代是其最后的阶段。然而，基督教会的产生只是标志尘世毁灭，却宣告了人类的再生："一个古老的肉体的人的衰朽伴随着一个新的、精神的人的诞生。"人类只能在所谓"上帝之城"中才能得救。②奥古斯丁的这种历史哲学几乎统治了整个中世纪。即使到后期，在中世纪杰出的学者罗杰尔·培根（公元1210—1292年）的思想中，人们还是没有发现现世的人类进步观念。培根曾经激烈地反对过经院哲学，提倡运用实验手段来探究自然的奥秘，但他却相信知识的增加只会带来来世的幸福。③然而不管怎样，中世纪历史思想仍然带来了某种启示：它丢弃了希腊人的循环观念，并且把整个人类历史看作是在基督教的引导之下走向天国的一个发展过程。这种人类大一统的思想，无疑是"世界史理论继续发展的沃土"。④（重点号引者加）

二、历史进化思想的成型——从文艺复兴到法国大革命

文艺复兴运动开创了欧洲历史的崭新时代，但令人遗憾的是，在文艺复兴时期，思想家们大都重申或复述着古希腊、罗马的历史观念，因此在历史进化观念上没有重大突破，当时著名的政治家、军事家和历史学家马基雅维利便是一例。在《罗马史论》中，他阐述了历史循环的观念，认为研究历史

---

① J. B. 布瑞：《进步的观念》，1932年英文本，第19—20页。
② 奥古斯丁：《上帝之城》第十八卷。
③ 罗杰尔·培根：《大著作》第七卷。
④ 科斯敏斯基：《中世纪史学史》，吉林大学等译，第一讲。

是因为历史会重复出现。[①] 这显然是古代的历史意识。

但是，文艺复兴时期人文主义者对基督教的否定，哥白尼、布鲁诺和伽利略等自然科学家的研究成果，毕竟为近代历史哲学的产生提供了土壤，较为系统的历史进化思想已经开始在其中悄悄萌动了。

在马基雅维利去世之后五十年，法国历史学家让·波丹（1530—1596年）出版了《历史研究的方法》一书。尽管波丹着重于政治理论的研究，但在书中却有不少有关人类历史进程的论述。首先，波丹抛弃了流行于中世纪的所谓人类经过巴比伦、波斯、马其顿和罗马四阶段的理论，也反对人类将面临末日审判的说法。他从地理环境对人类历史的影响出发，把人类的发展划分为三个阶段：第一是东南地区（即西亚和爱琴海地区）的民族领先的时期；第二是地中海周围的民族；第三是北欧各民族。每个时期约经历二千年。这一论点在以后启发了孟德斯鸠和黑格尔。其次，波丹批判了所谓古代有"黄金时代"的说法，指出当今的时代远胜于古代。[②] 这是近代历史进化思想的第一次明确表述，反映了资产阶级处于上升时期的乐观主义信心。

波丹之后，弗朗西斯·培根（1561—1626年）作为近代实验科学的始祖也为历史进化思想作出了独特的贡献。培根坚定地相信，"知识就是力量"，他认为印刷术、火炮和罗盘的发明和运用大大增强了人类征服自然的力量，而征服自然则是人类增进知识的主要目的。[③] 这样，培根就创造了历史进化思想进一步发展的新的思想氛围，即把人类进步置于科技革新、知识扩展的基础上了。同时，培根还从科学文化发展的角度把人类历史分为三个阶段，[④] 并在《新大西岛》中描绘了一个科学主宰一切的理想社会。

欧洲大陆在十七世纪，是笛卡儿的时代，这是近代资产阶级开始全面控制思想意识领域的变革时代。无疑，这也为历史进化思想的传播准备了条件。首先，笛卡儿和培根推崇实践的哲学，使得许多人开始相信科学的力量，从而摆脱了中世纪经院哲学和对希腊、罗马古典文化的盲目崇拜；其次，在笛

---

① 马基雅维利：《罗马史论》导论，第三卷。
② 波丹：《历史研究的方法》第七卷。
③ 弗·培根：《十七—十八世纪西欧各国哲学》，第47页。
④ 弗·培根：《学术的进步》第二卷。

卡儿时代，人们逐渐认识到人世生活的价值和知识的功用，在唯理论的旗帜下，笛卡儿鼓励人们诉诸理性而不是依赖神意来增进知识；再次，在《世界论》一书中，笛卡儿强调了普遍自然规律的存在，这种把自然界的发展看作是一个有规律的过程的理论，有力地推动了人类历史进化观念的成熟。这样，作为近代哲学奠基人之一的笛卡儿，同时也为历史进化思想的成型奠了基。

如果说笛卡儿用唯理论总结了人类以往的发展，他的追随者丰台内耶（1657—1757年）则把进步的思想扩展到了人类的未来。丰台内耶指出：人类的进步是无限的，并具有一定的规律。[1] 历史进化理论由此得到了进一步的完善。

尽管十七世纪的思想家已经逐步树立了进化观念，但在很大程度上，他们主要讲的是知识、学术的进步；而到了十八世纪，由于启蒙运动所带来的理性主义思想的普及，思想家们的论述重点移到了人本身的进化方面。圣·比埃尔教士（1658—1743年）力图证明，所谓古代的"黄金时代"只是"黑铁时代"，人类经过不断发展，已经进入了"紫铜时代"，即将进入"白银时代"。[2] 他的理论不仅在于扭转了希腊人的历史概念，更重要的是把人当作了世界的中心，这是历史进化理论的新的含义。

启蒙运动的发展引起了人们历史观的转变。孟德斯鸠的地理环境论和伏尔泰的文化史观，都是近代历史学的奠基石。孟德斯鸠地理环境论的价值不是在于前人已论说过的地理环境能影响人们行为的那些陈言，而是在于它从一个角度探讨着人类发展、道德完善的原因问题。伏尔泰也是如此，在《论风俗》一书中，伏尔泰希图揭示"人类精神的历史"，而不是叙述烦琐的历史事实；他们展现人类文明进化的脚步，指出社会的变迁、文化的增长。从这一角度出发，伏尔泰在《路易十四时代》中把人类文明分为四个繁荣时期，而他所生活的路易十四时代，则是其中最为突出的。[3] 值得一提的是，以后以经济理论著名的杜尔阁，也有与伏尔泰等人相似的历史思想。在对历史规律的

---

[1] 丰台内耶:《几何基本原理》序言。
[2] 圣·比埃尔:《完善政府的计划》。
[3] 伏尔泰:《路易十四时代》导言。

研究方面,杜尔阁提出了比伏尔泰影响更大的观点。①

以上可以看出,在启蒙时代,历史进化思想已经在人们心中扎下了根,百科全书派对待历史的乐观主义态度,更促进了这一观念的普及。爱尔维修认为,人类进步的根本原因在于人性本身是可以被知识和政治制度所教化的,因此促使人类进步的方法在于改善人的社会环境——法律和国家制度。②霍尔巴赫从机械唯物主义出发,认为由于因果关系的作用,人类必将走向进步。③

终于,人类历史在攻打巴士底狱的枪声中迈出了巨大的进步步伐。法国大革命显示了历史潮流除旧布新的不可阻挡。大革命期间,孔多塞发展了百科全书派的历史进化思想,着重从社会进化的角度把人类历史分为十个阶段。孔多塞强调,仅仅指出历史进化这样一个事实还不够,还必须指明社会前进的方向。他认为在尚未到来的人类第十个发展阶段中,人们将做到真正平等。这显然反映了法国大革命时期的思想。孔多塞的历史进化思想给后人以巨大的影响。④

三、历史进化思想的各种表述——十九世纪欧洲历史思想概览

如同列宁所说,法国大革命"给本阶级、给它所服务的那个阶级,给资产阶级做了很多事情,以至整个19世纪,……都是在法国革命的标志下度过的"。⑤尽管有英吉利海峡的阻隔,法国革命的思想还是使它的宿敌英国受到了震动。英国自近代以来,培根、洛克、霍布斯等人曾给予历史进化思想的发展以许多贡献,休谟、吉本的历史著作中也已透露出对历史进步的信心,然而法国革命毕竟使这一思想得到了强化。激进的社会活动家威廉·葛德文是

---

① 杜尔阁:《世界史论集》。
② 爱尔维修:《论精神》,参见《十八世纪法国哲学》。
③ 霍尔巴赫:《社会体系》,参见《十八世纪法国哲学》。
④ 孔多塞:《从历史上看人类的进步》。
⑤ 《列宁选集》第二十九卷,第334—335页。

一个突出例子。在号召人们主动进行社会的改革方面,葛德文无疑超过了孔多塞。同时,罗伯特·欧文的空想社会主义著作也使人们增添了对未来美好社会的向往。然而,正像法国革命之前也有卢梭诋毁文明的论著一样,此时在英国也出现了马尔萨斯悲观的人口理论。这些现象说明,思想意识虽然易于传播,却远不是千篇一律的。

法国革命对德国思想界的冲击远远超过了英国。革命前五年,赫尔德受到杜尔阁和孔多塞的启发,写成了《关于人类历史哲学的思想》一书。他把人类历史比拟为自然现象,循着自身的规律向前发展,不以人们的意志为转移,赫尔德还把人类的这种演化划为三个阶段,即"诗的时代"、"散文时代"和"哲学时代",标志人类不断地走向成熟。[1] 同一年,德国古典哲学大师康德也出版了《从世界性观点论通史》一书,从一个新的角度论述文明史。康德指出,历史中的个人都是按自身的需求行动的,但是他们都不自觉地推动着历史的进程,而思想家的任务就在于发现人们无意识行为的历史意义。但是康德却用了一个"决定因"的概念来解释人类历史的发展,这"决定因"在于人性本身所具有的"集体主义"和"个人主义"的矛盾对立,人类的进步正是在这两者的对立和调和中实现的。[2] 康德用唯心主义的观点探讨了历史进步的动因,对后人也有启发。

在康德的历史观中,历史规律的观念不太明显,他着重从道德完善的角度指出人类的进化,与康德不太相同的是,费希特和黑格尔在法国革命揭示的"民主、自由"的感召下,则把历史解释为理性有规律地实现自身的过程。费希特把历史分成五个演进阶段,用以展现人类从本能走向理性的脚步,这种进步是必然的,学者的使命就是使理性实现。但费希特认为人类自由、理性的实现是可近不可及的。[3]

与费希特相反,黑格尔在他那本体大思精、包揽万象的《历史哲学》中自信地宣布,人类的自由已经在他这儿实现。然而,尽管黑格尔的历史哲学是这样一个封闭的体系,却无疑是最为圆满的一种尝试。黑格尔把政治制度、

---

[1] 参见薛华《赫尔德的哲学观点》,《外国哲学史论文集》,山东人民出版社。
[2] 参见《进步的观念》,第243—246页。
[3] 费希特:《论学者的使命 人的使命》,商务印书馆2008年。

宗教文化、种族沿革和人们意识的发展都揉合在他的体系中，也即是说，历史的进步体现在一切方面，同时又都在精神或理性的范畴中得以集中反映。譬如，从文明演进方面考虑，世界历史经过了从中国到印度，然后经过西亚到希腊、罗马，最后进入最高阶段——日耳曼世界；从政治制度的变迁着眼，世界历史则由东方专制、贵族寡头制到民主制，再归到日耳曼君主制；在文化意识方面，从艺术、宗教到哲学则是一个当然的发展过程。[①]黑格尔的这些概括有不少牵强附会之处，有时显得颇为可笑，不过他的理论毫无疑问在总结历史进化方面是超出前人的，尽管黑格尔这样做的目的是企图揭示所谓理性的发展阶段。

具有讽刺意义的是，德国古典哲学大师运用他们长于"反思"的头脑给历史进化思想涂上了辩证的色彩，然而他们的唯心主义却使这一理论徘徊于思维领域，离开了人的活动本身，在这一点上反而与圣·奥古斯丁相近了。

在法国历史上，大革命之后又有过君主制复辟的政治动荡，因此历史进化思想曾一度遭到攻击，夏多布里昂、波拿和德·麦斯特留恋中世纪，诋毁大革命，体现了浪漫主义文化思潮的特征。但是，这一时期并不长，随着意大利哲学家维柯的《新科学》被密芝勒译成法文，库赞介绍了黑格尔的历史理论，法国历史进化的理论很快找到了新的出发点。著名历史学家基佐运用历史进步思想讲授了《欧洲文明史》，他断言，文明就意味着人类的进步和发展，唤醒人们心中的进步观念，是文明的基本内容。[②]

因此，尽管法国历史思想中出现过短暂的逆流，但历史进化观念并未被丢弃，相反，在以后得到了有力的发展。十九世纪上半期，法国出现了三个力图把历史进化思想系统化、体系化的思想家，那就是傅立叶、圣西门和孔德。

恩格斯曾经说过："傅立叶最伟大的地方是表现在他对社会历史的看法上。"[③]在傅立叶眼中，历史是一个有规律的前进发展过程，"社会运动反对停滞，而力求进步。"他还把人类社会分作四个阶段：童年、成长、衰落、凋谢，约有八万年；而社会前进的动力在于人的"情欲"（即物质财富和分配的曲折

---

① 黑格尔：《历史哲学》绪言。
② 基佐：《欧洲文明史》第一讲。
③ 《马克思恩格斯选集》第三卷，第301页。

反映)。^①这些论点都具有一定的价值。

圣西门是孔多塞的追随者，正像孔德是圣西门的追随者一样。然而，圣西门对孔多塞进行了改造，他力图运用科学方法来揭示历史发展的规律，使它变得真实、可信，而不是某种猜测。圣西门认为，历史总是在建设时期和革命或批判时期的相互更迭中前进的，所以，社会制度的摧毁和重建具有因果关系，是一种必然的历史现象。研究历史便可帮助人们预测未来。^②在圣西门看来，历史的进化已是不言而喻的了，重要的是须找出其中的规律。

圣西门的学说为他的学生所发展，其中最具影响的是孔德。可以毫不夸张地说，这位实证主义哲学和资产阶级社会学的创始人的理论前提就是历史进化观念。1830年，孔德在他的《实证哲学教程》中宣称：人类的知识经过了神学阶段、形而上学阶段和实证的或科学的阶段。与之相对应，人类历史也经过了军事阶段、过渡阶段和科学—工业阶段。孔德把历史进步的动因归结为人们的思想意识的演变，并且像黑格尔一样，把他自身生活的时代看成历史的最高阶段，而在这一最高阶段中，人类的幸福和自由并未得到应有的考虑。孔德更关心的是社会的秩序。这些论点反映了孔德保守的政治观点，与即将来临的1848年革命的形势相对立，因而受到了马克思主义的批判。

孔德之后，实证主义者约翰·穆勒和亨利·柏克尔等都相继在历史进化问题上发表了自己的看法，他们的论著表明了这样一个事实，历史进化思想在十九世纪已深入人心。

四、历史进化和进化论——达尔文进化论对历史思想的影响

如果我们把法国大革命以前称为历史进化思想的萌动、成型时期，把大

---

① 《傅立叶选集》，第一卷，第 27—67 页。
② 《人类科学概论》，见《圣西门选集》，第一卷。

革命之后称为历史进化思想的发展时期；那么很明显，1859年达尔文《物种起源》的问世，则开辟了历史进化思想演变的第三个时期——巩固时期。可以这么说，十九世纪中期以后，历史进化思想已经从一种学说演化成人们生活的信仰了。

达尔文进化论揭示了这样一种信念：循着自然选择、适者生存的原则，人类从肉体到精神都会逐步进化，走向完美。① 由此，历史进化论者找到了有力的论据，他们把达尔文进化理论引进对社会的研究中，其中最为突出的是赫伯特·斯宾塞。斯宾塞与达尔文相交甚笃，互相尊重，进化观念在斯宾塞的理论中占据中心的位置。依他所见，任何现象都是总的进化过程的一部分，进化概括一切。

斯宾塞的社会进化理论建立在下列论据上：第一，世上任何事物都是可变的，人也同样可变。人的无限的可变性便会使人本身达到完美；第二，人的罪恶主要是由于人对环境的不适应所造成的，并不是永久的必然现象，因此，只要人不断改善自己，适应社会，罪恶就会消失，而人的进化就意味着人对环境的不间断的适应过程。② 斯宾塞的社会进化理论结合了人种学、人类学甚至心理学的研究成果，影响甚巨。可是，他认为社会进化是平稳的、渐变的，因而严厉谴责革命改造，认为这样会破坏社会进化的自然规律。这显然是反对社会主义而替资本主义制度辩护的。

斯宾塞是第一个把进化论原则系统地运用于社会科学领域的学者，他是社会达尔文主义的创始人。在他之后，有不少人进行效仿，形成了社会达尔文主义思潮。

社会达尔文主义者借用了达尔文学说中"自然选择""生存斗争"等概念，用以解释社会运动。首先表现为他们把社会冲突作为他们理论的基础，如英国的华尔特·白哲特就认为，一些民族力图统治另一民族，而在民族内部一些社会集团力图统治其他集团，是主要的社会规律。奥地利的路德维希·龚普洛维奇也强调了冲突和暴力在社会生活中的重大作用。③ 然而，社会达尔文

---

① 童第周：《生物科学与哲学》，中国社科版，第20—25页。
② 斯宾塞：《第一原理》第一卷。
③ ［苏］科思：《十九世纪至二十世纪初资产阶级社会学史》，上海译文版，第75—87页。

主义者往往忽视社会安定和团结对社会发展的意义，他们的观点是片面的。正如恩格斯所说："想把历史的发展和错综性的全部多种多样的内容都总括在贫乏而片面的公式'生存斗争'中，这是十足的童稚之见。"①

是不是达尔文进化论只对上述那些社会达尔文主义者产生影响呢？显然不是。社会达尔文主义者对达尔文学说的简单搬用，是把进化论庸俗化了的做法，而达尔文学说真正的影响，是体现在马克思主义的形成和发展史中。

当达尔文《物种起源》问世的时候，马克思和恩格斯曾以欢欣的心情阅读和研究了这部划时代的著作。1861年，马克思在一封信中说："达尔文的著作，非常有意义；这本书，我可以用来当作历史上的阶级斗争的自然科学根据。"②在《资本论》的行文中，马克思确实多次引用和赞扬了达尔文的研究成果。1873年，马克思还把《资本论》德文第二版赠送给了达尔文，认为《物种起源》给《资本论》提供了强有力的论据。③达尔文进化论和马克思主义的有机联系，我们可以在恩格斯《在马克思墓前的讲话》中得到证实。④

达尔文进化论对学术思想界的影响是多方面的，上面所举的只是两个例子。总而言之，历史进化思想以进化论为基础，在十九世纪得到了蓬勃的发展，社会主义学说的广泛传播和对未来社会的构画，就是一个表现。然而，在资产阶级的理论中，历史进化观念也受到了不同程度的歪曲，而到了十九世纪末期，随着世界形势的恶化，西方历史思想中又泛起了悲观主义的论调，这些都是资本主义社会基本矛盾不可调和在意识形态上的表现。

综观历史进化思想在西方的演变过程，我们可以作出三点总结：一、历史进化思想受到人们历史观、世界观的限制，即它依赖于人本身的活动过程；二、历史进化思想的发展受到时代条件，特别是科学技术发展水平的制约；三、社会基本矛盾的尖锐与和缓程度也会对历史思想产生影响，反过来，历史进

---

① 马恩全集第二十卷，第652页。
② 马克思恩格斯《资本论》书信集，第156页。
③ 《马克思主义来源研究论丛》(2)，商务版，第351—359页。
④ 本文主要讲述历史思想在西方的发展，这个"西方"既是地域概念，也是政治概念，因此马克思主义在本文中不便加多阐述。

化和变革的理论会加速这一矛盾的激化,法国大革命就是一例。

在结束本文的时候,笔者感到,在人类历史发展中,历史进化思想能够使人增添对未来的信心,而在目前我国的改革浪潮中,这种信心不但是必要的,而且是急需的。

(1986年第2期)

历史和史学的全球化：特征与挑战

乔治 G. 伊格尔斯　王晴佳

正如 20 世纪 60 年代的政治潮流曾深深地影响了世界范围内的历史思考和历史写作一样，苏联解体（1989—1991 年之间）和冷战之后变化了的政治格局给历史学家提出了新的挑战。美国学者弗朗西斯·福山（Francis Fukuyama）在他的文章"历史的终结？（The End of History？）"中预言，在苏维埃共产主义解体后，世界各国将逐步接受美国模式的自由企业和民主制度。[1] 但世界和平并没有按照福山预言的那样得以实现。事实上暴力和冲突一直标识着 1989 年后的国际关系，只不过这时候的冲突不再像冷战时期那样发生在国家与国家实体之间，例如即使越战也仍然涉及美国和北越国家间、军队间的争斗。1989 年后的暴力冲突，尤其是在中东地区、巴尔干地区，以及前苏联亚洲加盟国地区，乃是使用恐怖主义非传统武器，与没有明确边界的非国家实体敌人的斗争。萨缪尔·亨廷顿（（Samuel Huntington）在《文明的冲突（The Clash of Civilizations）》[2] 一书中曾写到伊斯兰和西方文化（他也偶尔提及中国文化）之间不可调和的冲突，但他过于简单化地把伊斯兰看作一种没有时间的整体文化，忽视了伊斯兰世界内的不一致性，忽视了伊斯兰世界的传统，现代化对伊斯兰世界的影响，经济要素所起的作用，以及伊斯兰社会和现代西方的互动关系。

不过从另一个层面上看，福山的预见至少有些可能是正确的，那就是作

---

[1] 弗朗西斯·福山：《历史的终结？》，《国家利益（National Interest）》，16（1989 年夏季），3—18；《历史的终结和最后之人（The End of History and Last Man）》，（纽约，1996 年）；及《五年之后：反思历史的终结（Reflections on the End of History, Five Years Later）》，《历史与理论（History and Theory）》，34:2（1995 年），27—34。

[2] 萨缪尔·亨廷顿：《文明的冲突与世界秩序的重建（The Clash of Civilizations and the Remaking of World Order）》，（纽约，1996 年）。

为全球化进程的一部分，西方模式的资本主义扩张到世界上各大地区。这种扩张从1989年以前就开始了，并成为所谓全球化进程的核心内容。但是除了台湾和韩国这样少数的特例外，全球化并没有引起民主化。全球化不仅涉及世界范围内的经济变革，新信息技术强化了这种经济变革，而且引起了日常生活、消费习惯、城市化模式、都市建筑、影视音乐流行文化，以及性别和家庭关系意义上的同质化或标准化（homogenization）。然而在社会和文化层面上，全球化表现出复杂多样的形式，反映出各地环境和传统的影响。这些情况引发对全球化的反感，从而抵制全球化对传统生活方式的同质化。这些抵制有时还诉诸暴力。

下面讨论史学（historiography）在这一新形势下的主要发展。我们可以大概辨别出冷战后世界范围内历史作品中的五种潮流或者五个中心问题，1）引发所谓"新文化史"的文化和语言学转向（cultural and linguistic turn）仍在继续；2）妇女史和性别史的日益扩展；3）后现代主义批评语境中历史学研究和社会科学之间新的联合；4）与后殖民主义等思潮研究相联系而对民族国家史学（national historiography）的批评和挑战；以及5）世界史（world history）和全球史（global history）的兴起以及与二者相区别，全球化的历史。尽管今天历史写作方式有这样一些主要的潮流，却仍然没有产生主宰历史研究的新范式（paradigm）。事实上今天的历史研究存在着相当多的内部之间的差异。尽管所有这些潮流都挑战在近现代以来大多数时间里支配历史学家兴趣的民族国家的中心地位，民族国家仍然在历史书写中得以存留，虽然究竟什么是"民族"的定义已经有所改变。

1945年以后在北美和西欧发展起来的社会科学方法在20世纪70年代和80年代随着所谓的文化和语言学转向而受到了激烈的批评。这些批评集中在三个问题上：一是社会科学理论偏重对大框架的、无个性的结构与过程（large scale，anonymous structures and processes）的分析，以致忽视了下层民众的生活经历。二是现代化理论假设世界将按照西方所确立的模式走向现代化。三是社会科学主要采用包括定量在内的经验主义研究方法，相信这些研究能够提供客观知识。语言学理论从自身的角度出发便把历史看作是一种文学形式。这就有了我们已经提到的、以海登·怀特（Hayden White）为代表的那种后现代主义批评。怀特"用最显白的形式来看待历史叙事,将之视为一种文字虚构,以发明(invented)而不是发现(found)(怀特的斜体)为特征,因此更接近文学作品,而不是科学。"①尽管这些对社会科学的批评一度非常流行,但社会科学方法不仅在 1990 年代及以后继续保持其吸引力,而且还获得了新的重要性。同时社会史也更加意识到文化因素的重要性,主张用适合文化的研究方法来补充经验和量化的研究。

一、文化和语言学转向

1990 年以后文化转向和更小范围意义上的语言学转向继续对历史理论和历史写作发挥重要影响,并且其影响范围并不仅限于英美。②但否认社会的真实性,认为对所有社会生活进行所谓的科学解释都不过是"集体虚构和神化创作的演练"③的极端认识论相对主义(epistemological relativism),在 1990 年以后显著衰落,因为越来越明显的是,极端文化主义无法理解世界在 1990 年后所经历的现实改变。琳·亨特(Lynn Hunt)于 1984 年的《法国革命中的政治、文化和阶级(Politics, Culture, and Class in the French Revolution)》一书,通过对法国革命的文化分析推动了文化研究,但她自己并未否认结构和过程在引发法国革命中所起的作用。1999 年亨特与维多利亚.E. 邦内尔(Victoria E.Bonnell)合作主编论文集《超越文化转向(Beyond the Cultural Turn)》,④分析从 1980 年代以来社会与文化研究体现出的各种新方向。他们的结论是:"虽然文集中的作者们都受到文化转向的深刻影响,但他们拒绝接受最激进形式的文化主义和后结构主义暗示的那种无视社会的现象(the

---

① 海登·怀特:《作为文学虚构的历史文本(The Historical Text as Literary Artifact)》,选自他的《话语转义学:文化批评论集(Tropics of Discourse : Essays in Cultural Criticism)》,(巴尔的摩,1982 年),82。
② 同上。
③ 见维多利亚·E·邦内尔和琳·亨特主编《导论》,《超越文化转向:社会与文化研究新方向(Beyond the Cultural Turn : New Directions in the Study of Society and Culture)》(伯克利,1999 年),3。
④ 同上,11。

obliteration of the social）。"只有海登·怀特在《超越文化转向》的后记中[①]以及 2007 年 5 月所发表的一篇演讲中，[②]还坚定地保留激进文化主义的立场。

类似的重新定位也出现在语言学转向中。嘉伯瑞尔·施比格尔（Gabrielle M.Spiegel，1943— ）在强调语言决定历史研究中的重要性的同时，一直强调语言的社会背景。施比格尔在 2005 年一本收录语言学转向主要代表性论文的文集中总结道，"在'语言学转向'25 年的实践后，产生了一种日益增长的不满情绪，对过度系统化地解说语言在人类活动的全部领域中的作用表示反感。"[③]在文化史的研究扩散到世界其他地方的过程中，其内含呈现出一些不同，显示了一种明显不同的发展轨迹。在东亚，文化史的实践为历史学家们提供了占统治地位的民族史学范式之外的选择，这在某些情况下能使他们走出意识形态的藩篱，使史学家有意寻找新的研究方向。日本文化史学者面对这种复杂甚至有时让人绝望的意识形态遗产的办法之一是检讨公众层面上战争记忆的形成和变化，或者"记忆"和"遗忘"的动态关系。为此他们不仅研究学校历史教科书的编写和传播，而且分析在博物馆中保存和展出的战争物质遗存，以及战后在广岛和长崎树立的公众纪念碑对形成日本民众的战争记忆，尤其是在青年人中的影响。[④]

如果说日本文化史学和文化研究的发展得益于在史学家群体内的国际性跨文化交流，这也同样适用于近年来中国史学的变化。例如 2004 年开始出

---

① 见维多利亚·E·邦内尔和琳·亨特主编《导论》，《超越文化转向：社会与文化研究新方向（Beyond the Cultural Turn : New Directions in the Study of Society and Culture）》（伯克利，1999 年），11。
② "后记"，同上，315—324。在这里他再次强调，"没有任何一个学科比历史学受这个幻象的影响更大，这个幻象认为事实是从研究中发现的，而不是由叙述模式和谈话技巧建构的，"见页 322。他在 2007 年 5 月 15 号于意大利菲耶索莱欧洲大学研究中心（European University Institute in Fiesole, Italy）举办的主题为"走向全球史（Towards a Global History）"的研讨会上，在《另一种全球性宏达叙事？（An Alternative Global Master Narrative?）》演讲的结论部分，给专业历史学贴上了"彻底失败"的标签，因为专业历史学仍然不承认所有所谓的客观历史研究，其实除意识形态外再无别的特性。历史学必须重新获得修辞特性。怀特甚至更进一步走入科学领域，评论说进化论理论是建立在对达尔文意识形态（Darwinian Ideology）不加批判的接受基础上的，这种意识形态设想自然界中存在着关联和运动，但应该被对突变的认可所取代，这一任何不包含进化理论所固有的渐进式发展的假设。
③ 嘉博瑞尔·M·施比格尔编：《实践的历史学：语言学转向之后历史书写的新方向（Practicing History: New Directions in Historical Writing after the Linguistic Turn）》，（纽约，2005 年），3。
④ 富山一郎（Tomiyama Ichiro）编：《记忆开始讲话（Kioku ga katari hajimeiru）》（东京，2006 年）。

版的"新社会史"丛书,就是海内外中国学者密切合作的成果。在海峡对岸,近几十年间中国历史的研究也显示出对文化史的强烈兴趣,这得益于台湾史学家和他们西方同事更频繁的交流。与中国大陆的史学家相比,台湾史学家对西方史学的影响更为敏感,事实上早在1980年代台湾史学圈就由年鉴学派激发开始了文化史转向。① 大陆对文化史的兴趣可以追溯到1980年代中期的"文化热"。"文化热"引发了社会史研究,对社会和文化生活的变化产生出更大的兴趣。社会史研究成为原先的正统的马克思主义史学之外的一种选择,因为吊诡的是,后者通常侧重对民族和社会主义精英的丰功伟绩进行赞颂而忽视社会下层的历史。"新社会史"的编者把他们的丛书称作"新社会史"而不是"(新)文化史",也明显地是要在发展原来的马克思主义史学。中国大陆的特点是,社会史和文化史的潮流都让尤其年轻一代的史学家,在意识形态许可的条件下,探索史学研究的各种新方法。

二、女性和性别史

我们已经注意到,文化史方法相当适用于包括妇女史在内的自下而上的历史。1980年代以来,不仅妇女和性别,人种、民族和阶层都在史学写作中扮演着日益重要的角色。对妇女、性别和性向的关注在1990年代西欧、拉美、印度、东亚和中东的历史写作中都获得重要地位。不过这一点在美国最为显著,其他国家和地区都无法相比。表现之一就是2007年7月的美国历史学会(American Historical Association)年会的议程安排,其中的很多论题都反映出对妇女和包括男性在内的性身份的关注。论题涉及奴隶贸易和奴隶制度,包括奴隶制度的性问题。对这些论题的处理同时都采用跨国的、全球的视野,对非西方社会的比较研究在这种视野中占据着中心位置,同时嵌入对性的关注。这些论题反映出广阔的比较的全球视野,但是几乎找不到对性的

---

① 见王晴佳《台湾史学50年,传承、方法、趋向,1995—2000》,(台北,2002年);以及氏著《解构与重构:近20年来台湾历史意识变化的主要趋势》,《汉学研究通讯》,25:4(2006年11月),13—32。

政治和经济背景的关注。可能该领域的史学家会否认这一点，会强调他们的"权力"概念是高度政治性的，妇女史或性别史都是关于权力等级的。但仍然可以说这种史学大都不太关注权力运作的政府和经济意义上的制度框架，它们被看作是传统上的男性领域。这个局限性也存在于"全球视野中的妇女和性别史（Women and Gender History in Global Perspective）"丛书，涉及"家庭、宗教、人种和民族"，包括九个专题小册子，由邦妮·史密斯（Bonnie Smith, 1940—）主编，由美国历史学会的妇女史委员会出版。史密斯写道："如果说1970年代带给我们的是过去妇女的历史，1980年代让我们知道了性别史，那么在上个千年的最后十年，在我们的教学和研究中对妇女史与性别史全球化和比较的视野的需求就变得突出了。"[①] 事实上1990年代社会史的扩张已包含了妇女和性别，对妇女的生活状况给予了更多的关注，并且还跨越国界，包含了对从前殖民地社会妇女状况的关注。

这些对妇女史和性别史的关注似乎是对马克思主义史学理论的批判，其实也是马克思主义思想观念的部分延续，但后一点却很少被承认。马克思主义的经济决定论受到排斥，但常常只是部分排斥。几乎所有的女性主义史学都含有一个政治意向作为前提。它强调一开始妇女就在生活的各个方面被迫从属于男性的程度，在资本主义环境下这种从属和剥削又得到强化。女性主义史学一开始就把它的任务定义为在改变两性之间的关系基础上取得女性生活各个方面的解放。1990年代妇女史和性别史沿着新的把性别角色问题放在中心位置的史学潮流发展。1990年以后的史学另一个关键方面是由下而上的历史的拓展，现在不仅扩展到性别史，而且包括从1970年代和1980年代就发端的下层史。它们批评马克思主义者和许多反马克思主义者直到二十世纪都持有的一种信条，那就是西方文明最终是对非西方世界同样有效的标准样式。因此后1990年代代表史学潮流的女性主义史学转向非西方世界，关注后帝国主义时代以后包括性别之外的种族和民族问题，以此作为它观照历史的一个视角。在美国之外，尤其是在印度和拉美，历史研究也有新的突破，表

---

① 邦妮·史密斯，见玛瑞丽尼·辛哈（Mrinalini Sinha）《性别与民族（Gender and Nation）》，《全球视野下的妇女史和性别史（Women's and Gender History in Global Perspective）》，（美国历史学会妇女史委员会，华盛顿，哥伦比亚特区，2006年），vii。

现出那些在美国史学界相似的方法论和史学理念。

中东的女性主义史学或者说妇女史和性别史研究，除了质疑传统与现代的二分法之外，还对民族主义史学中的本质主义方法提出挑战，这种本质主义倾向于在历史研究中将殖民者和被殖民者对立起来，视其为两个独立的范畴。中东女性主义史学提倡对殖民者和被殖民者的交织进行更加敏锐和完善的研究，这要通过关注妇女的历史经验来实现，既研究欧洲移民，也研究殖民地的妇女。对当地妇女而言，虽然她们从殖民地反对殖民者的民族主义斗争中得到了好处——例如进入学校或者参与政治生活——但她们经常被要求把自己的需求放在国家需求之下，在民族独立之前和之后都是如此。换言之，在政治权力从欧洲人手中转到民族主义者手中之后，根据性别来划分社会和政治空间的做法仍然在继续。女性主义研究这样便有力地反抗史学中的男性中心主义、男性统治地位的民族国家叙事，揭露它与西方殖民主义和帝国主义的内在联系。[1] 东亚妇女史研究也同样表现出对这种持久的、霸权地位的西方文化和政治影响的关注。尽管亚洲的女性主义学者承认他们在提高本国妇女权利和利益的努力中受到了西方的启发，但他们也通过关注亚洲妇女与西方妇女经历的关键差异来批评"西方女权主义"范式的影响。[2]

三、重新定义历史和社会科学的联合

我们可以分析一下1990年以后主要杂志的变化，将之视为史学潮流改变的标志。以社会科学方法的复兴而言，具有标志性意义的就是法国《年鉴》杂志的重新定位。1994年《年鉴》把副标题从《经济、社会与文明

---

[1] 茱莉娅·克兰希-史密斯（Julia Clancy-Smith）：《中东二十世纪的历史学家和史学：妇女、性别和帝国（Twentieth-century Historians and Historiography of The Middle East : Women, Gender, and Empire）》，见格什尼（Gershoni）、辛格（Singer）和艾尔丹（Erdem）编《中东史学（Middle East Historiographies）》，（西雅图，2006年），70—100。
[2] 高彦颐（Dorothy Ko）：《妇女史：亚洲（Women's History : Asia）》，见凯利·博伊得（Kelly Boyd）编《历史百科全书与历史写作（Encyclopedia of Historians and Historical Writing）》，（伦敦，1999年），第2卷，1314。

（Economies，Sociétés，Civilisations）》改为了《历史与社会科学（Histoire，Sciences，Sociales）》，改名的理由是以前的副标题过于狭窄，史学家不仅应该与社会学家和经济学家密切合作，还要与其他的学科门类和人文学科密切合作。事实上《年鉴》一直是这样做的，现在只是重申这一点。《年鉴》1988年和随后1989年两篇编者按已经提到传统社会科学的危机，注意到马克思主义、结构主义和量化研究已经不能给史学研究提供有说服力的基础。这等于是说，所有的意识形态都不再可信，史学家需要克服微观和宏观之间的鸿沟。这与其是说要拒斥所有的社会科学，抑或某些社会科学门类，不如说是要进一步开拓史学与社会科学的联系，重视此前所忽视的、与文化诸多方面有关的社会科学。这就要求有新的方法，不仅仅是地理学、社会学和人类学等曾是《年鉴》史学的核心领域的方法，还需要文学批评、社会语言学和政治哲学的方法。①

1990年以后的史学还有一个显著的重新定位，那就是强调文化和语言，但却远离1970年代和1980年代流行的极端文化主义和专注语言的倾向，以及与之相关的激进的认识论上的相对主义。这在1974年成立于美国的国际社会科学历史学会（Social Science History Association）的发展过程中表现得很清楚。1976年这个协会的刊物《社会科学历史（Social Science History）》诞生，在第一篇编者按中编者便强调把跨学科研究作为学会的主要关注之一，并向"合适的定量分析"开放。②1999年该刊发行专号，讨论后现代主义、后结构主义和语言学转向在重塑历史学和社会科学的关系中的影响，编者评论说这种影响已经变得"混乱"。③在承认方法的多元化的前提下，专号的作者寻求联结社会科学分析和文化研究的可能办法。1990年代欧洲社会科学历史学会

---

① 《历史与社会科学，一个批评的转折点？（histoire et sciences sociales, un tournant critque？）》，《年鉴》，第43卷，第2号（1988年3—4月），291—293；及《历史与社会科学：尝试实验（Histoire et sciences sociales.Tentons l'expérience）》，《年鉴》，第44卷，第6号（1989年11—12月），1317—1323。
② 《编者前言》，《社会科学历史（Social Science History）》，1：1&2（1976年秋季）。
③ 见该专号首篇保拉·贝克（Paula Baker）《社会科学历史究竟是什么？（What is Social Science History, Anyway？）》，《社会科学历史（Social Science History）》，23:4（1999年秋季），2—5；另埃里克·H蒙克农（Eric H.Monkkonen）:《社会科学历史的教训（Lessons of Social Science History）》，《社会科学历史（Social Science History）》，18:2（1994年夏季），161—168。

（European Social Science History Association）在在美国成立的国际社会科学历史学会后成立，并从 1998 年开始举办两年一度的学术会议。2006 年它的会议上宣读的正是与我们前面讨论过的潮流相符合的文章。论文论题集中在非西方世界——非洲、亚洲、拉美，集中在民族和移民、性别和性向、家庭和人口统计学、劳工、社会不公、民族和民族主义，以及政治、宗教，还有涉及历史学与社会科学关系的理论问题。在为 2008 年会议征集论文的声明中，这个学会表示它"旨在聚拢那些有志于用社会科学方法解释历史现象的学者"。这次会议和这个学会，由阿姆斯特丹的社会史国际研究中心（International Institute of Social History）提供资助，扩展了社会科学的范围。与很多后现代文化研究的鼓吹者不同，它们的作者继续强调分析的社会科学的重要。

这里应当讨论一下对社会科学方法的需求，1970 年代和 1980 年代文化和语言学转向贬低社会科学方法，但对分析我们所生活的世界的全球性方面和区域性差别而言，它们仍然是不可缺少的工具。当然对社会科学的理解在我们讨论的这个时期已发生了变化。它已超越了对可量化处理的宏观的历史和社会中的结构和过程的狭隘关注，扩展到可以包含各种涉及阐释的文化因素。只是阐释并不一定非要意味着吉尔茨式的直观的"深度描述（thick description）"，而是涉及一种研究逻辑，这种研究逻辑需要明确定义问题所在，从而可以分析被分析之社会—文化内容。这也意味着从这种研究中获得的理论要经受学者共同体的检验，依据的则是共同认定的科学论证有效性标准。在这个意义上讲，社会科学经受住了文化和语言学转向的批评，并且对全世界社会和历史背景的变迁做出了回应。

目前的史学形成两种非常不同的方向，一个是文化学转向的继续，它对历史的延续性和结构表示怀疑，提倡使历史学接近于想象的文学的方法；另一个则是全球化的史学，结构和发展是历史的关键性要素，它提倡社会科学的方法论。尽管很不幸，二者迄今一直相互排斥，它们本不应是相互排斥的。虽然社会科学家们已经广泛地论及全球化，但是对与之相伴随的差异性的研究，以及对全球化引发的抵制的研究都还很不充分。这是史学家需要发展特长的地方：因为对全球化的经济方面的强调——像占全球化研究主导地位的古典经济学所做的那样——已经倾向于将经济从历史和文化背景中独立出来。

1990 年代以后的史学与此前明显不同。但它必须避免在过去的两个世纪中，贯穿于兰克学派、实证主义学派、马克思主义学者、经验社会科学学派、文化学派和语言学转向的支持者的幻想，以为他们能对历史的进程提供明确的解释。

四、对民族主义历史学的新挑战

在过去几十年中，特别是冷战结束后，全球性的转变如何影响着民族主义史学的写作和研究？民族主义史学集中于民族国家这一点在东亚和东欧仍然十分明显，[1]在社会主义时期民族主义史学在东欧就非常有生命力，对全球化的兴趣也不再像过去在西方话语霸权下的全球化理论中那样仅局限在西方，而变成国际性的了。[2]

但民族国家的概念已经发生了变化，在美国尤其如此，例如《美国历史国家课程标准（National Standards for United States History）》和《世界史国家课程标准（National Standards for World History）》[3]就放弃了统一的民族国家的观念，强调民族文化的多元性，强调少数民族和妇女在历史中的作用，强调允许全球性跨文化比较的方法。美英两国所有的重要社会科学杂志，

---

[1] 索林·安托希（Sorin Antohi）主编：《自由叙述：东欧前社会主义国家的历史研究（Narratives unbound : Historical Studies in Post-Communist Eastern Europe）》，（布达佩斯，即将发表），也可见丹妮拉·科勒娃（Daniela Koleva）与伊凡·伊伦考夫（Ivan Elenkov）合著：《发生变化了吗？保加利亚的后社会主义史学（Did the Change Happen ? Post-Socialist History in Bulgaria）》，见乌尔夫·布伦堡尔（Ulf Brunnbauer）主编：《（重）写历史：社会主义之后的东南欧史学（(Re) Writing History : Historiography in Southeast Europe After Socialism）》，（明斯特，2004 年），94—127，弗兰克·哈德勒（Frank Hadler）：《龙和降龙的人：二战后东欧史学中民族史的定位问题（Drachen und Drachentöter.Das Problem der nationalgeschichtlichen Fixierung in den Historiographien Ostmitteleuropas nach dem Zweiten Weltkrieg）》，见克里斯托弗·康拉德（Christoph Conrad）与塞巴斯蒂安·康拉德（Sebastian Conrad）合编：《民族写作：国际比较中的历史学（Die Nation schreiben.Geschichtswissenschaft im internationalen Vergleich）》，（哥廷根，2002 年），137—165。
[2] 夏多明（Dominic Sachsenmaier）：《全球史：全球争论（Global History.Global Debates）》，见《跨国史（Geschichte Transnational）》，3:3（2004 年）。
[3] 1995 年由加利福尼亚大学洛杉矶分校的全国历史教科中心（National Center for History in the Schools）编写。

《年鉴》与《社会运动（Le Mouvement Social）》杂志，俄罗斯的《奥德修斯（Odysseus）》杂志，意大利的《历史和现在》（Passato e Presente）杂志，以及德国的《历史与社会》（Geschichte und Gesellchaft），虽然全球史的研究还比较少，但都已转向跨国性研究。

在印度，下层研究发端于这一遗产，企图超越像民族国家这样的单一解释框架。人们承认民族主义的历史是作为反殖民历史出现的，但是对下层群体真正的"实地"研究已表明，他们的政治与民族主义精英所关注的常常很少关联。下层研究已经表明，主流的反殖民主义写作曾为了让民族统一具有优先性掩盖了"民族"内的紧张和分歧。这在学者中引发了一场正在勃兴的运动——探索"别样现代性（alternative modernities）"，也就是基于当地文化传统的、不同于西方的现代性。[1] 于是就有对历史学、人类学、文学研究、经济学和哲学交叉空间的研究，以此来进一步充实对全球化的文化维度的研究。[2] 不过一条分开局部现代性体现出的具体差异和旧的民族主义思维的模糊界限仍然存在，以致引起殖民话语/本土真实性之间的二元对立。对于阿希斯·南迪（Ashis Nandy）等批评世俗主义是一种西方观念的学者而言，他们从对世俗主义的批评走向具体地反对被认为是宗教宽容（并不是非宗教的）的印度世俗主义观念，并且给印度教右翼提供养料，帮助他们建立一种狭隘的民族主义，以致仅认同印度教的这种特殊形式。后现代主义者和社会结构主义者对于所有知识的"真实性"和"文化联结"的根基性争论，赋予印度教的宗教狂热行为以额外的武器，尽管印度的后现代主义左派们坚决反对此种滥用。

中东的民族主义史学虽然受到女性主义学者和其他人的批评，但是在历史实践中它仍然影响深远。[3] 这部分是因为当地与西方的冲突已经凸现出民族主义的重要性，部分是因为这一地区的史学遗产——由于庞大的奥斯曼帝国

---

[1] 例如迪里普·帕拉麦施瓦·高恩卡（Dilip Parameshwar Gaonkar）编：《别样现代性（Ahcmive Modernities）》，（北卡，2001年）。从现代性在特定的文化中展开的前提出发，这一卷的论文就澳大利亚的土著法律、孟加拉国的话吧和上海的市民等差别极大的话题讨论现代性问题。

[2] 参看阿尔让·阿帕都莱（Arjun Appadurai）：《一般现代性：全球化的文化维度（Modernity at Large: Cultural Dimensions of Globalization）》，（明尼苏达，1996年）。

[3] 克兰希·史密斯：《中东二十世纪的历史学家和史学》，87—88。

官方文献的存在，史家埋首其中，从事帝国或民族层次和地方层次的政治史研究也就自然而然的得以继续兴旺。不过当地的史学家也有试图超越民族主义史学标准形式的尝试。例如，1915年土耳其政府对亚美尼亚人的放逐和屠杀，传统上被视为一种虽然不幸但却是正义的行动，因为人们认为它强化了民族一致性，有助于获得民族统一。近年来新一代的土耳其历史学家对该事件做出了各异的不同解释。他们的努力被看做是具有"后民族主义"特征，与民族主义史学家所一致具有的辩护性叙事不同，新一代历史学家开始认识到土耳其社会是一个有很多社会集团、民族集团和不同宗教信仰所构成的多样化群体，每个集团和宗教信仰对于现代土耳其来说，都是同样有价值的。这些史学家开始提供一个对因为亚美尼亚人的宗教信仰而对他们进行负面描述的世俗民族主义历史作品进行批评的视角，他们甚至更进一步来解释"土耳其的民族主义如何给亚美尼亚人带来痛苦和不幸"。[①]

民族主义史学在东亚和东南亚仍然是占据主导地位的类型，对史学家和史学教育者还保持着持续的吸引力。韩国和越南近几十年的经济膨胀在史学家群体中产生了一种新的动力，希求在史学写作中寻求提高民族国际威望。但是在史学专业中，也开始出现挑战民族主义史学写作统治地位的尝试，原因可能在于史学新潮流的传播和对史学新潮流兴趣点的关注，例如妇女史、文化史和后殖民主义研究。在这方面日本史学家在他们的亚洲同行中表现最为显著，这要归功于冷战后日本全国范围内对"国际化"的主动追求。2006年东京大学出版社出版了一套三卷本的图书，通盘检察全国范围内历史研究领域的状况。[②] 这部书与早先的类似著作不同，反映出日本国内史学家与美国同行之间的国际合作。第一卷由任职于康奈尔大学的酒井直树（Sakai Naoki,

---

[①] 法特玛·缪各·戈舍克（Famia Müge Göçek）：《阅读种族灭绝：关于1915年放逐和屠杀亚美尼亚人的土耳其史学》（Reading Genocide: Turkish Historiography on the Armenian Departation and Massares of 1915）》，收录于格什尼、辛格和艾尔丹的《中东史学》，121—122。

[②] 《历史写作方法》（Rekishi no egakikata）这套书的总主编是广田正树（Hirota Masaki, 1934— ）和卡罗尔·格拉克（Carol Gluck），分别是哥伦比亚大学知名的日本教授和美国亚洲研究学会的前任主席。东京大学出版社此前出版的类似书籍包括8卷本的《日本历史研究的发展和现状（Nihon ni okeru rekishigaku no hattatsu to genjo），（东京，1959年），和8卷本的《日本史演讲系列（Nihon rekishi koza）），（东京，1968年）。

1946- ）主编，标题为《超越民族史（Nashonaru hisutori o manabi suteru）》，努力探索史学家可以借以超越民族史范式而取得对过去的新理解的方法。

五、世界史、全球史和全球化的历史

冷战结束后的一个显著变化是对世界史和全球史日益关注。[①]20世纪前半段的史学家曾经尝试世界史的写作，最著名的像奥斯瓦尔德·斯宾格勒（Oswald Spengler，1880—1936）[②]和阿诺德·汤因比（Arnold Toynbee，1889—1975）的作品，[③]集中比较不同的文明，西方文明只是其中之一。这些作品受到职业史学家的轻视，因为它们不是扎根于可靠的学术研究，而是基于宽泛的原则性概括。不过他们认为其他文明和西方文明同样值得认真对待，对历史思考起到了重要的推动作用。20世纪的后半段见证了世界史的复兴，这一时期特别是冷战结束后，国际共同体社会的转变更使其得到强化。[④]较早对跨文化交流和传播的学术研究做出重大贡献的是1963年出版的威廉·H·麦克尼尔（William H. McNeill）的《西方的兴起——人类共同体史（*The Rise of the West：A History of the Human Commmunity*）》，虽然与它的标题不很对应，这是一本比较性著作，为后来的世界史写作建立了一种模式。

1980年代特别是1990年以后的世界史朝向两个方向发展。一个发端较早，1970和1980年代由安德列·贡德·弗兰克（André Gunder Frank）、埃里

---

① 关于世界史的不同形式和最近史学思想与研究中不同形式世界史的发展的讨论，见帕特里克·曼宁（Patrick Manning）《在世界历史中遨游，历史学家创造出一个全球的过去（Navigating World History, Historians Create a Global Past）》，（纽约，2003年）；和虽然简短但是精炼的杰里·H·本特利（Jerry H. Bentley）《全球史》，见丹尼尔·沃尔夫（Daniel Woolf）编：《历史著作的全球百科全书（A Global Encyclopedia of Historical Writing）》，（纽约，1998年），968—970，并氏著《新世界史》，见劳埃德·克莱莫（Lloyd Kramer）与莎拉·玛萨（Sarah Maza）编：《西方历史学思想手册（A Companion to Western Historical Thought）》，（马尔登，马塞诸塞州，2002年），393—426；另见夏多明：《全球史和西方视角的批评（Global History and Critiques of Western Perspectives）》。
② 奥斯瓦尔德·斯宾格勒：《西方的没落（The Decline of the West）》，（纽约，1926年）。
③ 阿诺德·汤因比：《历史研究（A Study of History）》，12卷，（牛津，1934—1961年）。
④ 见杰里·H·本特利（Jerry H. Bentley）：《20世纪学术中的世纪历史形态（Shapes of World History in Twentieth-Century Scholarship）》，（华盛顿，1996年）。

克·沃尔夫（Eric Wolf）、伊曼纽尔·沃勒斯坦（Immanuel Wallerstein）等社会科学家，对现代西方资本主义对世界其他部分的影响感兴趣的经济学家和社会学家肇端。像现代化理论家那样，他们把16世纪以后资本主义经济和世界市场的发展看作是理解现代国际共同体社会的关键，不过他们相信资本主义增长是建立在剥削那些经济欠发达国家廉价劳动力的基础上的，资本主义的增长阻碍着这些欠发达国家摆脱贫困和被掠夺。种族主义和妇女的从属都源于经济剥削。1990年以后这段时期，具有马克思主义背景的世界体系理论和反马克思主义的现代化理论都失宠了，然而在我们对全球史的讨论中我们将看到它们仍然存在，只不过是改变了形式。

麦克尼尔代表了第二种方向，对经济和政治因素兴趣更弱，也较少直接地从欧洲中心主义出发，同时愿意包括更早时期的历史。这些观念也是得到国际支持的《世界史杂志（Journal of World History）》1990年创刊的基础，当时由杰瑞·本特里（Jerry Bentley，1949—）任主编。这份杂志成为新世界史的最重要喉舌，并刊登相关书评。正如在每卷的第一页所标明的那样，杂志的目的是为了"从全球视角"分析历史，把"大范围的人口流动和经济波动，技术的跨文化转移，传染病的流散，长途贸易，以及宗教信仰、观念和理念的传播"作为关键性主题。对这些主题的强调仍然在大量世界史研究中占统治地位。

1990年以后的这段时期里，全球史这个术语明显流行起来，2006年《全球史杂志（Journal of Global History）》也创刊了，尽管在《全球史杂志》的前三期里，《世界史杂志》和《全球史杂志》两种杂志以及世界史和全球史概念的区别都还不是很清楚。对于全球史如何准确定义，以及从哪一个角度出发可以谈论全球史，都还没有一致意见。① "全球史"的概念与"世界史"有所重合，而且常常被认为与后者一致，但"全球史"往往更倾向于研究15世纪探险后的历史，而且经常涉及20世纪后三分之一时期开始的全球化进程。② 世

---

① 安东尼·G·霍普金斯（Anthony G. Hopkins）:《全球化的历史——以及历史的全球化？（The History of Globalization —— and the Globalization of history？）》，见霍普金斯编《世界史中的全球化（Globalization in World History）》（伦敦，2002年），11—46。
② 见夏多明:《全球史和对西方视角的批评（Global History and Critiques of Western Perspectives）》。

界史可以包括对前现代社会和文化的研究,其实上述两种杂志都对此类研究感兴趣,因此可以讨论比如在西方人到来之前很久太平洋区域内的商品交换、饮食与疾病情况。这在史学实践中意味着史学家更多地跨越民族界限,讨论西方世界之外的文化和社会问题。不过气温和环境在早期史的比较研究中尤其扮演着非常重要的角色。

我们对1990年以来主要相关杂志及其所评论的书籍的研究可以证明这种世界史或全球史转向。一些社会学家(其中很少有历史学家)认为,全球化以及它对现代技术、经济政治和文化等主要方面的转化作用已经意味着民族国家的终结。社会学家乌尔利希·贝克(Ulrich Beck)认为全球化就等于"去民族化"(de-nationalization),并且说我们现在正在从民族国家的时代向全球化的时代前进。[1]尽管可能产生跨国政府(欧盟是这里最有力的例证),但民族国家事实上不但根本没有消失,它的作用甚至还在加强。这种民族国家的复兴对史学的影响仍不清楚。尽管全球化带来了资本主义市场经济在世界范围内的扩张,包括仍在威权主义政权统治下的中国和越南,但并没有在任何地方带来政治、文化哪怕是经济的同质化。

全球史可以涉及各种历史时期,当然不能等同于全球化的历史。前者并不是在所有的情况下都需要包括西方,因此也不必要涉及对西方资本主义的研究,而后者研究的是一个过程,在某种意义上是一种更加精深的处理现代化的方法,并不局限于西方,但是与西方密不可分。全球史并不要求一个关于历史发展的明确的理论,并不要求宏大叙事,一般而言全球史排斥后者,因为那是作为西方帝国主义累赘的一部分,而全球化的历史则需要这样的宏大叙事。它并不必然认为全球化进程就是进步的。

对现代化的历史研究显然需要考虑当地传统及其特殊的文化特性,后者也影响着现代世界的变迁。目前史学家确实转向了跨民族和跨文化的历史,转向世界史和全球史。但他们极少讨论全球化的历史,包括全球化的目前位置以及它的走向。全球化的研究已经大量出现,但它们仍然主要出自社会学

---

[1] 乌尔利希·贝克:《全球化是什么?(What is Globalization?)》,(剑桥,2001年),转引自迈克尔·曼(Michael Mann):《全球化,大区域与民族国家(Globalization, Macro-Regions and Nation-States)》,见布德、康拉德、杰兹编:《跨国史》(Transnationale Geschichte),21。

家、政治学家、人类学家特别是经济学家的手笔。令人惊讶的是，史学家几乎对此漠不关心，其中也包括了《世界史杂志》和《全球史杂志》的作者们。如果把焦点集中在经济的层面，会造成对全球化进程的分析的片面性。最近发表在《现代史杂志（Journal of Modern History）》上的一篇评论全球化史研究著作的长篇文章已经揭示了这一情况。[①] 现有的全球化研究，对其社会效应关注极少，对文化效应则研究更少。让人吃惊的是，这篇发表史学杂志上的文章居然很少谈及史学家的工作。其实史学家可以注意几个重要专题。如最近十五年世界历史的发展并不符合经典的现代化理论的解释，反而表现为对现代条件和现代习惯的暴力的抵制。这些现象是需要强化分析的。全球化并没有导致同质化，甚至在经济领域也是如此。其实，全球经济在任何地方的扩张都经历了来自于当地的传统、习惯和见解的对消费模式的修正。正是在这里史学家可以大显身手，将全球化过程所导致的变迁放入更为广阔的历史背景中进行研究。

六、结论

回顾一下：1990年以后的世界史学，显现出历史思想和历史著述在延续前期的发展之外，又呈现出新的走向。我们已经提到1970年代历史思想中的突然转向，这次转向远离分析的社会科学及其对现代西方文明的信心，这种信心认为现代西方文明是历史发展进程的顶点，是世界上其他地区的典范。我们也提到新文化史的兴起，以及新文化史用阐释文化中深层意义的方法取代解释社会结构和社会进程的方法。这次转向对历史和社会研究中客观认识可能性日渐怀疑，希图消解传统社会科学所坚持的事实和虚构之间、史与文之间的界限。而其最激进的后现代形式，便否认历史知识的可能性本身，将其贬低为纯粹的意识形态和神话。但是其中形成历史的社会背景在冷战之后

[①] 迈克尔·朗（Michael Lang）:《全球化和它的历史（Globalization and Its History）》,《现代史杂志（Journal of Modern History）》, 第78卷（2006年12月），899—931；另见霍普金斯《世界史中的全球化》。

发生了深刻变化,经济全球化在继续,并伴随着相应的技术的、政治的、社会的和文化的变革。无论是1950年代和1960年代在相当程度上占据历史研究和社会研究支配地位的传统社会科学,还是1970年代和1980年代取代传统社会科学的文化主义和语言学转向,都不能理解最近十五年中发生的深刻变化。这两种倾向在方法上都是单向度的,传统社会科学忽视了局部的多元性和本土文化模式,文化主义不考虑文化和日常生活的制度背景,包括目前在新文化史和社会史中占据重要地位的两性关系的制度背景。而对于重大政治事件、灾难与社会变迁的理解,如对于法国革命和苏维埃革命,工业化进程,或者是殖民运动的理解,看起来都不能脱离其产生的文化背景。

从某种意义上,全球化过程似乎证实了经典现代化理论的基本假设,也就是世界范围内日益增长的经济、社会和文化同质化。然而在1990年以后的这段时期里,事实上的重大事件过程却与现代化理论的期待背道而驰。后者设想在经济层面的现代化将会伴随着公民社会的强化、见解世俗化和政治民主。这意味着西方的发展将会为非西方社会提供典范。然而1920年代和1930年代独裁主义占据着欧洲大陆的大部分地区,包括德国的纳粹主义和苏联的斯大林主义,表明这种模式甚至对西方也难以适用。在两次世界大战之间,日本的军人专政推翻了最初的议会政体。在冷战结束后的这段时期可以看到,公民社会和民主政体的模式在世界上大部分地区建立起来了,不仅像此前在印度和日本这样的非西方社会建立起来,还在世界上许多其他地区确立起来,尽管激烈的内战和种族冲突仍在那些地方继续。卢旺达和达尔富尔(Darfur)已经表明种族屠杀并非已成往事。日渐兴盛的原教旨主义是对早先的世俗化潮流的反扑,不仅出现在伊斯兰世界,而且出现在印度。甚至在中国、美国、波兰和以色列等西方国家,原教旨主义也成为一种潜流。的确,国际合作与交流正在扩展,于是德国社会学家乌尔利希·贝克指出,全球化等于"非国家化"。但他的预测只是部分正确,因为民族主义仍在世界上绝大多数地区持续有影响。[1]

---

[1] 乌尔利希·贝克:《全球化是什么?(What is Globalization?)》,(剑桥,2001年),转引自迈克尔·曼(Michael Mann):《全球化,大区域与民族国家(Globalization, Macro-Regions and Nation-States)》,见布德、康拉德、杰兹编:《跨国史》(Transnationale Geschichte),21。

换言之，受到全球化和跨文化冲突影响的复杂的世界对史学提出新的要求。后现代对历史的认识，认为历史基本上是一种想象的文学形式，无法满足这一要求。而由于不同的原因，微观史学的实践也无能为力。即使微观史学所描述的故事反映社会真实，它仍然故意无视对社会变革的粗线条描述。近几十年的全球化要求的是能够考虑到我们现在生活和曾经生活过的世界的主要变化的研究方法。正如阿里夫·德里克（Arif Dirlik）所说："这需要认识时间性和空间性的差异，也就是在同质化的强大压力下仍然保持不变的不同世界观。"[①] 这样一来社会科学的分析手段就是必不可少的，如果缺少它们，任何有意义的全球史研究都是不可能的，但是这些分析手段需要超越传统美国社会科学、布罗代尔的《年鉴》或者各种马克思主义流派对结构和过程的关注方式，需要考虑对形成我们当前世界起到如此关键作用的全球化过程之中的复杂性和冲突。我们在上面简单总结了全球史写作和历史研究全球化的各种努力，但这些发展是否一定会导致历史学领域内的变革，现在还无法过早地下结论。但是所有这些发展可能已经指向了对于一种历史写作新方法的需求，为全世界很多史学研究者所认同，那就是我们不仅需要挑战那种常常被欣然接受的、认为西方的模式是史学研究的核心并且将其影响辐射到世界各地的看法，而且还要超越很多出发点不错的历史比较和史学比较研究，但却受制于西方/非西方二分法的思维。我们追求的是，用多元、多极的全球观点描述、分析世界范围史学的变化，并认识到史学演变的动力来自世界的各个地区，也在世界的各地的史学实践中表现出来。

（李　渊　王献华译）

（2008年第1期）

[①] 阿里夫·德里克：《混淆隐喻，世界的创造：世界史为什么？》（Confounding Metaphors, Inventions of the World: What is World History For?）》，见本笃·司徒赫特（Benedikt Stuchtey）和埃克哈德·福克斯（Eckhardt Fuchs）编《书写世界历史：1800年—2000年（Writing World History, 1800—2000）》，（牛津，2003年），133。

普遍史/世界史:过去、现在和将来

艾都拉多·托塔奥罗

  翻译的概念在欧洲的历史研究中占有突出位置。"翻译"和它在其他欧洲语言中的对应词一样(意大利语的 tradurre,法语的 traduire,德语的 übersetzen 和俄语的 perivestì,后两者并不明显源自拉丁词根),都带有一种动态传递的意思:就我们的情况而言,并不必然但经常需要的是将某些信息从一种语言传递到另一种语言,必然而且总是需要的则是将信息从一个时代传递给另一个时代,从一种文化传递给另一种文化,以及在带着其全部隐含假设的前提下,从一种政治体系传递给另一种政治体系。确保传递富有意义一直是历史学家最困难的任务之一,远远早于人类学家对我们的提醒。这种意义上的传递或翻译与历史写作的传播功能具有密切而内在的相关性:历史学家不只是为他们自己研究或写作:他们要让历史向公众开放,即他们要把他们之所见(语源学原本意义上的历史)翻译成一种知识,一种由于在人们之间传递而被多人共享的知识。哈托格(Hartog)让我们记起历史真正的"出生证",一幅精彩动人的场景,当费阿刻斯的歌手(Pheacian singer)讲述特洛伊被困的故事的时候,尤利西斯哭了,因为当他在听别人把自己的事迹当成故事来讲述的时候,主体的原初身份被破碎了。阿多而诺(Adorno)和霍克海默(Horkheimer)在其《启蒙辩证法》(*Dialektik der Aufkl? rung*)中虽然没有提及这一段,但他们在谈到尤利西斯和食忘忧草的人(lotus-eater),以及尤利西斯拒绝回到那永恒存在的自然状态的时候,谈的是同一个问题。

  历史学家能够叙述整个人类的历史,这种主张深深地影响了欧洲的历史观念。古代晚期,中世纪和近代早期所发展出的许多史学特征在20世纪的历史写作中仍然十分流行。弗朗索瓦·哈托格(François Hartog)所描述的从以史为师(historia magistra vitae)的时代到以历史真实性(historicity)为主导的现时代的转变是这一演进的一部分。在我看来，这一转变覆盖了整个18世纪，就此而言18世纪也是现代性的奠基。值得注意的是18世纪的历史学家和哲学家们日益不安地反思着历史知识和传统时间框架之间的关系。莱布尼茨在18世纪初发现，发展的观念让人们意识到了人们所处的时间维度。但是要把关于人类过去的传统认识翻译进一种以发展为基础并被发展所支配的历史视角中相当困难，有时还极其复杂。以史为师的史观中最关键的根据圣经叙事而来的预设是短小年代纪（short chronology）：除非历史有一个人类的尺度并且表现出由上帝确保的深层连贯性，人们才能真正从先辈的错误中学习或者效法他们的功绩。

众所周知，圣经作为真实和正确的叙事的可靠性在18世纪受到了日益增长的质疑，欧洲启蒙运动中的历史学家通常否认它作为史料的可信性。人类始祖既非被造于基督之前4229年，也非4196、4052、3950年，这一点在1750年得到默认。与此并行的是当时认为在非常根本的意义上古典的古代是历史经验的一部分。过去的价值在于为现在提供启示和参照，当时仍有这样的看法。18世纪的历史学家对于以史为师传统的短小年代纪和与过去的连贯性两类范畴都难以适应。一个例子就能说明这个问题。18世纪历史学家的不安体现在吉本（Gibbon）的《罗马帝国衰亡史》（*The Decline and Fall of the Roman Empire*）（第一卷出版于1776年）一书中。在这部著作中，由圣经和教会传统提供的时间框架不断遭到大胆的挑战（还有什么比吉本提到许多民族生活于其中的自然状态能更好的否弃基督教关于世界历史的观念的有效性呢？）。很明显，吉本认识到历史在经历发展，而通过对过去更加完整，更加仔细和理性的研究，人类的这种进步就会得到确认。在此意义上，吉本属于并且可以被理解成以历史真实性为中心的现时代的一分子。然而，吉本却又把公元后两三个世纪的罗马帝国政府视为完美的典范（吉本在他的赞词中可能带有一种反讽的意味，但这不是主要的。在该书著名的38章的附录中，吉本否认了未来东方蛮族将入侵欧洲并且使之从4—6世纪的破败中恢复过来的可能：只有他在过去和自己的现实之间建立了某种一致性，吉本的这种观点才有可能。吉本想被视为现代塔西陀（Tacitus），这是20世纪末期任何明智的历史学家都不会声称的。和吉本同时代的很多德国人则持有一种更为传统的时间观：比如伽特勒（Gatterer）更为一致地把普遍史（universal history）设想为一个连贯的整体，一个事件、人物、国家在时空中全面伸展交织成的整体：伽特勒的时间框架来自圣经，亚当和摩西在一定意义上仍与他同处一个时代。根本不相信圣经的史料价值的施洛塞尔（Schlözer）也不能使自己完全脱离传统的历史时间观念。另一方面，伽特勒和施洛塞尔与他们在哥廷根大学的同事又有很大贡献，他们所推动的学问侵蚀了传统史学的基础，使以史为师的范式不再合乎时宜。

法国大革命是上述转变被阻断的关键一步（这是我要强调的），无论这转变令人忐忑不安还是欢欣鼓舞：不是因为法国大革命唤醒了变化，或因为它要为新的时间框架负责，或者创造了进步的观念，而是因为它使得一种新的时间框架的明确化成为可能。新的时间框架在18世纪90年代被陆续提出来：必须说明的是，这最早的尝试很多。虽然一种无人格的、自为的历史进步观念普遍而基本，当然并非没有引起争论（在此必须提到布克哈特［Burckhardt］！），但远早于1989年的19世纪和20世纪，过去的连贯性看来就已经被撕裂多次了。

关于历史过去的普遍的观点的重要性已被忽视了很长一段时间，但20世纪80年代以后，又开始强力反弹。

20世纪最具有世界主义的历史学家之一，意大利人阿纳尔多·莫米里亚诺（Arnaldo Momigliano）在20世纪70年代写了两篇极好的短文，可以作为分析世界史写作的现状及其所受批评的起点。在其中一篇名为《重访历史主义》（*Historicism revisited*）[①] 的文章中，莫米里亚诺指出了19世纪历史主义中的一个根本歧义：

> 历史主义由于暗含了相对主义的危险因而不是一种令人满意的学说。它倾向于破坏历史学家对自己的信心。确实，在19世纪的历史学家当中，被视为历史主义之父的兰克（Ranke）生活得十分惬意。似乎他能毫

[①] 阿纳尔多·莫米里亚诺：《重访历史主义》（1974年），见莫米里亚诺《古典与古代社会史六论》（*Sesto contributo alla storia degli studi classici e del mondo antico*），历史与人文出版社1980年版，第Ⅰ卷，第23—32页。

无困难的把通过翻阅档案而揭露出的个体事实纳入到普遍历史的进程中。如果上帝在个别事实中，我们为什么还关注普遍史？如果上帝不在个别事实中，他又如何存在于普遍历史中？[①]

在另一篇名为《一种关于观念史的彼得蒙特观点》（*A Piedmontese View of the History of Ideas*）的文章中，莫米里亚诺对比了意大利和欧洲、美国对历史写作兴趣的增长，有力地强调，"如果历史学家要在其社会中充当一个负责任的角色而不是观点的操纵者，就不可回避真实性问题"[②]。有点讽刺意味的是，文章本身却明确地要将对一个小的地区内极其地方性的问题的讨论——这些问题和20世纪的大规模事件没什么关系——和作者对全世界错综复杂的思想史提出整体看法的野心，以及对历史写作对于真实性问题的贡献做出评估综合起来。彼得蒙特（Piedmont）实际上指的是意大利北部，是莫米里亚诺的出生地。他在这里成长为一个世俗化了的犹太人，在成为罗马大学非常年轻的古代史教授之前，他在本地的大学里学习哲学和古代史。1939年，因为墨索里尼法西斯政府通过的歧视性的反犹太法律，他不得不离开意大利，并先在英国，后来在美国开始他的职业生涯，成为古代史和史学史方面最杰出的学者之一。他一直在寻找一种关于历史难题和事件的整体观点，并不屈不挠地谴责对人类过去的狭隘观点：怪不得他比意大利更合适伦敦和芝加哥的环境。

他的《陌生的智慧》（*Alien Wisdom*）一书出版于1975年。该书证明，即使像古代史这样其现代形式有着沉重的可追溯到14和15世纪的阐释传统，有着严格的文献学惯例，只要提出正确的问题，也总能告诉我们一些新东西。莫米里亚诺在书中强调公元前数世纪地中海地区不同文化间的互动以及相互的漠视，写出了一段精彩的世界史：

> 孔子（Confucius），佛（Buddha），查拉图斯特拉（Zoroaster），以

[①] 莫米里亚诺：《古典与古代社会史六论》，第25页。
[②] 莫米里亚诺：《古典与古代社会史六论》，第335页。

赛亚（Isaiah），赫拉克里特（Eraclitus），埃斯库罗斯（Eschilus）：这个列表很可能会震惊我的祖父和他那代人。现在它有了一种象征我们历史视角发生变化的意味。或多或少从这个视角出发，我们可以处理那些一度看来十分遥远的文化，并且从中发现一些共性。①

早在二战结束时写给意大利史学家费德里科·查博德（Federico Chabod）的一封信中，莫米里亚诺就已经表达了这种关注，他写到普遍史：

> 必须被设想为过去那些与现实相关的问题的历史：如你所说的，中世纪的教会和国家、科学、经济和社会结构等等。编年顺序的困难可能以这种方式克服，在每一部分（希腊，罗马，中世纪等等）插入一篇导言，取一些类似"希腊（罗马，中世纪）社会的地理和政治背景"的名字，这些文章按年代顺序描绘出政治以及地理的变化。但你如何解决下面的问题？在我看来，任何普遍史都既包含对那些与我们有着共同文明的民族的关键特征的分析，也包含对其他民族的突出特征的分析。对于后者来说，正是由于我们文明的存在，使得我们能从他们当中辨识出共同人性。希腊罗马让我们感兴趣是因为他们把我们文明中至关重要的元素传递给我们，我们对中国和日本感兴趣则是因为作为人类存在（"感谢我们的共同人性[grazie alla comune umanità]），我们从他们身上看到了人性的价值。很明显，认识到人性的价值是文明统一的起点：是起点而非终结。在此意义上，普遍史是对历史的普遍化的一种贡献。现在，你打算如何结合普遍史的两个方面：即同时既是关于我们文明的历史也是关于我们人性的历史？在两个问题上，你必定会同意我：1. 这样的历史应该以普遍史的观念的历史为先导，以弄清目标……；2. 针对每一结论的最重要资料必须给出。请让我强调这第二点的重要性，因为不负责任的历史作品的流行很危险，你根本无从知道他们是如何立论的。我们有忘记17、18世纪的智者留给我们的遗训的危险：关注那些资料确认

---

① 莫米里亚诺：《陌生的智慧：希腊化的限度》（*Alien Wisdom: The Limits of Hellenization*），剑桥大学出版社1975年版，第157页。

的事实。那些与普遍史相关的资料当然不只是与公元 465 年的雅典历史相关的资料。①

莫米里亚诺为什么在其世界观中着力强调欧洲因素？因为不管过去还是将来，讨论日益增长的对历史的全球特征的认识都不能隐瞒两个事实，这两个事实也正是我这篇文章的起点：1）一般而言，在解释学意义上我们都具有特定的视角，这是我们认识自身、我们的世界和我们的过去的特殊前提。确定视角是撰写我们所知的历史的先决条件；2）我们看到一种走向本地认同的深层潮流在世界各地产生，交织着全球化在军事、宗教、文化和商业大规模扩张的背景下带来的地区和文化间的相互依存。我认为这两点至关重要。如我们所见，莫米里亚诺毕竟是一位 20 世纪早期的历史主义者（historicist），他深深确信，历史科学必然和真理问题相关：当然是以复杂有时甚至含混的方式。然而对他来说，在任何历史研究中最核心的仍然是对真实的过去事物的纯粹的诉求。他也确信，史学史表明历史学家发展赋予资料意义策略的各种方式，职业历史学家的整个认识努力蕴含着一种重要意义，相比阅读小说或听音乐，这是一种不同的并且可能是更深刻的重要意义。

有必要强调的是，莫米里亚诺的杰作《陌生的智慧》对地中海地区不同文化之间的互动，包括某些关键的历史角色错过互动机会的研究，并不是一个孤立的研究。相反，互动的概念，思想的流通和文化的传递，在 20 世纪的最后四分之一获得了广泛得多的接受。②

19 世纪以来，欧洲历史学家通常都把历史考虑成民族史。应该说民族史意味着民族特性合目的性的进步，这种进步通过永恒民族特征的具体化也就是历史来实现，进步的保证在于国家体制中的军事和财政权力的集中并能够运用一套不断增长的对民族国家的内部和外部进行干预的权力。自从法国大革命后欧洲民族运动兴起以来，历史写作就主要集中于那些强调民族共同体

---

① 《费德里科·查博德档案》（*Federico Chabod Papers*），现代与当代史研究中心（Istituto Centrale per la Storia moderna e Contemporanea），罗马。
② 《世界史中的全球化》（*Globalization in World History*），A. G. 霍普金斯（A. G. Hopkins）主编，伦敦 2002 年版。

内部同质性的现象上（其实更经常的是想象的同质性），而非强调历史经验中的多样性内容以及文化、群体的汇聚和融合的不同方式。多样性是不可信的，是一种缺陷。

这样一来19和20世纪的历史学家就与启蒙时代的人们明显区分开来，后者对非欧文明导致的变化很敏感，并且欢迎和渴望找到关于人性多样的证据。这种敏感和上层阶级日常生活中对非欧思想和物品的经验相一致。正是这种对历史发展多样性的背离造成了独特的欧洲中心论和对普遍史事实上的种族主义阐释，并把西欧的历史等同于人类的历史，普遍史只是将非欧文化和身份纳入欧洲进步的神圣步伐。

显而易见的政治事件已经表明欧洲中心论的观点具有非常有限的解释力，种族主义者的史观成了集体屠杀的蓝图。普遍史已开始发展出一种新的世界史（World History）观念，这种世界史明确、首要地处理不同层面上从经济和贸易到移民到疾病的传播到流行文化形式的扩展等互动过程。[①] 随着研究和叙事的重点转向考察人类共同体之间在其不同发展阶段的联系，世界史集中研究被传统普遍史写作所忽视的一定长时期的变化。

世界史并非没有经受挑战，这个学科的认识论基础和知识发展状况仍然存在许多可争议的地方。在受后现代方法尤其是后殖民及下层研究影响的理论探讨中，对非欧历史和世界史研究本身中间存在的欧洲中心论的取向的直接拒绝已成为一个中心议题。很明显，就世界史而言，作为后殖民主义攻击的后果，它已经被以一种新颖和有创造性的方式深深地改变了。至少在表面上或部分如此，大多数史学家已经成为一个新的人文共和国（republic of letters）的后现代居民。亨廷顿近来作品中关于文明的实质主义观点，大而论之预见人类未来的发展规律，实具有一种明显的政治意图，这种政治意图不顾任何正直的学术标准。[②]

[①] 卢茨·拉斐尔（Lutz Raphael）：《极端年代的历史学：理论、方法、倾向，1900年至今》（Geschichtswissenschaft im Zeitalter der Extreme. Theorien,Methoden,Tendenzen von 1900 bis zur Gegenwart），贝克2003年版，第196—214页。

[②] 萨缪尔·亨廷顿（Samuel Huntington）：《文明的冲突与世界秩序的重建》（The Clash of Civilizations and the Remaking of the World Order），塔奇斯通，1997年版。

普遍史/世界史：过去、现在和将来 | 331

作为历史学家，我们都受这样一种观点的影响，就是说历史学家的职责并不是复原过去，而是重构过去。我们都意识到，语言（尤其是历史学家的语言）大体上反映文化中存在的权力关系，而对语言的反独裁主义运用十分必要。宏大叙事（master narratives）或元叙事（meta-narratives）这样塑造我们关于过去的理解，能够导向也确实已经导向一些严重的神秘化，并且已经造成一种与我们的知觉相悖的虚假的和线性的时间性。在我们的一般知觉中，时间中存在缺口、断裂，和历史写作应该试图缝合的割断。

我们都对经典作品的历史真实性很警惕，对文本的污损及杂烩比不久的过去甚至更为敏感。现在关于经典概念争议之外作为写作媒体的书写本身也受到攻击。根据维维安·索布恰克（Vivian Sobchak）的说法，电影已经获得了一种叠写（palympsestic）特征，这种特征实际上构造了我们关于过去的理解，正如中世纪教堂中的绘画、雕塑和雕刻作品启发历史意识一样。[1]许多不同流派的历史学家都从福柯的观点中找到灵感，说历史写作在过去庆祝了中产阶级主体的胜利，现在是到了解构它以让那些在经典著作中被抹掉的边缘人群"开口说话"的时候了。从这种认识和道德的立场中底层史和女性主义的研究确实取得它们存在的理由。

在许多与我们理解世界史相关的场合中，对传统史学的批评已远远超出对研究主题和描述策略进行更新的要求，开始质疑历史写作的基本假设。对传统方法的挑战由于常有启发和洞见往往能引起注意。因此比较奇怪的是，帕特里克·曼宁（Patrick Manning）在《在世界历史中漫游》中写道，"作为一门新的学问，世界史相对缺乏争论。"[2]恰恰相反，很多人已经表达了对世界史观念本身的严厉批评，尤其是那些讲世界一体化带来的问题的历史学家。

我将首先以阿里夫·德里克（Arif Dirlik）作为这类批评者中尤其有代表性的一位。这些批评者在美国和亚洲国家都有，他们持一种激进的立场，认为不仅需要考虑社会实在和语言在我们观念中的转变的另一种世界史，而

---

[1] 维维安·索布恰克:《显眼的流苏：变化的图像与历史意识》(*The Insistent Fringe: Moving Images and Historical Consciousness*),《历史和理论》(*History and Theory*), 36, no. 4 (1997), 第4—20页。
[2] 帕特里克·曼宁:《在世界历史中漫游：历史学家创造全球性过去》(*Navigating World History: Historians Create a Global Past*), 帕尔格拉夫麦克米伦2003年版, 第255页。

且需要另一种历史。这一立场不仅与规模有限的史学家群体也与普通大众有关,因此值得考察。根据德里克的说法,考虑到世界史的涉及范围以及其边界的无限性,对资料的选择和解释在世界史当中并不重要,因而世界史写作就是构造历史。所以,像布莱特(Bright)和盖伊尔(Geyer)曾经声称的那样,"历史学家不再必须创造一个世界才能研究世界史"[①],就是错误的。世界史学者所研究的本身就是全球化的胜利,本身就是对那些认为存在其他视角的批判意识的否弃。由于世界史将时间置于优先于空间的位置,它一定要清除所有的地方性时间。由于它站在获胜者一边,它也一定要清除地方性逻辑,从而成为关于世界空间、时间以及权力关系按照欧洲中心论组织出来的东西。世界史是关于世界的知识的巨量积累的最终产物,而这个世界始于欧洲,以后则是作为欧洲人散居地的北美对其余世界的征服。在此,世界史真正的核心就是欧洲中心论,即使在经受过挑战并进行了修正以后,其范畴也仍然有内在的缺陷。拿阿里夫的话来说,"虽然其声称要达到比以往更公正的理解,但大家仍有争议,当前的世界史学或全球史学在对世界的覆盖上并不比它声称为其灵感和合法性来源的全球化本身更广泛。"[②]对欧洲中心目的论的任何批判由此都是欺骗性的:和科学及发展主义一样,历史本身就是对欧洲中心主义的基本表达。印度心理学家阿希斯·南迪(Ashis Nandy)在一篇广为人知的文章中写道,历史意识"一旦输出到非现代世界,它就不仅倾向于使那些关于过去具有开放的过去观念或者依赖神话、传说、史诗来刻画文化自我的文化中的过去绝对化,同时也使历史的世界观点与我们时代中新形式的暴力、压迫和恶魔崇拜串通一气,并使文明、文化和民族的界限僵化"[③]。

维内·莱尔(Vinay Lal)近来以相似的论调指出,世界史"具有所有'文

---

① C·布赖特和米克尔·盖伊尔:《全球史与二十世纪的全球一体性》(Globalgeschichte und die Einheit der Welt im 20.Jahrhundert),《比较》(Comparativ),4,no.5(1994),第13—45页。
② 阿里夫·德里克:《混淆隐喻,世界的创造:世界史为什么?》(Confounding Metaphors, Inventions of the World: What is World History For?),见《书写世界历史:1800年—2000年》(Writing World History 1800—2000),本笃·司徒赫特(Benedikt Stuchtey)和艾克哈德·福克斯(Eckhardt Fuchs)主编,伦敦德国史中心和牛津大学出版社2003年版,第124页。
③ 阿希斯·南迪:《历史中被遗忘的对偶》(History's Forgotten Doubles),《历史与理论》(History and Theory),34,no.2(1975),第44页。

化灭绝',政治去权和破坏知识与生活方式的生态多样性的潜在可能"[1]。印度教的印度和"它对作为一种知识的历史的拒绝"表明一种与无书写的历史相一致的认识论的存在,以及事实上它的合法性,因为这种对历史的拒绝是在现实中生存的一种方式[2]。莱尔认可如下观点,"历史是奴役,这在甘地身上得到了最好的说明——真正的甘地,而不是那个力图把印度纳入世界历史轨道的倒霉同名者——正是这个观点从原则上解释了印度文明为什么没有产生一个史学传统。"[3] "历史是新的教条主义。作为一种教条和征服的模式,它比从一开始就不断遭受批评的科学更加持续也更全面……放弃历史大概是我们所持唯一的异端,因为这种挑战正是对在今天已成为对人类最有效和最沉重的压迫方式的知识范畴的挑战。"[4]

德里克和莱尔的观点虽然看起来极端但并不孤立。拉纳吉特·古哈（Ranajit Guha）在其《世界史界外的历史》（History at the Limits of World History）表达了类似的关注,他把英国（最终是欧洲）史学在印度的强硬植入和这种史学的贫乏与印度关于深沉而普遍的历史所具有的富有创造性和启发性的观念进行了对比,为了恢复那卑微和寻常事务的历史性（historicality）,后者可以像用文学的方式重新看待生活。[5]

这些严肃的指责应该在认识论层面和道德层面上得到认真对待。在此我愿意提出两点以挑战那些对世界史的激进攻击论调。第一点是关于世界史本身的意识形态特征。欧洲中心论取向已成为欧洲在全世界扩张的结果,并且成为各种罪行进行开脱的工具之一。的确,无论经过怎样的世俗化,它发源于基督教关于历史是上帝意图的实现的观念。但需要强调的是,对欧洲中心的世界史的批判是从欧洲文化本身中产生的,它远早于也更激烈于殖民

---

[1] 维内·莱尔：《将西方外省化：印度史视野中的世界史》（Provincializing the West: World History from the Perspective of Indian History），见《书写世界历史》，第289页。

[2] 莱尔（Lal）：《非历史性之历史》（The History of Ahistoricity），见莱尔《历史的历史：现代印度的政治与学术》（The History of History: Politics and Scholarship in Modern India），牛津大学出版社2003年版，第40页。

[3] 莱尔（Lal）：《非历史性之历史》（The History of Ahistoricity），第60页。

[4] 莱尔（Lal）：《非历史性之历史》（The History of Ahistoricity），第67页。

[5] 拉纳吉特·古哈：《世界史界外的历史》，哥伦比亚大学出版社2002年版。

地文化中产生的批判，并且与对待人、社会和自然界的世俗化取向并发。这当然不是给欧洲历史文化以道德的优先地位，而是证明了毒药和解毒剂可能共存于同一文化传统中，至少是潜在的。[①] 迪皮士·查克拉巴尔蒂（Dipesh Chakrabarty）在《将欧洲外省化》（*Provincializing Europe*）中表达出类似的态度，他在其分析的开端开宗明义，马克思主义者和自由主义思想都在本质上是欧洲的启蒙运动的遗产继承人，而且这一遗产"现在是全球的了"。[②]

对所有可能的欧洲罪行的批判和对矫正他们的请求都很可能被融入到一种语言中，而且根据既定的章程，严格忠实于欧洲启蒙运动首次设想出的关于世界历史的普遍主义取向。我们都在此遗产当中写作。但是，由于这一思想遗产既意味着一种历史的视角也意味着一种政治改革的计划，它必定会生发出方法的多样性。

世界史的写作并不例外。从斯坦福大学一队意大利基因科学家做出的关于人类在各大陆的历时分布地图《人类基因的历史学和地理学》（*The History and Geography of Human Genes*），到费尔南德斯-阿梅斯托（Fernández-Armesto）的《千僖年》（*Millenium*），再到更新的麦克内尔父子的《人的网络：鸟瞰人类历史》（*The Human Web: A Bird's-Eye View of World History*），近来的世界史虽然从许多方面看仍然不够，还是表明作为仍然要按"传统的"方式来叙述人类在时空中的发展的世界史，实际上可以以许多不同的方式书写，而无论历史学家本人有什么样的偏见，他们都在实践各种不同的计划并具有不同的叙述、认识技巧和专门知识。[③] 全球化确实在不断地激发历史学家展开对世界历史的反思和研究，但很难相信所有不同的世界史都能被包含到同一种立场中。正如莫米里亚诺可能会说的，彼得蒙特的观点具有其独特性，尽

[①] 对这个悖论颇有见识的一个讨论可见卡罗·金茨伯格（Carlo Ginzburg）:《历史、修辞和证据》（*History, Rhetoric, and Proof*），新英格兰大学出版社1999年版。

[②] 迪皮士·查克拉巴尔蒂:《将欧洲外省化：后殖民主义思想与历史差异》（*Provincializing Europe: Pastcolonial Thought and Historical Difference*），普林斯顿大学出版社2000年版，第4页。

[③] 路易吉·L·卡瓦利-斯佛查（Luigi L.Cavalli-Sforza）、阿伯托·皮阿查（Alberto Piazza）、帕沃洛·门诺奇（Paolo Menozzi）:《人类基因的历史学和地理学》（*The History and Geography of Human Genes*），普林斯顿大学出版社1994年版；费尔南德斯-阿梅斯托:《千僖年》（*Millenium*），班登出版社1995年版；约翰·R·麦克内尔和威廉·H·麦克内尔（William H.McNeill）:《人的网络：鸟瞰人类历史》（*The Human Web: A Bird's-Eye View of World History*），诺顿2003年版。

管有反对的异议，它同样有权利得到表达和得到科学共同体的严肃对待，只要其遵守公认的规则。史学的诸文化已经或被假定为已经放弃认为自己是唯一能设想集体经验的历史真实性的信念。这种潜在地存在于各种史学文化中——包括欧洲的史学文化——的自我反思不能被忽视。

第二点是关于历史写作和研究作为一种特殊的知识类型的合法性的问题。寻求一种源于资料、能被证实的叙事是任何历史作品的前提。一些方法论假设虽然不断陷于争论和重新定义，仍构成历史话语的公共场所，不管是专业历史学家还是指责这些方法论假设不完整不合法的外行都可以进入。牛津历史学家奥斯文·默里（Oswyn Murray）高明地指出，历史是城邦的神话。这一定义既没有将历史在我们经验中的重要性绝对化，也没有质疑其合法性，而是强调了其中的合理因素，这些因素为问题提供假如不是确实可靠也可能如此的答案，而且他承认历史本身就是历史的产物。

作为对目前日益陈腐的民族史一种有吸引力实际上也可行的替代，世界史写作在此争论中尤其有意义。它还将成为一种试金石，判断对历史写作有根本认识论意义的史料选择和使用是否恰当。最后，抛开对这种观点的责难，世界史将为上述不断增长的相互联系的进程提供理性批判的机会，并定义它倾向于重建的社会生活方式和文化身份认同。

（汪　凯　王献华译）

（2008年第1期）

什么是史学史

耿淡如

一、概念的含混

什么是史学史这一问题，今天还在讨论之中，尚未有满意的答复。第一，因为这是一门比较年轻的学科，还没有经过充分的研究。第二，因为马克思主义史学史截然不同于资产阶级的史学史，需要建设一个新的史学史体系。

"史学史"这个词可能是从外文译来的，或者可以说相等于英文Historiography，俄文Историографил，法文Historiographie，德文Historiographie。这些词，在外文用法里有时指"史学"，有时指"史学的发展史"。比如，在菲脱的《新史学史》(*Geschichte der neueren historiographie*) 这个词意味着"史学"。在《张伯氏百科全书》中G.P.古奇(Gooch) 所写的史学史，是用Historiography词目的。也许为了名词上的含混，在《英国大百科全书》与《美国大百科全书》，以"历史"(History)作为词目而没有"史学"(Historiography)这个词目的。在美国出版了三本关于史学史类型的著作，它们也都不用"史学史"这个书名。绍特威尔(Shotwell)的著作，做"历史的历史"。巴尼斯(Barnes)与汤普逊(Thompson)的著作都用"历史编纂学的历史"作为书名；在这些作家看来，史学史等于历史编纂学史，如果这样地了解史学史，那么史学史将变成历史著作的目录与历史家的传略了。

在苏联史学史类型的著作里，有的用"史学史"(Историографил)的名称，如Л.О.瓦因什坦(Вайwreйn)所编写的《中世纪史学史》(1940年出版)。有的用历史科学史的名词，如М.Н.齐霍米罗夫(Тихомирon)主编《苏联历史科学史大纲》(第一卷于1955年出版)。最近苏联科学院出版了《中世纪论文集》第十八卷，关于中世纪史学的专号，在论文中使用

Историографил 这个词。由此可见，苏联关于史学史类型的著作是一向以史学（Историографил）或历史科学为标题的。看来史学与历史科学两个词现在已经混用了。

于是，我们所说的"史学史"意味着什么呢？是历史科学史，还是历史学科史？这个问题的解答，须取决于对历史学的概念和史学史的内容。让我们先看看关于史学史的现有定义吧。

二、现有的定义

史学史，顾名思义，当然是以历史的发展为基础的，正像物理学史是以物理学的发展为基础的那样。可是在历史学方面，为了下史学史的定义，首先要决定什么是历史？其次要决定什么是历史学？对于历史与史学怎样理解，对于史学史也怎样下定义。反过来，历史家对于史学史的定义也可以反映出他们对这些问题的见解。

英国著名的资产阶级史学家G.P.古奇（Gooch）关于史学史的定义是："史学史即历史编纂学：它是涉及那些为了教导或训示作者的同时代人或后辈而编成的并具有或多或少文艺形式的历史事件的叙述。"（见《张伯氏百科全书》卷Ⅶ页16）这定义的后一部分就是资产阶级史学家关于历史的传统概念，即历史是带有文艺性并有教育意义的历史记录，因此历史家可根据自己的价值观念，选择某些史事来编写有教育意义的故事。它否定了历史发展的规律性，意味着历史是一堆"偶然现象"。因而在这个意义上，历史当然不是科学，而有些像文学而不是文学。因此，这定义的前一部分也只能把史学史归结为历史编纂学史。所以，英美作家大多直截地使用历史编纂学来代替史学史这名词，并且按照这框框儿来编写的。

苏联历史家的定义完全与此不同。瓦因什坦在所著《中世纪史学史》里说："史学史应该——在和社会发展联系下——研究历史科学的发展，表现在历史学派、历史思潮和所有历史概念体系之合乎规律性的交替，也应该研究历史科学对制定最重要的社会观念方面之影响。"另在齐霍米罗夫主编的《苏联历史科学史大纲》内,我们看到一个较多综括性的定义:"史学史(Историографил)是科学,研究人类社会发展的知识积累史、历史研究方法的改进史、各种学派在解释阶级斗争的社会现象方面之斗争史、历史发展规律的揭露史以及马克思列宁主义历史科学对资产阶级伪科学的胜利史。"

这后两个定义已清楚地指出了史学史应该包括些什么,研究些什么。它们肯定史学史是一种科学。此与古奇的定义不同者一。它们认定史学史的研究应该在和社会发展联系下揭露社会发展的规律性,因而找出史学发展的规律性。此其二。它们要求史学史应论述各个不同学者或学派在史学思想领域内所进行的阶级斗争以及他们的新陈代谢的过程。此其三。齐霍米罗夫的定义又强调指出史学史应叙述马克思主义历史科学对资产阶级伪科学胜利的过程。此其四。这样看来,马克思主义史学史与资产阶级史学史是名同而实不相同的两回事。另一方面,瓦因什坦的定义是为中世纪史学而作,齐霍米罗夫的定义是为苏联历史科学史而作,如果应用到一般史学史或历史科学通史方面,它们还是不够的。

三、对象与任务

关于史学史的问题主要是在于确定它的对象与任务方面。苏联科学院历史研究所史学史委员会曾于1961年1月召开了扩大会议。该会议规定每个月第一个周三集会,因而定名为"史学史周三会"("Историографилческал среяа")。在第一次会议上,就把这一问题提出讨论。这次讨论的综合报道发表于《历史问题》杂志1961年6月号。并摘译其要点如下:

在会上主席提出两点意见:(1)史学史是属于意识形态的领域,有其自己的特征与分期,在研究苏联历史科学史上应特别注意列宁著作与党的文献以及和反马克思主义者进行的顽强斗争。但非马克思主义的历史家著作也是研究的对象。(2)史学史研究者应该注意历史科学史与一般社会史的关系、历史家的活动与世界观以及史学评价的问题。有人指出，史学史的对象是研究国家历史的发展。它的任务是研究科学发展的规律性。有人主张，史学史应在思想意识、阶级斗争与社会的物资生活联系下来研究历史家的遗产，并应指出有关历史家的阶级地位与政治面貌。有人认为，史学史著作应包括历史研究方法的发展问题。有人主张，史学史与历史科学史应作为两种不同的学科，历史科学史是社会思想史的一部分。但有人反对说：历史科学史的对象已由其名称的本身规定，用不到再作特殊的定义。史学史与历史科学史之间没有什么区别。此外，史学史与史料学也是不能分开的。还有人反对把史学史作为一门独立的科学，认为它是一门辅助性的历史学科。它的主要任务是协助解决历史科学上的问题。有人发表意见说：从马克思主义兴起以来，历史科学史是历史唯物主义和各种形式的唯心主义在社会政治思想发展领域内的斗争史。

从这些意见里，可以看出苏联历史工作者对史学史的一些分歧看法。现在让我们结合这些意见和上引的苏联学者的定义，就下列几方面来讨论吧。

（一）史学史上除按照一般通史的分期外，应另把史学发展阶段分为两大时期：前马克思主义、前科学时期和马克思主义、科学时期。

史学的发展阶段和社会的发展阶段是分不开的。毫无疑问，那按照生产关系的发展而划分的历史时期是可以应用到史学史上的。可是在历史科学发展史上，在19世纪中期出现了一个最重要的转折点，就是马克思主义的兴起。从此历史在历史唯物主义的指导下，开始成为真正的科学。正像列宁正确地指出的那样，"马克思以前的'社会学'和历史学至多是搜集了片断的未加分析的事实，描述了历史过程的个别方面"[1]。马克思主义的奠基人马克思和恩格斯建立了他们的科学理论并制定了在历史科学领域内的基本原则，标志着在意识形态内全世界历史的转折点，在历史知识领域内是本质上一个崭新的、不同于以前的时期。所以，为了在史学史上强调指出历史唯物主义对各种唯心主义的斗争、马克思主义历史科学对资产阶级伪科学的胜利，所说的分期

---

[1]《列宁全集》，第二十一卷，第38页。

似乎是必须添加的。

（二）史学史应反映出社会上的阶级斗争，但不是叙述阶级斗争的本身，而是分析历史家、历史学派在思想领域内的斗争。

史学史是以历史为基础的。"迄今存在过的一切社会的历史都是阶级斗争的历史。"[①]"阶级斗争，一些阶级胜利了，一些阶级消灭了。这就是历史，这就是几千年的文明史。"[②] 历史是阶级斗争史；史学史也同样是阶级斗争史。历史家记录这些阶级斗争的事实或编写他们的历史时，是具有一定的世界观，站在一定的阶级立场上，决不是像资产阶级所谓"公平无私"的。他们的著作决不会是所谓客观的叙述。所以，社会上阶级斗争怎样尖锐，史学史上的阶级斗争也怎样激烈。但史学属于思想意识的领域，只能在和社会阶级矛盾与斗争形势结合下来研究史学流派或个别作家之间的斗争以及他们所反映出来的社会根源、阶级本质与政治面貌。有人认为史学史内也应论述阶级斗争事件的本身，这是不合于历史与史学分工之原则的。

（三）史学史和历史科学一样应阐明其自身的发展规律性。

一般认为史学开始于希腊。有人说，希腊人不是最早开始记录历史事件，但他们是最先应用批判方法的；这是他们之所以被认为史学之创始者。史学史内应说明史学的起源与发展、史学派别的新陈代谢以及唯心主义史学的破产与历史唯物主义史学的胜利。史学史的发展与历史科学的发展同样是具有规律性的。史学史一方面应研究历史的发展规律，另一方面应揭露历史科学自身的发展规律。例如：人文主义史学推翻了封建宗教主义的史学，法国启蒙时期的唯理主义史学接替了"博学派"（"考证学派"）的史学；历史唯物主义的史学战胜了唯心主义的史学。唯心主义史学家认为历史是一堆杂乱的偶然事件；勒尼尔（G.Renier）在其《历史的目的与方法论》（1950出版）中，完全否认历史过程的客观规律，从而主张科学预见不可能是历史研究的结果；历史一般不是能够反映客观真实的科学。像勒尼尔这一流的历史家既不承认历史的发展规律性，自然也否定史学史的发展规律性。事实上他们是不能承认

---

① 马克思恩格斯：《共产党宣言》。
② 《毛泽东选集》，第四卷，第491页。

历史发展的规律性。承认这一点，即等于说，资本主义必然灭亡。因此，目前资产阶级历史家以主观的方式偷偷地换了客观的历史规律，他们妄图利用历史资料或伪造的资料来辩解垂死的资本主义制度。所以，资产阶级史学思想现已走入了死胡同。

（四）史学史应是历史科学的历史，而不是历史家的传记集和目录学。

我们知道史学的发展是合乎规律性的，所以一个学派接替另一个学派决不是偶然事件。对于一个历史学派或倾向的形成，必须加以全面的考查并说明他们兴起的条件。由于这个缘故，在史学史上不应一个又一个地叙述历史家及其著作。如果这样地做，史学史会变成大历史家传记汇编或历史著作的目录学了。顺便说说，资产阶级史学史常有这样的编法，因此我们应该把有代表性的历史家归入一定的范畴，并使他们的著作系统化。但这还是不够的。应该进一步根据历史主义来揭发他们的进步性或反动性，估计他们著作的贡献，以及他们对当时和后代所产生的影响如何。

（五）史学史应和历史哲学史或社会思想史有区别。

史学史果然是属于思想意识领域内的历史，但不是一般叙述历史哲学的或社会思想的历史。它应通过具体历史著作或历史上争论的问题来说明历史家或历史学派的思想意识，无论进步的或反动的。它和历史哲学与社会思想史有联系也有差别。史学史在叙述思想方面的主要任务是：研究历史家或历史学派对整个历史过程或个别历史事件所采的解释方法与立场观点，因而估计它们的作用。它不是一系列理论与名词的堆积。

（六）史学史应包括历史编纂与历史研究两者在内。

我们不能同意美国资产阶级史学家以历史编纂学或历史的历史来代替史学史，也不能同意瑞士资产阶级作家菲脱（Fueter）的说法：他在其《新史学史》序言里提出，史学史只应包括历史编纂（Geschichtsreibung），而不是提供历史科学的其他方面，后者他称之为"历史研究"（Geschichtsforschung）。但我们并不是说，历史编纂和历史研究在史学史中不是占着重要地位。在编纂方面，历史体例不断地演变着：从纪事史到编年史再到纪事本末体等；叙述文体也同样地起着变化：从史诗从散文而散文中又从修辞叙述到朴素叙述法；又在研究方面，研究的技术、组织与领导也越来越多改进；这一切都是可以反映出历史科学发展过程上的成就的。

（七）史学史应结合其他有联系的科学来研究。

历史科学的发展是和整个社会的发展、它的文化、它的意识形态紧密地结合着的，因而史学史的研究者应注意到其他科学领域的成绩与思潮。历史科学是研究整个社会的发展过程的。所以，就本质来说，史学史不能也不该孤立地去研究。历史科学的发展和其他社会科学一样是由社会的经济基础来规定的。生产关系的变更决定着社会思想意识的变更。"社会存在怎样，社会物质生活条件怎样，社会观念、理论、政治观点和政治制度也就会怎样。"[①]所以经济、政治法律、哲学等科学的发展，对史学的研究工作，具有重大意义。而且历史科学的研究技术、史料的数量与范围、研究工作的组织与领导也是依靠其他科学的成绩、整个的生产水平与政治制度的。

（八）史学史应总结过去史学的成绩。

马克思主义史学兴起前，历史不得认为是科学。但这不是说以前的历史研究上的成绩可以忽视的。马克思主义的历史科学是从利用和改造它一切过去的成绩而来的。所以，史学史应根据历史主义，就是按当时代的条件来估计过去历史家与史学派所作出的成绩，决不像现代资产阶级那样用"近代化"方法来讨论过去事件的。史学史应总结出过去历史家的遗产。当然要用批判与继承的方法，汲取其精华，扬弃其糟粕。这里也应指出：史学史也和历史一样可分为国别史学史或断代史学史，也可综合地去研究，作为世界史学通史。由于各国史学的发展很不平衡，它可采用比较方法，在和社会发展状态联系下，来阐明各国或各时代史学发展的异同点以及它们之间的相互影响。例如在中古时期，阿拉伯的史学对欧洲史学的影响。

（九）史学史应以研究历史的同一方法论来研究。

史学史的对象不同于历史。但它和历史完全一样，是以历史唯物主义与辩证唯物主义为其理论与方法论的基础的。资产阶级的历史编纂学或历史的历史是以唯心主义的理论为基础的，所以他们的史学史不是属于科学范畴的。资产阶级史家不仅不谈而且反对历史唯物主义的理论与方法论，而且提出他

---

① 《苏联共产党（布）历史简明教程》，第151页。

们的所谓"方法论"。这种方法包括年代研究法（分为史前期、上古、中古、近代史）、地理研究法（分为自然地理与政治地理）、社会研究法（分为政治、军事、社会、经济史）等等（见《张伯氏百科全书》，卷Ⅵ，同名词目）。

（十）史学史对资产阶级伪史学应进行坚决的斗争。

我们在史学史中应该特别强调马克思主义历史科学对资产阶级伪科学斗争之胜利过程。在19世纪90年代以后，列宁进一步发展了马克思主义历史科学的理论。在十月革命后，社会主义由胜利走到胜利。历史科学亦不断地取得辉煌成就。现在资产阶级历史家还力图作垂死挣扎，提出各式各样的荒谬理论，我们应该对他们进行坚决的斗争。1959年苏联出版了《批判伪史学》（ПротивФалзшфикацяи Историц）一书，在那里严峻地批判了当前资产阶级的史学，特别是美国资产阶级的史学。这种批判资产阶级史学流派的工作，是当前史学史上一个头等重要的任务。

上面所谈的只是史学史的内容应该是什么，而且也谈得不深不透。至于史学史是什么这个问题依然未曾解决。要确定一个国家史学史的内容，已有困难；如果要确定世界史学史的内容，困难当然更多。可是为了提高历史教学的质量，为了批判资产阶级的伪史学，这门科学急不容缓地需要建设起来。我们应不畏艰难，不辞劳苦，在这个领域内做些垦荒者的工作。我之所以提出本问题，不是妄图解答而是希望大家来研究、讨论并共同解决这个问题。比如垦荒，斩除芦荡，干涸沼泽，而后播种谷物，于是一片金色草原将会呈现于我们的眼前！

（原载《学术月刊》1961年10月号）

（1961年4号）

西方史学史研究中的问题和方法

于 沛

20世纪80年代，随着我国社会发展进入一个崭新的发展阶段，历史科学也迎来了自己的春天。中国学者对西方史学史研究的关注，以及一系列研究成果的陆续问世，成为新时期中国史学复兴的重要标志之一。从1983年郭圣铭教授编著的《西方史学史概要》（上海人民出版社出版），到2001年作为面向21世纪课程教材的《西方史学史》（张广智教授主著，复旦大学出版社出版），近二十年间，有广泛影响的专著至少有二十余部出版，至于学术论文则数量更多，有较高质量的也不少见。所有这一切都表明我国的西方史学史研究，已有了长足发展，并为今后研究的不断深化奠定了坚实的基础。然而，我国的西方史学史研究毕竟起步较晚。如果说我国的世界史研究基础薄弱，那么我国的西方史学史研究就更是如此，因此，在近二十年已经取得了重大成绩的基础上，仍有不少事情要做。今不揣浅薄，就西方史学史研究中的一些问题略陈孔见，不妥之处敬请诸位专家和同仁指正。

一

历史学家的任务，在于在广泛汲取前人研究成果的基础上，不断地提出新的问题，并不断地回答新的问题。不言而喻，这对西方史学史研究也是完全适用的，因为西方史学不可能脱离西方社会政治、经济和文化的发展。从宏观的历史视角来看，西方史学发展的历史，是西方社会历史发展的一部分，或作为观念形态的一种反映，没有西方社会的历史发展，就没有今天西方的史学发展。

历史学家无论是提出新的问题，还是回答新的问题，都需要一定的理论支持。他们提出新的问题，实际上是历史认识主体和客体之间的一场新的对话的开始，面对西方史学发展进程中浩如牛毛的繁杂的历史内容，究竟选择哪些内容，显然要依据一定的理论与方法；而"对话"的目的，是要回答问题，这种"回答"只能是理论的回答，即理论的归纳或理论的概括，将研究结论以理论描述的形式表现出来。然而，我们的不少成果，在这方面显然是有明显的缺欠，多是史学发展过程的描述，虽然能够让人们不同程度地了解西方史学发展的大致脉络，但仅仅如此而已。例如，在不少西方史学史著作中都谈到"人本主义史学"，但有关它的社会历史和现实起源、学术思想起源、学术方法起源、概念框架和理论体系，却很少涉及，即使涉及也多是一般性的介绍，甚至是重复性的介绍。有关西方史学发展的知识性介绍虽然是必要的，但这只是研究西方史学史的一个阶段，而不是全部内容，因为这不是严格的科学意义上的研究。如果认为介绍就是研究，至少在西方史学史研究中就是如此，那就无异于放弃了史学史研究的科学功能，毋庸置疑，这种介绍性的"研究"，对于普及某些西方历史学的知识有用，但是对于当代中国历史科学的建设，特别是理论上的建设，实际意义并不大。因为无论是比较借鉴，还是汲取或摒弃，都需要一定的理论中介，需要理论的阐释和支持，而不是就事论事。

当前在西方史学史的研究中，强调理论问题尤其重要。我国的西方史学史研究，是在外国，特别是美国、西欧国家的"西方史学史研究"的影响下发展起来的，或者说，是参照西方国家自己的史学史研究逐渐发展起来的。无论是"影响"，还是"参照"，都是多方面的，不仅仅在形式上、内容上，也包括在潜移默化的理论上。试想，英国历史学家乔治·皮博迪·古奇的《十九世纪历史学与历史学家》（1913年）、美国历史学家汤普森的《历史著作史》（1942年），中国的西方史学史研究者，有几个人没有认真研读过？中国的西方史学史研究借鉴、参照西方国家的史学史研究是必要的、无可非议，但这不应该是全部的或主要的内容。我们的西方史学史研究应有自己独立的理论、原则和方法，对西方史学发展历史的特点和某些规律性的现象，需要从当代中国历史学家的立场出发作出判断和阐释。很难想象，在他人的理论框架和话语系统中能够充分地表达我们自己的思想和观点。既然我们的任务不是传声筒，因此必须建立起我们自己独立的西方史学史研究体系，首先是以唯物史观为理论指导的理论体系。过去我们在这方面已经做了很多工作，取得了不少成绩，但时代、社会和科学的迅速发展，不断地向我们提出更高的要求，这也就是为什么我们强调加强西方史学史研究的理论描述原因所在。

强调西方史学史研究的理论描述，丝毫不贬低史学发展史中具体的史实和文献资料的地位和作用，相反，对文献资料的鉴别和使用却提出了更高的要求，正是基于这种认识，我们不同意一些西方学者将生动的史学发展历史的研究，变成一种抽象化的概念研究。在史学史研究的完整过程中，有两个相互关联、不可或缺的关键环节：实证性判断和价值性判断。如果说价值性判断是将研究结论以理论描述的形式表现出来的话，那么，实证性判断，则主要是对史学发展的历史以过程描述的形式表现出来，从而使史学史的价值性判断有一个更接近客观实际的坚实的基础。史学史研究决不是不要历史过程的描述，而是强调不要就此止步。西方史学史研究的任务不仅说明"是什么"，而且还要回答"为什么"，而且这种回答不是就事论事，而是上升到理论的高度，揭示西方史学发展的本质内容，使其有丰富的理论内涵，从而更好地为当代中国历史科学的建设服务。

二

加强和提高西方史学史研究的理论认识和理论分析水平，首先应重视史学思想史的研究，即以西方史学思想发展过程中理论体系的形成和发展，以及这一理论体系的主要概念和基本范畴为主要研究内容。包括各种有影响的史学思想的历史渊源，史学思想和方法层面上的主要流派、代表性人物和代表性著作。具体研究内容还应包括影响西方史学发展的外部因素及自身发展的内部规律；西方史学思想和理论成就对人类文明发展的重要意义等。

西方史学思想史是西方史学史的一部分，对它的研究应建立在坚实的西方史学史研究的基础上。如果说二十年前还不具备开展西方史学思想史的研究条件的话，那么，经过二十年的辛勤耕耘，研究条件应该说基本成熟了，不仅有必要，而且完全有可能。在某种意义上可以说，史学思想史的研究是史学史研究的深化和提高。"史学思想"，顾名思义，应该有更多的理论色彩和理论内容，所以在一些人看来，西方史学思想史是西方史学理论发展的历史，这种认识也不能说没有一定道理。

最近有论者在评述王学典著《20世纪中国史学评论》（山东人民出版社2002年出版）时，谈到史学史研究的社会学取向问题。论者认为，历史是由活着的人和为了活着的人而重建的死者的生活。因此，史家所研究的过去并非死掉的过去，而是在某种意义上目前依然活着的过去。他在引用了王学典"一代人本身有怎样的历史，决定着他们如何理解和把握历史"这句话之后说："这是典型的知识社会学方法在史学领域里的延伸，努力把学术史还原为社会史，是这一方法的要义。"《20世纪中国史学评论》则是通过实践诠释了这一方法，把学术史的事实置放于社会史的框架之内。[①] "把学术史还原为社会史"，对于西方史学思想史的研究同样是十分重要的。探讨西方史学思想发展的轨迹，必须首先研究史学思想发展所依托的社会历史背景，以及与这一背景有直接关联的学术背景，这是由"学术史是社会史的一部分"这一客观事实所决定的。对此，英国史学家 E·H·卡尔在1961年曾说："我们一生下来，这个世界就开始在我们身上起作用，把我们从纯粹的生物单位转变成社会单位。"因此，"在研究历史之前，应该先研究历史学家。……在研究一个历史学家之前，应该先研究他的历史环境和社会环境。历史学家是单独的个人，同时又是历史和社会的产物。"[②] 然而，这个重要的方法论原则在西方史学史研究中并没有引起足够的重视。在一些作品中虽然涉及到了背景问题，但更多的是学术背景。这样的结果，使人们只能够看到史学发展的一般过程，而没有回答为什么只能够是这样的过程，而不是那样的过程；为什么是在此时发生，而不是在彼时发生等重要理论问题。总之，人们虽然可以看到史学发展的历史，但是却看不到这段史学史的"灵魂"——史学"思想"发展演变的历史。西方史学史的研究如果缺少思想的内核，那么，这种研究的缺陷就是显

---

① 蒋海升：《史学史研究的社会学取向》，《中华读书报》，2002年8月1日。
② E·H·卡尔：《历史是什么》，商务印书馆1981年，第29、44页。

而易见的了。研究者尽管在具体文献资料的征引上，可以有很大的进步，但研究的结论很难在原有的基础上有较大的突破。

第二次世界大战后，西方史学发展的重要特点之一，是历史学的界限变得越来越模糊了，历史学家的视野迅速地扩大，历史研究的选题也在不断地发生变化。整个西方史学处在深刻的发展变化之中。然而，与这种深刻的变化相比较，我们的西方史学史研究在如何适应这些变化方面，提出了不少问题值得思考。这种"适应"，不应是消极的，即简单地模仿，不加分析地照抄、照搬。正确的、积极的态度是从中国史学的历史与现实出发，继承中国史学的优秀传统，坚持唯物史观的理论指导，通过西方史学史的研究为当代中国历史科学的建设服务。只有明确这一点，才有可能保证西方史学史的研究沿着正确的轨道前进。老一辈的历史学家在这方面已经为我们做出了好的榜样，我们应该认真的汲取和发扬。

当代中国学者应该如何开展西方史学史的研究，并没有一个固定的模式。以往的西方史学史研究，也从来没有一个先定的模式。如果一定要说有什么"模式"的话，那也只能说它是历史的产物，反映了史学史研究这一具体的研究内容在一定历史时代的客观要求。为了当代中国历史科学的建设，或者说从根本是要完成这样的任务出发，来确定我们的西方史学史的研究内容和方法，应该是唯一正确的态度。正是内容决定了形式，而不是相反，这样，在西方史学史的研究方面就面临着一个创新的问题，不仅仅是形式问题，在理论上、内容上、方法上都是如此。

从上述基本认识出发，对西方史学史的研究，要不要加强西方历史哲学的研究，就不应再成为一个问题。西方历史哲学是关于人类历史发展过程的理论，是对人类历史进程的哲学思考。研究西方历史哲学思想中的一些基本问题，包括历史的意义、历史变化的进步性质、历史变化或进步的动力，以及历史认识中的若干理论问题等等，应该是西方史学史研究的议中之题。无论是思辨的历史哲学，还是分析与批判的历史哲学，都涉及到该历史哲学兴起的社会历史条件，有代表性的历史哲学体系、代表性人物和主要著作。近二十年来，维科、孟德斯鸠、伏尔泰、爱尔维修、卢梭、孔多塞、莱辛、康德、赫尔德、黑格尔历史哲学思想；以及斯宾格勒、汤因比文化形态史观；雅斯贝斯历史轴心期理论；新康德主义历史哲学家（狄尔泰、文德尔班、李凯尔特）；新黑格尔主义历史哲学（布拉德雷、克罗齐、柯林伍德）；分析哲学的历史哲学家（波普尔、亨普尔）的历史哲学思想，中国学者都进行了深入而广泛的研究，取得了令人瞩目的成果，为今后深入研究这些问题创造了良好的条件。

由于文化传统、文化背景的差异，以及历史观、价值观的不同，西方历史哲学的某些内容，对中国史学界来说比较生疏，对一些结论也多持有异议，这是完全正常的，但是这并不妨碍我们对这些问题展开认真的、深入的研究，恰恰相反，越是存在上述的问题，就越应加紧这方面的研究。西方历史哲学的重要价值往往不在于它的结论，而在于它所提出来的那些值得人们思考和探求的问题。以唯物史观为理论指导去研究这些问题，对于繁荣和发展当代中国历史科学也是需要的。近年一些学者提出如何建立有中国特点的马克思主义历史哲学的问题，而要完成这样的任务，有针对性的开展西方历史哲学的研究是十分必要的。在这方面，应该说是西方史学史研究中的一个有待进一步加强的薄弱环节。

三

西方史学史研究中的学风问题，主流是好的，但确实也存在着一些问题，而且这些问题已经成为制约和影响这一研究领域今后发展方向的重要因素之一。之所以如此，既有"大气候"、较大的社会环境的影响，同时也和西方史学史研究自身的特点有关，对此我们应该有清醒的认识。

在外国史学史研究的整个过程中都存在着学风问题，它是研究者世界观、历史观和价值观的集中体现。文如其人，反映了研究者的治学精神、态度和原则。在科学研究中反对浮躁与虚华，反对媚外、媚俗，是众多学科共同的任务。在其他学科的研究中，不同程度地存在着理论脱离实际、教条主义、急功近利、低水平重复，甚至侵犯他人知识产权等现象。这些问题在外国史学史的研究中，应该说也都是存在的。然而这些所谓的"共性""通病"，在外国史学史的研究中还表现出自己的特点，这就是一些人将自己封闭在狭小的圈子里故步自封，自我欣赏，这些人严重地脱离中国社会发展和史学发展的实际；仰承洋人的鼻息，生吞活剥西方学术的理论和方法，食洋不化。只要是外国的理论，特别是外国的"新"理论，不加分析就认为一概都是好的；从概念到概念，极端抽象化地来演绎、杜撰、创新、创造所谓的"理论"；逆学术研究的简约性原则不顾，而将朴素、直白的学术研究烦琐化，晦涩论证；盲目地追求时髦，甚至将腐朽视为神奇，认为只有这样才能和国际"接轨"，才是正确的科研方向，反之，就是落后。不仅仅是在西方史学史研究中，在整个外国史学理论研究中也不同程度地存在着这种不良倾向，虽然是支流，没有什么影响，但也应该引起人们的关注。

文风虽然是学风的外在表现，但对它同样应该给予高度重视。个别研究者的文风存在严重的问题，在他们的"论文"中，故作高深、故弄玄虚、装腔作势、艰深晦涩、言之无物、空话套话比比皆是。这种文章没有什么人能够看得懂，人们完全有理由怀疑作者是否真明白了自己说的是什么，还是在故意蒙人、唬人。在任何一篇论文中，形式和内容都应该是统一的。事实表明，凡是文风低下者，其文章的内容必定属于粗制滥造之列。还有更甚者，视学术为沽名钓誉的工具，将同一篇文章的内容改头换面，犹如玩弄"魔方"一样，可以轻而易举地生成数篇，在全国大小刊物招摇过市。这类作者虽然不多，但影响极坏，败坏了学术研究的声誉。

在学术研究中拒绝批评，也是学风建设中急待解决的一个问题。正常的、健康的学术批评或评论，是推动学术研究进步的重要条件之一。拒绝批评者盲目自大，在他们看来，批评者要么是"老土"，对外国的学术什么都不懂；要么是观念落后，僵化保守，对新的理论与方法一无所知；要么是鸡蛋里挑骨头，小题大做，总之，是将自己摆到"天下第一"、高人一等的"权威"的位置，殊不知，真正的、学界公认的权威却从来不是这样。加强西方史学史研究的学风建设，不是一朝一夕的事情，也不仅仅是少数研究者自己的事情，这个问题需要全社会，至少需要整个学术界的综合治理。让我们为培养优良的学风和创造良好的学术环境，共同努力。

（2002 年第 4 期）

略论历史归纳中的几个问题

张耕华

归纳方法大概是历史学中运用得最多、最广的研究方法之一。昔日，顾炎武借助一百五十余条材料，证明古音中的"服"读作"逼"；钱大昕通过对一百余条材料的归纳，证明古代无轻唇音，这是归纳法在训诂考证上的运用。赵翼《廿二史劄记》有"汉初布衣将相之局"、"汉武三大将皆由女宠"等条，他的《陔馀丛考》有"汉时大臣不服父母丧"、"宋时士大夫多不归本籍"等条，这是归纳法在求取历史一般常态上的运用。不同领域、不同层面上运用归纳方法，会碰到不同的问题，本文仅以后一种情况为讨论对象，先简略地论述求取历史一般常态在历史研究中的重要性，然后着重讨论历史学家运用归纳方法去求取历史一般常态时会碰到的困难。

一

一百多年前，德国李凯尔特在进行学科分类时认为，自然科学与文化科学的区别在于：前者是从个别之中提取普遍的概念，后者是对特殊个别进行描述。换言之，前者的知识产品是普遍命题，后者的知识产品是对特殊的叙述。此后，英国沃尔什认为，历史学虽也能获得普遍命题，不过自然科学的普遍概念属于"开放的类"，而历史学的普遍命题只是"封闭的类"。[1] 虽然许多学

---

[1] 沃尔什也承认历史著作中也存在一种普遍性的命题，只是它不是历史学的主要人物。他说："有时候据说历史学指明了某种'教训'，而这些教训一定是采取普遍真理的形式;阿克顿勋爵的有名格言'一切权力都使人腐化，绝对权力则使人绝对腐化'，就是一个例子。然而尽管那类判断在历史著作中时时可以找到，我们却不能说它们构成为历史学家的主要关怀。"参见沃尔什《历史哲学导论》，广西师范大学出版社2001年版，第33页。

者不赞成他们的观点，但这样的研讨仍有重要的价值，至少说明历史学所获得的知识产品远比一般意义上的自然科学要复杂多样，而沃尔什所说的"封闭的类"，确是历史学特有的一种知识产品。

历史学中最常见的知识产品是"特殊事实"，如秦始皇生于某年某月，赤壁之战发生在某年某地等等。沃尔什所说的"封闭的类"，是指称特定时空范围里的某种流行事实，即历史上的某种状况或一般常态。比如"清朝人有发辫"、"秦汉间人视死如生"、"汉人迷信看相"等等，都属于此类事实。金岳霖的《知识论》对此也有专门的论述，他说：

> "清朝人有发辫"这一命题，在清朝时候可以随时证实，在清朝版图之内也可以随地证实，虽然我们可以想出例外，然而这一命题底证实大致可以如此说。……这类命题虽比普遍的命题接近事实些，然而它既不表示普遍的事实，也不肯定一件一件的特殊事实。这样的普遍命题实在是历史的总结。……（清朝人有发辫）虽不是一普遍的命题，也不是一特殊的命题，显而易见，它不只是说清朝人中的张三有发辫，也不只是说清朝人中的李四有发辫。它是介乎普遍与特殊之间的命题。它是历史上特殊的事实底结合。本段叫它做普通命题。[①]

"普通命题"所指称是历史上某时某地普遍流行的历史事实，它不同于特殊时空点上的"特殊事实"，也与普遍的事实相区别。"清朝人有发辫"，只是指清朝（这一时期及其版图之内）人流行着发辫的事实，而不是当下中国人仍然流行的事实。所以，沃尔什称其为"封闭的类"，而不是"开放的类"。金先生特别强调，此类命题只是历史的总结，而"不肯定一件一件的特殊事实"。换言之，虽然"清朝人有发辫"命题总是从清朝的张三、李四有发辫这样的一些"特殊事实"中总结出来的，但它不径直等同于清朝的某一个张三、李四有发辫。这是历史学的特征。文学创作可以"普通事实"为依据来塑造"特殊事实"，即从"清朝人有发辫"出发去塑造清朝某

---

① 金岳霖：《知识论》，第 754、753 页。

一特殊人物有发轫。历史叙事则处处要以实在的"特殊事实"为根据,虽然有时也要从"普通事实"来推断某一"特殊事实"。但这只能是推论,而不能考证坐实。从"普通事实"出发去考实某一具体的事实,有时还是会出错。

通常我们总是认为,历史叙事只是将特殊事实串联起来,将它们联结成一个可理解的、有意义的故事。其实,一个完整的、可理解的历史叙事,不仅要联结特殊事实,也要使用"普通事实"。历史叙事自然离不开"特殊事实",尤其也离不开"普通事实"。比如,下文是一段有关西汉武帝时代的历史叙事,从中可以看到"普通事实"在历史叙事中的重要性:

<u>公元前140年,汉武帝继位</u>。此时西汉开国已有六七十年了,经过汉初以来的轻徭薄赋,与民休养,到武帝当政时,人口增殖,经济富庶,国家强盛。史书的描写是:"民则人给家足,都鄙廪庾皆满,而府库余财"。西汉王朝达到了空前的繁荣阶段。然而,也是在这六七十年间,西汉社会积聚了多种矛盾:贫富分化、土地兼并,繁盛之中隐含着深刻的社会危机。正所谓<u>"物盛而衰,固其变也"</u>。①

除了划线的两句外,中间的大段叙述,几乎都是在讲"普通事实"。我们不妨说,历史叙事是由"特殊事实""普通事实"一起构成的,缺少了"普通事实",历史叙事几乎不可能。

史学家吕思勉曾说,当代史学的格言是"求状况非求事实",他说:求状况非求事实。这不是不重事实,状况原是靠事实然后明白的,所以异于昔人的,只是所求者为"足以使某时代某地方一般状况可借以明白的事实",而不是无意义的事实而已。……所以求状况的格言,是"重常人、重常事",常人、常事是风化,特殊的人所做的特殊的事是山崩。不知道风化,决不能知道山崩

---

① 此段引文,并非是某一史著或论文的直录,而是笔者参阅各种史学著述和论文后所作的综合简述,这完全是出于叙述及篇幅的考虑,读者如能阅读有关西汉历史的史学著述或论文,自可体会笔者的综合简述符合史实,而非为论证所需而随意杜撰。

的所以然,如其知道了风化,则山崩只是当然的结果。[①]这里所说的"足以使某时代某地方一般状况可借以明白的事实"、知其"风化"然后知其"山崩",实在就是借助"普通事实"来解释"特殊事实"。对此,吕先生曾列举过二个案例:楚汉战争时,韩信率兵背水布阵。背水布阵乃兵家大忌,然而韩信之军最后大获全胜,原因何在?韩信说:兵法上云:置于死地而后生。我之所率领的兵,乃是临时聚集起来的乌合之众,如同在市集上临时把赶集的人聚拢来令之打仗一样,不置之于死地,谁肯出力死战?到明朝,戚继光抗倭,组戚家军,严加训练。相传他的练兵,严厉异常,经他训练的兵,能植立雨中而不动,故而南征北战,屡建奇功。论者或谓:韩信能不择兵而用之,其将才在戚氏之上;或谓不加操练而使之征战,乃兵家大忌,韩信只是侥幸取胜。如何看待这二件特殊事实呢?这就需要将之置于历史的一般状况中来加以理解。原来秦汉承战国之后,而战国时代,本是举国皆兵的,故秦汉之初,临时聚集之乌合之众——贾人、赘婿、闾左等,对战斗技艺,也都相当娴熟,发出去皆可充兵,所以只要置之死地,就能够人自为战。而到了明朝,中国统一已久,人民全不知兵,对于战斗技艺,一无所知,若不加以训练,置之活地,尚不能战。故戚继光要严加训练。所以,要解释某一特殊史实,须知当时社会的一般状况。特殊史实是"山崩",社会一般是"风化","山崩"源于"风化"之中,若不了解社会的一般状况的"风化",对于特殊史实之"山崩"也总不能有真切的理解。[②]这颇类似于亨佩尔所说的"覆盖定律"的解释功能。[③]当然,借助"普通事实"来解释"特殊事实",其适用范围不如亨佩尔"覆盖定律"那么大,它往往只能"覆盖"某一时段或某一地域里的"特殊事实"。

[①] 吕思勉:《史学与史籍》,华东师范大学出版社 2002 年版,第 22—23 页。
[②] 吕思勉:《史学与史籍》,第 19 页。
[③] 所谓"覆盖定律"的解释功能,就是借助于一些普遍性的结论来解释历史中的某些特殊事实之发生。比如,美国大草原干燥地带的农民之所以移居加利福尼亚,是因为大草原持久的干旱和肆虐的风沙对他们的生存威胁越来越大,而加利福尼亚可能给他们提供更好的生活条件。因为人口总是向能够提供更好的生活条件的地区迁移。参见亨佩尔《普遍规律在历史中的作用》,刊于何兆武主编《历史理论与史学理论》,商务印书馆 1999 年版,第 866 页。

二

我们知道,"普通事实"都是以归纳方法从"特殊事实"中提取出来的。如果归纳所及的"特殊事实"数量有限,且一无反例,我们就可以用完全归纳或枚举法来概括它,如"汉武三大将皆由女宠"、"东汉诸帝皆不永年"、"天下大势分久必合合久必分"等等。如果归纳所及的"特殊事实"数量无限,或有反例,那么我们只能用统计归纳法来概括它。实际上,历史学中使用较多的是统计归纳,因为社会历史领域,总存在着个别的反例。获取"普通事实"的目的是以理解社会的一般常态或一般状况,就此而言,个别或者少量之反例,可以忽略不计。如"汉初布衣将相之局",是说西汉初年的将相大都出身低贱,这是一般常态,以表明西汉初年统治阶层的更新,至于个别人物而有例外(如张良),自可忽略不计。然而,在相当多的场合下,反例不为少数,忽略不计就容易出错。换言之,社会历史领域里的"特殊事实"复杂多样、正反并存,从中概括出的"普通事实"能否反映一般常态就甚难断言。昔日罗尔纲曾写过一篇《清代士大夫好利风气的由来》,他的老师胡适读后大为不满。胡适批评说:"这样的文章做不得,这样的题目不能成立":

> 西汉务利,东汉务名,唐人务利,宋人务名……,我们做新式史学的人,切不可这样胡乱作概括论断。西汉务利,有何根据?前人但见东汉有党锢清议等风气,就妄下断语以为东汉重气节。然卖官鬻爵之制,东汉何尝没有?……凡清议最激昂的时代,往往恰是政治最贪污的时代,我们不能说东林代表明代士大夫,而魏忠贤门下的无数干儿子孙子就不代表士大夫。[①]

与之相似的,还有胡适对梁漱溟《东西文化及其哲学》里一段论述的批评。胡适说:梁先生认为中国人的思想是安分知足,寡欲摄生,而绝没有提倡要求物质享乐的;却亦没有印度的禁欲思想。不论境遇如何,他都可以满足安

---

① 胡适:《致罗尔纲》,刊于李敖编:《胡适语粹》,文汇出版社2003年版,第182页。

受,并不定要求改造一个局面。梁先生难道不睁眼看看古往今来的多妻制度、娼妓制度,整千整万的提倡醉酒的诗,整千整万恭维婊子的诗,《金瓶梅》与《品花宝鉴》,壮阳酒与春宫秘戏图?这种东西是不是代表一个知足安分、寡欲摄生的民族的文化?只看见了陶潜、白居易,而不看见无数的西门庆与奚十一;只看见了陶潜、白居易诗里的乐天安命,而不看见他们诗里提倡酒为圣物而醉为乐境。[①] 我们不妨说,"陶潜、白居易的乐天安命"是事实,"西门庆与奚十一的贪图享乐"也是事实,但何者能代表社会历史的一般常态?甚至从中可以归纳出民族文化里的主导意识?论者一定会有不同的结论,而且我们也难以做出谁对谁错的检验判断。

又如《三国志》诸葛亮本传载其上后主表曰:"成都有桑八百株,薄田十五顷,子弟衣食,自有余饶。至于臣在外任,无别调度,随身衣食,悉仰于官,不别治生,以长尺寸。若臣死之日,不使内有余帛,外有赢财,以负陛下。"吕思勉有《诸葛亮随身衣食悉仰于官不别治生》札记一则,说此事"读史者以为美谈",但在"当时能为此者,非亮一人也"。如夏侯惇、徐邈,如邓芝、吕岱等,"其所为皆与亮同"。然其时也有"治生自治生,廉洁自廉洁,二者各不相妨"的。更有借通财之名,行贪取之实。随身用度,悉仰于官,而无所节度,结果是贪奢者无不恣取,在势者每多畜聚。[②] 总之,有"不别治生"者;有"治生"而不与百姓争利者;也有"随身衣食悉仰于官"又借其权势专与百姓争利者。如果我们的研究是想求取当时官员"治生"的一般常态,那么面对各种不同的记载,我们就会犯难:究竟何者可以代表当时的"普通事实",看作当时社会之主流常态呢?我们几乎无法做出适当的判断。

三

二十多年前,严中平在《科学研究方法十讲》中曾说到历史现象的复杂

[①] 胡适:《致罗尔纲》,刊于李敖编:《胡适语粹》,第321页。
[②] 参见《吕思勉读史札记》,上海古籍出版社2005年版,第840—843页。

性，以及由此造成了"典型性研究"上的特殊困难。他说：我们通常说的典型调查，解剖麻雀，意思是说通过对个别事物的调查研究去发现诸多事物的一般规律。这种研究的有效性，取决于典型和它所代表的事物之间的质的关系。他认为，不同的学科研究，其典型研究的有效性有很大的差异：

> 生物学家为了研究麻雀的生理构造而解剖麻雀，只要在分类学上属于同一品种，就以个别麻雀代表诸多麻雀。因为同一品种的麻雀天然具有一致性，任何一个麻雀都能作为诸多麻雀的典型代表。生物学家解剖任何一个麻雀都能足够认识诸多麻雀的生理改造。社会现象却不是这样。……在社会关系上，个别事物和诸多事物之间，并不存在个别麻雀和诸多麻雀之间那种天然的一致性。它们可能全面一致，也可能全不一致。于是典型的代表性就大成问题。①

社会历史领域里的"特殊事实"并不具有天然的一致性，相反，多样复杂的"特殊事实"给我们归纳社会一般常态造成了困难。由于个别缺乏天然的一致性，使得历史研究从"特殊事实"提取"普通事实"时，难以实施自然科学的那种"以一当十"甚至"以一当百"式的典型性研究，而往往都是通过"量"上的考量来增强归纳结论的可靠性，但"量"的考量也容易造成一种错觉。

我们知道，历史资料尤其是以文字形式记载和保存下来的资料，总内含着记载或保存者的一种意图，总经过记载或保存者的一番选择。所以，与自然科学的资料相比，历史资料的质量大有问题。文献中大量记载的某类现象，未必真是当时社会一般常态的反映，未必就能当作"普通事实"甚至是社会的一般常态来看待。赵翼《陔馀丛考》卷三十九"累世同居"条，列举大量的历代文献，说明自古以来多有"宗族百口、累世同居"之事，此为古代社会的"普通事实"之一般常态当属无疑。②但吕思勉则认为，"累世同居之事，

---

① 严中平：《科学研究方法十讲》，人民出版社1986年版，第56—57页。
② 赵翼：《陔馀丛考》，商务印书馆1957年版，第853—855页。

虽若甚多，实则九牛之一毛耳"。他说：

> 三代之时，平民之家，不过五口八口。卿大夫之家，虽可联之以宗法，然同财者仍不过大功以下；且仍许其异居，则其家，亦与平民之家无异矣。夫既许其异居，而犹必联之以宗法者，则以封建之世，诸侯卿大夫之族，实系高居民上，役人民以自养，不得不谋自卫之道也。然则封建废，则宗法亦当随之而废；宗法废，则贵族之家，亦当一如平民之家矣。然后世犹有以宗族百口，累世同居为美谈者，则由未知宗法为与封建相辅而行之制，误以其团结不散，为伦理所当然；且未知古所谓宗，每年仅合食一次，并无同居之事也。……盖封建之世，宗法之行分合之间，自有定制。固不至如后世之宗族不相恤；亦断不得生今反古而同居者至于千百口也。……析居之风，由来已久；且滔滔者天下皆是。赵氏（《陔馀丛考》）所辑累世同居之事，虽若甚多，实则九牛之一毛耳。[①]

史家纪事，有所谓"常事不书"的原则；常事必书，则书不尽书。文献中的"宗族百口、累世同居"也当如此理解。此类记载，后人聚而观之甚多，然比之当时社会的实际，仍不能谓其多。吕思勉说："大家族不见记载者，自亦有之，且其数必不少，然即具记之，在全社会中，亦必仍微不足道，则理有可信者也。"[②] 由此可见，光凭史料记载之多寡来推断某一现象是否为社会的一般常态，仍难保证其推断之不误。

四

历史领域"特殊事实"的复杂多样，由"普通事实"来推到社会历史的

[①] 吕思勉：《中国社会史》，上海古籍出版社 2007 年版，第 253—255 页。《中国社会史》宗族一章，言宋代同居共财大家庭在全国家庭总数中仅占极小的比例。类似的论述，也见之于吕思勉的《先秦史》、《秦汉史》、《魏晋南北朝史》、《隋唐五代史》及《中国通史》"宗族"一章。

[②] 吕思勉：《魏晋南北朝史》，上海古籍出版社 2005 年版，第 816 页。

一般常态就有特殊的困难。对此，余英时有很清醒的认识，他在《中国近世宗教伦理与商人精神》一文中曾这样写道：

> 我们的重点是在说明商人在伦理上的实践，不仅是他们持有某些道德信条而已。但是这里我们碰到的一个方法论上的困难：我们固然可以找到不少明清商人实践其道德信条的证据，然而在现实世界中这种实践究竟有多少代表性？据我对有关的这一方面的明清史料的认识，这个问题是无从用量化的方法求得解决的。不过这一方法论上的困难在史学上是普遍性的。它同样存在于韦伯有关新教伦理的研究之中。我们只能说：这个问题和史学家对于他们所研究的历史世界的全面判断有关。①

这是因韦伯的理论引出的一番讨论。余文的结论不在本文讨论的范围，但余文所说的"无从用量化的方法求得解决"而只能求助对"历史世界的全面判断"，值得进一步探讨。

何谓对"历史世界的全面判断"，余文没有直接的界定，体会余文的论证方式，所谓对历史世界的全面判断，也就是通过史料的全面梳理分析，以求对某一时段社会一般常态的整体把握。比如，孟子曰："无恒产而有恒心，惟士能之。"余英时说："孟子所谓'无恒产而有恒心'，事实上只能期之于极少数突出之'士'，因此但有'典型'的意义，而无普遍的意义。"②春秋战国之际，社会的风气是"贵诈力而贱仁义"，民众日趋"免于无耻"，生活在此种风气之下的士，大都不能例外。今天我们之所以能够不为"无恒产而有恒心"所惑，而说它只有"典型意义"而非一般常态，其原因（也即条件）全在于时代留存了许许多多有关"贵诈力而贱仁义"、"免于无耻"的记载，以便我

---

① 余英时：《中国近世宗教伦理与商人精神》，刊于余英时《士与中国文化》，上海人民出版社1987年版，第553—554页。
② 韦伯在《新教伦理》中指出，西方近代资本主义的兴起，除了经济本身的因素之外，还有一层文化上的背景，即所谓"新教伦理"的"入世苦行"。借助韦伯的这一理论，余英时在《中国近世宗教伦理与商人精神》一文中，对十七、十八世纪的中国社会作一番"韦伯式"的追问，结果发现，中国近世宗教伦理和商人精神已发生了深刻的变化，但是由于政治结构上的阻力，他们只是走近到传统的边缘，却未曾对传统有所突破。参见《士与中国文化》，第99页。

们可以对那个历史世界做出全面的判断。然而，此种条件常常不易具备。我们知道，古代史家之记载，并不是出于叙事完整、全面之目的，而是为了给后人树立言传身教的范例。北宋王溥的《唐会要》中的一段话，颇能说明这一点。他说：

> 凡功名不足垂后，而善恶不足以为戒者，虽富贵人，第书其卒而已。陶青、刘舍……皆为汉相，爵则通侯，而良史以为龌龊廉谨，备员而已。无能发明功名者，皆不立传。伯夷、庄周……皆终身匹夫，或让国立节，或养德著书，或出奇排难，或守道避祸，而传与周、召、管、晏同列。故富贵者有所屈，贫贱者有所伸。

台湾学者卢建荣在《欠缺对话的学术社群文化——二十世纪石刻史料与中国中古史的建构》一文中也说到过这种情况，他以正史的妇女传记为例，说"见诸史书的妇女传记则是透过男性观点以及国家意识形态观点写就的，充塞的是传统妇女意象（image）而非实相（practice）"。说其是"意象"而非"实相"，并非说历史记载全是造伪，而是说任何记载都受制于记载者的目的、意图和与之相关的事实选择、情节设计、结构安排等。不仅是正史的妇女传记有此特点，文献中的传记，石刻中的墓志铭，都一定程度普遍地具有"意象性"。

文献史料的意象性问题，给史家解读史料带来了特殊的困难。回到上文说到的余文，为了论证十七、十八世纪中国社会已有一种新的商业伦理，余文引证了大量记载于族志、家谱、墓志铭、寿序、传记以及"商业书"、"经商手册"之类的历史资料，但记载于族志、家谱、墓志铭、寿序、传记以及"商业书"、"经商手册"之类的历史资料中的诸如做生意要讲究信誉、做人要克勤克俭、处事要诚信不欺等赞誉、告诫，以及类似的"语录""格言"式的摘录，究竟在多大程度上可以表明那已是社会的一般状况，而非记载者的"意象"呢？这是不易判断的。事实上，族志、家谱、墓志铭、寿序、传记以及"商业书"、"经商手册"之类，总是正面的记载，而不会专记"欺诈之事"，也不会有教人如何"欺诈"之言论。从我们当下的生活经验出发，社会上讲究商业信誉与不讲信誉、专事欺诈的现象总是同时并存的,说何者为社会占主导地位的一般常态,光凭书本、报刊之报道,恐怕难以做出符合实际的判断。在有些社会里,有时数量上较多的甚至是"铺天盖地"的正面记载,正好暗示了其相反事实的大量存在。①

五

经济学家、诺贝尔奖得主哈耶克曾说过一个被历史学家所虚构并广为传播以至于影响了几代人的"普通事实"。哈耶克称之为"超级神话",它说的是产业革命之后的社会一般状况由于"资本主义"(或称"制造业"和"产业"制度)的兴起,造成了工人阶级地位的恶化,"由竞争秩序产生的无可否认的财富增长,是以压低社会最弱势的成员的生活水平为代价的。"所以,这种制度是穷人受苦的根由。② 哈耶克认为:

> 史实的真相是,就大多数历史时期而言,对于大多数人来说,拥有劳动工具是生存或至少是养家糊口的基本条件。自己没有必要的劳动工具,为他人干活也能维持生存的人,仅限于人口中的一小部分人。代代相传的可耕地和工具的数量,限制了生存人口的总数。在大多数情况下,缺了这些东西就意味着饿死,或至少是失去繁衍后代的能力。只要雇用额外的人力主要限于分工能够增加工具所有者的劳动效率的情况,就几乎不存在任何刺激手段或可能性让一代人积累下额外的工具,使更多的人口存活到下一代。只是当采用机器既提供了工具又提供了投资的机会时,才会为过去注定会早夭的剩余人口以不断扩大的规模提供生存机会。几百年里实际上停滞不前的人口开始迅速增加。……同样属实的是,它

---

① 周作人曾把他的读书经验概括成两句话:"好思想写在书本上,一点儿都未实现过,坏事情在人世间全已做了,书本上祇记着一小部分。"(周作人:《灯下读书记》,刊于《苦口甘口》,河北教育出版社,2002年版,第36页)此说虽然偏激,但一定程度上符合真实情况。
② 哈耶克:《经济、科学与政治——哈耶克思想精粹》,江苏人民出版社2000年版,第272、276页。

也提高了劳动生产率，使父母没有为其提供必要的工具的人，也能够只靠劳动就能维持生存。①

那么，何以会把"工人阶级地位的恶化"视为产业革命之后的社会一般状况呢？哈耶克认为："正是财富和福利的增加，提高了人们的生活水平和期望。……对经济上的困苦有了更多的感受，并且认为它没有理由存在。因为财富总量已比过去增加得更快。……严重的苦难虽然证据确凿，但没有一条证据证明它比过去的苦难更严重或同样严重。产业个人的大量廉价住宅拥挤不堪的状况，或许比一些农业劳动者或家畜工人居住的风景如画的乡村更为丑陋，但是对此更感到惊恐的，必定是那些地主或城里的贵族，而不是散居在农村的穷人。对于从农村移居到城里的人来说，这意味着一种改善；尽管工业中心的迅速增长造成了卫生问题，人们至今还在缓慢而痛苦地学着如何应付这种问题，但统计资料几乎无法让人怀疑，从整体上说，它给一般健康状况带来的是益处而非害处。"②

显然，"工人阶级地位的恶化"问题并非是一个纯粹的事实判断。历史学家对"特殊事实"之理解，并非能像自然科学那样能做到"客观中立"。③ 相对而言，历史学中因学者的理论观念、价值尺度、道德标准等因素上的差异而导致对"特殊事实"理解判断上的分歧是一种较为普遍的现象。奥古斯丁的《上帝之城》是一部在基督教历史观支配下写成的史学著作，书中汇集了自基督降生以来的人世间种种灾难，举凡人类的战争、瘟疫、饥馑、自然灾害等等都被用来证明人世间的罪恶，以证明上帝的神迹和人间的苦难。在奥古斯丁的眼里，这些"特殊事实"——战争、瘟疫、饥馑、自然灾害等正是可以用来证明人世间罪恶苦难的最好例证。同一个"特殊事实"，置于"A"类背景里，正好说明"工人阶级地位的恶化"；置于"B"类背景里，正好说

---

① 哈耶克：《经济、科学与政治——哈耶克思想精粹》，第 272、276 页。
② 哈耶克：《经济、科学与政治——哈耶克思想精粹》，第 276、277—278 页。
③ 当然，此说也不能做绝对的理解。量子力学中的"月亮问题"，爱因斯坦和玻尔就有不同的判断，而其背后则是因为玻尔相信"掷骰子的上帝"，而爱因斯坦则始终坚信"客观世界中的完备定律和秩序"。

明"工人阶级地位的改善"。历史学家们如果不能在"特殊事实"的判断上取得一致的共识,那么,从中提取出来的"普通事实"并进而推导出的社会一般常态自然也就大相径庭。

在历史学界,我们常常留意于"特殊事实"考订上的错误,而对"普通事实"认定上的复杂性还未引起我们充分的关注。其实,就历史叙事而言,后者比前者更重要;就历史研究而言,从"特殊事实"中提取"普通事实",并进而推导历史时期的一般状况或一般常态,在方法论上的困难,具有相当的普遍性。这些问题都还未引起史学理论界的足够重视。本文仅是抛砖引玉,略启端倪,望能引起学界同人的兴趣,以推动进一步的研究和讨论。

(2010年第4期)

关于西方古代史学"实质主义"的思考

易 宁

在古代西方史学理论方面，20世纪西方分析历史哲学代表人物之一、英国著名哲学家柯林伍德作了相当深入的研究。他的部分遗稿由其友人编纂成《历史的观念》一书，[①] 此书第一编即为"希腊罗马的历史编纂学"。在此编中，柯林伍德十分精辟地指出了人文主义和实质主义是希腊罗马历史编纂学的两大特点。柯林伍德的观点对西方古代史学理论研究产生了很大的影响。可是，柯林伍德提出了自己的观点，却没有用文字表述其全部的论证思路，所以在理解上有相当大的困难，需要作出深入的思考。本文主要对柯林伍德的"实质主义"说，谈一些看法。

一、ousia 译作 substance、实质存在的问题

柯林伍德的实质主义 substantialism，源于 substance（中译作实质），[②] 意为以实质为主要范畴的理论。substance 是希腊文 ousia 的英译[③]。ousia 源于 eimi 的阴性分词 ousa，ousa 变成名词就是 ousia。ousia 在巴门尼德和柏拉图的著作中已经出现，与 to on（being）同义[④]。古希腊哲学中的 to on（being）中译有多种译法，本文从陈康教授的翻译作"是"。在亚里士多德的著作中，

[①] R.G.Collingwood, The Idea of History, Oxford, 1956. 本文引用此书文字，参见或直接引用中译本《历史的观念》（何兆武、张文杰译，中国社会科学出版社1986年版）之译文。
[②] 《历史的观念》，第48页。
[③] 为了书写方便，本文所引古希腊文文字，均采用拉丁音读写法。
[④] 见汪子嵩等《希腊哲学史》第三卷（下册），人民出版社2003年版，第728—729页。

ousia 的涵义发生了重大变化，它是"是"的中心。亚里士多德所说的"是"有多种，但他特别关注的是第一义的"是"，即 ousia（中译一般作本体[①]）。对亚里士多德 ousia 的理解，涉及到古希腊哲学上诸多问题，其中不少问题仍存在争议。本文主要对与柯林伍德实质主义关系密切的重要问题，即 ousia 的涵义、此范畴的英译和中译问题，以及如何理解实质主义作出讨论，其他问题不作深究。

在巴门尼德和柏拉图的著作中，ousia 出现得不多。上文已经指出，此词与 to on 同义，词义为 being。在亚里士多德的著作中，ousia 有了特别涵义。亚里士多德的《范畴篇》提出了十个范畴，即 ousia、数量、性质、关系、地点、时间、姿态、状态、活动和遭受，ousia 被列为第一范畴。它是其他九个范畴的载体（hypokeimenon）。亚里士多德说："第一 ousia 之所以最恰当地被这样称谓，乃是因为它们是其他一切的载体。"[②] 他又说："ousia，在最严格、最原始、最根本的意义上说，既不述说一个主体，也不存在于一个主体之中。"[③] 这就是说，ousia 不表述其他的东西，而其他的一切都表示它，所以从逻辑上讲，"只有个别事物才是第一本体"，[④] "第一 ousia 范畴只是指具体可感事物。"[⑤] 至于具体事物之属和种，亚里士多德指出，它们是第二本体。《范畴篇》对第一、第二本体的划分，是对柏拉图"相"（idea，详下文）论的批判，"把第一本体定位于感性个体事物，当然是一个带根本性的转变。"[⑥]

亚里士多德撰写《形而上学》时，对 ousia 的认识发生了重大变化。他指出：ousia 乃形式（eidos）和形式与质料的复合体。也就是说，形式，质料和此两者的组合物皆为 ousia。这一改变，表明亚里士多德对 ousia 的探讨，已从个体事物与属、种的关系转向个体事物内部的结构。他特别强调 ousia 的主

[①] 为了表述方便，本文有些地方直接用 ousia，而未用中译名"本体"。
[②] Aristotle, Categories, 3al - 3, Loeb Classical Library, London, 1930, reprinted, 1994. 本文所引亚里士多德著作均为罗易布古典丛书本，汉译参见或直接引自中译本《亚里士多德全集》，苗力田主编，中国人民大学出版社 1993 年版。
[③] Aristotle, Categories, 2all - 12.
[④] 汪子嵩等：《希腊哲学史》第三卷（下册），第 734 页。
[⑤] 余纪元：《亚里士多德论 On》，《哲学研究》1995 年第 4 期。
[⑥] 杨适：《古希腊哲学探本》，商务印书馆 2003 年，第 456 页。

要标准和规定性,即"分离"(chorismos)和"这一个"(tode ti)[①]。

"分离",在柏拉图的前期"相"论中已经出现,指的是相与相以及分有相的事物与相之间彼此分离。亚里士多德《范畴篇》中的分离与柏拉图的分离不同,指的是 ousia 可以与其他范畴分离,其他范畴则不能独立于 ousia 而存在。在《形而上学》中,就事物内部结构而言,"质料是没有任何规定性的东西",[②]也就没有 ousia 所具有的分离性,它不能独立于形式。所以,形式是在先的,它所具有的分离性,决定了个体事物的分离性,形式即是第一 ousia[③]。

亚里士多德视形式为第一 ousia,这个决定事物具有分离和规定性的形式究竟指的是什么?在讨论此问题时,学者们比较关注它与另一个亚里士多德发明的词 to ti en einai 之联系。亚里士多德指出:"所谓形式,我指的是每一事物的 to ti en einai 及其第一 ousia。"[④] 这就是说,形式与 to ti en einai 及其第一 ousia 是同义的。余纪元教授对 to ti en einai 之构造及词义作了分析。他说:在这个术语中"en"是 to be 的过去式,等于英文 was,故英文直译作 what the "to be" (of something) was 或 what it was (for something) to be,中文直译为一个事物过去之"是"是什么。亚里士多德认为每一个事物的 to ti en einai 就是这个事物的根本特征,"每物的 to ti en einai 即是该物自身的东西"(《形而上学》1029b13—14)。to ti en einai 也用定义(按,即种加属差)来解释,"只有那些其公式即是定义的事物,才有 to ti en einai"(《形而上学》1030a6—7)。所以,很多英译本中,学者们抛弃了 to ti en einai 的字根含义,将它译作本质(essence)。亚里士多德的 to ti en einai 使用过去式强调的是事物中恒久不变的东西[⑤]。汪子嵩教授讨论 to ti en einai 时,引用了余纪元的解释,但他认为 to ti en einai 既是恒定不变的,有逻辑在先性,但也有使该事物成为该事物,即成

[①] Aristotle, Metaphysics, 1029a28—29,参见汪子嵩等编《陈康:论希腊哲学》,商务印书馆 1990 年版,第 314—315 页。
[②] 《陈康:论希腊哲学》,第 315 页。Aristotle. Metaphysics, 1029a2—26.
[③] Aristotle, Metaphysics, 1032b1—2. 参见《陈康:论希腊哲学》,第 314 页。
[④] Aristotle, Metaphysics, 1032b1—3.
[⑤] 余纪元:《亚里士多德论 On》,《哲学研究》1995 年第 4 期。

其所"是"的原因①。后一点,也是苗力田教授所主张的②。可见,to ti en einai 即形式就是事物不变的 essence(本质),是一个事物的根本特征。它决定了事物的"'是'是什么",决定了事物具有"这一个"的规定性,而不是某类事物所具有的"这一类"③。可见,在《形而上学》中,形式已经完全取代了个体事物而成为第一 ousia。值得注意的是,亚里士多德将第一 ousia 从个体事物转为形式这一重大变化之中,有一点却没有变化,即分离性和个体性是 ousia 的主要特征④。

亚里士多德从事物的内部结构方面讨论 ousia 时,也就引出了另一个问题。他强调形式是在先的,那么此在先的形式是普遍的还是个体的?在《形而上学》Z 卷多章中,亚里士多德批评柏拉图将相与个体事物分离。上文也谈到,在亚里士多德看来,形式使事物具有"分离"和"这一个"规定性,形式应具有个体性⑤。但在《形而上学》Z 卷 8 章等中,亚里士多德又指出"形式"是"这一类"(toionde)(而不是"这一个")⑥。他还以人为例指出,有"人"和个别的人之区别,个别的人是由人的形式加可感质料(个体的骨头和肉)组成的,而"人"则由人的形式加普遍的质料组成的。陈康教授参考罗斯对亚里士多德此说之研究,进一步作出分析,谓之普遍的复合体。也就是说,在复合的个体人之外,还有形式与普遍质料复合而成的普遍的人。此所谓人的形式,陈康教授称之为"改头换面的柏拉图的相"⑦。人的形式是否是普遍的,亚里士多德没有说,但他以为形式是不带任何质料的,可以认为,形式具有普遍性。亚里士多德还指出,个别的事物是不能定义的。定义是必然不变的知识,而可感事物是变动的,对其只能有意见。一个人如果要定义任何个别事物,就必须承认其定义是要被推翻⑧。对于亚里士多德 Z 卷中存在的此

---

① 汪子嵩等:《希腊哲学史》第三卷(下册),第 737—738 页。
② 苗力田:《亚里士多德〈形而上学〉笺注》,《哲学研究》1999 年第 7 期。
③ Aristotle, Metaphysics, 1036a6—7.
④ Aristotle, Metaphysics, 1029a28—29. 参见《陈康:论希腊哲学》,第 314 页。
⑤ 汪子嵩等:《希腊哲学史》第三卷(下册),第 746 页。
⑥ Aristotle, Metaphysics, 1032 b21—22.
⑦ 《陈康:论希腊哲学》,第 340 页。
⑧ Aristotle, Metaphysics, 1032 b20—1040a7.

类矛盾说法，陈康教授指出：此乃个体本体论（individualistic ousiology）和认识论之间的矛盾，即个体本体（第一 ousia）是个体事物所依存的，然而知识的对象只能是普遍的。个体本体在本体论上是在先的，在逻辑和认识论上则是在后的。这一矛盾反映了亚里士多德思想中的冲突。[①]

在《形而上学》H卷和Ⓗ等卷中，亚里士多德对 ousia 的认识又有了进一步的变化。他从分析事物结构转至从事物的形成来讨论 ousia，提出了潜能与现实说。他指出：质料有能力和可能发展成为形式，质料是潜能而形式是现实，质料发展为形式完成从潜能到现实的转变，也就是事物的生成。另一方面，形式（现实）与"近似"（从无规定性质料而来的最接近事物的）质料（潜能）本来就是同一事物的两个方面，它们是"是"的不同形态。然而最初的（无规定性）质料是不确定的、普遍的，未成为现实的形式也是潜能的、普遍的。形式也有两种意义：潜能的形式是普遍的，现实的形式是个别的。[②]亚里士多德提出潜能与现实说，与他力图调和个体本体论和认识论之间的矛盾有关。所以他说：现实的知识以个别为对象，潜能的知识以普遍为对象。知识在一个意义上是普遍的，在另一种意义上却不是。[③]不过，如何认识普遍知识和个别知识之间的联系，亚里士多德并没有说明。陈康教授注意到此点。他指出，亚里士多德《后分析篇》有关认识过程的讨论，已提出现实感觉到的是个别的东西，但知觉的能力却是以普遍为对象的思想。此类思想与潜能和现实说中所谓个别与普遍的知识有联系，反映了亚里士多德解决普遍的知识和认识个体本体之间矛盾的思路[④]。那么，为什么会发生从潜能至现实的运动？亚里士多德指出：必须有一个推动者，它本身不动而推动万物。这个推动者只能是现实，因为，现实在一个更高的意义上也是在先的。"永恒的事物在本体上先于可灭事物，而永恒的事物不是潜在地存在的。"[⑤]这个永恒的推动者

---

① 陈康：《智慧，亚里士多德寻求的学问》，第299页，转引自汪子嵩等《希腊哲学史》第三卷（下册），第777页。

② Aristotle, Metaphysics, 1087a10—25.

③ Aristotle, Metaphysics, 1087a10—25. 参见汪子嵩等《希腊哲学史》第三卷（下册），第830页。

④ 陈康：《智慧，亚里士多德寻求的学问》第88—90页，转引自汪子嵩等《希腊哲学史》第三卷（下册），第831页。

⑤ Aristotle, Metaphysics, 1050 b6—8.

不带任何质料，它是纯粹的现实。亚里士多德将这个"不动的动者"称作努斯（nous）即理性神。神（努斯）是在先的、永恒的，它自身不动而推动万物，它是万物的动因和目的因。所以具有"分离"性；[1] 它是单纯的"是"，[2] 所以具有"这一个"规定性。可见，亚里士多德将 ousia 与神（努斯）联系起来时，普遍与特殊的矛盾再次暴露出来，在先的、永恒的神是分离的个体，它如何成为知识的对象且具有普遍性？因此，有学者指出：亚里士多德的形而上学实际上并没有解决普遍与特殊之间的矛盾，他的形而上学表现为两类即普遍的形而上学（本体论）和个体特殊的形而上学（神学）。他试图统一两者，却没有获得成功[3]。

亚里士多德的 ousia 学说，是一个内涵复杂的理论体系，本文不可能作出详尽的讨论。在上文的讨论中，我尤为关注四点：1、《范畴篇》至《形而上学》中 ousia 涵义的变化。2、形式、质料和复合物三重本体中，形式（eidos）是第一 ousia（本体）。它决定事物的"是"是什么，它具有先在性、恒定性"分离"和"这一个"规定性。3、亚里士多德通过潜能与现实说，力图调和 ousia 说中普遍与个别的矛盾。4、亚里士多德将 ousia 与神（努斯）联系起来时，普遍与特殊之间的矛盾再次暴露出来。

关于 ousia 的英译和中译问题，与理解 ousia 的涵义是有密切关系的。上文谈到，柯林伍德的 substance 是对古希腊文 ousia 的英译，更具体地说，是源于拉丁学者对 ousia 一词的翻译。ousia 在亚里士多德的拉丁文译著中，译作 substantia 或作 essentia（英译 essence）。前一种译法后来更为流行，这是由于波埃修翻译亚里士多德的《范畴篇》将 ousia 译作 substantia。他的译著在中世纪有很大的影响，此译法也影响了英译，所以 ousia 一般作 substance，而 essence 则用来译另一个词即 to ti en einai。不过，很多学者已经指出，ousia 译作 substance 或 essence 都存在问题。汪子嵩教授说：拉丁文 substantia 意为在下面的东西，表示了《范畴篇》中的 ousia 作为其他九个范畴的载体

---

[1] Aristotle, Metaphysics, 1075 a12—20.
[2] Aristotle, Metaphysics, 1072b1—13. 参见汪子嵩等《希腊哲学史》第三卷（下册），第 874 页。
[3] 有关国内外学术界对此问题的争论，参见汪子嵩等《希腊哲学史》第三卷（下册），第 890—897 页。

（hypokeimenon，意即背后，在下面）的意思，[①]可是并没有表达"是"的涵义，即 ousia 是形式的意思。拉丁文 sum（是）的不定式 esse，变为分词 ens，变为名词仍作 ens，英译作 being。拉丁学者在译亚里士多德的 ousia 时，力图表达它和"是"的衍生关系，便据拉丁文阴性分词译作 essentia（英译作 essence），可是此词没有兼顾到的 ousia 的主体或载体的意思[②]。我以为，substance 不仅不能较为完整地表达亚里士多德的 ousia 之义，而且也不能表达柏拉图著作中的 ousia（being）之义。尽管对"being"的解释及中文翻译存在争议，但在此词所兼有的动词和系词这点上，是没有什么争议的。王太庆教授说："to be 之类的词头里同时包含我们的'是'、'有'、'存在'三个意思。他们认为这三个意思是一个意思。这个三合一的含义就体现在 being 这个范畴里。"[③]这一见解是很深刻的。substunce 没有也不可能表达柏拉图的 ousia（being）所具有的"是"、"有"和"存在"三者合一的意思。

柯林伍德的 substance，何兆武和张文杰教授的中译本译作"实质"。这里就有一个问题，为什么他们不从约定俗成的译法，将 substance 译作本体而作实质？为什么国内史学界的学者多从中译本的译法？我以为，这个问题对于理解柯林伍德的实质主义是有意义的，值得深入思考。按实质一词，似乎未见于古代经典。罗竹风教授主编的《汉语大词典》举此词之义："本质：事物、论点或问题的实在内容"，确可为一说。我以为，考察此词之义，应注意实、质两字之义及其结构。《说文·宀部》："实，富也，从宀，从贯，会意，贯，货币也。"段玉裁《说文解字注·宀部》："实，富也，引申之为草木之实。"按，实字在古代文献中有多义，亦可作虚词，如王念孙《经传释词》所称：实与是、寔"借字耳"。不过，以实与质相连而言，形容词（本义）或名词（引申义）两类用法（参考段氏说）是更值得注意的。《韩非子·外储说右下》："虚名不以借人，况实事乎。"《汉书·河间王刘德传》："河间王德以孝景前二年立，修学好古，实事求是。"颜师古注："务得事实，每求真是也"。此乃"实"作形容词之例。《诗·周颂·载芟》："播厥百谷，实涵斯活"。郑玄笺："实，种

[①] 参见《陈康：论希腊哲学》，第 316 页。
[②] 汪子嵩等：《希腊哲学史》第三卷（下册），第 729 页。
[③] 王太庆：《我们怎样认识西方人的"是"》，《学人》第 4 辑，第 420、425 页。

子也。"《国语·吴语》:"则何实以事吴",韦昭注:"实,事也。"此乃"实"作名词之例。又,《说文·贝部》:"质,以物相赘,从贝,从所阙。"朱骏声《说文通训定声》谓:"以钱受物曰赘,以物受钱曰质。"桂馥《说文解字义证》亦谓:"以物相赘者,谓其物与所求正相当值也。"古质与形字可互训。《集韵·质韵》:"质,形也。"《易系辞·上》:"形而上者谓之道。"孔颖达疏:"形,是有质之称也。"《左传·昭公七年》:"人生始化曰魄。"孔颖达疏:"有身体之质名之曰形,形,质也。"可见,"实"作形容词或名词与"质"相连皆为偏正结构,前者乃真实之质(形),后者乃事物之质(形),真实之质即事物(真实)之质(形)。很有意思的是,实质一词与亚里士多德的 eidos 有某些相合之处。eidos 中译多作形式,是有道理的。虽然"形式"与"形"略有区别,前者表示抽象之意,后者兼有抽象与具体之意,但在表示事物之质(to ti en einai)上,皆可谓与事物"相当值也"(借用桂馥语)。事物之质即事物之形,事物之形决定了事物是"这一个"而非其他东西。所以古代文献上有以"形"为具体事物之分界例。《周礼·遂人》:"以土地之图经田野,造县鄙形体之法。"郑玄注:"经、形、体,谓制分界也。"郝懿行《尔雅义疏·释言》引郑氏说谓:"然则田有界画,以观县鄙之形体;地有图画,以描天下之形势;物有图画,以画万物之形容。""形"亦可直训"见"。《广雅·释诂》:"形,见也。"《国语·越语下》:"大地未形",韦昭注:"形,见也。"《礼记·乐记》:"然后心术形焉",郑玄注:"形,犹见也。"而古希腊文 eidos 是动词 eidein 的中性形式,也有"见"意。当然,"形"与 eidos,并非完全等同,如柏拉图的 eidos(见),有见之外形进而灵魂之眼再见之内形之意,中文"形"则没有这样的意思;亚里士多德的 eidos 作为第一 ousia 所具有的"分离"性,"形"字也是没有的。总之,substance 中译作实质,实际上并没有表达 substance 的原义,而在一定程度上(较之中译"本体")更清楚地表达了亚里士多德 ousia 的"这一个"规定性,是有其可取之处的。

不过,尽管 substance 译作实质有其可取之处,然而此译名也不可能与柏拉图的 ousia(being)意思等同,更不可能表达亚里士德的 ousia 所表现出的丰富涵义。在中文中,没有一个词能与 ousia 相对应。[①] 但是在本文中,我仍

---

① 参见陈村富《Eimi 与卡恩》,载《原创文化与当代教育》,社会科学文献出版社 2003 年版,第 121—130 页。

采用"实质"之译名，主要是考虑到中文有自己的表述传统，其中重要的一点如荀子《正名》所言："名无固宜，约之以命，约定俗成谓之宜。"这就是说，词没有固定合适的名称，约定认可也就合适了。此即所谓"名约"构词规则。我从陈康教授将"to on"（being）译作"是"，以及从国内史学界学者将 ousia 译作实质，都是出于此方面考虑。但用中文词表达西方的范畴或概念，所表达的内容应是这些范畴或概念的原义而非中文词的原义，这点在文章中是应该作出说明的。还有一点需要指出，柯林伍德使用 substance 一词，也没有限于 ousia 是载体的意思，而是在更宽泛的意义上表达 ousia 的涵义。这点，将是下文要讨论的内容。

二、如何理解"实质主义"的涵义

关于柯林伍德"实质主义"之涵义，《历史的观念》"实质主义"节第一段作了说明。柯林伍德说：

> 所谓实质主义，我是指它建立在一种形而上学体系的基础之上，这一体系的主要范畴就是实质这一范畴。实质并不是指物质和物理的实质；的确，很多希腊形而上学家都认为没有什么实质可能是物质的，对柏拉图来说，似乎实质是非物质的，虽然也不是精神的；它们是客观的 form。在亚里士多德看来，归根到底，唯一最终真正的实质就是 mind。于是实质主义的形而上学就蕴含着一种知识论，按照这种知识论，只有不变的东西才是可知的。但凡属不变的东西都不是历史的。成其为历史的东西都是瞬息变化的事件。产生事件的那种实质，或者从它的（实质）本性中引出了事件的那种实质，对历史学家来说是不存在的。因此试图历史地进行思想和试图根据实质来进行思想，两者乃是不相容的。

柯林伍德的这段文字，讲了五点意思：1、实质主义建立在一种以实质为主要范畴的形而上学体系之上。2、在柏拉图哲学中，实质是客观的 form（词义详下文）。3、亚里士多德的哲学中，唯一最终的实质就是 mind（词义详下文）。4、实质主义蕴涵了一种知识论，即不变的东西是可知，然而不变的东西则不是历史的，因为历史的内容是变化的。5、历史地思想和根据实质思想，是两种不相容的思维方式。后者无需考虑"产生事件的那种实质，或者是从它（实质）的本性中引出了事件的那种实质"，因为实质在历史中是不存在的。此段话文字虽然不多，思想却十分深刻，有不少地方值得深入思考。

柯林伍德指出，在柏拉图的哲学中，实质就是 form。此所谓 form，是希腊文动词 eidein 的英译。上文谈到，eidein 的中性形式作 eidos。此词阴性形式则作 idea。eidos 和 idea，英译一般均作 form。陈康教授将 form 译作"相"，并对此译的理由作了说明。form 的中译还有形式、理念等。现在国内大多数学者认为，"相"较之其他译法更近于 eidos（idea）的原义。在柏拉图的哲学中，相是其"是"（being）学说的核心范畴。亚里士多德哲学的形式（eidos，第一 ousia）与柏拉图的相是同一个词。形式是亚里士多德 ousia 说的核心概念，而 ousia 又是"是"学说的核心范畴。所以，有学者指出：柏拉图和亚里士多德实际上都"认准那最真实的 'on'（是）必是由 eidos 所指称的东西"。[①] 在讨论柏拉图和亚里士多德的哲学思想时，学者们一般都将相与形式作比较。这样就产生了一个问题：为什么柯林伍德未将实质等同于亚里士多德的形式而等同于 mind？这就需要对 mind 一词作出分析。在有关希腊哲学的著作中，希腊文 nous（努斯）一般译作 mind，中译则多作心灵。在古希腊文献中，努斯的涵义相当广泛，有感觉、思想、意志、理性等诸多意思，[②] 译作心灵是有道理的。不过，nous 在亚里士多德哲学中已有比较固定的意思，或指理性（与 dianoia 没有严格区别），或指直观理性（英译 intuitive reason），或指实践理性（phronesis），亦指理性神。关于后者，亚里士多德明确指出：神是最高的善、纯粹的形式、万物运动的目的因和动因。[③] 柯林伍德所谓 mind（nous）是否就是指理性神，尚无确切的文字证据。不过，如果我们考虑到柯林伍德将努斯与柏拉图的相（柏拉图也有相之最高相为第一原理之说，详下文）并列等同

---

① 余纪元：《亚里士多德论 On》，《哲学研究》1995 年第 4 期。
② Lidell-Scott-Jones，A Creek-English Lexicon, Oxford, reprinted. 1978, p. 325.
③ Aristotle, Metaphysics，1072a20—b3.

于实质，并且明确指出实质是古希腊形而上学体系的主要范畴，那么 mind 作努斯（神）较之涵义广泛的心灵更为合适，只有这样解释，才能更好地理解 mind 与 ousia 之间的联系。这就是说，将"实质主义"说有争议之范畴与其主要范畴 ousia 联系起来思考，以了解其涵义，应是一条较为合理的途径。

柯林伍德指出，实质主义建立在一种以实质为主要范畴的形而上学体系之上。在上引那段话中，他对实质主义作了解释:实质主义蕴含了一种知识论，按照这种知识论，只有不变的东西才是可知的，但不变的东西则不是历史的，根据实质思想与历史地思想是不同的，等等。可以认为，柯林伍德的实质主义指的是一种建立在古希腊本体论基础上的历史认识论，是一种蕴含了古希腊知识论的历史思维方式。遗憾的是，柯林伍德的解释实在太简单了，既没有详细述说实质主义的涵义，更没有展现其全部的论证思路。不过，实质主义作为西方古代历史编纂学的重要特点，柯林伍德将其贯穿于古代西方史学理论的讨论之中。在论及历史学性质、价值以及古典史家思想等方面问题时，他反复提到实质主义。综合分析柯林伍德的有关论述，其实质主义的涵义大致有以下六点:[①]

其一，实质具有先在性。"它必须在一系列（历史）行动开始之前存在"。

其二，实质具有恒定性。"在一系列（历史）行动进行时不会发生任何事可以给它添加一点什么或取走一点什么"，所以它"永远不可能产生也永远不可能经历任何性质上的变化。"

其三，实质具有"分离"和"这一个"规定性。关于此点，柯林伍德没有明确提到，但他说:实质是"完全而截然地是它自己，以致没有任何内部的变化和外部的势力能够使他们成为另外的东西。"实质是"永恒不变并且是站在历史之外的。为了使（历史）行动得以由它产生，行动者就必须经历一系列变化而始终不变。"这里所谓"完全而截然地是它自己"，"（历史）行动得以由它产生"，而它自己"始终不变"，已大体上表明实质具有努斯（神）的"这一个"和"分离"规定性。

[①] 以下分析实质主义六点涵义所引 *The Idea of History* 之文字，分别出自此书第一编第三、四、五、六、八、十节。

其四，实质是知识的对象。它之所以是知识的对象，因为它是恒定不变的。它"不仅是此时此地而且在任何地方都永远是有效的"。关于知识的涵义，柯林伍德也没有过多地讨论，而只是说，知识"根据可以证明的推理并且可能通过辩证批评的武器来找出错误和扬弃错误"。知识是"科学的基础"。

其五，历史是意见的对象。"意见是我们关于事实问题所具有的经验性的半知识，它总是在变化着的。"它是"介乎埃利亚学派所指之为虚无性和永恒事物完全现实性和可知性之间某些中间性的东西"。意见是不可能证明的，它只是一种知觉的东西，而感官知觉不可能成为科学或科学知识的基础。

其六，实质主义的思维方式不同于"历史地思想"。历史学家据实质而思想，描述历史活动，"研究在时间中产生，在时间中经历它们各个阶段而发展并在时间中结束的那些行动"，然而历史活动的性质则不是历史学家研究的对象。因为"产生事件的那种实质，或者从它的（实质）本性中引出了事件的那种实质"，"对历史学家来说是不存在的"。也就是说实质与历史事件之间没有联系。历史可以得出如柏拉图所说的真意见，但不能得出有关实质的知识。

由此可见，柯林伍德的实质主义确实是建立在古希腊形而上学体系之上的，实质确实表现出柏拉图的相和亚里士多德的努斯（神）所具有的一些重要特征，而他基于实质所提出的历史之变与实质之不变、知识与意见之区分也表现出古希腊知识论的某些重要特点。可以认为，对柯林伍德有关实质主义的论述作出综合分析，并且置其于古希腊本体论和认识论中作出考察，从而较好地把握其内涵，是另一条应采取的研究途径。

柯林伍德的实质主义，对于西方古典史学理论研究有重要的意义。参考"实质主义"说，可以更好地理解修昔底德的实质（人性）、波利比乌斯的实质（罗马精神）和李维的实质（罗马道德）等，是如何超越于历史之上的：在复杂多变的历史内容中，恒定不变的实质如何高居于变化之上且规定着变化，高居于时空之上且规定着呈现在时空中的历史内容。[1] 不过，尽管柯林伍德的"实质主义"说具有重要的理论价值，然而其说似乎也有难以理解的地方。主

---

[1] 参见拙作《修昔底德的人性说及其历史观》，载《北京师范大学学报》2005年第6期；《波利比乌斯的普世史精神》，载《史学史研究》2007年第4期。

要有以下三点：

一是，先在的、恒定不变的实质是特殊的抑或普遍的（存在）？如果说，它是亚里士多德的努斯（神），具有"这一个"规定性，那就是特殊的。可是，柯林伍德又将实质归之于柏拉图的相，相是具有普遍性的。这一矛盾如何解释，在柯林伍德的有关论述中很难找到答案。

二是，实质是知识的对象，可是它是什么样的知识？如果它是根据证明推理而得出的科学知识（episteme，英译 science knowledge），那么实质就是科学知识的初始前提。可是，在亚里士多德哲学中，科学知识的初始前提并不是形而上学的主要范畴；而在柏拉图哲学中，与科学知识类似的存在与认识之理智阶段之上还有理性阶段。实质究竟是什么样的知识？

三是，历史与实质、知识与意见是否处在两个割绝的世界。按柯林伍德的说法，实质"对于历史学家来说是不存在的"，也就是说与历史没有联系，历史学家只能从变化的历史现象中得出意见，而不能认识实质（知识）。可是，如果历史与实质没有联系，历史学家如何知道历史之外还有一个推动（历史）行为的实质存在呢？换言之，认识的主体与对象分离，又怎样知道还有对象呢？

以上问题是我在理解柯林伍德"实质主义"说时遇到的问题。这些问题涉及到"是"与"非是"、知识与意见是否处在两个世界等古希腊哲学上极为重要的问题。我以为，柯林伍德作为一位著名的哲学家，对此类问题是有深入思考的。可是，由于资料的缺乏，这些问题无法从柯林伍德那里得到解释。因此，我想，将这些问题置于"实质主义"说所赖以建立的理论基础古希腊本体论和认识论中作出思考，应是第三条较为合理的研究途径。

关于第一个问题，实质是否具有普遍性？在柏拉图的相论中，这个问题似乎是不存在的。柏拉图认为，相具有普遍性，是知识的对象。他说："美德也是这样，不论它有多少种不同，但它们成为美德，总有一个共同的相。"[①]柏拉图的相实际上就是某一类事物的"共名"。尽管柏拉图后期相论有较大的

---

② Plato, Meno, 72-d, Loed Classical Library, London, 1930, reprinted, 1994. 本文所引柏拉图著作均为罗易布古典丛书本。参见王晓朝的中译本《柏拉图全集》，人民出版社 2002 年版。

变化，但是在相具有普遍性这点上是没有变化的。可是，柏拉图相论的普遍性是存在问题的。亚里士多德指出：那些主张相的人，一方面认为相是分离的本体；另一方面又说相是众多之上的"一"。他们没有说清楚这类在感觉事物上不可消灭的本体是什么，"他们将这种不可消灭的本体看成和可消灭的事物是同一类的；只是将'自身'这个词加在可感事物之上，得出'人自身'、'马自身'而已。"[①] 亚里士多德对柏拉图的相论作了严厉的批判。他的本体论贯穿了一条极为重要线索，即本体最终要落实在个体上。《范畴篇》中的 ousia 及《形而上学》的第一 ousia，都具有个体性。当然，亚里士多德也面临一个巨大的难题，即陈康教授所说的个体本体论和认识论之间的矛盾。个体本体不能由普遍的东西组合而成，而在认识论上个体则又是不能定义的，逻辑和认识论上先在的"普遍"，在本体论上却是后在的。"这个两难的推论深深植根于亚里士多德的思想之中。"[②] 为了调和普遍与特殊的矛盾，亚里士多德提出了潜能与现实说。但当他将潜能到现实的动因归之于个体性的努斯（神）时，普遍与特殊的矛盾又重新暴露出来了。亚里士多德的形而上学，最终仍没有解决普遍与特殊的问题。

关于第二个问题，实质是什么样的知识？按柯林伍德的说法，知识是科学知识。科学知识作为一个经过论证的概念，最初在亚里士多德那里出现，指的是通过证明三段论推理而获得的知识。证明三段论是"产生科学知识的三段论"而非别的三段论。[③] 证明三段论初始前提或为逻辑公理，或为事物本质定义。在柏拉图哲学中，学者们一般认为，与亚里士多德的科学知识类似的是《国家篇》中存在和认识四阶段之理智阶段。可是无论是科学知识还是理智阶段的对象，都不可能成为形而上学的主要范畴。在柏拉图《国家篇》中，包括在知识之中的除理智阶段外，还有一个更高的相的阶段。在这个阶段中，认识与感觉对象无关，而是通过一系列步骤从相到相上溯到最高之相，

[①] Aristotle, Metaphysics, 1040b27—34.
[②] 陈康:《智慧，亚里士多德寻求的学问》，第 301 页，转引自汪子嵩等《希腊哲学史》第三卷（下册），第 769 页。
[③] Aristotle, Posterior Analytics, 71b18.

即第一原理。① 在亚里士多德哲学中，科学知识之上的是"最高知识"——智慧。它是直观理性（努斯的另一种意思，详下文）和思辨理性（科学知识的）的结合。"有智慧的人不仅要知道由第一原理引出结论，而且要对第一原理自身具有真理性的认识。"② 也就是说，有智慧的人不仅能从初始前提推出结论，而且要对第一原理即万物运动的目的因、动因（最高的善）——努斯有真理性的认识。亚里士多德的努斯不是科学知识，可以视作其形而上学的初始前提。科学知识的初始前提与形而上学的初始前提类似的是，它们都是不可证明，但自身必须具有真实性。若此类前提需要证明，就必须从更高层次前提中推理获得，这样证明将会陷入无穷循环的论证，知识将缺乏坚实的根据和确定性。所以，柏拉图和亚里士多德都没有对其"实质"（最高之相、努斯）作深入的证明。正如有的学者指出："我们是不是可以说，亚里士多德所说的最后原理——神和努斯是不可说的，至少是不能作更详细说明和解释的。"③ 借用这句话的表达方式，我们是不是可以说，柏拉图和亚里士多德的"实质"（最高之相、努斯）作为知识的对象是不能说明的或至少是不能更详细说明的，除了它是高于科学知识的智慧之外。

关于第三个问题，历史与实质、知识与意见是否处在两个世界？在柏拉图前期相论中，这个问题似乎也是不存在的。在他看来，相的世界与具体事物的现象世界是截然分离的，尽管是空间分离抑或价值分离并不十分清楚。可是，柏拉图后来已看出此类分离存在的问题。《巴门尼德篇》提出八组假设推论，《智者篇》提出"通种论"就是力图从本体论上改变此类分离。"通种论"从逻辑上论证了可以普遍应用于"种"的存在与非存在、动和静、同和异三对范畴之间的联系。柏拉图指出：存在是存在，非存在是非存在，也是存在，而不是绝对的无。④ "通种论"实际上已经打破了源于巴门尼德的"存在"与"非存在"两个世界绝对分离说。而亚里士多德的 ousia 无论在《范畴篇》还是在《形而上学》中，都没有与具体事物分割在两个世界。在认识论方面，

---

① Plato, The Republic, 511b—c.
② Aristotle, Nicomachean Ethics, 1141a9—20.
③ 汪子嵩等：《希腊哲学史》第三卷（下册），第1033页。
④ Plato, The Sophist, 258c—d.

柏拉图的《泰阿泰德篇》的"蜡板说"和"鸟笼说"已表现出知识与经验的联系。"鸟笼说"指出：关在记忆笼中的鸟（知识）都是出生以后（人的）灵魂从经验中得到的，而不是像《美诺篇》所说的，知识是先天具有的，是通过回忆而获得的。这就表明："柏拉图的认识论发生了根本的变化。"[①] 亚里士多德对感性知觉、回忆、经验与知识之间的关系则有相当深入的讨论。他说，人的感性知觉虽然以具体东西为对象，但知觉的能力则以普遍为对象。一个特殊的知觉对象在灵魂中站住了，灵魂中便出现最初的普遍。然而另一个个别的知觉又在这种普遍中站住了，此类重复的记忆中便形成经验。经验是归纳思维的结果。经验从记忆中融渗普遍，从感官知觉中获得"逻各斯"即普遍性的东西。[②] 不过，科学知识的初始前提，还不是从经验或逻辑思维得出的，而是依靠直观理性，即努斯（nous）。人类"有一种直观的洞察力，从个别、特殊洞察普遍基本前提能力"。[③] 对"第一原理"（努斯、理性神）的认识，同样也是依靠直观理性而获得的，"只有直观理性才能认识第一原理"。[④] "直观理性有能力把握逻辑思维所不能把握的两方面极终对象即最普遍的基本前提和个别可变的事物。"[⑤] 可以认为，无论是柏拉图（后期相论）还是亚里士多德都没有将感性知觉（和经验）与理性绝对分离。在亚里士多德看来，科学知识（逻辑理性）虽然无法从具体事物（感官知觉）中获得，但可以通过经验（"普遍"）的中介而与具体事物有联系，直观理性则根据从知觉和经验中获得的特殊事物直接洞悉科学知识和形而上学的初始前提，与特殊具体事物不可分离的直观理性和归纳思维，都是人类的理性思维。当然，在亚里士多德看来，意见和知识仍是有区别的。意见是对具体事物作出归纳（或运用辩证三段论，其前提不是公理）而获得的，知识（科学知识）则是通过直观理性把握初始前提进而运用证明而获得的。意见不能把握事物必然的本质，认识上尚有不确定性，知识则是对事物自身属性所具有的必然性的认识，[⑥] 是对

---

① 汪子嵩等:《希腊哲学史》第二卷，第 948 页。
② Aristotle, Posterior Analytics, 100a10—b3.
③ Aristotle, Nicomachean Ethics, 1143a35—b6.
④ Aristotle, Nicomachean Ethics, 1140b31—1141a8.
⑤ 汪子嵩等:《希腊哲学史》第三卷（上册），第 371 页。
⑥ Aristotle, Posterior Analytics, 89a5—35.

事物本质的认识。在亚里士多德看来，知识和意见只是两种不同的认知形式，所以他说：同一事物可以"既是意见的对象又是知识的对象"，但"不可同时存在于同一个心灵之中"[1]。

在以上讨论中，我对第一个问题的回答，主要想说明将实质等同于柏拉图的相和亚里士多德的努斯时，应注意两者之异所在，其中最为重要的就是普遍与特殊的关系问题。这个问题也是"实质主义"说中没有也无法解决的问题。对第二、三个问题的回答，主要想说明实质与历史绝不可分割在两个世界。如果两者绝对分离，借用柏拉图《巴门尼德》中的话来说：如果意见以具体事物（历史现象）为对象，认识的主体是人（历史学家）；知识以实质为对象，它对人（历史学家）来说是不存在的，那么认识的主体只能是神。人作为认识主体与认识对象没有联系，也就"割断了相与事物的联系"。[2]相（实质）既然是不可知的，哪又怎么知道相（实质）呢？

综合以上分析，我将实质主义的涵义大体归纳为以下五点：(1)实质是先在的、恒定的，具有"分离"和"这一个"规定性。(2)实质高居于历史之上，规定着历史的变化。实质与历史相分离（在本体论上），历史却不能脱离实质而存在。(3)实质是知识的对象，是从历史史实中通过直观理性所领悟高于科学知识的知识。(4)历史是意见的对象，意见是运用归纳（或辩证三段论）从历史史实中获得的，具有不确定性。它不能成为知识的对象，但对于人生却有益处。(5)实质主义所表现的历史理性为直观理性和归纳理性（经验）其源于历史现象和感性知觉。实质主义的历史思维是感性知觉、直观理性和归纳理性的统一。最后还有一点需要说明，本文对实质主义涵义的理解，已非完全重现柯林伍德的原意，而只是对其说的一种诠释了。

（2008 年第 4 期）

---

[1] Aristotle, Posterior Analytics, 89a11, 89b1—4.
[2] 参见《陈康：论希腊哲学》，第 82 页。

柯灵乌《历史的原理》一书的重要意义[1]

戴维·包丘（David Boucher）

1995年版 The Times Literary Supplement 把《历史的理念》一书列为第一次世界大战之后一百本最有影响力的书之一，清楚地说明了柯灵乌与此书在过去五十年来对历史哲学与史学理论领域的重要性。在这之前历史哲学这块园地的耕耘者主要是属于欧陆的哲学家，如黑格尔、狄尔泰、温德尔班等人；至于英国，柯灵乌的哲学前辈中只有少数几人曾经稍微讨论过这类问题，如洛克和休姆，可以说在英语世界中对历史哲学这个哲学议题缺乏关心。英语哲学界的沉默在1946年之后有了很大的转变，《历史的理念》一书的出版深深刺激了英语世界对历史哲学的探讨与研究，讨论历史哲学问题和评论《历史的理念》的论文和专书纷纷出现，因此道森（Jan van der Dussen）将此书所引起的广大回响称之为"历史哲学兴趣的复苏"。

《历史的理念》现在有两个版本，一是诺克斯（T.N.Knox）所编并且附有一篇他所写的导论版（1946），另一版本则是由道森从遗稿中选出三篇论文增编于后者（1993）。其实在诺克斯所编的版本中，包含了柯灵乌生前计划要写的两本书，一是《历史的理念》，另一本则是《历史的原理》。前者所要处理的主题是西方史学思想发展史（他认为：所有历史都是史学史），柯灵乌在书中详细地说明西方史学思想从希罗多德到近代的发展过程。而后者计划分为三卷，其讨论重心分别在于：(1) 概述历史学作为一门独立学科的主要特征；(2) 论述历史学与其他学科之间的关

---

[1] 此文由（台湾）佛光大学历史学系主任、《历史：理论与批评》主编李纪祥教授推荐并授权发表，在此致以谢意。

系;（3）历史思想与实际生活之间的关系。令人遗憾的是，柯灵乌因为健康的恶化和其他种种因素而无法完成其计划，仅仅写完第一卷的前三章以及第四章的开头。诺克斯在整理及编辑这两部遗稿时，由于对《历史的原理》的内容并不满意甚至存在着误解，以致于他只采用其中的一小部分纳入于前书当中（有趣的是，柯灵乌很明显地将此书视为他一生学术事业所要完成的主要著作）。

由于柯灵乌的哲学旨趣和思想风格，与当时的牛津学圈和英国哲学界主流学风显得格格不入，因此使他一生在整个英国学术环境中的身影显得孤独与寂寞，再加上他的英年早逝（1943），使得他及其著作思想很可能在时间的洪流中淹没而为人所遗忘。身为柯灵乌的爱徒与挚友的诺克斯敏锐地注意到此危机，因此他积极地整理与出版柯灵乌的遗作（《历史的理念》与《自然的理念》），《历史的理念》一书的出版彻底改变柯灵乌身后的命运，今天他在哲学和历史学界的声誉可以说主要是由此书所建立。从这个角度来看，诺克斯对他的老师以及整个学界的贡献和影响当是不可磨灭的。

过去五十年，哲学界及历史界对于柯灵乌历史哲学和史学理论的理解，大部分是取自于《历史的理念》一书，而诺克斯为此书所写的序言也深深影响我们对柯灵乌思想的观感，显然在学术史的意义上，诺克斯在"柯灵乌的研究史"中占有相当的地位。从学术史的角度出发来反省诺克斯的地位与角色，在"柯灵乌研究"上饶富趣味并且深具意义。我们从两个角度来分析：一是作为柯灵乌遗稿的整理者，诺克斯在整理、删编和出版的过程中，他相当程度地控制甚至垄断了柯灵乌思想的传布与流通。二是作为柯灵乌思想的诠释者，在他为《理念》所写的序言中，诺克斯自觉地要承担起这样的角色，他不只系统地分析、解释，甚至还大胆地评价和直接、无保留地批判了他老师的哲学思想。在柯灵乌死后，诺克斯自命为是他老师声名的卫护者，而学界也一直以"柯灵乌的学生和挚友"的身份授予诺克斯。因此对于柯灵乌思想的理解、评价、反省（甚至是批判）以及著作的传布（或出版），他似乎理所当然地被人（包括他自己）赋予一种特殊的、权威的解释者与支配者之地位。然而随着柯灵乌遗稿的出现与问世（1978，1980，1995），诺克斯过去被公认（或被定型）的权威地位和角色也随之而动摇。因此对于当初诺克斯对遗稿的整理、编辑、出版态度，以及对柯灵乌思想的理解和评价等等，在新史料出现之后，我们似乎应该重新做一番评估和反省。道森认为柯灵乌的形象在1978年已经出现了新、旧之分，并且由新史料所建构出的新形象要比过去更为完整与准确，对于历史哲学的讨论也将有一番新的面貌。

而戴维·包丘（David Boucher）的这篇文章，正是在这个意义上提供我们一个全新的视角。在柯灵乌死后，关于他身后所留下为数众多的未出版手稿的处理过程，作者包丘在这篇文章中作了详尽地说明，给予我们一个新的角度来重新思考并认知诺克斯在当时所扮演的角色；而且在《历史的原理》的出版之后，补充了在"柯灵乌研究"知识地图上的重要缺块，使后人能更完整、全面地理解与把握柯灵乌的历史哲学思想。因此，包丘的这篇文章，在柯灵乌学术研究史上，既有着反诺克斯支配解释的意义，亦代表着对柯灵乌学术世界的另行理解，已然由遗稿重新展开。

作者现任教于Cardiff University，是柯灵乌学会（Collingwood Society）的发起人，并担任《柯灵乌研究》（Collingwood Study）主编。本文"The Significance of R.G.Collingwood's Principles of History"原载于Journal of the History of Ideas, 58（1997），承蒙作者包丘教授慨允并授权译者翻译发表此文，并在书信联络过程中热情地协助译者，充分显示了一位学者的风范，谨此致上谢忱。

——译者吴光明、汤炳文谨识

《历史的原理》（*The Principles of History*）[①]这一本书，柯灵乌将它视为是他主要的哲学事业，是他整个学思历程所预备完成的著作。此书原本分为三卷，[②]第一卷主要是讨论使历史科学成为一种特殊科学的各种特性；在第二卷中柯灵乌将历史学与其他科学做一比较；在第三卷中他想要研究历史和实际生

[①] 译注：以下简称为《原理》。
[②] 关于柯灵乌为《历史的原理》所写的写作计划，请参阅道森（Jan van der Dussen）：《历史是一种科学》（*History as a Science*）（The Hague，1981），pp.431-432。

活之间的关系。他考虑藉由简短地说明历史一词概念的各种不同意义而开始他的计划,第一卷分为四章:第一章集中于讨论与"剪贴历史"(scissors-and-paste history)有关的"证据"(evidence)① 和"证言"(testimony);第二章他提出一种行动(或者是表现出思想的行动)的理论(theory of action),② 它不

---

① 译按:在讨论历史理论或是史学理论时,自然会不禁要问:历史的真相(history truth)是什么?历史家是否能够追求、建构或还原历史的真相?这样的问题一直是历史家和哲学家所争讼不已的。尽管他们对于这个问题的立场互异、见解各殊,但是他们之间似乎有一个最大公约数,是他们共同接受——有一个客观的、独立于人心之外的历史事实(historical facts)存在于过去。因此历史家相信构成历史学的基本元素是历史事实。而历史学的最终目的(或理想)是要追求、建构或还原历史的真相,可以说整个史学发展史都是沿着这个"预设"(或信仰)的脉络而发展,在某种程度上来说我们甚至可以称之为"历史学的迷思"。这样的信仰(或迷思)对于现今身处于"后现代情境"的我们来说,不免要去怀疑和挑战。极端者毫不迟疑要将它们予以舍弃,而将历史学等同于一种文学的形式。而所谓对历史学具有哲学层次的反省力的"进步史家"而言,虽然他们愿意承认追求"客观如实的历史"有其难以克服的困难,但是作为一个以追求真相为天职的历史家,他们仍不愿(也无法)放弃那个"高贵的梦想"。进步史家们认为,历史研究就是要反映历史真相,它即使没有完整地、客观如实地呈现真相,但是在研究、掘发的过程中(或者说整个史学发展史),至少可以说是在不断地趋近于那个所要探究的真相。这似乎是一个较为持平的立论而为人所接受,但是我们是否就可以安心而高枕无忧呢?答案恐怕是否定的,因为在先验概念的层次上,我们可以肯定"过去有一个历史事实/真相",但是在经验层次里,我们却无法再一次观察/经验这一事实/真相。关于这一点何兆武先生有很精辟的论述,他说:"我只想明确一点,即所谓的真理并没有一种客观意义上的定位。真理不是北极,如果你走向北极,你可以向北走,走到了某一点,你就可以说:瞧,这就是北极,再走任何一步就都是脱离了北极而在朝南走了。但是,我们大概永远都不能说:瞧,这就是真理,你再多走一步就背离了真理了。……能说我们的认识尽管目前还没有完全精确地反映真理,但却不断地在趋于真理吗?北极,你可以确切地知道它在那里,你可以确切地给它定位;因此你虽然还没走到北极,你可以知道你是不断地趋近于北极。但真理不像北极,我们无法给它定位,无法确定它到底在那里。如果我们没有资格指着某一点说:瞧,这就是真理,再多走一步就是背离它了。如果我们无法肯定这一点是在那里的话,我们又根据么来肯定我们是在不断地趋近于这一点呢?"何兆武先生并没有回答这个问题,我想上面所说的进步史家也很难提出一个满意的答案。其实在柯灵乌的历史理论思想中,对于"证据"这一概念的提法,似乎可以提供一个值得深究的新方向。

② 译按:在柯灵乌的史学思想中"行动理论"占有最核心的地位。柯灵乌认为历史研究的对象完全是人类的行动,而且在这些行动中都必然是蕴含了人的理性、思想与情感。他认为:真正的历史是思想的历史,历史中就不存在什么"事件"了,被误称为"事件"的东西实际上是"行动",它表现了行动者的某个思想(意图、目的);因此,历史学家的任务就是识别这个思想。顺着这样的理路自然导出了柯灵乌的名言:所有历史都是思想的历史,要注意的是,过去学界对柯灵乌这句话有断章取义的误解,学者们批评柯灵乌将历史研究的范围与题材限定于历史学的分支——思想史,而忽略了社会史、经济史和文化史等研究。但是柯灵乌的本意并非如此,历史研究的对象当然包含了人所做出的各类行动(如社会的、经济的、政治的和文化的行动),历史研究的目的就是要重新理解这些行动背后的思想(柯灵乌使用"思想"一词有广、狭之意,就广义来说,思想包括了非理性和情感"bad reason")。另外基于行动理论,柯灵乌提出一套不同于一般采取"因果律"为解释原则的历史解释理论,在重演理论中历史研究的对象是"行动",或是行动中所表现的"思想"。无论是行动或

同于过程或变迁的概念,这种概念与"假历史"(pseudo-history)相联系在一起。第三章则是讨论"重演"(reenactment),它相对于"死的过去的概念"(the idea of a dead past)。最后一章他论证了历史不同于其他假历史,它能够合法地宣称自己是一种心灵的科学。第二卷分为三章,第一章是讨论历史与自然科学两者之间不能互为简化。他也想要主张自然科学本身是历史的成就,因为它们依赖于观察和思想的历史事实。第二章是讨论历史和人文科学(如经济学),柯灵乌称它为假历史。在第三章中,他想要探究历史和哲学之间的关系。在第三卷中他想要论证历史克服了理论和实际之间的区别,重演克服了心灵与它的对象之间的二元论。他认为这将使他能够描述出历史道德和历史文明的特性,它们与功利主义的道德和文明是不同的。

他于1939年2月15日开始写《原理》一书,到了同月23日他已经完成前三章,一个月之后,3月26日和27日他开始写第四章,但是他无法整理出他对于过去的看法,以及历史与哲学之间的关系。他停笔于此,并且从未再回到这份手稿。我们现在所掌有《原理》的内容相当不同于原来的计划,他只写了三章,而第三章并没有包括对重演的重要讨论,另外还留有第四章开头的未完成的断简残篇。

在本文中,我想要着眼于为什么柯灵乌对于出版《原理》一书的明确授权,会被诺克斯和牛津大学出版社所忽视,另外我也会察看这份被重新发现的手稿的三个层面。在第二、三节中我会分别讨论历史的方法和历史的题材,我审查了由于诺克斯禁止出版《原理》一书,对于我们在解释柯灵乌的重要观念时,它在多大的程度上造成了许多混淆。《原理》一书的内容说明了《艺术的原理》(The Principles of Art)[①] 和《形上学论》(An Essay on Metaphysics)对于理解柯灵乌后期的历史哲学是不可缺少,它们之间的关联由于《理念》

是思想,都是处在某种历史情境之下的历史人物,为了合理解决他所面临的问题,或是为了达成某种目的,所进行的理性思考和行动。因此,历史人物的每一个行动或思考,都代表着他对自己所处的历史处境有一正确合理的评估,而蕴含着一理性的意图,此一意图经过合理的"规划"(planning),圆满地达成他所欲完成的目的。基于这样的思考,柯灵乌借用了亚里士多德的"动力因"和"目的因"理论,作为他历史解释的理论与原则。在这方面他最为著名也是最引起学者争议的观点,就是他大胆声称:当历史家知道发生了什么,他已经知道为什么会发生。

① 译注:以下简称为《艺术》。

一书是补缀而成而遭到曲解。

在本文的第四节中，我提出最重要的省略（柯灵乌从未回到这部分）是重演理论，重演与他的许多著作的任何其他方面比较起来，一直是被他的解释者放在他的历史哲学的中心。德瑞（W.H.Dray）的新书完全集中在这个主题，但是德瑞并没有及时看到《原理》，所以他没有将柯灵乌把历史的题材扩展至包含了情感对重演理论的意义纳入讨论。① 重演理论不再能以《历史的理念》（The Idea of History）② 书中的早期论证来支持，因为柯灵乌在《原理》中默认了他曾在《艺术》提出过的心灵理论。他需要一个新理论，但是可惜他没有提出，这个新理论必须要发展柯灵乌在《艺术》中所提出的关于情感和想象之间关系的观念。

一、手稿出版的问题（The Question of Publishing the Manuscript）

柯灵乌自己要为从他 1943 年死后围绕在他的手稿的出版问题的混乱负责，他在 1938 和 1939 年以非常明确的话告诉许多人，他将不会把关于出版他的著作的决定留给他遗嘱的执行者。对于他没有授权出版的著作，他相当乐意将它们毁掉，假如他还未如此做。他的《自传》（Autobiography）证明他已经开始这样做，他有两篇手稿《真理与矛盾》（Truth and Contradiction）和《论生成》（The Libellus de Generatione），前者还留下一章，后者全部手稿则已经出现，虽然他曾说他已经销毁。1939 年之后柯灵乌明显地改变了他的心意，他在《新巨灵》（The New Leviathan）出版之前写下他的遗嘱，假如他最后未能完成此书，他仍授权出版它，在遗嘱中他并没有特别地授权出版其他的手稿。

在 1939 年柯灵乌授权给他第一任妻子艾思儿出版《原理》一书已经写出的部分，同年他在《自然的理念》（The Idea of Nature）原本称为《自然与心

---

① 德瑞（W.H.Dray）：《重演和历史》（Re-enactment and History）（牛津，1995）。
② 译注：以下简称为《理念》。

灵》(*Nature and Mind*)演讲稿的首页,陈述他以书的形式密集地修改和重写它们。这明确而清楚的授权,实际上被他的遗嘱所取代。他的遗嘱,事实上允许出版任何柯灵乌的手稿,只要它们不是短暂或昙花一现的性质,是否是这样的性质,则由遗嘱执行人凯特·柯灵乌和牛津大学出版社的秘书希萨姆来决定。柯灵乌死后不久,他的第二任妻子凯特在有点踌躇和谨慎地与出版社接触之后,对于出版一事她采取一种稍微开放的看法。除了《自然的理念》和《原理》之外,她还将道德哲学演讲稿、历史哲学演讲稿(1936)、民俗故事手稿和许多论文送交希萨姆来评估。他们也咨询了艾思儿的意见,她并不反对出版柯灵乌的手稿——特别是讨论民俗故事的手稿。诺克斯(T.M.Knox)起初并没有参与这件事,事实上在帮了一阵子的忙之后,在相当晚的时间他才被任命为《自然的理念》一书的编辑。在麦考兰(柯灵乌的友人和后来为彭布鲁克学院院长)的建议下,希萨姆找了诺克斯来编辑,由于缺乏更有学术声誉的人选,凯特和艾思儿只好勉强的接受诺克斯。克拉克(牛津英国史的编辑)在1943年向希萨姆建议,在原来的论文选集加上一篇小传。在发生柯灵乌在《自传》中,对牛津学界提出一些不客气的批评之后,和围绕他的离婚而引起的诽谤,他们认为应该在牛津学圈之外找人来写,为的是要避免表现出牛津学者们无法释怀的怨愤。

诺克斯马上开始减缓出版的速度,基于他了解柯灵乌对于此事的看法,因此对于凯特和希萨姆两人,不只授权允许出版尚未出版的手稿,并且也出版已出版过的论文,他表达了保留的态度。希萨姆说明了柯灵乌的想法已经改变,关于这些已经出版了的论文,当作者的观念仍然在发展中,而允许出版他生前所发表过的文章,和作者死后作为他思想发展的证据,两者是有差异的,而柯灵乌并不反对后者。

诺克斯在重读这些论文之前表达了一个尝试性的意见,他认为只有柯灵乌的就职演讲稿《历史的想象》(*The History Imagination*),和大不列颠学院演讲稿《人性和人的历史》(*Human Nature and Human History*)值得再版。事实上,他将这两篇论文收录进《理念》一书,而它已完全不同于论文集。关于是否要将《自然的理念》出版,并没有征求诺克斯表示意见。出版委员们在新学院的哲学家普赖斯(他也强烈支持《新巨灵》的出版)和牛津物理化学实验室的物理化学家辛谢伍德的强烈推荐下，接受出版《自然的理念》。诺克斯只是受托在出版之前先过目一下手稿，在他看过之后，他推荐须要由专业的哲学家来编辑。对于他所评估过的手稿，他建议不要出版所有的手稿，除了1936历史哲学的演讲稿、《原理》的第一章和从第三章摘录出的一部分。普赖斯推荐出版《自然的理念》的两个结语，① 但是诺克斯舍弃这个较长的宇宙论纲要，理由是柯灵乌也是如此做。必须说的是，柯灵乌家族包括凯特、艾思儿和柯灵乌的儿子比尔都被咨询过意见，并且同意诺克斯这样做，似乎他们都将诺克斯的话视为最后的决定，例如凯特在一封写给牛津大学出版社希萨姆的信中说道："关于一篇手稿是好是坏，诺克斯教授远比我们要了解的多，所以我将遵守他的判断。"②

但是诺克斯的角色仅止于建议，他从未被授权对牛津大学出版社关于手稿的出版政策做明确的决定。诺克斯自认为是柯灵乌身后声名的监护人，他认为由柯灵乌写给他的一封信给予他所扮演的角色的正当性。在信中，柯灵乌将他视为唯一真正的学生，不是因为他是盲目的追随者，而是因为他显示出他心智的独立。讽刺的是，原来跑到牛津之外，是为了找一个同情于柯灵乌的人，但诺克斯却变成一个严厉的批判者。一方面对于出版一事，他比任何人采取更强硬的立场，假如诺克斯在普赖斯和辛谢伍德推荐出版之前先读了《自然的理念》，那么此书也许会永远无法出版。克拉克建议编选柯灵乌的论文，诺克斯邀请他审阅历史哲学的文章和发表他的看法，但他拒绝这个邀请。如果有另外一个意见，也许会给我们一本不同于《理念》的书，③ 在1945

---

① 柯灵乌实际上写了三个《自然的理念》的结语，参阅《历史的原理和自然的理念的宇宙论结论》，"The Principles of History and The Cosmology to the Idea of Nature"，*Collingwood Studies*，2（1005）：140—74.
② 30 December 1945.Idea of History, File, Clarendon Press Archives, ref.4928.
③ 以上的说明是根据克兰登出版社的档案（Clarendon Press Archive files）：CP/ED/0-01061 Collected Essays；PB/ED001586，*The Idea of Nature*；LB 8083，*Autobiography*；PB/ED001626,Essay on Metaphysics；and PB/ED 001549,*Principles of Politics-New Leviathan*,and on Knox's papers,St.Andrews University Library. 译按：在柯灵乌历史思想的研究和讨论的发展史上，有三个重要的年代影响甚至是决定了我们对他的思想的了解和诠释。这三个年代分别是1946年诺克斯所编《历史的理念》出版，以及1978年柯灵乌将近三千页的未出版手稿存放在牛津大学而可为学者所利用（后来道森将手稿中三篇论文收录进去，于1993年将《理念》重新出版），最后是1995年牛津大学找到学界一直以为已经遗失的《历史的原理》的手稿（并于1999年增补了八篇未出版的手稿，以《历史的原理》之名出版）。1978年和1995年之后，新材料的出现相当程度地丰富以及改变（或者还原）了学者心中柯灵乌思想的面貌，同时也解决了过去研究柯灵乌思想时学者所面临到几个困难：第一，柯灵乌作为

年3月31日，诺克斯在写给希萨姆的信中提出他不理会柯灵乌授权出版《原理》的理由，他说：

> 尽管授权出版，我认为出版《原理》将是一个错误。他分为三章，第二章和第三章的大部分已包含在《自传》和《形上学论》中，我不满意我们应该出版那些在柯灵乌重病时多半是以笔记形式所写的内容。[①]

如同我们将看到的《原理》的确在许多方面扩展了柯灵乌的思想，这是

一位哲学家，他的思想发展是属于一种动态和不断发展的历程，他一生将他的全部的时间和精力完全投注在研究、思考和写作上，即使在他晚年健康状况极差的时期也不例外。更特别的是他是一位习惯在写作过程中来进行思考的思想家，他在《自传》中称自己是"thinking on paper"，因此他的作品或思想内容都只是代表着他当时思想的一段发展过程，也就是他自己所谓"未定稿"（interim report）他自己也坦承在他许多著作中，无论在写作的时间、架构的安排和内容的完整等方面，只有《哲学方法论》(An Essay on Philosophical Method) 是唯一他感到满意的一本书，因此他著作所呈现的内容和思想有时并没有提出完整的论证和阐明，我们甚至可以合理的怀疑，它们并不能代表是柯灵乌对这问题的最后结论。如此一来，几代的柯灵乌学者心中总有一个疑问：如果它们只是属于"未定稿"，如果柯灵乌能够继续发展并且充裕而详细的讨论，那么它们的最终面貌会是什么？这个问题在柯灵乌的手稿重现于世人面前时，可以预期将会在很大的程度上得到解决。第二，柯灵乌虽然以哲学为一生的志业，但他最为人所知和对后世最大的影响及贡献，是在于他的历史思想，其中以《历史的理念》为代表。但这本书是在他死后由他的学生诺克斯整理、编辑出版，更重要的是，这本书违反了柯灵乌原来的计划。他原来的计划是要完成《历史的理念》和《历史的原理》这两本书，但他来不及完成，结果诺克斯把原来属于《原理》的第一章和发表过的两篇论文，再加上原本属于《理念》内容的1936年历史哲学的演讲稿，补缀而成1946版的《历史的理念》（此书于1993年重新再版，增加了三篇过去未曾出版的论文），更严重的是他放弃《原理》一书的其他篇章。诺克斯这一编辑政策，实际上已严重影响甚至误导了我们对柯灵乌历史思想的理解和解释。几十年来，所谓的柯灵乌历史思想的研究，毫无选择的受到诺克斯对于手稿的评价和出版的态度的影响和限制，这实在是对于我们研究柯灵乌思想的一大伤害。如今手稿重新面世、整理或出版，使学者有机会完完整整接近及探索柯灵乌思想的全部面貌，这真是学界的一大福音。第三，过去研究柯灵乌历史思想的学者，将他们的目光完全集中于《历史的理念》或《自传》等书，这种在材料上的偏狭和不足，其结果使我们对柯灵乌的思想的诠释与理解，导向一种片面或曲解的方向。因为柯灵乌的历史哲学不是出自于哲学家的玄谈或空论，而是得自于他丰富及深度的历史研究的实证经验，他在《自传》中清楚地申明，实际的历史、考古及人类学研究，对他在历史哲学及史学理论的讨论的深刻影响，他甚至称考古学是"历史知识的实验室"。所以当1978年他在民俗学、文化人类学及考古学的许多手稿出现时，大大的扩大、丰富了我们的研究材料，重新给予我们讨论柯灵乌思想的新方向，使我们能更正确地理解柯灵乌的思想，也解决和澄清过去许多问题与误解。

[①] *Idea of History*, File, ref. PP5200, 译按：在1995年《原理》手稿出现时，证明诺克斯认为"第二章和第三章的大部分已包含在《自传》和《形上学论》的说法是错误的"。

在他其他的著作中所没有的。另一方面，原本希萨姆所寄望的是一篇同情和敏锐的小传，结果诺克斯却将它变成《理念》的前言，在评价柯灵乌的许多著作，特别是1936年以后的作品，这篇前言的内容和态度是批判的和较不宽大。

当诺克斯编辑完《理念》时，他将《理念》的书稿还有他选用《原理》的内容和未选用的部分还给了牛津大学出版社，出版社将未选用的部分寄回给他，诺克斯又把它还给出版社，并且在前页说明这手稿不是他的。结果出版社不是将它归还给合法的所有者凯特·柯灵乌，而是将它归档放入档案库。这造成几代柯灵乌的学者一直猜测这手稿到底发生了什么事？它的内容是什么？在1995年1月重新发现了手稿，止息了这种猜测，但是它仍然引起关于许多方面的讨论，这些讨论必定会修正我们对于柯灵乌的重要理论的观点。

二、历史的方法（Historical Method）

在《理念》一书里，柯灵乌提出一个争议性的主张：历史家除了自己，不倚靠任何权威，因此他的思想是自律的（autonomous）、自我授权（self-authority），历史家拥有批判的标准，任何所谓的权威都必须与此标准相符，并且以此标准来批判（IH，236，247）[1]。在选择史料的过程中，表现出这种自律性的最简单形式。没有任何一位历史家（无论他多么不称职）会仅仅是毫无选择地重复权威所说，要为加入史册的内容负责的是历史家而不是权威。权威只能显示历史过程中的某些阶段，却不能说明中间互相关联的阶段，这一事实更进一步说明了历史家的自律性。史家运用他自己的方法学原理和相关且适当的规范，可以从证据推论出权威所留下来的"裂缝"（gaps）。这就是柯灵乌所谓的"建构性历史"（constructive history），也就是说，我们在权威的叙述里放入其他内容，这些内容是史家从权威的叙述中推论出。我们不是用一种与证据无关的幻想方式来推论过去所发生的事情，而是藉由"先验

---

[1] 译注：IH 是 *The Idea of History* 一书的缩写，以下沿用。

的想象"（a priori imagination）来做推论。换言之，历史家把自己看做是自己的权威，而过去被剪贴史家视为权威的内容，对于现在的科学史家而言则是证据。

在批判的过程中，当权威受到质疑、询问，甚至在某些例子被斥为不可靠而放弃时，则更清楚地证明了史家的自律性；或者历史家能够判定他同行的前辈们，太过粗糙地以表面价值来接受那些现在已被视为错误的权威内容。即使当一个权威被接受，不是在于它是它自己的权威，因为它是受到质疑的。它被接受是因为它是那些能运用自己的真实检验的历史家的权威。历史家藉由他的先验想象所建构的过去图像成为一种规范，以它来评估和批判史料与他想象性建构的整体图像是否一致。明克（Louis O.Mink）和鲁宾诺夫（Lionel Rubinoff）两人都将先验的想象视为一种"绝对命题"（alsolute presupposition），换言之没有先验的想象，历史研究作为一种活动就无法进行，因此我们不能质疑而只能预设它。[①]但是柯灵乌主张史家是自己的规范是极端主观主义的一种形式吗？[②]

在《原理》的第一章（诺克斯将它改称为"历史的证据"，收入在《理念》第五编后论的第三节），柯灵乌认为19世纪的批判性史学仍旧是一种剪刀浆糊史学的形式，因为他们所运用的批判方法，是在决定哪一个权威或证言可以放入历史叙述中。而科学的史学则是将权威转化为资料，因为我们不问它们是否对或错，而是想知道它们的意涵是什么。（IH，260）并非想知道做出这叙述的人的意思是什么，而是想了解从自律的史家所提出的问题角度来看，这证据意味着什么（IH，275），这不是柯灵乌对于历史家的主题和证据的最后一句话。诺克斯在《理念》一书中删除了柯灵乌原本企图想要扩充和澄清《原理》第一章所说的内容，柯灵乌认为包含了证据的遗迹本身并不重要，而是因为它们说了什么和它们意味着什么之间的关系。

历史家所研究的行动，是一些表现了思想的举动和迹象，思想的表现是透过语言，而有适当能力的人可以理解这些语言。能够阅读它们的历史家必

[①] Louis O.Mink, *Mind History and Dialeyic*（Bloomington,1969），183-186；and, Lionel Rubinoff, *Collingwood and Reform of Metaphysic*（Toronto，1970），275.

[②] Rex Martin, *Historical Explanation*（Ithaca, 1977），63-65.

须用他的想象力来重建这些举动,并且把它们所表现出的思想重建为自己的经验(PH,40)①。任何历史的起点不是在于证据本身,而是在于懂得这语言的历史家认为它意味着什么。他做出自己关于某个事实的自律性叙述,而这个事实已经被他人叙述过。当历史家说:我所读过的这证据,它的意思是这样的而不是那样的意思,他已经做了一种判断。以此来看他和证据的关系是独立自主。他的证据总是他自己的经验,是用他自己的力量完成的,并且以他自己的力量意识到已经完成它,如同阅读某种以我们了解的文字所写的文本时的美学活动,并且赋予某种意义。证据不是被发现,而是由历史家的心灵所形成。然后由心灵来解释它说了些什么和意味着什么。比方说滋育我们的不是食物,而是能将食物转化成能量形式的身体,在这个意义上来说,创造能量的是身体而不是食物。但这并不是说在整个过程中,我们可以毫不考虑它的价值而随意地选择或制造任何动植物或矿物质;同样地如果消化系统不好,不管食物多么有益健康,其最后结果将会是相反。对历史家来说不是任何旧有的权威和资料都可作为证据,对于有良好协调性的历史意识来说,只有相关的权威可以作为它们的证据。

柯灵乌在《原理》未出版的第二章中所提出的解释,更清楚地说明,他在已出版的部分所尝试做的解释。他不是在建议历史家使用他的先验想象,也不是暗示在这类事情中可做一个选择。他所要问的是类似于高达美(Gadamer)对于诠释学所提出的问题——每当在解释文本时,对于我们而言,发生了什么事?高达美的回答是我们的视域(horizon)与文本的视域相融合,它不是方法学的问题而是"存有的情境"(ontological condition)。我们可以进一步追问:我们如何藉由采用某一种方法来达成视域的融合?我想柯灵乌也是如此。无论是否我们喜欢它,当我们在做历史解释时,我们的先验想象就会发生它的作用。先验想象是理解的存有情境,它如何发生作用是历史方法学的问题,因此历史家必须证明他自己对证据的解读是合法的。换言之史学方法在历史家的先验想象上加诸许多限制,而历史小说家的先验想象并没有受到这些限制。柯灵乌的理论因此不是极端的主观主义,而是承认一个历史

---

① 译注:PH 是 *The Principles of History* 一书的缩写,以下沿用。

家必须为他的解释负责。

由于诺克斯删除了柯灵乌对于人性科学的讨论，相当程度地掩盖了《形上学论》(*An Essay on Metaphysics*)和《理念》两书之间的互补性。当他发现无法按原来的计划完成《原理》一书时，他就开始写《形上学论》，这两本书与《艺术》有密切的关系，因为形上学、历史和美学三者全是"规范性的科学"。成败的标准可应用于所有的理性心灵活动。[①] 在《原理》中柯灵乌认为，起源于18世纪的新人性科学不同于过去的人性科学，人体解剖学和生理学运用观察和实验的方法；而心理学则是直觉、知觉和感觉的科学。人性科学是思想的科学，它的领域包括了人类的理性行为和表现出思想的活动。人类思想的科学已经存在，它们包括了古代的逻辑学和伦理学，和最近的美学与经济学，后者柯灵乌在别处称它为"假历史"(cryto-history)。然而新的人性科学强调它的研究方法与自然科学的方法是相同的，而其他的心灵科学则没有。

新的人性科学的目的，是将自然科学的方法运用于它的研究领域，来取代逻辑学、伦理学、经济学和美学，它提议这样做是由于它忽略了在人类思想中的成败问题。柯灵乌认为自然和人文科学的差别在于宗教的基础，因为自然是上帝的作品，人事则是出自于人常出差错的设计，因此成败是人事研究不可缺少的一部分。他认为18世纪时，人们相信自然法则的普遍性和不可侵犯性，认为自然的成与败是不可能分开的，即使他们已经丢弃了这些信仰所依据的神学。新的人性科学提议放弃规范性的科学，并且以心理学之名而这样做。例如逻辑学使用真实与错误的规范来解释为什么某个论证是错误的，另一方面心理学将会说明那个论证是某一类人的典型，并且企图证明它为什么是如此。"规范学"(criteriology)对于人性科学是必要的，它对于人性科学不是次要，而是重要的自我批判要素。一个思想家想要运用某种标准或规范来发现他是否正确地或错误地思考，就是一种规范学。理论理性的原理是追求真理和避免错误，同时实践理性就是在区别德行和罪恶、对和错。

[①] Also see T.J.Diffey, "Aesthetics and Philosophical Method" in *Philosophy*, *History and Civilization*, ed.D.Boucher,J.Connrlly,and T.Modood（Cardiff,1995）,71.

三、历史的题材（The Subject Matter of History）

《原理》的主题之一是将传记和历史的题材区分开来，这一方面在《理念》中并没有清楚的讨论。从《理念》一书我们知道历史的目的在于对心灵的自我认知，但是柯灵乌认为传记则有不同的目的和原则。它的范围不是人类思想，而是生死的自然生理过程和短暂的情绪变化。这就是利用读者的情绪的这类传记的主食。[①] 德瑞引用《理念》对传记的简短评论来反驳许多批评者（如曼德包姆）的观点，他们认为柯灵乌是一个极端的历史个人主义者（historical individualist）。[②] 柯氏的评论说明了，专注于研究个人的历史完全不是真正的历史，但是德瑞认为柯氏对于历史和传记的区别是过度夸大了。

在《原理》里，柯灵乌更清楚地连接他的历史哲学与艺术哲学之间的关系，使他更有效地和仔细地区分历史与传记之间的不同。在《艺术》一书中柯氏将巫术艺术（magical art）和娱乐艺术（amusement art）做了区分。巫术艺术的目的是要产生情感，并将它们运用于实际的行为里，而娱乐艺术除了产生情感，也要提供方法将它们安全地隐藏起来。《理念》书中讨论证据的章节是从《原理》摘取过来，在这一章节中，柯氏藉由提到那些想以历史的理解模式将历史提升到科学层次的历史家们，提出一个具有魔术价值的"假历史"（pseudo-history），来暗指它与《艺术》一书的关系。例如马克思提出一种历史架构，这种架构证明是情感上的焦点而且导致行动，同时其他类似的历史架构则有娱乐的价值。（IH, 265—266）

传记的目的是要激发出情感，在《艺术》一书中，巫术艺术和娱乐艺术也是如此。在娱乐的艺术家和传记作家之间的主要差异，是前者制造剧场的幻觉并使人信以为真；但是柯灵乌称那些迎合人类却心怀恶意的情感的传记，为一种假艺术的形式，它的目的是用恶毒的言语、嘲弄和讽刺，使读者丧失

[①] 塔西陀被指责歪曲历史，因为他不是从内在来看待历史人物，而是从外在的善恶外表来看。（IH, 39）

[②] W.H.Dray, "Collingwood's Historical Individualism", *Canadian Journal of Philosophy*, 10 (1980), 6; Maurice Mandellbaum, *The Problem of Historical Knowledge* (New York,1967), 9 and 14.

掉对伟人的尊敬（PA，80—83）（PA，87）[①]。但是柯灵乌只谈到某一种既不是艺术，也不是历史的传记。在《原理》中他扩大对传记的讨论，并且申明历史不同于传记，因为它们写作的标准和目的皆不相同。

历史家选择题材的标准，是那些能够体现他的研究对象的思想的事件，尽管传记作者也许会将这些事件包含进去，但不是因为这些事件体现了思想，而是它们有不同的兴趣或诉求。对传记作者来说，选择包含什么样的内容，首先是在于它有闲谈的价值，它的基础在于动物的本能而不是明确的人性。这种本能满足了我们物以类聚、性欲的、挑衅的和想要拥有的天性，在看到他们的成功引起我们心中共鸣的喜悦，或者在他们失败时得到一种恶意的快感。柯灵乌认为："虽然传记时常运用历史的动机来装饰自己，但是本质上它是同情（sympathy）与怨恨（malice）两组线编织而成的一张网。它的功能是要在读者心中引起这两种感情，因此基本上它是激发情感的工具，于是它是属于娱乐性和巫术性传记（或者是训诫性传记）的两个主要分支。前者在图书馆里广为流通，后者则是教人效法善例而避开恶例。"（PH，319）

柯灵乌认为同情和怨恨须要有具体的对象来强调，传主心中的动物性情感，激起我们适当的情绪，因此传记作家必须提供能够引起我们同情和怨恨情绪的个别对象或是他的动物本能。他的生与死、爱情的成败、愤怒与怨恨和他从贫穷到致富，或者更好的是他从家财万贯到一贫如洗，所有这些都能帮助在读者心中将他个性化。假如这还不够，那么再加上房子的照片将会有所帮助。因此一只狗也可以成为传记的适当题材，我们会同情一只为主人的死感到悲伤的狗。因此格瑞弗莱尔的芭比的故事，激发出传记所想要获得的情感响应，假如芭比的美国之友会为它在教会墓园竖立红石纪念碑，则可作为此传成功的适当标准。

当我们把历史学看做是剪剪贴贴的工作，历史就只是一些日期、事实和地点。那么理所当然将传记视为历史著述的一支，两者皆墨守于证据而编写它们主题的图像，这些主题也许是第二次世界大战，或是丘吉尔。随着剪贴史学（scissors-and-paste history）的破灭（柯氏在《理念》已说明它的死亡），

[①] 译注：PA 是 *The Principles of Art* 一书的缩写，以下沿用。

传记做为一种文学形式的声誉也已降低。

一般的传记的确清楚地显示出历史的各种变体，这些变体是柯灵乌想要从历史研究中消除的，但是并非所有的传记都是属于这一类，假如柯灵乌认为除非是为了激起读者的同情与怨恨之情，否则就不能算是传记，那么他所下的定义就只是他个人的规定。如同真正的历史学已经超越了剪贴史学的阶段，柯灵乌并没有提出具有说服力的说明，假如传记作家与史家一样对证据做同样的处理，那么传记为何不能与史学一样做同样的超越。例如我们以最近出版的《达尔文传》(Darwin) 为例，作者努力地说明达尔文的思想如何发展，以及他与华莱士的观念不同之处。认为讨论达尔文思想的重要性，是次要于作者想要在读者心中引起同情和怨恨的感受的意图，这完全是一种偏执的看法。[1] 无疑地，在谈到达尔文长年健康不佳，和以性、政治和X为章名时，目的是为了引起某种同情和快感，但是这些内容对于思想而言都是次要，而不是思想附属于它们之下。

除了柯灵乌有点异常地排除传记，这个事实可作为他不是方法论的个人主义者的证据之外，还有其他许多讨论可以证明这一点。这种指责从不可信，因为只要稍微看看他的历史著作，立即说明了他不只是关心个人思想，同时也注意到社会过程、思想潮流和绝对命题的转变。[2] 重演理论引起许多批评，认为它作为一种历史知识的理论，一般来说它的范围过于狭窄，并且只能运用于恢复个人的思想。例如，卡尔认为历史事实实际上是关于个人的事实，但是它们不是相互孤立，重点在于它们之间的相互关联，以及影响它们行动的社会力量之间的关系，[3] 在这方面个人的思想与动机可能完全无关。换言之，柯灵乌的重演理论不能处理社会趋势和制度史。

传记需要个人 (individual)，但是即使不知姓名和其生死日期，都不会使他丧失成为历史题材，在这个意义上，历史是排除个人。柯灵乌提醒我们，在考古学里，古代文明是历史研究的主题，即使他们都是无名氏。包含思想的行为是历史的题材，它的证据是语言，史家读它是为了解其意而不是为了

---

[1] Adrian Desmond and James Moore, *Darwin* (London, 1991)
[2] 例如柯灵乌曾谈到集体心智的创造力 (IH, 77)。
[3] E.H.Carr, *What Is History?* (Harmondsworth, 1975), 52.

知道某某人。柯灵乌以一句话来做总结，他说当史家厘清了他的方法并且知道区分证据和证言的不同，那么他同时知道将他的问题与流言蜚语区分开来，也了解到思想史与思想家的姓名无关。我们必须承认柯氏就像霍布斯一样，是一个做夸大之词的专家，他时常为了效果而谈论一些事情，但是当我们仔细地考虑它的内容时，我们时常发现他在其他地方的说法是较为斟酌的。只要稍微浏览他的《自传》，就知道柯灵乌几乎常常在讨论历史思想时附上人名。例如，他不会单单只说："研究希腊哲学和研究希腊战争，两者都是历史研究"，他同时也会谈到"研究柏拉图和研究修昔提比斯是相同的"。①

虽然柯氏从事的历史研究的类型，的确时常讨论那些不具人名的思想，这也许是一个极端的看法，但是柯灵乌就历史家被允许从各种形式的证据得出某种结论所提出的说明，显示他不应被指责为是一个历史个人主义者（historical individualist），他的重演理论也不是与个人的思想纠结在一起。纺织品的生产是一种社会行为，在这过程中，相关的个体参与并且认同共同的习俗和信仰，我们可以称习俗和信仰为社会行为运作程序的标准。当我们在思考那些以生产纺织品为目的的相关行为的思想时，并不需要提到个人。那些历史家必须研究的工艺品是社会行为思想的表现，某个三角形的黏土制品，其中一角被打了个洞，当史家能够回答它的用途是什么时，它对于历史学家来说就是历史证据。这些黏土制品是用来压住纺织机，这件事实告诉了史家许多关于这个社会的思想。对历史家而言，知道人们在纺织，不只意味着他知道有一群人在从事一系列活动，对他来说，纺织是一系列活动的名称，这些活动包含着一个计划——生产纺织品的计划。在这里它代表着一个集体性目的的思想，我们不须要找出思考它的人就可以重演它。

柯灵乌对于历史题材的看法，被认为太过狭隘而常常受到批评，他们认为他所主张的理性目的的行为（rational purposive activity），不是太过于相信人类的理性，就是将许多人类的行为排除在外，例如他说："历史家不会对人的吃、睡和做爱等行为感到兴趣"（IH，216）。在《原理》第二章中他明确地讨论到历史的题材，史家感到兴趣的不是那些人类本能与欲望，而是那些与

---

① R.G.Colllingwood, *An Autobiography*（Oxford,1978），72.

其相关而发展出的理性行为。史家感兴趣的不是人需要吃这一件事，而是与吃相关的行为和仪式。自由的理性行为是以我们的动物本能为基础，只要不受到本能所拘束，我们的行为就是自由的，并且与它一起发展。换言之，行为是为了理性的目的而不是为了本能。柯灵乌将历史题材定义为能表现思想的行为或行动，它们是包含思想的理性行动。而使行动具有理性，是在于这些行动是出自于"理性人"（reasonable agents）在追求以他们的理性所决定的目的时所做出的行动。（PH，37）

柯灵乌在《理念》一书区别何者是历史的题材时，他强调史家所关心的思想是"反思的思想"（reflective thought），他说反思的行为可大致看作为我们基于某种目的所做的行为，并且只有这类行为可以成为历史的题材。这造成有人指责柯灵乌把历史的题材限于理性思想，而将历史过度理智化。

《理念》一书的批评者常常认为柯灵乌太过高估历史人物的行为中所含理性和目的性的程度，但是人一点也不理性，将历史研究局限于刻意的理性行为，使历史研究太过于理智主义化。在《原理》中我们更清楚了解，柯灵乌把历史题材限制在反思的思想的含意，显然柯氏不会自欺欺人地认为人完全是理性，在这方面他没有运用德瑞所谓客观理性的标准，① 他相当清楚人的理性是断断续续的。我们也很清楚地看出，柯灵乌并不想排除非理性行为，非理性之人的思想与理性之人的思想是同样有趣，并不是非理性之人就没有理性，只是它们是"坏理性"（bad reason）。在他看来历史与行动有关，那些程度有时高有时低，有时成功有时失败，有时明智有时愚昧的理性不只在这些行动中运作，而且可以为人所察觉。这是另一个证据来证实德瑞的看法——柯灵乌采取"主观理性的标准"（a criterion of subjective rationality），人只能理性地以适应他所处的环境的方式来打动，此环境构成人认为自己所处的情境。在这个基础上，行动的决定是主观的理性，历史家（不是一般人）要提出这个问题：根据行动者所处的环境和所持的信仰，他所采取的行动是否是一理性的行为？②

---

① Dray, *History as Re-enactment*, 115–22.
② Dray, *History as Re-enactment*, 116–17.

科学史家在阅读证据时，也必须质问它所表现的思想是否正确。换言之，历史是一个"规范性的科学"，历史人物自己设定目标，他们也许会成功地完成它，或者有可能会失败，他们察觉到自己处于某种情势，对于情势的判断也许是正确或者是错误，他们有自我的觉察，别人也许能够或者无法分享此一觉察。因此知道"真正发生了什么事"并不够，历史家还必须对它做价值判断。

我们可以接受柯灵乌所谓带有目的与意图的行为，也涵盖了不理性的行为，也就是说它是一个坏理性的目的性行为，但是这仍然将历史题材局限于思想性的活动（无论这一思想多么不合理）。在《理念》和《自传》中，柯灵乌的重演理论明显地将情绪和感情排除在可重演的范围之外，因此招来更进一步的批评，认为他过度把历史题材局限于他自己对于历史题材的描述。柯灵乌在《理念》中断然地主张，只有在理性形式下的思想才能被重演，感情、知觉和情绪虽然明显是心灵的一部分，但都被排除在可重演的经验之外。[①] 一般来说，只有带有目的和意图的反思性的行为，才可包含在历史题材的范畴之内，那些在传统上归于心理的范围的心灵各个层面则不能被重演，因为它们是属于"直接经验"（immediate experience）。

思想本身是一直接性经验，它发生于其他思想的明确脉络中，但是思想特殊且不同于感情的地方，在于它能在直接性脉络之外继续存在，并且能在不同的时空脉络下复苏。严格来说，只有某些类型的人类行为是属于历史的，而那些由冲动、感情和欲望所激发的行为则是非历史。在《理念》中，并没有完全排除所谓"理性的情绪"，只是忽略了它们。1933 年柯灵乌在道德哲学演讲稿中表明情绪与理性生活是紧密相关，在讲稿中他谈到理性情绪的存在，他说：理性行为的各类形式有它们自己的情绪色彩。某个意义上来说，每一个形式都是一个或一组特殊的情绪。并且它们只能是属于理性之人，且构成它们的理性情绪。[②]

藉由他在人类学研究中对情绪重要性的认识，使他在《原理》一书中，对《理念》里所提出的观点做了很大的修正，在许多方面他的人类学研究

[①] Collingwood, *Idea of History*, 205, 216, 231, 294, 296, 297, 304.
[②] R.G.Colllingwood, ms.DEP 8, pp.125–26.

为《艺术》一书的心灵理论提供了基础。[①] 在讨论民俗的手稿中，柯灵乌认为在原始民族生活中，情绪的角色占有相当重要的地位，并且主张我们功利主义文明相当程度曲解和扭曲了情绪要素在我们生活中的重要性。他努力地说明，虽然我们功利主义文明企图从实用性角度来看待每一件事情，并且否认和压抑行为中的情绪要素，但是每一个社会都有它自己的禁忌制度，它是"情绪许可"（emotional sanctions）的禁令。禁忌的范围会随着法律禁止范围的改变而改变，当某个范围不再受到法律允许的支持，情绪许可（emotional sanction）就会取代它的地位。虽然禁忌的内容会改变，但是它是一个必要的社会制度，而且常涵盖了社会的集体智慧。

对柯灵乌来说，禁忌只是一种特别的巫术类型，而巫术是情绪的表现，但是情绪的表达，基本上与艺术有密切的关系。在这方面他不仅要将巫术与科学分离开来，而且要将它与艺术更紧密地联系起来。就它们两者都是表达情绪而言，巫术与艺术是同一件事，但是它们在表达的方式上仍然有些不同，巫术不是艺术而是它的修正。在艺术中，情绪的表达并没有实际的目的，它是基于自身的考虑来理解和表达情绪。时常艺术所表现出的情绪，假如不是为了艺术的表现，这些情绪对于相关的个人实际上是不可得，并且必定会受到压抑和否认。在诗和绘画中所表现的渴望情感，在表达的过程中没有被放弃和压制而是去面对。

在巫术中无论是舞蹈或歌唱，艺术要素是想要使情绪产生实际的效果，情绪是行为的动机，而且只表现出那些对于实际效果有利的要素。为了要达成想要的实际效果，必须避免由艺术所引起的情绪解放和净化。就某种程度来说，艺术和巫术是相冲突，对艺术家而言，巫术有些不诚实，它忽略了那些会损害它想要的结果的情绪。因此在战舞中，那些对死亡恐惧和胆怯的情绪就被隐藏和排除，而较积极的情绪则被表现出来。对巫术来说，艺术则是不道德的，因为艺术表达出那些不应该被表达和执行的感情。[②]

[①] R.G.Colllingwood,the folklore manuscripts，Bodleian Library,Oxford.DEP,20.

[②] Colllingwood, "Fairy Tales", IV, Magic, fols. 42—48. 柯灵乌同意可能有巫术的误用，在这当中仪式成为行动的替代品，并且显示了一个社会严重地失去了功能。他主张我们不应该将这些巫术的误用与17世纪英国盛行的巫术混淆在一起。

此处他所谈论的是有明确意图而不是无意识的情感表达，这就把它们放入规范性的人文科学的范畴里面。也就是说思想是自我批判、自我参照的行为，它自己设立目标并且找出方法来实践。柯灵乌对巫术的看法与马林诺斯基有相当大的差异，对马氏来说，巫术是在于承认社会无法以理性来控制自然。换言之，科学结束之处就是巫术的开始。另一方面柯灵乌并不将巫术看成是一种失败的结果，而是视为表达和承认情绪的重要方式。对于柯灵乌的历史哲学而言，这方面研讨的重要性，在于它首次增加全新强调情绪的领域，德瑞曾企图找出情绪在柯灵乌的历史理解理论中的地位，他的结论是此理论必须被扩展至能包括那些不能被重演的事物上。其中有些他的解释至少部分是套套逻辑，[①]但是德瑞并不了解这些范围早已涵盖在柯灵乌的理论中，因为柯灵乌已把情绪放入可重演的范围内。德瑞不了解规范性科学的观念在这方面的重要性，假如情绪可以是规范的（criteriological），那么它们就可以成为历史的题材。在《艺术》一书中我们可以找到大部分的答案，而《原理》则给予我们往何处看的路标。

与我们从《理念》中讨论历史题材的内容所了解的相比，柯灵乌在《原理》一书中假定情绪与思想之间有更密切的关系，《原理》中的"思想的历史"，似乎是自觉地建立在《艺术》的心灵理论之上。作为表现理性思想的语言并没有完全排除情绪，他将情绪分为"重要的情绪"（essential emotions）和"不重要的情绪"（inessential emotions），关于这一点他并没有详细说明。例如当历史家从历史的角度来考虑一首诗的写作时，当诗人在写到第二行时，因笔突然断了而生气，历史家对于这样的不重要情绪并不关心，他关心的是诗人在描写他所爱慕的女人时，所表达出的爱和渴望的重要情绪。

柯灵乌以建造堡垒为例来说明他的观点，堡垒本身是一个可以阅读的文本，它是历史研究的开始而不是结束。在某时某地的一位军官为了某种目的而开始建造堡垒，它只是一个军营吗？是一个为了供应和运送的储藏所吗？是对抗敌人的堡垒？或者是阻绝敌人的手段？无论史家认为它的目的是什么，史家都是主张他能洞察出那个命令建造堡垒的军官的心灵。我们可以发现在

[①] Dray, *History as Re-enactment*, 123–32.

那个地方弥漫着某种危险，堡垒就是为了保护它而设计的，随着对于危险的恐惧而来的就是保护它而免于危险的理性选择，这就是柯灵乌称之为重要情绪的例子，它们必然与做出这个行动的人的思想有关。

柯灵乌进一步说："假如我们知道他的思想是什么，我们就能知道他所经验到的重要情绪是什么。"换言之，我们掌握了那个军官感受到而使他建造堡垒的重要情绪的证据，但是他必定还有其他许多情绪，而我们没有关于这些情绪的证据，除非这些情绪影响了他的判断，而成为我们了解堡垒和它建造的目的的一个因素，否则它们与建造堡垒无关。柯灵乌以"所有历史都是思想史"来概述他的立场，这包括情绪的历史，只要这些情绪与思想和问题有重要关联。但是并不是任何一个与思想有关的情绪和其他思想都包括在内。

在诺克斯删除《原理》中关于历史题材的相关部分里，我们清楚了解到传记为什么不是历史；《艺术》一书与他的历史哲学的关系是多么的密切，它也扩充了我们对柯灵乌将历史题材限制于理性行为的涵义的理解。他并不将与行动相关的重要情绪排除在外，这些重要情绪并不是无意识，而是有意图和目的表达情绪，因此它们能够成为规范性的历史科学的题材。

四、重演和《历史的原理》（Reenactment and *the Principles of History*）

在阅读《原理》的手稿时，最令人惊讶的是我们发现柯灵乌并没有完成他原本想要写的关于重演的部分，他原本的计划和诺克斯后来对于此书的回忆，皆显示他写了关于重演的讨论，但是诺克斯却决定放弃这一部分的内容。① 在柯灵乌开始写《原理》一书之前，对于克服以前许多哲学家所无法解决的二元论问题，重演理论扮演了重要的角色。藉由重演理论说明了心与物乃是一种错误的二分法，不同于自然科学家和实证人类学家，科学史家不会

---

① 诺克斯告诉尼尔森《原理》的前七节是讨论重演，而他认为将它们出版会是一个灾害，事实上诺克斯在《理念》中几乎完全采用了《原理》的第一章。参阅 Margit Hurup Nielson, "Re-enactment and Reconstruction in Colllingwood's Philosophy of History," *History and Theory*,20（1981）,and 2-3.

把他的研究题材看做是外在的对象，而是在重演证据，使研究对象的思想成为他自己的思想，如此一来史家的心灵与研究对象的心灵就合而为一。

柯灵乌在《原理》中谈到"重建"（reconstruction），但是并没有明显地将它与重演理论联系在一起，但是我们可以合理地推断他至少曾有一次使用重建作为重演的同义词。他认为那些在可知觉的世界中留下记录的思想呈现，可以被那些能够解读这些记录的人将它们重建为自己的经验。在其他地方，重建一词与阅读、解释证据和从考古资料做推论的过程有关，后来他在《新巨灵》顺带提到重演，但是它是在讨论爱、恐惧和非理性意识的脉络下谈到。

我不认为柯灵乌在此书中没有提到重演，是因为它对他来说不再那么重要，相反地他是要将重演理论和他更广泛深思过的历史知识题材的概念相联系，但是他没有提供给我们一个能够说明"情绪的重演"如何可能的修正理论。他原本要在《原理》中提出此理论，同时在《艺术》和《民俗故事》等书中，他说明当情绪与思想有重要关联时，这些情绪如何形成历史题材的一部分。他需要提出一个不同的论点，它与《理念》一书中支撑重演理论的论点是不相同的，在写《原理》一书时他必须提出一个新的理论，它必须与《艺术》中的心灵理论相一致，但是他发现他自己无法做到。

在《理念》中柯灵乌对于能成为历史题材的资格设立了一些条件，首先历史的题材不只是思想，而且是反思性的思想。他的意思是指行动是基于目的而做，换言之它们是规范性（criteriological）。一个反思性的行动，就是一个我们知道我们自己正在做的是什么事的一种行动，当我们在进行这行动时，看看它是否已经符合我们最初对这行动所设定的标准或规范，就知道是否已经完成它，这使我们能够以一种断然的方式来区分感觉和思想。

在《艺术》里，柯灵乌构想出"想象理论"（a theory of imagination）做为感觉和理智的桥梁，感觉与料（sensa）是直接的而无法在感觉的活动中持续，假如要在它们之间做一连接，那么就需要另一种形式的经验。此种经验藉由保留和回忆它们，使我们能够将那些已经感受不到的知觉做一比较，想象以某种方式使感觉能够恢复，这方式他在《理念》里没有想过或者大概选择不予以承认。

为了区别感觉与料，我们必须意识到它们，意识把感觉与料转变成想象，当我们意识到感觉与料，它们就形成了想象，理智建立了被转换过的感觉与料之间的关系，并且在它们之间做出推论。柯灵乌认为表达情绪的能力是绝对必要的，藉由选择性的考虑，我们把它们分成想接受和不想接受的类别。当情绪从心理层次提升到意识层面，它才能够被表现出来，而意识到情绪的活动则影响了这个过程。他更进一步认为，情绪被表达出之后，我们才能感受到它，不能表达情绪实际上就是没有此情绪，[①] 也就是说意识无法将心理的情绪转变成想象。它们因此没有被表达出，因此理智就接收到遭曲解的情绪表现，并把思想建立在这遭曲解的情绪之上。在民俗故事的手稿中（特别是在历史的方法与巫术那一章）已经解释了对于历史家而言"意识的腐化"（corruption of consciousness）的含意。

身为艺术家，他的活动或者是美学经验表现在他对情感的呈现，艺术的表现不同于无意识的表现，例如当我们受到某个异性的吸引时，瞳孔因此而放大，因为它们是一种有意识的活动。不经意的表露感情和刻意的表现它们是有差异的，真正的情感表现是一种刻意的行为，在表达的过程中，我们意识到被表现出的情感。在想象的经验层次上，情感的自我意识要以控制过的行为（它们是基于目的而做）来表现，这类情感表现的注册商标是它们的可理解性和清晰度，在表达情感时我们注意到或意识到被表达的情感，并且也能够使别人马上意识到表现者和他们自己的情感。

柯灵乌不只谈到美术而且也论及文学与口语，就像在句子中表现思想一样，在选择表现思想的字汇时思想变得更清晰，以艺术品或语言来表现情感也是如此。同样地，如同思想与表现思想的字汇不是两件个别的事情，所以情感和它的艺术表现也是不可分离。以语言表现情感是一个单独的经验，它内含两个要素，首先我们把一个已经提升到意识层次的情感，从印象转变成观念，其次有某种控制过的行为来表现观念。如柯灵乌所说："拿走语言也就拿走语言所表达的内容，留下来的就只是心理层次上未加琢磨的感受"（PA, 244），在《理念》里，柯灵乌认为这些都是超出历史知识的范围。

然后我们现在可以看得出柯灵乌如何把重演理论发展到包含了情绪的重

[①] R.G.Colllingwood, *the Principles of Art*（Oxford,1938）,238.

演，心理层次的感觉仍然被排除在外。所以无意识的情感表现，或是不经意的愤怒表露都不能被重演，因为我们没有认知的途径，也就是说我们没有标准可判断这种不经意的表露是否成功。《艺术》一书为我们提供了一个理论，以此理论心理的感受和情绪藉由在理性的层次上以想象力被注意到和表达出而达到意识的层次。

　　柯灵乌告诉我们情感是复杂的经验，而行为则充满了情感。说故事、演戏或者是描绘一幅美景不只是需要语言，还需要用语言所表现的情感。他说：思想经验上的情感负荷藉由受控制的语言行为而得到表现，在柯灵乌的理论中，情绪的表达不局限于想象的层次，他相当确定那些属于理智层次的思想经验有它们的情绪负荷，它不是模糊的情绪负荷，而是专属于个别的思想活动。他进一步主张，当我们用语言来表达我们的思想时，它总是透过它的独特情感负荷来传达，当我们表达出我们的思想时，我们也传达了我们思考思想时所带有的情感。在柯灵乌的观点中，这种情感表现会邀请听众"自己思考出此情感，也就是说为自己重新发现这个思想，当他发现它的时候，他会辨认出这思想的特殊情调已经被说话者表现出来"。（PA，267—268）

　　《艺术》一书写作的时间，晚于《理念》的大部分内容和《民俗手稿》，但是在《原理》写作之前，在写《艺术》时他认为历史、人类学和美学三者有紧密的关系。在《理念》中，历史学得以成立，是因为它是我们得到心灵的自我知识的途径；人类学研究得以成立，是因为在重演所谓的原始民族的情感生活时，我们得以理解我们自己的原始人格，意味着我们得到我们内在的野性的自我认知。换言之，我们不再否认我们生存的功利文明鼓励我们压制的情绪，在《艺术》里，理解一件艺术作品被视为是情感生活的自我知识，而同样得以成立，当我们想象地参与一件艺术作品，也就意识到它所表现的情感。在欣赏艺术时，所意识到的情感与艺术作品本身所表现的情感是相同的，缺乏表现——也就是缺乏感知——就是一种意识的腐化，它导致思想的大厦同样地腐化，因为它是建筑在沙基之上。艺术对于社群的价值，在于它提高了情感的自我察觉，在理解艺术时我们也更能认识自己的情感生活。

　　柯灵乌在相信情感表现和欣赏的重要性和它对健康的心灵是多么重要之后，他一点也不会将它排除在历史题材之外。就我们所看到他在《原理》里对他的名言——所有历史都是思想史——加了一个限制条件——它包括了情感的历史，只要这些情感与思想和问题有重要的关联。[①]

假如情感的表达是刻意和有目的，它就是规范性的，换言之，对于它所想要表达的是否达成，就有一个准则。知道某人的思想就是重演了它，从《艺术》和《原理》的理论中，我们知道语言所表现的思想也是情感的表现，重演思想必然也重演了情感。但是我们必须厘清重演情感与引起某人的情感之分际，自传在这方面是要激发或引起情感，另一方面，历史家是重思某人的情感和再经验它，并且知道它和他所研究的历史人物所经验的情感是相同的。情感和思想一样不会在它的直接性脉络中再一次被经验过，使情感能在间接性脉络被经验，亦即它能在不同的脉络中具有复苏的能力，此一理论是《艺术》书中的想象理论，但是它并没有在《理念》中出现。当然这并没有解决重演理论的批评者所提出的问题，但是它的确显示出柯灵乌想将重演理论扩展至能涵盖那些经过刻意表现，并且和我们所追求的历史知识有重要关联的情感重演。它们已经被放到适当的位置，但是因为一些不可解的原因，柯灵乌没有能够把它们组织起来以提供给我们一个改订过的重演理论，对于支持他新的强调情感在艺术和历史中的重要性，这个理论是必须的。

（2009 年第 1 期）

[①] Colllingwood, *Principles of History*, fol.61.

介于学术与诗歌之间的历史编纂

——对海登·怀特历史编纂方法的反思

乔治·伊格斯（George Iggers）

一

我出于实际需要，对海登·怀特《元历史》一书及此后发表的文章一直十分关注。几年来，我的工作一直是尝试综合18世纪以来的史学思想和史学编纂。怀特在《元历史》一书中力图在19世纪欧洲史学著作中寻找一种"深层的结构内容"（页4），这对以更具批判性和分析性的方法撰写史学史，是重要的贡献。我近年来的工作介于两个方面，从这两方面我既汲取了重要的动力，也遇到了重大的困难。一方面是乔恩·余琛（Jörn Rüsen）和他的学生们，特别是霍斯特—沃尔特·布蓝克（Horst-Walter Blanke）和佛里德里克·耶格（Friedrich Jaeger）的工作；他们试图把18世纪以来的史学著作放在学术的，或以他们自己的术语来说"科学"（wissenschaftlich）的历史范畴中去研究。而另一方面，怀特则决心把史学著作主要作为一种文学形式来对待。这两种方法都有一定的道理，因为史学著作可以从学术或文学的角度来看待。余琛强调历史探索中科学及学术的一面，这种方法虽然不否认历史叙述的文学及美学特质，但它的目的是重建过去的真实。怀特则试图缩小史学研究，历史的思辩哲学以及想象文学之间的界线。对他而言，任何一种以学术手段重建过去的尝试，大都只是一种"富于想象力的行为"（见《元历史》第五章，页31）。虽然怀特后来认为，《元历史》所代表的是他的早期思想，我还是要将讨论集中在此书上。因为此书与史学史直接相关，而且他

---

① 本文由台湾佛光大学历史学系主任、《历史：理解与批评》杂志主编李纪祥教授向《史学史研究》推荐，并授权发表，在此致以谢意。

在该书中对某些理论比喻所做的阐述，在他后来的著作中基本保持不变。怀特后期著作中的新内容是一种激进的"后结构主义的"，或以他自己的术语来说"后现代主义的"语言理论。这种"后现代主义的"语言理论与《元历史》中的"形式主义"，或"结构主义"有所不同。《元历史》的一个主要理论假设是："任何一门学问如果尚未转化（或升华）为名符其实的科学，它所表述的思想不过是语言模式的俘虏。以语言模式把握客观事物的轮廓，往往限制了这门学问观察事物的视野。"（《元历史》，第六章）这一理论假设的结果是：历史学家尽管力图客观地研究真实的事件，却不能获得任何历史知识。因为他从事研究时所使用的语言模式限制了知识的获得。史学家在选择概念来解释或表述其材料时所从事的，基本上是一种富于想象力的行为。他事先想象出一个历史范围，并将其构筑成一门学问的领域，再发展出一些特定的理论，以此解释"过去确实发生了什么"（《元历史》，第五章）。怀特接着讨论米歇莱（Michelet）、兰克（Ranke）、托克维尔（Tocqueville）、伯克哈特（Burckhardt）四位19世纪史学大师，以及黑格尔（Hegel）、马克思（Marx）、尼采（Nietzsche）、克罗齐（Croce）四位思辨哲学史家的著作。他指出："史学编纂的各种可能模式，与思辨哲学历史的模式是相同的。"（《元历史》，第六章）只要历史著作是以"叙事形式出现的文字结构"（《元历史》，第四章），那么一些相同的条件就将主宰历史叙述，思辨哲学史和历史小说。这三类作品都面临一个在相互竞争的诠释方法中做出选择的问题。（《元历史》，第六章）怀特将这些方法定义为"借喻（tropes）"。"而选择方法的自然结果是，美学或道德，而不是认识论成了采用某种历史视角的最佳依据。"（《元历史》，第七章）

尤有甚者，怀特认为：一旦史学家选择了一种方法或"借喻"，他就成了这种方法的俘虏。在19世纪的作品中，可能存在着四种"借喻"或历史模式。而每种"借喻"无非是"情节"（浪漫的，悲剧的，喜剧的，讽刺的），"论据"（形式的，机械的，有机的，依据上下文的）和"意识形态含义"（无政府主义的，激进主义的，保守主义的，自由主义的）的结合。（《元历史》，页29）怀特因此而认为，兰克的历史乐观论使用的是喜剧情节法，其情节以幸福结束。历史乐观论以有机的眼光看社会，在政治上是保守主义的。因此，历史模式决定史学家如何进行工作，如何解释历史事件，采取何种政治立场。有人或许不赞同这种表述，因为它反映的是 60 年代文学理论中的科学结构主义，与怀特的认识论主张关系不大。怀特论点的核心是：历史本身、哲学史以及文学形式的历史，在解释方面都有同样的正当性。他在《元历史》一书发表后所写的一篇文章中指出："但总的来说，迄今为止，人们还是不愿考虑历史叙述大体反映的只不过是文字的虚构，其内容不是被杜撰就是被发现的，其形式与文学作品更为相同而与科学相去甚远。"（《借喻》，页 82）怀特所使用的是纯粹"形式主义"的方法。因此他"不会试图确定一位史学家的著作，是否比另外一位同行的作品就某些特定的历史事件或历史进程的环节做出了更好，更正确的描述。"（《元历史》，页 314）

为了阐明他的观点，怀特欲进一步对他所认为代表了四种"借喻"方法的四位史学大师和四位历史哲学大师著作的正义，及其情节、论据和意识形态上的含义加以严格的剖析。他的形式主义立场使他认为，这些著作是自成体系的。他无须参照著作撰写的具体背景就能加以分析。因为这些著作内容本身已经包含了其写作的背景。"我们不能证明他们是错误的"，也不能"借助于新的数据来否定他们的一般性结论。这些著作之所以成为历史叙述及历史概念化的典范，归根结底是因为他们对历史及其进程的观察具有先入为主的，尤其是诗歌般的特质。"（《元历史》，页 5）

问题在于，怀特关于四位史学大师和四位历史哲学大师的几篇文章，并没有如他所说的那样对著作原文加以分析。他的分析主要集中在著作撰写的背景，而不是正文上。我细读了怀特有关兰克、伯克哈特及马克思的文章得出了上述结论。但这个结论也同样适用于他的另外五篇文章。怀特的原文分析法假定，解读原文无需任何参照物。在《元历史》一书中，怀特尚未完成他向"后现代主义的转化"。他曾在 1993 年就后现代主义写道："我倾向于追随诸如傅科（Foucault）、巴特（Barthes）这样的人。所以我认为，在某种意义上说正文与作者无关。"（《访谈》，页 16）在《元历史》一书中，他仍对作者的意图表示关注，并试图从正文中发现这种意图。但在很大程度上，他未能解读他所分析的史学家和哲学家所写的历史的正文；也未能发现隐藏在他们的历史叙述之中的对历史的认识。大体上，怀特的文章，局限在重建大师们著作中显而易见的理论陈述上；并对其他思想家强加在这些陈述之上的所谓影响加以分析。利用所谓的"借喻"法，以及由此所衍生出来的情节、论据、意识的暗示，怀特把一贯性强加在他所分析的作者身上。这就模糊了作者思想中的矛盾性，至少是他们的思想尚缺乏系统的一致性这一事实。怀特诸篇文章的症结在于，只有我们提出问题，正文才能提供回答。而这些问题并非正文所固有的。尽管作者可能并不能完全意识到自己作品的含意，我们却可以借助提问对作者的意向加以思考。但是如果我们把作者意向排除在正文之外，而且不以问题来探索作者的意向，我们将不得不赞同一种荒谬的观点：正文可以任意的，无限多的方法加以诠释。

二

现在让我们看看怀特有关兰克的那一章。我惊讶地发现他完全没有探讨兰克的任何一部重要叙事作品，诸如《教皇史》、《德国宗教改革史》、《法国内战及君主史》、《十六及十七世纪英国史》(尽管他在书目中列举了前三部著作)，如果怀特能够就他所感兴趣的正文的意识形态含意、情节及论据的形式等问题，对兰克的具体历史叙述加以分析，倒也颇有趣味。但是，他只对兰克的理论观点加以分析，然后就把他塞到19世纪早期思想史中。怀特的这一章基于佛里茨·斯特恩（Fritz Stern）《历史的多样性》中有关兰克的简短节录。兰克著名的《拉丁及日耳曼国家史》一书的四页前言，他的介绍性讲演的片断，以及冯·劳（Von Laue）所编著一书中所载兰克题为《大国》的那篇著名文章。这些论述使我们对兰克的世界观有了很好的了解；他本人也曾就此着意加以阐发。这些论述也支持了怀特的下述见解：兰克的世界观综合了对历史进程的乐观态度（怀特称之为喜剧性的），社会有机的观念，以及保守的政治价值。在解释兰克关于历史思想及个性的学说时，怀特主要借助的是洪堡德（Humboldt）的论文《论历史学家的任务》。

但要检讨兰克的具体历史叙述，就必须超越他在《大国》一书中表现出的对元历史的领悟。这十分重要。唯有如此才能探讨其原文的实际构造，看出他心目中的英雄（及敌人），他的心理状态，对人类行为的认识及其原文的政治含意。兰克自称是不偏不倚的。但随着原文的展开，兰克的政治倾向性也变得越来越清楚。他论述德国农民战争的那一章，对路德及芒泽尔（Munzer）的处理就是很好的例证。

兰克否定了华特·史考特（Walter Scott）所撰写的那类历史小说。但他同时十分清楚，历史也是一种艺术。而且史学家也如历史小说家一样写作。这里若能对学术性历史著作和文学作品，在写作过程及文体上的相同之处加以探讨，将是十分有趣的。当然，这还涉及一个兰克认为十分重要的学术问题，即对档案做批判性研究，在历史著作撰写中的重要性。怀特却很少提到这点。因为他认为这与理解兰克的历史叙述毫不相干。但这个问题却不能因此而一笔勾销。即使我们像怀特一样认为这点对怀特的历史叙述影响甚微，对此加以检讨仍是重要的。

怀特认为可藉助一种深层的分析，那怕只限于对历史叙述的语言分析，来重建兰克的世界。这是言之有理的。但可惜怀特并没有这样做。此外，兰克所构筑的历史画面是否源于他选择了某种"借喻"也不清楚。我认为，与其说兰克著作正文的上下文决定了他对某种"借喻"的选择，倒不如说他的意识形态是决定其历史著作的体裁（怀特称之为"借喻"）的一种更强大的力量。理应如此，而非相反。这里的"意识形态"，并非马克思所谓的政治理念或虚构的意念，而是指基本的观念和价值。

在怀特关于伯克哈特的文章中，他的确偶尔提到《文艺复兴的文明》。不过，他只是轻描淡写地提示了伯克哈特的某些明确表述了的观点，而不是突显其历史叙述的含意。大体而言，怀特所讨论的著作都不属于历史叙述。他提到了《康斯坦丁的时代》，但未加分析。他的重点是在书信上，例如《向导》，《力量与自由》，《对历史与史学家的审判》。这些作品都不是历史叙述。怀特详尽地讨论了叔本华，并把他的思想作为伯克哈特悲观主义的源头，正如他在讨论兰克的那一章中，把洪堡德作为兰克理想主义的源头一样。但是叔本华的思想，是一种在伯克哈特正文中找不到的外来的因素。如果怀特不试图以"借喻"来界定伯克哈特，他在检讨伯克哈特的历史叙述时，就会发现一幅充满矛盾的复杂画面。伯克哈特的日记和信件，特别是那些写于1870

年之后的，是他对工业化社会以及大众社会的贵族式的悲观主义记述，这与他在《文艺复兴的文明》中的贵族式的，但却是热情奔放的记述形成鲜明的对照。尽管伯克哈特认为黑格尔的历史哲学具有先验的图解性而加以拒绝；尽管在《力量与自由》一书中，他曾驳斥了所谓的进步观念，他其实与黑格尔之间有许多共同之处。例如，他同样认为自由在西方观念中的产生和发展，实源于上古时代的希腊。我们也知道，伯克哈特认为文艺复兴相对于中世纪而言是一个显著的进步。毫无疑问地，他还认为法国革命及工业革命释放出来的力量，威胁了文艺复兴所代表的当代文化。不过他的这一观点只是在《文艺复兴的文明》一书中才突显出来。此书是对以往世界的怀旧式的反思。这个世界与伯克哈特所处的时代不同，它为暴力及否定传统的道德观念，抹上了一笔光荣的色彩。因此如果我们细读原文，就不难看出伯克哈特的思想并非如"借喻"论所说的那样前后一致。

米歇莱和托克维尔的著作中也有类似的现象。不过我们对这些历史哲学家还需要做更细致的研究。怀特认为马克思的历史著作和历史哲学是"机械论的"，并将其纳入"转喻模式"之中。但如果我们细读《路易·波拿巴的雾月十八日》就会发现其叙述相当复杂，很难归入"转喻模式"之中。1848年初，马克思和恩格斯曾预料革命的爆发已迫在眉睫。但后来的事件发展证明他们的预测没有出现。马克思于是引进了另外一些影响历史进程的因素，而这些因素是与他在其他著作中的一般性叙述相矛盾的。马克思分析历史发展进程的大历史框架并没有改变。但他在论述阶级关系时，却描绘了一幅比他和恩格斯在《共产党宣言》中所描述的更为复杂的画面。马克思曾不屑一顾地把农民比喻为"一包土豆"。可是现在他们也成了一种历史因素。马克思指出："路易·波拿巴的胜利是由于资产阶级惧怕无产阶级，以及农民憎恶无产阶级和资产阶级所致。"（《元历史》，页320）当马克思面对现实中不能纳入他的大历史框架的事件时，他就不得不引入另外一些不能完全归因于纯粹经济力量的因素。因此他承认，个人的，特别是路易·波拿巴的作用，尽管是消极的，但却影响了政治事件的形成。而诸如法国革命及波拿巴主义这样的政治传统，也对政治事件的形成产生了强大的影响。最后还需要指出的是，马克思使用了道德的范畴去分析路易·波拿巴和十二月十日社团中的流氓无产者。

这也与他的大历史框架有出入。

我的用意并不是在否定阅读原文，而是要用比怀特更细致的方法来阅读原文。狭义的"原文主义"局限性确实很大，但离开了原文产生的背景，我们就不可能理解它。而作者的意图正是这一背景的重要组成部分。与此同时，还必须看到这些意图往往比作者本身所承认或意识到的更复杂。这里我们就要遵循怀特在《元历史》一书中所极力主张的，要透过"表面"挖掘"深层的结构内涵"。(《元历史》, 页415) 我们必须细致地、批判性地阅读原文以发现这一结构内涵。但是这个结构内涵并非源于原文。我之所以批评怀特的《元历史》并不是因为他过于依赖原文，而是由于他一反自己所提倡的"原文主义"，对其运用颇少。

原文其实可以比作者本人提供更多的有关作者所处时代的信息。在《元历史》一书出版近十年后，怀特写了《正文中的背景：思想史的方法和意识形态》。文中表达了相同的看法。让我们暂时撇开怀特对后索绪尔语言学的支持，看看他是如何处理《亨利·亚当斯的教育》一书中的那些精彩论述的。怀特在这里承认："如果我们把一切原文视为历史证据，那么这些原文便毫无例外地被加入了意识形态的成分。"他接着指出："对掌握了适当工具的历史学家来说，任何一篇原文、一件文物都能够体现它所处的时代及制作地点的思想世界，甚至可能是感情投入的世界及其惯例。"(页187) 怀特在分析《亨利·亚当斯的教育》时，仔细考虑了该书出版的背景，和亚当斯所生活的美国贵族社会。他并未视该书为一个整体。而是指出书中论述亨利·亚当斯的早年及晚年生活的两部分，在论述方法及观念上有明显的不吻合之处。怀特认为他的分析方法是符号学的方法，而不是语言学的方法。他希望超越"惯常的研究方法以确立原文究竟为何物。因为惯常的研究方法只注重确认原文中的一般要素、主题及论点等等。"(页149) 这样就可以把读者带入"思想史的一个特殊课题：创造含意的过程"(页209)。怀特的结论是："如果我们剖析亚当斯著作中丰富的象征性内容，就可以正本清源：他的著作不过是其赖以产生的文化的固有产物。""亚当斯特殊的论述方式使我们有可能将他的著作视为他所处时代的证物，使现代读者也能够领悟，也能作为一种信息来接受和理解。"(页213)

我对此完全同意。这样做的结果，是令人信服地展示了原文与背景之间的互动关系。

三

但是怀特的"原文主义"所提出的问题不仅限于原文与背景的相互关系，还涉及原文与外部世界真实性的关系，以及在何种程度上原文所反映的是事实或是虚构。

我同意怀特的下述几个观点：

（一）怀特在处理历史著作，特别是19世纪西方文化的经典著作时，视其为"以叙述散文铺陈为形式的文字结构"（《元历史》，页4）。很少有人会对怀特的这个意图提出质疑。历史记载通常是以故事的形式出现。

（二）19世纪的学院式历史主张，历史将毫无疑问地从文献证据中显现出来。怀特认为这个观念是站不住脚的。对这一点也很少有人会表示反对。附带提一句，当时的史学大师们，特别是兰克，没有一位持这种观念。史学家要使其叙述前后一致，就必须超越原始数据而撰写一个故事。史学家的叙述需要将数据情节化。这不仅在19世纪欧洲史学编纂中是如此，而且在这之前的西方，可能在其他文化中，也同样如此。在这种意义上，每一项历史叙述都具有文学的一面。兰克也承认这一点。

（三）怀特认为史学家在构造其故事时不会没有一些假设。现在大多数人都同意他的看法。正如怀特所说："一位史学家必得事先对他的历史领域构思一番，才能以这些观念表达和解释这一领域中的资料。"（《元历史》，页30）我也同意，史学家构造的每一项历史记载，都渗入了或明显或隐讳的意识形态考虑。我进而同意，在每一项历史记载中都包含着一种隐讳的历史哲学。

（四）我也同意，19世纪史学思潮中占主导地位的，严格区分历史与文学的做法需要修正。（见《借喻》，页98）因此，我认为下述观点已不能立足："可以认为，小说家在其叙述中杜撰了一切；但史学家除了一些华丽的辞藻之外没有杜撰任何东西。"（见《内容》，页10）我同样认为，死板而陈旧地将虚构与历史截然分开的做法如果不重新界定，也是站不住脚的。这种看法认为虚构代表想象力，而历史则代表事实。不仅历史叙述在构造一个故事时不可避免地会引进虚构的成分，而且小说，特别是19世纪体裁的小说，由于特别赞成现实主义，都"希望为现实提供一幅文字形象"（见《借喻》，页122）。我赞同怀特的主张：在事实与虚构之间有连续性。我也接受他的观察："尽管小说家可能只与想象中的事件打交道，而史学家则只与真实的事件打交道，但把想象与真实事件融为可理解的整体，并使其成为表述客体的过程，实际是一个想象的过程。"（见《借喻》，页125）

（五）我也同意怀特所说的，"历史"充满了证实事件发生的各种文献。因而有可能用几种不同但同样可行的方法，把这些文献组合在一起，以形成几种有关"过去发生了什么"的叙述性记载。（《元历史》，页283）应该承认："对任何一个研究课题来说，都没有唯一正确的看法，而是有许多正确的看法。而每一种看法又都有其自身的表达方式。"（见《借喻》，页47）怀特将这种观点与艺术相提并论。他正确地指出："我们不能指望康斯塔伯（John Constable）和塞尚（Cezanne）在置身同一风景中时注意同样的东西。"（《元历史》，页46）

我对怀特的上述意见表示赞同。他深化了我们对历史叙述的文学及虚构层面的认识，从而做出了宝贵的贡献。在我看来怀特的失误在于，他认为所有的历史记载均含有虚构的成分，因此基本上是虚构的，不受任何真理的限制。对他来说，不仅任何事件、文献都可能有多种不同的解释，而且所有的解释都同样是真实的。如前所述："美学或道德成了最终采用某种历史视角而不是其他视角的依据。"（《元历史》，第七章）

怀特并不否认历史事实的存在。当被问及对犹太人大屠杀的看法时，他承认大屠杀发生过。因此1789年7月14日攻占巴士底监狱"只是一个简单的事实"（见《内容》，页77）。"虐杀犹太人也同样如此。如果谁声称此事不曾发生，这种说法在道德上具有挑衅性，一如在理性上带有迷惑性一样。"（见《内容》，页76）怀特在这里使用的有关事实的观念，比他在其他地方所使用的同一观念更为简单，也更为传统。他曾赞同克劳德·利瓦伊—史陀（Claude Levi-Strauss），认为历史事实是构成的，而不是既成的。（见《借喻》，页 55）他也曾引罗兰·巴特（Roland Barthes）的话"事实仅仅存在于语言之中"，并将它作为《形式的内容》一书的警句。他同样对于"未经加工的事实"是否存在表示怀疑。他认为，一位史学家"必得挑选能使他的世界井然有序的隐喻，并藉此来构造事实"（见《借喻》，页 47）。怀特把虐杀犹太人与否定这一事件曾经发生的修正主义论调相对照之后指出："显而易见，如果将虐杀犹太人作为对已成为事实的事件的记述，我们就能够评估、评价各种相关的'不同的叙述'。我们也能够依据这些叙述记载事实的忠实程度、全面性及论点的一致性对其加以评估。"(*Probing*，页 141）但他又立即对此加以解释而继续写道："叙述性的论点不仅包括对事实的陈述（即作为单一存在判断的命题）和论点，还包括想象及修辞成分。这里'不同叙述'之间的对立，并不涉及所探讨的事实，其主要矛盾是故事的含意各有不同。而正是故事的不同含意，使事实赋有了情节性。"（同前引书）

这样一来，怀特在虐杀犹太人的真实性这个问题上便转向了尊重事实。这似乎与他在《元历史》一书及其与伊娃·多曼斯卡（Eva Domanska）的对谈中，所表现出的一切史学著作都是虚构的立场相互矛盾。正如我们已指出的那样，怀特认为所有历史叙述都是"文字的虚构。其内容半是杜撰半是发现"（见《借喻》，页 82）。"我们可以把历史及小说都简单视为文字的人工制造物。二者之间并无分别。"（同前引书）与此相似的，"区分神话与历史本身就是成问题，站不住脚的"（前引书，页 83）。

怀特虽然正确地指出了在构造超越原始资料之上的历史叙述时涉及的种种因素，但我发现他的以下观点是站不住脚的：任何一种历史叙述只要不违背事实就同样是真实和有价值的。历史叙述可依据其"一贯性、一致性及启发性"加以判断。但却不能像对待思辨历史中的论断那样加以"驳斥"或"否定"。(《元历史》，页 3）一位史学家如何把"丰富的文献"组合成一种"似乎合理的叙事说明"，完全出于他的"自愿"决定。(《元历史》，页 238）

怀特的这种立场，在他的后期著作中变得更为激进。他对语言采取了所谓"后索绪尔"或是"符号学"的研究方法，并拒绝了"一种幻觉：过去确确实实地、直接地反映在原文之中。"（见《内容》，页 209）因此，我们"能就原文作为对历史事件的见证的忠实性、客观性提出问题"（同前引书，页 192）。

结果是怀特现在视学术研究为一种"仪式性的运作"。"史学家所声称的'客观性'和'忠实性',其实只与那种渊博的学术研究惯例有关。这些惯例是在特定的时间、地点,在不同学术团体的特定领域中形成的。换言之,史学家的'客观性'和'忠实性'一如他所提供的'事实'那样,是相对于其著作的写作年代及地点所流行的文化观念而言的。"(见 *Rejoinder to Chartier*,页 65)

四

当然,无论从文学、美学或学术的角度去看历史都有其成立的理由。但怀特实际上否定了从学术角度去看历史的方法,认为那只是一种幻觉。

怀特认为每项历史记载都渗入了意识形态的成分,这无疑是正确的。但他的下述意见未免失之偏颇:"不同意识形态在判别相互矛盾的有关历史进程及历史知识的观念时,除了意识形态之外没有其他的依据。"(《元历史》,页26)让我们用法国革命来检验一下这个看法。我们注意到,怀特同意无论是1789年七月十四日攻占巴士底监狱,还是"肖(Shoah)"所描述的毒气室,都有不可否认的事实根据。但无论谁试图对法国革命或是"肖"做更广泛的历史解释,都必须将事件情节化。因此,作为结果而呈现出来的故事,就其本质来说是虚构的。所以关于法国革命和"肖"有多种说法,我们不可能用意识形态之外的依据来判断它们。

让我们来看看法国革命的历史。自1920至1970年代,马克思主义对法国革命的解释占了统治地位。这些解释大都附和乔治·利菲浦(Georges Lefebvre)的分析,认为革命爆发是阶级冲突的结果。虽然贵族、农民和小市民都在革命中发挥了各自的作用,但起主导作用的是资产阶级。对怀特来说,马克思主义的这种解释既无法肯定也无法否定。恰恰因为每一对历史做出解释的尝试,在构筑其叙述时,都包含意识形态的因素,以及一种"情节化模式",所以"无法在不同的解释模式之中做出裁断"(《元历史》,页276)。但文献证据使我们能够检验某种"解释"法国革命爆发尝试的某些方面。当然文献证据本身也包含着需要加以解释的人工文字制品。利菲浦的分析在研究法国革命的学者之间引发了一场辩论：介入革命的各阶级的经济及社会成分如何？阶级观念在这里是否适用？像利菲浦和科班（Cobban）或是索博尔（Soboul）和富理特（Furet）这样的学者，受各自意识形态的激励而理所当然地提出了不同的观点。但他们的争论都基于对事实材料的解释之上。利菲浦的文章也可以用这个方法加以检验，并且部分地被否定或修改。通过这场讨论，逐渐形成了一种共识：不能完全或主要用经济因素去解释法国革命；人的态度和文化价值也应该考虑。林恩·亨特（Lynn Hunt）和另外一些学者强调符号和语言的作用。对法国革命从经济或文化的层面去解释，在某种程度上不仅相互冲突，而且是对一个复杂的历史综合体所做的完全不同的观察。对法国革命没有也不可能只有一种解释，但史学家们相互沟通时确有一些共同遵守的理性标准。怀特认为："不同的史学家对同一现象可以提出十分不同乃至截然对立，但又同样似乎可能的解释而不至于歪曲事实，或违背通行的处理证据的准则。"（见 *Rejoinder*，页70）我对此完全同意。但怀特提到了"通行的处理证据的准则"，可见他也承认史学家在学术程序的问题上有某种程度的共识。

怀特对哈伯马斯（Habermas）的理论表示不屑一顾。认为他关于"沟通及交谈的理论是幼稚的"。（见《访谈》，页21）但在我看来，哈伯马斯沟通理论的核心并不幼稚。它能够辨认出渗入沟通中的意识形态因素；也能看出我们周围的现实就其本质来说是非常复杂而且又常常是模糊不清的。但与此同时，它坚持对成熟的个人之间沟通的承诺。康德称之为"mundig"；并同意理性的对话应当具有一些标准。这种对话的结果绝不是意见的绝对一致，而是一种对意识形态歪曲历史事实提出挑战的连续对话。史学研究就是这种对话的一部分。怀特认为这种研究大体是仪式性的。但是，尽管史学研究表现出的意识形态各不相同，在处理证据以及提出论点上却有一些约定俗成的最低标准。虽然想象力在学者构造对事件的说明时起了一些作用，但这些说明并非纯粹的想象，或主要是想象。它们是以艰苦的研究为前提条件的。而且其研究方法和结论也要受学者们的检验。学术研究在就具体问题达致共识方面的能力诚然有限，但它却能在破除历史迷信方面做出贡献。而这正是理性对话的重要组成部分。

（王贞平译）

（2008年第4期）

敬复伊格斯教授[①]

海登·怀特（Hayden White）

伊格斯（George Iggers）认为：尽管"历史写作"（historical writing）很可能包含某些"文学的"（literary）因素，但是将它本身视为是一种"文学"（literature）的形式则是错误的。对他而言，历史写作基本上是一种媒介（a medium），用来传达一种特别的"学术"（scholarship）的研究结果。根据他的看法，我所主张的历史写作是一种论述的（discursive）行为或实践的产物，这在本质上是较"诗意的"（poetical）而非认知的（cognitive）。因此，（他认为）我否认历史的与虚构的论述（discourse）间的差异，将历史写作等同于小说写作，并视历史写作的"内容"（contents）与小说、诗、戏剧一样置于相同的"虚构的"（fictional）层次。他认为我相信历史事实是"被创造的（捏造）"［invented（made up）］而不是"被发现的"（discovered）；史家的写作被"语式"（linguistic mode）所"决定"（determined）或"制约"（conditioned），在其中史家为其"俘虏"（captives）。根据他的评断，这就是为什么我会认为史家的著作可以视为是"独立的"（self-contained）语文结构来分析，而与它们的语境或作者的意图无关。伊格斯认为我的这些观念不是错误的就是夸大的，要不然就是思虑不周的，这些观念对作为人文与社会科学的史学的特殊性来说是不公平的，并且它们总是让我在《元历史》（Metahistory）书中误判书中所讨论的历史上的史家与哲学家的著作。

伊格斯更明确的批评是，他以为我没有实现我在《元历史》书中所提的研究构想，分析作为语言产品，并定型在一种叙述的形式之中的历史著作；在

[①] 本文为修订版，由台湾佛光大学历史系主任、《历史：理论与批评》杂志主编李纪祥教授向《史学史研究》推荐，并授权发表，在此致以谢意。

特定史家的著作的复杂与差异中，指出他们著作的特色。他认为我的历史写作风格"转喻的"（tropological）概念使我对经典史学的著作产生一个错误的一致性，忽略了它们所包含的"矛盾"，并且一方面将它们与任何相关的"语境"隔离，另一方面将它们的作者立意写作历史而非小说的企图隔离。

我认为伊格斯之文在对我的著作的了解上呈现出严谨与宽大的努力，并致力于令人敬佩的对话而非好争辩的激论。我想由承认某些观点来作为答复伊格斯之文的开始。首先，他正确地指出《元历史》一书没能对所研究的这些历史著作提出一种叙述或说是叙述式的分析。当我计划以历史著作最显著的呈现，那就是塑型于叙述的散文论述的语言产物来处理历史著作时，我当时所强调的是作为"语言造物"（verbal artifacts）的身份，而非作为"叙述"（narratives）的身份。我单纯地认为历史可等同于它的叙述形式，而我当时并未探讨这个形式，不像后来因迫于答复对我的批评所做的，而伊格斯现在又再次提出类似的批评。

我想提醒的是，当我在 1960 年代中期构思《元历史》之时，正是结构主义在人文科学擅场的时候。因此我此书的目标在显示"实在"（reality）的故事体叙述是如何总能显示为深层结构内容——所指（signifieds），意义系或存在神学（ontotheological positions）——的讽喻（allegorizations），而证实所呈现的它们的意识形态的与政治的含意。这是巴特（Barthes）在他的《历史的话语》（'Le discours de l'histoire'）一文所提的纲领，在他的对 *Michelet par-lui-meme* 一书中也有论及，而在其《S/Z》书中完全呈现。此书显示明确的结构主义者叙述的分析，故被视为是意识形态化的论述的真正典范。当时一般的看法是，叙述的思考是一回事，而概念的（conceptual）〔或如 Greimas 所称的"规则系统的"（algorithmic）〕思考又是一回事。譬如在历史哲学中，有一概念是主张历史（不像社会学）藉由说有关事件的故事来说明事件，或者比较好的说法是，一个"故事"（a story）的要素是彼此相关的，并以此来展现事件的联结方式。

以一个结构主义者的观点来看，每一个叙述皆预设了一个概念的格式（schema）或系统，以便将各部分联结为整体，因此促使似乎是单纯地以时间序列铺陈现象的运作，并且容许各种现象作为"故事"（stories）的要素与操作者（operators）来展现它们的功能。我称这种用说故事来解释的过程为"布局"（emplotment），并且布局为叙述法赋予不同价值——道德的、美学的或心理的、经济的或文化的、精神的——的媒介。这些现象似乎是单纯地"被呈现"（presented）在眼前以便思考或反省。对当时的我而言（或者我现在看来也如此），叙述只是论述的一种语式，透过它实际建构了一种信仰系统，用来为一个特定的团体或阶级谋福利。叙述被赋予一种世俗的"自然性"（naturalness），使得故事能在世间流传。[1]

我曾经受邀写一本有关19与20世纪历史写作史的小书（是由Norman Cantor为Wiley出版社主编的丛书）。这让我感到一种特定写作（历史写作）的历史研究，应以研究由史家与其他知识分子或学者实际写作的文本着手，这些人可能写过历史（"历史"被理解为或者是"过去"或世界不同区域的发展过程，在其中一个"现在"可说是某种"过去"的产物或衍生物），历史写作的经典著作（如Gooch、Feuter、Croce、Thompson的著作）实际上除了"风格"上某些特色外，并未处理历史的"写作"，而这些特色被理解为润饰以及说个好故事的能力。他们确实没有以当时在语言学、语言哲学、文学批评以及人类学对"写作"的处理方式来处理历史写作。考虑撰写另外一种历史写作史，而没有运用界定所可能产生的"意义效果"（meaning-effects）的各种类型的理论，那将是无价值的；并且在被理解为一种话语的实践的"写作"中，它的形式与内容，和其声音的、视觉的以及手势的相应部分是不同的。一般

---

[1] 我想提醒伊格斯以及此文的读者，伊格斯所据以讨论我在许多方面看法的文本是《元历史》一书。此书在1973年出版到现在已将近二十五年了，而此书又为我出版前六至七年努力的结果。因此应将此书的源起放在学术史特定的历史环境中，尤其是有关历史意识理论的本质与重要性的辩论。所以在《元历史》书中所铺陈的看法是在一个特别的时期（60年代晚期与70年代早期）、一个特别的地方（美国与西欧）以及一个特别的社会—文化情境（在美国当时所进行的各种学生运动与人权斗争，以及西欧民主国家内部的反越战运动）的背景中所产生的。在我所处的学术圈（我指的是学院的社会与人文科学）中，当时正深受结构语言学对话语理论的冲击，也是人文学科普受李维史陀结构人类学的冲击之时，也正是对马克思主义与辩证唯物论的科学性展开激辩之时，也正是冷战时期，因虑及苏联集团的包围以及为保卫"美国的生活方式"（the American way of life）而战，运用各种必要的方式〔包括原子战争、生化武器以及对任何政治的与社会的"脱轨"（deviancy）的敌视〕，政府整编各大学的资源使其致力于维护"民主"与"资本主义"。当时学院中的历史学者们正积极地从事这些战斗。我当时欲使用结构主义者对历史写作的分析来显示历史学中所沿袭的意识形态的本质。在此视角下，我要"解构"专业的"客观性"的正统，并显示历史研究的核心不可挽救的是意识形态的。

同意，写作的论述会产生意义充斥（a plethora of meanings）（当时在符号学的口号称"所指"）与一个"指示物"所可能包含的任何明白的"讯息"有很大的差距。这种意义充斥被视为是选择原则（词汇单位 lexemic units）与运用在论述本身的撰写的组合（辩证规则）的产物。[①] 因语言习于描述一个话语的"指示物"与其所赋予"意义"的差别，因此写作话语被理论化为"有层次的"；兼具一个有意识的充满意欲的"表层"以及一个在无意识下所产生的"深层"。这在结构与效果上颇类似于那些"诗歌的"陈述。

我想因为有了这些概念，使我对事实的与虚构的论述的传统区分有了某些新的见解。在 19 世纪时，此种区分是基于历史探究被许为是一种科学的权威〔这被理解为某种类似德文 Wissenschaft，即"（人文）科学"（discipline）之意，而非为如化学或物理学的实验科学〕，并转变成为一种专业的实践，履行建立事实群，并以此来反对或测度任何"意识形态"所包含的对真实的扭曲，同时并为法国大革命后为创造新国家的政治与民族利益服务。在许多年对 19 世纪历史写作史的研读与反省后，我写了《元历史》。我并花了前此二十五年的大部分时间，企图回复对我在《元历史》所采的论点的批评。我并不为我的论点辩护，更不是因它们而致歉，而是企图一方面在历史事实间的关联性上，另一方面在意识形态上，净化现代西方社会的诠释与运用的方式。

在谈伊格斯对我们两人都关切的理论问题的讨论之前，我想说说有关《元历史》的"导论"与"结论"和书中内容的关联。在导论与结论中表明了一种历史文本的模式，并且在书中我似乎企图将此模式运用在特定的历史作者上（兰克、米歇莱、托克维尔与伯克哈特等史家，黑格尔、马克思、尼采与克罗齐等哲学家）。事实上，我是在完成撰写讨论 19 世纪历史中史学与哲学的经典文本各章之后，才撰写理论性的导论与结论。因此，事实上这理论性的工作可视为是一种反省的产物，是我反省在对这些历史著作的分析中，我前此，抑或说是当时，到底在做什么？它们并不是代表在写作特定史家著作的部分之前即有的一种历史文本的模式，并将此模式套用在对各家的

[①] 参见 Jakobson 论选择（排比的 paradigmatic）与组合（连接的 syntagmatic）的语轴（the axes of selection）以及叙事（the speech event）的六种功能：参考的、表达的、影响的、元语言学的、诗歌的，以及交感的。

研究上。

因此，理论模式是我前此对我的著作持续修正的结果。明确地说，我此书的写作顺序，首先是呈现和分析作为"十九世纪历史想象"（the 19th century historical imagination）的代表的历史作者；然后呈现与分析这些史家的文本的理论模式。这符合我自己有关如何写作具体实际过程的历史的看法，此即我在《元历史》与其他著作所主张的，史家呈现他们的著作，好像是他们首先已完成他们的研究，唯在此后才从事撰写将呈现他们研究成果的文本。但是实际上，"撰写"（composition）的工作，是当一个史家选择过去的某个部分来研究的当时即已开始进行。在对一个可能的研究计划的描述中，就已包含将此研究概念化了，并隐含可能用于解释或了解或叙述故事的内涵，抑或只是将故事"呈现"的认知形式。我当时企图在理论性的导论与结论所做的，是概念化我对所研究的史家的文本作适当的描述的努力背后的想法。现在容许我来勾绘我今天是如何表达这个构想。

对任何一种事务状态的描述，皆预设了一个元语言，在其中事物被命名、事物间的关系被界定、改变名称与关系的形容词被运用。我们应如何形容它呢？说它为事物的权衡吗？正是元语言——概念化或只是预设所有描述的话语情境——权衡了作为文学用语的比喻用语特定方式的使用。元语言因基于区分什么是要被当作字面的用语，以及什么要被当作仅是话语中能够建立的比喻的修饰，因而创造了差异。但是区分什么是字面的，与什么被理解为仅是修饰的做法是武断的，或说是因袭的。如果所有的用语在本质上是比喻的，此种区分应被视为是在一个用语本身中的区分，而它最首要与基本的性质是比喻的。

在塑型于一个叙述的呈现形式中，对于事情的状态以及变迁过程的描绘尤其是如此。因此，尽管一个叙述式的历史希望被视为是对一个过去的真实所做的一个"原本的"（literal）的呈现，并且期望以作者对过去（指事实 the facts）所做的叙述和文件资料所能允许作者对过去所做的叙述的契合性为评断史著的基础，而叙述形式本身必须被理解为一种延伸的比喻过程。对此过程，我现在希望它被作如下的理解：这是一个过程，在其中真实的事件、实体、人物以及各种过程被译成符合"故事"的各类比喻。在此意义下，我主张必须首先与根本上将历史叙述视为是"虚构之物"（fictions），更特定的是视其为"讽喻"——精确地说，意义的隐喻类型是"故事"所仅能凭借来赋予事件与事物兼具想象的与真实的意义。

在此意义下，（我现在想）我在《元历史》所主张的看起来像是一种"语言决定论"（linguistic determinism）或语言的"相对论"（relativism）；我企图以它来建立在叙述的形式中，每一个历史真实的呈现皆具的"虚构的"本质。（我现在想）就是因为这个原因，我当时想（对此而言，无论如何我现在也确实如此认为）一个声称是对任何"真实"（reality）（过去、现在或未来）的描述、呈现与提供理解的话语，必定要在话语所赖以进行的语言理论的辅助下实施，特别是足以详析在文本中公认的字面的与修饰的向度所含的辩证〔或如我在《论述的转喻》（Tropics of Discourse）一书所称的一个"辩证的"（a diatactical）〕关系的写作话语的理论。我现在认为将历史叙述象征化为"虚构的"（fictional）是错误的，或毋宁说是设计不良的做法。因为西方文化自19世纪初期以来，历史写作的实践是在如下的坚信中进行的："事实主义者"（factualist）的论述至少在消极上，以及在最小的程度上，是可界定为"非虚构主义者"（non-fictionalist）的话语，并且被视为是"虚构的话语"必须被理解为是有关"想象的"（imaginary）（可能的）实体而非"真实的"（real）（事实的）实体的论述。

我现在偏爱用"文学的"（literary）这个词语来象征历史叙述。因为在理解上，不是所有"文学的"（literary）写作皆是"虚构的"（fictional）写作，并且文学的写作是一种将"真实"（reality）的呈现问题，视为其"内容"（contents）的一种特色的写作，它所用的语言（兼具字面的与比喻的）是用来"提及"（refer）与"描述"（describe）真实。毫无疑问的，若只希望将历史叙述视为是对真实事件（真正所发生的）"字面地"（literally）陈述，对历史写作的此种说明，则会被视为是不必要的复杂化与卖弄，但是，若没有这样说明，或没有将任何写作在其写作中，以叙述的方式来呈现真实事件所涉比喻的因素概念化，那么欲说明如下的事实似乎是不可能的：尽管以故事的形式来呈现真实，历史写作企图采"文学的"说明，然而实际上其本质是"比喻的"（figurative）。在此意义上，历史写作（至少是塑型于叙述形式的历史写作），像现代主义者的"文学的"写作〔与其较早的"真实主义的"（realistic）前辈相对照〕能因其"真实性"（truth）而被评估——此处所谓的"真实性"，是指被理解为"比喻的"（figurative）真实，而非它所可能包含的"字面的"（literal）真实。

由视历史写作为"文学的"写作（并与"虚构的"写作对照）的观点来看，我们可试着回答刘易斯·明克（Louis O.Mink）所提出的问题：历史叙述是如何能被认为可提供"真实"（a "truth"），并与特殊的存在主义的陈述中的真实观不同且能被区分出来。换句话说，历史叙述所谈的完全是真实的世界，并且主张一种真实，而其求取途径与现代主义者在小说、诗与戏剧声称所采的方式相类似。这单纯是因为它们的提法与主张，是塑型于"比喻的"语言，而非"字面的"语言。这是为什么今天我要说历史叙述确实不是有意要成为"虚构的"，而且在很多例子中也不是如此；但是特别在叙述的历史写作中，可合理地标明为是"文学的"，在此处"文学的"词语被理解为一种写作，在此种写作中，写作本身的行为成为表现其内容的一种因素或角度。以此方式来讨论认可了现代主义者文学研究的发现，其阐明塑型论述的语言不仅是形式的问题，而且是内容的问题。现代主义者著作所显示的洞识是：所有写作皆是自我反省的，并意识到使用语言来谈论外在于语言的世界，必须建立它自己使用的语言的表达，以作为其主题的一个因素；并了解到"撰写"（to write）的总是意谓从事写作行为本身，是一个"指示物"或内容，其任何细节与其写作"所提的"（about）任何外在于语言的实体是一样"真实的"。

上述的考量，使我们能依语言的自我意识程度将写作区分为至少三种类型。一种是依据如下的假设:语言、话语或论述提供一系列空洞的"形式"——语汇的、文法的、修辞的（如语体、文体或情节种类）。对这些形式如果有恰当的选择，那么用它们来呈现真实世界的事件、人物或行动时，将不会增加概念的内容。另一种是承认语言所涉入的概念的范围。认为一种"自然的"（natural）语言加上歧义性与关联性时，即被疑为是文学家表达的工具，即运用一种"技术性的"（technical）语言（一种元语言学、被规范的符号或词汇）描述它的指示物，并且视为"研究对象"来呈现对这些指示物分析的结果。在这种方式中，用以呈现真实的语言，被认为是超越于或说是"外在于"

它所谈论的世界。一边是"字"（words）或符号，另一边是存在的且能被字或符号所提及与呈现的"事物"（things）或对象。在此处，语言被视为呈现的媒介，只要它的用语的意义在被其论述所用之前即已设定的话，就不被认为是有问题的。而这种语言要以字面的意义来了解，并且仅能恰当地被认为是字面的话语，因为它组成的词语在程度上是源自全然的"比喻"（figuration）（言外之意）。第三种类型的写作是将诗的语言视为典范，在其中原本用来呈现真实的写作本身，被视为是其所谈论的世界的一个要素，其间用来谈论真实的写作，在其作为谈论真实的媒介的同时，也是所谈论的真实的要素——因此用来提及真实的语言被视为是指示物，而有其本身的地位。在所有诗的陈述中皆显现有这种语言的观点，并且现代主义者的"散文"著作，如普鲁斯特、乔伊斯、吴尔芙、史丹等人的著作中，语言本身被作为一种论述的"内容"，其被重视的程度，就像作为一般的"客体"或"主体"那些真实的非语言要素一样。在这类的写作中，"真实"（reality）的呈现（vorgestellt）并没有像写作的表明或"提出"（presented）所占的分量多。这并不是真实被改变成写作，而是真实能在写作中被理解，只要语言能说是真实的立现，且能在写作本身的行为的产物中出现此种真实。这绝非"语言决定论"。相反地，这只是承认被用来呈现真实的语言，是属于它所欲呈现的那个真实的一部分。

这样一个语言形式的观点是过于自我的，如果它不能承认现代主义者写作的实践中所产生的文学形式的问题（如混合各种形式类型的实验、欲证明风格与语意内容的融合的努力、对传统的类型体制信仰的破坏、拒绝接受类型的规则——特定的事件类型有它们自己"专有的"表现形式的观点——表明的意义与潜在的意义间的区别的泯除、淡化主观描述与客观描述的区分，尤其是坚持要区分字面的语言与比喻的语言是不可能的），已经无可比拟地证明了所有"自然的"语言，在本质上是比喻的。在现代主义者对叙述的呈现形式与"客观性"所做的实验的指引下，显示了历史研究的真正核心不可挽救的是意识形态的。

（方志强译）

（2008年第4期）

后现代主义与后现代史学

杨共乐

后现代主义（Postmodernism）作为对现代性的一种批判思潮兴起于20世纪70年代的欧美学术界，因为这一思潮具有强烈的反传统倾向，所以格外引起学界和社会的关注，褒者不少，贬者也很多。近些年来，随着中外学者相互之间交往机会的增多，我国学界对于后现代主义作品的介绍也大有增强的趋势。因此，弄清楚后现代等概念的由来及其相关内涵无论对于我们了解西方史学的现状，还是发展方向都有很重要的意义。那么后现代、后现代主义和后现代史学到底是一个什么样的概念呢？后现代史学的主要内涵是什么？它又是怎样挑战现代史学的？

一

"后现代"（Postmodern）是相对于"现代"（Modern）而言的一个概念。美国学者伊哈勃·哈桑（Ihab Hassen）认为，"后现代"作为一个术语，最早出现于西班牙学者费德里科·德·奥尼斯于1934年编辑出版的《西班牙和拉美诗歌选集：1882—1932》中。八年以后，达德利·菲次在其《当代拉丁美洲诗歌选集》中[①]，又沿用了这一术语。后来，英国历史学家阿诺德·汤因比在其缩写本《历史研究》中也使用了这一术语，意思是说：从1875年以后，西方文化开始向世界方向发展，对世界其他地区的文化产生明显的影响，成了其他地区纷纷效仿的标本，所以，汤因比认为，从那时开始，世界已经进入

[①] 而据卡宏的研究，最早提到这一术语的是德国哲学家鲁道夫·潘唯兹（Rudolf Panwitz）。

了一个全新的时代,即后现代。

不过,从现实意义上看,当时他们所使用的"后现代"或者只是描述文学批评中的一种反现代主义倾向,或者只是作为一个时代简单的分期术语,不但在社会上没有产生较大的影响,就是在学界也没有引起较为强烈的反应。

自从20世纪70年代中期以来,尤其是西方主要发达国家完成工业化,进入信息化以来,社会经济发展迅猛,社会变化明显加速。而随着西方经济的发展,生产尤其是制造业的主体地位日益动摇,消费的作用日渐增大,消费不但对人们的思想观念产生了很大的影响,而且在某种程度上还制约了人们的思维、观念和行为。更为重要的是,信息工业的蓬勃发展,使社会秩序、结构以及人与人之间的关系发生了显著的改变,电脑化,信息网络已很发达,数字符号已经走进人们的日常生活,成为许多现实和客观事物的代名字,人们似乎生活在一个由文本、符号、声音等组成的与客观世界完全不同的另一自然里。认识主体和客体之间的关系越来越复杂。面对快速变迁的现代社会,越来越多的学者开始在自己的作品中使用了"后现代"这一概念,并以此作为新时代分期的基本术语。

大约与此同时,又有一些学者开始用一种批判现代理性的方法来研究社会,研究现实,研究现代文化,其中著名的有 M. 福柯、J. 德里达等。到了70年代末,这一以批判现代文化为主的社会思潮在西方已相当流行,人们开始将其统称为"后现代主义"。西方学者哈桑曾对后现代主义做过认真的研究,并将它与现代主义作了深入的比较,现将其比较的主要结果列表于下[1]。从这里我们能够清楚地看到后现代主义的大致特点。

现代主义	后现代主义	现代主义	后现代主义
提倡形式	反对形式	中心明确	中心分散
目的鲜明	不讲目的	边界分明	互涉文本
刻意规划	随遇而安	阅读理解	边读边解
等级严明	毫无秩序	叙述清晰	有头无尾
作品完整	临时发挥	深入透彻	表面肤浅
客观对待	参与其间	确定性强	无确定性
一统天下	四分五裂	超越经验	变化迅速

---

[1] 见 Margaret A.Rose: The Post-modern and the Post-industrial:A Critical Analysis,New York,1991.P.49-50.

当代最先出现后现代主义思潮的是建筑、艺术。此后，后现代主义又开始对语言学提出质疑，否定语言的确定性，挑战语言所反映的事物的客观存在性，并由此逐渐走向文学和文学批评等领域。大约到上世纪 70 年代，后现代主义由于"语言学转向"（Linguistic Turn）而进入历史学。美国学者海登·怀特可以说是这方面的始作俑者。1973 年，他发表了著名的《元史学，19 世纪欧洲的历史想象》（*Metahistory : The Historical Imagination in the Nineteenth Century in Europe*）一书。在书中，他以 19 世纪的四位史学家（米什莱、托克维尔、兰克和布克哈特）和四位哲学家（黑格尔、马克思、尼采和克罗齐）为例，指出历史学家和哲学家所写的著作没什么不同，历史学家虽然用的是史料，但目的是为了表述一种哲学理念，所以，人们无法从历史著作中获取真实的历史。人们在写作历史的时候，与其说是追求真相，不如说是追求语言的修辞效果。历史语言与文学语言没有什么区别，历史和文学一样都是人们想象的产物。[①] 自从海登·怀特向历史学首先发难以后，西方传统的历史基本理念如历史的客观性、历史的真实性、历史的因果关系等都受到了后现代主义者的批判和责难。

对于后现代史学的挑战，大多数史学家最初都采取不屑一顾的态度。但从 20 世纪 90 年代以来，后现代史学的攻势越来越猛，迫使不少史学家对之作出一些反应。美国的《历史与理论》（*History and Theory*）、英国的《过去和现在》（*Past and Present*）等杂志也就"历史学与后现代史学"这一问题举行过讨论。许多学者还专门写书来发表自己的看法。其中著名的有美国学者乔伊斯·阿普尔比等（Joyce Appleby，etc.）的《历史的真相》（*Telling the Truth about History*）、理查德·艾文思（Richard Evens）的《为历史辩护》（*In Defense of History*）以及澳大利亚学者凯思·文夏特乐（Keith Windschuttle）的《历史的谋杀》（*The Killing of History*）等。直到 20 世纪末，西方后现代主义的思潮才开始漫漫的消沉下去。

综观后现代主义发展的大致过程，我们能够知道后现代主义的相关内涵。

[①] Hayden White: *Metahistory: The Historical Imagination in the Nineteenth Century in Europe*，The Hopkins University Press,1973。

这些内涵主要包括:(1)标志着一种新的时代或文化时期;(2)作为一种新的文学、文学的批评理论;(3)代表一种以批判启蒙运动以来所提倡的理性主义的思想思潮,反对理性的普遍化与扩大化。而这一点也正是历史工作者们所要认真对待和关注的。

二

后现代主义进入史学领域以后,对史学的冲击力是非常明显的。不过,与前人相比,后现代主义史学对现代史学也即理性史学的批判有非常明显的特点。前人的论述主要集中在:史学不可能像科学研究那样客观正确,因为史学研究的对象与科学研究的对象不同,而且在研究的手段和方法之间也存在着明显的差异;史学研究因为带有史学家自身的思考和理解,史学家的知识结构、认识水准、社会背景和经历等等,都会对他的研究产生一定的影响,所以即使像兰克那样标榜"如实直书"(wie es eigentlich gewesen)的史学家,也不可能完全摆脱其自身的政治和文化偏见。而后现代史学选择攻击的突破点恰恰是西方现代历史编撰学(The Western Modern Historiography)的理论和实践,其目标则是颠覆由此相关的重要历史观念,颠覆现代历史学。

后现代主义史学否认普遍真理的存在。自从启蒙运动以来,人们逐渐形成了这样一种共识,即人类社会是不断向前发展的,这种发展又是有规律的,而这种规律又常常通过事件之间的相互联系和相互的因果关系表现出来。因此,人们能用理性的方法去叙述它,认识它,并预测其发展的方向。正是在这一认识的指导下,人们以前所未有的热情探讨人类社会的发展规律,揭示历史演变的内在逻辑和相关意义。所谓的"宏大叙述"(grand narrative)就是这些探索活动的结果。后现代主义者否认这些原理的普遍存在,挑战理性的普遍性原则,强调政治权力的规则,把普遍原理看成是一种权力,一种靠政治和金钱运转的游戏,是政治力量的产物和结果。而建立在此基础上的宏大叙述不但不能揭示社会发展和演变的规律,而且也有违客观性原则。同时,后现代主义者还从语言学入手来支撑自己的观点。他们把原来写的历史看作是一种语言的表达方式。既然用语言来表达，而语言又是有局限的，语言无法准确无误地传播思想，语言与思想行为不可能等量。语言与历史真实之间不可能相互一致。所以历史学家创作的著作是不真实的，是在制造一种科学的迷信。

后现代主义史学撇开原来纠缠不清的主观和客观问题，选择现代史学的表述形式叙述体作为其攻击的主要对象。海登·怀特是首先把叙述看作是历史写作内在本质的人，他认为史学家为了达到其叙述对象的全面性和完整性，在写作著作时，肯定会不断整理、选择适用于自身要求的资料。他指出："作为一种象征性的结构，历史叙述无法重造它所描述的事实；它只告诉我们应从哪些方向去思考这些事实。"[1] 因此，它不仅传达意义，而且也创造意义；它不仅是形式，而且也是内容。另一位后现代主义者汉斯·柯尔纳（Hans Kellner）也认为：虽然史学家想充分表现历史长河的连续性，但实际上，由于叙述的需要，作者必须划分历史时期，从而将历史分割开来，而分割本身就是历史学家对历史的一种理解和解释，所以它根本无法与客观真实相等同。[2]

诠释是现代历史学的重要功能之一，也是后现代史学攻击的主要对象。从20世纪上半叶开始，西方哲学的研究重心发生了严重的变化，原来的重心主要放在世界本原的探究上，后来则逐渐转移到人与世界之间的关系这一认识论问题上。于是，诠释学理论成了人们研究的重点。传统诠释学的目的，是让读者去了解作者作品的内涵。在这里主体和客体之间的关系比较明显。然而，后现代哲学和史学却根本不考虑读者与作者之间的主、客观关系，不把诠释工作视为读者对作者的一种认识，一种理解，而是把它看作是读者寻找自我的一个过程。这样，作者的权威性和独立性也就消失了。随着作者的消亡，原来被动的读者解放了，他可以阅读，而且可以随心所欲、自由地解释史料、文献和档案。这一认识的最终目的是要动摇现代历史编撰学的基础。如果历史学家对史料或作品都能任意取舍，随意解释，那么历史的真实性就成了一句空话。

---

[1] Hayden White: *Tropics of Discourse, Essays in the Cultural Criticism*, The Hopkins University Press, 1978, p.91
[2] Hans Kellner: "Language and Historical Representation", The Postmodern History Reader, p.127-137。

后现代史学的一个重要特点是将史学文学化。历史学家都认为自己的首要工作是忠实于历史事实。这一思想的前提是有一个历史的真相，历史学家的任务是去研究、描述和揭示这一真相。但后现代主义者认为人不能运用理性认识自己的世界，不能找到历史的真相。历史根本"不是过去的事情，而是写下来供人们阅读的历史话语"，只有把档案、史料"纳入有意义的结构中"才成为"历史"。历史文本的决定因素不是已经过去的历史事实，而是它的"潜在的深层结构"，即"范式"（Paradigm）。史学家在展现这种"范式"时，肯定会出现作者的情节设置、形式论证和意识形态暗示等主观和虚构的因素。因此，柯尔纳说："对有知识的读者来说，所有历史都是故事的一部分，是一种明显或隐蔽的历史叙述。那种对纯洁的、没有进行加工的材料的追求，并希望从这些材料中获取更新、更真实的事实真相的想法，是注定会以失望的结局而告结束的。因为世上不存在没有经过加工的材料；一件实物或文件一旦被认定为是史料，它已经深刻地反映了一个文化系统。"[1] 于是，他认为，阅读历史的方法恰恰是虚构历史。因为人不可能揭示历史的真相，而且历史学的作品也带有明确的目的性和情节设置，与文学、艺术没有两样，它们都是在编造故事。

当然，后现代主义史学对于传统史学的挑战还表现在其他多个方面，如注重原来的边缘史学的研究；注重妇女史的研究等。但其核心还是力图在挑战西方现代历史编撰学的基础上，动摇历史的科学基础，颠覆西方自启蒙以来建立起来的历史观念。

三

后现代主义史学对于现代史学的挑战以及以此对其带来的冲击应该说是很大的。这是因为后现代主义史学从分析语言的不确定性、局限性和倾向性等具体的形式入手，不但明确地肯定了历史主观主义的存在，而且也对现代

---

[1] Hans Kellner: "Language and Historical Representation", The Postmodern History Reader, p.127-137。

史学的主要基础产生了严重的冲击。这种冲击主要表现在：第一，后现代史学否定了历史学的科学性和学术性，认为能反映客观事实的历史是不存在的，历史事实和历史事件之间的因果关系常常是人们用虚构的方法或用语言修辞这种形式建立起来的。第二，后现代史学否定历史学的客观性和真实性，认为历史学家在历史著作时，并不拥有一种独立于日常语言之外的特殊语言，他们的语言必然融入日常语言所带有的道德含义和文化成见。第三，后现代史学否定历史学作为独立学科的地位。在后现代主义看来，历史无非是一种特殊的文学形式，这不仅仅是因为历史的写作具有文学性，而且更重要的是历史著作就本质而言就具有文学的性质。第四，后现代史学否定历史的主体——人的存在。他们认为，高度发达的科学技术不但快速改变着客观世界，而且也改变着人类的主观世界以及人类自我认识的方式，知识经济和消息网络化把世界变成了一系列可以复制的符号，人则成为某种数据或参数，这样，人作为历史的主体也就消失了，而历史主体的消失实际上也标志着历史的终结。凡此种种都表明，如果后现代史学被接受的话，那么，历史学就根本无法存在。即使能存在的话，其研究的对象、研究的目的和内容、研究著作的表述方式以及研究者的研究方法和手段等等都得重新考虑。

然而，在对后现代史学的主要作品和观点进行认真研读后，我们也能发现，后现代史学也有其明显的局限性，存在着严重的缺陷，这种缺陷主要表现在：第一，过分夸大了语言的作用，实际上已经走上了"语言决定论"的道路。第二，强调文本独立性、个体性，从而忽略了文本与其他相关文本之间的关系，使原来统一的历史变成头绪混杂、散乱不堪的历史，使原来可以认识的东西失去了认识的可能。第三，根本否认或割断语言与事实之间的关系，使语言变成了与事实毫无关系的独立物。后现代主义者研究的历史显然就是指这种独立物。后现代主义者强调的史学没有真相，有的只是关于真相的看法，史学家建构的过去并非历史的真实，而只是用语言组成的自以为真相的东西。这些史学虚无主义的观点显然是建立在对语言或文本这种独立物认识的基础上的。而从实践上说，这种认识肯定是错误的。这是因为建立这种认识的基础不是事实与事实的表现形式——语言之间的统一，而是它们之间的分离。大家都知道，历史首先是历史事实，随后是历史认识，最后才是历史语言。语言之所以能与历史联系在一起，完全是因为语言有助于人们认识历史事实。后现代史学把历史仅仅看作是话语，否认话语的基础是历史事实和对历史事实的认识这一事实，这显然是不对的。总之，人们不能因为历史事件已经过去，就否认它的存在，更不能因为历史事实无法再现，而否认历史学的认识功能，从而走上历史虚无主义的道路。

后现代史学不但有其不合理的地方，而且在许多方面还具有一定的负面影响。首先，从政治上讲，这种理论由于否定历史真相的存在，否定人们能够具有认识历史真相的能力，所以，它在客观上为世界上形形色色的政治野心家或军国主义者否认甚至篡改自己的历史提供了极大的方便。其次，对于史学界而言，由于后现代主义者强调一切都是相对的，史学根本不可能达到求真的目的。所以历史学家为求真而付出的所有劳动都是徒劳的，没有任何价值。既然历史学不能揭示真相，历史作品的评判标准也就失去了作用，历史著作与著作之间的好坏高低自然也不复存在，所有的历史学训练也就成了多余的事。其结果必然是走向历史相对主义，从而造成史学界的思想混乱。当然，这些理论确实也为急功近利者或非职业历史学家提供了一条"超越"前人的捷径。而从现有的情况看，真正对史学研究进行严厉批判的后现代主义者多半也都是不做实际研究工作的学者。

不过，后现代史学虽然有其明显的缺陷，但不能否认，它确实给人们提出了许多值得深思的问题，而且在某些方面还为人们提供了重新认识世界和真理的新的视角。尤其是在认识论方面，后现代史学首先提出了历史表述中语言的主观性问题，这是一直都被人们所忽略但又十分重要的问题，因为历史不仅涉及过去本身，而且还涉及为了了解过去而被历史学家创造出来的语言。语言主观性的发现和研究对于历史学的求真意义深远，应该说，这是历史认识论史上的一大进步。它有助于促使史学家在研究历史时，更加注意对史料的鉴别和判断；更加注意自身的局限，努力避免史学家本身可能出现的政治和文化偏见；更加注意语言文字的局限性和不确定性，尽量在审视历史文献和表述历史内容方面做得更加准确，使历史认识更加接近于历史事实。

当然，从后现代主义、后现代史学挑战的对象和内容看，它确实是西方学者在他们自己的思想理论传统内提出的一个问题。詹明信把它界定为"当下资本主义的文化逻辑"(Postmodernism, or Cultural Logic of Late Capitalism)。然而,在消息技术高度发达的今天,它又不仅仅是西方理论传统内的问题,它的传播必然会对我们的思想意识带来一定的影响。因此,我们在介绍和研究这种理论时,必须去其糟粕,吸收其养分,使其能更好地为我国的历史学建设服务。

(2003年第3期)

语言转向的历史哲学表现和价值

周建漳

自 1967 年罗蒂编辑出版了那本后来令其名满天下的哲学文集，作为其标题关键词的"语言转向"成为标识一个哲学时代的经典表述。在历史哲学领域，具有范式转换意义的事件是 1973 年海登·怀特所发表的《元史学：十九世纪欧洲的历史想象》，十年之后，安柯斯密特发表了他的《叙述的逻辑：历史学家语言的语义分析》，由此开启了历史哲学中"叙述转向"的时代。一般哲学领域中语言转向与作为哲学分支的历史哲学或史学理论中（叙述）文本转向的关系是一个有趣的理论话题。语言转向与叙述转向间虽有若干年——以罗蒂、怀特计为五年——的时差，但由此不必然推出二者之间有单纯的思想影响或推广关系。如果说，在安柯斯密特的著作中可以清楚看到语言哲学家如奎因、塞尔、斯特劳森等人思想影响的痕迹，那么，我们在怀特的文本中似乎找不到其对叙述文本的理论兴趣与英美语言分析哲学之间关系的直接证据，其对史学文本语言的兴趣与同期哲学家们对语言的兴趣"不约而同"，是特定时代精神下"英雄所见略同"的结果。相反，对安柯斯密特来说，他对语言哲学家思想的关注与了解则构成其理论思考的明显特色。在理论本身的内在逻辑上，一般哲学与历史哲学显然应该是共生互补的关系。一方面，历史哲学的研究应该以一般哲学为重要的理论支撑，一个对主流哲学学术成果的毫无概念的历史哲学家或史学理论家是跛脚的，反过来，历史哲学对一般哲学亦可以有理论上的增益作用，这对于提高历史哲学的学术地位亦是不可或缺的环节。在此我们主要围绕历史叙述这一主题探讨其语言哲学见地及其对主流语言哲学可能具有的理论启示。

一、叙述文本:"以文为事"

"语言转向"无论字面和概念上都是看似明白,实际上包含各种解释可能性的概念。如果我们只是将之理解为简单的话语转换,比如在前此谈论思维与存在间主客体关系的地方谈论语词的"指称",则将错失其真正的理论意义。按照罗蒂的概括,语言转向所代表的是这样的观点,"认为所谓哲学问题是这样的问题,它可以通过语言的改写或对我们当下所使用语言更多的了解而获得解决(或消解)。"换言之,语言转向代表的是可以称之为"语言中心论"的观点。从这个角度看问题,海登·怀特《元史学》所代表的以史学文本为中心的学术取向与此实有异曲同工之妙。

当然,以语言(文本)为焦点仍然可以发展出不同的学术取向,在历史哲学中,怀特和安柯斯密特分别走出了"诗学"和"语义学"的不同道路,前者以结构主义文学理论为理论奥援,后者则与语言哲学结缘。怀特的探索将传统史学理论如史学与文学关系问题的思考带到了一个全新的高度,在更广泛的意义上,深化了我们对人文学说的理解。不过,在一般哲学意义上,倒是后起的安柯斯密特的思考更为切题,亦更富理趣。

英美语言哲学涵盖侧重语言结构形式分析的"句法学"、关注语言与实在或世界关系的"语义学"以及将语言放在言语行为层面加以探讨的"语用学"三个维度。将大多数哲学家现在不再很感兴趣的句法学放在一边,语义学和语用学关于语言的核心理解,可以分别概括为"以言指(事)物"和"以言为用"。所谓"以言指事",即将语词的实质看作是指代、描述自身之外世界的"指称论"观念,其前提是关于语言的主谓词结构对应于实在的殊相和共相结构,语言指涉实在的典型观念——如维特根斯坦早期与罗素同调的"世界图像论"即是如此。准此,指称是联结语言和实在的主要方式。指称论的问题是难以回答语言中大量无实际对应物但却有语言意义的语词如"平均纳税值",以及在究竟是只有单称专名像人的姓名才指称特定对象,还是像"树"这样的通名亦指称某种实在对象的问题上陷入两难境地,今天在语言哲学中多少已呈鸡肋之态。

英国哲学家奥斯丁在这个问题上独出心裁的理论选择,是避开指称问题,转而探讨在日常生活中人们实际上"如何用语词做事",典型的如祈使句、命令句、各种法律、契约文本,甚至表面上看来单纯的陈述句或疑问句亦非关于外部实在的语言描述,而是奥斯丁所谓的"以言行事"及"以言取效"行为。比如,我在学生面前发出"今天温度好像挺高"这样的喃喃自语可以被恰当地理解为吁请譬如打开教室空调这样的言语施事行为。在此,语词的真假从而连带的指称都不重要,重点是它是否能达成说话人预期的语效。

与当代历史哲学相比,英美语言哲学有一个可以说是致命的缺陷,即他们关于语言的思考基本上是在语词或句子层面上展开(这种实验室水平上的分析作业深刻反映了英美语言哲学在根本上所具有的追求理论精确性、可实证性的科学主义的倾向),而在语词或句子水平上考虑问题,语言作为"指事""使人"的交际、工具性一面被突出(到甚至一叶障目的状况),此所以不论是指称论还是语用论,最终均难逃工具主义的狭隘语言附庸观,而演说、文学及史学叙述等口头及书面文本这样一些重要的语言现象则仿佛不存在一样。就此而论,历史哲学(包括文学理论)有文本入手的语言观点,在入手处即有取径高下之分。

基于对文本的自觉理论意识,贯穿安柯斯密特从一开始的"叙述实体"到晚近的"(叙述)表现"概念的一条主线,可以概括为某种自主语言观。他指出,虽然文本均由一个个的句子组成,而句子似乎充满指称,但是,文本层面上历史叙述并非构成它的句子之和,从而由指称的角度把握叙述文本与实在的关系是不成立的。具体说,像"工业革命"或"冷战"这样一些常常出现在历史著述标题中的史学概念并不像有人可能以为的是对事先存在的确定对象的指称和描述,而是由历史学家创造性地给出的史学(语言)存在,它赋予混沌史料以特定的意义形式,使之成为初具轮廓的史学对象。在此,史学文本不是对过去实在的文字模拟——想想那位佚名的伍尔芙评论家的妙论:艺术不是世界的模仿,烦人的东西一个就够了——而是令不在场的过去重新在场的语言替身。当然,安柯斯密特也承认,文本层面上语言与实在之间"指称"关系的不成立,并不妨碍叙述文本是"关于"(being about)实在的。换一个角度,安柯斯密特所谓史学文本对历史实在的表现关系亦可以理解为隐喻性关系。关于隐喻在叙述文本中的作用,海登·怀特的《元史学》早有论述。保罗·利科更具体点明叙述在指实性句子描述背后对时间的深层喻示作用。进而言之，如果我们把眼光投射到狭义历史哲学领域之外，其实，欧陆哲人如海德格尔关于"语言是存在的家"的论述，他晚期"以诗为言"的思想实践；伽达默尔在存在论层面上关于语言"道成肉身"的理解，乃至德里达不无唐突的"文本之外别无它物"之论，都指向语言在非本真的工具层面之上更深远的本真内涵。海德格尔在"走向语言之途"的开篇引用诺瓦利斯"独白"（Monologue）中的一句话："语言仅仅关切于自身，这就是语言的特性，却无人知晓。"

综观上述哲学语言观的内在发展脉络，我认为，与语词、句子指称上的"以言指事"及语用上的"以言为用"相对应，（叙述）文本层面上语言的自主性本质可以在理论上概括"以文为事"。叙述文本在日常理解中少为人所注意的一个话语特征，就是它是不同于日常生活中对话的"长篇大论"，在日常功用层面上，语言作为信息传递的符号与雎鸠之鸣或蜜蜂之舞只有复杂程度不同，而无本质区别。仔细想想，人类最终发展出像叙述这样专门的语言行为的确是一件意味深长的事情，单纯从日常信息沟通工具的角度看，这是难以理解的。在这个意义上，文本类似于某种语言自身的独白游戏。"游戏"作为历来曾被包括赫伊津哈、伽达默尔以及维特根斯坦等名家大力阐发的概念，其根本特征就是它的自主独立性。游戏与日常生活中众多实际活动的关键区别，是它的自成目的性，用英文来表达，Play means playing, or playing just for its own sake。而以言运事的各种言语行为貌似实际，本质上反而是言不及义的。在这一意义上，语言在此仿佛是围绕自身展开的游戏，语言游戏的本义即以文（言）为事。

长篇大论的言说方式当然不止文学和史学文本，科学著作亦为长篇独白。不过，科学理论的要义是"论理"，科学家说话、写书的目的是通过语言手段展开"论理"，科学文本的"长篇大论"不过是论证过程的展示，其目的是为了征服同行（即同行的同意）。科学最终落实为特定结论，而结论最终可以概括为一句话或一些公式。为了保证理容易"说得通"（保证确定性），科学需要创制专业性极强的人工符号。叙述则不是这样，虽然每个故事都有结局，但编故事和听故事的目的不是为了结局，而是感兴趣于"说事"。各种故事当然亦包含丰富的"事理",但理在事中,不可剥离。在社会生活中,长篇大论说话的另一种典型情况是"演讲",作为论辩性言说(修辞),演讲有明确的功利目的即说服,其所运用的语言手段虽然包括超出理性逻辑话语的感性(煽情)乃至言辞(排比、隐喻、音义双关等等),也包括举例(故事),但明面上甚至本质上毕竟仍属于"说理",所谓"以理服人"。总之,科学乃至论辩话语在"以言为用"的层面上与本义上的"叙述"与"诗歌""以言为事"之间仍然有着不容混淆的区别。

如果说,包括指称在内言词的日常工具性功用均指向语言之外的东西,那么,本真意义上的语言不假外求,所谓"以文(言)为事"即是说,语言在此乃是指向自身的。那么,单纯的语言游戏怎么可能,有何意义?"长篇大论"的专门性语言运用的全部秘密其实就在"意义"二字中。如果说语言的真假系于语言之外的实在,语言的独立性在于其作为意义系统的内在自足性,语言游戏实即以文字符号为媒介的意义游戏,此所以虚构文本在语言上亦可以成立,在事实上始终为人类所乐此不疲。当然,意义固然先于真假,但语言最终却也不是遗世独立之物,只不过,其与世界的关系远非简单如"指称"可以玩得转。

二、叙述与意义

语言原本就是一个意义系统,只不过,在世俗的语言沟通性使用与理解下(其背后是实体世界观),语言与意义的关系反而被指称对象的指实性功能遮蔽了。事实上,解释学作为源起于文本阐释的关于理解的学说已经将意义问题提到了我们的面前。"以文为事"的要义乃"以意义为事"。

意义是一个甚为复杂且尚未得到全面研究的范畴,它常常与意思(meaning)——如一个语句、一种文本的含意——有关,但也与价值、目的发生关系(significance)。由此就有所谓"句子的意义"与"行为的意义"及"存在的意义"的区别。在此,我们看到,意义实质上具有认知性与价值性两层涵义,其共同点在于,意义总是导致理解的东西(what makes sense)。

在认知性层面上，意义意味着将某一事物置于超出其自身的更大的系统中加以理解，例如，语词在语句中获得其具体的意义，而语言系统则是最终确定每一语言成分意义的东西；叙述所呈现的由开头、中段乃至结尾构成的一个故事（历史）正是这样的一种语言意义构造。就历史叙述而言，"说历史有意义就是说人类的故事从开头到结尾显示出连续性与统一性。"丹图（Arthur Danto）指出，"我们通过参照事件所隶属的某个更大的时间性结构而将该事件认作是有'意义'的。"

叙述不仅如上所述在认知层面上构成人类生活世界理解的基本方式，在更本质的层面上，叙述是意义生成的源始方式，这主要是在叙述与时间性的关系，以及叙述与人类存在的经验的内在关联两个方面来说的。

海德格尔《存在与时间》给我们的根本启示是，人作为有限的存在者（mortal being），时间性构成关于人的存在的终极视域，时间是人间一切意义（及无意义）之源，时间性是人类一切意义存在与理解的根本视域，因而也是人类一切故事——无论是虚构还是真实——的内在维度。在这个意义上说，人类的一切故事本质上都是时间性的故事。依亚里士多德以来的时间观，时间的本质是流变，假定上帝令宇宙时钟停摆，则万物均保持其当下状态，时间也就消失了。关于时间本质的这一理解从逻辑上说是不可辩驳的，但是，依海德格尔的观点，这仍然只是关于时间的流俗见解，因为，它没能在存在的层面上揭示时间的奥秘。对海氏而言，时间的奥秘其实就是生命，如果亚里士多德式的时间观可以概括为没有变化，就没有时间，那么，海式理解则是，时间就是生命。如果人是不朽的，则时间没有意义，并且，人类所珍视的许多价值最根本的如生命将失去意义。从人存在的层面看，人首先活在当下，而将人生作为一个整体来观照，当下总是人生命历程的某一中段，前此有一段过去，后此有一个未来。人生作为一个整体则是时间三维有机统一的本体论根据，叙述文本内在的开始——中段——结尾结构则是时间有机统一的语言隐喻。

叙述不仅在语言结构层面上提供意义生成和理解的形式条件，并且在实质内容上与存在意义（价值）息息相关。帕特尼（Nancy Partner）说，"叙述与整齐故事与人生意义有关。我们首先和最终的安慰，我们对漫漫无尽时间之流的抵抗在于将自己的生命看作一个故事的隐秘坚持。"这从根本上说是因为，叙述在深层上是对人类经验的塑造与言说。当然，这里所说的经验不是在认识论上抽象了的作为理论抽象原始素材的可感数据（Erfahrung），而是存在论层面上人生在世血肉丰满的体验（Erlebnis）。

叙述与经验的关系是辩证的，一方面，散乱、异质的混沌经验有赖于叙述的时间构架及"叙述中的情节将多元和散乱的事件'拢在一起'，整合为一个完整周延的故事"。就此而论，"叙述是赋予人类经验以意义的基本形式"。我们关于宇宙人生的根本理解在本质上是故事性的。另一方面，我们的人生在世的经验是文学、史学叙述最深刻的精神源泉，叙述这样一种自然语言的非日常交际性言说与我们的在世存在经验之间存在着隐秘然而确切的关联。人类在各种真正有意义的故事中所述说的显然不是与日常"在手之物"周旋的那些"操心"（sorge-care）之事，而是关于存在那些让我们"畏"（angst-fright）的事，比如人类早期关于天地及人类起源、涉及人类生死之谜的原始叙事"神话"及"传说"等。与这些原始叙事作品相比，历史叙述乃至文学叙述显得更为"科学"或"言之有物"，但究其实质，在其根底上仍然不是以日常事物为目的的言说，而是饱含我们对时间、人生、价值、情感这样一切不切实用却切中存在的事情的直接感知体认、生存困惑与质朴思索。因此，对于叙事这样一种遍及各个文明一切时空的话语行为，不可简单以工余消遣等闲视之，正如原始人画在光线昏暗洞穴中的狩猎场面其意义不在艺术，尽管今天看来它不乏艺术性。在各种故事"闲话"、"小说"的外表之下蕴含着深刻的文化意义，长者或巫师以及各色人等在大树下、篝火旁向人们讲述的故事饱含与传递我们关于周遭世界和自身生活的意义理解：它们涉及关于世界起源和人类从何而来的神话；关于过去的伟大英雄，关于灾难的克服与未来前景的寓言。他们叙述关于善恶的斗争和淘气孩子的遭遇……通过这些多含猜测与虚构的故事，我们的祖先给出关于世界富有意义的解说，这个世界在他们眼中是那么的神秘与危险。诚然，这些事亦是特定哲学如生命哲学、存在哲学思辨之事，不过，在源始本体意义上，我们总是首先经验到它，尔后才在哲学上将之提升至范畴层面进行二阶理论反思。在此，叙述与意义的关系应该理解为语言直接参与经验意义的生成与理解，而非事后单纯的语言表达方式。

三、叙述话语对分析话语

基于叙述在意义生成与理解中的根本性地位，有必要将之上升到与科学话语分庭抗礼的高度加以思考，提炼为一个核心哲学范畴。长期以来，人是理性（能推理）的动物曾是我们关于人的理解的主导性范式，在语言转向的背景下，人们现在愈益认识到，人乃是甚至更是言说（故事）的动物。长期以来，由于对科学理性的单方面强调，语言之为"logos"（逻各斯）即"分析"、"论理"的维度压制乃至遮蔽了其固有的"Mythos"（秘索思）即"故事"、"传说"的另一面。事实上，秘索思不但在逻辑上构成话语不可或缺的维度，即从时间上看，亦是西方古希腊思想中较逻格斯更早出现的语言和思想形态。具体说，荷马的文体就是秘索思，而逻各斯则是哲人典型的言述方式。

从话语方式的角度看，科学以理性抽象、分析与论证为基本特征，其发达形态为人工符号语言。反之，叙述是人类基本的常态自然语言，在认识上具有经验综合性特征。在二者关系上，"叙事无论从认识论还是本体论上都比逻辑或理论推理更为原始"。讲故事是遍及人类各民族最古老和最基本的文化事实，罗兰·巴特说："叙述存在于所有时代、地域和社会；它与人类历史同时出现……事实上，像生活一样，它从来就在那里，超越国界、历史和文化。"

叙事性言说对分析、推理性话语的优先性不仅是时间上的，而且是逻辑上的。语言哲学的基本观点之一，是所谓"意义先于真假"，其本来意思是说，只有在语词意义确定的前提下才有真假可言。扩大到人文叙述话语与科学分析话语的关系上看，这话依然成立。科学作为可较真且具有实证效力的话语，归根到底仍然是生活世界中的事物，其有力之外，说到底无非为特定目的的达成提供有效手段，然而，目的的确定，何者值得追求，何者并无意义均非在科学范围内可以定夺，而是在人文话语包括叙述中达成理解的。在此，意义不但先于真假，且高于真假，真假最终应该是服从和服务于意义目标的。

叙述是人类话语永恒的基质。依怀特的看法："叙述远不止是人类赋予经验以意义的各种符号形式的一种，叙述乃'元符码'（meta-code）。在其普遍性的基础上我们关于共同拥有的世界的信息可以在跨文化间被传递。……叙述能力的缺失或拒绝叙述表明意义自身的缺失或对意义的拒绝。"康德将因果性之类科学话语的主导范畴作为人类思想的基本成分，却往往忽略了历史性这一更为基本的理解层面。事实上，康德所说的无论是作为感性直观形式的时间和空间，还是因果、可能、偶然、必然等十二个知性范畴，历史地看均非先天的，亦非科学思维所独有，而是包含在人类日常理解包括叙述中的，是在人类生活实践中逐渐形成的。叙述（其重要原始形式是神话、寓言）不但在时间上先于科学，在逻辑上亦是人类把握世界更为基本的精神方式：科学精于计算，而叙事则先于计算，决定着我们计算的旨趣与方向；科学的精致、严格是以其片断、单薄为代价的，在宏观总体性层次上，我们关于世界的宏观、整全理解，则是在经验综合性叙述中给出的。简言之，叙述话语给出的是世界观，"世界就是语言地组织起来的经验与之相关的整体"。而科学话语则是在一定世界观背景上分门别类观世界的产物。

在这样的意义上理解叙述作为人文话语与科学式的分析推理话语的关系，我们在感受科学改造物质世界的伟力的同时，不应忽视叙述在生活世界中的重要角色。诗人格奥尔格（Stefan George）说：语词破裂处，无物存在（Keing Ding ist, wo das Wort gebricht），进而，叙述断裂处，生活不复可能，弗洛伊德精神分析学对人的心理疾患的研究充分印证了这一点。将苏格拉底"未经审视的生活不值得一活"的说法用于叙述与生活的关系，利科说，"故事令生物学意义上的生存变成人类生活"。卡尼（Rechard Kearney）说得好："饮食可使我们维生，而故事可使我们不枉此生。""一个有意义的生活就是一个追求融贯的故事的生活。"

（2013 年第 4 期）

历史记忆与历史书写
——史学理论视野下的"记忆的转向"

彭 刚

一、"记忆的转向"

无论是在日常生活中,还是在学术性场合,人们通常所使用的"历史"一词,都有着两种不同层面的蕴含,这已经是老生常谈了。它既指人类所经历的如此这般的过去,也指人们凭藉人类过往活动所留下的遗迹,对那一过去所进行的编排、表述、解释和评价。与此相似的是,"记忆"一词也有着两个不同层面的蕴含,它既指人们在个体或特定群体与文化中维持和发展起来的对于过去所发生事情的意识,也可以指人们获得和保持对于自身经验的心理印象的活动。

历史学在其长期发展的过程中形成了深厚的学术传统。在西方,从古希腊以来,它就发展积累起来了一整套收集、考订、编排史料的手段,确立了重建历史真相的学术宗旨。自古罗马后期的奥古斯丁以来,基督教神学就以神意的显现为线索,来力图把握人类历史的整体;与此并行的,则是视人类历史为一片无规则、无关联的混沌的思路。笛卡尔拒绝将历史视为像数学那样可靠而确凿的知识门类,就是因为历史杂乱无章而无规则可寻。启蒙运动以来,将人类历史描述为朝着"自由""解放""理性"前行的各种思路,将人类过去视为有意义、有目标、可理解而具有统一性的整体过程。在19世纪历史学逐步走向职业化的过程中,这种种"宏大叙事"(法国后现代主义理论家利奥塔的术语,别的人又称之为"元叙事""大故事"等等)构成了历史学形成其学科纪律的或隐或显的背景。现代史家们,即便缺乏对于某种特定的"主义"的信仰,也对历史过程之为有意义的整体这一点,往往并无异议。作为现代史学最重要的奠基者之一的兰克,在他那"如实直书"的主张的背后,是因其"万有在神论"的宗教倾向而对于历史整体意义的深信不疑。[①] 从 19 世纪后期到 20 世纪早期，深受实证主义思潮影响的历史学家们，在拒斥各种思辨的历史哲学的同时，也都保持了相似的信念。历史学的职业化，带来了历史学的精细分工，使得史学内部"隔行如隔山"的情形变成了家常便饭。然而，人们努力探究和试图复原的看似相去甚远的过往的不同片段，终究被视为是同一个人类总体历史的构成部分。一百多年前，开启了"剑桥世界史"的阿克顿（Lord Acton）就向往着，历史学家们在各自的"一亩三分地"上的努力开掘，最终将会汇成一部人类的"终极历史"（ultimate history）[②]。照当代史学理论家安克斯密特的比喻，现代史学事业的进行，仿佛一个大教堂的兴建，人们各自按照分工在干着自己微不足道的活，但却明白无误地知道，自己所为之添砖加瓦的，是一个宏大的整体目标。[③] 换一个比喻来说，历史学家们各自的工作，仿佛身处一幅巨大拼图的一个角落，但他们在从事自己那一小部分画面的拼接时，却对于自身工作有助于揭橥整体的画面毫不犹疑。

然而，20 世纪七八十年代以来，在欧美学术大转型的背景下，历史学和史学理论的学术形态也发生了很大的变化。在史学理论的专门领域，后现代主义思潮催生了"叙事的转向"[④]。在史学研究的实践中，宏大叙事的解体则导致了历史学的碎片化。新文化史、新社会史、微观史、口述史、日常生活史……各种彼此意涵不同而又相互不乏重叠之处的史学样式的兴起，造就了一个奇特的场景：一方面，是史学门类和史学风格前所未有地五花八门，史家和史学论著达到前所未有的数量；另一方面，却是人们对于史学危机和历史意识危机所不断发出的担忧和慨叹。仔细分辨起来，不难发现，此种危机的实质，是人们对于历史学的客观性以及历史过程的统一性的传统信念所遭

---

① 参见迈纳克《论兰克》，载何兆武主编《历史理论与史学理论：近现代西方史学著作选》，北京商务印书馆 1999 年版。
② 转引自 E.H. 卡尔《历史是什么？》，陈恒译，北京商务印书馆 2007 年版，第 87 页。
③ 见安克斯密特《历史表现》，周建漳译，北京大学出版社 2011 年版，第 155 页。
④ 参见彭刚《叙事的转向：当代西方史学理论的考察》，北京大学出版社 2009 年版，"后记"，第 219—220 页。从不同角度出发，这一转向也被称为"修辞的转向"或"语言的转向"。

逢到的危机。① 在史学转型的这一当口，历史记忆仿佛在突然间绽放出从前所没有过的光彩，而受到史学实践和史学理论的广泛关注，有人甚至于以"记忆的转向"（turn to memory）来表征这一现象。照克莱恩（Kerwin Lee Klein）的观察，"我们一度称之为民间史、大众史或口述史或公众史或者甚至于神话的，现在记忆作为一种元史学范畴，将这一切都收揽进来。……记忆变成了新文化史中的主导词。"②

记忆本来是心理学和认知科学、人类学、社会学等多种自然科学和人文学科都共同关注的问题。从不同的学科视野出发，对于出现记忆的转向的原因，人们也会有着不同的解读。从历史学内在的发展脉络来看，记忆的兴起，最要紧的背景就是宏大历史在后现代思潮冲击下的解体。现代历史学力图成为与实证科学具有同样学科资格的一门学科，它自觉地追求客观性，将过往历史理解为一元的整体。从后现代主义的批判立场看来，这种伴随着民族国家一同兴起并且以为民族国家进行辩护为自身宗旨的史学，已然成了一种压制（女性、被殖民族群、边缘群体等的）工具。大写的、单一的历史凌驾于多元的历史之上（History trumped "histories"）③，男性、国家、西方、理性、客观性，在前者中居于支配性的地位。与此相应，女性、地方性、被殖民者、非理性、边缘群体、主观性等因素，就受到压制，成了在大写历史中被驱逐或者边缘化的因素。由于记忆仿佛天然就与后一类因素更具有亲和性，在大写的历史被复数形态的各种小写历史所替代的同时，历史记忆也就越来越成为历史学研究和史学理论所关注的对象。在安克斯密特看来，后现代冲击之下的史学事业，已不复是一个人们有着共同目标的大教堂，而更像是一个大都市，人们各自走着自己的路，彼此并不相干。后现代条件下，人们与过去的关系变成个体化和私人化的了。具有高度个体化和私人化特征的记忆之成

---

① 参见 Peter Burke, "Two Crises of Historical Consciousness", *Storia della Storiografia*, Vol.33（1998）。彼得·伯克在此文中主要考察了 17 世纪和 20 世纪后期历史学客观性所遭受的两次动摇和质疑。
② Kerwin Lee Klein, "On the Emergence of Memory in Historical Discourse", in *Representations*, No.69, Special Issue: Grounds for Remembering（Winter, 2000）, pp.127-150. 此文后收入其 *Form History to Theory*（Berkeley: University of California Press, 2001）一书中。
③ Allan Megill, *Historical Knowledge, Historical Error: A Contemporary Guide to Practice*, The University of Chicago Press, 2007, p. 53.

为焦点,正是这一变化的反映。①

每个个体都有自身的身份认同（identity）,他或她需要认同于自己作为其中成员的各种群体,无论那一群体是地域、国家、民族、种族,还是因为相同的职业或经历而形成的群体。不同群体也有自身群体性的身份认同。20世纪后期以来,认同成了欧美社会的一个热点问题。就历史记忆问题受到普遍关注的美国而论,种族、信仰、语言、文化传统的构成越来越复杂,原本主流的种族、信仰、语言和文化认同,日益呈现出不足以维系其原先地位和功能的颓势。在这样的情形下,一方面,作为一体的美利坚民族如何来界定和维系其认同；另一方面,不同的群体（例如犹太人）,又如何在这样一个各种身份的大熔炉中保持其自身的特性和认同,就都变成了人们所关注的问题。在美国之外,在世界上的其他角落,19世纪最伟大的社会理论家们以为随着现代性的进展而将日渐衰微的民族主义,却焕发出人们所完全没有预料到的顽强的生命力和影响力。北爱尔兰人、巴尔干地区的穆斯林和克、塞两族的宗教和民族认同,加拿大魁北克地区居民的文化认同,或者造成了长期的流血冲突,或者引发了严重的政治议题,认同政治成了人类社会政治生活的一个焦点。而"在现代性中,记忆是个人与集体认同的关键,……我们就是我们所记得的一切"。②记忆与认同紧密相连,认同发生了问题,形成了争议的热点,记忆就随之受到前所未有的关注。美国学者梅吉尔（Allan Megill）就此评论道:

> 大多数当前对于记忆热的表征之下的共同特点,似乎是对于认同的不安全感。在一个各种相互对立的确定性不断地彼此冲突、一大堆各种可能的认同争相出场的世界上,对于认同的不安全感也许是无法避免的副产品。此种情形为"记忆"走上前台提供了足够的理由。我们可以提出这样一条规则:认同不定则记忆升值（when identity becomes uncertain,

---

① 参见安克斯密特《历史表现》第五章"对过去的后现代'私化'"。
② Michael S. Roth, *The Ironist's Cage: Memory, Trauma, and the Construction of History*. New York: Columbia University Press, 1995, pp.8-9.

memory rises in value)。[1]

历史学是通过考察过去人类活动所留下的遗迹即史料，来研究人类在过去的经历的。然而，传统史学所重视的书面史料和某些形式的物质遗存（如碑铭、墓葬等），更多地反映的，是人类社会中掌握着更多政治、社会、经济、文化资源的那部分人的观念和活动。有能力留下这样一些史料的，往往是过往社会中处于相对优越和有利地位的那一部分人。爱德华·卡尔就曾经说过，有关古希腊的雅典，我们了解得更多的，是具有公民权的雅典成年男子的观点，而对于斯巴达人、波斯人、外邦人、妇女是如何看待当时雅典的，我们则所知甚少。[2] 不止一个研究者提醒过我们，中国历史上有关宦官祸国的叙事传统，大都出自于对宦官怀有生理和道德优越感的文人士大夫，而宦官则很少有机会留下自己的声音。尽管随着现代史学的进展，史料的范围也在不断地扩大，为我们了解人类的过往提供了更加丰富的基础[3]；然而，在各个方面处于从属地位的"沉默的大多数"，依然在历史研究中处于不利的地位。随着"自下而上的历史"（History from below）的发展，普通民众的记忆就成了"没有历史的人民"的最自然不过的话语形式。民众史、日常生活史、目光向下的社会史和文化史、口述史，作为新兴的学术领域和其他史学门类所日益仰赖的史学方法的兴起，都使得历史记忆似乎不可避免地既成为历史研究的对象，同时又成为历史研究的史料来源。

研究者们经常提到，20世纪后期，记忆之受到关注，与在20世纪现代性所带来的人类所经历的创伤体验分不开。在这个霍布斯鲍姆所谓的"极端的年代"，两次世界大战，两大对立意识形态阵营之间的对垒和冲突，阶级仇杀和种族清洗，核威慑和现实的核灾难，生态环境和物种灭绝的危机，意识形态主宰下疾风暴雨般的社会政治运动……都给人们带来了外在和内在的创

---

[1] Allan Megill, *Historical Knowledge, Historical Erro: A Contemporary Guide to Practice*, p. 43.
[2] 爱德华·卡尔:《历史学家和历史学家的事实》，载刘北成、陈新编《史学理论读本》，第41—42页。
[3] 比如，葛兆光就强调，借助于史学观念的变化和史料范围的扩大，思想史研究就可以突破对于精英思想的关注，而考察普通人群的一般知识、思想与信仰的世界。参见其《中国思想史》第一卷，"导论"，复旦大学出版社1998年版。

伤体验。创伤与记忆的关联在于，首先，了解和留存真相，记住遇难者和亲历者的苦难经历，不让他们因为亲历者的逝去或者因为权力的刻意操纵而沦入忘川，被普遍认为是人类的一桩道德义务。其次，传统的宏大叙事，如黑格尔式的历史哲学，把人类历史进程构筑为一部"神义论"（theodicy），在人类达成正义而宏大的目标的进程中，一切邪恶（尤其是无辜个体和人群所遭受的苦难、所经历的创伤），都因为历史进程总体的正当性和合理性而得到补偿和解释。在这样的视野下，个体或特定群体对于创伤的记忆，似乎就缺少价值根基。然而，过去的苦难经历所遗留下来的记忆和创伤，在向人们表明，过去并没有真正过去，它还出现在当下，真切地进入到人们的现实生活。在弗洛伊德的精神分析学说等视野看来，直面历史上人们所经历的伤痛，才能以记忆来解放人自身。与大写历史在很大程度上成了压制的工具相反，记忆可以成为帮助人们从创伤中得到释放和救赎的工具。在20世纪构成和引发历史记忆若干核心论题的现代性创伤事件中，最要紧的，莫过于第二次世界大战中德国纳粹对犹太人的大屠杀，它在"记忆的转向"中扮演了尤其重要的角色。[1] 这是我们后面还要提到的。

二、记忆与历史的纠葛

和别的概念一样，历史也常常是通过与其联系在一起的相反或相近的概念而得到界定的。在现代史学思想史上，将历史与科学、历史与自然对举来标示出历史的特征的做法，是人们再熟悉不过的。在将历史与科学对举的情形中，有人（如伯里［John Bury］）注重的是二者的相似性，强调的是历史学"就是一门科学，不多也不少"[2]，也有人（如屈威廉［G.M.Trevellian］）则更

---

[1] 梅吉尔就说："近来很大程度上对于记忆作为一种可宝贵之物（事实上，作为值得崇敬之物）的关注，乃是对于大屠杀事件的一种反应。" Allan Megill, *Historical Knowledge, Historical Error: A Contemporary Guide to Practice*, p.19.

[2] J.B.Bury, "History as a Science", in Fritz Stern ed., *The Varieties of History*, New York: Meridian Books, 1956, p.223.

多强调二者的对立，突出历史所具有的艺术性，而将其与科学区分开来①。而在将历史与自然对举的情形中，更常见的则是将两者对立起来的思路，典型者如柯林武德那样，指出历史之有别于自然，就在于历史现象有其内在的也即历史行动者的思想的因素，而揭示此种思想因素，正是历史学研究的首要任务。

历史与记忆也常常被放在一起来对举。历史和记忆所指涉的对象，都是人类个体或群体在过去的经历。历史离不开记忆。希腊神话中的历史女神克利奥，乃是记忆女神的女儿。西方历史学自其诞生之初，就把历史学视为记忆的一种形式，是为了抵抗时间之流的磨蚀，以书写的方式帮助人们把值得记住的事情保留下来。历史学之父希罗多德在其《历史》的开篇就说，他之写作此书，是为了"希腊人和异邦人所创造的令人惊异的各个成就，不致因年代久远而湮没无闻"②。在现代思想重要的奠基者培根看来，人类的文化部类与心灵的不同功能有着对应的关系，诗歌关涉想象，哲学关涉理性，而历史则关涉记忆。③上个世纪30年代，在其就任美国历史学家协会主席的任职演说《人人都是他自己的历史学家》中，卡尔·贝克尔的基本论点就是：历史关涉过去，人人都有关于过去的知识和记忆，并且以此指引自己的生活，从这个意义上说，每个人都是他自己的历史学家。④这种理论逻辑就将记忆与历史完全等同起来了。

与此相反的思路，则是将历史与记忆对立起来。法国社会学家哈布瓦赫，早在20世纪初期就对集体记忆进行了深入研究，而其成就到了1980年代之后才得到了广泛的重视。他也许可以说是这一思路的开启者。在哈布瓦赫看来，记忆是保存在人们头脑中的过去的鲜活印象，虽则个体的记忆总是在一定的社会、文化的框架中展开的，而历史却是记忆无可奈何地消失之后的产物。他说：

---

① 屈威廉：《历史女神克利奥》，载何兆武主编《历史理论与史学理论：近现代西方史学著作选》。
② 转引自于沛、郭小凌、徐浩《西方史学史》，高等教育出版社2011年版，第10页。
③ 这是培根在其《崇学论》中提出的观点，参见 Geoffrey Cubitt, *History and Memory*, Manchester : Manchester University Press, 2007, p.30.
④ 参见卡尔·贝克尔《人人都是他自己的历史学家》，载何兆武主编《历史理论与史学理论：近现代西方史学著作选》。

历史通常始于传统中止的那一刻——始于社会记忆淡化和分崩离析的那一刻。只要回忆还存在，就没有必要以文字的形式将其确立下来，甚至根本没有确立的必要。同样，只有当一段时期的历史、一个社会的历史乃至于某个人的历史处于太遥远的过去，以至于人们不能指望在他们的生活环境里还能找出许多对那些历史至少还有一点回忆的见证人时，我们才需要将这些历史写下来。①

在哈布瓦赫看来，记忆不是历史，历史是书面记载下来的文本；历史不是记忆，记忆是亲历者和见证者的连贯的回忆。后来的法国史学家皮埃尔·诺拉将历史与记忆对立起来，也是出于大致相似的思路。照克莱因的说法，上世纪80年代以来欧美学界对记忆的关注，与两部著作的问世联系在一起。一部是尤素拉米的《记念：犹太历史与犹太记忆》②，另一部就是诺拉所主持的多卷本的《记忆的所在》。在尤素拉米看来，犹太人是一个最重视记忆而记忆在其日常生活中也占据了无比重要的乃至神圣的地位的民族，犹太民族只是到了现代并且只是部分地才吸纳了历史。那其中的原因，只是因为犹太民族的记忆被现代生活所不断侵蚀，而"现代犹太史学永远也无法取代一份被侵蚀过了的群体记忆"。③

诺拉主持的研究计划，则集中于研究承载了丰富历史记忆的地点和场所。在诺拉看来，现代社会呈现出来一种"历史加速"（the acceleration of history）的特征，传统社会中人们所葆有而又不断连续传递下去的鲜活记忆，被现代社会所撕裂，由此出现了"历史对于记忆的征服与抹煞"。和尤素拉米一样，诺拉认定：

倘若我们能够生活在记忆之中，我们就不需要将记忆之所的名字奉

---

① 哈布瓦赫：《集体记忆》，见阿斯特莉特·埃尔、冯亚琳主编《文化记忆读本》，北京大学出版社2013年版，第89页。
② Yosef Yerushalmi, *Zakhor: Jewish History and Jewish Memory*, Seattle: University of Washington Press, 1982.
③ Kerwin Lee Klein, "On the Emergence of Memory in Historical Discourse", in *Representations*, No.69, Special Issue: Grounds for Remembering (Winter, 2000), pp.127-150.

为神圣。……随着遗迹、中介、距离的出现，我们不再身处真实记忆的疆域，而是身处历史之中。比如说，我们可以想想离散中的犹太人，他们整天都要尽心从事传统的仪式，作为"记忆的民族"，他们并不怎么需要历史学家，直到他们被迫面对现代世界为止。……记忆与历史远非同义词，如今处于根本性的对立之中。

人们之所以对于那些"让记忆凝结并藏匿起来"的"记忆的所在"（lieux de mémoire）发生兴趣，人们之所以如此频繁地谈论记忆，"正是因为它已经所剩无几"。[①]

撇开以上所概述的将历史与记忆相等同或者将二者对立起来的不同论点，我们不妨对二者之间的关联和区分，做一番考索推究的工作。

历史和记忆相关，首先在于二者都涉及时间意识。没有过去、现在和未来的区分，就不可能有历史意识的出现。对于时间流逝、过往不再、万物流变不居、人事无常的感受，这是人类产生历史感、萌生历史意识的前提。而古罗马后期的神学家奥古斯丁在他的《忏悔录》中讨论时间问题时，就分别将过去、现在和未来这三种时间维度，与记忆、注意和期待这三种心理状态相对应。[②] 换句话说，没有记忆，我们就无法产生对于过往的时间意识，就此而论，可以说，记忆是使得历史成为可能的前提条件。再就是，历史学不仅是史料学，单纯史料不足以成就历史学，但没有了史料，也就没有了历史学。史料固然多种多样，而且其范围随着现代史学方法和史学视野日益多元化，更呈现出不断扩展的态势。有人区分史料为踪迹（trace）和材料（source），前者是前人无意作为史料而留下来的，如宫室器皿、考古发现、账簿名录等。后者则在产生时，就有着为后世留下记录的用意，如帝王起居注、名人回忆录和各色官方档案等等。可以说，前者中的不少成分以及后者中的几乎全部，都是离不开记忆官能的作用。而全部的书面文献，就都是由当事人或者后人所间接记录的记忆的文本性体现。就此而论，历史与记忆在它们所涉及的内

[①] Pierre Nora, from "Between Memory and History, Les Lieux de Mémoire", Representations 26（1989）. Pp. 7-12, in John Tosh ed., *Historians on History*, second edition, Harlow, Pearson Education Limited, 2009, p.332.
[②] 参见奥古斯丁《忏悔录》（周士良译，商务印书馆 1997 年版）中专门讨论时间问题的第 11 卷。

容上，在很大程度上是相互重叠的。

然而，现代史学从其步入职业化的道路以来，就始终对于记忆抱持着一种怀疑的态度。比之记忆的含混和不可靠而论，书面档案似乎更加可信。兰克作为现代史学奠基者的声誉，很大程度上是建立在他对于第一手档案的充分掌握之上的。柯林武德更是明确地要将记忆排除在他所要确立的科学历史学之外的，因为，"记忆是主观的和直接的，而历史是客观的和间接的。说记忆是主观的，是指它的对象总是某种发生在我们自己身上或者在我们自己的经验范围内的事物。……说记忆是直接的，我指的是我既没有也无法拥有，甚至也无法要到任何除了它自身之外对它的承诺或者根据。"① 历史不同于记忆，应该是有条理的、推论式（systematic，inferential）的知识。柯林武德还举了个例子：我记得给你写了封信，这是记忆；我能够证明给你写了信，瞧，你的回信在这儿。——这是历史。② 可证实性在这里，就成了历史区别于记忆的重要之处。

可以说，把历史与记忆这两者径直等同或相互对立起来的看法，都把问题过度地简单化了。历史不能径直等同于记忆，虽然人人都有关于自身的或者特定群体的记忆，但我们很难在严格的意义上像贝克尔所说的那样，认定每个人都是自身的历史学家。一方面，如同柯林武德的例子所表明的，个体的记忆要想构成可证实的历史，还需要满足其他条件。另一方面，对于历史现象或者历史事件的记录、解释和写作，并不是将当事的各色人等的记忆拼合在一起就能产生的。而哈布瓦赫和诺拉那种将历史与记忆截然对立起来的思路，则如同论者所说，失之于太过干脆利落，"它源自哈布瓦赫对于历史学作为一门科学的那种19世纪的信念，以及诺拉对于过去所怀有的乡愁"。③

---

① 柯林武德著，杜森编《历史的观念》（增补版），何兆武、张文杰、陈新译，北京大学出版社2010年版，第362页。
② 柯林武德著，杜森编《历史的观念》（增补版），第250页。
③ Axel Schneider and Daniel Woolf eds., *The Oxford History of Historical Writing*, vol.5, *Historical Writing Since 1945*, chap. 2, Alon Confino, "History and Memory", Oxford : Oxford University Press, 2001.

三、历史记忆与历史真理

历史记忆在史学实践和史学理论层面上受到广泛的关注，离不开口述史这一史学领域内相对新颖的学科分支（它同时也可被视为一种史学方法）的发展。口述史收集史料的基本手段，是对历史事件和历史过程当事人的访谈。人们在常识上很容易想当然地认为，个人对于过往经历的记忆，就仿佛存放在一个仓库里的货品，由于存放时间和存放条件的差别，这些记忆会遭受侵蚀和磨损，然而，我们总能在不同程度上从中辨识和重建这些物品当初的模样。人们还会考虑到，除了进行口述的当事人的记忆力和其他能力的限制之外，他的立场和情感偏好，也会影响到口述材料的可靠性。只不过，以上两方面的缺陷，在原则上总是可以通过对比、推论和核查而多少得到弥补的。

然而，认知科学近年来的发展表明，人们对过往经历的回忆，并非像存放在仓库里的物品一样，存放在头脑中，虽然会随着时间的流逝而遭受损耗，但却基本能够维持原貌。相反，人们对往事的记忆总是会受到当下处境和欲求的影响，而不断发生重构的情形。同一个人，在不同情境下对于同一事件的回忆，在角度和内容上都会发生或细微或显著的变化。"回忆是一个人对过去进行的积极的和有选择性的建构过程。研究结果表明，人经常很生动地回忆过去的场景，但这个场景事实上与真正发生过的事相去甚远，有时甚至截然相反；有时一个人声称亲身经历的事不过是通过交流或阅读间接得来的。"[1]认知心理学发现，记忆容易发生错误的一个原因，是人类心灵似乎有一种倾向，将在某一情形下出现的细节合并、吸收到对于在另一情形下发生的事情的记忆当中，这被称之为来源归属（source attribution）的错误。另一种常见的情形则是，将在不同情形下出现的细节合并，产生出对于一个并未实际发生的"事件"的记忆，这被称之为记忆并置（memory conjunction）的错误。[2]需要注意的是，这些错误极为常见，而它们的出现并不能简单归因于记忆者的能力和用心。

---

[1] 金寿福：《评述扬·阿斯曼的文化记忆理论》，载陈新、彭刚主编《历史与思想·文化记忆与历史主义》，浙江大学出版社 2014 年版，第 34 页。

[2] Geoffrey Cubitt, *History and Memory*, pp.83-84.

其实，这样的情形，对于社会史和口述史的实践者们而言并不陌生。和别的历史研究者主要从业已存在的史料中发掘和分析他人的记忆不同，口述史的践行者是要主动介入，激发和创造历史事件和历史过程当事人的回忆。口述史的实践很容易就让人们认识到，记忆并非一成不变，这其中发生的变化也并非单纯（甚至于主要不是）来自于时间对记忆造成的侵蚀。口述者的记忆总是在不同时间、根据不同情形发生变化，并且对提问和倾听的不同方式做出不同的回应。与档案材料中所包含的记忆在过去就已经完成并以固定的形式保存下来相对照，记忆似乎总具有暂时的、不断变化、不确定的特性。

美国心理学家奈塞尔（Ulric Neisser）研究了水门事件的一个当事人、白宫职员约翰·狄恩（John Dean）的记忆，后者是这起导致尼克松下台的重大事件中若干细节的亲历者。狄恩本人的口述，出自他在国会听证会上所做的证词以及别的严肃场合，也很难说他有明显的扭曲事实的主观用心。这一研究具备一个极为难得的条件，就是狄恩所讲述的他所亲历的很多场合中，尼克松及其相关人等的对话和讨论，不少时候都有完整的录音材料来做比对。奈塞尔发现，狄恩的讲述中，有的时候有意无意地提高了自己在各个场合中的重要性，还有不少时候加入了当时当地他绝对无从知晓而事后才可能从别的渠道获取的诸多信息。口述史学的重要学者，意大利的博特里（Alessandero Portelli）也提供了一个著名的研究案例。1949 年，意大利政府决定加入北大西洋公约组织，意大利出现了工人抗议的浪潮，一个钢铁厂工人特拉斯图里（Luigi Trastulli）被警察枪杀。但在二十多年后，博特里追索意大利工人对此事的记忆时，发现有很多受访者对此事印象颇深，却将此事说成是在 1953 年工人抗议资本家开除工人的工潮时发生的，并且给受难者增添了有似于基督在十字架上受难的意象。① 如此大范围的惊人的不准确，一方面固然让人们对于口述史所提供的史料的准确性备感沮丧，另一方面，却也让我们意识到，记忆有一个不断重塑自身的过程。记忆告诉人们的，不仅是有关过去可能发生了什么，还有关于人们是如何体验那一过去并赋予其意义的。人们常常自觉不自觉地将对细节或片段的回忆，置入一个对于他们的身份认

---

① 参见 Goeffrey Cubitt, pp. 85-88.

同感和人身经历来说具有更大意义的背景之中。正是在这个意义上，口述史的研究者们指出：

> 恰恰由于显示出记忆即便在其看似最为真实不妄时也不是真相的确切保证这一点，口述史就成为了思考记忆的一个成果丰硕的领域。……历史分析的焦点从记忆或"对"或"错"的概念转移到了强调记忆是一个过程，以及如何理解其动力和意义。……（记忆）存在分歧、差异、不同时间不同版本这一事实本身，就既显示了这些记忆在其中得以建构和出现的文化，又显示了记忆本身的运作。[1]

换言之，记忆有关于现在，不亚于它有关于过去。历史研究中常见"伪书也是真史料"的情形，一本伪作，换个眼光来看，却不失为真实有效的史料。类似地，如果说记忆有关于过去的那一面未必就那么真确可靠，追索它得以形成和建构的过程，却往往能够让我们对特定个体或人群的经历和感受别有意会。正是从这一角度，博特里才强调，口述史"告诉我们的更其关于意义，有甚于关于事件。……口述史料不仅告诉我们人们做了什么，而且还有他们想要做什么，他们相信自己在做什么，以及现在他们认为自己做了什么"。[2] 记忆不是在消极地存储事实，而是积极地在创造意义。

人们在当前的处境和关切，会影响到他们对于过去记忆的选择和诠释。一项对于巴黎面包师的口述史研究就发现，对于那些后来自己成了店主或雇主的受访者而言，学徒时代的艰难经历，成了后来事业有成所付出的必要代价。而没有此等成就者，则更多地记住的，是自己所受到的盘剥和苛求。[3] 类似的情形我们并不陌生。中国的知青一代中，把那段经历视作了解国情、磨砺意志的难得机会，从而"青春无悔"的，大致都是后来成为政治、经济和

---

[1] 选自 Katherine Hodgkin and Susannah Radstone eds., *Memory, History, Nation: Contested Pasts*, Routledge, 2003, 载 John Tosh ed. *Historians on History*, p.3 43.

[2] Alessandro Portelli, "What Makes Oral History Different", in Robert Perks, Alistair Thomson eds., *The Oral History Reader*, 2nd edition, London and New York: Routledge, 2010, p. 36.

[3] Geoffrey Cubitt, *History and Memory*, p. 107.

知识精英者。而对于同一代人中"沉默的大多数"而论，也许那更是后来一连串人生不如意事的一个不祥的开端。

历史和记忆都既有关于过去，又有关于现在。观察过去与现在之间的关系，也有着不同的视角。一种是过去不断绵延累积而至于现在。启蒙运动以来的历史进步观，在很长时期内，让人们习惯于将自己所处的时代，看作人类发展至今所达到的最高点，同时又是迈向未来更高峰的新起点，就是此种视角的典型。另一种视角，则可以由克罗齐的著名命题"一切历史都是当代史"得到说明。这一蕴含丰富的命题，其中一层题中应有之义就是，人们总是从当下生活中的需要和关切出发，而将目光投向过往中的某些片段和层面的。如果说，前一种视角强调的，是现在来自于过去；那么，后一种视角所凸显的则是，过去是由现在所选择和塑造的。对于记忆，也可以作如是观。一种视角，是将记忆看作过往经历在人们头脑中的遗存（survival），只不过时间的流逝和人们记忆能力的限制，使得这种遗存会遭受磨损和扭曲。另一种视角，则将记忆视为人们在不同处境下对过往经历的不断重构。照哈布瓦赫的看法，真正能够从过去遗留下来的，只是从当下的角度能够建构起来的东西。爱德华·卡尔对于"历史是什么"这一问题，给出的答案是，历史乃是现在与过去之间连续不断的对话。对于记忆而言，或许我们也可以说，记忆乃是对于过去经历遗存在人们头脑中的印痕的不断重构。

在不少人看来，记忆似乎终归是个体的官能，记忆本质上只能是个体性的东西。可是，按照哈布瓦赫以来的另一种思路，记忆却根本上植根于文化传统和社会体制之中。没有对于过往的经历，就不可能产生记忆，然而，并非个体身上所有的记忆，都会来自于亲身经历，不少在个体和特定群体或社会生活中产生重要影响的"记忆"，就是这样的情形。特鲁约（Michel-Rolph Trouillot）就发出过这样的疑问：

> 欧洲人或者白种美洲人真的记得新大陆的发现吗？无论是我们所了解的欧洲还是我们如今所体会的白人本身，在1492年时并不存在。这两者都参与构成了我们如今称之为西方的这一回溯性实体（retrospective entity），而没有它，如今人们心目中的"发现"就是不可想象的。魁北

克公民的牌照上骄傲地宣称"我记得",他们真的能够复原法国殖民时期的记忆吗?马其顿人(无论他们是谁)能够回忆起希腊化早期的冲突和冀望吗?有什么地方的什么人真的能够记得塞尔维亚人第一次大规模的皈依基督教?

这里的问题,不单是人们不可能以拥有对自己亲身经历的记忆的同样方式,拥有在他们出生多年之前或在久远世代就已经发生的事情的记忆;更要紧的是,特鲁约这段话蕴含了这样一种看法:"那据认为记住了的集体主体,在他们号称记住的事件发生时根本就不存在。反而是,他们之构成为主体,是一步一步伴随着过去之被创造出来的过程。"[1] 如果说,特鲁约所举的这些例证,还是在过往真实不妄地发生过的事情,那么,英国人对亚瑟王,美国人对华盛顿与樱桃树的故事,中国广大地域内的诸多民众对于故乡山西洪洞大槐树的记忆[2],却显然并非如此。霍布斯鲍姆所谓的"传统的发明",就揭示了在各种现代身份认同的构建过程中,就既包含了对于过往真实存在过的事件或传统成分的重新利用和诠释,又包含了对于并非过去真实出现过的要素的创造。[3]

叙事主义史学理论家海登·怀特和安克斯密特等人,更是一再强调现代历史学的叙事形式对于历史经验的"驯化"作用。[4] 记忆要进入历史研究,终归需要转化为文本叙事的形式。个体性的经历和感受,要转化为具有公共性质的可传递的语言,就必定会有所增益、损耗和扭曲。古语所谓"常恨言语浅,不如人意深",传递的就是对于语言表达的无力感和失败感,体现的就是对于语言表达与个体经历之间的鸿沟终究无法弥合的遗憾。而在口述史的研究实践中,人们更真切地感受到,不同的场合,不同的激发记忆的方式,不同的

---

[1] 转引自 Geoffrey Cubitt, *History and Memory*, p.16.
[2] 参见赵世瑜《祖先记忆、家园象征与族群历史——山西洪洞大槐树传说解析》,载《小历史与大历史:区域社会史的理念、方法与实践》,北京三联书店 2006 年版。
[3] 霍布斯鲍姆、兰格:《传统的发明》,顾杭、庞冠群译,译林出版社 2004 年版。
[4] 参见比如 Hayden White, "The Politics of Historical Interpretation: Discipline and De-Sublimation", in his *The Content of the Form: Narrative Discourse and Historical Representation*, Baltimore: The Johns Hopkins University Press, 1987.

提问技巧，都会引发出受访者对同一事件记忆的不同版本。而访谈的氛围，访谈双方的关系，访谈各方的语气、神态等等，都往往包含了诸多不能完全体现于文本语言的信息。博特里就说过，"指望录音的文字稿能够为着科学研究的目的取代录音带，就相当于用复制品来搞艺术批评，或者用翻译文本来搞文学批评。"[①] 叙事形式对于记忆的驯化，虽然无法绝对避免，却又毕竟有着程度的差异，以及对这一问题有无自觉意识的分别。[②]

历史学总是要以求真为依归的。即便是被视为后现代主义史学理论领军人物的海登·怀特，在他声称要"解构科学历史学的神话"，认为人类的过往中有着诸多不可知的面相的同时，也不会否认人们能够从史料中发掘出真实不妄地发生过的"事件"。[③] 一方面，记忆不如人们常识中所想象的那样，具备那么高的可靠性，它在历史学中所能够起到的作用是有限的，而且需要受到极为谨慎的对待。梅吉尔就指出，"倘若我们过于看重记忆，就给那种利用与记忆不可避免地如影随形的回忆中的谬误，来彻底诋毁回忆者所说的东西的机会。这就是大屠杀的否认者们所偏好的策略。"[④] 另一方面，过于强调历史记忆不可靠的一面，无异于过于轻率地关上了我们得以通往过去的一扇大门。历史学在其长期发展的过程中，积累了一套收集、汰选、核查、合理使用传统史料的程式，它使得历史学这一学科具备了"技艺性"（craft-like）的特征。历史学也完全可以通过已经积累和尚在不断完善的"处理记忆的技艺"，有效地利用记忆来帮助我们理解过往。毕竟，记忆并非全然可靠，不等于记忆全然不可靠。

---

① *The Oral History Reader*, p.33.
② 一个切近的例子是，针对郭于华对陕北"受苦人"在上世纪后半叶经历的口述史研究，应星就指出，在这一具体的口述史写作中，"或多或少给人一种平整光滑的嫌疑"。参见李公明"倾听'受苦人'如何讲述……'苦'的故事"一文，载《东方早报·上海书评》，2014 年 3 月 30 日。"平整光滑"，的确常常就是历史叙事对于历史经验、口述史文本对于受访者经历所造成的"驯化"效果。
③ 参见拙文《被漫画化的后现代史学》，载《书城》2009 年第 10 期。
④ Allan Megill, *Historical Knowledge, Historical Error: A Contemporary Guide to Practice*, p.25. 梅吉尔这里指的是所谓修正派对纳粹屠杀犹太人的否认。我们会很自然地联想到日本右翼分子在否认南京大屠杀时所采取的类似手段。

四、历史记忆与历史正义

历史记忆是在特定的社会体制和文化传统中产生的。在后现代主义思潮席卷人文社会科学的整体学术氛围下，在记忆研究的领域内，很自然地就会出现这般具有福柯式意味的问题：是谁让谁记住了什么？"塑造人民对于国家是什么、其利益何在的理解，是现代社会权力的着眼点，确保对于民族过去的特定解读获得信任而让别的替代性解读丧失声誉，是此种权力得以施展的重要层面。"[1] 在这样的视角下，无论是个人的还是特定群体的历史记忆，都不可避免地会受到各种各样的权力的操纵和利用。

在中国，历朝历代遗下了大量旨在留下永久印痕的纪念物。所谓勒碑刻铭，就是力图将有关某些人或事的记忆，长久地留存给后世。勘高夫也在其《历史与记忆》中谈到，古代的希腊和罗马被称作是一种"碑铭文明"。在神庙和墓地，城市街道和广场，沿着道路直到山脉深处，遍布着各种碑铭。这些都表明，古希腊罗马文明多么渴望着在记忆中得到永生。罗马皇帝们热衷于以纪念物和碑铭来独占集体记忆的同时，屡受欺凌甚至杀戮的元老院也找到了对抗的武器，那就是"除忆诅咒"（damnatio memoriae），也即自纪念碑铭以及档案文件中将恶君的名字抹去。这里的情形仿佛就是，"那毁掉记忆的权力适足以对抗那通过生产记忆而获取的权力"（The power to destroy memory is a counterweight to power achieved through the production of memory）。[2] 而在中世纪的教会中，记忆被严格地限定，只用来纪念被教会判定为值得尊重的人。

同样的人或事，在不同的记忆中被塑造成不同的形象，呈现出不同的意义。在法兰西第三共和国时期，不同的政治势力，不仅是对于法国大革命的解读相互冲突，而且他们所选择的圣女贞德的形象也相去甚远。在左派眼中，贞德是体现了民众爱国主义精神的女英雄，是教会和君主背叛的牺牲品；而在右派眼中，贞德则是受到了神的感召来保卫基督教君主的圣女。同样的例证是，临近第二次世界大战胜利五十周年之时，美国发生了一起"Enola Gay"

---

[1] Geoffrey Cubitt, *History and Memory*, pp. 229-230.
[2] Jacques Le Goff, *History and Memory*, Steven Rendall & Elizabeth Clamant trans., New York: Columbia University Press, 1992, p. 68.

事件,"Enola Gay"是执行对广岛进行原子弹袭击任务的那架飞机的名字。在史密斯学会(Smithsonian Institution)筹备原子弹袭击日本五十周年的纪念展览时,引发了严重的争议。[1]对于美国老兵而言,那意味着战争的结束和和平的开启,对于日本受难者而言,那却意味着无尽的痛苦和不义。五十年前,对于反法西斯阵营而言的巨大喜讯,在今天许多人的心目中,却因为昭示了人类开始具有彻底毁灭地球家园和人类这一物种本身的能力,仿佛带有了更多凶兆的意味。在这里,谁的记忆才更有权利得到展示和尊重,就并非诉诸"事实"或"真相"所能解决的问题。

现代民族国家和现代社会中的各种权力,对于争夺塑造人们记忆的主导权,对于如何塑造历史记忆,有着积极而明确的自觉。奥祖夫对法国革命中的节日的研究表明,革命的节庆要用来为革命服务,这是革命不同时期的主导者们都明确意识到了的。1791年宪法的第一款就宣布:"将设立国家节庆以保存对于法国革命的记忆。"然而,对于记忆的操纵也随之出现。比如,在热月党人当政后,对恐怖统治和屠杀的纪念变得不合时宜,需要将它们从革命记忆中淡化和删除。能够被设立为革命节日的,尽可能地得是那些没有被鲜血玷污的日子,而路易十六被处死的那一天,则无从成为纪念日。[2]

二战中纳粹对犹太人的大屠杀,因其遇难者人数之众,国家机器卷入之深,屠杀流程的工业化程度之高,以及这一极端的种族屠杀事件竟然就发生在西方文明的核心地带,被有的学者称之为极限事件(limit-event)。[3]大屠杀给受难者和亲历者所造成的难以言说的巨大创伤,它那种即便亲历者也觉得无法理解的特性,引发了史学理论中有关历史表现的极限何在的争议。[4]其核心论题在于,既有的历史话语形式能否有效处理这样的历史题材。大屠杀也

---

[1] 参见 Allan Megill, *Historical Knowledge, Historical Error: A Contemporary Guide to Practice*, pp.17-18.
[2] 莫娜·奥祖夫:《革命节日》,刘北成译,商务印书馆2012年版。
[3] 参见 Allan Megill, *Historical Knowledge, Historical Error: A Contemporary Guide to Practice*, p.139.
[4] 有关大屠杀无可理喻的特性,乔治·斯坦纳曾提到过两个例证。一个是,在以色列法庭审讯当年执行大屠杀的纳粹得力干将艾希曼时,目击证人面对质询的时候,反复强调:"你无法理解,没有在场的人无法想象。"另一个,则是亲历大屠杀的著名作家维瑟尔的说法:"我当时就在那里,但我现在仍然无法理解。"见乔治·斯坦纳《语言与沉默:论语言、文学与非人道》,李小均译,上海人民出版社2013年版,第189、190页。有关大屠杀所引发的历史表现的极限问题的讨论,见 Saul Friedlander ed.,*Probing the limits of Representaion: Nazism and the "Final Solution"*,Cambridge : Harvard University Press,1992.

是使得历史记忆在上世纪80年代以来，成为学术焦点乃至社会生活热点的诸多因素中，影响最大的单一事件。

有关大屠杀的历史记忆，在1990年代以来，成了美国社会生活中的一个重要现象。各种纪念性的建筑物、艺术品、电影、纪念活动层出不穷。彼得·诺维克就曾提出并试图解答这样的问题：这样的情形为什么发生在这个时间，出现在这个国度？（Why now? Why here?）[1]大屠杀之所以没有在二战之后马上成为人们关注的热点，诸多因素之中，固然有如此惨痛的创伤，使得亲历者们要启动心理机制来抑制自己的记忆的因素，也有着犹太人因为像待宰的羔羊一样引颈就戮所带来的自身的羞耻感，更要紧的理由则是，在接踵而来的冷战中德国被纳入西方阵营，使得大屠杀变成了一个不合时宜的论题。在一个犹太人虽然影响力巨大但毕竟占全部人口比例不过百分之二的国度内，有关大屠杀的记忆如何能够成为整个国家社会生活的热点呢？诺维克的解释包括了诸多因素，例如从来是张扬西部牛仔式的男子汉气概的美国文化传统中，出现了一种受难者文化（victim culture），受难者因其遭受的苦难和创伤而具备了道德尊严。他所着意发挥的论点更在于：从犹太族群的角度来说，数千年来就失去了故土而处于离散状态的犹太人，顽强地维系了自身民族和宗教的认同感；而在当今的美国，这种认同感却遭受到了前所未有的危机。在犹太人群体世俗化程度日渐增长，宗教性不断消退，与其他种族的通婚愈加频繁的情形下，如何才能维系犹太人的认同感呢？"今天的美国犹太人认同无法依靠犹太教信仰、犹太文化特征、犹太复国主义，唯一的共同之处是：倘若不是他们的父母或者（更多的情形下）祖父母或高祖父母的移民，他们就会同样经受欧洲犹太人的命运。在日渐多样和分化的美国犹太人中，这就成了那个不断被重复而在经验上又相当可疑的口号'我们是一体'的历史基础。"[2]于是，有关大屠杀的历史记忆就此具备了无比重要的社会功能。

上世纪70年代以来，由于人们意识到大屠杀的亲历者们很快就将故去，

---

[1] Peter Novick, *The Holocaust in American Life*, Boston: Houghton Mifflin Company, 1999.

[2] Peter Novick, *The Holocaust in American Life*, p. 7.

对他们的声像档案的收集保存,受到特别的重视。除了以色列的瓦舍姆(Yad Vashem)和耶鲁大学的专题档案馆之外,电影导演斯皮尔伯格在拍完他那部以大屠杀为背景的《辛德勒的名单》后,也建立了专门的档案馆。单单斯皮尔伯格档案馆所收集的证词就已经超过了五万份。梅吉尔就此评论说:

> 问题不单单是证词太多,新增加的证词不大可能对于历史理解有所贡献,毕竟,总是有可能下一份证词会超出预料地提供人们对于所发生事情的惊人洞见。问题更在于证词对于所发生的事件给出的陈述并不恰当。事件是深度创伤性质的,而人们往往是在不可能仔细审视的情况下看待它。再者,许多证词是在其所描述事件发生过后几十年才收集的,记忆可能衰退,并在重新思考和重新讲述时被修正。……事实上,大屠杀证词的大量收集与建立更加精确的大屠杀记录很少关系,毋宁说,这些证词被采集,是因为它们被视作具有某种神圣遗迹的性质。①

这意味着,记住过去在人们身上所发生过的苦难和不义,本身就是一桩神圣的道德义务。丧失了历史记忆,也就没有历史正义可言。詹姆斯·布斯(James Booth)说道:

> 倘若大规模罪行的受害者们失去了面目和姓名,倘若他们最后片刻的辰光、举止和地点不为人所知,他们就处在真理之光的外面,被遗忘所抛弃。世界不复齐全,它的完整性被破坏了,它的实在受到了损害。②

记住过往,是现世的人们对过往的人们所负有的义务。正如米沃什(Czeslaw Milosz)所说:"那些活着的人从那些死去而永远沉寂下去的人们那里得到了一条诫命:保存有关过去的真相。"③

可是,既然记忆总是选择性的,全盘记住终归不可能,遗忘就注定了与

---

① Allan Megill, *Historical Knowledge, Historical Error: A Contemporary Guide to Practice*, pp.19-20.
② 转引自 Geoffrey Cubitt, *History and Memory*, p. 55.
③ 转引自 Geoffrey Cubitt, *History and Memory*, p. 55.

记忆如影随形。遗忘并非只有消极的功能。尼采就强调，没有遗忘，人们承载了太多过去的重负，就难以面对当下做出选择。① 当代德国社会学家卢曼更是强调，社会记忆的主要作用在于遗忘，没有遗忘，社会系统就会因为无法及时处理信息而造成堵塞。② 而具体到某个历史事件是被记住还是被遗忘；如果被记住的话，是以何种意义和形象进入人们的记忆；这背后自然就都离不开各种社会政治和文化因素的复杂运作。

记忆、真相和正义，在人们面对过往的历史创伤时总是被紧紧联系在一起。人们所乐于想到的，是南非实现种族和解时所发生的事情。南非转型过程中所成立的"真相与和解委员会"，致力于调查和确认实施种族隔离制度期间所发生的种种歧视和迫害的情状。在这里，"真相"被揭示，意味着"正义"得以伸张，然后是由受侮辱和伤害的一方的宽恕而带来的"和解"。这样的情形，在波兰从俄罗斯方面得到对卡廷森林惨案真相的确认时，也曾出现过。可是，梅吉尔也提醒我们，"在诸多情形下，人们不是受制于所谓记忆的匮乏，而是受难于记忆太多。最显著的情形就是，对于据说是自古以来的冲突的记忆，滋养和加剧了当下的冲突。"巴以冲突以及巴尔干和北爱尔兰的情形，就是彰明较著的例证。③ 正如一句俄罗斯谚语所云："谁记得一切，谁就感到沉重。"④ 这里的情形仿佛就成了：作为一桩道德义务，人们需要尽可能地发掘和保全（尤其是对于苦难和不公的）历史记忆；而对于社会政治的现实进程而言，需要的只是适度的历史记忆。也许，历史正义要求的，是记忆得以发掘，真相得以揭示；对于转型期社会而论，不同族群甚或不同阶层的和解，是在特定时期更需要解决的问题。而对于历史过程当事人的道德和法律责任问题的追究，往往会危及这样的目标。⑤ 历史问题"宜粗不宜细"，就更是现

---

① 这是尼采在其《历史的用途与滥用》（陈涛、周辉荣译，刘北成校，上海人民出版社2005年版）中所一再发挥的论点。
② 参见金寿福《评述扬·阿斯曼的文化记忆理论》，第59页。
③ Allan Megill, *Historical Knowledge, Historical Error: A Contemporary Guide to Practice*, p.22.
④ 转引自赖国栋《历史记忆研究——基于20世纪西方历史理论的反思》，复旦大学博士论文，2009年，第9页。
⑤ 参见吴乃德《转型正义和历史记忆——台湾民主化的未竟之业》，载《思想》2006年第2期，联经出版社。

实政治所要服从的逻辑。历史记忆的伦理维度与它的其他维度之间,就呈现出复杂而微妙的关联。

(2014年第2期)

历史记忆、历史叙述与口述历史的真实性

左玉河

口述历史旨在以访谈方式发掘、采集、整理与保存口述者（当事人、亲历者、见证者、受访者、整理者等，本文统称"口述者"）的历史记忆，呈现口述者亲历的史事。历史记忆是口述历史的基础，发掘历史记忆是口述历史的主要工作，故历史记忆成为口述历史的核心问题。受口述者生理心理及社会环境因素的影响，口述历史既包含着真实内容，也有想象的成分，不仅难以完全还原客观的历史，而且还掺杂有口述者的主观成分。正因历史记忆具有"不可信性"，故口述历史的真实性不断遭到质疑。有人尖锐地指出："口述历史正在进入想象、选择性失忆、事后虚饰和完全主观的世界……它将把我们引向何处？那不是历史，而是神话。"[①]

雅克·勒高夫在《历史与记忆》中指出："历史学家应主动出来解释记忆和忘却，对其进行深究，以使之成为一门学问。"[②] 口述历史中的记忆问题，是口述历史研究中无法回避的核心问题。口述史学者必须从历史记忆的层面对口述历史的真实性进行深入探究。[③] 口述者的记忆是否可靠？口述历史能否给予"历史真实"？历史记忆以怎样的方式呈现"历史真实"？有哪些因素

[①] 引自杨祥银《当代美国口述史学的主流趋势》，《社会科学战线》2011年第2期。
[②] ［法］雅克·勒高夫著，方仁杰等译：《历史与记忆·法语版序言》，中国人民大学出版社2010年版。
[③] 目前中国学界开始关注历史记忆与口述历史关系问题，出现了一些有价值的研究成果，如王明珂的《历史事实、历史记忆与历史心性》（《历史研究》2001年第5期）、刘小萌的《关于知青口述史》（《广西民族学院学报》2003年第3期）、陈献光的《口述史二题:记忆与诠释》（《史学月刊》2003年第7期）、郭于华的《口述历史——有关记忆与忘却》（《读书》2003年第10期）、张荣明的《历史真实与历史记忆》（《学术研究》2010年第10期）、王海晨的《影响口述真实性的几个因素——以张学良口述历史为例》（《史学理论研究》2010年第2期）、杨祥银的《记忆是可信的吗》（《人民日报》2011年3月3日）、金光耀的《口述历史与城市记忆》（《文汇报》2011年10月13日）、陈墨的《口述历史：人类个体记忆库与历史学》（《晋阳学刊》2013年第5期）等，本文是在这些研究成果基础上所作的进一步思考。

影响着历史记忆的呈现？为什么会出现历史记忆失真现象？历史记忆呈现为口述历史要经过哪些中间环节？这些中间环节对历史记忆及其呈现起了怎样的筛选和阻隔作用？如何看待口述文本之真、历史叙述之真、历史记忆之真与客观的历史本真之间的复杂联系？这些都是需要深入探究的重要问题。

一、历史真实与历史记忆：从历史之真到记忆之真

口述历史既然是建立在口述者历史记忆基础上的，口述历史追求的又是历史真实，那么，口述历史与历史真实之间存在着怎样的关联？历史真实与历史记忆之间存在着怎样的关联？这些都是讨论口述历史真实性时必须首先面对的问题。

口述历史的真实是建立在历史记忆真实基础之上的，历史记忆之真与历史本然之真是有较远距离的。历史本体之真是全息的，它需要人的记忆来存储。而历史记忆之真能否全息地反映历史本然之真？历史记忆能多大程度存贮历史真实？存贮了哪些历史之真？从口述者亲历的历史真实到口述历史文本呈现出来的历史真实之间，要经过三重帷幕（即三个环节、三次筛选）的过滤。第一重帷幕就是从口述者亲身经历的历史真实到口述者将历史事实存储为历史记忆的过程。这个过程中间因记忆的特殊机能而使历史事实有所变形，并非全部的历史真实都存储为历史记忆。历史记忆的真实经过这重帷幕的筛选和阻隔，已经对历史本然之真打了很大折扣。人脑存储的历史记忆之真，与历史本体之真有较远距离。

记忆是人脑的机能，是人的心理活动本质特性的体现。记忆依赖于外界信息的刺激，同时受制于大脑自身的选择编码机能。它首先是对外界信息刺激的存贮机能，是信息在人脑中的刻录和储存。人脑对外界输入的信息能主动地进行编码，将外界信息转变为记忆。从记忆发生的心理机制看，所谓记忆就是人对经验的识记、保持和应用过程，是对信息的选择、编码、储存和提取过程。记忆过程是感性经验摄入之后与经验素材经由意识和潜意识的加

工,然后再通过语言组织输出为记忆的过程。[①]记忆不是外界信息的简单复制,而是有所摄取并作筛选。历史记忆以历史事实为原型通过大脑机能对其进行临摹,但同时包涵了某种想象和推测成分。

历史事实要想存活下来,主要途径是进入人脑并成为历史记忆。历史事实成为历史记忆的过程,受记忆本身的诸多特性制约。在这个过程中,历史事实会发生变形,变成了记忆中的事实,历史之真变成了记忆之真。因历史记忆与历史事实之间有着很大距离,故历史之真与记忆之真对应着也有很大差异。

记忆具有储存历史事实的功能,这种功能保证人脑能将历史事实储存为历史记忆。但大脑对历史事实的储存,与它对外界事实的识别和认知有关,并非所有的刺激都能在大脑中留下记忆痕迹。历史事实存贮为历史记忆,要经过大脑识别系统筛选,只有通过筛选的部分历史事实才能成为历史记忆。而大脑的筛选功能,来源于大脑的识别机能,能识别认知的东西就成为大脑记忆的亮点,没有认知的东西就成为大脑记忆的盲点。只有识别的历史事实才能在大脑中留下亮点并成为痕迹得到保留,形成历史记忆。记忆不可能像照相机那样把观察对象的全部细节一览无余地记录下来,而是按照观察中所渗透的特定选择焦点加以记录。由于识别及认知盲点的存在,人们看到的东西是不全面的,反映到大脑中的记忆也很难是全面的,记忆因而具有残缺性和不完整性。仅仅是部分历史事实在大脑中留下痕迹并构成了历史记忆。

记忆的最大功能是它对任何外界的历史事实进行排序和重构,具有排序性与重复性特点。它通过语言文字和图像等中介将事件的过程进行排列组合,使不可逆的事件可以重复表达。受记忆这种特性影响,储存在大脑中的历史记忆并不是被动地被存放着,而是经过大脑记忆的重新排序和重构方式储存并维持着。历史记忆不完全是历史事实的简单刻录,同时也会进行加工重构,是对历史事实的摹本。储存在大脑中的记忆具有潜伏性,当没有外界唤醒时,它始终处于潜伏的沉睡状态。储存在大脑中的历史记忆,会出现干扰与覆盖现象,即后来的记忆干扰、覆盖前面的记忆,从而导致历史记忆的遗忘、变

---

① 钱茂伟:《史学通论》,浙江大学出版社2012年版,第39页。

形、扭曲、失忆、模糊及差错等现象。历史记忆会随着时间的久远而逐渐模糊甚至被遗忘。

储存在大脑中的历史记忆，在外界因素作用下被唤起而成为回忆。回忆是记忆被激活后的再现。口述者回忆就是要唤醒历史记忆。历史记忆在被唤醒过程中，会出现整理、重构、选择等多种情况。口述者以第一人称的"我"为立足点进行回忆，是回忆与"我"有关的历史事实，与自己无关的"过去"很难引起回忆。"我"所亲历、亲见和亲闻的历史事实只有部分内容成为回忆并为"我"记住，记住的是储存于大脑中的部分历史事实，遗忘的则是失去记忆的部分历史真实。历史记忆实际上就是通过回忆记住的那部分历史真实。历史记忆被唤醒过程中，会出现无意的歪曲、变形和差错。这既是后来的记忆干扰与覆盖已有记忆所致，也是回忆所特有的整理性使然。"记忆是无心的经历，而回忆是有心的行走。回忆是经过分析后的重新储存，是一种记忆的归纳与整理，经过整理后的记忆更方便保存。"[1] 因此，回忆既是记忆重新被唤醒的过程，也是对记忆进行重新建构的过程。

回忆具有重构的特性，它不是对"过去"的重复而是对它的重新编织，并非所有的记忆都能被唤醒。唤醒记忆的过程就是记忆再加工的过程，大脑的思维功能很自然地参与其中，将历史回忆变成了对历史记忆的认知活动，使回忆不仅仅是"追溯历史"，而是"思考历史"。口述者站在"我"的立场上对历史记忆进行加工重构，必然渗入主观因素及价值判断。历史事实一旦进入记忆领域，就处于不断被加工状态，成为历史记忆；而历史记忆在"我"的不断回忆中得以重构。经过"我"的回忆重新建构的历史记忆，不复是记忆储存时的历史记忆，而是"我"主动加工后的历史记忆。经过大脑重构机能建构的历史记忆，与客观存在历史事实之间便有了较远距离。

记忆储存及其重构带有明显的选择性。记忆的选择性不仅体现在记忆储存的环节，而且体现在记忆唤起及呈现的环节。哪些东西得到记忆，哪些被遗忘，取决于记忆主体的选择机制。只有那些历史真实的亮点刺激大脑并留下痕迹，才能储存为历史记忆；只有有意义的历史记忆才会被有意识地唤醒

---

[1] 钱茂伟：《史学通论》，第41页。

并得到呈现。记忆主体选择的过程,就是利用符号将大脑记忆的历史事实有序化的过程,是记忆理性化的过程。记忆在呈现时会把杂乱无章的"过去"条理化、明晰化,变成有因果关系的时间序列和可以理解的历史往事。人总是有选择性地记忆和遗忘,其选择的标准就是对"我"而言有意义的事情。"我"赋予历史事件以"意义",以"意义"为标准有选择性地储存记忆并呈现记忆。

历史记忆实际上是历史客体在历史认识主体中的反映。历史真实摄入大脑留下痕迹成为历史记忆的过程,既是客体进入主体存储的过程,又是一种历史真实的主体化存在。历史真实要想存活下来,主要通过大脑记忆、口头叙述、文字记录。脑记、口述、文献形成的过程中都渗透了主体因素,都离不开人的主体认知。根据历史记忆而整理的记忆呈现文本(叙述文本),是客观事物的主观反映,既有客观性,又有主观性,是主客观交互作用的结晶。正因如此,历史事件是全息的,而与之对应的历史记忆则是有限的。历史记忆是历史事件的碎片,通过拼合这些碎片,可以有限度地复原历史事件,但永远不可能复原历史事件的原样。即便历史记忆都是真实的,由这些历史记忆复原出来的也只是历史真实的一部分,是有限的历史真实。虽然历史记忆受到多方面的干扰,导致某些不确定性,但它仍然具有一定的客观性。因为它是由当事人讲述的,这些当事人是历史事件的参与者,其叙述的是大脑中储存的历史记忆。这些历史记忆经过大脑自身的过滤筛选后,仍能保留部分的历史真实。

从历史记忆形成的过程看,历史事件成为历史记忆的一部分,是大脑记忆机能作用的结果。记忆储存、保持与回忆过程中的选择与重构,是历史真实进入历史记忆的第一重帷幕。记忆存储时的选择与变形,导致并非所有的历史事实都能存储成历史记忆,只有部分历史事实进入大脑并构成历史记忆,部分反映了历史真实,形成历史记忆的真实(记忆之真)。记忆的唤醒过程是大脑对记忆进行重构的过程,部分记忆得到唤醒并强化;部分记忆则被后来的记忆覆盖,还有一些记忆随着时间的推移而淡化、减退乃至被遗忘。这样看来,历史真实经过记忆存储、保持与回忆诸环节的过滤与筛选而形成的历史记忆,并非全部历史真实的摄入,而是部分历史真实的保存。历史记忆中的真实，只是经过记忆本身筛选和阻隔后的部分历史真实，而不是全部的历史真实。口述者叙述时呈现出来的所谓历史真实，实际上是其大脑中储存的经过重构的历史记忆真实，而不是本体的历史真实。

二、历史记忆与历史叙述：从记忆之真到叙述之真

以语言文字为媒介将历史记忆呈现出来的过程，就是历史叙述。历史叙述分文字叙述与语言叙述。语言叙述方式，就是所谓口述。语言是呈现历史记忆的工具并能够整理历史记忆，但同时对历史记忆的呈现具有阻隔作用，构成了历史记忆呈现过程中的一重帷幕（历史真实阻隔的第二重帷幕）。通过这道帷幕的筛选和阻隔，只有部分历史记忆呈现出来变成历史叙述；历史叙述呈现的真实，只是部分的历史记忆真实。叙述之真与记忆之真中间仍然有着较远距离。

人脑具有某种摄像功能，能将所见的实物摄入并存储于记忆之中。但大脑记忆的最大问题是记忆的遗忘，记忆信息会随着时间的推移而逐渐变得模糊甚至被遗忘，更会随着大脑的死亡而永远消失。故记忆必须借助语言文字等中介工具才能呈现并保存下来，才能从私密的个人空间进入公共认知领域并具有"意义"。历史记忆以语言文字方式呈现的过程，实际上就是将历史记忆之真转变为历史叙述之真的过程。历史叙述是历史记忆真实呈现的方式，上接历史记忆，下连口述文本，是连接历史记忆与历史文本不可缺少的中间环节。历史记忆的真实决定着历史叙述的真实，而历史叙述的真实，又决定着口述文本的真实。历史叙述能否真实地呈现历史记忆，是决定口述文本真实的关键，自然也是决定口述历史真实性的关键。

语言、文字是历史记忆呈现的主要方式。通过语言、文字将大脑中储存的历史记忆呈现出来，就是历史叙述。历史叙述是历史记忆呈现、输出、表达的方式。文字叙述出来的历史记忆结晶是历史文献；语言叙述出来的历史记忆结晶则是口述历史文本。从历史叙述与历史记忆的关系看，口述与文献是历史叙述的两种方式。两者都是历史记忆的呈现方式，本质上都以历史记

忆为基础,其所揭示的真实性都源于历史记忆,并无本质差异。所不同的只是两者表现形式的差异而已。

借助于语言呈现出来的历史记忆,就是所谓"口述"。口述,顾名思义就是"口头叙述";口述历史就是口述者口头叙述的历史记忆及根据这些历史记忆再现的历史。历史叙述要真实地呈现历史记忆,既受口述者个人及社会因素的制约,也受语言表述本身局限的制约。语言是人类交流的最重要手段,是人际沟通不可替代的工具。人脑中的历史记忆通过语言表达出来,就是口头叙述。口述语言长期以来因无法保留而不被视为证据("空口无凭")。但现代口述历史借助录音机(摄像机)可以将口头叙述完备地记录下来,口述声音以音像方式保留下来作为历史证据。

语言不仅是历史记忆的呈现工具,也是历史记忆的整理工具。人的记忆在没有经过语言整理之前,往往处于模糊混乱状态。当记忆需要用语言表达时,潜伏的记忆被唤醒并被条理化,以语言叙述的方式呈现出来。语言成为唤起和整理历史记忆的有效工具。语言是口述者叙述历史记忆的工具和载体,可以传递感情以及文献所无法准确记载、无法明确表现的感情波动。语言尽管无法做到书面语言那样用词精确、讲究语法、逻辑严密,但可以呈现口述者叙述历史记忆时的真实信息。口述者会以自己独特的语言呈现历史记忆。口述者语言的差异性与口头化,给历史叙述带来了丰富性与亲切感。这些均为语言呈现历史记忆的独特之处。

但语言在呈现历史记忆过程中,同样会对记忆进行选择、过滤和阻隔,难以完全真实地表达历史记忆。这便使历史记忆在语言叙述时再次打了折扣,叙述之真与记忆之真之间仍然存在着较远的距离。从历史记忆到历史叙述,要经过语言的筛选和阻隔。语言在呈现历史记忆时,不可避免地会出现"词不达意、言过其实、文过饰非"等情况,导致历史记忆变形。口述者用语言来呈现历史记忆,实际上用语言临摹历史记忆中的所谓真实图像。无论临摹的手法多么高明,呈现出来的也仅仅是临摹出来的大致轮廓图像而已。语言叙述无论如何流畅,也难以将历史的真相完全清晰地展现出来,一定会出现"词不达意"的情况。口述者因感到对历史记忆的临摹过于简单而增加细致的纹路,便会出现"言过其实、夸夸其谈、文过饰非"的情况。无论出现哪种情况，都表明语言因自身的局限而无法准确地呈现历史记忆。

历史叙述过程中同时呈现的不仅仅是历史记忆，而且伴有想象、分析、价值判断等。记忆功能与思维功能同时呈现，感性与理性同时发生作用，呈现出感性的理性化过程。用语言叙述的历史细节，未必都是历史记忆的真实，难免有想象的成分。越是用生动鲜活的语言表达的故事，可能离历史的真实越远；越是语言描述细节的部分，可能包含的想象、夸张成分越多。口述者亲身经历与亲眼所见的历史事件，当他随后用语言表述时难免有夸张虚构成分。口述者叙述的历史事实只是口述者记忆中的事实，仅仅是历史真实的一部分，而不是全息式的历史真实。由语言而呈现的历史记忆，因口述者表达能力的差异而大不相同。性格外向者喜欢沟通倾诉，易陷于夸夸其谈、言过其实；而性格内向者则不善表达，易陷于沉默寡言、词不达意。口述者以语言呈现记忆时，既有闪烁其词或夸张之处，又有刻意的修饰、夸张和自我拔高倾向，还有对某些记忆的刻意回避与掩饰。

口述者呈现历史记忆的口头叙述，具有即兴性的特点。其口头叙述是即时的、即兴的、临场发挥的，叙述内容并未经深思熟虑和反复推敲，其语言表述带有明显的不稳定、情绪化和口语化特征。口头叙述的过程是利用语言整理记忆的过程，是历史记忆呈现的过程，而这些记忆并非有条理地输出，而是以即兴的语言来表述。这些表述语言因非"深思熟虑"，在很大程度上是混乱无序的，显得比文字表述更无条理。其对事情的叙述不仅没有严谨的纪年时间，时间概念混乱，而且颠来倒去、重复啰唆。这些口述语言，本身很难说是真实的或虚假的，不能简单地以此作为判断历史记忆内容真伪的依据。或许这种即兴叙述因没有太多的现实顾虑和利害考量，而能直率地无顾及地将历史记忆展现出来，呈现出历史记忆的真实。但这远远不能保障其叙述的内容就是真实的，因为即兴的叙述是根据大脑中已经形成的记忆（实际上是后来经验加工重建后的历史记忆）呈现的，而这种记忆本身是不完整或有偏差的。在即兴叙述时即使没有经过认真推敲，来不及掩饰某些真相，但其语言表述的不准确也是难免的。主观想象、虚构甚至编造历史情景的可能性在这个过程中依然存在。至于因记忆本身的失误而导致的时间地点人物的错位，更是难免的。故这种即兴叙述的历史记忆，很难简单地判断说就是真实的，其中同样既有真实记忆的呈现，也有虚构的想象成分在内；有历史记忆的部分真实再现，也存在着历史记忆的偏差和重构。但需要强调的是：即便是不准确的回忆，也很可能真切地反映了口述者当时的真实情景；只有在"深思熟虑"之后才能重构出富有欺骗性的假话。但是否可以因叙述经过"深思熟虑"就否定其叙述的真实性？"深思熟虑"的过程，既是唤醒记忆的过程，也是重构记忆的过程，既可以真实地呈现记忆中的真实，也可以根据现实利害而人为地虚构所谓记忆真实。所以，口述者在这个过程中有时间、有能力对历史记忆加以虚构，但也同样有时间、有能力更好地展现历史记忆的完整性和真实性，不能以是否经过"深思熟虑"来判断叙述内容的真伪，而应靠访谈者以文献、他人口述加以验证。

这样看来，历史叙述与历史记忆之间存在着较大的距离，历史叙述的内容必然少于历史记忆的内容，更少于历史真实存在的内容。历史叙述之真，不仅难以到达历史记忆之真，而且离本然体的历史真实更远。所谓叙述之真，只是被记住的部分历史记忆而已，更多没有被记住的历史记忆无意中被遗弃了。叙述之真只是记忆之真的部分呈现。叙述之真经过多重帷幕的筛选和阻隔，与记忆之真确实存在着相当远的距离。当然，不能因叙述的选择性而根本否定记忆的真实和叙述的真实。即便叙述之真打了很大折扣，历史记忆本身仍然蕴含了一定的历史真实。历史记忆呈现过程中会发生变形，历史叙述中会出现虚构的成分，但任何虚构都有一定的原型，而这些原型正是历史记忆中的部分真实。

三、从生理心理到社会环境：制约历史叙述的多重因素

口述历史的真实性来自历史记忆的真实性。口述历史文本的真实与否，决定于口述者叙述内容是否真实，决定于他能否将记忆之真完整而准确地呈现出来。但这是很难做到的，因为口述者的历史记忆呈现受主客观多方面因素的影响。自然的客观原因主要源于记忆的自身特性及其呈现方式的局限，体现为记忆的储存、回忆及呈现过程存在主观性、重构性及选择性，及记忆

随时间推移而产生的遗忘现象。记忆的自然遗忘是不可避免的。随着时间的流逝,储存在人脑中的记忆会变得模糊、错误乃至遗忘。但影响口述者记忆呈现的因素,更多来自口述者心境、情绪、动机、信任度、意识形态、政治权力等等。这些因素构成了历史记忆呈现的又一重帷幕,这重帷幕对历史记忆呈现产生了严重的阻隔作用。历史记忆的变形与变声,是人的自身机能作用的结果;而历史记忆的扭曲与伪造,则是社会环境影响的结果。

影响口述者记忆呈现的因素,有生理因素、心理因素、智能素养及社会环境等。生理因素层面,包括个人年龄、体质、记忆力等因生理差异而导致的记忆呈现差异。记忆是人脑的机能,会因时间久远发生误忆甚至失忆。年龄的大小、身体的强弱、记忆力的好坏,都对历史记忆的储存及其呈现产生影响。口述者追溯的时间越远,流传的时间越久,失忆及记忆误差就越大。口述访谈一般是在事件发生若干年后才进行的,口述者年纪较大,身体虚弱而导致记忆力下降,历史记忆变得模糊不清,容易出现记忆误差,如记错了时间地点,人物张冠李戴,事件因果关系错乱及记忆失真现象等。经常出现的记忆失真情况有两种:一是记忆前后矛盾;二是对所述情节前后叠加,诸多事体相互交织混淆不清。这种因生理原因而导致的记忆呈现的失误,属年深日久而导致的无意识的记忆偏差。它是人类生理自然局限的真实体现,也是人类无法根本改变的自然属性所致。

心理因素层面,包括个人情绪、感情、动机、心境、认知能力等心理差异而导致的记忆呈现差异。不仅人与人之间情感及认知能力存在差异并影响历史记忆呈现的差异,而且口述者在不同的情绪状态下所呈现的历史记忆也有差异。因历史记忆呈现过程伴随着理性作用,认知能力的差异也导致历史记忆呈现状况的差异。个人经历对历史记忆的形成和保持有较大影响。因口述者在人生经历上的差别,其对相同事件的感受和述说不尽相同,甚至截然相反。因怀旧主义与感情机制的作用,历史记忆呈现不可避免地带有感情色彩,口述者会在无意识中扭曲历史事实,使呈现出来的历史记忆变形。口述者对历史事件的记忆和感受还难以脱离其民族国家制限,在回忆时会带有自己的民族情感,极力维护自己国家、民族、亲友的声誉,揭露敌对者的罪恶。1982年出版的《撕裂的国家:以色列独立战争口述史》是关于以色列独立战争的口述历史记忆著作。由于这场战争涉及对立的以色列人和阿拉伯人，故双方亲历者对这段历史的记忆有较大差别，口头叙述这段历史时的感情、体验和情绪也就存在巨大差异。口述者站在本民族的立场上，怀着对本民族的同情进行叙述，自觉或不自觉地为自己的民族辩护。作者从同情以色列人的立场出发，主要采访了一些以色列人，附带采访了几个以色列统治下的阿拉伯人，结果全书带有明显的以色列辩护的倾向。作者毫不犹豫地说："作为一个众所周知的以色列的同情者，对我来说，要做到客观和公正是绝对不可能的。"[①] 由于历史记忆在具体呈现时有强烈的情感色彩和民族情绪，对立着的族群很难正视"过去"，故其对相同历史事件有着不同的记忆，其呈现出来的历史记忆是矛盾、冲突甚至根本对立的。如在以色列人与巴勒斯坦人之间，塞尔维亚人与克罗地亚人之间，波斯尼亚的塞尔维亚人与波斯尼亚的穆斯林之间，人们通常陷于无休止的历史记忆竞赛中。

　　口述动机是口述者呈现历史记忆时的心理状态。口述动机决定着口述者为什么要说、说什么及怎样说，关系到历史记忆呈现的真实程度。口述者对记忆呈现抱着复杂的心理状态，如抵制心、疑防心、迎合心和应景心、羡憎情结、历史泄愤等，心态差异影响着口述内容的真实性。口述者存在着多种口述动机，如辩诬白谤型、获取报酬型、维护正义型、自我表功型、感恩赞美型、以史明鉴型、公益事业型、历史责任型等。动机的不同影响口述者对历史记忆及其呈现内容的选择，每种动机对历史记忆的呈现所产生的影响是有差异的。口述者对口述后果的预期，导致其有意识隐瞒或遮蔽部分真相，影响其叙述的真实性。

　　口述者叙述的历史，是其记忆中的历史，记忆所呈现的并非完全是客观的历史真实，而是记忆中的部分历史真实，并且这种真实是经过后来经验改造和重构的结果。从本质上说，历史记忆是事实与想象的混合体，既包含着事实，也包含着想象。口述访谈的过程，是重新唤醒历史记忆、呈现历史记忆的过程。但这种呈现不是自然的客观呈现，而是经过口述者主观加工、再构造和再选择后的呈现。哪些"过去"作为历史记忆被呈现出来？这是口述

[①] 引自彭卫等《历史学的视野：当代史学方法概述》，陕西人民出版社1987年版，第284页。

者主观选择的结果。他所呈现出来的过去,并不是客观的历史事实,而是被重构的有关过去的所谓事实。这种事实是主观化的事实,是口述者经过主观变异而构建后的所谓事实。历史记忆中的事实与客观的历史事实有相当远的距离。口述者总是依据后来的感受编造先前的经验与经历,即便是受过严格学术训练的学者也不能例外。章太炎民族意识的觉醒在庚子国变前后,但章氏此后坚守民族主义立场,故其晚年向弟子们叙述自己的早年历史时,不断渲染自己从孩童时期就具有强烈的民族主义意识,这显然是以后来的意识回溯早期历史。康有为、梁启超等人后来的陈述都有类似现象。

口述者的历史记忆渗透了随后的经验,其历史叙述的内容是记忆中的历史事实,亦即不是历史之真,而是记忆之真;而记忆之真是由当时存储的记忆和随后增加的经验共同改造过、重新建构过的历史记忆。口述者的个人偏见、怀旧的情绪、童年的不幸经历、对亲人的情感以及健康的妨碍等,都可能使历史记忆呈现出现扭曲,都难以保障记忆呈现的客观。对此,约翰·托什指出:"但当历史学家从现场消失时,困难也远未消除。因为,甚至受访者也不是在直接触及过去。不管是多么的准确和生动,他或她的记忆都渗透着随后的经验。他们也许会受从其他消息来源(尤其是媒体)获得的信息影响;他们也许会受怀旧之情(那时的时代是美好的)的左右,或为对儿童时期贫困的不满所扭曲,这种不满会影响他们随后的生活。对任何人而言,倾听感受和看法——例如对父母的情感或对工会官员的不信任——通常会深信口述证据的可靠性,然而它们也许只是稍后经历的情感表述,而不是所涉及的那个时期的。"①

历史记忆的呈现与"现在"息息相关,受当下情景的影响,受后来经验的渗透。受口述者后来经验的影响,历史记忆通常会将"过去"的历史变成"现在"的历史,将"过去的声音"变成"现在的声音"。口述者以现在的语言、情景和风格叙述过去的故事,呈现关于过去的历史记忆。邓小平时代的人们叙述毛泽东时代的故事,故事是毛时代的,但叙述方式则是邓时代的。其对历史记忆的呈现,已经渗入邓小平时代的语言风格、语言词汇和价值判

---

① [英]约翰·托什著,吴英译:《史学导论》,北京大学出版社2007年版,第269页。

断因素，并且其叙述的历史记忆内容，是根据邓小平时代的现实需要而进行取舍选择后的部分历史记忆，并非毛泽东时代的所有历史记忆，带有明显的"后见之明"色彩。

历史记忆受后来经验的影响，是历史记忆的特性。"不管它依赖的证据是什么样的，与过去直接接触的观念都是一种幻象，但也许最严重的情况就是那些源自后见之明的证据。'过去的声音'也必然同时是现在的声音。"[①] 历史学家在评价保罗·汤普森的《爱德华时代的人》时认为，活下来的生活在"爱德华时代的人"后来变成了"乔治时代的人"，现在又变成了"伊丽莎白一世时代的人"，他们对"过去"的回忆明显受到现时代的影响。故批评者质问："他们的童年记忆，难道不是有很多是在他们年龄较大时回忆的产物吗？他们后来也许会读到的自传或小说难道不会强化某些印象而弱化其他印象吗？电影或电视节目难道不会对他们的意识产生某种影响吗？"[②]

口述者按照自己的想象和主观意愿重新组合、编排、过滤历史事实，必然导致对相同事件的多种呈现和多种声音。对同样的历史事件，不同的当事人会有不同的甚至是对立的历史记忆。它们都在述说各自记忆中的事实，表达着各自不同的价值观、道德观和意识形态，都在为自己说话、为自己作证。历史记忆的多重叙述呈现，体现了记忆呈现的多样性和差异性。这种记忆叙述呈现的多样性，被称为"罗生门"现象。口述主体之间的利益冲突，是导致历史记忆内容差异的根源。历史真相只有一个，当事人都宣称自己的记忆还原了历史真相，而这些记忆又是矛盾的，就意味着这些相互对立的历史记忆总有偏离真实之处。面对这种"众声喧哗"的记忆呈现状态，尽管通过对历史事件的记忆分析可以在一定限度内复原相关事件真相，接近历史真相，但这种现象典型地体现了历史记忆的不可靠性，增加了人们对历史记忆呈现方式及其结果的不可信度，使人们更有理由怀疑口述历史的真实性。这种"罗生门"现象，"真实"地反映了历史记忆呈现的复杂情况。这种复杂的多重呈现，才是历史记忆的真实情况。这种情况对于追求历史记忆的真实性是

---

① ［英］约翰·托什著，吴英译：《史学导论》，第270页。
② ［英］约翰·托什著，吴英译：《史学导论》，第269页。

困难的，但对研究历史记忆呈现背后的意义却是有价值的。[1] 法国著名历史学家布罗代尔说："在我的意愿中，历史应该是一首能够用多种声部唱出的、听得见的歌曲。但是，它有这样一个明显的缺点：它的各个声部常常互相遮掩覆盖。在所有这些声部中，没有一种能够永远使自己作为独唱被人承认、接受并把伴奏拒之千里之外。"[2] 历史记忆的"多声部"呈现，才是历史记忆的真实呈现方式。

如果说依据后来的感受回溯先前的活动是历史记忆受到后来经验影响所致的话，那么，有意回避某些对自己不利的事情，甚至编造或者隐瞒历史事实，则是受社会现实利害影响而出现的现象。在历史记忆呈现的选择过程中，社会环境的影响更为突出。哪些历史事实，会进入他的记忆，哪些历史记忆会呈现出来，是口述者主观选择的结果。历史记忆呈现的选择，取决于口述者的价值观及其背后的选择权力。历史记忆的内容庞杂，究竟哪些内容被置于优先呈现的地位？显然是那些被视为有价值、有意义的记忆内容。但如何判断记忆内容的价值和意义？社会权力操纵着历史的呈现及历史叙述，影响着历史记忆在内容及呈现方式的选择。既然历史记忆本身及其呈现内容是有选择的，那么历史叙述就必然是残缺不全的，不可能是历史记忆的完整呈现。

趋利避害是人之本能，在谈到对自己不利的情况时，采取回避、推卸或轻描淡写的态度是人之常情。口述者有意删改某些记忆中的真实，遮蔽某些历史事实，仅仅叙述那些对自己（或族群）有益的历史记忆，所依据的就是主流意识形态和社会政治势力主导的现实利害关系。主流意识形态和社会政治势力，是制约口述者历史记忆呈现的重要因素。口述者受主流意识形态的控制，难以完全真实地呈现历史记忆，或仅仅讲述历史记忆中的部分真相，同时掩盖另一种真相。他叙述的仅仅是对自己有利无害的部分真相，是政治势力许可范围内的部分真相。为了迎合政治权势，他们在叙述时会有意夸大对自己有利的这部分真相，有意回避对自己不利的那部分真相；对敌对者会

---

[1] "罗生门"及记忆失真现象是值得重视的问题，目前学界已经开始对其进行研究，本文暂不对此展开讨论，容后专文阐述。
[2] ［法］费尔南·布罗代尔著，唐家龙译：《菲利普二世时代的地中海和地中海世界》第2卷，商务印书馆2013年版，第976页。

有意进行贬损,对亲近者会有意褒扬。屈从于政治压力,他们可能会有意伪造历史记忆("文革"中专案组所谓"黑材料"即为明证),伤害某些人的利益。主流意识形态及政治势力,使口述者对历史事件及相关人物的回忆很难做到客观,不是其历史记忆中没有关于事件及相关人物的正面积极形象的记忆,而是迫于政治压力不敢将其呈现出来。

社会主流价值取向对口述者呈现历史记忆同样产生较大影响。口述者的记忆建构及其呈现,明显受到社会主流价值取向的影响。口述历史记忆呈现的过程,是口述者通过回忆自己的经历逐渐趋同所在群体价值的过程。在这个过程中,他会不断地用群体价值观校正自己的价值判断,体现为社会认同意识和从众心态。群体记忆既可以促使个人记忆接近历史真实,但也可能为了屈从群体认知、群体价值而怀疑甚至修正自己的记忆,导致偏离历史真实。澳大利亚澳新军团口述者对社会记忆的建构过程,便是典型的案例。澳新军团参加1915年的加里波利战役,对澳大利亚国家意识的形成发挥了重要作用,故20世纪20年代以来被官方加以宣传。阿利斯戴尔·汤姆森的研究,揭示了那些在战斗中经历过创伤和无能为力感的人是如何压制其个体记忆,以与有关他们在前线忠诚、勇敢和友爱的公认描述相匹配,直至今天多数澳大利亚人仍然接受这种叙述。这是典型的个体记忆屈从于社会记忆、个体记忆受社会主流价值观影响的案例。正因如此,约翰·托什得出结论:"我们已经看到社会记忆是如何被政治要求所塑造,由此它们经常会与历史学家所确证的对事件的认识产生分歧。口述史能够揭示分歧产生的过程,这样做有助于理解普通人的政治文化和历史意识。就他或她的证词而言,言说者的主观性也许是最重要的内容。个体对过去的认识包括了对直接经验的选择,以及对他们生活于其中的社会制度的某种认识。"①

此外,口述者的人格、信仰、品德、认知能力都会影响到历史记忆呈现时的真实性。王海晨指出:口述者人格对口述真实性的影响是整体的、宏观的和不知不觉的,而口述者与所谈事情的"亲密程度"则是具体的、直接的和感性的。亲历、亲见、亲闻是采访者为口述者"说什么"划定的范围,也

---

① [英]约翰·托什著,吴英译:《史学导论》,第273页。

是口述者"怎么说"的标准。口述者所叙述的历史记忆,对亲历事情的真实性高于亲见,亲见又高于亲闻;谈政事的真实性低于谈家事,家事低于情事,情事低于心事,至于琐事需要做综合判断。[1]因此,访谈者必须对口述者叙述的真实性保持警惕。约翰·托什警告说:"个人回忆的生动性是口述证据的力量所在,也因而是它的主要局限性所在,历史学家需要谨防陷入被访问者的思想范畴之中。"[2]

这样看来,影响口述者历史记忆呈现的因素,除了生理层面的因素外,主要是心理层面和社会环境层面的因素。个人经历、情感及动机等心理因素对历史记忆呈现的影响,是无意识的;现实利害、主流社会价值取向、主流意识形态及政治势力等社会环境因素,则是有意识的。社会环境因素对口述者选择记忆、叙事角度、评价历史事件、褒贬历史人物有着难以抗拒的影响。历史记忆的建构和呈现深受社会现实利益、社会价值取向的影响。受生理、心理和社会环境多种因素过滤和阻隔后而形成的叙述文本(音像文本),显然与口述者的历史记忆有着较远的距离,与客观存在的历史真实之间的距离则会更远。

四、访谈者与音像文本整理:从叙述之真到口述文本之真

历史记忆呈现(历史叙述)的成果,是叙述文本(音像文本、音像资料、录音录像、语音资料、声像史料等)。叙述文本的形成,不仅受口述者从生理心理到社会环境诸多种因素的影响,而且受到口述历史的另一个主体——访谈者主观参与的影响。从叙述文本制作到口述文本整理过程中,访谈者自觉地参与了叙述文本的整理、加工和修改,并在整理过程中增加了主观因素,从而使历史叙述文本与口述历史文本之间存在着一道厚重的帷幕。访谈者与口述者双重努力(合谋)后形成的口述历史文本(指最后形成以文字为主的

---

[1] 王海晨:《影响口述史真实性的几个因素——以张学良口述历史为例》,《史学理论研究》2010年第2期。
[2] [英]约翰·托什著,吴英译:《史学导论》,第270页。

口述历史文本），不仅与历史叙述文本（音像文本）有较大差异，而且与历史记忆有较远的距离。

在现代录音录像设备未发明之前，口头叙述的主要局限是"口说无凭"。因口述者的声音无法记录保存，故难以验证口述者是否说过或准确地说过什么，更难以保留确凿的证据以追究口述者的责任。不仅口述者在叙述后可以比较容易地否定自己说过的话，而且听过某人说过某话者也容易错解、杜撰、篡改当事人的话，从而使人不信任口头陈述，故需要"口说无凭，立据为证"，采取文字的方式呈现和保存历史记忆。自录音机、照相机、摄影机等音像录制设备发明并流行之后，口述声音的保存、整理和传播变得非常容易，"口说无凭"变成"口述有据"。口述者对历史记忆的语言叙述，通过录音录像的技术手段保存下来，形成音像文本，进而为整理转换成口述历史文本提供了基础。

为了保证口述者记忆呈现的真实性，访谈者在对口述者进行历史记忆唤醒、采集时，强调所谓客观的中立性。实际上这是很难做到的。作为口述访谈的主导者，访谈者总会在某种程度上影响着访谈者的口述过程。约翰·托什指出："假定口述证据都是代表过去经历的纯精华内容，那是天真的，因为在访问中，每一方都会受另一方的影响。正是历史学家选择了受访者并确定了他感兴趣的领域；即使他不问问题、仅仅是倾听，一个外人的存在也会影响受访者回忆和谈论过去的氛围。最终的结果既会受历史学家相对于受访者而言的社会地位影响，也会受他或她掌握的用来分析过去并能很好地与受访者交流的术语影响。"[①]

口述历史是访谈者与口述者共同完成的。主体的双重性是口述历史的显著特点。作为口述历史的双重主体，访谈者与口述者是缺一不可、无法互相替代的合作关系，但两者在口述历史各个环节中所起的作用有较大差异。口述者是历史记忆储存及其呈现的主体，因而也是口述历史的最重要主体。口述历史本质上是口述者讲述的历史，是口述者呈现出来的历史记忆，是口述者记忆中的历史事实，而不完全是访谈者认知和撰写的历史。但这并不意味

---

① ［英］约翰·托什著，吴英译：《史学导论》，第269页。

着不需要访谈者主体。口述历史访谈的实践证明,口述者如果没有访谈者的适度引导,可能会脱离整个访谈主题,这样记录的口述历史也许仅仅是口述者零散的叙述片段。因此,口述历史是访谈者与口述者双方共同合作的结果,口述历史文本是经过访谈者与口述者双层主体选择后形成的口述历史成果。

作为口述历史的主体之一,访谈者的作用并非可有可无。他是口述历史的策划者和主导者,处于"导演"地位。他负责口述历史的整体策划,具体问题设计,访谈问题的提问,辅助资料的查找,录音录音文本后的整理,及口述内容的取舍、诠释、口述文本的定稿等工作,在口述历史访谈中占有较大的主动性。访谈者是呈现历史剧情的导演,是音像文本的催生者和整理者,但绝不是口述历史记忆及叙述的主体,不是口述历史舞台上的中心演员。唐纳德·里奇说:"访谈者是以互动的方式与受访者合作的,他要提问题,针对受访者的回应做追踪,并提供人名、日期和其他一般人容易遗忘的资料来协助对方。"[1] 访谈者仅仅是口述者历史记忆呈现的助产者,而不是音像文本的生产者。

口述者叙述的是其记忆中的历史真实,访谈者对口述者进行口述访谈,旨在发掘、采集口述者的历史记忆,力图完整准确地将其记忆中的历史真实叙述出来,并将其叙述的声音录音录像加以整理。因此,访谈者在口述访谈过程中可以按采访提纲提问、插话,但更应是历史记忆的采集者,是口述者的协助者,而不是口述者历史记忆的评论者。他不能以自己对历史事件的认识影响口述者,更不能将自己的历史认识强加给口述者,使口述者叙述的历史真实接近访谈者心中的历史真实,使口述历史变成口述者根据访谈者意志呈现的"口读"历史。

访谈者不仅在口述访谈过程中主动参与,对音像文本的形成起了推助作用,而且主导着从音像文本向口述文本的转换。如果说口述者在历史记忆及其呈现过程中起着主要作用的话,那么,访谈者在从音像文本向口述文本转化过程中则发挥着主要作用。从音像文本转为口述历史文本,是对口述者历史记忆呈现出来的音像资料进行整理的过程。这项复杂的整理工作(包括音

---

[1] [美]唐纳德·里奇著,王芝芝、姚力译:《大家来做口述历史》,当代中国出版社 2006 年版,第 15 页。

像录音录像整理成文稿、纠正音像中的错讹、补充音像文本中的史实、核对引文、时间地点人物的考证、添加大小标题、撰写标题下的内容提要、编制各种索引、介绍口述背景等），主要由访谈者负责完成。

对口述者呈现历史记忆而形成的录音录像进行整理，可以使无序的语音资料条理化和有序化。访谈者整理音像文本资料的过程，是将语言呈现的历史记忆转换为文字记录文本的过程。其最后形成的口述历史文本，是口述者历史记忆的文本呈现成果。这个过程是将语言转变为文字，并对转换后的文字进行规范化的过程。录音录像为载体的语音资料转换为文字为载体的文字稿本的过程，就是对口述者历史记忆再次进行理性化、条理化和有序化的过程。访谈者在整理过程中剔除了口述者主观的心理不稳定因素，经过了改造、整理的有意识选择和过滤后，口述文本比音像文本更具有条理性，进而减少了音像文本情绪化的不稳定性。但这也意味着因访谈者的主观筛选而失去许多原始音像信息，因为文字无法将录音录像中所有的信息都呈现出来。它既无法还原口述者的语气声调，也无法还原口述者表情情绪，更无法还原口述者在进行语言叙述时伴有的肢体语言（手势、眼神等）。音像资料中的这些内容会在语音转换成文字时丢失。同时，访谈者会根据文字通顺的基本语法规范，对口述者录音录像进行技术处理。带有个人和地域特色的方言俚语会被整理成普通话；口述者前后重复的内容会被访谈者调换到一处并有所删减；口述者所讲的许多"半截话"会被访谈者增补完整；口述者说错的时间地点人物等信息也会被访谈者改正。访谈者要对照文献档案，对口述内容的失真失实处、记忆的偏差处，或征求口述者意见后作出改动，作出适当的校正性注释。经过访谈者的加工整理，口述者叙述的音像文本转换为口述历史文本。访谈者不仅主动介入了这个转换过程，而且其中渗透了太多的主观因素。

访谈者的主动介入及以文献补充修改音像文本，并不意味着访谈者在整理口述录音并加工制作成口述历史文本时可以随意改变口述者的音像文本。某些访谈者为使口述历史文本有"可读性"，在整理过程中采取了某些"灵活"笔法。这种"笔法"是很危险的，将会严重损害口述历史文本的真实性。有可能为迁就口述文本的"可读性"而牺牲音像文本及口述者历史记忆的真实性。这种做法在原则上是不能允许的。尊重音像文本的真实，是访谈者介入的最后底线。口述历史注重的是史学家特有的"秉笔直书",不是文学家"寻常一样窗前月,才有梅花便不同"的表述技巧。

在音像转换为文本过程中,访谈者固然起着主导作用,带有自己的主观选择,但口述者并非仅仅是冷眼旁观者,而是热心参与者。访谈者整理的口述历史文本,需要返还给口述者确认并进行再次访谈加以补充。在这个过程中,口述者会对访谈者整理过的口述文本进行删改,然后形成新的口述文本。在口述文本整理过程中,不仅访谈者的主观选择起了主导作用,而且口述者再次将自己的主观选择参与其中。故最后形成的口述历史文本,不仅是访谈者根据口述录音进行整理的结果,而且也加进了口述者的修改意见,是访谈者和口述者反复修改后的口述文本。口述者和访谈者都有机会有时间根据自己的主观意志对口述文本进行筛选和过滤。面对着自己的录音将以文字形式发表时,口述者会隐去某些人名、改变原来的叙述,这既可能是对历史记忆所作的矫正和补充,使历史记忆更接近记忆中的真实;但也可能是因社会环境因素而作的曲解,有意遮蔽和虚构某些历史,使历史记忆远离历史记忆中的真实。有人叙述自己遇到的这种状况时说:"某人口述讲的挺好,我好不容易把它整理成文字,然后请她核实,结果被她大刀阔斧几乎全部改写,该删的删了,该改的改了,改隐讳的隐讳了,受访者担心可能招致的议论、歧视、官司,作出种种删改,当然也无可厚非,问题是在核定人名、地名、时间的同时,又制造出新的不真实。"[①] 因此,经过访谈者与口述者"合谋"后形成的口述历史文本,与音像文本之间便出现了较大差异;口述文本之真与音像文本之真同样有着一定的距离。这样,客观存在的历史真实经过历史记忆、历史叙述、叙述文本整理等多道帷幕筛选和阻隔之后,究竟还有多少历史真实被遗留下来?经过多重筛选后的口述文本中究竟还包含有多少真实的历史记忆,确实是值得怀疑的。

---

① 刘小萌:《关于知青口述史》,《广西民族学院学报》2003 年第 3 期。

五、四层真实与三重帷幕：从探寻记忆之真到逼近历史之真

真实是历史的灵魂，历史研究的本质就是探寻客观存在的历史真实。所谓历史真实，是指在人类历史进程中发生的客观历史事件。口述历史是以挖掘历史记忆的方式追求客观的历史真实，其特点是以口述者的历史记忆为凭据试图再现历史真实。历史记忆是指历史事件的亲历者对历史事件的回忆。因此，历史记忆是呈现口述历史真实的一种主要方式，口述历史的真实性主要取决于历史记忆的真实，而历史记忆储存及其呈现方式的局限，则影响了口述历史的真实性。

从口述者亲身经历的客观存在的历史真实，到口述历史文本的真实，中间经过历史记忆加工、历史叙述呈现、叙述文本整理及形成口述文本等多个复杂环节。每个环节都阻隔着历史记忆的穿透，从而使客观的历史真实大打折扣并有所变形。不仅客观的历史真实与历史记忆之间存在着阻隔和距离，而且历史记忆与历史叙述之间也有阻隔和距离；不仅口述者的历史叙述受到多种因素干扰，而且叙述文本整理也有访谈者的主观参与，从而使音像文本与口述文本之间存在着较大阻隔。经过历史记忆加工、历史叙述呈现及口述文本整理三重阻隔后而形成的口述历史文本，与历史记忆有较大的距离，与客观的历史真实距离更远。

历史记忆在多大程度上呈现历史真实，是一个问题；历史记忆在多大程度上通过语言叙述得以呈现，又是一个问题；历史记忆呈现出来的叙述文本多大程度上被整理成口述历史文本，更是一个问题。口述历史范畴中的"真实"，可以分为四个层面：历史之真（客观的历史真实）、记忆之真（历史记忆中的真实）、叙述之真（音像文本真实）、口述文本之真（根据音像整理的口述文本真实）。从口述者亲历的历史真实，到口述文本呈现的历史真实之间，即从历史之真到口述文本之真中间，经历了三重帷幕（即三个环节、三次筛选）的过滤和阻隔：一是从历史之真到记忆之真，二是从记忆之真到叙述之真，三是从叙述之真再到口述文本之真。客观存在的历史真实经过了记忆、叙述、整理三重帷幕的筛选和阻隔之后，还剩下多少历史的真实？历史记忆穿过主

观叙述和主观整理的多重帷幕之后，还剩下多少接近历史真相的"真实"？经过三重帷幕的筛选和阻隔，客观的历史真实与口述文本真实之间确实存在着相当远的距离。

第一重帷幕是从口述者亲身经历的历史真实，到口述者将历史事实存储为历史记忆的过程。历史真实经过口述者的记忆存储、保持与回忆诸环节的过滤与筛选，形成了历史记忆；这中间因记忆特殊机能而使历史事实有所变形。并非全部的历史真实都存储为历史记忆，大脑中存储的历史记忆之真，与历史之真有较大的间隔和差距，历史记忆的真实已经对客观存在的历史真实打了较大折扣。这种历史记忆不再是全部的历史真实，是选择后的部分历史真实；口述者呈现的所谓历史真实，实际上是经过记忆本身筛选和阻隔后的部分历史真实。

第二重帷幕是将存储的历史记忆，通过回忆的方式呈现出来，表现为历史叙述的过程。历史记忆的呈现是以语言文字为中介的，以语言表述出来的就是口述，以文字表述出来的就是文献。语言和文字整理着历史记忆，将存储于大脑中的历史记忆呈现出来。在这个过程中，受语言的制限和阻隔后呈现出来的历史记忆，既非记忆的全部，也非记忆的准确呈现。记忆在呈现中既有数量的减少，更有内容的失真和变形。在历史记忆转变为历史叙述过程中，心理生理及社会因素的多重因素影响着历史记忆的呈现结果。

第三重帷幕是从叙述文本到形成口述历史文本的过程，是访谈者将音像文本转换为口述文本的过程。口述历史的双重主体特性，决定了访谈者与口述者共同参与了口述历史工作。访谈者在整理过程中的主观取舍，实际上是对口述者呈现出来的历史记忆的检验、修订、补充和取舍。经过访谈者这道工序的筛选与阻隔，口述者叙述的记忆中的历史事实再次打了折扣。经过整理的口述文本与音像文本之间有距离；音像文本与历史记忆之间有距离；历史记忆与历史事实之间也有距离。历史之真经过历史记忆、历史叙述、口述文本整理三重帷幕的过滤和阻隔，在口述历史文本中呈现出来的历史真实是非常有限的。口述历史所得到的所谓历史真实，是口述者记忆中的历史真实，是部分历史记忆的真实，是客观的历史真实的一部分。因此，不能过高地估计口述历史所包含的历史真实性，应该坦然承认口述历史存在着某种失真及"不可靠性"。

正因口述文本之真与历史之真之间存着较远的距离，中间有着多重阻隔，故口述历史应当关注历史之真如何冲破多重帷幕的阻隔而得到部分呈现。口述历史的主要任务，就是挖掘、采集、保存、整理口述者的历史记忆，在探寻记忆之真的过程中无限逼近历史之真。口述历史的真实性，主要体现在多大程度上反映历史之真和记忆之真，而不应过分纠缠于口述文本之真伪。口述历史不能呈现全部的历史真实，只能反映部分的历史真实，历史学家应该着力发掘记忆之真而减少记忆呈现的阻隔，无限逼近历史的真实。历史的真相或许是唯一的，但对它的记忆及其呈现出来的面相则是多样的。不同的口述者从不同的视角对相同历史事件所呈现的历史记忆是不同的；同一个人在不同的境遇中以不同的视角所呈现的历史记忆也是有差异的。马克思说："历史事实从矛盾的陈述中清理出来"[1]，对于相同事件有不同乃至矛盾的叙述，是完全可以理解的。口述者对历史之真的追寻，很像是瞎子摸象，自以为摸到了历史真相，但他所触摸到的仅仅是部分的真相，是其历史记忆中部分真相，离客观存在的历史之真还有相当大的差距。口述历史研究就是这样一种以挖掘历史记忆的方式无限逼近历史真实而又无法完全得到历史真相的追逐历程。

口述历史研究者无须过度悲观，更不必由此根本否定口述历史的真实性及其学术价值，因为作为历史记忆呈现方式的文献资料同样存在着"不可靠"的局限，而应当抱定"知其不可为而为之"的乐观态度，苦苦探寻记忆之真并无限逼近客观的历史真实。为了保证口述历史文本的真实，必须着力探寻历史记忆的真实和历史叙述的真实。历史记忆受其内在机制及自然因素的影响，其真实性很难为口述者所左右，但历史叙述的真实则是口述者能够把握的。故口述历史的主要环节，应该放在历史记忆呈现过程中，研究影响历史记忆呈现的多重因素，以口头叙述的方式将历史记忆真实、完整而准确地呈现出来。为此，必须排除历史记忆呈现过程中的多种因素阻隔，使历史记忆能够尽可能多地呈现出来。这实际上就是口述历史所要做的主要工作。

（2014 年第 4 期）

---

[1] 《马克思恩格斯全集》第二十八卷，人民出版社 1973 年版，第 286 页。

后—后现代史学理论：一种可能的新范式

董立河

西方史学理论自19世纪以来的发展演变是一个不断发生范式转换的历史过程。进入19世纪，西方历史学迎来了它繁花盛开的黄金时代，历史主义崛起，历史意识觉醒。与启蒙时代追求抽象理论和实证主义探寻普遍规律不同，历史主义关注细节、个别和变化，但也因此陷入了相对主义的泥潭。因此，19世纪末20世纪初，狄尔泰仿照康德纯粹理性批判的模式，展开了历史理性批判，意在为历史学建立哲学基础。以反思历史学性质为要旨的史学理论从此诞生。自此以后的大约半个世纪内，在新康德主义者和新黑格尔主义者的推动下，偏重"理解"和主张史学自律的史学理论范式占据了明显的优势。以1942年亨普尔的《普遍规律在历史学中的作用》的发表为标志，侧重"解释"的新实证主义科学统一论又占了上风，形成了分析的范式。20世纪六七十年代，随着后结构主义和文学批评理论向历史学的渗透，以1973年海登·怀特（Hayden White）发表《元史学》为起始，西方史学理论家们纷纷利用叙事和转义等文学理论元素，着手分析历史文本和话语，从而引发了历史学的"语言学转向"，叙述主义或者后现代史学理论出现。

后现代史学理论使人们充分注意到了语言在历史书写中的重要作用，启发引导人们以各种不同的方式观察和思考过去。但是，正如安克施密特所指出的那样，在历史认识层面上，后现代史学理论最终被极端化为一种"语言唯心论"，完全割断了与指涉物（reference）和真实（truth）的必要联系，忽视了史学作为一门学科的合理性。由于其对历史书写客观性和合理性的怀疑和攻击，后现代主义通常被谴责为非理性主义和独断论。[①] 另外，后现代主

[①] F. R. Ankersmit, *Historical Representation*, Stanford University Press, 2001, p. 21.

者从反历史实在论的立场出发，仅仅关注作为语言建构的历史写作，忽视了"记忆"、"经验"、"在场"、"证据"和"行动者"（agent）等问题，远离了活生生的历史本身。在历史本体层面上，在利奥塔和福柯等人的怀疑和解构下，有关历史进步和连续性的元叙事宣告终结。人们满足于无数异质性的"小叙事"（petits récite），失去了对"元叙事"（meta-narrative）信心。物极必反。大约从上世纪末尤其是从本世纪初开始，西方史学理论家（包括一些后现代主义者）开始冷静反思"语言学转向"，尝试探索一种新的史学理论范式，有些学者称之为"后—后现代史学理论"。

一

2013 年，塞奇出版公司出版了"塞奇系列指南"之《史学理论指南》一书。该书由南希·帕特纳（Nancy Partner）和萨拉·富特（Sarah Foot）合作编辑，包括二十九篇有关现代以来西方史学的文章，按照所论主题的年代顺序分为三个部分。前两部分论述的是现代和后现代的史学理论和实践。第三部分的论题是"后—后现代主义：方向和质询"，南希·帕特纳和另外六位史学家探讨了"后—后现代主义"及其可能的几个话题。

正如南希·帕特纳所言，"后—后现代主义"（post-postmodernism）这个词的确"需要说明甚至辩护"。由于带有双前缀 post-，post-postmodernism（"后—后现代主义"）的确看起来、读起来和听起来都有些奇怪，但目前还没有更好的标示方式。（当然，后文提及的彼得·艾克［Peter P.Icke］将这一转向标示为"后—语言学史学理论［post-linguistic theory of history］"或者"后—文本史学理论［post-textual theory of history］"。）虽然它标示着一种真实的变化，但是这种变化的准确性质尚未得到充分阐明，因此帕特纳仅仅把 post-postmodernism 视为一个临时性的占位符（place-holder）。她注意到，"就在最近一段时间，那曾推动过语言学转向中许多研究的活力已经消退了，那曾威胁或鼓舞过有关历史知识稳定性的长期公认假设的争论也随之平息了。作为由各种学术会议、圆桌会议和研讨会所营造的学科气氛，放在几年前必然会引发热烈讨论的那些后现代问题（解构、符号学、非经验的认识论、转义、虚构）不再是紧迫的探讨议题了，甚至没有多少人费时间去加以谴责了。历史学家的工作程序无非包括论证、检验和修正。人们围绕后现代论题的确进行过激烈的争论，甚至曾认为整个历史学科正遭受根本性攻击或彻底的自我修正，但这类争论目前已归于沉寂。肯定还会有一些诸如阐释问题之类的历史主题成为激烈论争的焦点，但是整个的历史学科，在后现代主义的某些阶段似乎岌岌可危的历史知识的完整性没有什么可争论的了。"①

"我们不可能准确地说出究竟在什么时候发生了这一态度上的转变（这种转变与其说是实质性思想的改变倒不如说是回应方式的重新调整）。如同其他此类的无形运动一样，它似乎在不知不觉间就悄然发生了。"虽然帕特纳认为"近代"、"现代"、"后现代"和"后—后现代"之类的时序标示词具有很大的虚构性，但像史学理论这样的思想观念的嬗变的确具有阶段性。在她看来，西方史学理论的发展目前似乎就进入了这样一个阶段，人们可以借机进行一番"盘点、评估和巩固，看看我们现在身处何地"。如同"后—现代主义"中的"后—"并不意味着完全克服历史学在现代主义进展中所培育起来那种方法的严谨性和训练的严苛性，"后—后现代主义"的"后—"也并不意味着对后现代主义的全然摒弃。"后—后现代主义"仍然重视那些后现代主义的洞见和阐释技巧。但是，我们有必要在后—后现代阶段对后现代主义进行一番反思和检讨。"在不断加速的学术文化生活中，这种'后性'（postness）仿佛是某种停歇，目的在于做一些巩固性的工作，进行一些实际的检测，对史学实践的分析工具进行各种调整和微调。"②

著作最后的六篇文章就是对后现代史学的某种反思和盘点。扎米托（John H. Zammito）在"后—实证主义实在论：再现理论基础之再探"一文中，安克施密特在"超越语言学转向的历史经验"一文中，对那些曾受到后现代主义严重挑战的史学研究特点进行了重新主张和重新界定；凯尔巴赫（Judith Keilbach）在"照片：对史学图像的解读"一文中，约翰逊和托马斯（Valerie

---

① Nancy Partner, "Post-postmodernism: Directions and Interrogations", in Nancy Partner & Sarah Foot eds., *The SAGE Handbook of Historical Theory*, SAGE Publications Ltd., 2013, p. 397.

② Ibid., 397-398, 398.

Johnson & David Thomas)在"数字化信息:'百花齐放',数字化是一种文化革命吗?"一文中,对史学证据和信息技术进行严肃的阐释和探讨;大卫·肖(David Gary Shaw)在"恢复自我:解构之后的行动力"一文中,对"自我"和"行动者"(agent)这类传统论题进行了新的探究;编者帕特纳本人则在"基本事物的应用:亚里士多德的叙事理论和后现代史学的古典起源"一文中,基于古代和后现代的交叉视野进一步探讨了历史叙事问题。

后现代史学理论家坚持认为,史学实践是"话语"或"文本"而非(自然科学意义上的)"科学"或"学科",因而与"认识论"毫无关联。他们(比如,安克施密特)对自然科学采取了某种模棱两可的矛盾态度:既肯定它的方法论的权威性,又反对其对人文科学的僭越。在扎米托看来,这本身就说明,实证主义根深蒂固,史学领域的后现代主义者也无法完全摆脱它的影响。但是,扎米托抱怨后现代史学理论家落后于当今科学哲学、认识论或者语言哲学的最新发展。后现代主义不仅影响了人文学科,而且也影响了自然科学,并对后者严苛的非历史的经验论进行了修正。在过去的半个世纪中,科学哲学或语言哲学领域已经发生了革命性变化,进入了后—实证主义时代。在今天的科学哲学语境中,旧式的自然科学方法已不再被当作独一无二的权威,也不再被毫无争议地移植到包括史学在内的人文科学中去。人们越来越认识到,强调规律和抽象的实证主义方法并不适合于关注具体和经验的历史研究。相反,各种形式的历史研究改变了人们对科学的传统看法,从而使科学哲学领域出现了某种历史主义转向,并导致了"自然主义的回归"(naturalism's return)。[①] 作为历史主义或相对主义与实证主义的一种调和,这种自然主义是一种后—实证主义或温和历史主义。它否认知识理论具有绝对或终极的规范,但认可一种基于认知发展的迭代性规范(iterative norms)。它所关注的不是先验的逻辑或抽象的理性,而是"合理的可理解性"(rational intelligibility)或"合理性"(rationality),亦即一种具有历史性和工具性的理性,它内在于知识的增长和科学的过程中。这种后—实证主义既展现了自

[①] 自然主义具有多种形态,扎米托这里所说的自然主义主要是指科学哲学家劳丹等人提出的"规范的自然主义"(normative naturalism),它是西方科学实在论和反实在论之间相互妥协的产物。

然科学的"诠释学"维度,也有助于恢复人文科学特别是历史学的学科合法性,因而无论对于"幼稚的"实在论还是对于"夸张的"后现代史学理论,都不失为一服很好的解毒剂。扎米托说:"如果我们首先摒弃关于科学必须是什么样子的实证主义幻象,同时也放弃关于语言在认知方面绝无指涉价值的后现代主义幻象,我们就能够解决关于科学可能是什么样子的问题,并使有关史学实践的方法论和认识论问题重新回到理智稳妥的语境中。我根据以上观点讨论史学实践问题,并不是要回到旧实证主义的老路上去,而是想以此达到两个目的:一是展示旧实证主义的破除对历史研究的解放意蕴,一是重申那些在夸张的后现代主义表述中被弄得混乱不堪的有关经验研究的共享标准。"[①]

可见,扎米托就是要利用上述后—实证主义知识理论,在充分考虑后现代主义对幼稚实证主义解构的基础上,试图在实证主义的"天真"和后现代主义的"夸张"之间走一条中间路线,以便重新阐述史学和科学结合的可能性。他既承认史学的文本性,同时也捍卫史学的规范性。与罗蒂(Richard Rorty)不同,他认为,史学虽具阐释性和话语性,但仍属库恩所说的"常规科学",是"学科团体"所从事的一种合理程序。与后结构主义者以及安克施密特不同,他坚持认为,语言阐释或历史再现与历史实在之间存在某种主体间性的指涉关系。

安克施密特将一战以来的西方历史哲学发展区分为三个阶段。前两个阶段分别探讨的是覆盖率模式问题和诠释学问题。受当时语言哲学的影响并与之相一致,这两个阶段的历史哲学关注的是有关过去的(描述性的或解释性的)单个陈述的正当性问题。无论是实证主义还是诠释学,它们对于过去的真实性陈述都共享某种典型的现代主义理想。从上个世纪 70 年代开始,受文学批评理论的启发,海登·怀特等后现代主义者引发了历史哲学的"语言学转向"。安克施密特认为,从那时到现在,西方历史哲学没有发生根本性变化,"语言学转向"依然是主导范式。在他看来,"语言学转向"中的很多话

[①] John H.Zammito, "Post-positivist Realism: Regrounding Representation", in Nancy Partner & Sarah Foot eds., *The SAGE Handbook of Historical Theory*, SAGE Publications Ltd., 2013, p. 402.

题仍有待深入挖掘，历史写作中很多语言问题仍需进一步探究，特别是历史哲学和语言哲学之间的交叉融合问题。然而，安克施密特并没有因此而停留在"语言学转向"所提出的固有问题上。"语言学转向或许有自己的盲点，它的成功使我们忽视了那些不该被忽视的东西。"[1] 因而，他试图在巩固和深化自己在语言学转向框架内研究成果的基础上，继续扩大战果，另辟蹊径，凸显那些先前被遮蔽的问题。经验问题就这样进入了安克施密特的视野。安克施密特所说的"历史经验"位于主体和客体之间的洪荒地带，它先于主体和客体的二元撅分，具有未受语言污染的"直接性"、"当下性"和"本真性"。

大卫·肖也同样重视经验问题。在他看来，近二十年来经验一直受到史学家的冷遇，现在应该重新予以关注。当然，他的经验概念与安克施密特的有所不同。对他来说，经验是一种历史知识和阅历。而且，他诉诸经验是为了更好地理解经验的拥有者——自我（self）或者历史行动者（historical），它是被后现代主义文本长期抑制的幽灵。比如，肖认为，福柯的著作就带有强调抽象人性而怀疑和抹杀个体行动者的倾向，呻吟在字里行间的是一般的人类而非具体的个人。福柯曾一度是后现代主义的去个性化阵营中的当然首领。同样，在海登·怀特那里，处于显要地位的是历史的写作者而非历史的个别创造者。因此，肖倡导恢复自我在历史中的应有地位，让人们听到他们的呐喊，看见他们的行动，感受他们的温热和情感。如果说安克施密特和大卫·肖试图在文章中彰显"语言学转向"中被忽视的东西，而著作的最后一位作者也是本书的编者南希·帕特纳则致力于借助古典文本，进一步阐发"语言学转向"中被重视的东西亦即叙事。在帕特纳看来，亚里士多德的《诗学》可谓是整个"语言学转向"尤其是现代叙事理论的序言，作为西方传统中对语言制品的第一次系统分析，它能够让我们更好地理解海登·怀特的元史学理论。

证据是历史编纂的基本素材和必要条件。史学家的任务就是对过去留下的证据和文献进行阐释和编排。随着时代的进步和科技的发展，史学家解读、阐释和构建证据的过程和方式也会发生变化。当前，对于"照片"这种传统

---

[1] Frank Ankersmit, "Historical Experience Beyond the Linguistic Turn", in Nancy Partner & Sarah Foot eds., *The SAGE Handbook of Historical Theory*, SAGE Publications Ltd., 2013, p. 425.

的证据形式,人们有了新的看法。凯尔巴赫以大屠杀时留下的照片为例,向我们展示了有关照片的阐释性难题。在他看来,虽然照片能够提供有关过去的逼真图像,但是,它与真相的关系也并非一目了然。而且,作为一种缺乏历史背景的沉默和凝固的历史证据,照片也存在一系列解读方面的困难。约翰逊和托马斯则对"数字化记录"这样一种最新的证据形式进行了理论和技术方面的考察。他们认为,随着信息技术日新月异的发展,物质证据和文献日益转化为电子数据,史学家对证据和档案观念也应该随之改变,也有必要重新审视证据的本质及其客观性和权威性等问题。

二

在上述《史学理论指南》集中探讨"后—后现代主义"及其论题之前,有关这些论题的讨论在不同的场合早就零散出现了。2001年2月,塔克尔(Aviezer Tucker)在《历史与理论》第40卷第1期上撰文,建议把"证据"和历史学之间的关系置于历史哲学研究的重中之重。[1] 该卷第4期是以"后现代主义之后的行动力"(Agency after Postmodernism)为题的专刊,大卫·肖(David Gary Shaw)组织探讨了"自我"或"行动者"这类旧论题,虽然作者们也没有忽视后现代主义及其影响。专栏作者们试图在后现代语境下构建一种新的主体概念。[2] 当然,他们还并没有明确地提出"后—后现代主义"的概念。

就我所知,较早使用"后—后现代主义"这个词的是安克施密特。他在2001年发表的《历史再现》一书中提到"后—后现代主义时期",在2006年收录在约尔恩·吕森编辑的论文集《历史中的意义和再现》的一篇论文

---

[1] See Aviezer Tucker, "The Future of the Philosophy of Historiography", in *History and Theory*, Vol. 40, No. 1(2001).

[2] 参见 History and Theory, Vol. 40, No. 4(2001),特别是其中的 David Gary Shaw, "Happy in Our Chains? Agency and Language in the Postmodern Age"。

中，他把"现代主义"、"后现代主义"和"后—后现代主义"并列使用。① 实际上，从上个世纪90年代开始，安克施密特一直在探索一条有别于后现代主义的新路径，在"语言学转向"中寻求理论突破。经过十多年的思考和酝酿，安克施密特精心构建了一套旨在超越叙述主义的"历史经验"理论。② 通过提出"历史经验"概念，安克施密特开始背离海登·怀特的语言学史学理论（linguistic theory of history）（或者再现主义史学理论），着手探索一种新的以"经验"为核心概念的史学理论范式。2005年12月1日—2日，荷兰格罗宁根大学举办了一次有关"在场"（presence）问题的国际研讨会。次年，本次会议的代表性成果以六篇论文的形式发表在《历史与理论》中。③ 学者们尝试逃离"语言的牢笼"，摆脱语言对过去的限定，进入到一种与过去的"本真"关系中去。这显然是对后现代史学理论的一种回应，是学者们在后现代语境下探讨实在，在文本中寻求"事物"的一次尝试，也是对幼稚实在论的否定之否定。学者们试图通过对"在场"问题的讨论，探索出一种不同于后现代主义或者再现主义的历史研究新范式，从而帮助历史学从再现主义和实在论的二难困境中摆脱出来。"在场"概念与安克施密特的"经验"范畴异曲而同工。安克施密特也参与了这场有关"在场"问题的讨论。他对古姆布莱希特和鲁尼亚等人的"在场"理论做出了及时的反应，并结合自己的经验理论提出了一些深刻的洞见。④

有感于安克施密特的"历史经验"理论，文化史家迈克尔·罗斯（Michael Roth）在《历史与理论》2007年第46卷第1期评论说："在过去的十年左右中，

---

① See F. K. Ankersmit, *Historical Kepresenlation*, Stanford University Press, 2001, p. 120; Frank Ankersmit, "The Three Leveis of 'Sinnbildung' in Historical Writing", in Jörn Hüsen eds., *Meaning and Representation in History*, New York and Oxford: Berghahn Bodks, 2006, p. 122.
② 参见Frank Ankersmit, *Sublime Historical Experience*, Stanford: Stanford University Press, 2005；另见拙作《从"叙事"到"在场"——论安克施密特史学理论嬗变及其意义》，《江海学刊》2010年第3期。
③ 这六篇论文是：Eelco Runia, "Spots of Time"; Hans Ulrich Gumbrecht, "Presence Achieved in Language (With Special Attention Given to the Presence of the Past)"; F. R. Ankersmit, "Presence" and Myth; Ewa Domanska, "The Material Presence of the Past"; Michael Bentley, Past and "Presence": Revisiting Historical Ontology: Rik Peters. "Actes de presence: Presence in Fascist Political Culture", in *History and Theory* 45 (October 2006), pp. 305-374.
④ 参见拙文《从"叙事"到"在场"——论安克施密特史学理论嬗变及其意义》，《江海学刊》2010年第3期。

人们逐渐达成这样一种共识：那曾经在人文科学中激发了许多前沿性问题的语言学转向已告结束。曾经将分析哲学和实用主义、人类学和社会史、科学哲学和解构结合起来的语言大潮已经退去。我们现在得以能够检视海滩，看看在新一轮理论和研究大潮拍打海岸之前什么东西值得打捞上来。"① 罗斯指出了一些在"语言学转向"中被忽视的话题，比如，伦理学、强度（intensity）、后殖民主义、帝国、神圣、世界主义、创伤和动物。所有这些话题与安克施密特的"经验"有一个共同的特点，那就是它们都试图突破语言的限制，防止语言意义对史学的污染，从而使人们真切地触摸过去实在或历史经验。

在《历史与理论》2007年第46卷第4期中，伊桑·克莱因伯格（Ethan Kleinberg）撰文说，维多利亚·邦内尔（Victoria E.Bonnell）和林·亨特（Lynn Hunt）在她们的《超越语言学转向》（1999年）中，恩斯特·布莱萨赫（Ernst Breisach）在其《论史学的未来》（2003年）中，已经终结了"后现代主义"和"语言学转向"，加布里埃尔·施皮格尔（Gabrielle Spiegel）在其《实践史学》（2005年）中似乎又给予它致命一击。②"21世纪历史书写和历史理论的趋势是强调行动力（agency）的回归，经验的首要性，证据的价值，以及'在场'对于史学的重要性。……所有这些都似乎表明，后现代时刻已经过去，语言学转向已成明日黄花，主体作为历史研究坚实的经验基础也已回归，幽灵已经被逐出历史专业。接下来要做的就只是埋葬解构的遗骸了。"③

在《历史与理论》2009年第48卷第1期对《历史中的意义和再现》一书的评论中，伊格尔斯（George Iggers）借用了该书安克施密特文中的"后—后现代主义"一词，把约尔恩·吕森、安克施密特和大卫·卡尔（David Carr）等人的观点视为"一种对后—后现代史学理论的探索"。④ 但是，在这一时期

---

① See Michael Roth, "Ebb Tide", in *History and Theory*, Vol. 46, No. I (2001).
② See Victoria E. Bonnell and Lynn Hunt, *Beyond the Cultural Turn: New Directions in the Study of Society and Culture*, University of California Press, 1999, Ernst Breisach, *On the Future of History: The Postmodern Challenge and its Aftermath*, University Of Chicago Press, 2003, Gabrielle Spiegel, *Practicing History: New Directions in Historical Writing after the Linguistic Turn*, Koutledge, 2005.
③ See Ethan Kleinberg, "Haunting Hislory: Deconstruction and the Spirit of Revision", in *History and Theory*, Vol. 46, No. 4 (2007).
④ George Iggers, "A Search for A Post-postmodern Theory of History", *History and Theory*, Vol. 48, No. 1 (2009), p. 122.

对"后—后现代主义"进行详细考察的仍然是南希·帕特纳。在2009年由安克施密特、多曼斯卡（Ewa Domanska）和凯尔纳（Hans Kellner）合编的《重新描述海登·怀特》一书中包含帕特纳的一篇文章。这篇题为"叙事的持续性：叙事理论的后—后现代生命"的文章是2013年那部论文集中所论观点的预演。考虑到与本论题的相关性，有必要在此对该文作一较详细的介绍。

历史学领域的后现代主义，大体上相当于历史学的"语言学转向"。到20世纪90年代，"语言学转向"已经把包括历史文档和历史证据在内的所有东西都转化成了文本和话语。德里达的"文本之外无他物"（il n'y a pas de hors-texte）一时间成为时髦用语。在后现代主义者那里，历史语言不再是观察过往的透明窗口，而成为了疑窦丛生的再现媒介。后现代主义通过对历史写作的结构主义特别是后结构主义的语言分析，彰显了历史文本的虚构性质和修辞维度，从而对传统史学所宣称的客观性和真实性提出了根本性挑战。我们将不能再回到"准—科学的实证主义，幼稚的经验主义，以及所有那些决定着历史写作形式的后现代之前的假设"。[1] 但是，进入21世纪之后，人们对于话语分析的热情似乎在慢慢消减。文本概念曾经带给人们的那份欣喜已日渐枯竭。历史学开始出现对"语言学转向"的某种背离。"历史学科，起码在理论范围内，无论是在其时序方面还是在理论方面的自我界定，似乎正在从后现代转向后—后现代。"虽然她不能确切地说出这种转向是从何时开始的，但是它的确在不知不觉中悄然发生了。具有理论意识的历史学家们似乎已经在盘点后现代主义的后果：哪些方面强调过分了，哪些方面具有永久的价值，哪些方面仅是昙花一现。"对于那些曾经接受过后现代主义的人来说，他们在后—后现代阶段的任务是（对后现代主义）进行评估，看看什么东西仍然对我们有用，什么东西是文本中不能被解构的，什么东西真正被摈弃了，逃脱了学术监管的后现代理论的命运是什么。"[2]

经过自己的一番评估或清点，她认为历史学"语言学转向"仓库中的很

---

[1] Nancy Partner, "Narrative Persistence: The Post-Postmodern Life of Narrative Theory", in *Re-figuring Hayden White*, Edited by Frank Ankersmit, Ewa Domanska, and Hans Kellner, Stanford University Press, 2009, p. 81.

[2] Ibid., 81, 85.

多存货将很快过期下架,有些存货仍具有某些价值,而某些存货或许在未来有更大的需求。作为一个研究中世纪的史学家,帕特纳认为,对历史文献的话语和文本分析的确向人们开启了史学家所谓真实意向背后的意义世界,但是,据此而完全否认作者意图的真实性和历史事实的客观性则走向了极端。"能指"(signifier)、"所指"(signified)和"指涉物"(referent)等符号学概念对于理解词和物之间的认知关系具有重要意义,但是对于历史学家的实际工作则没有多大价值。尽管后现代主义正确指出了语言在再现实在方面的不透明性和不充分性,但就此否认语言同外部实在的任何客观性关联也难以令人信服。"切近的实在和西方实在论的远古权威(我们的集体性超我),这些都使我们不得不返回到那更为严肃认真的认识论立场——模仿(mimesis),无论我们如何压制它,毕竟是我们的宿命。"在帕特纳的盘点清单上,最具持久价值的存货无疑是"叙事"。在她看来,"叙事"是"语言学转向理论军械库中争议最小的武器",而且在应用方面也不具有致命的侵略性和颠覆性,因而可以继续作为"后—后现代主义"的研究论题。另外,在帕特纳有关后—后现代主义的研究清单上,还包括"经验"、"行动力(agency)"等这样一些在"语言学转向"中被忽视的话题。"后—后现代主义将创伤、记忆、经验和崇高等作为兴趣论题,这本身就是在清楚地表明,我们不会再回到过去那种似乎信心满满的经验主义老路上去了。"①

三

对于史学理论的上述后—后现代主义倾向,也有一些学者持不同的态度。多曼斯卡就认为,安克施密特的经验理论是一种后退。在一篇题为《安克施密特:从叙事到经验》的论文中,她说,"安克施密特近来对经验的关注标志着一种转变,亦即从对过去的叙事和文本方面的兴趣转向了对有关过去的经验概念的考察。这意味着,尽管安克施密特通常与史学理论领域的后现代主

---

① Ibid., 84, 84-87, 83.

义先锋派（叙述主义或构成主义）相关联，如同他的历史再现理论所表明的那样，但是他对历史经验和崇高概念的理解可以被视为一种倒退。如此一来，虽然他把史学理论推出了语言学转向，但是他最近的工作可以被理解为一种回归，也就是向有关直接经验的传统浪漫主义观点和对它的启蒙分析方式的回归。"① 彼得·艾克（Peter P.Icke）也认为，安克施密特在其第一部著作《叙事的逻辑》②所提出的"叙事实体"（narrative substance）才是留给史学家们的珍贵遗产，认为语言在史学理论中仍然具有不可代替的中心地位，并对当下关注经验和记忆问题而冷落语言问题的动向表示失望。③

但是，总的说来，从上个世纪末特别是进入本世纪以来，西方史学理论的确出现了一种逃离"语言学转向"的倾向。安克施密特和鲁尼亚（Eelco Runia）等史学理论家认识到后现代主义的夸张，正试图通过引入"记忆"、"经验"和"在场"等概念以及复兴历史主义等方式，探索一条介于现代主义和后现代主义的中间路线，试图在传统史学理论的语言天真（linguistic innocence）和后现代史学理论的语言夸张（linguistic hyperbole）之间找到一条"折中之道"（juste milieu）。④ 扎米托（John H.Zammito）最近在我国《历史研究》上发表《夸张与融贯：后现代主义与历史学》一文，也代表了这样一种探究和努力。⑤ 根据该文的观点，20世纪最后三十年后现代主义者对语言的非透明性和非指涉性的夸张（hyperbole）基本走到了极致，一些原属后现代主义阵营或支持这一阵营的理论家，比如，南希·帕特纳和拉卡普拉（Dominic LaCapra）等开始在文本和指涉物之间持一种实用主义的调和立场，认为文本尽管总是扭曲指涉物，但并非将其彻底湮灭。扎米托赞同这一中间立场，主张真实性（veridicality）和融贯性（coherence）对于史学实践的必要性。历史

---

① Ewa Domanska, "Frank Ankersmit, From narrative to experience", in *Rethinking History*, Vol. 13, No. 2 (2009).

② See Frank Ankersmit, *Narrative Logic: A Semantic Analysis of the Historian's Language*, Hague：Nartinus Nijhoff Publishers, 1983.

③ Peter P. Icke, "Frank Ankersmit's Narrative Substance: A Legacy to Historians", *Rethinking History*, Vol. 14, No. 4 (2010).

④ F. R. Ankersmit, *Historical Representation*, Stanford University Press, 2001, p. 21.

⑤ 约翰·扎米托：《夸张与融贯：后现代主义与历史学》，《历史研究》2013年第5期。

再现不仅是审美的（aesthetic）也是认知的（cognitive）。他也赞同安克施密特重新诉诸历史主义，认为它是史学实践的合理内核。

实际上，从后现代史学理论出现之日起，西方史学家和史学理论家捍卫历史客观性的努力就从来没有间断过。[①] 海登·怀特曾经提出，应该"理解在被人们想当然地假定是对于世界的实在性再现中的虚构性的东西，以及在所有显然是虚构性的再现中的实在性的东西"。[②] 在 20 世纪的最后三十年中，史学理论家主要从事的是前一部分工作。可以说，"语言学转向"的首要任务就是理解历史文本这类实在性再现的虚构性。从本世纪初开始，史学理论家（包括后现代主义者本身）主要进行的似乎是怀特所说的后一部分工作。海登·怀特在其后期著述中，主要从文学理论出发探讨历史写作的真实性问题。[③] 安克施密特则从语言哲学出发探究历史书写的合理性问题。[④] 约恩·吕森（Jörn Rüsen）试图融合"语言学转向"、德国历史主义和分析哲学的合理因素，论证历史学的科学性。[⑤] 他们的目的就是要重建史学的合理性（rationality），构筑一种新型的"史学的理性"（the reason of historiography）。

另一方面，西方历史理论近年来也出现了一种回归宏大叙事，构建新型的"历史的理性"（the reason of history）的趋势。后现代主义对宏大叙事的批判和解构并没有从根本上削减人们对宏大叙事的热情。正如克莱因所言："从列维－施特劳斯到利奥塔，从克利福德到福山，我们一直受到历史的困扰，不时地回到大故事，即便我们急切地想要与主叙事的害处一刀两断。"[⑥] 进入 21 世纪，安克施密特试图重新赋予碎片化的后现代主义世界以某种秩序，在芜杂多样的历史事实之间重建某种宏大叙事。在他看来，"我们只有以某种粗暴的方式对待过去，也就是用'进步'或'退步'之类的范畴拷问过去，它

---

① 参见拙文《后现代语境中的历史客观性问题》，《求是学刊》2008 年第 3 期。
② Hayden While, *Tropics of Discourse: Essays in Cultural Criticism*, Johns Hopkins University Press, 1978, p. 88.
③ Hayden White, *Figural Realism: Studies in the Mimesis Effect*, Johns Hopkins University Press, 1999.
④ F. R. Ankersmit, *Historical Representation*, Stanford Dniversily Press, 2001；F.R. Ankersmit, *Meaning, Truth, and Reference in Historical Representation*, Cornell Universily Press, 2012.
⑤ Jörn Rüsen, *History: Narration. Interpretation, Orientation*, Berghahn Books, 2005.
⑥ Kerwin Lee Klein, "In Search of Narrative Mastery: Postmodernism and the Peoples without History", *History and Theory*, Vol. 34, No. 4（1995）, p. 276.

才能向我们透露某些信息。只有根据这些范畴去观察过去，我们才能对它有一个清晰的轮廓。这些范畴有时或许会导致我们曲解过去，然而，如果不去冒这样曲解的危险，我们将永远不能窥探到它的真面目。"[①] 最近，他还致力于把思辨的历史哲学和严格的经验研究结合在一起，努力构筑一种本体论意义上新的历史哲学。[②] 这种努力也体现在大卫·克里斯蒂安（David Christian）2010年发表的一篇题为《普遍史的回归》的文章中。[③]

的确，尽管宏大叙事具有建构性和先验性，但它们却是我们观察和认识世界不可剔除的"前见"（prejudice）或理论前提。奥拉巴里（Ignacio Olabarri）认为，在当今世界各种文化相互融合的新形势下，"如果没有一种对过去的全球式解释，用以理解现在和指引未来的道路，世界人民就无法生存"。[④] 这当然有些言过其实，但是，元叙事的确是历史学的重要认同或整合力量。人类不可避免地会在某种有关历史总体进程的宏阔理论框架中理解过去、认识当下和展望未来。其实，后现代主义对元叙事的攻击本身是一个悖论，因为它在试图说明现代元叙事的虚构性的同时也讲述了一个堂皇的故事。后现代主义驳斥一切意义的基础，自己却提供了另一种解释意义的方法。

总之，虽然"叙事"和"转义"等问题仍然在西方史学理论界具有持续性，但是它们对史学的解释力的确存在很大的局限。后现代史学理论对文本的过分关注也的确削弱了我们对于历史学其他维度的敏感性。因此，换个角度重新思考历史学的本质，这既符合二战以来西方史学理论的发展节奏（约三十年发生一次范式的转变），也是史学理论创新发展的必然要求。"后—后现代史学理论"（post-postmodern theory of history）或"后—语言学史学理论"（post-linguistic theory of history）的确是一种可能的新范式。这里的"后—"（post-）不仅仅标示时间，而主要表示一种超越后现代主义的态度或诉求。正如安克施密特的文章题目"超越语言学转向的历史经验"所指示的那样，

[①] F. H. Ankersmit, *Historical Representation*, Stanford University Press, 2001, p. 4.
[②] 参见安克施密特《余波与"先声"：历史与人类》（Aftermaths and "Foremaths": History and Humans），载《历史与思想》辑刊第一辑《文化记忆与历史主义》，陈新、彭刚主编，浙江大学出版社2014年版。
[③] See David Christian, "The Return of Universal History", in *History and Theory*, Vol. 49, No. 4 (2010).
[④] Ignacio Olabarri, "'New' New History: A Longue Durée Structure", in *History and Theory*, Vol. 34, No. 1 (1995), p. 28.

"后—后现代史学理论"是对"语言学转向"的"超越"(beyond)而非"反对"(against),它并没有完全摈弃后现代史学理论,而是对后者的辩证扬弃。随着时代的前进和讨论的拓展,后—后现代史学理论的研究主题可能会有一些变化。就目前来看,在所谓后—后现代阶段,理论家们除了继续挖掘和探究"叙事"等后现代论题,可能会把关注点放在"记忆"、"经验"、"在场"、"行动者"、"证据"和"普遍史"等问题上。

这样看来,我们似乎要面对一个世纪之前狄尔泰所曾面临的任务:历史理性批判。当然,批判和反思的背景和目的有所不同。我们的目标是探索一条超越后现代主义和朴素实在论的合理途径,重构历史学的理论基础,从而重建历史理性信念。具体说来,一方面,我们必须充分吸收西方传统历史认识论成就特别是实证主义和历史主义认识成果,认真反思"语言学转向"的理论成果,深入探究"经验"等后—后现代主义新概念,重新讲述历史客观性的故事,重建对"史学的理性"的信念;另一方面,我们还要辩证思考西方思辨的历史哲学的现代成就,严肃对待后现代主义对元叙事的批判和解构,充分关注后—后现代阶段对普遍史的诉求,重新讲述有关历史发展模式和方向的目的论故事,重建对"历史的理性"的信念。需要强调的是,在历史理性批判的过程中,中国传统的史学观念应该成为我们的重要参照,而马克思主义的历史思想是我们当然的指南或圭臬。在所有这些努力之后,我们可以设想一种沟通中西历史思维的新型的"历史理性",它不仅对史学研究具有指导价值,而且对于其他学科甚至对人们的日常思维都具有一定的启发意义。

(2014年第4期)